Douglas A. Howard

Das Osmanische Reich

Douglas A. Howard ist Professor für Geschichte am Calvin College in Grand Rapids, Michigan. Die Türkei und das Osmanische Reich sind seine zentralen Forschungsgebiete. Als Kind eines Air-Force-Angehörigen blieb Howard nie lange an einem Ort – bis zum Abschluss der High School lebte er aber zweimal längere Zeit in der Türkei. Sein ganzes Leben war er fortan von der türkischen und osmanischen Kultur fasziniert. Die Idee zu diesem Buch entstand auf einer Reise in die Türkei 2006; auf den Spuren des Osmanischen Reichs führte die Arbeit am Buch Howard über zehn Jahre hinweg in acht verschiedene Länder.

Douglas A. Howard

Das Osmanische Reich 1300–1924

Aus dem Englischen
von Jörg Fündling

Michael Reinhard Heß hat die Übersetzung
der literarischen Kastentexte übernommen

Für meinen Vater Frank Alton Howard und zur Erinnerung an meine Mutter Theodora A. Christacopoulos Howard. So manches Buch habe ich mir aus euren Regalen entliehen.

Die englische Originalausgabe ist 2017 bei Cambridge University Press, Cambridge, unter dem Titel *A History of the Ottoman Empire* erschienen.

wbg Theiss ist ein Imprint der Verlag Herder GmbH.

Für die deutschsprachige Ausgabe:
2. unveränderte Auflage
Die 1. Auflage erschien 2018 bei der Wissenschaftlichen Buchgesellschaft, Darmstadt

Hermann-Herder-Straße 4, 79104 Freiburg
Kontaktadresse für Produktsicherheitsfragen: produktsicherheit@herder.de

www.herder.de

Lektorat: Thomas Bertram, Gelsenkirchen
Gestaltung und Satz: Vollnhals Fotosatz, Neustadt a. d. Donau
Einbandabbildung: „Die Galatabrücke mit der Neuen Valide Moschee, Konstantinopel“, Ausschnitt aus dem Gemälde von Hermann Corrodi (1844–1905). © Sotheby‘s / akg-images
Einbandgestaltung: Andreas Heilmann, Hamburg
Printed in Germany

ISBN 978-3-534-27358-4

Elektronisch sind folgende Ausgaben erhältlich:
eBook (PDF): 978-3-534-74702-3
eBook (epub): 978-3-534-74703-0

Inhalt

Dank

Es ist mir eine Freude, den zahlreichen Kollegen und Freunden meinen Dank auszudrücken, deren Hilfe und Ermutigung mir während der mehrjährigen Arbeit an diesem Buch zugutegekommen ist.

Meine berufliche und geistige Heimat, das Calvin College in Grand Rapids, Michigan, hat mich während der gesamten Dauer des Projekts institutionell massiv unterstützt. Dieses Buch ist aus langjähriger Lehre und Forschung gemeinsam mit meinen Kollegen am Calvin College erwachsen, wo das Thema Weltsicht einen zentralen Schwerpunkt laufender Diskussionen und Diskurse bildet. Das College gewährte umfassende Unterstützung für Studien und Recherchen, außerdem ein freundliches Arbeitsumfeld. Während der Anfangsphase des Projekts war ein Freisemester unentbehrlich, und in späteren Jahren kam ich dank des Calvin Research Fellowship-Programms in den Genuss eines reduzierten Lehrdeputats. Das Rektorat des Calvin College förderte 2007 einen Forschungsaufenthalt in Kairo und Jerusalem. Der Reiseetat der Fakultät finanzierte den Besuch mehrerer Konferenzen, insbesondere der internationalen Konferenz „The Cultural History of Emotions in Pre-Modernity II: Emotions in East and West", die 2011 in Istanbul stattfand. Meine Kollegen an Calvins Historischem Institut, die ausnahmslos zugleich auch Freunde sind, lasen einzelne Kapitel und kommentierten sie kritisch, ertrugen meine Klagen mit Fassung und unterliefen meine Versuche, mich zu ernst zu nehmen. Bruce Berglund bewies auf einem Tiefpunkt sein Einfühlungsvermögen. Bert de Vries ließ mich an seinem profunden Wissen teilhaben. Meine Institutsdirektoren Willam Van Vugt und Will Katerberg fanden Wege, meine Lehrveranstaltungen so zu legen, dass sie mir ein Maximum an Energie ließen. Will Katerberg schlug mir William Reddys *The Navigation of Feeling* als Lektüre vor. Meine Dekane Cheryl Brandsen, damals Prodekanin für Kontextdisziplinen, und Matthew

Walhout, Prodekan für Forschung, schenkten meinen Bedürfnissen ein offenes Ohr und unterstützten meine Arbeit.

Alle Karten in diesem Buch wurden von Jason Van Horn und Caitlin Strikwerda an Calvins Geographischem Institut gezeichnet, für die deutsche Ausgabe übernahm Peter Palm nach ihren Vorlagen die Kartenerstellung. Victoria Seaburg, die in Calvins Abteilung für Lehrgrafik tätig ist, hat viele der Abbildungen für die Veröffentlichung aufbereitet. Und da das Calvin College zwar eine ausgezeichnete Bibliothek besitzt, aber nicht viele Bücher in türkischer Sprache, war die Expertise der für die Fernleihe zuständigen Bibliothekarin Kathy Struck unabdingbar. Die Gebühren für den Nachdruck verschiedener Fotografien und Textauszüge wurden durch einen Zuschuss der Calvin College Alumni Association finanziert.

Sechs Monate bevor Marigold Acland mir dieses Projekt vorschlug und die Unterstützung der Cambridge University Press zusicherte, kam mir die eigentliche Idee für ein derartiges Buch durch Erlebnisse in der Türkei während einer Exkursion mit Collegepräsident Gaylen Byker und einer Gruppe treuer Förderer des Calvin College im Frühjahr 2006. In der Türkei brachte ich eine großartige Zusammenarbeit mit zwei ausgezeichneten Reiseleitern auf den Weg, Ender Tan und Orhan Sezener, deren Freundschaft und Ideenreichtum ich schätzen gelernt habe.

Die beiden ersten Kapitel entstanden während eines Forschungsfreisemesters als Fellow am Collegium Budapest Institute for Advanced Study. Man gewährte mir eine wunderbare Unterkunft im Schlossviertel von Buda, einen Computerzugang und die liebenswürdige Gesellschaft anderer Forscher, die mit den unterschiedlichsten Projekten in den Natur- und Geisteswissenschaften befasst waren. Géza Dávid war so freundlich, mir die Bibliothek und weitere Ressourcen des Lehrstuhls für Turkologie an der Eötvös-Lorand-Universität Budapest zur Verfügung zu stellen, und Pál Fodor und Marcus Köhbach unterstützten mein Vorhaben. Von Budapest aus konnte ich bei einem Treffen des Comité International des Études Pré-Ottomanes et Ottomanes in Zagreb den Rat weiterer Kolleginnen und Kollegen einholen und hatte außerdem Gelegenheit zu Forschungsaufenthalten in Sarajevo, Sofia und der Türkei. Im Jahr 2012 ermöglichte mir ein Sommerstipendium des National Endowment for the Humanities einen Forschungsaufenthalt in der Türkei und die Abfassung von Kapitel 5. Die Istanbuler Außenstelle des American Research Institute in Turkey (ARIT), ihre Mitarbeiter und Direktor Tony Greenwood sorgten für ein angenehmes Forschungsumfeld. Megan Berglund vom Development Office am Calvin College brachte den Stipendienantrag erfolgreich ins Ziel. Die Forschungsarbeit für Kapitel 7 erfolgte im Frühjahr 2012 in der Library of Congress während meiner Zeit als Direktor des Calvin College in Washington, D.C. Das Personal im Handschriftenlesesaal und im Lesesaal der Abteilung für Fotografien und Drucke unterstützte mich dabei.

Meinen Kolleginnen und Kollegen auf dem Gebiet der Turkologie und Osmanistik möchte ich für ihre überaus engagierte Arbeit und ihre Sorge um ein angemessenes Verständnis der osmanischen Geschichte danken. Wir sind ein relativ kleiner Kreis aus Gelehrten und Freunden, die einander überwiegend persönlich kennen, und stehen auf den Schultern früherer Generationen. Meine Position in den aktuellen Debatten unseres Forschungsfeldes dürfte Spezialisten unmittelbar ins Auge springen und lässt sich in den Anmerkungen nachvollziehen. Die konzeptionelle Grundlage, ohne die dieses Buch nicht hätte entstehen können, ist das Ergebnis der Arbeit von vier Giganten auf diesem Gebiet. Das eigenständige Denken von Rifa'at Ali Abou-El-Haj, für das beispielhaft sein bahnbrechender Aufsatz „The Ottoman Vezir and Paşa Households" aus dem Jahr 1974 und sein Buch *Formation of the Modern State* (1992) stehen, hat einer Neukonzeption der osmanischen Geschichte jenseits der Narrative von Aufstieg und Fall erst den Weg geebnet. Victoria Holbrooks *The Unreadable Shores of Love. Turkish Modernity and Mystic Romance* (1994) sowie die Arbeiten von Walter Andrews – in *Poetry's Voice, Society's Song* (1985) und in den seitdem entstandenen Tagungsreferaten und gemeinschaftlichen Übersetzungen – haben die Dichtung auf überzeugende Weise ins Zentrum jeder Behandlung der osmanischen Kultur gerückt. Ariel Salzmanns hat mit ihrer Neuinterpretation des fiskalischen Modells der Osmanen in ihrer Dissertation und in dem Aufsatz „An Ancien Régime Revisited. ‚Privatization' and Political Economy in the Eighteenth-Century Ottoman Empire" von 1993 die allzu simple Dichotomie von Zentralisierung oder Dezentralisierung überwunden.

Zahlreiche Beteiligte haben sich Zeit für ausführliche Gerspräche genommen. Ihre Erkenntnisse sind durch ebenso kontroverse wie freundschaftliche Diskussionen, gelegentlich hitzig, häufig aber in gelöster Atmosphäre geführt, unmerklich in dieses Buch eingeflossen. Virginia Aksan las das gesamte Manuskript gegen und steuerte wertvolle Kommentare bei. Géza Dávid las mehrere Kapitel, korrigierte viele Fehler und war stets mit gutem Rat zur Stelle. Nicht vergessen möchte ich Gábor Ágoston, Virginia Aksan, Walter Andrews, Palmira Brummett, John Curry, Linda Darling, Suraiya Faroqhi, Cornell Fleischer, Pál Fodor, Jane Hathaway, David Holt, Paul Kaldjian, Reşat Kasaba, Hasan Kayalı, Rudi Lindner, Nenad Moačanin, Victor Ostapchuk, Leslie Peirce, Amy Singer, Bill Wood, Madeline Zilfi und den leider verstorbenen Donald Quataert. Alle Fehler, die es trotz all dieser Filter noch in die gedruckte Ausgabe geschafft haben, gehen auf mein Konto.

Mehrere Kolleginnen und Kollegen haben mir freundlicherweise Materialien zukommen lassen, die mir sonst unzugänglich geblieben wären, darunter auch unveröffentlichte Aufsätze. Besonderen Dank schulde ich Virginia Aksan, Snježana Buzov, Bert de Vries, Pál Fodor, Gottfried Hagen, Tijana Krstić, Vjeran Kursar, Rudi Lindner, Nenad Moačanin, Victor Ostapchuk und Tahir Nakıp. Darüber hinaus profitierte ich von den unveröffentlichten Abschlussarbeiten mehrerer Bachelor- und Masterstudierender am Calvin College, darunter Will Clark, Spencer Cone, Lauren DeVos, Melanie Janssens, Ryan Jensen, Abby Nielsen, Emma Slager und Josh Speyers. Danke auch für die scharfsinnigen Bemerkungen von Nathan Hunt als Antwort auf eine Frage in der Abschlussprüfung.

Danke, Elisabeth und Gottfried Hagen, Carolyn und Dan Goffman, Ágota und Géza Dávid für Eure langjährige Freundschaft und Gastlichkeit. Dank auch an Telle und Gustav Bayerle für vieles, was ich gelernt habe.

Danke, Sandy, für alles.

Einleitung

Der berühmte türkisch-armenische Fotojournalist Ara Güler hat einmal erzählt, wie er 1958 losgeschickt wurde, um über die Einweihung eines neuen großen Staudamms am Fluss Mäander (Menderes) in der Türkei zu berichten. Er reiste aus Istanbul an, und für die dreistündige Anfahrt zu diesem Termin stellte ihm der Provinzgouverneur einen Wagen samt Fahrer zur Verfügung. Der Fototermin zog sich in die Länge. Auf der Rückreise behauptete Gülers Fahrer, er kenne eine Abkürzung durch die Berge, aber sie verirrten sich, die Sonne ging unter, und im Dunkeln konnten sie die Richtung nicht ausmachen. Als sie vor sich ein Licht sahen, hielten sie in einem Dorf an einem Kaffeehaus und fragten, ob es eine Übernachtungsmöglichkeit dort gebe. Während sich Gülers Augen an das trübe Licht im Innern gewöhnten, erkannte er in dem Kaffeehaus nicht etwa Tische, sondern sah, dass die Männer auf den Oberseiten antiker Säulen Karten spielten.[1]

Am nächsten Morgen machte Güler einen Rundgang und fotografierte dabei. Das Dorf namens Geyre war vollständig inmitten der Ruinen einer antiken römischen Stadt errichtet worden. „Etwas Seltsameres habe ich nie im Leben gesehen", erinnerte er sich später. „Die Leute sagen zwar: ‚Eine Ruine ist wie die andere', aber das hier war etwas völlig anderes – Vergangenheit und Gegenwart existierten übereinander."[2] Gülers Fotos sorgten für einiges Aufsehen, als er sie zurück nach Istanbul brachte und seiner Redaktion zeigte. Eine amerikanische Zeitschrift wollte die Bilder und gab einen Artikel in Auftrag. Als Autor schlug Güler den angesehenen Archäologen Kenan Erim von der New York University vor. Im Lauf der nächsten drei Jahrzehnte besorgte Professor Erim die nötigen Geldmittel und grub die Fundstätte aus – aber erst nachdem das ganze Dorf an einen neuen, gut anderthalb Kilometer entfernten Standort verlegt worden war.

Wer heute Aphrodisias besucht, ist beeindruckt vom Ausmaß des Ruinenfelds, von den umfangreichen Überresten, die sich an einer landschaftlich ausgesprochen schönen Stelle erhalten haben, und von dem nahe gelegenen, attraktiven Museum, in dem zahlreiche Funde ausgestellt sind. Aber ohne das Dorf und nach der Verwandlung der Grabungsstätte in eine große Touristenattraktion war das „Aphrodisias des Lebens", wie Güler es nannte, in dem die Menschen die Ruinen in ihr Alltagsleben einbezogen hatten, verschwunden. Der Ort, bemerkte er, sei jetzt Geschichte.[3]

In Gülers Fotografien aus den 1950er-Jahren finden Grundzüge einer Lebenseinstellung, einer Weltsicht Ausdruck, die das Thema dieses Buches sind. Seine Bilder boten weder nostalgische Momentaufnahmen vom Landleben für ein Stadtpublikum, noch stellten sie gönnerhaft eine vermeintliche dörfliche Überzeitlichkeit einem vermeintlichen modernen Geschichtsbewusstsein gegenüber. Stattdessen zeigten die Fotos den vertrauten Umgang der Dörfler mit antiken Überresten, ihre leichtherzige Hinnahme der Natürlichkeit eines Lebens zwischen den Trümmern der Vergangenheit, die ihre alltägliche Landschaft bevölkerten. Diese Haltung steht dem Bedürfnis entgegen, Ruinen zu sammeln und auszustellen, mit Absperrungen zu umgeben und zu konservatorischen oder pädagogischen Zwecken zu musealisieren.

Aphrodisias, die antike Stadt, war in römischer Zeit ein wichtiges Zentrum des Aphroditekults und eine Kunstmetropole. Nach der Christianisierung wurde es in der Spätantike Bischofssitz. Seit etwa 1000 n. Chr. machten wandernde Turkmenenstämme Aphrodisias zum Ziel blutiger Überfälle, die Stadt entvölkerte sich langsam und wurde schließlich aufgegeben.[4] Doch in den Katastern des Osmanischen Reiches ist das Dorf verzeichnet und trägt den Namen Gerye. Zwar noch nicht in den ersten Vermessungsakten der Region aus den 1460er-Jahren,[5] sehr wohl aber in der Landesaufnahme von 1530 erscheint es, und dazu ein Markt.[6] Irgendwann während der Jahrzehnte zwischen den beiden osmanischen Katastervermessungen ist das Ruinenfeld neu besiedelt worden. Mit seiner Lage inmitten der Ruinen war Gerye exemplarisch, aber wahrscheinlich kein Einzelfall. Die osmanische Geschichte, der Gegenstand dieses Buches, spielte sich in alten Ländern mit langer Vergangenheit ab, die an wichtige Wasserwege wie die Ägäis, das Schwarze Meer und das Mittelmeer grenzten. Überall in dieser Landschaft verstreut lagen Ruinen.

Abb. I.1: Dörfler auf den Feldern in Aphrodisias (1958). Foto: Ara Güler. Mit freundlicher Genehmigung von Magnum Photos

Ruinen als Metapher

Für Autoren der osmanischen Zeit standen Ruinen für Verlust, jedoch für etwas weit Größeres als nur verlorene Kulturen oder den Verlauf der Zeit. Gleichwohl pflegten osmanische Autoren die Erinnerung an die Vergangenheit. In einem denkwürdigen Abschnitt des *Buches der Bittgebete*, das um 1500 entstand und für Generationen osmanischer Leser zu einem spirituellen Klassiker wurde, marschiert eine lange Reihe von Helden durch eine lyrische Litanei auf die verlorene Zeit. Die Propheten sind vertreten, angefangen mit Jesus und Moses, dazu die Heiligen, von den rechtgeleiteten Kalifen bis zu Sufi-Meistern wie Rumi. König Dareios kommt vor, Nebukadnezar und die Pharaonen von Ägypten. Die Meister der hellenistischen und indischen Wissenschaften treten auf, unter ihnen Platon, Aristoteles und Galen, dazu die ganze Heldenschar aus dem persischen *Schāhnāme* (*Buch der Könige*), „die alle auf der Wahrheit gegründet wohnten, manche freudig, andere voller Leid". Die Aufzählung endet mit einer Klage:

Wo sind die Kaiser, Byzanz-Hegemone,
Wo, die als „Chosrau" besaßen die Throne?
Wo sind, die als Kalifen den Muslimen befahlen?
Wo sind, die als Fürsten sich diesen Menschen empfahlen?
Wo ist der Marwaniden Pracht,
Wo ist der Abbasiden Macht?
Wo Dschingis-Khan und Söhne nun spielen,
Wo seine Kinder und Enkel, die vielen?
Seldschukische Fürsten sind wo nur geblieben,
Die Osmanensultane wohin jetzt vertrieben?
Wo blieb Sultan Mehmet und seine Größe,
Auf deren hehre Kraft man noch stöße?
Wohin verschwand seine rohe Gewalt,
Wozu nahm sein Springen und Reiten Gestalt?
Wo sind Regierungskraft und Entschluss?
Wo Größe und Mut aus einem Guss?[7]

Doch für osmanische Schriftsteller waren die Ruinen mehr als nur das. Ruinen standen für den Verlust, den alles im tiefsten Inneren trug. Wenn osmanische Dichter von „Ruinen" sprachen, meinten sie üblicherweise das Herz oder aber eine Schänke – sie waren ein und dasselbe, und beide waren Trümmerstätten. Figani (gestorben 1532) schrieb:

Seit das steinerne Herz meines Herzens Provinz hat verheert,
Man sieht: Kein Stein auf dem andern, die Stadt ist zerstört.[8]

Oder Esrar Dede (gestorben 1796):

In Kneipen tust du's oder lässt es dir tun –
Als Ruinen die gebauten Werke nur ruhn.[9]

In den Augen von Yahya (gestorben 1644) entsprachen die Ruinen, die sich über die Landschaft verteilten, dem verwüsteten und verwaisten Zustand seines Herzens.

Das Hausherz zerstöre, lasse nicht Stein auf Stein –
Dies tue, den Fremden sollen es Ruinen sein.[10]

Aber in Ruinen zu liegen war für die Dichter nichts Schlechtes. So schmerzlich die Erfahrung auch sein mochte, begrüßten sie sie doch, denn sie allein bot ihnen die Möglichkeit zum Einblick in das wahre Wesen der Dinge. Ruiniert zu sein, in einem Zustand völligen Verlorenseins – nur unter solchen Umständen war ein innerer Wandel möglich, und innerer Wandel war das, worum es im Leben ging. Verfall war keine Tragödie, er war der Sinn der Sache. Das dunkle Innere einer Taverne, eingehüllt in den Schmerz des Verlangens und Liebeskummers, erhellte das Innere des Herzens. Sich langsam zu betrinken war wie in einen Schlaf zu sinken, jedoch in einen, aus dem ein spirituelles Erwachen möglich war. So zum Beispiel Fuzuli (gestorben 1556):

Den Schatz seines Wohls im Winkel der Kneipe Fuzuli sich fand,
Das Segens-Reich nicht zerfalle, Gott verleihe Bestand!

Und Revani (gestorben 1524):

Dem Wein wie sein Schaum die Frömmler gaben die Kronen,
Betrunken von Kneipe zu Kneipe die Welt nun bewohnen.[11]

Elemente einer osmanischen Weltsicht

Dieses Buch erzählt die osmanische Geschichte als Geschichte dieser Weltsicht. Es sucht zu erklären, worin die osmanische Weltsicht bestand, wie sie zustande kam und wie sie sich auflöste. Sie blieb nicht unangefochten, und auch an Widerspruch fehlte es nicht. Doch die Grundbestandteile dieser Weltsicht wurden von allen Gemeinschaften der osmanischen Welt, gleich ob muslimischen, christlichen oder jüdischen, geteilt, auch wenn jede Gemeinschaft und die zu ihr gehörenden Gruppen ihre Elemente entsprechend den Traditonen der jeweiligen Gemeinschaft anders artikulierten. In diesem Buch beschreibe ich die osmanische Weltsicht als ein dreischichtiges Phänomen.

Die erste Schicht bildet die osmanische Dynastie, die Familie der Osmanensultane, ohne die es kein Osmanisches Reich gegeben hätte und keine osmanische Geschichte geben kann. Die Einwohner des Reiches teilten die Auffassung, dass an der osmanischen Dynastie etwas Besonderes war, und dies bestand nicht allein darin, dass die Familie der Osmanen die längste Zeitspanne ununterbrochener dynastischer Herrschaft in der Weltgeschichte für sich beanspruchen kann. Vielmehr besaßen die Sultane osmanischen Autoren zufolge *Din ü Devlet. Din* war spirituelle Energie, die Fähigkeit, die Bedingungen für die Begegnung zwischen der Menschenseele und dem Göttlichen zu regeln und festzulegen. *Devlet* bedeutete charismatische Herrschaft, die magische Gabe zu führen, Sieg und Wohlstand zu bringen. Verliehen wurden diese Gaben, um das materielle und geistige Wohlergehen der Völker unter der Obhut der Dynastie sicherzustellen. Osmanische ‚Politik' läuft größtenteils auf eine Beschreibung der Beziehungen der osmanischen Völker zu den Osmanensultanen und deren ausgedehntem Haushalt hinaus. Deren praktische Ausgestaltung variierte im Lauf der Zeit, je nachdem, wie sich das Bild der Osmanenfamilie nach außen hin wandelte, und damit veränderte sich auch die Definition von Identität, Loyalität und Zugehörigkeit.

Eine zweite Schicht der osmanischen Weltsicht ist ihr Verständnis von Wohlstand und Erfolg sowie der geeigneten Strategien, um beides zu erreichen. Das fiskalische Modell eines Imperiums ist wichtig, wie wir alle in den vergangenen zwei Jahrzehnten gelernt haben. Doch als die osmanische Dynastie ihr Reich errichtete, betrachtete sie die „Wirtschaft" nicht als unpersönliche oder unabhängige Kategorie, sondern als Ausdruck materiellen Erfolgs, der sich aus dynastischer Macht und geistigen Bindungen gleichermaßen speiste. Instinktiv wollten die Osmanen die Leute in Ruhe ihre eigenen Entscheidungen in Wohlstandsfragen treffen lassen. Die Bedingungen des ausgehenden Agrarzeitalters, in das die Blütezeit des Osmanischen Reiches fällt, seine bestehenden Transportkapazitäten und seine Kommunikationstechnologie erzwangen eine solche „Laissez-faire"-Haltung, aber sie war auch vernünftig. Von der imperialen Rhetorik einmal abgesehen, war „Absolutismus" nicht etwas, das die Imperien des Agrarzeitalters leicht praktizieren konnten. Die osmanische Regierung brachte durchaus hochfliegende Ideen hervor und stellte manchmal unter Strafandrohung weitreichende Forderungen. Für Sultane und Staatsmänner im Siegesrausch war es eine große Versuchung, sich zu übernehmen. Je entlegener die Provinz, desto wahrscheinlicher war es, dass Geduld und Verhandlungsbereitschaft sich auszahlten. Es waren alte Länder, wo die Menschen wussten, wie man Dinge regelte.

Die dritte Schicht der osmanischen Weltsicht ist das schon umrissene Geflecht aus spirituellen Überzeugungen. Die osmanische Literatur ist ein Mittel, um diese Überzeugungen zu verorten, und sie erhält in diesem Buch breiten Raum. Wie schon beim Betrachten der Fotografien Ara Gülers dauert es auch bei der Lektüre osmanischer Literatur nicht lange, bis man die alles durchdringende Melancholie spürt, die mit dem Verlust einhergeht, aber auch die verwunderte und heitere Hinnahme der Natürlichkeit dieses Verlusts. Hier auf diesem Erdenrund, unter den Himmelslichtern und Planeten, die über ihm im Gewölbe der sieben Himmel umliefen, bestand die Erfahrung des Menschseins in der Erfahrung von Wandel und des mit ihm einhergehenden Leids. Dieses Leid war teils das Ergebnis unerbittlicher Handlungen Gottes – Erdbeben, Seuchen, Dürre und Hungersnot, Stürme und Brandkatastrophen. Teils erwuchs es aus selbst zugefügten Wunden wie Krieg und Sklaverei, teils aus unergründlichen existenziellen Herausforderungen, unter denen die Erfahrung der Zeit zweifellos die rätselhafteste war. Und dennoch enthüllte die vergängliche Realität in all ihrer scheinbar willkürlichen Zufälligkeit für osmanische Autoren und ihre Leser letzten Endes eine vollständige Beschreibung des Göttlichen. Dinge, Erfahrungen und Ereignisse und vor allem jede Liebe und jeder Verlust – überwältigten in letzter Konsequenz die Sinne und trieben einen Menschen ins Dunkel, in die „Ruinenschänke“, wo er seine Lebensumstände bedenken und feststellen konnte, dass auch andere schon dort gelandet waren. Menschen fühlen sich in ihrem Schmerz oft getröstet, wenn ihr Leben dabei offensichtlich archetypischen Mustern folgt.

Zum Aufbau dieses Buches

Das Zeitempfinden einer Gesellschaft ist ein geeigneter Ausgangspunkt für den Einstieg in ihre Weltsicht. Daher erzählt dieses Buch die Geschichte der Osmanen in sieben chronologischen Kapiteln, entsprechend den Jahrhunderten des islamischen Kalenders, jener Zeitrechnung, die mit der Hidschra des Propheten Mohammed begann (622

n. Chr.). Zwar waren in den Ländern der osmanischen Dynastie und den von ihr beherrschten Gemeinschaften auch andere Kalender gebräuchlich, aber die Osmanen hielten sich an diesen islamischen Kalender und verwendeten ihn im gesamten Reich als Standard. Kapitel 1 beginnt mit dem Auftreten Osmans zu Beginn des achten islamischen Jahrhunderts, und Kapitel 7 endet mit dem Abgang der osmanischen Dynastie in der Mitte des vierzehnten. Somit vertritt das Buch zwei Thesen. Die eine lautet, dass das Dramatische an der Geschichte gerade in ihrer Chronologie besteht. Die Menschen wissen nie, was als Nächstes geschehen wird, sie wissen bloß, was gerade passiert ist, und auch das nur verschwommen. Da es der Historiker ist, der am Ende die Geschichte erzählt, ist die geschehende Geschichte von Natur aus anachronistisch. Dieses Paradox ist Teil des Vergnügens. Die andere These, die in der chronologischen Anordnung des Buches steckt, besagt, dass das Erleben von Zeit selbst eine Dimension der erzählten Geschichte ist. Keine Epoche ist wichtiger oder unwichtiger als eine andere. Ein kulturelles Konstrukt des Menschen, das ihm kosmologische Orientierung bietet und eine Struktur an die Hand gibt, innerhalb derer er den Sinn des Lebens begreifen kann, ist der Kalender.

Der Aufbau des Buches ist der osmanischen Weltsicht noch auf zwei weitere Arten verpflichtet, nämlich durch den Gebrauch einheimischer Ortsnamen und den Gebrauch von Eigennamen. Ortsnamen benennen das Terrain, das die osmanischen Völker ständig durchquerten, geben den Schauplatz der Handlung vor und liefern zum Teil den Kontext der Ereignisse. Mehr noch, sie lassen die Gestalt der osmanischen Gedankenwelt erkennen; es kann gar nicht genug betont werden, dass die Osmanen die regionale Vielfalt als gegeben annahmen. Sie hatten ihre Freude daran. Sie hüteten sich davor, Pauschalurteile auf der Grundlage von Verallgemeinerungen zu fällen, wie etwa „der osmanische Balkan" – so etwas gab es nicht – oder „Anatolien", dessen heutige Definition ebenfalls ziemlich jungen Datums ist und nach dem Ende des Imperiums entstand. Osmanische Autoren sprachen von „diesen wohlbeschützten Herrschaftsbereichen", über die sie mit eigentümlicher Betonung des Lokalen berichteten.

Was die Eigennamen angeht, so sind viele von ihnen vielleicht nicht vertraut, doch sie sind trotzdem unverzichtbar. Dieses Buch handelt von

Menschen und von den Entscheidungen, die sie trafen, von dem, was sie schrieben und sagten, wie sie mit Leid fertig wurden, welche Überraschungen sie erlebten und was sie glücklich machte. Die Osmanen liebten es, alles zu dokumentieren, weshalb die Quellen, auf denen das Buch beruht, tatsächlich Namen nennen. Natürlich kannten viele Angehörige der vergleichsweise kleinen osmanischen Herrschaftsschicht einander, besonders jene, die gemeinsam im Palast aufgewachsen waren, aber das reicht als Erklärung nicht aus, da es nicht nur die Herrschaftsschicht ist, deren Namen in den Dokumenten auftauchen. Auch einfache Leute erscheinen namentlich, Männer wie Frauen, Christen, Juden, Muslime und Fremde, in Beschwerden und Gesuchen, Gerichtsfällen, Verträgen, Tagebüchern, Geschichtswerken und ähnlichem. Vielleicht stellen diese Namen die Geduld des Uneingeweihten auf die Probe, aber wer gut vorbereitet ist, dem offenbaren osmanische Namen häufig wichtige Informationen – Geschlecht, soziale Identität, Herkunftsort –, ganz abgesehen davon, dass sie manchmal schillernd und kurzweilig sind. Wenn in diesem Buch viele dieser Namen enthalten sind, so ist das der Versuch zu wiederholen, was die historischen Aufzeichnungen der Osmanen überdeutlich machen: dass die osmanische Weltsicht am klarsten in der Achtung vor dem Einzelnen und vor den bedeutsamen wie den banalen Details seines Lebens zum Ausdruck kam.

1. Osmanische Genese, 1300–1397

Der Regen fiel heftig in diesem Frühjahr, und der Fluss Sangarios trat über die Ufer und suchte sich unter einer längst aufgegebenen Brücke hindurch sein altes Bett. Ein Sturzbach aus Matsch, Schlamm und Schutt ergoss sich über den Weg, und dort begann das Osmanische Reich, in den westlichen Grenzregionen der mongolischen Welt während der Morgenröte der Kleinen Eiszeit, im Monat März an der Wende zum achten islamischen Jahrhundert. Türkischen Hirten, die mit ihren Herden von den regengepeitschten Anhöhen flohen, gelang es, die durchbrochenen byzantinischen Verteidigungslinien am abgerutschten Flussufer zu umgehen.[1] Ihre Vorhut überraschte eine byzantinische Streitmacht. Mit frischem Mut griffen die Türken an und brandschatzten. Es folgten zahlreiche weitere Raubzüge – eine wahre Flut. Von Konstantinopel rückte das reguläre Heer aus, das vom Kaiser den Befehl erhalten hatte, der türkischen Gefahr entgegenzutreten, doch auf der Ebene von Bapheus vor Nikomedia errangen die Türken einen großen Sieg.

Osmanische Sultane des achten islamischen Jahrhunderts

Osman	gest. 1324(?)
Orhan	1324–1361(?)
Murad I.	1361(?)–1389
Bayezid I.	1389–1402

Nicht so schnell. Eine einzelne Schlacht macht noch kein Reich. Die frühesten erhaltenen türkischen Beschreibungen sind einhundert Jahre jünger, sie stammen aus einer Zeit, als die Erinnerungen an die Anfänge des Reiches bereits eng mit den Ansichten über die Art und Weise verknüpft waren, wie sich alles weiterentwickelt hatte. Und so trieb die osmanische Gründergeneration, losgelöst von der festen historischen Verankerung, in den Strudeln von Poesie und Epos aufs offene Meer hinaus. Selbst das Datum steht nicht ganz fest, was osmanischen Autoren nur recht war. Sie verlegten es gern ins Jahr 699 der Hidschra des Propheten Mohammed, als hätte das osmanische Herrscherhaus die Hoffnung auf den „Erneuerer des Zeitalters" erfüllt, der zu Beginn eines jeden neuen Jahrhunderts erscheinen sollte. Und es war ein außerordentlicher Beginn – das islamische Jahr 700 entsprach beinahe genau dem christlichen Jahr 1300, eine bemerkenswerte Epochenüberschneidung.

Raubzüge und rauschende Fluten rühren im Türkischen von derselben verbalen Quelle her, und Tränen ebenso, nämlich von der Wurzel *ak-*, und viele spätere Autoren, Türken wie Griechen, kannten das Wortspiel. „Die Verstärkungen des rechten Glaubens *rauschten* über den Ungläubigen hinweg", so geistreich der türkische Dichter Ahmedi,[2] und der griechische Historiker Dukas schrieb: „Wenn sie die Stimme des Herolds vernehmen, der sie zum Angriff ruft – der in ihrer Sprache *akin* heißt –, brechen sie ungebeten herein wie ein *über die Ufer tretender Fluss*."[3]

Die türkische Flut

Fast nichts wissen wir heute über Osman, den Gründer des Hauses Osman, den Mann, der als Erster der Osmanensultane in Erinnerung ist. „Osman Bey trat in Erscheinung", vermerkte ein lakonischer Annalist später. Niemand weiß, wann oder wo Osman geboren wurde, und lange Zeit gab es kein einziges Artefakt, das sich zuverlässig in seine Lebenszeit hätte datieren lassen. Inzwischen sind zwei Münzen aufgetaucht, eine in einer Privatsammlung in London und eine im archäologischen Museum von Istanbul; beide tragen die Prägung *Osman ibn Ertugrul*.[4] Selbst sein Name ist umstritten. Der griechische Historiker Pachymeres,[5] dem wir die Beschreibung des Sangarios-Hochwassers verdanken und der als einziger zeitgenössischer Autor Osmans Namen erwähnt, nennt ihn gar nicht Osman, sondern Ataman. Die überraschende Vorstellung, Osman habe einen anderen Namen getragen, wird von zwei späteren Quellen gestützt, einmal dem Werk eines „Lehnstuhlgeographen", das um 1350

Abb. 1.1: Die Gräber von Osman und Orhan in Bursa auf einer Fotografie von Abdullah Frères, ca. 1880–1893

auf Arabisch verfasst wurde, und zum anderen einer um 1500 geschriebenen Biographie des muslimischen Heiligen Hacı Bektaş. Ataman ist ein türkischer oder vielleicht mongolischer Name, während Osman untadelig muslimisch ist, die türkische Form des arabischen *ᶜUthmān* – wie auch der Gefährte des Propheten Mohammed hieß, der dritte Kalif des Islam. Dies hat den Verdacht geweckt, unser Osman oder Ataman könnte von Geburt Heide gewesen sein, seinen neuen Namen Osman also später angenommen haben, als er Muslim wurde. Doch wenn dies stimmen würde, wenn Osman tatsächlich ein islamischer Konvertit war, der seinen Namen änderte, warum hätten dann seine Söhne, die ohne jeden Zweifel Muslime waren, ihre echt türkischen Namen behalten sollen?[6]

Laut dem, was Pachymeres schrieb, können wir über jenen Türken, den er Ataman nennt, mehr oder weniger nur vermuten, dass er ein Krieger war. Nach den Kriegszügen vom Sangarios (Sakarya) und dem Sieg bei Bapheus strömten ihm von fern und nah türkische Krieger zu.[7] Ataman belagerte Nikaia, und obwohl er die Stadt nicht einnehmen konnte, überzog er ihre Umgebung mit Überfällen, tötete dabei viele, machte einige Gefangene und schlug den Rest in die Flucht. Mehrere andere Festungen und befestigte Städte im Sangarios-Tal nahm er jedoch ein und nutzte sie als Depots für seine Beute. Auf ähnliche Art verwüstete er das Umland von Prusa (Bursa), konnte aber auch diese Stadt nicht erobern.

Unsicher ist auch Osmans Todesdatum. Wahrscheinlich war er 1324 schon tot, dem Jahr, in dem sein Sohn Orhan eine Stiftungsurkunde beglaubigte.[8] Der marokkanische Weltreisende Ibn Battuta, der die Region in den Jahren 1331–32 besuchte, schrieb, dass Osman in der Moschee von Bursa begraben sei, bei der es sich wahrscheinlich um die frühere Kirche St. Elias handelt.[9] Wegen eines Erdbebens steht diese Kirche heute nicht mehr. Inzwischen liegen die sterblichen Überreste Osmans neben denen von Orhan; Vater und Sohn ruhen in einem Doppel-Mausoleum, das 1863 errichtet wurde.

Orhan

Weitaus leichter als für Osman, den Vater, lassen sich zeitgenössische Belege für Orhan, den Sohn, finden. Zwei Inschriften Orhans sind erhalten und außerdem Abschriften dreier seiner Stiftungsurkunden.[10] Namentlich erscheint er in mongolischen Rechnungen[11], und auch in persischen und arabischen Quellen wird er erwähnt. Ibn Battuta behauptete, Orhan begegnet zu sein, „dem größten der Könige der Turkmenen und dem reichsten an Vermögen, Land und Heeresmacht“. Orhan „kämpfte ständig mit den Ungläubigen“ und reiste regelmäßig zwischen seinen über 100 Burgen umher, überzeugte sich, dass sie in gutem Zustand waren, und blieb nie länger als einen Monat an einem Ort.[12] Ibn Battutas Bild eines unablässig kämpfenden Orhan wird von griechischen Autoren nachdrücklich bekräftigt. Er und seine Männer eroberten 1326 nach langer Belagerung Prusa (Bursa), und im darauffolgenden Jahr ließ Orhan dort Münzen prägen, wie ein erhaltenes Silberstück zeigt. Im Jahr 1331 fiel Nikaia (İznik) an Orhans Truppen und 1337 Nikomedia (İznikmid, İzmit). Die Einnahme dieser drei bedeutenden griechischen Städte – Prusa, Nikaia und Nikomedia – machte Orhan zum Herrn der gesamten Region Bithynien.

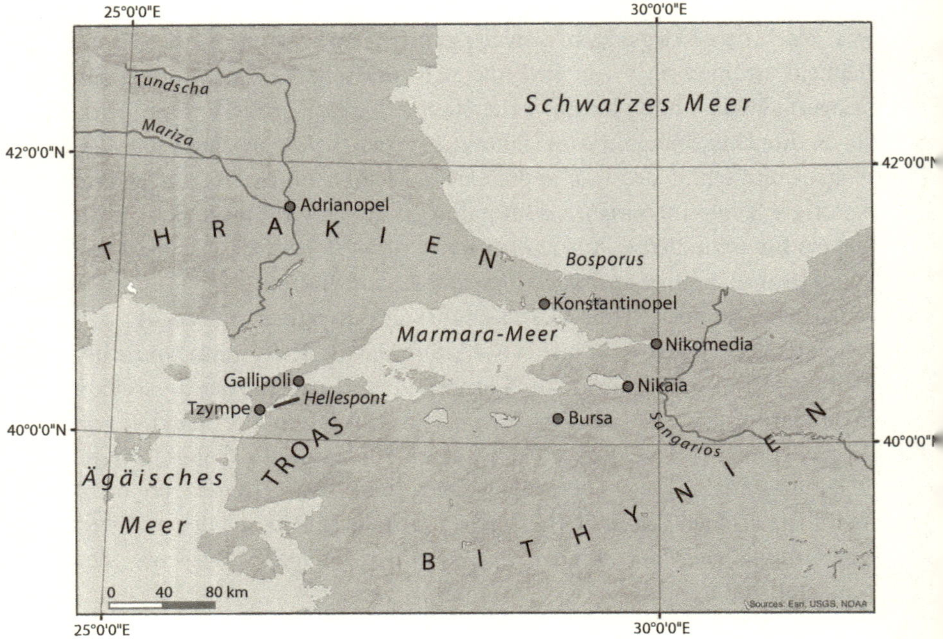

Karte 1.1: Die Umgebung des Marmarameers

Orhan war aber nur einer von vielen türkischen Herrschern, denen Ibn Battuta auf seiner Reise durch Kleinasien begegnete. Turkmenische Sippen, die vor den Mongoleneinfällen flohen, bildeten die Streitmacht für so manchen ehrgeizigen Fürsten, der seit den 1290er-Jahren die Flusstäler und Küsten von Schwarzem Meer, Marmarameer und Ägäis plünderte. Außer Orhan nutzten auch mehrere von ihnen ihre bewaffneten Banden, um primitive Verwaltungsstrukturen zu schaffen. Um 1340 kontrollierten sie die meisten Überlandrouten und Karawanenstädte der Flusstäler und schalteten sich an den Küsten in den Kampf zwischen Byzanz und den italienischen Seestaaten um die Häfen und Schifffahrtswege ein. Die türkischen Fürsten dieser Grenzlande und ihre Gefolgsleute erschienen nicht nur den Griechen als roh und unbezähmbar, sondern auch den weltläufigen muslimischen Autoren aus „Rum" oder Rom, wie man die Hochebene im Binnenland nannte, weil sie einst Teil des Römischen Reiches gewesen war. Dort hatte die islamische Kultur mehr als 200 Jahre lang unter der Herrschaft der Seldschuken-Dynastie dominiert,[13] die ein kultiviertes, von persischen Einflüssen geprägtes Königreich mit dem Zentrum Konya regiert hatte. Die Neuankömmlinge waren Halbnomaden, die stolz südwestliche (also oghusische, siehe Abb. 1.3) Turksprachen pflegten. Ihre Lebensweise basierte auf Raubzügen ebenso wie auf Viehzucht und dem Verkauf der Produkte ihrer Herden.[14] Ihre heiligen Männer und Derwische waren darauf erpicht, den Islam in neue Länder zu tragen. Das Erscheinen dieser Vasallen der mongolischen Herrscher des Iran (der Ilchaniden, deren Herrschaft 1336 endete) hing mit Ereignissen des vorausgehenden Jahrhunderts zusammen, die jenseits des Horizonts ihrer eigenen Erinnerungen lagen. Damals hatte das Vordringen der Mongolen auf dramatische Weise die geschäftlichen und politischen Beziehungen im gesamten südwestlichen Eurasien gesprengt.

Gewalt, Seuchen und Unheil

Im Jahr 1219 hatte die Verwüstung von Choresm durch die Mongolen eine Zwangsmigration von Völkern aus dem zentralen Eurasien ausgelöst, die sämtliche Gesellschaften westlich des Kaspischen Meeres betraf. Unter den Flüchtlingen und Migranten befanden sich Tausende Turkmenen samt ihren Familien und Herden. Ihre Stammesgesellschaften waren hochgradig mobil und für ihr militärisches Potenzial berühmt. Die Lebensläufe gleich zweier großer Heiliger, Rumi (alias Mevlana Dschalal ad-Din) und Hacı Bektaş, sind mit der mongolischen Gewalt verknüpft – dem Klimawandel und dem menschlichen Elend, die hinter ihr lagen, und dem Einbruch eines chiliastischen Glaubenseifers, der ihr vorauseilte.

Die politischen Kollateralschäden der Mongoleneinfälle hatten bis 1260 zur Entstehung dreier mächtiger Königreiche im Südwesten Eurasiens geführt. Zwei davon waren mongolisch – die Goldene Horde am Unterlauf der Wolga und in der Steppe nördlich des Schwarzen Meeres sowie die Ilchaniden im Iran, in Mesopotamien und im Kaukasus mit Täbris als Hauptstadt. Das dritte war das Sultanat der Mamluken, das nicht Mongolen, sondern Sklavenoffiziere aus dem Turkvolk der Kipçak gegründet hatten, die 1250 ihre ayyubidischen Herren stürzten und die Macht in Kairo an sich rissen. Die Mamluken beherrschten Ägypten, Arabien und die syrische Küstenebene. In diesen drei großen Königreichen und deren Dunstkreis stritten von der Donau bis zum oberen Euphrat und Tigris Dutzende slawischer, lateinischer, griechischer, armenischer und türkischer Edler und Fürsten, deren Namen längst vergessen sind, heftig und oftmals gewaltsam um die Kontrolle über die Endpunkte der großen eurasischen Handelsrouten. Diese Herren hießen auf Türkisch „Emire“, daher der Begriff „Emirate“ für ihre Kleinkönigreiche. Zu den vielen türkischen Emiren zählten Osman und Orhan, doch die stärkste Position hatte das griechische Adelsgeschlecht Michaels VIII. Palaiologos, Regent des griechischen Königreichs Nikaia, der im Jahr 1261 Konstantinopel von den lateinischen Kreuzfahrern zurückeroberte.

Der byzantinische Bürgerkrieg

Die regionalen Gegebenheiten, unter denen Orhans kleines türkisches Emirat erstmals ein wichtiger Faktor in dieser größeren Welt wurde, bestanden aus einer dynastischen Krise in Byzanz. Hinter dieser Krise steckten größere Fragen sowohl der orthodoxen Glaubenstradition als auch der internationalen Politik. In den Jahren nach der Wiederherstellung der griechischen Herrschaft über Konstantinopel setzte Michael VIII. auf langfristige Sicherheit für Byzanz, sowohl durch ein Bündnissystem mit dem Königreich Ungarn und den Türken und Mongolen der Steppe nördlich des Schwarzen Meeres als auch durch Vereinigung der orthodoxen Kirche mit Rom. In den Augen zahlreicher Orthodoxer, Kleriker wie Laien, waren Ehebündnisse mit Nachbardynastien – sei es mit der Tochter des Königs von Ungarn oder der Tochter des Tatarenkhans – ebenso sehr Politik. Die Kirchenunion mit Rom jedoch – die 1274 auf dem Konzil von Lyon besiegelt wurde – erregte Abscheu, und Michaels Nachfolger Andronikos II. (1282–1328) ignorierte sie. Am Ende konnte die Politik Byzanz nicht retten, steuerte die Kirche jedoch in schwere Prüfungen und letztendlich in einen Wandel. Andronikos II. verwaltete das paradoxe Nebeneinander aus byzantinischem Souveränitätsverlust und sich ausbreitender orthodoxer Erneuerung in den slawischen Ländern. Diese Neubelebung zeigte sich besonders an der mystischen Bewegung der Hesychasten, die sich aus Klostergemeinschaften heraus stürmisch entwickelte. Heimat des Hesychasmus war der Berg Athos, dessen zahlreiche Klöster auf einer Halbinsel in der Ägäis lagen.

Der Konflikt wurde zum offenen Bürgerkrieg, als der damalige Kaiser 1341 starb und den neunjährigen Johannes V. als Erben hinterließ. Der Hof spaltete sich in zwei Parteien. Auf der einen Seite fanden sich als Unterstützer des Jungen seine Mutter, die Kaiserinwitwe Anna von Savoyen, der griechisch-orthodoxe Patriarch und der Großadmiral. Sie plädierten für die Vereinigung mit Rom als Mittel, das Reich durch militärischen Beistand zu stärken. Ihnen schwebte ein wiedererrichtetes Byzanz nach dem Muster der lateinischen Seehandelsstaaten vor. Unterstützt wurden sie dabei durch viele griechische Stadtbewohner.[15] Auf der anderen Seite führte der Großdomestikos Johannes Kantakuzenos, ein mächtiger General und Militärberater bei Hof, die Opposition gegen die Kaiserin und ihre Partei an. Kantakuzenos hatte die Rückendeckung der meisten anderen begüterten Aristokraten in Thrakien sowie jener orthodoxen Christen aller Schichten, die gegen eine Vereinigung mit Rom waren. Entscheidend war, dass Kantakuzenos außerdem die Unterstützung des Mönches Gregorios Palamas, des Anführers der Hesychasten, hatte.

Die Sympathien für den Hesychasmus bildeten die geistliche Dimension des dynastischen Konflikts. Als Bewegung der persönlichen Erneuerung kreiste der Hesychasmus um das innere Gebet und verwendete das Jesusgebet, das „Gebet des Herzens“, als Meditationsübung. Diese schlichte Gebetsformel, *Jesus Christus, Sohn Gottes, erbarme dich meiner*, führte zu heftigem Streit. Zwar hatte der Hesychasmus uralte Wurzeln in der griechischen Spiritualität, doch seine Einführung auf dem Berg Athos im frühen 14. Jahrhundert n. Chr. war die Geburtsstunde einer geistlichen Erneuerungsbewegung. Als türkische Raubzüge in den 1320er-Jahren ein zeitweiliges Ausweichen nach Saloniki erzwangen, kam der Hesychasmus aus seiner monastischen Ecke und wurde zur Massenbewegung. Kritiker griffen ihn als vernunftfeindlich an und spotteten über seine Vorschriften zur yogaartigen Kontrolle der Atmung, doch die Predigten und Schriften des Gregorios Palamas stellten die Bewegung auf festen theologischen Boden. Palamas deutete die Erfahrung des Gläubigen im kontemplativen Gebet als Begegnung mit

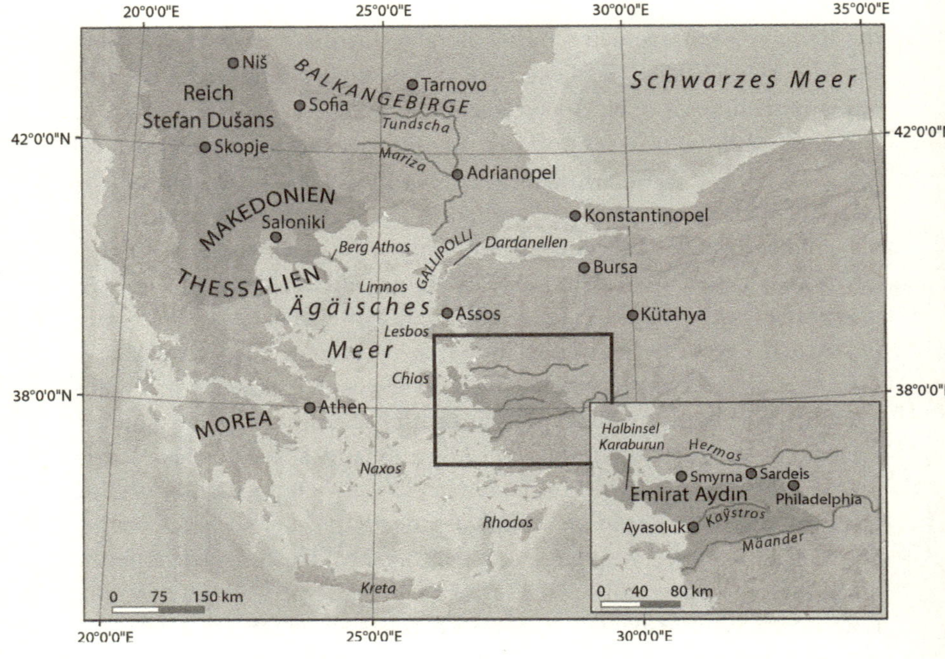

Karte 1.2: Das Umland der Ägäis

Gottes Energien in Gestalt des Lichts, desselben Lichts, das Christus auf dem Berg der Verklärung umleuchtet hatte. Rabiat wurde der theologische Schlagabtausch wegen der Unterscheidung, die Palamas zwischen den *Energien* Gottes und dem *Wesen* Gottes machte; letzteres sei unzugänglich und unbegreiflich. Der entscheidende Punkt für Palamas war, dass die Theologie allein ungeeignet sei, wahre Gotteserkenntnis hervorzubringen – die Mysterien Gottes überstiegen jede rationale Beschreibung. Die einzige Hoffnung auf Erlösung sei ein Wandel der Seele durch das wahre Licht der Gnade Gottes. In den Augen vieler griechischer Aristokraten, die der wachsende Einfluss italienischen Handelsdenkens beunruhigte, war die hesychastische Spiritualität Ausdruck einer authentischen griechischen christlichen Identität.[16] Obwohl es Ausnahmen gab, waren Hesychasten wie Palamas in der Regel starke Unterstützer von Kantakuzenos und widersetzten sich einer Vereinigung mit Rom aus tiefster Seele.[17]

Als Kantakuzenos sich im Herbst 1341 in Thrakien aufhielt, führten der Patriarch und die Kaiserin in der Hauptstadt einen Putsch durch. Sie beschlagnahmten Kantakuzenos' Vermögen und ließen seine Mitstreiter, darunter Gregorios Palamas, einkerkern. Im Gegenzug erklärte Kantakuzenos sich zum Mitkaiser des Kinderkaisers Johannes V. und ernannte Palamas zum Erzbischof von Saloniki. Doch ein der Kaiserin wohlgesinntes „Zeloten"-Regime übernahm die Herrschaft in Saloniki und hinderte Palamas daran, sein Amt anzutreten, und der Hesychasmus wurde vorerst offiziell verurteilt. Palamas wanderte in den Kerker, und Kantakuzenos floh nach Priština, wo er fast ein Jahr unter dem kühl-berechnenden Schutz des slawischen Königs Stefan Dušan stand. Sobald Kantakuzenos abreiste, wechselte Dušan die Seiten, verlobte seinen Sohn mit der Schwester des Kinderkaisers[18] und plünderte ganz Makedonien mit Ausnahme von Saloniki.

Beide byzantinischen Lager suchten Verbündete unter Adligen und Nachbarn, nicht nur bei den Slawen, sondern auch unter den italienischen Stadtstaaten, deren Kolonien in der Ägäis und den zahlreichen türkischen Emiren entlang der Ägäis- und Schwarzmeerküste. Die Kaiserin trat an Orhan heran, fädelte aber nach einer frostigen Reaktion stattdessen die Unterstützung durch Orhans südlichen Nachbarn ein. Kantakuzenos holte sich beim türkischen Emir der Troas eine Abfuhr,[19] gewann aber die Rückendeckung des Emirs von Aydın, des mächtigsten aller türkischen Emirate an der Ägäis. Aydın entsandte eine Flotte und Truppen nach Thrakien und verheerte die italienischen Handelsstützpunkte auf den ägäischen Inseln. Doch im Oktober 1344 eroberten die vereinten Truppen des Papstes, Venedigs, des Königs von Zypern und der Johanniter den Hafen und die Zitadelle von Smyrna, eine Niederlage, von der sich Aydın nie wieder ganz erholte.

Nun wandte sich Kantakuzenos an Orhan. Durch Orhans Eheschließung mit Kantakuzenos' zweiter Tochter, Theodora, besiegelten sie ein dauerhaftes Bündnis.[20] 2000 türkische Krieger unter Führung von Orhans Söhnen schlossen sich Kantakuzenos' Sohn Matthaios auf einem Feldzug an, um Stefan Dušan zu vertreiben und Thrakien zu plündern. Die Palastfraktion um die Kaiserin ersuchte um einen Waffenstillstand, und 1347 zog Kantakuzenos siegreich in Konstantinopel ein. Er ließ sich vom Patriarchen krönen und gab seine dritte Tochter, Helena, dem jungen Johannes V. zur Frau, der wie geplant sein Mitregent wurde. Um seine Unterstützung zu demonstrieren, feierte und jagte Orhan gemeinsam mit Kantakuzenos am Bosporus gegenüber von Konstantinopel.[21] Kantakuzenos leitete nach seiner Krönung ein Kirchenkonzil, auf dem der Hesychasmus wie erwartet für orthodox erklärt wurde. Man ernannte einen hesychastischen Patriarchen, und Gregorios Palamas konnte sich endlich als Erzbischof in Saloniki niederlassen.

Der Schwarze Tod und das Marmara-Erdbeben

Keine sechs Monate nach dem Festgelage am Bosporus erreichte der Schwarze Tod Konstantinopel. Die Pest traf das Ägäisbecken innerhalb nur einer Generation in zwei Wellen, erst 1348 und dann wieder 1361. Indem sie Eurasien auf den binnenländischen Handelswegen durchquerte, verwüstete sie das Khanat der Goldenen Horde, dann breitete sie sich von den Schwarzmeerhäfen auf der Halbinsel Krim in die Ägäis und das Mittelmeer aus und gelangte über den Kaukasus ins mongolische Täbris. Von dort aus schlug die Epidemie 1348 in Mossul und Bagdad zu. Eine armenische Quelle erwähnt sie am oberen Euphrat. Im Jahr darauf wütete sie an allen Küsten der Ägäis und des Mittelmeers sowie auf Zypern.

Ibn Battuta verlor durch die Seuche seine Mutter. Er wurde Zeuge der Gebete, des Fastens und der Prozessionen, die als Antwort auf die Epidemie im Sommer 1348 in Damaskus abgehalten wurden. „Die ganze Bevölkerung der Stadt schloss sich an", schrieb er.

> Die Juden zogen aus mit ihrem Buch des Gesetzes und die Christen mit ihrem Evangelium, bei sich ihre Frauen und Kinder; die ganze Versammlung in Tränen und demütigem Flehen begriffen, mit dem sie die Gnade Gottes kraft seiner Bücher und seiner Propheten anriefen. Sie zogen zur Moschee der Fußabdrücke und verharrten dort in Bittgebeten und Anrufungen bis beinahe Mittag, dann kehrten sie zur Stadt zurück und hielten das Freitagsgebet ab.[22]

„Die Verzweiflung war ganz entsetzlich", schrieb Kantakuzenos über die Situation in Konstantinopel. Er und seine Frau sahen ihren jüngeren Sohn sterben, und „zu der Seuche gesellte sich die schwere Last der Bedrückung". Für Kantakuzenos war die Epidemie eine Prüfung Gottes, die die Menschen zu tugendhaftem Handeln trieb. „Viele verteilten ihre

Abb. 1.2: Der heilige Gregorios Palamas auf einer Ikone vom Berg Athos. Mit freundlicher Genehmigung der Skite des Heiligen Isaak von Syrien

Habe an die Armen, noch ehe die Seuche sie getroffen hatte. Sahen sie irgendwann erkrankte Menschen, war nicht einer unter ihnen so herzlos, dass er nicht Reue für die von ihm begangenen Sünden zeigte …"[23]

Als Kantakuzenos 1352 seinen überlebenden Sohn Matthaios zum Kaiser krönen ließ, flammte der Bürgerkrieg in Konstantinopel neu auf. Am Ostersonntag machte Stefan Dušan sich in Skopje zum „Kaiser der Serben und Römer" und rüstete zum Krieg. Wieder einmal nahm Kantakuzenos Kontakt mit den Türken auf. Teil der neuen Abmachung war, dass Truppen unter dem Kommando von Orhans Sohn Süleyman die Festung Tzympe auf der Halbinsel Gallipoli besetzten. Die Lage verschlechterte sich, als Konstantinopel von einer galoppierenden Inflation heimgesucht wurde. Der verzweifelte Palast bat Gregorios Palamas um Vermittlung.

Palamas und sein Mönchsgefolge segelten nach Konstantinopel und fuhren im März 1354 während eines späten Wintersturms in die Dardanellen ein. Nur mühsam gelang ihrem Boot die Landung in Gallipoli. Dort fanden sie ein Bild nackten Elends vor. Am vorausgehenden Samstagabend, dem Vorabend zum Fest der Orthodoxie (dem ersten Sonntag der Fastenzeit), hatte ein Erdbeben die gesamte Gegend dem Erdboden gleichgemacht. Noch im 160 Kilometer weiter östlich gelegenen Konstantinopel spürte man starke Erschütterungen.[24] Gallipoli war einschließlich seiner Stadtmauern völlig zerstört und mit Flüchtlingen aus den umliegenden Städten und Dörfern überfüllt. Das Beben machte „nicht nur Gebäude und Besitz, sondern auch Leiber und Seelen … zur Beute für die Hunde und jede Art Aasvögel … menschliche wie nicht menschliche".[25] Viele starben in der eisigen Kälte, in Schnee und Regen, „besonders Frauen und Neugeborene". Gleich nach dem Erdbeben, so erfuhr Palamas, hatte Orhans Sohn Süleyman die Dardanellen überquert und Gallipoli besetzt. Jetzt enterten türkische Truppen Palamas' Boot und setzten den Erzbischof und seine Mitreisenden fest.

Als Palamas fast ein Jahr später aus der Gefangenschaft freikam, hatte sich alles verändert. Süleyman hatte Gallipoli stärker als zuvor wieder erbaut. Wie Kantakuzenos gehofft hatte, hatten türkische Ritter zwar Stefan Dušan besiegt, doch gingen sie nun in ganz Thrakien auf Raubzüge und belagerten Konstantinopel. Das Zerbröckeln seiner politischen Position zwang Kantakuzenos zum Thronverzicht.

Die Türken und Europa

Mittelalterliche und moderne Beobachter haben die osmanische Einnahme von Gallipoli 1354 als den symbolischen Anfang der türkischen Expansion nach Europa betrachtet. So schilderte beispielsweise der byzantinische Autor Kritobulos die Überquerung des Hellespont (der Dardanellen) in Worten, die bewusst an Herodots berühmte Beschreibung der Invasion Griechenlands durch Xerxes anknüpften, und nannte Orhans Truppen sogar „die Perser".[a]

Aber die Osmanen waren nicht die ersten Türken, die die Meerengen überquerten, und ohnehin verloren sie Gallipoli 1366 (eroberten es aber 1373 zurück). Seit mindestens drei Jahrhunderten waren Menschen aus der zentraleurasischen Steppe in die gesamte Region eingewandert. Wahrscheinlich kamen die ersten Türken von Europa nach Kleinasien statt umgekehrt.[b] Selbst die geographischen Begriffe sind nicht unveränderlich – in der Antike galt eine andere „Bosporus"-Meerenge, nämlich die zwischen dem Schwarzen und dem Asowschen Meer, als die Trennlinie zwischen Europa und Asien, nicht etwa die bei Byzanz gelegene.[c] Die Wanderungen halbnomadischer Türken und Indoeuropäer beschränkten sich keineswegs auf das byzantinische Kleinasien.[d] Spätestens im Jahr 1200 stellten die Türken ein bleibendes Element der Gesellschaften auch in den slawischen Königreichen und in Ungarn dar. In keiner dieser Beziehungen bildeten die Meerengen zwischen dem Schwarzen Meer und der Ägäis eine ausgeprägte Trennungslinie.

Zeitgenössische Beobachter sahen die Bedeutung der osmanischen Besetzung von Tzympe und Gallipoli anders. Sie bescherte den osmanischen Heeren eine vorgeschobene Basis auf der Bithynien gegenüberliegenden Seite der Meerengen, von der aus man Thrakien plündern oder auch Konstantinopel von der Landseite her bedrohen konnte – keine Kleinigkeit für die Osmanen, die damals nur eine dürftige Flotte besaßen.

[a] Kritovoulos, *The History of Mehmed the Conqueror*, S. 21–27. [Aus Stilgründen wurden Begriffe aus der griechischen Klassik seit der römischen Kaiserzeit gern für Völker, Länder etc. in der jeweiligen Gegenwart zweckentfremdet, was zu Verwirrung führen kann (A.d.Ü.).]

[b] Sinor, „Réfléxions sur la presence Turco-Mongole", Neudruck in: Sinor, *Studies in Medieval Inner Asia*.

[c] O. Pritsak, „The Role of the Bosporus Kingdom", in: Ascher / Halasi-Kun / Király (Hrsg.), *Mutual Effects*, S. 3–21.

[d] Zachariadou, „The Oğuz Tribes".

Murad Hüdavendigâr und die Eroberung Thrakiens

Zwar endete der Bürgerkrieg in Byzanz, doch so bald kehrte kein Friede ein, da Stefan Dušans instabiles slawisches Königreich bei seinem Tod in Konflikten zwischen seinen Erben und Vasallen zerfiel. Bei den daraus resultierenden anarchischen Zuständen in Thrakien spielten türkische Raubscharen sicher eine Rolle und nutzten sie aus, doch war es auch die türkische Eroberung, die nach Jahrzehnten destruktiver Gewalt die Rückkehr von Stabilität und öffentlicher Ordnung brachte.

Nicht Süleyman, der bei einem Jagdunfall ums Leben kam, schloss die osmanische Eroberung Thrakiens ab, sondern Murad, ein anderer Sohn Orhans. Er folgte auf Orhan nach einem Streit mit seinem jüngsten Bruder Halil, dessen Mutter Theodora war, die Tochter von Kantakuzenos. Griechische Piraten entführten Halil und hielten ihn in Konstantinopel fest. Man arrangierte eine Ehe zwischen Halil und der Tochter Kaiser Johannes' V. zur Festigung der byzantinischen Verbindungen mit dem potenziellen osmanischen Erben,[26] doch diese Pläne zerschlugen sich, als Murad Halil besiegte. Der Krieg zwischen den beiden osmanischen Brüdern wuchs sich zu einer großangelegten Eroberung der türkischen Emirate in den Küstenregionen Kleinasiens und am Westrand der Hochebene aus. Viele türkische Emire kapitulierten ebenso wie der christliche Stadtstaat Philadelphia.

Westlich der Meerengen bedeutete Murads Eroberung von Edrene (Adrianopel oder Edirne) am Zusammenfluss der Flüsse Tundscha und Mariza das Aus für viele slawische Fürsten. Der Todesstoß war ein türkischer Sieg an der Mariza im September 1371. Danach stand der osmanischen Herrschaft über Thrakien und Makedonien bis hin zum Südhang des Balkangebirges kein ernsthaftes Hindernis mehr entgegen. Diese Eroberungszüge, die teils Murad selbst, teils seine Vasallen durchführten, welche auch für sich genommen mächtige türkische Feldherren waren,[27] dehnten die türkische Einflusssphäre nach Westen in Richtung Adria aus.

Murad erweiterte den osmanischen Einfluss sowohl durch Eroberungen als auch durch Diplomatie. Eheallianzen verbanden ihn mit dem slawischen Fürsten von Tarnovo und den türkischen Emiren von Kastamonu und Sinop. Geschickt nutzte er die Hochzeit seines Sohnes Bayezid, um seinen dazu eingeladenen türkischen Vasallen seine Macht zu demonstrieren.[28] Und mit dem Fünftel, das ihm an der Kriegsbeute zustand, schuf sich Murad eine kleine Armee aus Elitesklaven, eine bestens ausgebildete Infanterie, die ihm persönlich ergeben war. Zwar hatte schon Orhan eine kleine Infanterieeinheit besessen, aber Murads stehende besoldete „neue Truppe" (*yeni çeri*, daher „Janitscharen") dürfte als Gegengewicht zu seinen türkischen Vasallen und den lästigen turkmenischen Plünderern geschaffen worden sein, denen ausgerechnet Osman und Orhan ihre Anfangserfolge verdankten.[29] Quellen aus dem folgenden Jahrhundert spiegeln den Statusgewinn des osmanischen Herrschers wider. Murad sowie sein Sohn und Nachfolger Bayezid wurden fortan nicht mehr Emir genannt, sondern *Sultan* und *Hüdavendigâr*, „Großherr".

Eine zweite Serie von Feldzügen in den 1380er-Jahren dehnte die türkische Herrschaft ins westliche Thrakien aus. Mehrere befestigte Städte Makedoniens fielen, und 1387 wurde nach vierjähriger Belagerung auch Saloniki eingenommen. Murads Armeen gingen in den südslawischen Ländern und nahe der Adriaküste auf Raubzüge. Einige slawische Erfolge gab es immerhin. Lazar, der Fürst von Kruševac, erlangte Ende 1387 kurzzeitig Niš und die Pässe, die die Straße nach Sofia sicherten, zurück. Im Jahr darauf wurden die Türken und ihre albanischen Verbündeten bei Dubrovnik geschlagen, und auch Tarnovo trotzte Murad. Dieser überschritt das Balkangebirge, erzwang die Unterwerfung von Tarnovo, Silistra und Varna am Schwarzen Meer, dazu aller Festungen bis zur Donau, und fiel plündernd in die Walachei ein. Schließlich traf Murad am 1. August 1389 auf dem „Kosovo polje", dem Amselfeld, der Kosovo-Ebene, auf ein Bündnis slawischer Streitkräfte unter Lazar.

Kosovo

Der Ausgang der Schlacht auf dem Kosovo war ein wenig doppeldeutig. Sowohl König Lazar als auch Sultan Murad waren tot, und die osmanische Hegemonie über sämtliche südslawischen Länder hatte bereits die entscheidende Schlacht an der Mariza 18 Jahre zuvor sichergestellt. Doch unter den Südslawen wuchs die Legende vom Kosovo zu einem mittelalterlichen Sagenzyklus und nährte später den modernen Mythos von der auferstandenen serbischen Nation.[30] Andererseits bildete in türkischen Berichten der heimtückische Mord an Murad den Höhepunkt der Geschichte: Ein christlicher Ritter erstach ihn nach der Schlacht mit einem Dolch, den er im Mantel versteckt hatte. Entweder hatte er sich unter den Leichen verborgen oder war, so einige andere Versionen, als Gefangener ins Zelt des Sultans geführt worden.

Türkische wie slawische Autoren kannten die Geschichten der jeweils anderen Seite. Spätere slawische Chronisten beschlossen, der Mörder habe vorgegeben, zu den Türken überlaufen zu wollen – eine Geschichte, die sie den türkischen Historikern entnommen hatten –, während der türkische Historiker Neşri seinerseits den Namen des Mörders und seinen bei Lazars letztem Abendmahl geleisteten Schwur, den Sultan zu töten, aus den slawischen Quellen einfügte.[31] Eine andere finstere Einzelheit, die Scheinbekehrung des Mörders zum Islam, erscheint ein Jahrhundert nach Neşri in der *Anthologie des Briefwechsels der Sultane.*[32] Verfasser dieses Werkes war Ahmed Feridun, ein osmanischer Staatsmann unbekannter Herkunft – doch da er als Sekretär von Mehmed Sokollu, dem berühmten slawischen Großwesir der Osmanen, bekannt wurde, wäre es nicht überraschend, falls auch Feridun ein südslawischer Konvertit gewesen wäre. Viele „amtliche Dokumente", die er in seiner *Anthologie* sammelte, waren tatsächlich Fälschungen, darunter auch die Kosovo-Geschichte. Sie taucht in einem Brief auf, der von Murads Sohn und Nachfolger Bayezid zu sein behauptet und berichtet, wie er auf den Thron kam.[33]

Auf jeden Fall brachte man Murad vom Kosovo, wo er gefallen war, heim und begrub ihn in einer neuen Moschee in der Zitadelle von Bursa, der Märtyrermoschee. Bayezid folgte seinem Vater Murad unangefochten, wohl weil er auf dem Schlachtfeld des Kosovo die Hinrichtung seines einzigen Bruders befohlen hatte.[34]

Eine neue Gesellschaft

Aus den Kriegen, Katastrophen, Seuchen und Wanderungen dieses bemerkenswerten Jahrhunderts entstand in den Grenzregionen allmählich eine neue Gesellschaft. Ihre verschiedenen Gemeinschaften, die Seite an Seite lebten – Griechen und Türken, Slawen und Lateiner –, verstanden oder mochten einander nicht immer. Doch wie im Fall der Legenden um das Kosovo konnten ihre wechselweise Unwissenheit und ihre manchmal bestürzende gegenseitige Bosheit nicht verhindern, dass es unweigerlich zu einer Gemeinsamkeit der Mittel und Wege kam, einer Überlappung der Identitäten, die – wenn auch uneingestanden, ja unbewusst – binnen einer Generation aus dem Unheil erwuchs.

Es ist zwar nicht falsch, solche Gemeinschaften als „christlich" und „muslimisch" zu bezeichnen, aber an den verschwommenen Grenzen zwischen den beiden öffnete sich eine Zwischenregion, in der christliche wie muslimische Ritter zu den plündernden Armeen zählten, Christen wie Muslimen die Gefahr der Versklavung drohte, Christen wie Muslime Krankheiten und Seuchen zum Opfer fielen und Christen wie Muslime sich ineinander verliebten, intime Beziehungen eingingen und Mischehen schlossen. Kantakuzenos rügte seine griechischen Rivalen in Konstantinopel, denn ihre Heere seien voller „Halbbarbaren", *mixobarbaroi*, und am Ende des Jahrhunderts sagte Timur dasselbe über die Osmanen.[35] Die beiden berühmtesten Zeitzeugen für diese verknüpften Gesellschaften, Ibn Battuta und Palamas, der eine Muslim, der andere Christ, fühlten sich jeder in der Küstenregion Kleinasiens als Außenseiter. Ibn Battuta verbrachte den Großteil seines Lebens mit Reisen von einem Ende der islamischen Welt zum anderen, und in Gesellschaft gleichgesinnter muslimischer Gelehrter fühlte er sich wohl, aber an der kleinasiatischen Küste stieß er auf überraschende Barrieren, denn er konnte kein Türkisch. Und als Erzbischof Palamas unter die griechischen Christen in Kleinasien kam, die er als sein eigenes Volk betrachten durfte, bemerkte er mit einem gewissen Kummer, aber auch mit einiger Bewunderung, dass „die Christen und die Türken sich miteinander vermischen, ihren Geschäften nachgehen, einander führen und voneinander geführt werden …"[36]

Es ist nicht leicht, ein vollständiges demographisches Bild dieser entstehenden Gesellschaft zu zeichnen. Beispielsweise ist es unmöglich, die Zahl der Gesamtbevölkerung in der Region zur Zeit der türkischen Eroberung oder die Größe der verschiedenen ethnischen und religiösen Gruppen zu ermitteln, aus denen sich die Gesamtheit zusammensetzte. Unbekannt bleiben die Zahlen der Invasoren und Einwanderer, die der Menschen, die vor den Katastrophen vorübergehend oder dauerhaft auf die Inseln der Ägäis, nach Konstantinopel oder in die slawischen Länder flüchteten, wie viele von ihnen starben, wie viele in die Sklaverei verkauft wurden, zuhause blieben oder heimkehrten, als die Gewalt abebbte.

Anfangs war der Großteil der Bevölkerung in den Ländern, über welche die osmanischen Emire herrschten, orthodoxe Christen. Es ist nicht leicht, die Lebensumstände dieser „großen Zahl von Christen unter muslimischer Herrschaft", wie Ibn Battuta schrieb, einzuschätzen. Die orthodoxe Kirche, deren Struktur erst durch die Slaweneinfälle und dann durch die türkischen Einfälle dezimiert worden war, stand vor gewaltigen Schwierigkeiten.[37] Der Klerus erlitt beträchtliche materielle Verluste und verarmte durch die Angriffe der Türken, die Flucht von Ordensgemeinschaften und deren Anführern, die Gefangennahme und Versklavung zumindest eines Teils der Bevölkerung, die Aufgabe und Beschlagnahmung von Liegenschaften und den Aderlass durch ansteckende Krankheiten. Disziplin, Moral und Reinheit der Lehre litten gleichermaßen.[38] Dennoch zeigen Ausgrabungen in Sardes, einer Stadt an der viel befahrenen Flussroute über den Hermos (Gediz) von der Küste Kleinasiens ins Landesinnere, wenig Brüche in den Siedlungsspuren, vielmehr deuten sie auf eine Kontinuität zwischen der byzantinischen und der frühtürkischen Zeit, etwa in Produktion und Gebrauch glasierter Keramik.[39] Zwar fand Erzbischof Palamas Nikaia während seines dortigen Zwangsaufenthaltes zum Großteil verlassen vor und stellte fest, dass der Handel nach Bursa ausgewichen war, aber trotz aller Not ging das geistliche Leben weiter. Auch in Biga „brachten sie uns zur Kirche Christi, die selbst jetzt dank seiner Macht noch besteht und ihn freimütig preist“. Außerdem traf Palamas Christen in wichtigen Positionen an, darunter Orhans Leibarzt, ein griechischer Mediziner namens Taronites.[40]

Ein weiteres Problem für die Kirche war der Übertritt zum Islam. Zwei Patriarchenbriefe an die Christen in Nikaia, geschrieben in den Jahren 1338–40, luden Konvertiten zur Rückkehr ein und versprachen Vergebung. Die Briefe setzten voraus, dass einige unter Zwang Muslime geworden seien, und stellten in Aussicht, sobald der Druck wegfalle, würden jene, die sich wieder der Kirche anschließen wollten, Aufnahme finden. Doch wiederholt verurteilten die Schreiben Konvertiten, weil sie ihrem christlichen Glauben nicht treu blieben. Sie behandelten die Konversion als Sünde, die Reue und Vergebung erfordere – womit sie indirekt einräumten, dass es sich in Wirklichkeit nicht um Zwangsbekehrungen gehandelt hatte.[41]

Es überrascht nicht, dass zu den Faktoren, die einen Glaubenswechsel begünstigten, Mischehen zählten. Herrscherliche Vorbilder für Eheschließungen zwischen Christen und Muslimen, die aus Gründen der dynastischen Politik erfolgten, waren zur Hand, wenn man wollte, doch handelte es sich nicht allein um eine Praxis im Adel. Die Kinder dieser wahrscheinlich in die Hunderte gehenden Verbindungen waren es, von denen Kantakuzenos als von *mixobarbaroi* sprach.[42] Alle Ehefrauen Sultan Orhans waren Griechinnen – außer Theodora (der Tochter von Kantakuzenos) hatte Orhan zuvor bereits Nilüfer geheiratet, die Tochter des byzantinischen Statthalters von Yarhisar.[43] Theodora blieb Christin, Nilüfer wurde Muslima.[44] Aber das war nichts Neues. Seit 200 Jahren hatten die byzantinischen Kaiser Eheverbindungen mit den seldschukischen Türken geschlossen.[45] Dutzendweise hatten Prinzessinnen aus den Königsfamilien des christlichen Konstantinopel, Trapezunt und Serbien mongolische und türkische Herrscher geheiratet.[46] Orhans Nachfolger Murad und Bayezid heirateten muslimische wie christliche Frauen. Murad war mit Töchtern des christlichen Fürsten von Tarnovo und der muslimischen Fürsten von Kastamonu und Sinop vermählt. Murads Sohn Bayezid heiratete die römisch-katholische Tochter der Herzogin von Salona, die orthodoxe Schwester des serbischen Fürsten Stefan Lazarević und die muslimische Tochter des Fürsten von Germiyan.

Wechselseitige Abhängigkeit

Die türkische Eroberung band die Küstengebiete beiderseits der Meerengen stärker in die afroeurasische Welt ein.[47] In Situationen, da die Sicherheit zusammengebrochen war, entwickelte sich aus der anfänglichen räuberischen Beziehung zwischen Plünderern und Opfern eine Wechselbeziehung, sobald die türkischen Emire die Ordnung wiederhergestellt hatten. Ibn Battuta kam sich manchmal so vor, als lebte er am Rande der zivilisierten Welt – diese Leute sprachen gar kein Arabisch! Doch dank enger Kontakte mit der seldschukischen Kultur auf der Hochebene setzte rasch ein kultureller Reifungsprozess ein. Ibn Battuta war beeindruckt von der Atmosphäre der Karawansereien – der Herbergen, die gleichzeitig als Märkte dienten. Dort begegnete er Pilgern und anderen hauptberuflichen Reisenden seines Schlages, einem Muslim aus Ägypten, einem Juden aus Spanien und anderen.[48] Ausführlich schrieb er über die Männer, die in den Herbergen arbeiteten und sich um die Bedürfnisse von Reisenden und Händlern kümmerten. Sie waren Angehörige geistlicher Bruderschaften und praktizierten eine pietistische

Ethik des Dienens. Ibn Battutas Bericht vermittelt auch einen Eindruck vom regen Wettbewerb zwischen den türkischen Emiren, die muslimische Gelehrte, Koranrezitatoren und andere auswärtige Künstler und Unterhalter an ihre Höfe zu locken suchten. Diese Rivalität in puncto Philanthropie und Förderung der religiösen Wissenschaften und Künste erstreckte sich auch auf große Bauvorhaben wie Moscheen, Medresen und Bäder, von den Herbergen abgesehen. Die Architekten der frühen Moscheekomplexe und anderer Bauten, welche die türkischen Eroberer errichteten, stammten oft aus Ägypten, Syrien und anderen Ländern, doch die Techniken der Werkstätten verraten, dass das kunsthandwerkliche Dekor und die Arbeitskräfte einheimisch-christlich waren.[49] Die kosmopolitische Wertschätzung der Türken für Arbeit und Handel erwuchs offensichtlich aus den Werten ihrer islamischen Religion und war mit ihnen vereinbar.

Erst die Eroberungen der Mongolen ermöglichten es, dass verschiedene Landwege ins südliche und östliche Eurasien mit den traditionellen kombinierten Land- und Seewegen über Ägypten oder die Levante konkurrieren konnten. Murad schloss Handelsverträge mit Venedig und Genua, die den italienischen Kaufleuten Zugang zu den türkischen Märkten gewährten.[50] Vorangetrieben wurde das kommerzielle Zusammenwachsen der Region durch die Bezahlung von Waren mit europäischen Silberbarren, die in ilchanidischen Prägestätten zu Münzen geprägt wurden und von denen manche aus frisch erschlossenen Bergwerken in südslawischen Ländern stammten.[51] Die Ilchaniden betrieben über 200 Münzstätten, die Dirhems oder Asper genannte Silbermünzen prägten, wodurch die Monetarisierung des Handels und Investitionen in erweiterte lokale Handelsnetze möglich wurden.[52] Zwar stand das alleinige Münzrecht den herrschenden Ilchaniden zu (es war ein wichtiger Ausweis von Souveränität), aber den türkischen Emiren in Kleinasien war es gestattet, anonym und einmalig geprägte Silbermünzen in Umlauf zu bringen; vielleicht zählte dies zu den Bestrebungen, die Loyalität dieser Vasallen zu erhalten, indem man ihnen erlaubte, von einer für beide Seiten vorteilhaften Finanzgemeinschaft zu profitieren.[53] Der Sturz der Ilchaniden um die Mitte des 14. Jahrhunderts fiel mit einer Silberknappheit zusammen, die sich aus dem Unvermögen der europäischen Monarchen ergab, eine ausgeglichene Handelsbilanz aufrechtzuerhalten.

Die türkischen Emire griffen zu den unterschiedlichsten Taktiken, um damit zurechtzukommen. Eine bestand in einem Wechsel zum Gold, besonders zum venezianischen Dukatenstandard oder zu heimischen Nachprägungen davon.[54] Zusätzlich begannen die Fürsten ihre eigenen Münzen zu prägen, einige davon aus lokalen Silbervorkommen. Mehrere türkische Emire gaben in Machart und Aussehen ähnliche Münzen aus, kleine Silberprägungen nach dem Muster des byzantinischen Hyperperon, die in eingeschränktem lokalen Umlauf blieben.[55] Die osmanische Variante dieser Münze nannte man *akçe*.

Zu den gehandelten Gütern zählten Getreide, Obst, Baumwolle und Wein, allesamt für den lokalen Verbrauch, außerdem Waren wie Alaun und Seide, die für die weiträumigere transatlantische Handelswirtschaft bedeutsam waren. Wichtiger als alle diese Handelsgüter aber waren Sklaven – Kriegsbeute, die bis zum Eintreffen von Lösegeld festgehalten wurde oder aber für den Markt bestimmt war.[56] Die Bandbreite und Komplexität der verschiedenen Kategorien menschlicher Gefangener in dieser Welt entziehen sich dem schlichten deutschen Begriff „Sklave".[57] Griechische Quellen beklagten häufig, dass es das Schicksal christlicher Gefangener sei, von den Türken in die Sklaverei verkauft zu werden, doch die Versklavung war keineswegs eine ausschließlich türkische Angelegenheit. In der gesamten Region existierte bereits ein ausgedehnter mittelalterlicher Sklavenhandel, in dessen Verlauf versklavte tatarische Türken aus dem nördlichen Schwarzmeergebiet, die für Westeuropa und Ägypten bestimmt waren, auf den Märkten von Kreta, Naxos, Rhodos und Chios verkauft wurden.[58] Venezianer, Ungarn und Slawen versklavten in ihren Kriegen auch weiterhin die türkischen Soldaten, die ihnen in die Hände fielen, und verkauften die Bevölkerung eroberter Städte in die Sklaverei.[59]

Was die türkischen Raubzüge bewirkten, war, dass auf den bestehenden wie auf neuen Märkten ein ergänzender Handel mit lokalen griechischen Sklaven aus den Küstenregionen Kleinasiens und der Ägäis entstand. Ibn Battuta kaufte an zwei Orten in Kleinasien Sklaven, wurde vom Emir von Aydın mit einem Sklaven – einem griechischen Zwerg – beschenkt, und zwei seiner Sklaven entliefen ihm in Magnesia. Ihm fiel die Verbindung zwischen Sklaverei und Prostitution auf.[60] Und auch ein Lösegeld bedeutete nicht zwangsläufig die Freiheit. So befreite Palamas

Die türkische Sprachfamilie

Die Turksprachen bilden eine Familie aus mehreren Dutzend Dialekten, die während des Mittelalters quer durch Eurasien gesprochen wurden. Ihre erste linguistische Analyse bildete das 1082 auf Arabisch vorgelegte „Kompendium der Turksprachen“ (*Diwan Lugat al-Turk*). Sein Autor, ein karakhanidischer Türke namens Mahmud al-Kaschgari, leitet sein Werk wie folgt ein:

Als ich sah, dass Gott der Allerhöchste die Sonne des Glücks im Wendekreis der Türken hatte aufgehen lassen …, [da sah ich ein, dass] jeder vernünftige Mann sich ihnen anschließen muss oder aber sich ihren herabregnenden Pfeilen aussetzt. Und keinen besseren Weg gibt es, sich ihnen zu nähern, als durch das Sprechen ihrer eigenen Sprache, wodurch man ihr Ohr gewinnt und ihr Herz bewegt …

Ich hörte es von einem der verlässlichen Auskunftgeber unter den Imamen von Buchara und von einem weiteren Imam aus dem Volk von Nishapur; sie beide berichteten die folgende Überlieferung, und beide wussten eine Kette von Zeugen, die zurückreichte bis zum Gesandten Gottes, möge Gott ihn segnen und ihm Frieden verleihen. Als er über die Zeichen der Stunde und die Prüfungen am Ende der Zeit sprach und das Auftreten der oğusischen Türken erwähnte, da sprach er: „Lernt die Sprache der Türken, denn ihre Herrschaft wird lang sein.“ Wenn nun aber dieser Hadith verlässlich ist und die Beweislast auf diesen beiden liegt – ja, dann ist es eine Glaubenspflicht, sie zu lernen; und wenn er nicht verlässlich ist, so verlangt es gleichwohl die Weisheit.

Ich habe ihre Städte und Steppen bereist und habe ihre Dialekte und Verse erlernt: die der Türken, der Turkmen-Oğusen, der Tschigilen, der Yaghma und der Kirgisen. Außerdem bin ich einer der Sprachgewandtesten unter ihnen und im Sprechen der Beredteste, der mit dem am weitesten zurückreichenden Stammbaum und der, der am tiefsten durchdringt, wenn man die Lanze schleudert. So habe ich den Dialekt einer jeder ihrer Gruppen perfekt

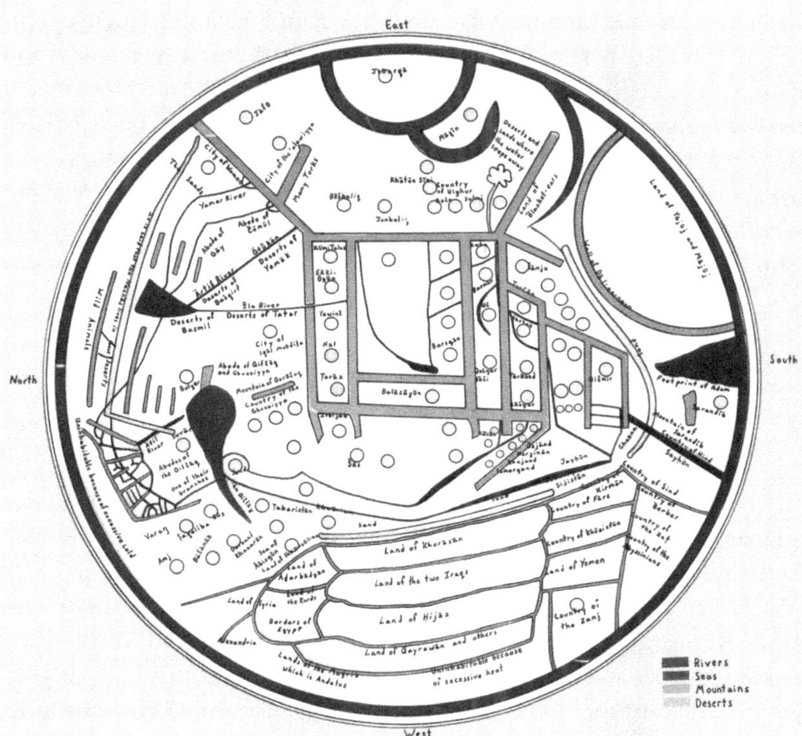

Abb. 1.3: Englische Übertragung von Kaschgaris Karte der Turksprachen. Oben ist Osten; die Oğusen befinden sich links in der Mitte der Karte. Beim Original handelt es sich um eine kräftig kolorierte Illumination zu einer Handschrift. Diese Version der Karte entstand für die englische Übersetzung von Kaschgaris Buch, die Robert Dankoff und James B. Kelly 1982–85 in Harvard publiziert haben.

erlernt und habe ihn in ein umfassendes Buch, in ein wohlgeordnetes System gebracht.[a]

[a] Mahmud al-Kaschgari: *Compendium of the Turkic dialects*, hrsg. und übers., mit einer Einleitung und Registern versehen von Robert Dankoff und James B. Kelly, Harvard: Harvard University Press, Bd. 1, S. 7

einen früheren Sklaven, einen Christen, der zwar losgekauft worden war, sich nun aber in Schuldknechtschaft bei seinem Freikäufer, einem christlichen Händler, befand.[61] Die griechisch-orthodoxen Legaten, die mit dem Aushandeln eines antitürkischen Bündnisses befasst waren, machten die Freilassung jener griechischen Sklaven, die lateinischen Christen gehörten, sowie einen Stopp des Sklavenhandels zur Vorbedingung jeder byzantinisch-römischen Kirchenunion.[62] Die Hinweise auf den Verkauf versklavter Gefangener sind so zahlreich, dass die Schlussfolgerung nicht ganz abwegig wäre, das Hauptmotiv sämtlicher Kriege sei für alle Seiten der Erwerb von Sklaven zu Lösegeldzwecken gewesen.

Das spirituelle Vokabular der gewaltsamen Umwälzung

In einem Jahrhundert, als Bulgaren, Byzantiner, Franken, Normannen, Alanen, Petschenegen, Serben, Genuesen und Venezianer einander allesamt mit praktisch denselben Methoden und Folgen bedrohten, waren die Türken schwerlich ein einmaliges Phänomen. Sie waren nicht die einzigen Krieger, denen es auf Raubzüge, Plünderungen und Versklavung ankam, und sie waren auch nicht die einzigen, die das Ergebnis als gottgewollt rechtfertigten. Allerdings fand diese gemeinsame Sichtweise ihren je eigenen kulturspezifischen Ausdruck.

Im lateinischen Europa beispielsweise war das Ideal des Kreuzfahrers noch sehr lebendig. Johannes Kantakuzenos erinnerte sich an das Aushandeln einer Allianz gegen die Türken mit Papst Clemens VI., der „der Ansicht war, dass es den größten Gewinn bringe, im Kampf für eine solche Sache zu sterben".[63] Und während die türkische Variante dieser landläufigen Einstellung zwar durchaus gewisse Elemente der koranischen Vorstellung vom Dschihad einschloss, ähnelte sie doch stärker dem heiligen Krieg in der Tradition der zentraleurasischen Steppe, der großen Wert auf die Dynastie legte, die durch Gottes besondere Gunst zur Eroberung der Welt bestimmt war.

Von daher war die Bevorzugung einer einzigen religiösen Überlieferung bei Mongolen und Türken nicht unvereinbar mit der Realität religiöser Unterschiede. Mit der Eroberung gingen keine Erwartungen einer Massenbekehrung einher.[64] In einem Brief von 1246 überhäufte der mongolische Großkhan Güyük Papst Innozenz IV. mit Fragen: „Wie könnte jemand aus eigener Kraft gegen das Gebot Gottes erobern oder töten? [...] Vom Aufgang der Sonne bis zu ihrem Untergang sind alle Lande mir untertan geworden. Wer könnte das gegen den Befehl Gottes vollbringen?“[65] Und doch war das Mongolenreich an religiöser Vielfalt und Toleranz schwerlich zu überbieten. Güyüks Nachfolger Möngke beschied Wilhelm von Rubruk: „Wir Mongolen [...] glauben, dass es nur einen Gott gibt, durch den wir leben und sterben, und vor ihm haben wir ein aufrechtes Herz. [...] Aber genau wie Gott der Hand verschiedene Finger gegeben hat, so hat er den Menschen verschiedene Wege gegeben.“[66] Genauso bemerkte Gregorios Palamas über Orhan: „Während es die Pflicht des Dieners oder eines jeden gewöhnlichen Menschen ist, von einem einzigen Glauben höchstens rudimentäre Kenntnisse zu besitzen, ist es für denjenigen, der viele Völker unter seiner Herrschaft hat, notwendig, von allen Glaubensrichtungen genaue Kenntnisse zu besitzen.“[67]

In Kleinasien drückte der Begriff *gaza* diesen Aspekt der gemeinsamen türkisch-mongolischen Weltsicht in einem naturalisierten islamischen Idiom aus.[68] *Gaza* bedeutete Kriegführung zur Ausdehnung des weltlichen Reiches muslimischer Herrscher. Jemand, der *gaza* betrieb, war ein *gazi*. Durch die Teilnahme an der *gaza* spielten die Türken eine führende Rolle im großen Drama der Heilsgeschichte, der Ausdehnung der islamischen Souveränität. Die Gazis waren es, die jenen Krieg führten, welcher Gottes Herrschaft über die ganze Welt bekräftigte. Diese Vorstellung war bei den Türken lange Zeit populär, auch in türkischen Gesellschaften, die untereinander so verschieden waren wie das mamlukische Ägypten und das Indien der Mogul-Herrschaft.[69] *Djihad* dagegen war ein Begriff aus dem Koran, der „Kampf“ bedeutet. Im Koran erscheint er fast durchweg in der Wendung *jihad fi's-sabil Allah*, „(mühsamer) Kampf auf dem Wege Gottes“. Dschihad war geistliche Kriegführung, ein facettenreicher Kampf gegen die Feinde der Herrschaft Gottes in der Seele des Menschen wie draußen in der Welt. Ein Mensch, der sich am Dschihad beteiligte, wurde *mujahid* genannt.

Da sich die Bedeutungen beider Begriffe in gewissem Sinne überschnitten, bildete man aus *gaza* und Dschihad im alltäglichen Sprachgebrauch oft ein poetisches Paar. Sultan Orhan, der zweite Osmanensultan, nannte sich auf einer berühmten Inschrift in Bursa „Sultan der Gazis, Gazi und Sohn eines Gazi“ sowie *Mujahid fi sabil Allah*, „Kämpfer auf dem Wege Gottes“. Die Grabinschrift des Evrenos, eines türkischen Vasallen Orhans und später Murads, pries ihn als „König der Gazis und Mudschahid“.[70] In islamischen Katechismen, die an den türkischen Höfen Kleinasiens sowohl in Übersetzungen aus dem Arabischen wie auch als türkische Originalausgaben beliebt waren, finden sich Abschnitte, die den Unterschied zwischen Gaza und Dschihad erläutern, passende Bedingungen für den Kampf festlegten und das dabei geltende Kriegsrecht ausführten.[71] So wurde die Gaza ein potenzielles Mittel für den Brückenschlag von der türkischen und mongolischen Steppentradition zur islamischen Tradition, deren Ansprüche auf universale Souveränität 1258 bei der mongolischen Plünderung Bagdads zusammen mit dem letzten Kalifen aus der seit 750 regierenden Dynastie der Abbasiden praktisch zu Grabe getragen wurden.[72]

Obwohl Kriegführung für die türkischen Eroberer der kleinasiatischen Küstenregionen ein zentrales Anliegen war, erschöpfte sich ihr geistlicher Wortschatz keineswegs in Begriffen wie Gaza und Dschihad. Türkische Muslime hatten sehr viel weitläufigere Interessen. Ibn Battuta stieß auf einen unverwechselbar türkischen Islam, der mittels öffentlicher Wohltaten verbreitet wurde, welche die Grundlage für eine Wiederbelebung des Glaubens schufen.[73] Überdies haben sich Berichte über eine bemerkenswerte Reihe muslimisch-christlicher Dialoge unter Teilnahme von Gregorios Palamas erhalten, die Frucht seiner fast einjährigen türkischen Gefangenschaft. Des Weiteren zeugt auch die religiöse Architektur der siegreichen türkischen Herrscher davon, wie sehr sie bereit waren, andere Religionen weitgehend einzubeziehen.

Gregorios Palamas und der glaubensübergreifende Dialog

Palamas' interreligöse Begegnung nahm ihren Anfang, als sein Schiff auf dem Weg nach Konstantinopel, wo er bei der Beilegung des byzantinischen Bürgerkriegs als Vermittler fungieren sollte, kurz nach dem Marmara-Erdbeben vom März 1354 von osmanischen Soldaten geentert wurde. Man brachte seine kleine Mönchsgruppe vor Sultan Orhan in Bithynien. Palamas hat seine Erlebnisse bei den Türken im *Brief an die*

Thessalonicher geschildert.[74] Der Titel erinnert an den gleichnamigen Paulusbrief im Neuen Testament. Palamas' erstes interreligiöses Gespräch begann, als Ismail, der Enkel Sultan Orhans, den Erzbischof fragte, wieso er kein Fleisch esse. Während sie sich unterhielten, wurden sie von einem Boten unterbrochen, der Ismail mitteilte, Orhan habe die wöchentliche Almosenverteilung an die Armen beendet. Ismail nutzte diese Unterbrechung als Überleitung und fragte Palamas, ob auch die Christen Wohltätigkeit praktizierten. Von den Almosen verlagerte sich das Gespräch auf den Prophetenstatus Mohammeds, die Jungfrauengeburt Jesu und die Heilige Dreifaltigkeit. Die Unterhaltung endete, als ein Gewitterregen niederging und alle im Trockenen Schutz suchten.

Etwas später organisierte Orhan persönlich eine theologische Debatte, die der Arzt des Sultans, ein griechischer Christ, protokollierte. Palamas trat gegen eine Gruppe muslimischer Gelehrter an, wahrscheinlich frühere Schreiber der Ilchaniden, die jetzt in Orhans Diensten standen.[75] Lang und breit erklärte Palamas die Dreifaltigkeit, und die folgende Debatte kreiste um die Göttlichkeit Christi und die Weigerung der Christen, Mohammed als Gottes Propheten anzuerkennen. Auch die Beschneidung, die Ikonen und andere Themen kamen zur Sprache. Gegen Ende der Debatte verlor einer der Muslime die Beherrschung und gab Palamas eins auf die Nase! Hastig schleppte man ihn zur Bestrafung vor den Sultan.

Nachdem er einem muslimischen Begräbnis beigewohnt hatte, kam Palamas schließlich mit einem Imam ins Gespräch. Wie zuvor fing Palamas mit der Dreifaltigkeit an, und der Imam reagierte mit einer Frage: Nachdem die Muslime alle Propheten der Christen anerkennen, warum akzeptierten die Christen nicht Mohammed? Palamas' Argumentation – dass das Alte und Neue Testament die Ankunft Mohammeds nicht voraussagten, sondern stattdessen vor falschen Propheten warnten, und dass Mohammed durch „Krieg und das Schwert, Plünderung, Versklavung und Hinrichtungen" aufgestiegen sei – brachte ihn bei seinen Zuhörern in arge Bedrängnis. Dank der ihm eigenen charmanten Frömmigkeit und des Wohlwollens seiner Zuhörer zog er sich aus der Affäre. „Schließlich", sagte er, „wären wir ja, wenn wir einer Meinung wären, auch Anhänger ein und desselben Glaubens." Als einer der Türken höflich bemerkte: „Es wird eine Zeit kommen, da wir miteinander übereinstimmen werden", äußerte Palamas den freundlichen Wunsch, „solch eine Zeit möge bald kommen".

Davon abgesehen, dass sie einander nicht besonders mochten, wussten Türken und Griechen, Muslime und Christen nicht viel übereinander. Anfangs wussten jene, die Palamas gefangen setzten, nicht einmal, wer er war – wussten nicht, dass er eine einflussreiche kirchliche Persönlichkeit auf dem sicheren Weg zur Heiligsprechung war, ja nicht einmal, dass er Orhans Verbündeten und Schwiegervater Kantakuzenos unterstützt hatte. Erst Orhans Leibarzt, der griechische Christ, setzte den Sultan davon in Kenntnis, wen sie da in ihrer Hand hatten und wie wichtig dieser Gefangene war. Wiederholt fragten die Muslime Palamas, wieso die Christen Mohammed nicht gelten ließen, da doch die Muslime die christlichen Propheten akzeptierten. Ismail führte das koranische Verständnis der Menschwerdung Christi an, das den Christen wie plumper Literalismus erschien. Doch Palamas brachte kaum mehr zustande. Er verfügte nur über rudimentäre Kenntnisse des Islam und wiederholte alte christliche Borniertheiten über Mohammeds Gewalttätigkeit und Wollust.

Doch Frieden und Versöhnung zwischen Gemeinschaften beruhen nicht auf solchen Dingen, sondern auf Mut und politischem Willen dazu, und über letzteren verfügten Sultan und Heiliger gleichermaßen. Jeder von ihnen war sich seiner öffentlichen Rolle bewusst. Indem Orhan persönlich den interreligiösen Dialog förderte, ließ er einen Topos herrscherlicher Souveränität aus dem zentralen Eurasien lebendig werden, für den wir von den Mongolen bis zu den Moguln zahlreiche Beispiele kennen. Palamas seinerseits erzählte seine Erlebnisse bei den Türken im *Brief an die Thessalonicher* als Allegorie auf das Leiden seiner Kirche, die selbst gefangen war, und auf das menschliche Leben unter der unergründlichen Gnade Gottes. Als Vorkämpfer des Glaubens geriet Orhan nicht ins Wanken, und trotz all der friedfertigen Güte von Palamas hatte er kein Interesse an religiösen Kompromissen oder an Synkretismus.[76] Vielmehr kämpften Griechen wie Türken mit der unergründlichen Vorsehung, deren Wirken eine Art ontologische Doppeldeutigkeit darstellte. Palamas erlebte die Vorsehung als „abgründig", wie sie sich in den ökologischen und demographischen Katastrophen manifestierte, welche die türkische Eroberung ebenso unvermeidlich wie unumkehrbar machten – mit seinen Worten, in „jenen Dingen von oben (ich weiß nicht, ob ich sie Züchtigung oder Preisgabe nennen soll), die unser Volk erlitten hat, und besonders das Erdbeben …"[77] Für manche Türken war die Eroberung indes eine Metapher für ihre Überlegenheit und Palamas' Gefangenschaft „ein Beweis für die Wirkungslosigkeit" des Christentums.[78]

Heiliger Raum

In der Folge ihrer Begegnung knüpften Palamas und die türkischen Eroberer enge Beziehungen an. So politisch nützlich sie offenkundig waren, erwuchsen sie doch auch aus gegenseitigem Respekt und einem nicht unvereinbaren sprituellen Erleben. Die klösterliche Gemeinschaft vom Berg Athos, die Heimat des Hesychasmus, blieb auch unter türkischem Schutz ein Fixpunkt christlicher innerer Einkehr und ein Ziel für christliche Almosen.[79] Mochten die Moscheen der Türken oberflächlichen Triumphalisten auch als Sinnbilder für die Eroberung erscheinen, so waren sie doch zugleich sichtbare Metaphern für die gemischten Gemeinschaften, denen sie dienten, und spiegelten eine gemäß der Vorsehung gelebte gemeinsame Geschichte wider. Die berühmte Inschrift aus Bursa, in der sich Sultan Orhan Mudschahid und Gazi zugleich nannte, beginnt sogar mit der Einzigkeitssure 112 des Koran, die vollständig zitiert wird – eine kompaktere Zusammenfassung der islamischen Theologie kann es kaum geben –, und endet mit einem Segen, der mit dem doppelten Wortsinn der arabischen Wurzel *sajd*, die „Niederwerfung" bedeutet, spielt. Eine Moschee (*masjid*) ist ein Ort der Niederwerfung, und wer „sich niederwirft" (oder „eine Moschee errichtet"), sagt seinem Stolz ab.

Orhans Inschrift in Bursa

Im Namen Allahs, des Barmherzigen, des Allerbarmers. Sag: Er ist Allah, Einer, Allah der Urgrund. Er hat nicht gezeugt, und Er wurde nicht gezeugt. Und nie ist einer Ihm ebenbürtig gewesen. Datum: das Jahr 738 [1337–1338]. Mein Gott, sei dem Besitzer dieser Moschee gnädig, und dieser ist der große und gewaltige Emir, der Mudschahed auf dem Wege Allahs, der Sultan der Gazis, ein Gazi, der Sohn eines Gazis, der Recke des Staates und der korrekten Ritualpraxis, der Berühmte an den Horizonten, der Held des Glaubens, Orhan, der Sohn des Osman. Möge Allah seine Lebenszeit lange sein lassen! Er befahl die gesegnete Moschee um des Wohlgefallens Allahs willen. Wer eine Moschee errichtet, dem errichtet Allah ein Haus im Paradies.[a]

[a] Übersetzung: Michael Reinhard Heß; Text der Inschrift nach der Textfassung in Ludvik Kalus: „L'inscription de Bursa au nom du sultan Orhān, datée de 738/ 1337–38: comment faut-il la lire?", *Turcica* 36 (2004), S. 233–251, unter Berücksichtigung der von Howard benutzten Textvariante. Erstveröffentlichung des schwer entzifferbaren Textes in Mantran, „Les inscriptions arabes", Nr. 1.

Abb. 1.4: Die Inschrift aus Bursa. Wie Colin Heywood („The 1337 Bursa Inscription") herausgearbeitet hat, schmückte sie ursprünglich Orhans erste Moschee in der Zitadelle von Bursa. Bei einer Belagerung wurde diese 1413 zerstört, worauf einige Jahre später die heutige Moschee mit der alten Inschrift errichtet wurde.

Andere von den türkischen Eroberern – nicht allein den Osmanen – errichtete Moscheen zeigen dieselbe Art vielschichtiger symbolischer Anklänge. Eine ist die Moschee des Isa Bey aus der Dynastie von Aydın, eine große Steinmoschee in Ayasoluk (dem mittelalterlichen Ephesos), die 1375 geweiht wurde.[80] Sie steht auf dem vormaligen Ufer zwischen dem antiken Artemistempel und jener christlichen Kirche, welche die Reliquien des Apostels Johannes enthielt, und zwar oberhalb davon auf dem Stadthügel.[81] Türkische Angreifer eroberten 1304 Stadt und Kirche und plünderten beide. Später errichtete die Aydın-Dynastie einen mächtigen Staat entlang der Ägäisküste, vom Golf von Edremit im Norden bis zum Mäander-Tal im Süden, der fast ein Jahrhundert lang Bestand hatte. Als Ibn Battuta 1332 Ayasoluk besuchte, beeindruckte ihn die Johanneskirche, und er vermerkte, dass sie zur Freitagsmoschee der türkischen Eroberer geworden sei.[82] Archäologische Ausgrabungen in jüngster Zeit deuten darauf hin, dass dieser Komplex auch Läden und Ställe umfasste – wahrscheinlich waren sie als Stiftung (*vakıf*) zum Unterhalt der

Abb. 1.5: Die Isa-Bey-Moschee. Blick vom Atrium der Johanneskirche

Abb. 1.6: Tempel, Moschee und Kirche – das Gelände von Ayasoluk, vom Tempel der Artemis aus gesehen

Moschee entstanden. Der Christ Wilhelm von Boldensele, der etwa zur gleichen Zeit durchreiste, berichtete, dass christliche Pilger auch in den Jahrzehnten nach der Eroberung noch immer die Reliquien verehrten und den türkischen Herrschern eine Abgabe zahlten, so wie sie es vorher mit den christlichen Herrschern gehalten hatten.[83]

Irgendwann nach 1350 zerstörte ein Erdbeben das Gebäude und erzwang den Bau einer neuen Moschee.[84] Ihr Standort muss wegen seines Symbolwerts ausgewählt worden sein. Baumaterialien aus dem Artemistempel wurden beim Bau der Moschee wiederverwendet (an sich keineswegs ein unübliches Verfahren), darunter zwölf Säulen, die als Arkade in den Gartenhof der Moschee einbezogen wurden, und ein kaiserzeitliches Kompositkapitell im inneren Betsaal. Die Konstruktion der Moschee stand in einer besonderen Beziehung zum Artemistempel wie zur Johanneskirche. Die Qiblawand der Moschee mitsamt ihren Fenstern ist nicht auf Mekka ausgerichtet, sondern blickt zum Tempel. Von den beiden ur-

Abb. 1.7: Minarett der Isa-Bey-Moschee, eingerahmt von Vorhofportal der Johanneskirche

sprünglichen Minaretten steht nur noch eines, dem die oberen Partien über der Balkonebene fehlen. Sein Pendant stand auf der anderen Hofseite, stürzte aber offensichtlich bei einem Erdbeben in den 1650er-Jahren ein. Heute wirkt der Balkon des erhaltenen Minaretts der Moschee durch die Portale im Narthex der Kirche wie eingerahmt, wenn man genau von jener Stelle im Kirchenschiff aus hinüberblickt, wo in einer Krypta unter dem Altar die Reliquien des Apostels Johannes beigesetzt waren (siehe Abb. 1.7).

Auf diese Weise griff die Isa-Bey-Moschee als jüngstes der drei Gebäude an dieser antiken Stätte die chronologische Beziehung zwischen griechischem Heidentum, Christentum und Islam auf. Indem sie Teilaspekte des Tempels und der Kirche einbezog, ließ die Moschee beide als überholt erscheinen, so wie der Islam über dem Christentum und auf den Trümmern des Heidentums errichtet wurde. Der Architekt machte aber auch Anleihen bei der heiligen Aura der Göttin Artemis

Abb. 1.8: Die Moschee von Assos

und des Apostels Johannes und verstärkte diese, wobei er mit den ästhetischen Eigenheiten des Standorts spielte[85] und so eine Bildsymmetrie schuf, in der das Gebet auf die Kräfte der Natur und der Zeit ausgerichtet ist. Wenn der Muezzin zum Gebet rief, befand er sich in einer Blickachse, die mitten durch das Schiff der eingestürzten Kirche zu den Reliquien des heiligen Johannes führte, und Betende, die sich niederwarfen, blickten jenseits des Mihrab auf den versunkenen Tempel der Artemis.

Ein bescheidenerer Fall ist die osmanische Moschee in Assos an der Südküste der Troas. Der türkische Name für die Stadt, Behram, leitet sich vom mittelalterlichen griechischen Namen Machramion ab. Überwiegend griechisch und christlich blieb die Stadt bis zu den Zwangsmigrationen der Jahre 1919–23. Die antiken Ruinen von Assos säumen die Oberkante eines Steilhangs, von wo aus man eine spektakuläre Sicht auf die blauen Wasser des 200 Meter tiefer gelegenen Ägäischen Meeres

Abb. 1.9: Inschrift am Türrahmen der Moschee von Assos

genießt. Die Fundstätte war Gegenstand der ersten Grabungen des Archaeological Institute of America in den Jahren 1881–83.[86]

An der Nordostecke der Akropolis ragt auf der Landseite wie ein Wachtposten die Moschee auf, die von dort aus kilometerweit zu sehen ist. Je nach Blickwinkel ist sie auch vom Meer her sichtbar. Aus der Nähe zeigt sie sich überraschend schlicht und unscheinbar. Einschließlich der Vorhalle misst das Gebäude nur 17 × 14 Meter und besteht aus einem einzigen überkuppelten quadratischen Raum.[87] Es gibt nicht einmal ein Minarett. Ebenso wenig existiert eine Gründungsinschrift, aber osmanische Aufzeichnungen des folgenden Jahrhunderts bestätigen, dass Sultan Murad sie in Auftrag gab,[88] wahrscheinlich etwa zur selben Zeit wie Isa Bey die Moschee in Ayasoluk. Die Moschee von Assos wurde aus den Ziegeln und Natursteinen einer verfallenen Kirche, die einst an dieser Stelle gestanden hatte, und des angrenzenden Tempels der Athena erbaut.[89]

Wie auch in Ayasoluk stand hinter der Wiederverwendung der Materialien mehr als nur funktionelles Denken und Umweltbewusstsein. Selbst den marmornen Türrahmen der ehemaligen Kirche, die dem heiligen Cornelius geweiht war, verwendete man in der Moschee wieder, einschließlich der originalen griechischen Inschrift auf dem Türsturz. Sie ehrt einen anonymen Provinzstatthalter, dessen Mäzenatentum irgendwann in der Vergangenheit die Renovierung der Kirche finanziert hatte.[90] Somit wurde der Türrahmen etwas Doppeldeutiges – hier auf der Akropolis von Assos, inmitten der Ruinen vergangener Zeiten, setzte Sultan Murad das Gebäude wieder zusammen. Auch er ließ seinen Namen ungenannt, so wie der vergessene griechische Statthalter, der lange vor ihm die Kirche hatte renovieren lassen.

2. Eine gesegnete Dynastie, 1397–1494

Die älteste schriftliche Beschreibung der Osmanendynastie in türkischer Sprache bildet das ziemlich kurze Schlusskapitel eines langen Versepos über Alexander aus der Feder des Dichters Ahmeti. Es feierte einst die siegreichen Feldzüge des Sultans Bayezid und seiner Vorfahren.[1] Heute riecht es penetrant nach Lobhudelei, doch bei Zuhörern des neunten islamischen Jahrhunderts, jenes Jahrhunderts, das mit Timur anfing und mit Schah Ismail endete, kam es wahrscheinlich anders an. Die Erinnerung an Sultan Bayezid als *Yıldırım*, Blitz, spielte nicht nur auf seine blitzschnellen Militärschläge an, sondern auch auf die Melancholie des Lebens am türkischen Hof in Kleinasien nach Bayezids katastrophaler Niederlage.[2] Verlust und Gewalt waren das Vermächtnis dieses tragischen Helden, der sich nach den Worten der Chronisten durch seinen tollkühnen Ehrgeiz selbst zugrunde richtete. Die eigentliche Schuld sollte man zu gleichen Teilen all den anderen türkischen Feudalherren zuweisen, deren Treuebruch auf dem Schlachtfeld von Ankara 1402 entscheidend zu Bayezids Untergang beitrug. Nur wenige unter ihnen trauerten dem Ende von Bayezids Version herrscherlicher Autorität nach. Doch in die Arbeit des Wiederaufbaus mischte sich ein Verlustgefühl, über dessen mehrdeutigen Sinngehalt die türkischen Geschichtsschreiber grübelten, als wären es Schicksalstafeln.

Gewalt, Thronfolge und Gedächtnis

Bayezids Herrschaft begann mit den Siegen seines Vaters Murad an der Mariza (1371) und auf dem Kosovo (1389), die noch heute in West und Ost nachwirken. Das slawische Königreich von Stefan Dušan zerbrach,

Osmanische Sultane des neunten islamischen Jahrhunderts

Bayezid I.	1389–1402
Mehmed I.	1413–1421
Murad II.	1421–1451
Mehmed II. „der Eroberer“	1451–1481
Bayezid II.	1481–1512

als sein Sohn einige Monate nach der Mariza-Schlacht kinderlos starb. Unter den slawischen Fürsten hatte König Sigismund von Ungarn Zuspruch, andere aber traten in osmanische Dienste. Ihre Loyalität belohnte Bayezid, indem er Olivera heiratete, die Tochter von König Lazar, der sein Leben auf dem Kosovo verloren hatte. Die türkischen Emire von Kleinasien, Galatien und Kappadokien fanden sich mit einem Mal hin- und hergerissen zwischen Bayezid im Westen, den Mamluken-Sultanen im Süden und Timur im Osten. Unter diesen Umständen sahen viele ihre beste Hoffnung auf Unabhängigkeit in der Unterstützung für Kadı Burhanettin, den Philosophensultan von Sivas. Er herrschte über ein hoch zivilisiertes Sultanat, ein würdiger Nachfolger der persisch beeinflussten Kultur der seldschukischen Jahrhunderte.[3]

In Bayezids Augen bestand die beste Absicherung gegen Gefahren aus dem Westen wie aus dem Osten in der Eroberung Konstantinopels. Die Stadt wäre eine praktisch uneinnehmbare Festung, sollte sie abermals die Hauptstadt eines Reiches werden, das sich zu beiden Seiten der Meerenge erstreckte. Wenn Konstantinopel erobert war, konnte Bayezid alles andere einbüßen, diese Stadt aber würde er nicht wieder verlieren.[4] So lautete eine Lektion der Geschichte des späten Byzanz, dessen Langlebigkeit bei Weitem alles übertraf, was man angesichts seiner zerrütteten Politik hätte erwarten können. Bayezid warf sein Gewicht im byzantinischen Erbfolgestreit in die Waagschale; er nahm das christliche Philadelphia (Alaşehir) ein und zwang die türkischen Ritter der Ägäis, ihre Lehen ein weiteres Mal aus seiner Hand zu empfangen. Er erreichte die widerwillige Huldigung durch Kastamonu und andere Emirate. Aber im Sommer 1391 wurde Bayezid von Burhanettin in der Schlacht besiegt. Kurz darauf rückte Timur von Osten her vor. Weil er den Ernst der Lage erkannte, versuchte Bayezid seinen eigenen Kredit im Osten zu sichern, indem er die Mamluken um Hilfe ersuchte.[5] Dann begann er mit der Belagerung von Konstantinopel.

Es war eine Strategie mit gewaltigen potenziellen Vorteilen und keinem offensichtlichen Nachteil. Bayezid erbaute am Bosporus, acht Kilometer oberhalb von Konstantinopel auf der asiatischen Seite der Meerenge, eine Festung und belegte die Stadt mit einer Dauerblockade. Sie zeigte Wirkung. Als der Preis des aus Venedig importierten Getreides in die Höhe schoss, sah sich der griechische Adel in der Stadt gezwungen, an Profiteure zu verkaufen. Viele zogen weg.[6] Doch die Stadt selbst hielt sich allen Entbehrungen zum Trotz. Während die Belagerung fortgesetzt wurde, unternahm Bayezid weit ausgreifende Feldzüge nach Westen und Norden, bis nach Temesvár und Belgrad. Er eroberte Nikopolis, erzwang die Unterwerfung der Walachei und besiegte eine Allianz christlicher Könige, die im Nikopolis-Kreuzzug von 1396 von Ungarns König Sigismund angeführt wurden. Die Niederlage hatte zur Folge, dass die Osmanen Vidin am Schwarzen Meer eroberten und den Unterlauf der Donau kontrollierten. Der nach wie vor mächtige Evrenos, einer der Eroberer Thrakiens unter Murad, unternahm für Bayezid Feldzüge in Epirus, Griechenland und auf der Morea (Peloponnes). Von ihrem Stützpunkt in Gallipoli aus patrouillierten Bayezids Galeeren im Mittelmeer. Doch all das genügte nicht. Die letzten Bollwerke gegen Timur fielen, als der Mamluken-Sultan starb und Kadı Burhanettin im Kampf fiel. Bayezid würde ins Feld ziehen, um sich Timur zu stellen, ohne die Kaiserstadt in seiner Gewalt zu haben.

Timurs Invasion

Falls Timur überhaupt einen Plan hatte, der über Plündern und Brandschatzen und das abenteuerliche Leben auf einem nicht endenden Feldzug hinausging, so scheint er sich eine Wiederholung der Laufbahn Dschingis Khans und eine Wiederherstellung von dessen Tributreich vorgestellt zu haben. Bayezids Tributforderungen an seine Vasallen lieferten Timur den Vorwand, im Sommer 1400 anzugreifen.[7] Bayezid ging ein kalkuliertes Risiko ein, indem er einen seiner Söhne nach dem von Timur belagerten Sivas entsandte, während er selbst einstweilen vor den Mauern Konstantinopels verblieb. Die osmanischen Heere trafen zu spät vor Sivas ein, dessen Stadtväter lebendig begraben wurden. In jenem Winter fielen Aleppo, Diyarbakır, Homs, Hama und Baalbek allesamt an Timur. Als Strafe für seinen Widerstand wurde Damaskus geplündert und seine Bevölkerung massakriert. Angesichts wenig beneidenswerter Optionen – Timurs Grausamkeit auf der einen Seite, Bayezids autoritärer Interventionismus und taktische Risikofreude auf der anderen – unterwarfen sich viele türkische Emire Timur in der Hoffnung, er werde die Osmanen schwächen und ihnen selbst bliebe das Schicksal von Sivas erspart. Ihr Abfall war entscheidend für die vernichtende osmanische Niederlage bei Ankara am 28. Juli 1402. Bayezid wurde gefangen genommen und starb in der Gefangenschaft. Timurs Armeen verheerten Kleinasien bis zur Ägäis.[8]

Jede ernsthafte Hoffnung auf Unabhängigkeit, die jene türkischen Emire gehegt haben mochten, welche sich auf Timurs Seite geschlagen hatten, wurde zuerst durch seine exorbitanten Tributforderungen und die willkürliche Zerstörung ihrer Besitztümer, später durch das Überleben von Bayezids Söhnen zunichte gemacht. Auch westlich der Meerenge entstand den Osmanen kein ernsthafter Herausforderer, sodass die Tatsache, dass Bayezids Erben noch lebten, bedeutete, dass die türkischen Emire dem Untergang geweiht waren. Keiner verstand es, nach Timurs Tod im Jahr 1405 Kleinasien zu vereinigen. Kaiser Manuel II. von Konstantinopel spielte eine größere Rolle als zuvor, aber letztendlich richtete er kaum mehr aus, als den unvermeidlichen Konflikt zwischen den osmanischen Prinzen in die Länge zu ziehen.

Der Erbfolgekrieg

Das Kriegsdrama zwischen Bayezids Söhnen, das mit Unterbrechungen 20 Jahre lang wütete,[9] führte paradoxerweise zu einer neuerlichen Stärkung der osmanischen Einheit.[10] Die Frage lautete, ob die Osmanendynastie noch über *devlet* verfügte, jene magische Eigenschaft innerer Autorität, die stets ein göttliches Geschenk war.[11]

Zwei der Brüder, Musa und Mustafa, waren von Timur zusammen mit ihrem Vater gefangen genommen worden. Musa wurde freigegeben und brachte Bayezids Leiche heim, aber Mustafa hielt man in Samarkand zurück. Nach zwei Jahren verwirrender Kämpfe war der älteste Bruder Isa tot. Mehmed hatte sein Hauptquartier in Tokat und kontrollierte die galatische Hochebene. Musa mit dem Leichnam ihres Vaters stand unter seiner Aufsicht. Die stärkste Position hatte mit den beiden osmanischen Hauptstädten Bursa und Edirne Süleyman inne. Er traf eine Abmachung mit Genua und Konstantinopel und schloss Frieden mit Venedig. Mustafa war anscheinend in Samarkand und außer Reichweite.

Im Jahr 1409 ging Mehmed in die Offensive. Er hatte mehrere Verbündete unter den türkischen Emiren und stützte sich außerdem auf den christlichen Fürsten der Walachei – all diese Bündnisse wurden durch Ehen besiegelt. Nun entsandte er Musa gegen Süleyman in Edirne, während er selber Bursa angriff. Zu einem Krieg an zwei Fronten gezwungen, konnte Süleyman keine der Städte verteidigen und verlor alle beide – Musa eroberte Edirne, Mehmed eroberte Bursa, und Süleyman starb auf der Flucht.[12] Doch für Musa lief es in Edirne nicht gut. Seine kurze Herrschaft über die Stadt war ein Muster an Inkompetenz. Er belagerte Konstantinopel, doch seine übergriffige Bürokratie und seine persönliche Rachsucht verprellten just jene türkischen Plünderer, die er brauchte. Verbündete und Untergebene gleichermaßen liefen zu Mehmed über, der Musa im Juli 1413 angriff, ihn besiegte und tötete.[13]

Gerade schien es, als sei Mehmeds Sieg sicher, da musste er sich mit dem letzten Bruder, Mustafa, auseinandersetzen, der plötzlich wieder auftauchte, nachdem er 1415 aus Samarkand freigelassen worden war. Mehmed schlug ihn, Mustafa floh nach Konstantinopel, und Kaiser Manuel versprach, ihn nicht freizulassen, solange Mehmed lebte. Der Familienkrieg der Osmanen endete schließlich 1421 – es war Mehmeds Sohn Murad, der Mustafa gefangen nahm und hinrichten ließ und seine beiden eigenen Brüder besiegte und blendete.[14]

Der Aufstand der Derwische

Inmitten des dynastischen Konflikts der Osmanen stellte ein Volksaufstand das Konzept der osmanischen Oberherrschaft selbst in Frage. Auch wenn es keine realistische Alternative gab, hatte das osmanische Wiedererstarken nicht unbedingt uneingeschränktes Vertrauen aufgebaut. Der Grad der öffentlichen Enttäuschung über die osmanische Restauration zeigte sich in dem Aufstand, der von zwei abenteuerlichen Figuren, Börklüce („der Filzgekrönte") Mustafa und Scheich Bedrettin, angeführt wurde. Er brach 1416 aus, just zu dem Zeitpunkt, als Mehmed

Mustafa besiegte und ihn der Gefangenschaft in Konstantinopel überantwortete. Die verschiedenen erhaltenen Darstellungen zeigen anschaulich, welch große Herausforderung nach wie vor von jemandem ausgehen konnte, der aus dem tiefen Brunnen der türkischen Spiritualität ein glaubhaftes politisches Gefäß zu füllen verstand.[15]

Eine solche Schilderung ist in eine Geschichte der Osmanen eingebettet und stammt aus der Feder eines griechischen Adligen namens Dukas. Seine Ahnen hatten noch auf dem byzantinischen Thron gesessen.[16] Er selbst wuchs in Aydin auf, wohin sich sein Großvater während des byzantinischen Bürgerkriegs der 1340er-Jahre geflüchtet hatte. In den Augen von Dukas war das Schicksal der byzantinischen vollständig mit dem der osmanischen Dynastie verknüpft, und der Fall von Konstantinopel 1453 – den er noch erlebte – kündigte für ihn die Vernichtung beider an.[17] Dukas zeichnete seinen Helden Börklüce Mustafa als Propheten einer ironischen neuen Rechtsordnung, unter welcher Islam und Christentum vereint, das Privateigentum abgeschafft und jegliche Unterdrückung beendet sein sollten. Von einem Einsiedlermönch in Kreta erfuhr Dukas, dass Derwische, „die nur schlichte Hemden tragen, deren bloße Häupter kahlgeschoren sind und die keine Sandalen an den Füßen haben", nachts barfuß über das Meer liefen, um sich mit ihm zu unterhalten.[18] „Es wird erzählt", ergänzte ein lokaler muslimischer Autor, „dass sie 4000 Sufis bei sich hatten. Sie alle sprachen: ‚*Es gibt keinen Gott außer Gott*' – aber ‚*Muhammad ist der Prophet Gottes*' sagten sie nicht."[19]

Dukas gestaltete seine Darstellung als seltsame Verkehrung des Gleichnisses Jesu von den bösen Pächtern. Im Evangelium beschließt der Herr, nachdem die Rebellen die Knechte getötet haben, seinen eigenen Sohn auszuschicken, und die Aufrührer töten auch ihn. Dukas ließ stattdessen den Sohn die Aufrührer töten. Sultan Mehmed schickte ein Heer gegen Börklüce Mustafas Stützpunkt auf der Halbinsel Karaburun, dem entlegenen, gebirgigen Westrand des Golfs von Izmir. Als die osmanischen Truppen über den schmalen Küstenpass näherrückten, der den einzigen Zugang vom Festland aus bildet, warfen die Rebellen auf den Anhöhen sie zurück. Einer zweiten osmanischen Streitmacht erging es nicht anders. Nun schickte der Sultan ein Heer unter dem Kommando des obersten Wesirs und seines eigenen jungen Sohnes (des künftigen Sultans Murad II.). Sie bezwangen den Pass und, so Dukas,

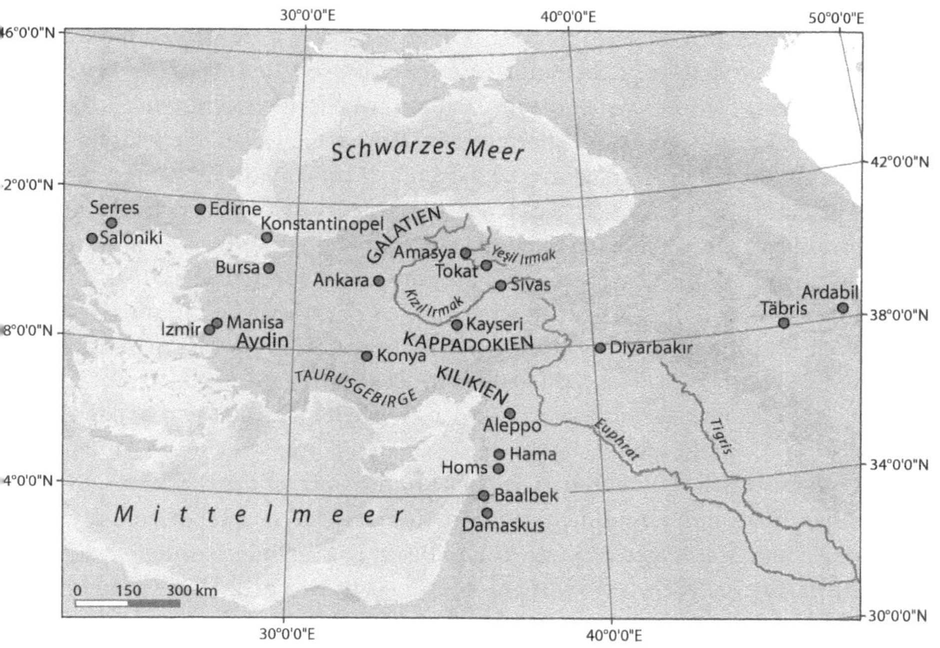

Karte 2.1: Timurs Invasion und der osmanische Bürgerkrieg

„hieben gnadenlos jeden nieder, den sie zu Gesicht bekamen, die Alten ebenso wie Kleinkinder, Männer und Frauen; kurzum, sie metzelten jeden nieder, gleich welchen Alters […].“[20] Börklüce Mustafa wurde in Ketten nach Ayasoluk gebracht, verhört und gekreuzigt. Seine Leiche wurde auf dem Rücken eines Kamels in den Straßen zur Schau gestellt, eine offenkundige Parodie auf Jesu Einzug in Jerusalem auf einem Esel.[21] Das osmanische Heer verfolgte Börklüce Mustafas Anhänger und griff jeden auf, der als barfüßiger Bettler gekleidet war. „Da sie den Tod freudig willkommen hießen“, schrieb Dukas über die Derwische, „hörte man sie murmeln: *Dede sultan eriš*, das heißt: ‚O Herr Vater, eile uns zu Hilfe.‘“ Dukas’ Übersetzung machte aus dem Gebet eine türkische Version von Psalm 38, der Eingangszeilen des tagtäglichen Stundengebets der christlichen Kirchen.

Eine zweite Darstellung des Derwischaufstands kommt im Gewand einer Heiligenvita oder *Menakıbname* daher. Ihr Held ist der andere der beiden Rebellen, Scheich Bedrettin, und verfasst wurde sie von dessen Enkel.[22] Sie stellt die Rebellion als riesiges Missverständnis dar. Scheich Bedrettins Mutter war eine zum Islam konvertierte griechische Christin. Sein Großvater väterlicherseits war ein Neffe des letzten Seldschukensultans.[23] Die Darstellung legt wenig Wert auf diesen impliziten Thronanspruch und liest sich eher wie eine Verteidigungsschrift. Sie erzählt die Geschichte des Scheichs als Protokoll seiner frommen Wanderungen „hin und wieder zurück", von seiner Heimat in Edirne auf Pilgerfahrt zu all den bedeutenden Städten der westlichen islamischen Welt. Sämtliche Details dieses politischen Resümees lassen darauf schließen, dass Scheich Bedrettin den Osmanen treu ergeben war, es sich bei ihm um einen hervorragenden Gelehrten und Juristen handelte und er keinerlei politische Ambitionen besaß. Im gleichen Atemzug fasst das Buch die Lehren Scheich Bedrettins als eine Art philosophischen Sufismus zusammen, der im Kontext des osmanischen Islam recht unauffällig gewesen sei. Nach dieser Darstellung wurde Scheich Bedrettin, als Mehmed während des Krieges zwischen den Osmanenbrüdern Edirne einnahm, nach İznik verbannt. Später geriet sein Schiff, als er sich im Auftrag des Emirs von Sinop auf einer diplomatischen Mission zur Krim befand, unglücklicherweise auf dem Schwarzen Meer in die Hände christlicher Piraten, und Scheich Bedrettin fand sich an die walachische Küste gespült wieder. Er machte sich nach Edirne auf, in der unschuldigen Hoffnung, Sultan Mehmed ein Exemplar seines neuesten Buches als Geschenk überreichen zu können, aber der Sultan hielt sein Kommen irrtümlich für einen Aufstand.

Laut der dritten Darstellung der Revolte war an keinem der beiden Rebellen irgendetwas Unschuldiges. Ihr Autor, Aşıkpaşazade, hatte die Geschehnisse nicht persönlich miterlebt, weil sie sich zutrugen, als er vom osmanischen Heer getrennt war und sich im Hause eines alten Derwischs, „dem Sohn von Sultan Orhans Imam", von einer Krankheit erholte. Sein Werk *Taten und Daten des Osmanenhauses*[24] ist eine von mehreren zusammenhängenden frühosmanischen Prosachroniken. Aşıkpaşazade stellte Scheich Bedrettin als Kazasker – das einflussreichste zivile Amt im Osmanischen Reich unterhalb des Sultans – in Musas unseligem Regime in Edirne dar, und Börklüce Mustafa sei der Mentor für Scheich Bedrettins Sohn gewesen. Nach dieser Darstellung erlaubte Sultan Mehmed es Scheich Bedrettin gnädig, mit seiner Tochter und einer kleinen Rente nach Iznik zu gehen, doch stattdessen sei Scheich Bedrettin in die Wälder am westlichen Schwarzen Meer geflohen und habe sich zum Kalifen ausgerufen. Börklüce Mustafa, sein Stellvertreter, sei zum Karaburun geflüchtet, „wo es viele Heuchler gab." Viele hätten sich zu ihnen gesellt, die zur Amtszeit Scheich Bedrettins in Edirne Lehen von ihm empfangen hätten. In dieser Version wurde Börklüce Mustafa zerstückelt und Scheich Bedrettin vor dem Markt in Serres gehängt. „Diese Sufis", schrieb Aşıkpaşazade, „behaupteten: ‚Wir sind bloß Derwische', aber in Wahrheit waren sie keine Derwische, sie sagten: ‚Unser Scheich ist der König und wir sind seine Fürsten.'"[25]

Der Autor dieser dritten Darstellung, Aşıkpaşazade, ist eine Persönlichkeit von beträchtlicher kultureller Bedeutung. Er kam aus einer langen Reihe von Sufi-Scheichs und Dichtern und stammte in sechster Generation von Baba Ilyas ab, jenem Mystiker, der zwei Jahrhunderte zuvor den Aufstand gegen die Mongolen angeführt hatte.[26] Aşıkpaşazade selbst wurde fast 100 Jahre alt. Der Aufstand der Derwische ereignete sich in seiner Jugend, doch *Taten und Daten* schrieb er Jahrzehnte später als alter Mann nach der Eroberung Konstantinopels, zu einer Zeit, als der Konflikt mit den Safawiden den osmanischen Horizont verdüsterte. Zwei rote Fäden durchziehen das Buch – der eine fragt nach dem Wesen wahrer Frömmigkeit, der andere beschreibt die innige Beziehung der Osmanendynastie zu den heiligen Männern aus Aşıkpaşazades eigener Tradition.[27] Er unterschied sorgsam zwischen geistlicher und politischer Autorität. Die Safawiden, einst ein legitimer Sufiorden, hätten sich durch ihren Glauben an den messianischen Auftrag Schah Ismails, wie Aşıkpaşazade es ausdrückte, in „die ungläubige Sekte aus Ardebil" verwandelt. Und im Voraus abgezeichnet habe sich die safawidische Bewegung im Aufstand der Derwische. Scheich Bedrettin und Börklüce Mustafa seien nichts anderes gewesen als politisch ehrgeizige Betrüger und Scharlatane, genau wie die Safawiden.[28] Unter den frühen Anhängern des Safawidenordens, schrieb Aşıkpaşazade unheilverkündend, hätten sich 25 einstige Jünger Scheich Bedrettins befunden.[29] Sie „trachteten nicht etwa nach Weisheit, sondern nach der Zerstörung des heiligen Rechts und nach dem Gewinn des Sultanats".

Türkische mystische Spiritualität

Anders als die Safawidenschahs wurden die Osmanensultane niemals mit dem Göttlichen verwechselt. Laut Aşıkpaşazade schrieben sich die osmanischen Sultane erstens eine vornehme Abstammung von den legendären türkischen Kriegerkönigen des Kayi-Clans im zentralen Eurasien zu und behaupteten zweitens, dass sie von dem abbasidischen Kalifen – vertreten durch die Seldschuken – zu Sultanen ernannt worden seien. Nach dem Sturz der Abbasiden durch die Mongolen und nachdem auch die Seldschuken verschwunden seien, verlaufe die Legitimitätslinie über die Osmanensultane. Jetzt schmückten sie sich mit dem Status als Eroberer und Beschützer der islamischen Tradition. Vorbildliche Gläubige mochten die Osmanensultane zwar gelegentlich sein, bescheidene Gläubige waren sie aber auch. Heilige waren Heilige, Sultane waren Sultane.

Sultane und Heilige

Die Beziehung zwischen Heiligen und Sultanen gestaltete sich komplex. Die Epizentren der türkischen Spiritualität lagen anfangs nicht in den osmanischen Ländern, bei denen es sich um das bis in jüngste Zeit christliche Kleinasien und Thrakien handelte. Die von den osmanischen Muslimen am stärksten verehrten Stätten lagen in Galatien und Kappadokien und nutzten, wenn überhaupt, meist rivalisierenden Dynastien, den Akkoyunlus und den Karamaniden. Konya, das geistige Zentrum des türkischen Islam, wo sich sowohl die Schule des Sadrettin Konavi (al-Qūnawi) als auch Rumis Mausoleum befanden, stand unter karamanidischer Kontrolle. Die Janitscharen, die „neue Truppe (*yeni çeri*)" aus Sultan Murads Sklavensoldaten, fühlten sich spirituell stark den Bektaşis verpflichtet.[30] Sultan Murad I. hatte die Tekke der Bektaşis – das Heiligtum am Grab des Ordensgründers – reich ausgestattet, aber sie lag in einem kappadokischen Dorf westlich von Kayseri.

Dass es deswegen einen gewissen Wettbewerb zwischen den muslimischen Ordensgemeinschaften darum gab, eine enge dynastische Beziehung zwischen ihren jeweiligen Heiligen und den Osmanensultanen auszumachen, wird in einem prophetischen Traum ersichtlich, der in wechselnder Form in allen osmanischen Chroniken der Frühzeit auftaucht. Es heißt dort, der osmanische Sultan sei ein guter Muslim gewesen, der seine Gebete sprach und Gottes Namen stets auf den Lippen führte. Eines Nachts träumte ihm, er sehe den Mond in der Brust seines Scheichs auf- und in seiner eigenen Brust untergehen, wo daraufhin ein großer Baum Wurzeln geschlagen habe. Nach dem Traum bat der Sultan seinen Scheich darum, den Traum zu deuten. In den Chroniken herrscht Uneinigkeit über die Akteure – wer den Traum hatte und welcher Scheich dessen Bedeutung enthüllte.[31] Eine Gruppe anonymer Chronisten schrieb übereinstimmend, dass Osmans Vater den Traum gehabt habe, war aber verschiedener Ansicht über den Traumdeuter.[32] Aşıkpaşazade jedoch wies den Traum Osman persönlich zu und ließ ihn von einem gewissen Scheich Edebali auslegen. Der Scheich sprach: „Osman, mein Sohn, es ist ein günstiges Zeichen. Gott, gepriesen sei er, hat dir und deinen Nachkommen die Herrschaft verliehen. Mögest du wahrhaft gesegnet sein."[33] So verdankte sich der Erfolg der Osmanendynastie Scheich Edebali und keinem anderen heiligen Mann. Tatsächlich war Edebalis Tochter gar

Abb. 2.1: Tekke („Ordenshaus") von Hacı Bektaş in einem kappadokischen Dorf

nicht, wie diese Version andeutet, die Mutter Orhans – Orhans Mutter war eine andere Frau.[34] Aşıkpaşazade, der selbst dem Orden Scheich Edebalis angehörte, überging dieses Detail.

Man beachte, dass die verschiedenen Parteien in der Debatte es alle für selbstverständlich nahmen, dass Träume eine Art Nachricht aus dem Jenseits seien, die mithilfe eines erfahrenen Sehers entschlüsselt werden könne. Zumindest gingen alle davon aus, dass die mystische Spiritualität von Derwischen schlichte islamische Frömmigkeit sei.

Moschee, Medrese und Tekke

Die muslimischen Mystiker (heutzutage üblicherweise als Sufis bezeichnet) fanden die Realität in Gott auf dem Weg des authentischen persönlichen Erlebens. Gott kannten sie aus der unmittelbaren Begegnung mit Gottes liebender Gegenwart. Von dieser göttlichen Begegnung sprachen die Sufis als von etwas Berauschendem. Wie von einem Geschlechtsakt. Gottes Liebe könne überwältigend sein – gewöhnlich bringe sie einen Menschen aus dem Gleichgewicht. In einer solchen Begegnung gebe es nichts als Güte und Gnade, und nichts anderes zähle daneben. Unter Anleitung eines Scheichs, eines Lehrers, der im Rahmen einer bestimmten erzieherischen Tradition wirke, würden die Schüler lernen, diese Erfahrung vermittels eines geistigen Reifungsprozesses zu bewältigen.

Nicht alle sahen das so. Nüchterne Muslime beeindruckte eher Gottes Ehrfurcht gebietende Reinheit. Sie verspürten das Bedürfnis, Gottes heilige Macht von den schnöden weltlichen Dingen abzugrenzen und mit nachdrücklich durchgesetzten Schranken zu schützen. Sufis fanden solche Grenzen fragwürdig und frustrierend. Einig waren sich alle darin, dass Gott sich in den „Zwei Büchern" offenbare – einem heiligen Buch und der Schöpfung –, und dass das Leben der Menschen durch Beachtung dieser beiden „Bücher" geordnet werde. Doch für Mystiker kam die Gotteserfahrung zuerst, und die Person des Menschen war ein Mikrokosmos. Die beiden „Bücher", die Schöpfung und der Koran, besaßen jedes eine innere Struktur, die auf diese Erfahrung verwies und sie erläuterte.

Obwohl die Osmanensultane sich häufig für den Sufismus empfänglich zeigten, förderten sie auch den akademischen Islam und gewährleisteten die Kontinuität der islamischen Hochkultur. Die Integration von Sufismus und akademischem Islam durch die Osmanen wird aus Aşıkpaşazades Bericht darüber ersichtlich, wie die Sultane Medresen, höhere Bildungseinrichtungen, unterstützten.[35] Viele frühosmanische Gelehrte waren Mystiker. Davud von Kayseri, der allererste Professor an der allerersten osmanischen Medrese in Bursa, war in dritter Generation ein Schüler von Sadrettin Konavi und verfasste einen Kommentar zu Ibn al-Arabis *Einfassungen der Weisheit*.[36] Davuds Nachfolger an der Medrese von Bursa, Molla Fenari, der größte Gelehrte zur Zeit Bayezids, war der Sohn eines weiteren Koranschülers und verfasste neben einem Ibn-Arabi-Kommentar ein einflussreiches Lehrbuch der Logik. All das beschrieb Aşıkpaşazade als nichts Besonderes.

Institutionell waren die Medresen eng verknüpft mit der Autorität und dem Reichtum der Erobererdynastie und mit dem Vakıf, jenem leistungsfähigen Finanzinstrument, das ursprünglich entstanden war, um die Medrese auszustatten und zu finanzieren. Der standardisierte Lehrplan der Medrese bestand aus der Lektüre und dem Verständnis klassischer Texte unter strenger Aufsicht des Lehrpersonals. Er umfasste Koranexegese (*tafsir*), Rechtskunde (*fıkıh*), Hadithstudien, philosophische Theologie (*kalam*) und arabische Grammatik, aber auch Medizin, Mathematik, Astronomie und Mystik (*tasavvuf*). Die Absolventen der Medresen besetzten die Ämter und Gerichtshöfe der Sultane. Die Scharia – also die Zusammenfassung des Korans und der gelebten Praxis des Propheten Mohammed (der Sunna), ausgelegt im Rahmen einer der vier anerkannten Schulen des islamischen Rechtsdenkens – bildete die Grundlage der islamischen Gesellschaft. Wie türkische Herrscher überall in der afroeurasischen Welt forderten die osmanischen Sultane die hanafitische Rechtsauslegung, welche gewöhnlich die Ernennung weltlicher Herrscher qua göttlicher Vorsehung guthieß. Doch die Scharia allein hat damals wie heute nie genügt, um eine islamische Gesellschaft zu regieren. Stets stand sie neben dem dynastischen Recht, den weltlichen Dekreten der Sultane.

Die Medrese war in den Ländern der Osmanen nicht das einzige Institut für höhere Bildung. Auch die führenden Sufi-„Ordenshäuser", die Tekken, dienten als Akademien zur Ausbildung in Künsten und Wissenschaften. Das Studium der Schöpfung und des Korans wurde hier durch Quellen und Methoden vertieft, welche die Verbindungen zwischen beiden offenlegen sollten, einschließlich der esoterischen Wissenschaften. Die hierarchische Struktur und das Meister-Schüler-Verhältnis in der Tekke gaben der dortigen Bildung einen anderen Anstrich als jener in der Medrese. In der Tekke bedeutete höhere Bildung nicht bloß Wissensvertiefung, sondern auch geistige Reifung mittels einer zielgerichten betreuten Ausbildung in den geistigen Disziplinen und eines Studiums der Grundlagentexte.

Die Moschee richtete die Gläubigen auf die Erfüllung der Ziele des Lebens aus, und zwar durch die Zugehörigkeit zur Bundesgemeinschaft des Gottesvolkes. Der Gottesdienst in der Moschee war die organisierte Antwort des Menschen auf Gott. Er gipfelte in jenem liturgischen Augenblick beim Freitagsgebet, wenn der Imam auf die Kanzel stieg, um die Ansprache (*hutbe*) zu halten, und die Versammelten die Antwort des Menschen auf Gott in der rituellen *secd*, der Niederwerfung, der Überantwortung an die Einzigkeit Gottes, verwirklichten. Dem gingen Ermahnungen und Erläuterungen der heiligen Schriften voraus. Als abschließende Verkündigung erkannte die Hutbe auch den Monarchen an, dessen irdischer Schutz, legitimiert durch den Kalifen, diese Versammlung ermöglichte. Mit den täglichen Gebeten wurde den Muslimen eingeschärft, stets rechtzeitig auf Gott zu antworten; die wöchentlichen Predigten sorgten im Verein mit regelmäßigen Rezitationen aus dem heiligen Buch für eine straffe Disziplin in der Gemeinde; und der Jahreszyklus aus Fasten und Feiern, Pilgerfahrt und Rückkehr war die gelebte menschliche Hidschra; der Koran drückt es folgendermaßen aus (2,156): „Wenn ein Unglück sie trifft“, dann ist unser einziger Trost im Leben und im Tod: „Wir gehören Gott, und wir kehren zu Ihm zurück.“[37]

Für Aşıkpaşazade und die Mystiker jedoch erfolgte die Gottesverehrung nicht nur in der Moschee, sondern auch in der Gesellschaft von Scheichs und Derwischen in der Tekke. Es gab verschiedene Arten von Tekken, darunter einige, die mit ihren ortsansässigen Derwischen an Klöster erinnerten. Alle verfügten über einen Betsaal. In den Versammlungen hörten die Gläubigen zunächst dem Scheich zu, der über einen spirituellen Stammbaum vom Gründer und dessen designierten Stellvertretern abstammte; Höhepunkt war der als *zikr* (Erinnerung) bezeichnete rituelle Sprechgesang, mit dem der Name Gottes angerufen wurde. So wie der Sprechgesang einen Menschen dazu anhielt, den Namen auf den Benannten zurückzuführen, bedeutete die Liturgie des Ordenshauses (*sema*) eine Annäherung an die echte Begegnung mit Gott, eine Begegnung, die sich vielleicht nur einmal im Leben ereignete. In einem sozialen Umfeld, in dem diese Begegnung geachtet wurde, konnte die Tekke zu jenem Ort werden, wo man sie erwartete, suchte und möglicherweise in jeder weltlichen Begegnung erhoffte. Für die Sufis waren nicht nur die Koranverse Zeichen (*ayet*) Gottes, vielmehr offenbarten sich Gottes Eigenschaften in jedem Teil der Schöpfung. Der Scheich unterwies seine Schüler in der Auflösung des Ich, dem Tod des Selbst, der jede echte Gotteserfahrung begleitete und an ihrem Ende stand.

War die *secd* in der Moschee die fußfällige Reaktion der Geschöpfe auf den Ganz-Anderen, so war die *sema* in der Tekke die Umarmung der Liebenden. Musik und Tanz prägten die Gottesverehrung in der Tekke, und das Tor zu ihrer geistigen Tradition war die Lyrik. Sammlungen klassischer Dichtung (Divane) wurden zu einer Theologie mit anderen Mitteln, und Literaturgeschichte fungierte zugleich als Glaubensgeschichte.

Die Landschaft aus Meistern und Sekten war vielfältig, die Kanäle, über die sie sich gegenseitig beeinflussten, waren vielschichtig und veränderlich.[38] Manche Gemäßigte, darunter Rumi und Hacı Bektaş, hatten Wurzeln in Chorasan und im zentralen Eurasien, aber die Herkunft zählte weniger als der emotionale Kontext des türkischen Lebens. In diesem Sinne waren die osmanischen Muslime die eigentlichen Erben von Ibn Arabi. Dieser andalusische Meister hatte nach seiner Pilgerfahrt nach Mekka 1203 zwei Jahrzehnte in den Seldschukenländern verbracht. Sadrettin Konavi, dessen Tekke in Konya ein führendes geistiges Zentrum bildete, waren Ibn Arabis adoptierter Stiefsohn und sein einflussreichster Ausleger.[39] Neben dem Koran und den Hadithen waren Ibn Arabis *Fusûs al-Hikam* („Einfassungen der Weisheit"),[40] die üblicherweise mit Hilfe von Konavis Kommentar studiert wurden, einer der beiden weiteren maßgeblichen Texte des osmanischen Islam. Der andere war Rumis *Mesnevi*, ein spiritueller Klassiker und eine in Verse gefasste schier unbeschreibliche Fundgrube kultureller Verweise. Das menschliche Verlangen nach Transzendenz, das in Ibn Arabis begrifflichem Wortschatz und in Rumis Poesie Ausdruck fand, verband alle osmanischen Sufis. Jedes Mitglied einer Tekke kannte und studierte diese Texte, kopierte und übersetzte sie. Ihr Einfluss durchzog das gesamte kulturelle Leben der Osmanen.

Die Klage der Rohrflöte

Die einleitenden 18 Doppelverse von Rumis *Mesnevi*, der Klage der Schilfrohrflöte über ihre Trennung vom Schilfbeet, aus dem sie fortgerissen wurde, waren Zeilen, die alle Osmanen sofort wiedererkannten:

Hör' auf der Flöte Rohr, was es verkündet,
Hör', wie es klagt, von Sehnsuchtsschmerz entzündet,
„Als man mich abschnitt am beschilften See,
Da weinte alle Welt bei meinem Weh.
Ich such' ein sehnend Herz, in dessen Wunde
Ich gieße meines Trennungsleides Kunde:
Sehnt doch nach des Zusammenweilens Glück
Der Heimatferne allzeit sich zurück.
Klagend durchzog ich drum die weite Welt,
Und Schlechten bald, bald Guten beigesellt,
Galt jedem ich als Freund und als Gefährte,
– Und keiner fragte, was mein Herz beschwerte.
Und doch – so fern ist's meiner Klage nicht,
Den Sinnen nur fehlt der Erkenntnis Licht.
So sind auch Seel' und Leib einander klar,
Doch welchem Aug' stellt je ein Geist sich dar?"
Kein Hauch, nein, Feuer sich dem Rohr entwindet.
Verderben dem, den diese Glut nicht zündet!
Der Liebe Glut ist's, die im Rohre saust,
Der Liebe Seufzen, das im Wein aufbraust.
Getrennter Liebenden Gefährtin sie,
Zerreißt das Innerste die Melodie.
Als Gift, als Gegengift stets unvergleichlich,
An Mitgefühl und Sehnsucht unerreichlich,
Gibt sie vom Pfad im Blute uns Bericht,
Von Medschnuns Liebe singt sie manch Gedicht.
Vertraut mit diesem Sinn ist nur der Tor,
Gleichwie der Zunge Kundsmann nur das Ohr.
In Leid sind unsre Tage hingeflogen,

Und mit den Tagen Plagen mitgezogen!
Und ziehn die Tage, lass sie ziehn in Ruh',
O du der Reinen Reinster, daure du!
Den Fisch nur sättigt nie die Flut, doch lang
Sind dem, der darbt, die Tage, lang und bang.
Aber mein Wort sei kurz; versteht doch nicht
Der Rohe, was der Vielgeprüfte spricht.

Mesnevi oder Doppelverse des Scheich Mewlānā Dschelāl ed dīn Rūmī. Aus dem Persischen übertragen von Friedrich Rosen. München: Georg Müller, 1913, S. 55–57.

Manchmal gab es durchaus Spannungen zwischen Medrese und Tekke. Yunus Emre, der mystische türkische Dichter des vorausgegangenen Jahrhunderts, hatte die geistige Armut der Ulema karikiert, und bei Rumi findet sich die Zeile: „Ein Intellektueller weiß nicht, was der Betrunkene spürt." Und die Mystik hatte ihrerseits unter den osmanischen Ulema ihre Kritiker. Doch während es im osmanischen Islam an Kontroversen nicht mangelte, blieb die gegenseitige Feindseligkeit einstweilen begrenzt. Die arabischen Streitschriften von Ibn Taymiyya aus Damaskus und seinen Schülern hatten noch keinerlei Widerhall in den osmanischen Ländern gefunden. Osmanische Mystik war nicht gleichbedeutend mit Geistfeindlichkeit, und der osmanische akademische Islam versuchte die Berechtigung mystischen Suchens nicht in Abrede zu stellen und lehrte Mystik (*tasavvuf*) als Unterrichtsfach im Lehrplan der Medresen.

Yunus Emre über die Ulema

Den Sinn des Wahren erkannte niemand durch Exegesen,
Ihr Derwische, Männer, zum Leben fand nie man mit heuchelndem Wesen!
Scharia ist nur ein Nachen, das Reale des Ozeans Flut,
Die Vielen zum Sprung in das Meer vom Nachen nicht fanden den Mut.
Sie kamen nur bis an die Tür und blieben in der Scharia stecken,

Sie traten nicht ein. Was innen, das konnten sie nicht entdecken.
Wer „Heilige-Schrift"-Exegese betreibt, ist im Wahren Rebell,
Er liest den Schriftkommentar, doch der Sinn wird ihm dabei nicht hell.[a]

[a] Übersetzung: Michael Reinhard Heß, Textbasis: https://tr.wikisource.org/wiki/Hakikatin_m%C3%A2n%C3%A2s%C4%B1 [Zugriff: 19. September 2017]

Zeit und Schicksal

Die enorme Bandbreite dieses ganzheitlichen spirituellen und intellektuellen Lebens zeigt sich an jenen Themen, die unter der glatten Oberfläche der berichteten Ereignisse in Aşıkpaşazades *Taten und Daten* aufscheinen. Das Buch steht in der Tradition zweier älterer Literaturgattungen, der im Titel genannten „Taten" (*menakıb*) und „Daten" (*tevarih*).[41] Beim ersten dieser Vorgängergenres, dem „Buch der Taten", handelte es sich um das, was mittelalterlich *gesta* genannt wird, eine Sammlung von Anekdoten über die wundertätige Tugend eines Helden, üblicherweise in Versform.[42] Wie die volkstümliche Gattung der Romanze bezogen solche Gesten ihren Inhalt aus Geschichten, die in der mündlichen Überlieferung umliefen. Diese Geschichten waren oft glaubhaft, selbst wenn die Historizität des Helden selbst (es handelte sich stets um Männer) nicht so leicht festzustellen ist. Der Ton der Einzelepisoden reichte von der Hagiographie, wie im Fall Scheich Bedrettins, bis zum Phantastischen. Kämpfe mit Ungläubigen und Dämonen, ein Wettstreit zwischen Derwischen und christlichen Priestern, sie alle waren Schauplätze für Zeichen und Wunder.

Während die *Taten und Daten* ihr *gaza*-Motiv, ihren Militarismus und die Freude an der Gewalt, aus der Gestenliteratur bezogen, entnahmen sie ihre Chronologie und viele Episoden aus der anderen Vorläufergattung, der Annalistik. Annalen – so der Begriff des westlichen Mittelalters, der sich aus der Ordnung nach Jahren (*anni*) ableitet; der türkische Terminus bedeutete wörtlich „Daten" (*tevarih*, der Plural von *tarih*, „Datum") – waren chronologisch geordnete Ereignislisten. Sie waren schmucklos und vorliterarisch, ohne offenkundige Analyseanteile. Die Annalen der Osmanenzeit erscheinen in *takvim* genannten

Handschriften neben den Annalen anderer Dynastien.[43] *Takvim* war ein Begriff aus der Astronomie, der eine jährliche Ephemeridentabelle bezeichnet, die für jeden einzelnen Tag des Jahres die Positionen von Sonne, Mond und Planeten angibt.[44] Astrologen benutzten die Takvim, um individuelle Horoskope zu erstellen und den Ausgang von Ereignissen vorherzusagen. Die Verwendung des Begriffs *takvim* für Listen historischer Daten deutete darauf hin, dass Annalisten Daten für die Erforschung von Mustern und Verbindungen in historischen Ereignissen bereitstellen sollten. Denen, die sie erlebten, war der Sinn von Ereignissen manchmal zwar unklar, gleichwohl lautete die Prämisse der Astrologie, dass das menschliche Leben Teil einer ganzheitlichen Ökologie der Schöpfung sei, deren grundlegende Prinzipien und Bestimmung letztendlich der Vernunft zugänglich sein müssten.[45] So wie die Bewegungen der Himmelskörper auf Einzelschicksale hindeuteten, so bildeten die Muster des historischen Verlaufs mit all seinen Überraschungen und Absonderlichkeiten ein Tableau der verborgenen Bestimmung der Gesellschaft.

Man sollte den geistigen Tiefgang der Annalen nicht unterschätzen. Schließlich ging es in ihnen um die Zeit und deren Bedeutung. Annalen setzten dieselbe hochentwickelte, philosophisch fundierte Astronomie voraus, die der wissenschaftlichen Arbeit überall im südwestlichen Eurasien zugrunde lag. Es war jene Astronomie, die auch Kopernikus benutzte,[46] und die in osmanischen Medresen und Tekken gelehrt wurde; dort verfügte man beispielsweise über eine neue türkische Übersetzung von Nasir al-Din Tusis grundlegendem Text über Kalender.[47] Die ältesten bislang entdeckten osmanischen Annalen, die aus der Herrschaftszeit Sultan Murads II. stammen (1421–51), sind ihrerseits Kopien und Fortsetzungen noch älterer Texte. Die Praxis dürfte also fast bis in die Anfänge der Dynastie zurückreichen.[48] Die Einträge führen schlicht Ereignisse auf, wobei sie sich der Formel bedienen: „Es ist so und so lange her, seit …" Einer beginnt beispielsweise mit folgendem Satz: „Es ist 205 Jahre her, seit Osman Bey in Erscheinung trat."[49]

Die ersten Einträge sind kurz und vage, und die eigentlichen Ereignisse wurden durch wiederholtes Abschreiben heillos entstellt. Doch allmählich werden die Einträge ausführlicher und schließen nicht nur Feldzüge ein, sondern auch Geburten, Beschneidungen und Eheschließungen der Sultanssöhne, den Tod wichtiger Persönlichkeiten, Kometen und Sonnenfinsternisse samt der durch sie verursachten Panik sowie Katastrophen, etwa Erdbeben und Seuchen. Bei Hofe Annalen zu führen, war, anders gesagt, eine Methode, aktuelle Ereignisse in einen Kontext einzubetten, in dem sich politische Geschichte, Natur- und Heilsgeschichte vereinten.

Indem sie Elemente von Gesten und Annalen verknüpften, schufen Aşıkpaşazade und andere Chronisten etwas, das sich von beiden Vorläufergattungen völlig unterschied. An die Stelle der Verwendung schauriger Schreckensbilder und grotesker Elemente in den Gesten und die moralische Neutralität der Annalen trat ein entschiedener Moralismus. Wo die Annalisten den Sinn der Zeitäufte im Dunkeln ließen, fassten Aşıkpaşazade und die Chroniken ihn in Worte – die verborgene Bestimmung der Gesellschaft war die schicksalhafte Ausdehnung der islamischen Souveränität mittels der *gazas* der Osmanensultane. Die osmanischen Siege über andere Muslime spielte Aşıkpaşazade herunter; er erwähnte auch nicht die christlichen Heere, die in Wirklichkeit als Vasallen an der Seite der Osmanen kämpften, und er zeigte keinerlei Interesse an der Art von spontanem interreligiösen Dialog, zu dem es gelegentlich kam, beispielsweise als der christliche Kaiser Manuel 1391 zusammen mit Sultan Bayezid Krieg gegen den Muslim Burhanettin von Sivas führte.[50] Die politische Bedeutung der Chronik war der neuen Gattung inhärent: Der Stammbaum der Dynastie war eine Metapher für die Geschichte, deren Ziel die Ausdehnung der islamischen Souveränität auf die ganze Erde war.

Die Gedichte, welche die Chroniken füllten, bündelten den persönlichen Beitrag des Autors und vermittelten im Gegensatz zur politischen Auslegung größtenteils ihre emotionale Lesart.[51] Man benutzte mehrere Standardgedichtformen, wobei das erzählerisch gehaltene *Mesnevi*, ein in Paarreimen verfasstes Gedicht unterschiedlicher Länge, seiner formalen und emotionalen Flexibilität wegen den relativen Vorzug gegenüber den anderen Formen erhielt. Durch den Wechsel zwischen Poesie und Prosa-Anekdoten entledigten sich die Chroniken der Lust an der Gewalt in den Gesten und schlugen einen elegischen Tonfall an. Besonders Aşıkpaşazades Chronik, die den Sinn der Vergangenheit durch Entsprechungen zwischen Zahlensymbolik und Gedächtnis aufzeigte, geriet zu einer ausführlichen Meditation über die Vorsehung und die Zeit und handelte, wie jedes gute Geschichtswerk, ebenso sehr von der Gegenwart wie von der Vergangenheit.

Aşıkpaşazade kam zu dem Schluss, dass Daten irgendwie mit Schicksalen verbunden waren.[52] Die Spanne der menschlichen Geschichte sei festgelegt, so wie die Tage, die jedem Menschen zugemessen sind. Theologen und Gelehrte seien sich einig, schrieb er, dass seit der Sintflut des Propheten Noah vier Zeitalter vergangen seien.[53] Auf dem Weg über eine Erörterung des hebräischen Kalenders und der Korrekturen an ihm kam er zu dem Schluss, dass von der Erschaffung Adams bis zur Hidschra des Propheten Mohammed, dem Beginn des islamischen Zeitalters, 6038 Jahre vergangen seien. Aus der Tora hatten abbasidische Gelehrte abgeleitet, dass die Welt genau 7000 Jahre bestehen werde. Das Ende der Welt musste also nahe sein. Nicht zu nahe, wie sich erwies – dieses letzte Zeitalter der Menschheitsgeschichte war durch das Erscheinen der Osmanen gesegnet. Aşıkpaşazade studierte Daten der Vergangenheit, um deren innere Wahrheit zu erfahren, sie sogar mit seinen eigenen Lebensdaten zu verknüpfen und so seine eigene Bestimmung zu verstehen. Schreiben war wie ein Gebet – ein mysteriöses, durch Worte wirkendes Mittel, das günstige Zusammentreffen von Ereignissen sicherzustellen. Der Akt des Aufschreibens der Daten selbst bedeute, ewige Zeichen zu transponieren.[54]

Ein Annaleneintrag

Annalisten vermerkten nicht nur Feldzüge und Einzelheiten der osmanischen Gebietsausdehnung, sondern auch die Umweltbedingungen des menschlichen Lebens und deren Folgen:

> Und seit man die Donau überquert, gegen die Walachen Krieg geführt und gekämpft und den größten Teil des Landes der Walachen verwüstet und geplündert und sie zu Gefangenen gemacht hat, seit Sultan Mehmed Han gefallen ist, seit sich in der Stadt Bursa und in der Provinz Rum nacheinander in Folge gewaltige Erdbeben ereignet haben und die Erde erschüttert wurde, seit in Bursa und Erzincan und an vielen Orten zahlreiche Gebäude verwüstet worden sind und seit nach Rum ungezählte und unver-

gleichlich viele Heuschrecken gekommen sind und an vielen Orten die Ernteerträge aufgefressen und verwüstet haben, und seit sie sich über ganz Rum ausgebreitet und ihre Samen verbreitet haben, sind es neunundzwanzig Jahre.[a]

[a] Übersetzung: Michael Reinhard Heß; Textgrundlage: Osman Turan (Hrsg.): *İstanbul'un fethinden önce yazılmış tarihî takvimler*, Ankara: Türk Tarih Kurumu Basımevi, 1954, S. 56f.

Frömmigkeit, Überfluss und öffentliche Bauten

Dank den Annalisten können wir annehmen, dass in etwa der Hälfte jener 29 Jahre, die Murad II. regierte (1421–51), kein größerer Feldzug unter Führung des Sultans unternommen wurde. In der Zeit zwischen der Rückeroberung von Saloniki (1430) und dem Einfall in Transsilvanien (Siebenbürgen) und Serbien (1438) scheint Murad in Edirne geblieben zu sein. Manchmal verbrachte er den Sommer in den Höhenlagen Anatoliens – in einem Jahr wegen einer Seuche, welche die Stadt heimsuchte.[55] In dieser Zeit relativen Friedens machte sich Murad daran, nach den langen Jahren voller Kriege und Katastrophen die osmanischen Lande wieder aufzubauen.

Einkünfte und Ausgaben galten als Posten zweier getrennter Kassen, der Staatskasse und der Privatschatulle des Sultans. In die Sultanskasse flossen das Fünftel, das seinen Anteil an Beute und Sklaven bildete, sowie die Tribute fremder Königreiche, Geschenke an den Herrscher und seine Familie und schließlich die Einkünfte aus Familienstiftungen. Aus diesem Topf wurden Familienausgaben bestritten. Die Sultane glaubten nicht, dass sie mit der Finanzierung des Wiederaufbaus zu etwas so Unpersönlichem wie der wirtschaftlichen Entwicklung beitrugen.[56] Vielmehr hatte das, was sie schufen, gemeinnützigen und wohltätigen Charakter. Die Staatskasse (*Beytü'l-mal*) enthielt Geldmittel aus Steuereinnahmen. Die Angehörigen des erweiterten Haushalts des Sultans bezogen ihre Gehälter aus der Staatskasse und mussten keine Steuern zahlen. In der Praxis gab es keine undurchdringliche Grenze zwischen den beiden Kassen; gelegentlich funktionierte die Schatulle des Sultans als Sparkonto.[57] Das öffentliche Wohl profitierte von den persönlichen Mitteln des Herrschers.

Die Aufgabe des Wiederaufbaus war beachtlich. Sie begann mit einer neuen Silberwährung und konzentrierte sich zunächst auf die Königsstädte Edirne und Bursa.[58] Beide hatten durch wiederholte Regimewechsel während des Bürgerkriegs gelitten, und Bursa hatte zudem noch Schäden bei dem Erdbeben davongetragen.

Bursa war die Seidenstadt. Die meiste Seide, die dort eintraf, stammte aus den iranischen Gebieten südlich des Kaspischen Meeres; Ausgangspunkt für die Karawanen nach Westen war seit der Mongolenzeit Täbris. Die Handelsroute folgte dem Flusstal des Aras bis Erzurum, durchquerte die Steppen mit Zwischenhalten in Erzincan am Euphrat, Sivas am Kızıl Irmak sowie Tokat am Yeşıl Irmak und erreichte dann über Amasya und Ankara Bursa. Durch den Erfolg dieser Route gerieten jene Routen unter starken Druck, die von den Rivalen der Osmanen gefördert wurden: der Überlandweg nach Aleppo und der Seeweg nach Konstantinopel über Trapezunt (Trabzon). Angefangen mit Sultan Orhan subventionierten fünf Osmanensultane Stiftungskomplexe in Bursa, zu denen jeweils eine Moschee, eine Medrese, eine Suppenküche, Mausoleen und fast immer auch ein Bad gehörten. Unter den Bauten der Sultane fanden sich auch eine Elementarschule, die Orhan gründete, sowie von Murad II. errichtete Thermalbäder. Und das waren nur die Sultansbauten. Die Frauen der Herrscherdynastie sowie führende Staatsmänner und Frauen der Gesellschaft errichteten mehrere weitere Bauten. Auch die Sklaven standen nicht zurück. Vor allem Angehörige des Militärs beschäftigten Sklavenbedienstete in großer Zahl, deren Funktionen sie darauf vorbereiteten, durch Freilassung selbst zur herrschenden Schicht zu stoßen.[59] Eine Generation jüngere Nachlassunterlagen zeigen, dass es sich bei 15 Prozent der in Bursa registrierten Vermögen – also denen der reichsten Bevölkerungsschicht – um den Besitz ehemaliger Sklaven handelte.[60]

Edirne am Zusammenfluss von Tundscha und Mariza im östlichen Thrakien war ein Vorposten und Knotenpunkt an der Route nach Buda und Prag über Plovdiv, Sofia, Niš und das am Zusammenfluss von Donau und Save gelegene Belgrad. Mindestens ein halbes Dutzend bedeutender Stiftungskomplexe wurde hier während der Herrschaft Murads II. von führenden Staatsmännern subventioniert. Die steinerne Moschee, deren Bau im Bürgerkrieg begonnen worden war, vollendete später Mehmed I., und bald gesellte sich eine weitere hinzu. Die alte verfügte über Einkünfte aus einem überdachten Markt oder *bedestan*, der zu ihrer Finanzierung gestiftet worden war. Neben anderen Läden umfasste der Markt auch „die Hauptniederlassung und das Lagerhaus der Genuesen, wo es etwa hundert Händler mit einer gewaltigen Menge an Waren gab".[61] Die neue Moschee, deren Schlussstein Murad 1437–38 setzte, brach mit den älteren Architekturmustern – den Gottesdienstraum überspannte eine einzige Zentralkuppel, und eines der Minarette wies drei Balkone auf.

Die Kontrolle der Meerenge durch die Osmanen ermöglichte via Gallipoli eine Verbindung zwischen den beiden Königsstädten; Aşıkpaşazade beschrieb, wie genau der Staat bei dieser Route hinsah. Sultan Murad finanzierte eine gut anderthalb Kilometer lange Steinbrücke über den Fluss Ergene rund 80 Kilometer südlich von Edirne. Das dichtbewaldete

Abb. 2.2: Panoramablick auf Bursa von den Abdullah Frères, ca. 1880–1893. Das Foto gehörte zu einem der Alben, welche die osmanische Regierung zur Weltausstellung von 1893 nach Chicago schickte; ein Exemplar davon wurde der Library of Congress geschenkt.

Gebiet wimmelte von Räubern. Der Sultan befahl, die Bäume zu fällen und die Gegend zu säubern, dann errichtete er auf beiden Flussufern an den Brückenköpfen Siedlungen mit einer Moschee, einem Bad und Märkten. Siedlern, die sich dort niederlassen wollten, winkte Steuerfreiheit. In Gesellschaft von Ulema und Derwischen wohnte der Sultan höchstpersönlich der Einweihungsfeier des Baukomplexes bei. Bei dieser Gelegenheit verteilte er Geld, beschenkte die Architekten mit Ehrengewändern und ließ eine öffentliche Festtafel für ein großes Gelage herrichten.[62]

Auf diese Weise wurden die mitteleuropäischen Märkte auch ohne Konstantinopel an den Rest Südwest-Eurasiens angeschlossen. Damit drohte Konstantinopel nicht die Eroberung, sondern die Bedeutungslosigkeit. Als Bertrandon de la Brocquière im Jahr 1432 auf Vermittlung eines italienischen Handelsattachés mit Murad zusammentraf, wurde Konstantinopel bereits durch diese Strecke Bursa–Edirne umgangen. Auf seiner Rückkehr vom Heiligen Grab in Jerusalem, bei der er über

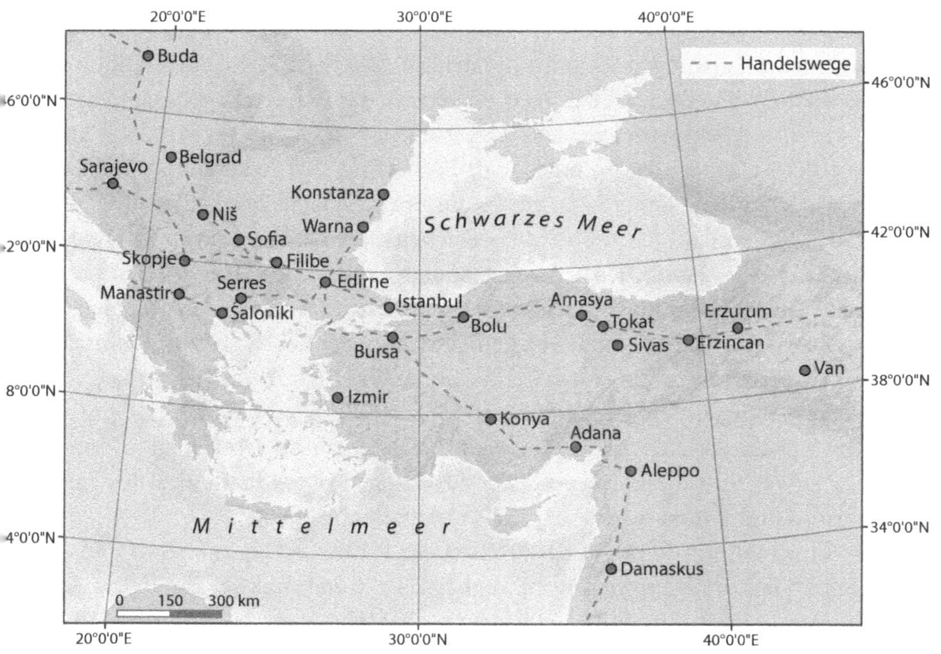

Karte 2.2: Die großen Routen für den Überlandhandel

Land mit einer muslimischen Pilgerkarawane reiste, berichtete de la Brocquière, Genueser Großhändler aus Pera, dem Handelsvorort von Konstantinopel, kauften ihre Seide zu Exportzwecken direkt von osmanischen Lieferanten in Bursa.[63] Konstantinopel zu erobern, sei damit unnötig, wie Aşıkpaşazade und andere eigens betonten.[64] Türkische Kaufleute besuchten Konstantinopel regelmäßig und handelten auf einem wöchentlichen Markt mit Wachs, Trockenfrüchten, Häuten, Textilien und Kriegsbeute einschließlich Sklaven. Der osmanische Silber-Akçe wurde als Währung akzeptiert. Es gab sogar eine Moschee und einen muslimischen Richter für die Bedürfnisse der Händler.[65] So wurde die Stadt durch eine Art stellvertretender sichtbarer Vertrautheit trotzdem die ihre. Mit ihrer Silhouette, ihren Gebäuden, ihren Mauern und ihren Stadträumen war sie so vertraut wie das Haus eines Nachbarn.

Die Stiftung

Den Kern der Stadtzentren entlang dieser Handelswege bildete jener Komplex öffentlicher Einrichtungen, dessen finanzielle und rechtliche Basis die wohltätige Stiftung oder *vakıf* darstellte.[66] Die Scharia-Rechtsschule der Hanafiten hütete den alleinigen Anspruch des Monarchen darauf, den Grund und Boden des Reiches zu verteilen, betrachtete sie ihn doch als göttliche Gabe an das Sultanat kraft Eroberung. Auf Ackerland behielten die Dörfler den Nießbrauch, wie es die göttliche Gerechtigkeit erforderte. Die Steuereinnahmen, die auf diese Flächen fällig wurden und ein Bargeldäquivalent zu Lehnsdiensten darstellten,[67] wurden in Paketen (*hass*) verteilt. Die Hass-Einkünfte des Sultans selbst wurden von seinen Steuereintreibern für seine Privatschatulle eingetrieben, der Rest wurde im Rahmen eines lehnsrechtlichen Geschäfts, bei dem Unterhalt (*dirlik*) gegen Dienst getauscht wurde, Reitersoldaten zuerkannt. Privater Landbesitz (*mülk*) war nur durch Übertragung aus dem Besitz des Sultans selbst zu bekommen. Wer Stiftungen für ein *vakıf* ausstatten wollte, durfte das nur mit Grund und Boden tun, der sich in Privatbesitz befand.[68]

Errichtet wurde ein *vakıf* durch einen Rechtsvertrag, der ordnungsgemäß bei der Zivilverwaltung registriert werden musste. Die Urkunde benannte die Finanzmittel, mit denen die Stiftung errichtet wurde, und ihren spezifischen religiösen oder wohltätigen Zweck.[69] Außerdem führte sie namentlich einen Verwalter und dessen Personal auf, welche die

Stiftungstätigkeit überwachten. Jede Form von Geschäfts- und Wohnimmobilien – einschließlich Grundbesitz in der Stadt und auf dem Land – oder auch von beweglichem Eigentum konnte in ein *vakıf* überführt und dann vermietet werden, um Kapital für die Nutznießer zu erwirtschaften. Frauen und Männer, Gemeine und Adlige gründeten gleichermaßen Stiftungen. Ein städtischer Gebäudekomplex auf *vakıf*-Basis umfasste typischerweise eine Moschee, eine öffentliche Küche, einen Markt, eine Herberge, oft auch das Grab des Stifters, ein Bad und das Ordenshaus oder Kloster jener Derwischgruppe, die den Vertrag angebahnt hatte.[70] Die *han* oder *bedestan* genannten Marktbauten beherbergten die Läden, aus denen die Einkünfte zur Finanzierung der übrigen öffentlichen Bauten stammten. Üblicherweise war das Marktgebäude eine gewölbte Halle, die auf beiden Seiten von Läden mit Kuppeldächern gesäumt war. Manche dieser Hallen waren zweigeschossig und fungierten zugleich als Herbergen (Karawansereien) für Händler und andere Reisende. So kam in ihm die architektonische und institutionelle Verflechtung von Gemeinschaftsleben, Handel und Reinlichkeit zum Ausdruck sowie die moralische Pflicht, seinen Reichtum für wohltätige Zwecke einzusetzen. Die Stadtverwaltung ernannte einen öffentlichen Aufseher, der die Interessen ziviler Behörden schützte.

Zwar war das *vakıf* in der islamischen Welt nichts völlig Neues, doch hatte sich seine hohe Flexibilität als Finanzinstrument während der Seldschuken- und Mamlukenzeit erwiesen, besonders was die Finanzierung der Medrese und damit der öffentlichen höheren Bildung betraf.[71] Evrenos, der mächtige Untergebene Murads I., hatte der Stiftung als Mittel zum Aufbau türkischer Siedlungen in Thrakien und Makedonien, wo viele von ihren christlichen Einwohnern verlassene Städte mit muslimischen Türken aus Anatolien neu besiedelt worden waren, den Weg geebnet.[72] Stiftungen wurden zum sichersten Instrument der Kapitalakkumulation und zur wichtigsten Schöpferin neuer Arbeitsplätze in den osmanischen Ländern. Ihr finanzielles Potenzial wurde in osmanischer Zeit ausgeschöpft wie in keiner anderen Phase der islamischen Geschichte.

Der Sancak und die Sicherheit

In den Annalen finden sich Anspielungen auf Verwaltungsstrukturen, die sich konkretisieren lassen, wenn man erhaltene Register des Gerichts von

Bursa, die bis in die 1450er-Jahre zurückreichen, und Provinzakten aus der Herrschaft Murads II. nach dem dynastischen Bürgerkrieg heranzieht. Eine Doppelstruktur aus Zivil- und Militärverwaltung garantierte die Sicherheit in den Regionen. Die Zivilverwaltung lag dabei in den Händen des *kadı* genannten Magistrats, eines Beamten mit juristischer und religiöser Ausbildung, der einem Gericht der wichtigsten Stadt der Provinz vorstand. Die militärische Verwaltungseinheit war der *sancak*.

Der Begriff *sancak* hieß wörtlich übersetzt „Banner" und meinte die Fahne, die das Symbol des Vasallenverhältnisses zu einem Lehnsherrn war und von dessen Truppen in der Schlacht mitgeführt wurde.[73] „Herr" heißt auf Türkisch *bey*, also lautete der Titel dieser Vasallenfürsten *sancakbeyi*, „Bannerherren". Jeder Sancak war in mehrere *vilayets* aufgeteilt, jedes *vilayet* unterstand einem *subaşı* genannten Offizier. Die unter ihrem Kommando stehenden Reitersoldaten hießen Sipahis. Diese Bewaffneten waren sowohl für örtliche Polizeiaufgaben zuständig als auch für das Aufgebot zu den Feldzügen des Sultans. Erhalten sind Steuerkataster, das älteste von 1431/32 aus einem Sancak namens Arvanid (im nördlichen Epirus, heute in Albanien),[74] die verzeichneten, welche Abgabenmengen von Feldern und Dörfern einzutreiben und als Sold an die Sipahis zu überweisen waren – diese Zuwendungen nannte man *timar* und *ziamet*. Das Kataster deckt nur ein ziemlich beschränktes Gebiet ab und wurde wahrscheinlich bei der Kolonisation von Arvanid erstellt, ein Ereignis, das wichtig genug war, um in ein erhaltenes Annalenwerk Aufnahme zu finden.[75] Aber dies war nicht die erste derartige Steuerveranlagung von Gebieten unter osmanischer Herrschaft. Wie etwas spätere Register aus Thessalien, Bithynien, Ankara und Aydın berief sich auch das für Arvanid häufig auf ältere Aufzeichnungen. So verwies etwa das Kataster von 1451 für Aydın namentlich auf Sipahis, an die zuvor vier Generationen lang die gleichen Dorfeinkünfte geflossen waren, womit sie in die Zeit Murads I. zurückreichten.[76] Die Genauigkeit und Regelmäßigkeit dieser Einträge lässt keinen Zweifel daran, dass ihre Quelle ein schriftliches Dokument war.

Viele der in diesen Aufzeichnungen erwähnten Sipahis stammten von Vorfahren ab, die vor der osmanischen Eroberung unabhängigen Fürsten gedient hatten; auch die christlichen Ritter wurden nicht enteignet, als man westlich der Meerenge einstige christliche Königreiche mit

Feudalstruktur in Sancaks umwandelte. Vielmehr erhielten sie Timare genau wie die türkischen Neuankömmlinge, von denen einige aus der Provinz Anatolien versetzt worden waren und andere als Sklavensoldaten in den Heeren der siegreichen türkischen Feldherren wie Evrenos und Turahan dienten.[77] Im Arvanid-Register von 1431–32 waren 60 der 335 Sipahis Christen (17,9 Prozent), darunter ein Metropolit und drei Weihbischöfe. Diese Zahlen sind zeittypisch. Sogar einige der Schreiber, welche die Veranlagung durchführten, waren Christen. Im Gebiet um Vulchitrin (heute Vushtrria) und Pristina wurden rund 16 Prozent der von 1454–55 registrierten Timare von Christen bezogen; im gleichen Jahr waren es in Kırcheva (Kičevo) und Pirlipe (Prilep) 29 Prozent, in Vidin am Schwarzen Meer knapp unter 10 Prozent, in Thessalien lag der Anteil bei 47 Prozent. Im ersten Kataster für Bosnien (1469) war ein Drittel der Timare an Christen vergeben, und sieben weitere teilten sich Muslime und Christen.[78] Als in einem Fall ein muslimischer Sipahi nicht rechtzeitig zum Feldzug erschien, wurde sein Timar einem christlichen Sipahi zugewiesen. Im thessalischen Register von ca. 1470 findet sich sogar der Fall eines fränkischen Deserteurs namens Gilbertus Cancelarius, der einen Timar erhielt. Später konvertierte er zum Islam und nahm den Namen Ahmed an.[79] Allerdings scheint es so, als seien christliche Offiziere gegen eine Art gläserne Decke gestoßen – zwar gab es einen christlichen Subaşı in Arvanid, aber keine praktizierenden Christen unter den Sancakbeyis, dafür mehrere Konvertiten zum Islam. Auf der anderen Seite der Meerenge, in den Küstenregionen Kleinasiens, die inzwischen über ein Jahrhundert lang unter stabiler muslimischer Herrschaft standen, waren christliche Timarioten nichts gänzlich Unbekanntes, doch die militärische Kaste war überwiegend muslimisch.

Die grundlegende soziale Trennlinie in den osmanischen Katastern verlief somit nicht zwischen Muslimen und Nichtmuslimen, sondern zwischen der Steuern zahlenden Untertanenschicht aus Muslimen und Nichtmuslimen gleichermaßen und den Mitgliedern der herrschenden Schicht, die von der Besteuerung befreit waren. Die Osmanen hatten kein Interesse daran, allgemein vertretene Ansichten über die soziale Schichtung über den Haufen zu werfen. Ihre Armee, die sich auf die Provinzen stützte, umfasste die erblichen Rittereliten der Vorläufer der Osmanen, die als Kaste *askeri* (Militär) genannt wurden, ob sie nun christlich oder muslimisch waren. Zu den Mitgliedern der Untertanenschicht, *reaya* genannt, zählten christliche und muslimische Dörfler gleichermaßen.

Der osmanische Verwaltungsdienst

Wenn sich die osmanische Ordnung durch eine revolutionäre Eigenschaft auszeichnete, dann war das ihre Dokumentationswut. Das Sancak-System zeigt nicht nur eine undurchsichtige Struktur der Kontrolle und Einkünfte-Erfassung, mit seinen Erhebungen und Unterlagen lässt es auch einen Drang zur Konservierung und zum Abfassen von Denkschriften erkennen. Vielleicht wollte die herrschende Gruppe – zu der ein harter Kern dauerhafter Beamter, aber auch eine nicht geringe Fluktuation an den Rändern gehörte – vermeiden, dass sie zur Gruppe der Untertanen gerechnet wurde. In den Registern finden sich dazu viele sorgsame Vermerke im Stil von „er ist kein *reaya*, er ist im *askeri*-Dienst". Aber der Drang scheint noch tiefer zu gehen. Die literarische und bürokratische Reife des Arvanid-Registers von 1431–32 und die praktisch identischen, aber Jahrzehnte jüngeren Register in Aydın und an anderen Orten deuten darauf hin, dass sie von einer kleinen Gruppe erfahrener Mitarbeiter zusammengestellt wurden, die eine einheitliche Ausbildung hatten, vermutlich unter strenger persönlicher Aufsicht standen und von einem starken Standesbewusstsein durchdrungen waren. Der Vergleich einiger persischer Begriffe und Ausdrücke mit erhaltenen ilchanidischen Verwaltungshandbüchern und -dokumenten legt nahe, dass die persische Zivilverwaltung (unter den mongolischen Ilchaniden und später unter der Dynastie Timurs) der frühere Arbeitgeber dieser Männer und für die osmanische Literatur ein bleibendes Vorbild war.[80]

Zwar brauchte Sultan Murad II. nach den Wirren und Gewalttaten im Zuge der Invasion Timurs und des Bürgerkriegs die Institutionen des osmanischen Palastapparats nicht komplett neu zu erfinden, wiederherstellen musste er sie aber doch. Bei den formellen Regierungsstrukturen, die in Funktion waren, als Murad 1451 starb, handelte es sich einerseits um Erweiterungen des eigenen wachsenden Haushalts des Sultans und andererseits um Aspekte seiner Dienstverhältnisse zu seinen Untergebenen. Als Hinweise auf diesen Wiederherstellungsprozess können die wechselnden Titel für Amtsträger gelten, die gelegentlich in den Annalen, den osmanischen Chroniken, zeitgenössischen griechischen Chroniken, wie denen von Dukas, und einigen wenigen amtlichen Schriftstücken auftauchen. Mitte des Jahrhunderts, wenn nicht sogar noch früher, wurde Murad mit dem Titel *Padischah* bezeichnet und nicht etwa als Sultan Murad Khan, und seine Söhne, vorher schlicht Bey, „Herr“, genannt, hießen nun *Şehzade*, Sohn des Herrschers. Als Jugendliche wurden sie mit Provinzkommandos in Anatolien betraut, zu denen sie von ihren Müttern und einem hochrangigen Ratgeber oder Mentor (*Lala*) begleitet wurden.

Der überspannte Bogen

Manchmal beschrieben die osmanischen Autoren Feldzüge so, als handelte es sich um mobile Vorführungen dieser Verwaltungs- und Organisationsstruktur. Doch ein genauer Blick auf die Annalen und Chroniken verrät ein geschärftes Bewusstsein für den menschlichen Faktor der Kriegführung, für die zugehörigen Rituale und das Leid. Ein einschlägiges Beispiel ist eine anonyme osmanische Geschichte des Kreuzzugs von Varna 1443–44 mit dem Titel *The Holy Wars of Sultan Murad* („Die heiligen Kriege Sultan Murad Khans“).[81]

Der Krieg begann, als Ibrahim von Karaman, der ein Bündnis mit mehreren christlichen Fürsten nördlich der Donau eingegangen war, das gesamte Gebiet bis zu den Dardanellen überfiel. Sultan Murad berief eine Versammlung der Ulema von Edirne ein, um eine Erklärung des Dschihad gegen Ibrahim zu erwirken. Die Fetva der Gelehrten lautete: „Wenn ein Mann gemeinsame Sache mit den Ungläubigen macht und der Gemeinschaft Mohammeds Schaden und Drangsal bereitet [...], so ist er selbst ein Ungläubiger.“[82] Solcherart gerüstet setzte sich das osmanische Heer zu den Klängen einer Militärkapelle von Edirne aus in Marsch. Eine tatarische Vorhut plünderte und fing zahlreiche Sklaven, bis Murad diesem Treiben „aus Mitleid mit der Bevölkerung“ ein Ende setzte.[83] Er kehrte nach Edirne zurück, ohne Ibrahim gestellt zu haben. Murads ältester Sohn Alaeddin jedoch, der von dem ihm unterstellten Provinzkommando in Amasya ausgerückt war, trat Ibrahim entgegen und verlor in der Schlacht sein Leben.

König Wladyslaw (Ladislaus) von Ungarn, der serbische Despot Đurađ (Georg) Branković und János (Johann) Hunyadi, der mächtige ungarische Fürst aus Siebenbürgen, unternahmen im Oktober einen koordinierten Angriff auf das andere Donau-Ufer.[84] Unter dem Dröhnen von Kesselpauken und *Allah, Allah!*-Rufen marschierte eine kleine osmanische Truppe in den Kampf.[85] Prompt wurde sie in die Flucht geschlagen. Von Edirne aus erging die Anweisung zur vollen Mobilmachung an die osmanischen Kadıs, die Zivilbeamten, denen die Aufsicht über die Truppenaushebungen oblag.[86] Ihre Befehle lauteten, die Gesamtbevölkerung einzuziehen. Dort hieß es: „Dieser Heilige Krieg ist eine Pflicht für alle, die in Rumelien leben, groß oder klein, zu Fuß oder zu Pferd." Irregulären Kämpfern versprach man einen Timar, einen Platz bei den Janitscharen oder in der persönlichen Hausmacht des Sultans oder aber, falls sie Nomaden waren, die Befreiung von der rotierenden Heeresfolge – „was sie sich auch wünschen mögen." Beide Wesire Murads wurden angewiesen, die Truppen zu inspizieren, sobald sie in Edirne versammelt waren. Ein Annalist hielt fest, dass die Janitscharen 3000 Mann stark waren, wahrscheinlich die Gesamtstärke der vollzähligen Truppe.[87] Die *Heiligen Kriege* erwähnen noch weitere osmanische Fußtruppen namens *azebs* und *yayas*. Der Großteil des Osmanenheeres, die regulären Truppen, wurde nach Provinzen in zwei Corps aufgeteilt, die „Armee von Rumeli" und die „Armee von Anatolien". Offenbar bemerkenswert erschien dem Annalisten die Anwesenheit von 16 Sancakbeyis.[88] Zusammen bildeten sie die „verbundenen Heere Osmans" oder das „Heer des Islam"[89] unter einem Oberbefehlshaber mit dem Titel Beylerbeyi, „Bey der Beys".

Der Feldzug nahm einen schlechten Verlauf. Er litt unter den Fehlern, der Führungsschwäche und der Disziplinlosigkeit der Rumeli-Armee. Noch während das Heer sich sammelte, traf Murad in Sofia inmitten eines Rückzugs nach dem Prinzip der verbrannten Erde mit seinen Feldherren zusammen. Er brannte Sofia nieder und sperrte die Pässe nach Filibe (Plovdiv). Diese Taktik hatte mehr oder weniger Erfolg, weil sie Hunyadis Armee die Versorgung erschwerte, aber sie brachte auch großes Leid, und Murad „war äußerst niedergeschlagen und bereute, was er getan hatte". Als der Bischof von Sofia eine Messe für Hunyadis Truppen las, reagierte Murad heftig. Mit donnernden Trommeln, schmetternden Becken und schrillenden Trompeten und Flöten trafen die osmanischen

Truppen im Dezember 1443 am Slatiza-Pass westlich von Sofia auf Hunyadis vorrückendes Heer und erkämpften in einer zweitägigen Schlacht einen blutigen Sieg. Während der stümperhaften und ergebnislosen Verfolgung jedoch wurde das Osmanenheer dezimiert und einer der Feldherren gefangen genommen. Murad ließ seine inkompetenten Offiziere prügeln und kahl rasieren und zog ihre Lehen ein.[90] Hunyadis Truppen erging es auf ihrem mühsamen Rückzug nach Norden kaum besser, und im Juni des nächsten Jahres trafen sich slawische Gesandte mit osmanischen Staatsmännern in Edirne, um einen zehnjährigen Waffenstillstand zu schließen.

Murad jedoch hatte die Grenze der Belastbarkeit erreicht. Aus heiterem Himmel überließ er den Thron seinem Sohn Mehmed. Die Annalisten, die ihm nahestanden und seinen Schmerz kannten, zogen eine direkte Verbindung zwischen der Abdankung und dem Tod seines Sohnes Alaeddin, und dem pflichtete der griechische Historiker Dukas bei.[91] Für sich selbst wählte Murad die Abwärtsmobilität der Heiligen und suchte Zuflucht in einer Derwisch-Tekke in Manisa.[92]

Diese Gelegenheit galt es nicht zu verpassen. In der Hoffnung, eine Rebellion gegen Murads zwölfjährigen Sohn Mehmed II. auszulösen, setzte der Kaiser in Konstantinopel einen obskuren Angehörigen des Osmanenhauses, den er gefangen gehalten hatte, auf freien Fuß.[93] Im September 1444 brachen die lateinischen Könige den Waffenstillstand und starteten einen massiven Kreuzzug. Hunyadi marschierte donauabwärts, um Varna zu belagern, gab dieses Vorhaben jedoch auf und wandte sich gegen Edirne selbst.

Der osmanische Palast wechselte in den Katastrophenmodus. Erfahrene Männer übernahmen in Edirne das Ruder. Rund um die Stadt wurde ein Graben gezogen, man kommandierte die Einwohner ins Innere der Zitadelle, und Bäume wurden gefällt, um die Bergpässe zu sperren. Vermögen und Wertgegenstände wurden abtransportiert und in sichere Verwahrung gegeben. Ein zweiter Befehl zur Generalmobilmachung erging, nun gezeichnet von Prinz Mehmed. Zu guter Letzt wurde Mahmud Pascha ausgewählt, um Sultan Murad zur Rückkehr zu überreden. Murad wollte zwar nicht, aber Mahmud Pascha drängte ihn, und angesichts des Ernstes der Lage gab er nach. Als auf den Poststraßen Boten mit der Nachricht eintrafen, dass der Sultan unterwegs sei, brach

Edirne in einen Freudentaumel aus. Der eifrige Mehmed wollte sogar selbst die Attacke gegen die Ungläubigen anführen! Doch es war dann sein Vater, der die Truppen „in einer Stunde günstiger Vorzeichen"[94] ins Feld führte, während der junge Prinz zur Verteidigung der Hauptstadt zurückblieb. Die Entscheidungsschlacht fand im November 1444 vor den Toren von Varna statt.[95] Die Armee von Rumeli auf dem linken Flügel wurde besiegt. Die auf dem rechten Flügel kämpfende Armee Anatoliens wurde in die Flucht geschlagen, und ihr Anführer fiel. Der Ausgang hing vom Zentrum ab, wo Murad selbst stand, beschützt von einigen Hundert Janitscharen und Azebs, seiner persönlichen Leibwache sowie Pagen des inneren Palastes. Auf dem Höhepunkt der Schlacht stießen zwei weitere Infanteriekompanien zu ihnen, und der Sieg wurde errungen.

Erneut brach Murad zur Tekke in Manisa auf, und erneut wurde sein beschauliches Dasein von einem Notruf aus seinem alten Leben unterbrochen, diesmal wegen der finanziellen Folgen der Geschehnisse im vorhergegangenen Jahrzehnt. Da waren die Kriege, die zwei Generalmobilmachungen und dazu noch beträchtliche Ausgaben für den Wiederaufbau der Infrastruktur. Im September 1445 vernichtete ein Brand den Markt von Edirne, die große Moschee und 7000 Häuser.[96] Ein venezianischer Beobachter bemerkte, man habe die niedergebrannten Flächen „wie tot liegenlassen". Aus der osmanischen Steuerpolitik resultierte ein Missverhältnis zwischen der Steuereintreibung, die halbjährlich auf der Basis eines jahrszeitlichen (Sonnen-)Kalenders erfolgte, und den Ausgaben, die vierteljährlich nach dem islamischen (Mond-)Kalender getätigt wurden. Da das Mondjahr elf Tage kürzer ist als das Sonnenjahr, entfallen auf 32 Sonnenjahre grob gerechnet 33 Mondjahre. Auf dem Papier übersprang man dieses zusätzliche Finanzjahr, in der Realität sah sich das Schatzamt gezwungen, flüssige Mittel zur Deckung des unvermeidlichen Defizits aufzutreiben.[97] Nach dem Brand fielen zwei Zahlungstermine aus, und als man die Janitscharen endlich entlohnte, bekamen sie verschlechterte Münzen.[98] Im späten Frühjahr 1446 meuterten sie. Konstantin Mihailović führt in seinen *Memoiren eines Janitscharen* den Wechselkurs des osmanischen Silber-Akçe zum venezianischen Golddukaten als Grund an. Silbergehalt und Gewicht des neuen Akçe waren um elf Prozent reduziert, und die Münzen fielen sichtbar kleiner aus.[99] Drohend äußerten die Rebellen, sie könnten dem osmanischen Prätendenten, der in Konstantinopel in Gefangenschaft lebte, gegenüber dem jungen Sultan Mehmed II. den Vorzug geben. Ein zweites Mal schickte man nach Murad, der unter der Bedingung, zusammen mit seinem Sohn Mehmed II. zu herrschen, für den Rest seines Lebens zurückkehrte.[100]

Gegen Ende seiner Herrschaft begann Murad mit dem Bau eines neuen Palastes in Edirne, der sich in herrlicher Lage am Ufer der Tundscha erhob, gegenüber einer dichtbewaldeten Insel im Fluss. Dort fand er endlich Ruhe.

Aşıkpaşazade über die letzten Tage Sultan Murads II.

Eines Tages ging Sultan Murad für einen Ausflug auf die Insel. Als er hinkam, stand an der Inselbrücke ein Derwisch. Dieser sagte zum ihm: „O Padischah! Deine Zeit ist nah!“ In diesem Moment sagte der Herrscher zu Saruca Paşa: „Sei mein Zeuge! Ich habe alle meine Sünden bereut!“ Neben ihm bewegte sich auch Ishak Paşa fort. Zu ihm sagte er das Gleiche. Dann sagte der Herrscher zu Ishak Paşa: „Wisst Ihr, wer dieser Derwisch dort ist?“ Er antwortete: „Mein Sultan! Er ist einer der Adepten von Emir Sultan in Bursa.“ Als Murad in den Palast kam, sagte er: „Ich habe Kopfschmerzen.“ Er schrieb sein Testament nieder und machte Halil zum Regierungschef. Er machte seinen Sohn Sultan Mehmet zu seinem Erben. Drei Tage lag er darnieder. Am vierten Tag schickten sie nach seinem Sohn. [a]

[a] Übersetzung: Michael Reinhard Heß nach Aşık Paşazade, *Tevârîh-i Âl-i Osmân. Aşık Paşazade tarihi*. Istanbul 1332 H [1913–1914]: Matba-i Amire, S. 139f.

Die gute Stadt

Binnen kurzer Zeit fanden die Sultane die nötigen Mittel für einen erneuten Angriff auf Konstantinopel. Die Währungsverschlechterung funktionierte wie gedacht, sobald ihre unglücklichen Opfer – die besoldete Armee und die Palastbediensteten – den Schlag verschmerzt hatten. Der entschlossene Vorstoß auf Konstantinopel begann in Murads letzten

Chronogramme

In annalistischen Werken wurde die Jahreszahl manchmal in Form sogenannter Chronogramme angegeben. Ein Chronogramm ist ein Wort oder eine Wortgruppe, die das Datum mit Hilfe des Zahlenwertes kodiert, welchen die einzelnen Buchstaben der arabischen Schrift ausdrücken können. So konnten Schriftsteller das Datum eines Ereignisses in einem Vers verbergen. Chronogramme (*tarih*, wörtlich „Datum") waren ein Mittel, um eine Beziehung zwischen Literatur und Mathematik, Kunst und Wissenschaften herzustellen.[a]

In einer osmanischen Chronik wird zum Beispiel mitgeteilt, dass Sultan Murad II. einen Feldzug über die Donau unternahm und im gleichen Jahr eine neue Brücke und Moschee weihte. Danach folgen vier Verse:

„Die Neue Moschee und die Ergene-Brück'
Sie beide erbauend mit vollem Glück
Nach Ungarn zog Sultan Murad hinüber,
Zum Datum dann sagte man ‚Menge' darüber"

Der numerische Wert der Buchstaben des osmanischen Worts *hummar* („Menge") beträgt 841, was nach unserer Zeitrechnung dem Jahr 1437–38 entspricht. [b]

[a] Windfuhr, „Spelling the Mystery of Time".

[b] Übersetzung Michael Reinhard Heß nach V. L. Ménage: „The 'Annals of Murād II'", *Bulletin of the School of Asian and African Studies* 39 (1976), S. 577.

Lebensjahren. Erst unterwarf er die Morea, dann den ehrgeizigen Albaner Skanderbeg, und in der zweiten Schlacht auf dem Kosovo zerschmetterte er 1448 die Armeen Ungarns und der Südslawen. Verträge stellten sicher, dass Mehmed II. nach seinem Herrschaftsantritt aus dieser Richtung keine Störungen befürchten musste. Sogar Ibrahim von Karaman fügte sich.[101]

Am Bosporus nördlich von Konstantinopel errichtete Sultan Mehmed eine neue Festung, genau gegenüber jenem Fort, das rund 60 Jahre zuvor sein Urgroßvater Bayezid erbaut hatte, und mit dem gleichen Zweck. Nach Abschluss der Bauarbeiten begann im Herbst 1452 die Blockade von Konstantinopel und im darauf folgenden April die Belagerung der Landmauern der Stadt, die vom Goldenen Horn bis zum Marmarameer reichten. Am 29. Mai 1453 schossen die osmanischen Kanonen eine Bresche in die Mauern. Eine anonyme Chronik hielt das Datum in Gestalt eines Chronogramms fest und glich die Buchstaben des Ausdrucks „Gute Stadt" (*Belde-i Tayyibe*) dem korrekten Jahr nach dem Hidschrakalender an – „wie einst verzeichnet wuude, ist die *gute Stadt* gefallen; jetzt hat dieses Zeichen seine Erfüllung gefunden, und dies ist das Bild: 857."[102]

Gebannt stand Mehmed in den Ruinen der antiken Stadt. Er gab bei ihren christlichen Gelehrten und Würdenträgern eine Stadtgeschichte in Auftrag. Durch die Verknüpfung der antiken Geschichte mit volkstümlicher islamischer Mythologie half sie, unwillige Muslime mit der christlichen Vergangenheit der Stadt zu versöhnen. In der Hoffnung, ihre städtische Struktur schonen zu können, hatte der Sultan einen Gesandten mit der üblichen Aufforderung zur Kapitulation geschickt, deren Annahme eine Plünderung vermieden hätte. Doch blieb diese Gelegenheit ungenutzt[103], und die osmanischen Truppen plünderten die Stadt. Andere Muslime widersetzten sich einem Verhandlungsfrieden, weil sie die Stadt lieber dem Erdboden gleichgemacht sehen wollten.[104] Am Tag nachdem die Bresche geschlagen worden war, stoppte Mehmed die Plünderungen und beanspruchte das gesetzmäßige Fünftel, das dem Sultan zustand, nämlich „die Steine der Stadt, ihren Grundbesitz und das Zubehör".

Die Kathedrale, die mächtige Hagia Sophia, wurde nicht zerstört. Wie die anonyme Chronik berichtet, war Mehmed sprachlos, als er die Kirche betrat. Dukas schreibt, der Sultan persönlich habe sein Schwert gegen einen Soldaten gezückt, der den Kirchenboden zu beschädigen wagte.[105] Man schaffte die Ikonen weg und verdeckte die figürlichen Mosaike der unteren Ebene. Die anderen Fresken und Mosaike, darunter Ikonen der Apostel und Propheten, Marias und der Patriarchen, Szenen aus dem Leben Christi und das Bild des Christus Pantokrator in der Mitte der Kuppel, blieben auch nach der Eroberung über 150 Jahre intakt und frei sichtbar.[106] Mit ähnlichem Respekt behandelte man andere in Moscheen umgewandelte Kirchen – die Chora-Kirche in Konstantinopel erhielt einen Mihrab, doch ihre Mosaiken mit dem Marienleben blieben unversehrt. (Dasselbe galt einige Jahre danach für die Kathedrale im

Parthenon, die umgewandelt wurde, als Mehmed Athen eroberte.[107]) Unter Zusatz eines Minaretts aus Ziegeln bildete die Hagia Sophia auch weiterhin die Zierde der Stadtsilhouette. Konstantinopels uralte Kathedrale, die schon die osmanischen Architekten der Drei-Balkone-Moschee in Edirne herausgefordert hatte, wurde zur ausdrücklichen Inspiration nicht nur für die Moschee Mehmeds des Eroberers, sondern auch für andere künftige osmanische Königsmoscheen.[108]

Wiederaufbau

Mehmed II. trieb den städtischen Wiederaufbau und die Neuansiedlung in Istanbul voran. Die Stadtmauern wurden ausgebessert und eine Festung errichtet. Der Bau eines Palastes begann. Eine ganze Reihe öffentlicher Einrichtungen, darunter ein großer neuer überdachter Basar, Karawansereien und ein Bad, bildete den Kern eines renovierten osmanischen Stadtzentrums, das über Stiftungen finanziert wurde.[109] Die Einkünfte aus dem überdachten Basar waren für den Unterhalt der renovierten Hagia Sophia bestimmt, die zur Königsmoschee wurde. Bei seiner Fertigstellung enthielt der Basar, der auf Anhieb eines der wichtigsten Handelszentren im westlichen Eurasien wurde, 122 Läden. Im Jahr 1472 lag die Anzahl der Geschäfte in und um den Basar bereits bei 265.[110] An Platz war kein Mangel – der Holzschnitt von Konstantinopel in Hartmann Schedels Nürnberger *Weltchronik* von 1493 zeigt innerhalb der Stadtmauern ausgedehnte Felder mit Windmühlen. Brachland überließ Mehmed den Zuzüglern, die Steuervergünstigungen erhielten. Einige leerstehende Stadtpaläste und Kirchen wurden an Mehmeds Offiziere verschenkt. Frühere Einwohner lud man zur Rückkehr in die Stadt ein; denen, die sich versteckt hielten, wurde die Freiheit versprochen; Gefangene, die ihr eigenes Lösegeld zahlen konnten, durften bleiben. Während seiner gesamten Herrschaft garantierte Mehmed ein Rückkehrrecht für Menschen, die aus Konstantinopel geflohen oder verschleppt worden waren. Zusätzlich wurden manche von anderen Orten zwangsumgesiedelt, darunter Juden, christliche Griechen und Armenier sowie nicht wenige muslimische Türken.[111] Dahinter stand neben wirtschaftlichen Motiven möglicherweise der Wunsch nach kosmopolitischer Vielfalt, wie sie einst für das mongolische Weltreich charakteristisch gewesen war.[112]

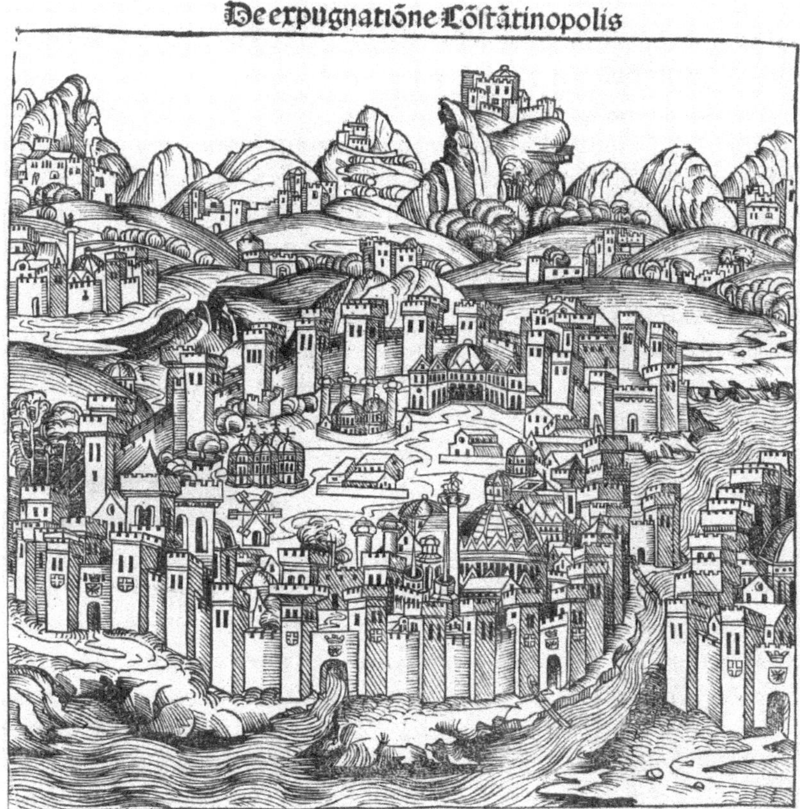

Abb. 2.3: Konstantinopel in der Schedelschen Weltchronik

Die Königsfamilie ging mit ihrem Privatbesitz mit gutem Beispiel voran. Sein Fünftel der griechischen Sklaven aus Konstantinopel siedelte Mehmed in Quartieren entlang des Hafens an, setzte sie für seine Bauvorhaben ein und zahlte Löhne, mit denen sie sich freikaufen und in der Stadt ansiedeln konnten. Die Eroberer-Moschee bildete den Mittelpunkt eines neuen Quartiers inmitten der Stadt, zusammen mit einem Bad, einer Bibliothek, einer großen Herberge und einer Elementarschule. Die Einweihung der acht Medresen in diesem Baukomplex verschaffte Konstantinopel 1471 schlagartig die geistig-kulturelle Führungsposition in der islamischen Welt.[113] Das theologische Lehrpersonal, das die höchsten Gehälter im ganzen Reich bezog, trug kräftig zur Ausbildung einer osmanischen Ulema-Hierarchie bei.[114]

Ein neuer Stadtpräfekt war für das Neubau-und Neuansiedlungsprogramm zuständig, doch es ging nur langsam voran.[115] Seuchen traten auf. Eine heftige Pestepidemie brachte 1467 „große Verzweiflung und unerträgliches Leid, Wehklagen und Jammer überall", so der griechische Augenzeuge Kritobulos. Von Thessalien breitete die Seuche sich nach Thrakien aus, sprang über die Meerenge und suchte Bursa heim. In Konstantinopel „gab es nicht genug Presbyter, Akolythen oder Priester für die Beisetzung und Begräbnisse oder die Grabgesänge und Gebete". Man begrub die Menschen zu zweit oder noch mehr in einem gemeinsamen Sarg, „dem einzigen, den man hatte finden können. Und wer heute einen anderen begrub, der würde anderntags von jemand anderem begraben werden."[116]

Neben der Pest bestand ein weiteres Problem darin, dass nur wenige osmanische Muslime die Aussicht reizte, ihr vertrautes Leben aufzugeben und sich an dem Projekt zu beteiligen, in einer abgewirtschafteten, vormals christlichen Stadt ein neues imperiales Zentrum zu errichten. Zwar hatten frühere Sultane an ihren Höfen regelmäßig nichtmuslimische Berater beschäftigt, und Mehmed hielt es mit seinem Leibarzt, einem jüdischen Italiener, der eine Zeit lang als Reichsschatzmeister diente, nicht anders,[117] aber nach dem Fall Konstantinopels wurden die Reaktionen auf den griechisch-christlichen Einfluss bei Hofe geradezu hysterisch. Die Ressentiments brachten den aussichtsreichsten Kandidaten für das Amt des Stadtpräfekten, den einstigen byzantinischen Großherzog, ebenso zu Fall wie Halil Pascha, den Wesir, der sich gegen die Belagerung ausgesprochen hatte und dem man Sympathien mit den Griechen nachsagte. Selbst nach diesen beiden Hinrichtungen waren zwei der engsten Ratgeber Mehmeds griechische Konvertiten zum Islam, nämlich Rum Mehmed Pascha und Mahmud Pascha. Als der Sultan eine Bestandsaufnahme der griechischen Bauten der Stadt anordnete, erhob sich heftiger Protest. Muslime, die Finanzanreize der Regierung in die Stadt gelockt hatten, und andere, die hierher zwangsdeportiert worden waren, begannen wegzuziehen. Aşıkpaşazade kontrastierte den triumphalen ersten islamischen Gottesdienst in der Hagia Sophia mit der

Empörung muslimischer Ansiedler, die aufgefordert worden waren, für die von ihnen gewaltsam besetzten christlichen Häuser Miete zu zahlen.[118] Mehmed musste zurückrudern.

Zur Zeit des Katasters von 1478, ein Jahrzehnt nach der Pest und ein Vierteljahrhundert nach der Eroberung, war Istanbul mehrheitlich muslimisch geworden. Von den 14 803 erfassten Haushalten der ummauerten Stadt waren 60 Prozent muslimisch, 20 Prozent griechisch und 11 Prozent jüdisch. Der Rest entfiel auf zwei verschiedene Gruppen von Armeniern, die man aus Karaman und Kefe auf der Krim deportiert hatte, sowie auf 31 Roma-Haushalte. Jenseits des Goldenen Horns, im überwiegend christlichen Galata, waren rund 40 Prozent der Haushalte griechisch und etwas über 20 Prozent lateinisch, abgesehen von mehreren Dutzend Armenierhaushalten. Aber selbst Galata war zu rund einem Drittel muslimisch.

Der Topkapı-Palast

Nahe dem Stadtzentrum ließ Mehmed einen Palast erbauen und verlegte seine Residenz aus Edirne dorthin. Schon bald merkte er, dass dieser eilig errichtete Palast seiner reifenden Vorstellung von einem Imperium nicht entsprach, also errichtete der Sultan einen zweiten. Mit dem Namen Topkapı Sarayı stand er auf der Akropolis des antiken Byzantion, einem Vorsprung der Halbinsel, der auf den Zusammenfluss von Bosporus, Marmarameer und Goldenem Horn blickte. In diesem geographischen Wunder sah Mehmed eine Metapher, nicht etwa für die „Brücke zwischen Ost und West", wie der moderne Orientalismus und der türkische Nationalismus es sehen wollten, sondern für imperiale Konsolidierung und weltliche Transzendenz. [119] Der Topkapı-Palast war Residenz des Sultans, Bühne für die Rituale herrscherlicher Souveränität und Hauptquartier der Staatsverwaltung zugleich. Statt auf große, reichdekorierte Audienzräume und Speisesäle setzte der Grundriss auf weitläufige Gärten mit kleinen, ein wenig abgeschiedenen Zimmern. Der Außenhof und der zugehörige Garten waren für die Öffentlichkeit zugänglich. Die Ratsgemächer und die Büros des Sekretariats umgaben den mittleren Hof. Öffentliche Audienzen hielt der Sultan unter dem Babu's-Saade, dem Tor der Glückseligkeit, ab, das den zweiten Hof vom dritten trennte. Privataudienzen beim Sultan fanden im Petitionssaal statt, einem kleinen quadratischen Pavillon im dritten Hof, den ein Laubengang vom Tor der Glückseligkeit trennte. Dieser abgeschiedene dritte Hof beherbergte auch die Privatgemächer des Sultans.

An der dem Meer zugewandten Seite dienten die Palastmauern zugleich als Stadtmauern, während sie zur Landseite hin eine steinerne Linie aus Türmen und Toren formten. Die Gründungsinschrift nennt den Ort ein Bindeglied zwischen zwei Kontinenten, zwei Meeren, zwei Welten, zwei Horizonten.[120]

Die Eroberung und die Geschichte

Türken wie Griechen wussten, dass der Name der byzantinischen Hauptstadt Konstantinopel oder *Kostantiniye* lautete. In Istanbul „umbenannt" wurde die Stadt auch gar nicht von den Osmanen, sondern von der Türkischen Republik in den 1920er-Jahren. Die Osmanen verwendeten den Namen Konstantinopel vorurteils- und widerspruchsfrei auf Münzen, in Veröffentlichungen und im amtlichen Schriftverkehr bis ins 20. Jahrhundert. Parallel dazu nannten in den osmanischen Jahrhunderten Griechen und Türken gleichermaßen die Stadt umgangssprachlich Istanbul oder Stambul. Das Wort leitet sich von einem griechischen Ausdruck ab, der schlicht *in die* oder *in der Stadt* heißt.

Natürlich bedeutete der Fall Konstantinopels ganz Unterschiedliches für den Griechen Dukas und den Türken Aşıkpaşazade. Von ihrer markanten Persönlichkeit und ihrer Voreingenommenheit einmal abgesehen, gingen sowohl Dukas als auch Aşıkpaşazade, jeder auf seine Weise, in der jeweiligen Geschichte ihrer eigenen Gemeinschaft auf. Keiner von beiden verfasste einen gründlichen Bericht über die Eroberung, wie ihn beispielsweise der venezianische Händler Niccolò Barbaro vorlegte, der sich in der Stadt aufhielt und Tagebuch führte.[121] Wo es um den Fall Konstantinopels ging, hatte jeder der beiden seine Gründe, den im Wesentlichen bewahrenden Umgang der Osmanen mit der Stadt nach der Eroberung herunterzuspielen.[122]

Natürlich berichtet Dukas sehr unterhaltsam von der großen Kanone, die in Edirne gegossen und auf dem Landweg nach Istanbul gebracht wurde, und davon, wie die osmanischen Truppen Schiffe über Land schleppten und so die riesige Eisenkette umgingen, die den Hafen versperrte. Doch nach dem türkischen Sieg musste Dukas verbittert den Aufstieg der gegen eine Vereinigung mit Rom eingestellten Gruppe im orthodoxen Klerus mitansehen. Er selbst hatte eine solche Vereinigung unterstützt, die das Konzil von Florenz verkündet hatte und die im Dezember 1452 mit einer Messe in der Hagia Sophia vollzogen worden war. Seit dem Bürgerkrieg der 1340er-Jahre hatten sich die Sultane durchgängig auf die Seite der orthodoxen Vereinigungsgegner gestellt. Dukas erwartete eigentlich noch während der osmanischen „Tyrannei“, die er als eine Art Aussperrung der rechtmäßigen Palaiologen-Kaiser verstand, die Wiederherstellung des Gottesreiches. Jetzt bewies Sultan Mehmeds Ernennung eines neuen Patriarchen, dass nicht nur die Zeit nicht stehenbleiben, sondern auch die Kirche in der Kaiserstadt dank der Unterstützung des osmanischen Tyrannen für ein gegen die Vereinigung eingestelltes Patriarchat zu neuem Leben erwachen würde.[123] Dukas' Beschreibung vom Fall der Metropole schloss mit einem tiefbewegten Abgesang auf sie, der die Klagen des Propheten Jeremia um Jerusalem zitierte.[124]

Für Aşıkpaşazade war die Eroberung nicht jene Katastrophe, die sie für Dukas darstellte, aber das Ende der Geschichte, als das einige andere osmanische Chronisten sie schilderten, sah er in ihr ebenfalls nicht. Aşıkpaşazades Bericht spiegelt die ambivalenten Gefühle eines wichtigen Teils der osmanisch-muslimischen Gesellschaft wider. Belagerung, Eroberung und Plünderung Konstantinopels beschrieb er in einem einzigen Kapitel, einem von 166, die sein Buch umfasste, und noch dazu kein sehr langes. Sogar die Entdeckung des Grabes von Abu Ayyub al-Ansari, des Gefährten des Propheten Mohammed, der bei der arabischen Belagerung Konstantinopels im Jahr 668 umkam, überging er. Nach der Einnahme ehrte Sultan Mehmed II. dieses Grab mit einer Feier; es war nahe der tiefsten Ausbuchtung des Goldenen Horns dank der wundersamen Hilfe eines ehrwürdigen heiligen Mannes entdeckt worden, der die Einnahme der Stadt prophezeit hatte.[125] An einem derart zusammengebastelten Königskult hatte Aşıkpaşazade kein Interesse.

Tursun Bey und der Eroberer

Aus dem Kreis der türkischen Mauerstürmer stammt der beste Bericht über die Eroberung von dem osmanischen Verwaltungsbeamten Tursun

Bey. In seiner *Geschichte des Eroberers* schilderte er die Belagerung, den Einzug Sultan Mehmeds II. in die Stadt und dessen ersten Besuch in der Hagia Sophia.[126] Das Werk, teils Memoirenbuch, teils Chronik, teils Fürstenspiegel, hebt sich im Stil wie in der Themenwahl spürbar von dem Werk Aşıkpaşazades ab. Der Unterschied der Erzählstile zwischen Tursun Bey und Aşıkpaşazade verwies auf ein ganzes Bündel theoretischer und philosophischer Divergenzen im Osmanenreich nach 1453. Deren Ursachen lagen letztendlich in unterschiedlichen Gottesvorstellungen, doch einige Interessen hatten beide sehr wohl gemeinsam.

Tursun Bey stellte das Osmanische Reich als das bedeutendste Imperium in der Weltgeschichte dar. Er schrieb im „Aufsatz (*inşa*)-Stil", einer eleganten Sprache, die spontan in literarischen Zirkeln am osmanischen Hof entstand. Der Aufsatzstil baute arabische und persische Vokabeln und Satzkonstruktionen in ein türkisches Satzgerüst ein und füllte es, abgesehen von Lyrik, mit dichten Alliterationen, Assonanzen, Binnenreimen und komplizierten Verb-Nomen-Kombinationen auf. Die neue Sprache unterstellte eine Analogie zwischen dem Osmanischen Reich und dem kumulativen Kulturerbe der islamischen Epoche. Doch Tursun Beys Buch war im Gegensatz zu verschiedenen anderen Werken, die in den gut hundert Jahren nach der Eroberung geschrieben wurden, keine Weltgeschichte. Binnen weniger Jahre erschienen Şükrullahs *Strahlendes Antlitz der Daten* in 13 Teilen und Enveris noch ehrgeizigeres *Buch der Prinzipien* in 22 Büchern; in beiden Werken bildete die osmanische Dynastie den Höhe- und Schlusspunkt. Für Tursun Bey forderte die Eroberung Konstantinopels den Vergleich zwischen Sultan Mehmed II. und den großen Welteroberern der Vergangenheit – Alexander dem Großen, dem Sassaniden Ardaschir und Dschingis Khan – regelrecht heraus. Mit kräftigen Anleihen bei der inzwischen islamisierten persischen Literaturgattung des Königsspiegels entwickelte Tursun Bey später eine Theorie herrscherlicher Autorität, der zufolge der legitime muslimische Souverän als irdisches Werkzeug der allumfassenden Gerechtigkeit Gottes fungierte, und eine Herrschaftsethik, in welcher die Taten des Souveräns ein Dankopfer an Gott waren.

Diese Themen ließen Tursun Beys Medrese-Ausbildung und seine 40-jährige Karriere als Amtsschreiber und Mitglied der Ulema erkennen. Er stammte aus einer alten muslimischen Familie in Bursa – sein Vater war Beylerbeyi, sein Großvater Sancakbeyi gewesen, und sein Onkel, ein Statthalter von Bursa, hatte in Istanbul nach der Eroberung die Erfassungskommission der byzantinischen Häuser geleitet. In dieser Kommission hatte auch Tursun Bey selbst mit seinem Onkel zusammengearbeitet, bevor er als Landvermesser in der Provinz amtierte, einen Posten im Istanbuler Ratssekretariat erhielt und von dort auf wichtige Finanzposten in der Provinz Anatolien berufen wurde. Zur Ruhe setzte er sich in Bursa, wo er die Stiftungen seines Onkels verwaltete und sich der Schriftstellerei widmete.[127]

Für Tursun Bey musste Gottes auserwählter Herrscher augenfällige Begabungen an den Tag legen und war verpflichtet, von ihnen als wesentlichem Aspekt täglichen göttlichen Wirkens gehorsam in der Welt Gebrauch zu machen: bei weisen Urteilen, durch die wachsame Verteidigung des Reiches und indem er die ihm anvertraute Herde hütete. Der Gehorsam der Untertanen – einer dankbaren, nicht durch Sprache, ethnische oder religiöse Zugehörigkeit differenzierten gemeinsamen Menschheit – war Ausdruck ihrer eigenen Unterwerfung unter die Macht Gottes. Tursun Bey nannte die Untertanen *kul*, das osmanische Wort für die Palastsklaven des Sultans. Für ihn stammten die Vorbilder des Königtums nicht aus Rom oder Byzanz, sondern aus dem Ktesiphon der Sassaniden, dem hellenisierten islamischen Bagdad und dem Täbris der Mongolenzeit.

Ulema und Derwisch

Im Vergleich damit verwiesen Aşıkpaşazades stark umgangssprachlich gefärbte türkische (*Turki*) Prosa, sein folkloristischer, anekdotenreicher Erzählstil und seine originellen Verse auf den Ursprung seiner Chronik in der intellektuellen Tradition der Derwisch-Tekke. Wie wir gesehen haben, begann er mit der geistlichen Ahnenreihe seines Sufi-Ordens. Für Aşıkpaşazade leitete sich die Autorität des Sultans im Allgemeinen aus den Bindungen zwischen kriegerischen Herren und heiligen Männern ab, während die Autorität der Osmanensultane im Besonderen aus den Blutsbanden der Osmanendynastie mit Scheich Edebali erwuchs. Die Sultane der Osmanen waren Gazis, Heerführer rechtschaffener Krieger, die gegen die Mächte des Unglaubens stritten. Ihre Siege spielten eine Rolle im bevorstehenden Ende des Zeitalters, indem sie zur Vorherrschaft des Islam in der Geschichte führten.

Wie andere Derwische befürchtete auch Aşıkpaşazade, die Einnahme der Stadt könnte einem Bündnis von Sultanat und Ulema ermöglichen, herrscherliche und religiöse Herrschaftsstrukturen zu schaffen, die sich gegen die Derwische richteten.[128] Ihm missfielen die Kontinuitäten mit Istanbuls christlicher Vergangenheit, welche jene prominenten osmanischen Staatsmänner verkörperten, von denen einige erst kürzlich vom Christentum zum Islam übergetreten waren. Unter diesen frisch Konvertierten waren drei Männer, die ein Dreivierteljahrhundert lang das Amt des Großwesirs beherrschten. Mahmud Pascha Angelović war Tursun Beys Gönner. Großwesir von 1456–68 und nochmals von 1472–74, war Mahmud Pascha in osmanische Dienste getreten, als er im Kindesalter gefangen genommen wurde. Er wurde in der Palastschule von Edirne erzogen und nahm wahrscheinlich an der Belagerung von Konstantinopel teil. Er heiratete eine der Töchter Sultan Mehmeds, pflegte jedoch während seiner gesamten Karriere ebenfalls enge Beziehungen zu der südslawischen Adelsfamilie, aus der er stammte.[129] Er plante viele der Eroberungen Mehmeds, zu denen auch das griechische Trapezunt gehörte, wo Mahmuds Cousin Georgios Amirutzes Schatzmeister war.

Der zweite dieser Männer war Mahmud Paschas Nachfolger als Großwesir im Jahr 1468, Rum Mehmed Pascha. Er stammte aus einer griechischen Adelsfamilie und könnte während der Belagerung Konstantinopels in Gefangenschaft geraten sein. Der dritte war Hersekzade Ahmed Pascha, der Sohn eines slawischen Fürsten aus der Umgebung von Mostar. Sein Bruder hatte das Erbe ihres Vaters an sich gerissen, also ging der andere Sohn nach Istanbul, trat zum Islam über und legte sich den Namen Ahmed Hersekzade zu (wörtlich übersetzt: „Sohn des Fürsten“). Er stieg bis in die höchsten Ränge der osmanischen Verwaltung auf, heiratete Sultan Bayezids Tochter Hundi und brachte es auf fünf Amtsperioden als Großwesir unter Bayezid II. und Selim I.[130]

Trotz ihrer unterschiedlichen Ansichten fanden Derwische wie Aşıkpaşazade und Ulema wie Tursun Bey in den Jahrzehnten nach der Eroberung Istanbuls einen gemeinsamen Nenner. Beide bekämpften sie die aggressive Fiskalpolitik Mehmeds II., in der sie eine Gefahr für die finanzielle Kraft des osmanischen religiösen Lebens sahen. Und eine

Aşıkpaşazades Widmung

Unter Anspielung auf eine Passage in der Prosaeinleitung von Rumis *Mesnevi* schrieb Aşıkpaşazade:

> Sultan Murat Khan Gazi hat viele Kriegszüge gegen die Ungläubigen unternommen. Jeden seiner Kriegszüge und jede seiner Taten, die in ihrer Zeit geschahen, habe ich unbedeutender Mensch gekürzt, so, als ob „ich von einem Haufen gedroschenen Korns eine Handvoll zum Probieren gäbe“. Der Grund dafür ist, dass bei der Darlegung der Gesamtheit den Menschen der Verstand verwirrt würde. Die Absicht dahinter, dass ich wenigstens diese Menge gemacht habe, ist, dass es wohlwollende Gebete für die Seele Seiner Majestät geben soll. Allah möge sich derjenigen erbarmen, die diese Überlieferungen über die Familie Osmans lesen oder hören, und diese mögen für seine Seele beten. [a]

Später setzte er noch einen Segensspruch in Versen hinzu:

> Aşıkî, nun bete für dieses Geschlecht!
> Deine „Historien“ wurden dem Darlegen erwiesen gerecht:
> In Schah und Khan und Sultan Bayezids Zeit
> War Freude und Glückes genug, und niemand ging's schlecht.[b]

[a] Übersetzung: Michael Reinhard Heß, Textbasis: Aşık Paşazade, *Tevarih-i Al-i Osman. Aşık Paşazade tarihi.* Istanbul (Matba-i Amire) 1332 H [1913–1914], S. 136.

[b] Übersetzung: Michael Reinhard Heß; Textbasis: Ebd., S. 222.

Generation später machten beide gemeinsame Sache gegen die Bewegung der Safawiden.

Ein Vermittler dieser Versöhnung war Sultan Bayezid II., der Sohn und Nachfolger Mehmeds des Eroberers.[131] Während seiner Lehrzeit als Prinz in Amasya war Bayezid dem Halveti-Scheich Müeyyedzade nahegekommen und ermöglichte ihm die Flucht in den Iran, als die Henker des Herrschers sich ankündigten. Als Sultan holte Bayezid Müeyyedzade nach Istanbul, wo der Scheich einer der mächtigsten Juristen des Reiches wurde; er diente als Kadı von Edirne und als Kazasker von Rumeli. Unter Bayezid beteiligten sich die offiziellen Ulema am Rückbau der härtesten steuerlichen Maßnahmen Mehmeds. Dies minderte den Druck sowohl auf die Derwischorden als auch auf sie selbst. Viele Derwischgruppen siedelten sich ihrerseits mit dem Segen Bayezids in der Hauptstadt an und nutzten die Gelegenheit, ihre Treue zur Osmanendynastie zu bekunden und sich mit der Autorität des Königs wie auch mit der Königsstadt Konstantinopel auszusöhnen. Aşıkpaşazade selbst zog nach Istanbul, nachdem er in den Ruhestand getreten war, und legte sein Geld in der Stadt an.

Istanbul und der afroeurasische Handel

Die Eroberung von Konstantinopel verschaffte den Osmanen einen entscheidenden Vorteil in einem weitgespannten Konflikt um die Handelswege und Schifffahrtsrouten im Schwarzen Meer, in der Ägäis und im östlichen Mittelmeer.[132] Vier große und sieben kleinere Mächte waren in den Konflikt verwickelt. Neben den Osmanen waren die bedeutenden Akteure Venedig, das Ägypten der Mamluken und das Akkoyunlu-Sultanat mit Sitz in Täbris, das Aserbaidschan, Iran und Irak beherrschte. Von Zeit zu Zeit betraten die kleineren Akteure die Bühne, darunter der Johanniterorden auf Rhodos und die muslimischen Sultanate Karaman in Kappadokien, Ramazan in Kilikien und Dulkadır östlich des Taurus. Durch aggressive Diplomatie, Einschüchterung und Gewalt hatten die Osmanen bis 1541 jede zentral gelegene Stadt und sämtliche Landwege zwischen Buda und Bagdad, Kairo und der Krim in ihre Hand gebracht. Auch sämtliche bedeutenden islamischen Wallfahrtsorte – Mekka, Medina, Jerusalem, Nadschaf und Kerbela – waren in Händen der Osmanen.

Umorientierung

Sobald Konstantinopel wieder zum Zentrum des Handelslebens geworden war, erfuhren Routen eine Wiederbelebung, die seit Jahrzehnten vernachlässigt worden waren. Die Blockade der Meerenge endete, und die Seeverbindung mit Schwarzmeerhäfen wie dem 1461 von Mehmed eingenommenen Trapezunt (Trabzon) und dem 1475 eroberten Kefe (Kaffa) wurde wiederhergestellt. Westlich der Meerenge funktionierten die alten Landwege noch. Die antike römische *Via militaris* führte von der Hauptstadt nach Belgrad, die *Via Egnatia* nach Westen zur Adria und die Konstantinopolitaner Straße nordwärts nach Varna. Die Strecke zwischen Edirne und Bursa verlor ihre Bedeutung zwar nicht, aber auch eine Schiffsverbindung zwischen Istanbul und Bursa war möglich. Auf diese Art brauchte es kaum weitere Anstrengungen, um Istanbul wieder an die Seidenstraßen anzuschließen. Ferner bestand ein Interesse an unterentwickelten Regionen und Routen. Viele neue Städte wurden gegründet.[133] Ein Beispiel war Novi Pasar auf dem Weg von Sarajevo nach Skopje über das Kosovo. Gegründet wurde die Stadt durch einen Statthalter, Gazi Isa Bey von Skopje, sie bekam eine Moschee, ein Bad, eine Herberge, eine Suppenküche und 56 Läden.[134]

Ein weiteres Beispiel war Sarajevo, die Quintessenz einer osmanischen Stadt, geschaffen aus den Stiftungsvermögen zweier Beylerbeyis. Ishak Bey Ishaković wählte den Ort aus. Er profitierte von einem kleinen Nebenfluss in der Nähe der Bosna, der Hauptwasserstraße Bosniens von Norden nach Süden, und der Neretva, die an Mostar vorbei nach Westen zur Adria fließt. An dem Brückenkopf erbaute Ishak Bey eine Moschee, die er zu Ehren Mehmeds II. die Eroberer (Fatih)-Moschee nannte. Ihre Stiftungsurkunde (1462) sah außerdem ein Bad, eine Tekke für Derwische, eine Karawanserei, einen Markt und eine Mühle vor. Das Minarett der Moschee und die Kuppeln der anderen Gebäude, die mit typischen gewölbten Tonziegeln gedeckt waren, boten von den umliegenden Hügeln herab den Anblick einer osmanischen Stadt.[135] Bis 1477 hatte Sarajevo bereits mehr als 150 Siedlerfamilien angezogen, von denen zwei Drittel Christen waren. Bei einem Angriff von Ungarn und Slawen wurde 1480 alles bis auf die Grundmauern niedergebrannt, aber 40 Jahre später garantierten die Eroberung Belgrads und der Sieg über Ungarn die Sicherheit Bosniens, und Sarajevo wurde von einem zweiten großen Wohltäter – ebenfalls ein Statthalter, Gazi Hüsrev Bey, ein Enkel Sultan Bayezids – wieder aufgebaut.[136] Sarajevo entwickelte sich schnell zu einer großen osmanischen Stadt und einem Zentrum islamischer Kultur in den südslawischen Ländern.[137]

Ein Schlüsselinstrument der gewerblichen Einmischung war die Münzpolitik. Die Monetarisierung des Wirtschaftslebens und die steigende Nachfrage nach Bargeld übten chronischen Druck auf die Geldmenge aus. Zwar ergänzte man die osmanische Standardmünze, den

Silber-Akçe, durch venezianische Golddukaten, die in der osmanischen Münzstätte überprägt wurden, sowie durch andere ausländische Münzsorten, aber das reichte nicht. Sechsmal wertete Mehmed II. den Akçe ab, davon allein dreimal in seinen letzten zehn Regierungsjahren. Zusätzlich begann die osmanische Münze mit der Prägung einer kleinen Menge ihrer eigenen Goldmünzen. Die Abwertungsstrategie war vermutlich zum Scheitern verurteilt, weil die Inflation die Preise zwangsläufig wieder auf ihren realen Marktwert zurückführte. Aber indem er die alten Akçes verbot und für den Umtausch in die neuen eine saftige Gebühr erhob, strich der Palast einen schnellen Profit ein, genau wie mit der Umprägung der venezianischen Dukaten.[138]

Sultan Mehmed und die osmanische Expansion

Der Krieg um den afroeurasischen Handel entzündete sich an der Eroberung der südslawischen Länder Serbien, Bosnien und Herzegowina durch Sultan Mehmed zu Beginn der 1460er-Jahre. Sie verschaffte den Osmanen die Kontrolle über die Landwege zur Adria und schuf eine Grenze entlang der Donau-Save-Linie, die in ihren Grundzügen bis in die 1520er-Jahre stabil blieb. Durch die Niederlage des albanischen Kriegsherrn Skanderbeg drang die osmanische Macht bis an die Adriaküste vor – Dubrovnik (Ragusa) kapitulierte freiwillig im Austausch gegen Handelsprivilegien. Die Eroberung der Morea provozierte einen Krieg mit Venedig. In dessen erster Phase fielen Mytilene, die Insel Lesbos und Negroponte (Euböa) an die osmanische Flotte. Mit den Werften von Gallipoli als Operationsbasis hatte sie ständig ein wachsames Auge auf Piraten in der Ägäis und schützte den Handel mit Sklaven, Gewürzen und Seide ebenso wie den lokalen Getreideumschlag.[139]

Als Ibrahim von Karaman 1464 starb, weitete sich der Krieg aus. Mehmed eroberte Konya, schickte die verschiedenen karamanidischen Thronanwärter ins Exil und machte aus dem Königreich eine osmanische Provinz. Venedig und das Akkoyunlu-Sultanat unter Uzun Hassan bildeten eine Koalition zur Unterstützung der Möchtegern-Nachfolger der Karamaniden. Uzun Hassan plünderte Tokat, eine Durchgangsstadt für den Seidenhandel, und eroberte 1472 Konya. Anschließend forderte er die Mamluken heraus, indem er mehrere Festungen auf dem Weg nach Aleppo einnahm, darunter Malatya und Ayntab. Im August 1473 traf ein venezianischer Gesandter gerade rechtzeitig am Akkoyunlu-Hof in Täbris ein, um mitzuerleben, wie die osmanische Armee Uzun Hasan in der Schlacht von Başkent in die Flucht jagte.[140] Sultan Mehmed nahm indirekt die Verfolgung auf – er gewährte Uzun Hasans Sohn Asyl, setzte ihn als osmanischen Sancakbeyi von Sivas ein und gab ihm seine Tochter zur Frau.

Der entscheidende Schlag in dem Krieg war die osmanische Eroberung zweier genuesischer Festungen auf der Krim, Kefe (Kaffa/Feodosija) und Azak (Asow). Uzun Hassans Tod 1471 und die Belagerung von Shkodër (Skutari) an der Adria durch Mehmed erhöhten den Druck auf Venedig. Der Senat sah sich gezwungen, um Frieden zu bitten und Tribut zu entrichten. Da das griechische Königreich Trapezunt bereits kapituliert hatte, beherrschte die osmanische Flotte nun das Schwarze Meer. Osmanische Zollpächter übernahmen die Gebührenerhebung in Kefe, das Endpunkt der Landroute durch das zentrale Eurasien, Exportzentrum für Getreide und vor allem wichtigster Hafen des Sklavenhandels war.[141] Letzterer bildete die wirtschaftliche Basis des Krimkhanats, eines Bundes halbnomadischer türkischer Clans in der Steppe unter Führung der Giray-Dynastie, die jetzt zu osmanischen Vasallen wurde. Ihre Sklavenraubzüge reichten bis tief nach Osteuropa und Südrussland hinein, und ihre reichhaltige Fracht strömte auf den Sklavenmarkt von Istanbul.

Vielleicht das größte Aufsehen erregte die osmanische Landung in Otranto auf der italienischen Halbinsel im Jahr 1481. Beabsichtigt war weniger ein Vorstoß auf Rom als die Verhinderung venezianischer Hilfe für den Mamlukensultan in Ägypten. Einen ähnlichen Zweck dürfte die gleichzeitige Belagerung von Rhodos verfolgt haben. Sie scheiterte, doch osmanische Truppen hielten ein Jahr lang Otranto besetzt und zogen sich erst zurück, als Mehmed starb und zwischen seinen beiden Söhnen ein Kampf um die Nachfolge ausbrach.

Bayezid und Cem

Von den zwei Söhnen Mehmeds genoss Cem die meiste Unterstützung in jenen Kreisen der osmanischen Gesellschaft, die sich weitgehend mit der Königsmacht statt mit dem alten türkischen Adel identifizierten und von Mehmeds expansionistischer Außenpolitik profitierten. Bayezid dagegen pflegte Beziehungen mit denen, die durch Mehmeds Fiskalpolitik der letzten Jahre Schaden erlitten hatten.

Diese Interessengruppen waren nicht wechselseitig exklusiv, und der Thronstreit stellte keine von beiden völlig zufrieden. Mal identifizierten sich die Ulema mit dem Palast (die Medrese als Institution existierte dank der Stiftungen des Sultans), mal wurden sie Opfer der Beschlagnahme privater Besitzungen und von *vakıf*-Gütern, und den Derwischgruppen erging es ebenso. Die Janitscharen bevorzugten die energische militärische Haltung des Sultanats, spürten aber die nachteiligen Folgen der Münzverschlechterungen. Als Bayezid dann über Cem triumphierte, machte er tatsächlich einige der umstrittensten fiskalischen Maßnahmen Mehmeds II. rückgängig. Er gab einen Teil des beschlagnahmten Stiftungsvermögens und Privatbesitzes zurück. Indem er der Münzverschlechterung ein Ende machte, stabilisierte er den Akçe. Dem lokalen türkischen Adel dürfte gefallen haben, dass Bayezid Timare an „wahrhaft gezeugte Söhne" (*sahih sulbi oglı*) früherer Sipahis vergab – und nicht stillschweigend an Söhne aus dem Haushalt des Palastes.[142] Dass Bayezid reichsweit die *cizye*, die angestammte Kopfsteuer für Nichtmuslime, einzog, gefiel wahrscheinlich jenen Muslimen, die deutliche Unterscheidungen zwischen den Gemeinschaften befürworteten.

Bayezid setzte die expansionistischen Aktivitäten seines Vaters fort, wurde aber gestört, weil mehrere angrenzende Staaten in ihrem verzweifelten Bemühen, Druck auf die Osmanen auszuüben, Cem gegen ihn auszuspielen versuchten. Die Mamluken weigerten sich, Bayezid beim Herrschaftsantritt die übliche Ergebenheitsadresse zu senden, und hielten den Abgesandten des Bahmani-Sultanats auf dem Dekkan und seine osmanische Eskorte in Dschidda fest.[143] Kairo war auch das erste Fluchtziel Cems, und dort lebte seine Familie weiterhin während seiner langen Leidenszeit. Bayezid holte alte Pläne Mehmeds für einen Feldzug gegen Ägypten aus der Schublade, aber der Krieg, der sich hauptsächlich in den benachbarten Ramazan- und Dulkadır-Sultanaten Kilikiens und des Taurus abspielte, brachte kein klares Ergebnis. Cem floh zu den Johanniterrittern auf Rhodos und endete schließlich als Geisel des Papstes unter Arrest im Vatikan.[144] Im Februar 1495 kamen Bayezids Agenten in Rom an Cem heran und vergifteten ihn.[145]

Die Ardabil-Sufis und die osmanische Autorität

Wie Aşıkpaşazade vermerkte, nahmen gegen Ende des Jahrhunderts die noch verbliebenen Anti-Establishment-Impulse in einer neuen religiösen Bewegung theologische und politische Gestalt an. Diese sogenannte Kızılbaş stand in enger Verbindung mit der Sufi-Tekke in Ardabil im Kaukasus.

Die Sache hatte eine lange Vorgeschichte. Die Ausprägungen der Frömmigkeit im Kaukasus, am oberen Tigris und am Euphrat waren in der nachmongolischen islamischen Welt schon immer misstrauisch beäugt worden. Diese Hochebene war in den 1240er-Jahren von der Baba'i-Rebellion erschüttert worden. Im Jahr 1323 bezeichnete der mamlukische Statthalter Syriens die Länder „jenseits des Euphrat" abfällig als Gebiete voller Unglauben, Heuchelei und Ketzerei.[146] Noch anderthalb Jahrhunderte später sprach ein persischer Historiker von „den Narren aus Rum, die eine Ansammlung des Irrtums und ein Heer teuflischer Phantasie sind".[147] Die kumulative Wirkung von Migration, Kriegen und kulturellen Moden macht die religiöse Stratigraphie dieses geographischen Raums oft undurchschaubar.[148] Wanderasketen waren in diesem Gebiet ein Dauerphänomen, faszinierend und abstoßend zugleich, und offensichtlich gefiel ihnen die Ironie ihrer eigenen sonderbaren Beliebtheit.[149] Manche scheuten ein allzu auffälliges Äußeres, andere hingegen legten eine freche Gleichgültigkeit hinsichtlich der Wirkung ihrer äußeren Erscheinung an den Tag und schienen sich über die Verurteilung ihres offenkundig antisozialen Verhaltens regelrecht zu freuen.[150] Sie trugen Schaffelle oder andere markante Kleidungsstücke oder rasierten sich die Köpfe, und sie hatten Wahrzeichen und Musikinstrumente dabei – Kastagnetten, Hörner, Pferdeschweife, Beutel. Aufgebrachte Kritiker verfassten flammende Schmähschriften, die sie als Scharlatane oder Verrückte denunzierten, und hatten kaum mehr als Verachtung übrig für ein unwissendes, naives Publikum, das sich allzu leicht hinters Licht führen ließ.[151]

Eine weitere Welle folgte auf den Heiligen Fazlullah von Astarabad, der gegen 1400 in einer Höhle nördlich von Täbris lebte. Da er die gesamte Schöpfung als Manifestation der Namen Gottes ernst nahm, verstand er die Menschheit als eine ständig sich entfaltende Offenbarung. Er entwickelte eine esoterische Zahlendeutung, die nach den Buchstaben des heiligen Textes als „Hurufismus" bekannt ist (*hurūf* ist der arabische Plural von *harf*, „Buchstabe"); diese Zeichen seien auch überall auf den menschlichen Körper geschrieben. Timur ließ ihn hinrichten, aber Fazlullahs spirituelle Erkenntnisse sickerten in den Boden ein und tauchten anderswo, bei den Bektaşis und vielen anderen Gruppen, wieder auf. Offensichtlich lauschte Sultan Mehmed II. einmal im Jahr 1444 in Edirne gebannt einer Hurufi-Predigt. Die Ulema waren nicht beeindruckt und ließen den Prediger auf dem Scheiterhaufen verbrennen. Der Dichter Nesimi, ein enger Freund Fazlullahs, wurde in Aleppo bei lebendigem Leibe gehäutet, eine grausig passende Vergeltung. Derartiges Leid wurde von denen, die es erduldeten, als Theodizee erlebt.

Die Kızılbaş

Es wirkt unerhört, dass selbst in dieser libertären spirituellen Landschaft die Kızılbaş-Bewegung solche Beben auslösen konnte. Die Kızılbaş bekannten sich zum Konzept des Imamats, des spirituellen Königtums Alis und seiner Nachfahren. Da Ali Fatima, die Tochter des Propheten Mohammed, geheiratet hatte, waren ihre Söhne Hasan und Hussein die Enkel des Propheten. Den Glauben an das Imamat und die-Verehrung der Linie Alis, die über Hasan, Hussein und die späteren Imame lief, teilten sie mit der Hauptrichtung der Schia und mit anderen osmanischen Gruppen, namentlich den Bektaşis. Was genau die Bektaşis lehrten und wie sie beteten, war ein Geheimnis und daher einigermaßen unklar. Recht bekannt war ihre Ali-Verehrung, doch davon abgesehen hoben sie sich durch das eklektische Ritual und die Mythologie der Bektaşis ab – beispielsweise ihre Geringschätzung des Gottesdienstes in der Moschee, ihre Praxis eines gemeinsamen eucharistischen Mahls und Vorstellungen wie die Seelenwanderung. Aber die Janitscharen waren glühende Bektaşi-Anhänger, und sie waren die treuesten aller osmanischen Truppen. Daher war der Bektaşismus keinesfalls eine exotische Randerscheinung im Osmanischen Reich. Und dennoch galten die Kızılbaş als etwas völlig anderes.

Die Intensität ihrer Frömmigkeit und ihre ekstatische Spiritualität machten die Kızılbaş unergründlich, aber auch bedrohlich. Sie machten ein Geheimnis um ihren Glauben und dessen Vollzug, ein Umstand, der dadurch verkompliziert wurde, dass sie sich angeblich bewusst verstellten (*takiyye*), wenn man sie befragte. Fasten, Gebete und andere öffentliche Glaubensbekundungen verschmähten sie. Es hieß, sie verfluchten die vier rechtgeleiteten Kalifen. Man verdächtigte sie des „Inkarnationalismus", der Überzeugung, Gott könne gewöhnliche weltliche Gestalt annehmen. Die Behauptung, man könne das Göttliche plötzlich in einer beliebigen Person, einem beliebigen Ort oder Umstand als real wahrnehmen, konnten sehr viele osmanische Mystiker aus eigener Erfahrung bestätigen. Doch zu glauben, das Göttliche verkörpere sich selbst auf besondere Weise in den charismatischen Scheichs aus dem Safawidenorden in Ardabil, war etwas völlig anderes. Es stellte die religiösen und spirituellen Grundfesten der osmanischen Macht in Frage.

Der Safawiden-Orden

Die Frühgeschichte des Ordens, der mit der Tekke von Scheich Safiüddin in Ardabil verbunden war – daher die Bezeichnung „Safawiden" – scheint unspektakulär verlaufen zu sein. Doch gegen 1450 kam es zu einem ominösen Schisma, als der damalige Meister des Ordens mit Unterstützung des Sultans der Karakoyunlu-Turkmenen seinen Neffen und Rivalen Scheich Cüneyd verbannte. Cüneyd trat daraufhin an den Osmanensultan Murad II. heran. Glaubt man der Geschichte in Aşıkpaşazades *Taten und Daten*, bot er ihm drei Totems an – einen Gebetsteppich, einen Koran und eine Gebetskette. Das war keine bloße Bitte um Asyl, es war eine Aufforderung, Cüneyds Schüler zu werden. Unheilvoll erklärte der Wesir Halil Pascha Çandarlı: „Auf einem Thron können keine zwei Könige sitzen." Murad zog es vor, die Äußerung nicht übelzunehmen, und schickte Cüneyd 200 Goldflorine und 1000 Silberakçes zur Verteilung an seine Derwische. Sein Ersuchen um einen sicheren Zufluchtsort lehnte er ab.

Eine Zeit lang hielt sich Cüneyd an der Tekke Sadreddin Konavis in Konya auf, zerstritt sich dann aber mit dem Meister. Er entzog sich dem Zugriff Ibrahims von Karaman, entging knapp der Gefangennahme durch den Mamluken-Statthalter von Aleppo, floh an die Schwarzmeerküste und fand schließlich Gehör im christlichen, noch nicht eroberten Trapezunt, dessen Herrscher aus der Komnenendynastie durch die Ehe seiner Tochter mit Uzun Hasan verbunden war. Uzun Hasan erkannte den Wert eines solchen Bündnisses. Er ging auf Cüneyds Angebot von 20 000 Reitern ein und verheiratete seine Schwester Hadice Begam mit ihm. Jetzt belagerte Cüneyd seine angestammte Tekke in Ardabil, doch der Angriff wurde niedergeschlagen. Besiegt floh er nach Norden ins Schirwan-Tal, das sich längs des Kaspischen Meeres erstreckt, und tat seine Absicht kund, eine Gaza gegen die Ungläubigen von Abchasien und Georgien zu führen. Laut Aşıkpaşazade befahl der empörte ortsansässige muslimische Fürst, Cüneyd solle seine christlichen Untertanen in Frieden lassen. Er schickte ein Heer aus, das Scheich Cüneyd zum Kampf stellte und tötete.[152]

Cüneyds Sohn und Nachfolger Scheich Haydar konnte Ardabil dann aber einnehmen. Während Haydars 30-jähriger Karriere voller Gaza, Plünderungen und Versklavungen wurden die safawidischen Sufis aus Ardabil als Kızılbaş, „die Rotmützen", bekannt – nach ihrer roten Kopfbedeckung aus Filz, deren zwölf Falten für die Zwölf Imame standen.[153] Haydar verdoppelte das Bündnis des Ordens mit Uzun Hasan – indem er dessen Tochter heiratete, wurde der Neffe zugleich zum Schwiegersohn. Als Haydar bei Kämpfen im Kaukasus fiel, ging die Nachfolge zunächst auf seinen älteren Sohn über. Nachdem dieser im Sommer 1494 getötet worden war, folgte ihm Haydars jüngerer Sohn Ismail nach, der erst sieben Jahre alt war.[154] Das zehnte islamische Jahrhundert begann im Oktober.

3. Eine Sicht auf die Welt, 1494–1591

Das zehnte islamische Jahrhundert begann mit einer faszinierenden Konvergenz der Kalender. Auf einer Pilgerfahrt nach Ardabil tauchte am heiligen Aschura-Tag des islamischen Jahres 905 Ismail Safavi aus der Verborgenheit auf. In diesem gesegneten Kind, väterlicherseits der Enkel von Scheich Cüneyd und mütterlicherseits von Uzun Hasan, außerdem über seine christliche Großmutter der Erbe des verwaisten Thrones von Trapezunt – in diesem Glück verheißenden Kind erschien der Avatar des Imams Ali, die Verkörperung des Verborgenen Imam. Das Aschura-Fest, der zehnte Tag im ersten Monat des islamischen Jahres, erinnert an das Martyrium von Hussein, Sohn Alis und Enkel des Propheten Mohammed, der 680 n. Chr. in Kerbela starb. In diesem besonderen Jahr nun, dem Jahr 905 der Hidschra und obendrein dem Jahr 1499 n. Chr., fiel Aschura auf Anfang August, auf das Fest in der Mitte des Jahresviertels zwischen Sonnenwende und Äquinoktien. Ismail rief seine Anhänger auf, sich zum Nowruz-Fest im folgenden Jahr zu versammeln – so kam es, dass Ismail zu den Frühlingsäquinoktien des Jahres 1500 erschien, genau in der Mitte des zweiten christlichen Jahrtausends.

Die Luft knisterte. Die osmanischen Provinzgouverneure waren in höchster Alarmbereitschaft und hatten Befehl, Kızılbaş-Pilger aufzugreifen, ihren Besitz zu beschlagnahmen und sie aufzuhängen.[1] Das vorrückende Osmanenheer schlug einen Aufstand von Sympathisanten in Karaman nieder. Dank derartiger osmanischer Sicherheitsmaßnahmen schafften es nur „siebentausend“ Kızılbaş zur Versammlung. Doch triumphierend zogen die Armeen der Kızılbaş im Herbst 1501 in Täbris ein. Ismail wurde zum Schah ausgerufen, das alte Reich der Turkmenen war wieder vereint.[2] Die neue Ordnung begann mit einer gerechten

Rache, die das heilige Haus der Safawiden vollzog. Im Lauf des nächsten Jahrzehnts eroberten safawidische Truppen die iranische Hochebene und leisteten Abbitte bei den zwölferschiitischen Ulema im Iran. Im Jahr 1508 eroberte Schah Ismail Bagdad.

Ein Weltreich

Für die osmanischen Würdenträger war die Frage der Kızılbaş samt Schah Ismail und seinen Turkmenen unweigerlich in komplexe strategische Interessen verwickelt. Das Augenmerk auf diesen Interessen hatte die unerwartete Folge, dass ein Weltreich entstand. Im Lauf der letzten Jahre war Sultan Bayezid nach dem Tod seines Bruders Cem wieder in den großen afroeurasischen Handelskonflikt eingetreten. Nachdem der berühmte Pirat Kemal Reis jetzt in osmanischen Diensten stand, errang die Flotte einen großen Sieg über Venedig und erzwang 1503 einen Friedensvertrag, doch die Lage änderte sich schnell, und Bayezid alterte. Außer dem neuen Safawidenreich Schah Ismails stieg noch eine weitere neue Macht auf, Portugal, dessen Präsenz auf den Meeren den Mamluken die Herrschaft über den Seehandel mit indischen Gewürzen streitig machte. Vier Monate nach Schah Ismails Einzug in Bagdad suchte die osmanische Marine im Februar 1509 das Gefecht mit den Portugiesen in der Schlacht von Diu vor Gujarat im Indischen Ozean – und verlor. Da Hunderte osmanischer Händler in Calicut (Kalighat, Kalkutta), Gujarat und Diu lebten, war der Indienhandel zu wichtig, um die Seewege verloren zu geben.[3] Die osmanische Flotte ging ein buntscheckiges Bündnis mit den Mamluken, dem muslimischen Sultanat Gujarat, dem Hindukönigreich des Zamorin von Calicut und dem katholischen Venedig ein, zeigte Präsenz an der südarabischen Küste und überwachte genau die Durchfahrt zum Roten Meer.[4] Unter diesen Umständen konnte man die Kızılbaş nicht ignorieren.

Unter den Söhnen Bayezids plädierte der jüngste, Selim, für eine machtvolle Antwort. Beunruhigt über die Stärke der Kızılbaş-Spiritualität im Volk, fürchtete Selim, dass ein Rest antiosmanischer Unzufriedenheit in eine Revolution umschlagen könne. Die Turkmenen schienen genau jene kulturell tiefverwurzelte Geringschätzung verstädterter herrscher-

Osmanische Sultane des zehnten islamischen Jahrhunderts

Bayezid II.	1481–1512
Selim I.	1512–1520
Süleyman I.	1520–1566
Selim II.	1566–1574
Murad III.	1574–1595

licher Autorität zu äußern, wie sie seit der Baba'i-Rebellion vor 250 Jahren am oberen Tigris und Euphrat gepflegt worden war.[5] Viele Muslime in den osmanischen Ländern fanden die Kızılbaş abstoßend. Der 90-jährige Aşıkpaşazade, der kurz nach Ismails Eroberung von Täbris schrieb, schilderte die „Sufis aus Ardabil", ihre vulgäre und komische Ausdrucksweise, ihre Gleichgültigkeit gegenüber Fasten und Gebet, ihre gewohnheitsmäßigen Lügen bezüglich ihres Treibens. Sie begrüßten einander nicht mit „Selamu aleykum", sondern mit dem Wort *Schah*. Wenn sie krank wurden, beteten sie nicht, sondern sangen *Schah*. Wer konnte die Plünderung von Täbris durch die Kızılbaş vergessen, mit ihren Vergewaltigungen, dem Rauben und Morden und der Verfolgung sunnitischer Muslime?[6] Doch andere Muslime sympathisierten mit den Kızılbaş, darunter auch manche aus den Reihen der Timarioten-Reiterei in Anatolien, deren Autonomie unter osmanischer Herrschaft schwächer geworden war. Das stehende Heer des Osmanenpalastes jedoch, einschließlich der Janitscharen, unterstützte Selim, ungeachtet der ausgesprochen Ali-orientierten Frömmigkeit ihrer eigenen Bektaşi-Traditionen.

Pläne für ein gemeinsames Vorgehen mit den Mamluken mussten wegen Dürre, Seuchen und Katastrophen gestrichen werden.[7] Trapezunt (Trabzon), wo Prinz Selim Statthalter war, hatte Mühe, sich zu ernähren. Die verschärften Sicherheitsmaßnahmen hatten die Kornlieferungen zur See wie durch Karawanen aus dem Landesinneren verzögert.[8] Im August 1509 traf ein heftiges Erdbeben die ganze Region von Sivas bis Thrakien und von Siebenbürgen bis Kairo.[9] In Istanbul brachen Erdspalten auf und die Küsten am Goldenen Horn wurden überschwemmt. Mehr als 5000 Menschen starben, 1000 Häuser und 100 Moscheen stürzten ein, und die Mauern von Yedikule und weiteren Festungen wurden beschädigt, ebenso

Bayezids neuer Stiftungskomplex mit seiner Moschee und Suppenküche neben dem gedeckten Basar. Von einer provisorischen Unterkunft in den Palastgärten aus leitete der Sultan die Reparaturmaßnahmen und brachte das Kapital dafür durch eine außerordentliche Steuer zusammen. Ein starkes Nachbeben ließ einen Brand ausbrechen, der ebenso viele Häuser zerstörte wie der erste Erdstoß, und es kam zu großflächigen Plünderungen, vor allem im Judenviertel von Istanbul. Bayezid verbrachte den Winter in Edirne, wo die Schäden geringer waren.

Shah Kulı

Was schließlich zum Handeln trieb, war die Konkurrenz zwischen den Söhnen Bayezids. Sobald die Reparatur der Mauern beendet und sein Moscheekomplex beinahe wiederhergestellt war, kehrte Bayezid nach Istanbul zurück, aber durch die Verschlechterung seines Gesundheitszustandes war der Hof gelähmt, und unter den Sultanssöhnen brach ein Präventivkrieg um den Thron aus.

Wie schon ein Jahrhundert zuvor schuf der Erbfolgekrieg die Gelegenheit zur Revolte, welche die geistigen Grundprinzipien der osmanischen Herrschaft in Frage stellte. Selim verließ Trabzon, begab sich nach Kefe auf der Krim, wo sein Sohn Süleyman stationiert war, und trachtete nach der Kontrolle über Rumeli.[10] Ahmed und sein Sohn Murad kontrollierten von Ahmeds Basis Amasya aus die galatische Hochebene und Bithynien.[11] Korkud, der in Antalya, einer Hochburg der Kızılbaş, stationiert war, ging nach Mekka und ins selbstgewählte Exil. Als er ohne Erklärung zurückkehrte und nach Istanbul aufbrach, vermutete das Volk, Bayezid müsse gestorben sein,[12] und in Antalya rief sich ein Derwisch am Aschura-Fest zum Sultan aus. Er war der unmittelbare geistliche Statthalter der Safawiden von Ardabil und nannte sich Shah Kulı, „Sklave des Schahs“.

Vielleicht war das die befürchtete Revolution. Shah Kulı und seine Männer erbeuteten Korkuds Reisegepäck samt Schätzen und schlugen Korkud in die Flucht. Hunderte Sipahis, die Timare innehatten, schlossen sich an, verdrängte Männer, die gegenüber Personen aus der Regierung in Istanbul das Nachsehen gehabt hatten.[13] Brandschatzend und plündernd zogen sie über die Hochebene.[14] Sie nahmen den Beylerbeyi von Anatolien gefangen, köpften ihn, brieten seinen Rumpf auf einem Spieß und massakrierten seine Männer. Die Festung Bursa sandte einen verzweifelten Hilferuf. Von Istanbul brach der Großwesir auf, und Prinz Ahmed rückte in Eilmärschen von Amasya heran. In der Schlacht, die unentschieden ausging, fiel auf der einen Seite Shah Kulı und auf der anderen der Großwesir. Die Rebellen und Ahmed, der wusste, dass sein Bruder Selim gerade nicht in Istanbul weilte, entdeckten plötzlich, dass sie eine ganze Menge gemeinsam hatten. Ohne den Sklaven des Schah und mit der Aussicht, den Janitscharenkandidaten Selim auf dem Thron zu sehen, stellte sich die Rebellenreiterei rasch hinter den ältesten Sohn des Sultans, und Ahmed selbst ließ eilig Reiter von der gesamten Hochebene zusammenziehen.

Als Ahmed und seine Armee der Unzufriedenen Üsküdar erreichten, das Istanbul gegenüber am Bosporus lag, war Prinz Selim von Bayezids Armee geschlagen worden und kehrte nach Kefe zurück, um den rechten Augenblick abzuwarten. Doch der rechte Augenblick war schon da. Die mit ihm verbündeten Janitscharen ermordeten den neuen Großwesir, versperrten Istanbuls Tore vor Ahmed und zwangen Sultan Bayezid, Selim zurückzuholen. Ahmed und sein Sohn Murad wussten, dass sie geschlagen waren, und zogen sich zurück; ihre Männer verschwanden in Richtung Aserbaidschan und Iran. Man wusste, dass sie in Kontakt mit Schah Ismail standen.[15] Der unglückliche Korkud, der anscheinend immer am falschen Ort zur falschen Zeit war, ging in Istanbul von Bord seines Schiffes, huldigte Bayezid und verschenkte Gold, in der Hoffnung, damit die Neutralität der Janitscharen zu erkaufen.[16] Seine Großzügigkeit nutzte ihm wenig. Prinz Selim zog in die Stadt ein, setzte den bettlägerigen Bayezid ab und bestieg den Thron. Korkud ließ er erdrosseln. Ahmed ereilte im Frühling dasselbe Schicksal.[17]

Çaldıran

Nun stemmte sich Sultan Selim gegen Schah Ismail. Nicht umsonst ist er unter dem Beinamen *Yavuz* bekannt, was mitunter als „Selim der Grimmige“ oder „der Grausame“ übersetzt wird, vielleicht aber besser als Selim der Entschlossene oder der Strenge. Der Weg zum Krieg war mit öffentlichen Phrasen gepflastert. In einem berühmten Briefwechsel traten die „heiligen Männer, frommen Gelehrten und Rechtskundigen“ in Selims Diensten kühl den unverschämten Spitzfindigkeiten von Schah Ismails Dichtern entgegen. Dabei machten sie keinen Hehl aus ihrer Verachtung für die Kızılbaş, die mit ihren „sündigen, von Gott verbotenen Bräuchen ... das Gesetz und die Tradition unseres Propheten“ mit Füßen träten, für die brutale Behandlung von Sunniten in Ismails Iran und für Schah Ismails an den Haaren herbeigezogene Behauptung, vom Propheten Mohammed abzustammen.[18] Eine Fetva des Mufti von Istanbul verpflichtete alle wahren Muslime, die „Ungläubigen und Häretiker“ bis zum Tod zu bekämpfen.[19] Ein Hinrichtungsbefehl für Kızılbaş erwähnt eine Liste mit „40 000“ Opfern, „alten und jungen, von sieben bis siebzig“.[20] Vielleicht war das eine Übertreibung.

Während die Truppen sich sammelten, opferte Selim, verteilte Almosen, erwies den Gräbern seines Vaters und Großvaters seine Ehrerbietung und betete vor dem Schrein Abu Ayyubs des Gefährten. Im April 1514 zog das Heer aus und nahm den Weg über Konya, wo Selim Almosen an die Armen verteilte und demonstrativ am Grab Rumis betete.[21] Die lang erwartete Schlacht fand im August 1514 auf der Ebene von Çaldıran östlich des Vansees statt. Schah Ismail, der Kindermessias, erlitt eine Niederlage durch Sultan Selim und die osmanische Armee. Ungehindert marschierten die Sieger in Täbris ein. Die Freitagsgebete in Schah Ismails Hauptstadt wurden im Namen des Osmanensultans und der rechtgeleiteten Kalifen angestimmt.

Nach Çaldıran ließ Selim kein Anzeichen größerer Milde erkennen und hielt seinen nächsten Schritt in der Schwebe – ob es an die Verfolgung Ismails gehen sollte oder gegen die Portugiesen, welche die Insel Kamran im Roten Meer eingenommen hatten.[22] Zusammen mit kurdischen Stammesfürsten und anderen ihm wohlgesonnenen Einheimischen erreichte er die Übergabe von Diyarbekir, Mardin und Mossul. Das unabhängige Dulkadır wurde zu einem Sancak unter dem Befehl des Sohnes seines bisherigen Sultans.[23] Malatya am oberen Euphrat kapitulierte im Frühjahr 1516. Safawidische Intrigen gemeinsam mit den Mamluken lieferten Selim den Vorwand für einen weiteren großen osmanischen Feldzug.[24]

Syrien und Ägypten

Bei der Überquerung des Taurus akzeptierte Selim die Unterwerfung des Ramazanidenhauses von Kilikien. Auch dieser Sultan und seine

Erben wurden zu Statthaltern neuer, aus ihrem vormaligen Königreich gebildeter Provinzen. Am 24. August 1516 traf Selim bei Marj Dabik nahe Aleppo auf die Hauptstreitmacht der Mamluken. Erneut erzielten die osmanischen Feldgeschütze einen vernichtenden Sieg. Der Mamlukensultan starb an einem Herzanfall. Sein Statthalter in Aleppo, der zu den Osmanen übergelaufen war, wurde nun osmanischer Statthalter. Das Osmanenheer zog weiter südwärts. In Damaskus wurde das erste Freitagsgebet des Ramadan in Selims Namen angestimmt. Selim zog in Jerusalem ein, prüfte zeremoniell den „Pakt Umars" und bestätigte in der Grabeskirche die christlichen Privilegien.[25]

Selims Generäle waren uneins, ob man nach Ägypten vorstoßen oder umkehren und Offiziere als Kommandanten der Grenzstädte zurücklassen sollte. Als wollte der neue Mamlukensultan das Hauptargument für ein weiteres Vorrücken demonstrieren, ließ er einen osmanischen Gesandten hinrichten und marschierte auf Gaza. Weil die syrischen Städte es im Falle eines osmanischen Rückzugs natürlich sehr schwer haben würden, sich einer Wiedereroberung durch Ägypten zu widersetzen, durchquerte Selim den Sinai und schlug am 23. Januar 1517 vor Kairo die Truppen der Mamluken. Verhandlungen über die Anerkennung des Mamlukensultans als Vasallen und Statthalter Selims scheiterten, und nach einer zweiten Schlacht im April bei den Pyramiden von Giza wurde der Sultan am Bab-al-Zuwayla-Tor aufgehängt. Den Sommer 1517 verbrachte Selim in Kairo. Eine Gesandtschaft des Scherifen von Mekka traf ein und huldigte dem Osmanensultan als „Beschützer der beiden Heiligtümer" Mekka und Medina.[26]

Ungarn und der Irak

Als Selim drei Jahre später starb, schlug sein Sohn Süleyman, 25 Jahre alt, nicht etwa eine Rebellion seiner Brüder nieder, denn er hatte keine,[27] sondern die eines früheren Mamluken und die eines Kızılbaş-Emporkömmlings namens Kalenderoğlu. Die Revolten waren kurzlebig, und die Hinrichtungen erfolgten zügig. Süleyman eroberte Rhodos, das wahrscheinlich Selims nächstes Ziel gewesen wäre – Piraten, die von der Insel aus operierten, suchten ständig die Handelswege zwischen Istanbul und Kairo heim und bedrohten die Pilger.[28] Anschließend wandte Süleyman sich sofort gegen Ungarn.[29] Im Jahr 1521 nahm das osmanische Heer Belgrad ein und dezimierte mit einem Sieg bei Mohács 1526 den ungarischen Adel.

Entgegen den Erwartungen bedeuteten Süleymans Siege nicht die vollständige Eroberung Ungarns.[30] König Lajos, den der Sultan zum Statthalter seiner neuen Provinz hatte machen wollen, fiel im Kampf. Über der Nachfolgefrage entzweite sich der ungarische Adel – der Reichstag wählte unter Zustimmung der slawonischen Adligen den transsilvanischen Fürsten János (Johann Sigismund) Szapolyai, doch eine Partei, die sich in Poszony (Bratislava) versammelte und die Unterstützung des kroatischen Reichstags hatte, votierte für den Habsburger Ferdinand, den Bruder von Lajos' Witwe. Ferdinand war dem Papsttum treu ergeben, inzwischen – nur sechs Jahre nach dem Wormser Edikt – ein wichtiger Punkt.[31]

Angesichts der Spaltung innerhalb des ungarischen Adels und des unerwarteten Eingreifens der Habsburger in die osmanischen Angelegenheiten installierte Süleyman in Buda Szapolyai mit der Stephanskrone und zog umgehend gegen Ferdinands Hauptstadt Wien. Von Seuchen und anderen Schwierigkeiten heimgesucht, scheiterte die osmanische Belagerung von 1529 ebenso wie ein zweiter Feldzug im Jahr 1532, der Wien nie erreichte. Als Szapolyai 1540 starb und als Erben nur ein Kleinkind zurückließ, belagerte Ferdinand Buda in der Hoffnung, Ungarn unter habsburgischer Herrschaft wieder zu vereinigen. Süleyman verjagte ihn, musste aber in die Teilung des Karpatenbeckens einwilligen.[32] Das osmanische Heer besetzte Zentralungarn mit der pannonischen Ebene und Buda sowie den Festungen Esztergom und Viségrad im Donaubogen. Die Habsburger kontrollierten das „Königliche Ungarn", einen Landstreifen im Westen und Norden, der die Bergwerke in der Tatra einschloss, und entrichteten Istanbul einen jährlichen Tribut. Siebenbürgen entwickelte sich zu einem autonomen Fürstentum unter osmanischer Schirmherrschaft. Im Jahr 1568 schloss die Regierung Selims II. Frieden mit den Habsburgern.

Doch ein Weltreich lockte. Im Jahr 1594 starb Schah Ismail und hinterließ nur seinen zehnjährigen Sohn Tahmasp. Ausgedehnte Streitigkeiten unter den Turkmenen zogen eine osmanische Intervention nach sich. Der Großwesir Ibrahim Pascha marschierte nach Osten und plünderte im Frühjahr 1534 Täbris. Am Ende der Feldzugssaison stießen

Süleyman und der Hauptteil der osmanischen Armee dazu, zogen nach Süden in den Irak und eroberten im Herbst 1534 Bagdad. Mehmed II. der Eroberer hatte an den Mauern Konstantinopels das Grab von Abu Ayyub gefunden; Süleyman entdeckte und restaurierte nun feierlich das Grab von Abu Hanifa, dem Gründer der hanafitischen Schulen des islamischen Rechts. Dem Sufi-Heiligen Abd al-Kader al-Gilani stiftete er ein Mausoleum, und er pilgerte höchstpersönlich zu den Heiligtümern der Imame Kazim und Jevad in Bagdad, des Imams Ali in Nadschaf und des Imams Hussein in Kerbela.[33]

Süleyman bestieg den Osmanenthron inmitten einer Zeit apokalyptischer Erwartung, die zu dämpfen seine eigenen frühen Eroberungen wenig beitrugen. Die osmanischen Heere hatten die Kızılbaş zerschmettert, die größte Bewegung im spirituellen Leben des Islam seit dem Aufstieg des Sufismus. Sie hatten die Abbasidenhauptstadt Bagdad ebenso eingenommen wie die Mongolenhauptstadt Täbris. Sie hatten dem Mam-

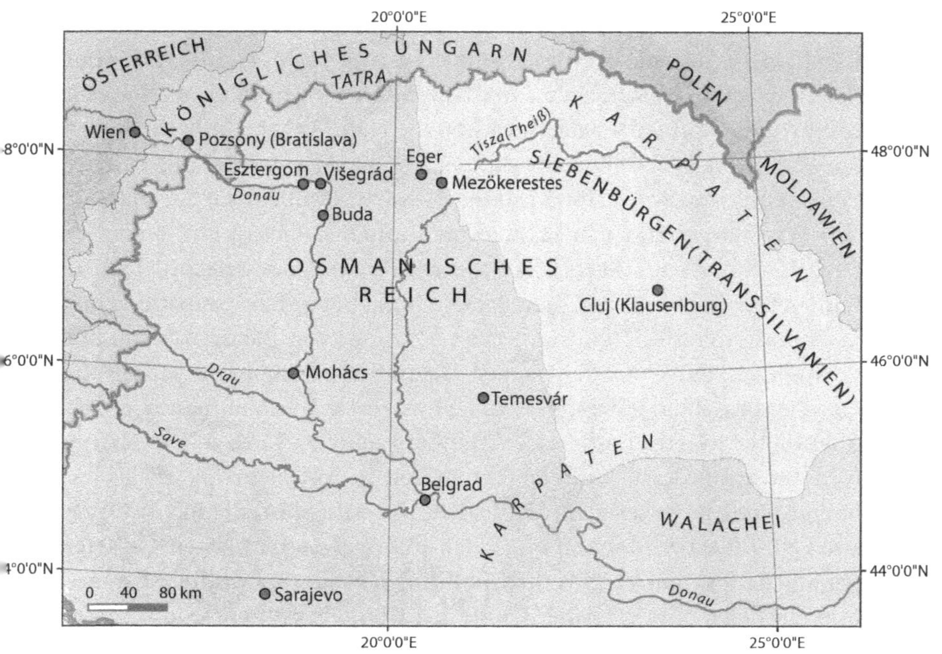

Karte 3.1: Das geteilte Ungarn

lukensultanat nach über 250 Jahren ein Ende gemacht und die großen arabischen Städte Aleppo, Damaskus und Kairo erobert. Sie hatten die Johanniter besiegt und die Kreuzfahrerbastion Rhodos an sich gebracht. Auch die Stephanskrone war in osmanischer Hand. Das osmanische Territorium umfasste alle sieben Klimazonen der antiken Geographie.[34] Als zehnter Sultan einer gesegneten Dynastie läutete Süleyman eine Monarchie ein, welche die Vollendung der Zeiten war.[35] Manche jüdischen Rabbiner sahen in seiner Herrschaft die endzeitliche Sammlung der Exilierten, die mit der Vertreibung der Juden von der Iberischen Halbinsel begonnen hatte.[36] Süleymans Hof förderte diesen spekulativen Eifer noch und legte sich den Mantel der Weltherrschaft um.

Desorientierung

Es war nicht allein der militärische Ruhm der Osmanen, der das apokalyptische Fieber nährte; Selims und Süleymans Eroberungen trugen zur Schaffung einer neuen Weltkarte bei. Überall auf der afroeurasischen Landmasse maßen sich neue dynastische Reiche mit den Osmanen – die Ming, die Moguln, die Safawiden und die Habsburger. Unter ihnen war nur das Ming-Reich älter als das Jahr 1500. Mit der portugiesischen Plünderung von Kilwa 1505 trat eine eindrucksvolle neue Seemacht in den Wettbewerb um den Handel im Indischen Ozean ein. Nur zwei Tage vor Süleymans Aufbruch zu jenem Feldzug, der im April 1526 zu seinem Sieg bei Mohács führen sollte, schlug Babur bei Panipat Ibrahim Lodi und eroberte Hindustan. Hart bedrängt von Babur wie von den Portugiesen, bat Bahadur Khan in Gujarat um osmanische Hilfe.[37] Im Oktober desselben Jahres, in dem Selims Heere Kairo einnahmen, veröffentlichte Martin Luther in Wittenberg seine 95 Thesen. Der Hauptförderer antiprotestantischer Aktivitäten in Mitteleuropa, die Habsburgerdynastie, beherrschte jetzt nicht nur ihre Stammlande in Österreich und (wegen Mohács) ein Reich mit großen slawischen Gebieten entlang der osmanischen Grenze in Europa, sondern obendrein Spanien und ein Reich auf dem amerikanischen Doppelkontinent und im Pazifik. Süleymans Bündnis mit Franz I., dem König von Frankreich, der von den Habsburgern umzingelt war, wurde zum Anlass für den ersten direkten Kontakt zwischen den Osmanen und einem Souverän in Nordwesteuropa. All diese grundlegenden Veränderungen vollzogen sich unter den Augen einer einzigen Generation, derselben, die Zeugin der Entdeckung der Neuen Welt wurde.

Autoren in den osmanischen Ländern bewältigten den Schock dieser jähen Umbrüche nicht mit triumphalistischen Lobgesängen auf die Allmacht Gottes, sondern beschworen Bilder von Orientierungslosigkeit und Verlust herauf. Ein Beispiel ist die Behandlung der Entdeckung Amerikas in einem Werk aus den 1530er-Jahren, dem *Buch der Meere* (*Kitab-ı Bahriye*). Sein Autor war der Admiral und ehemalige Pirat Piri Reis. Geboren in Gallipoli, dem Sitz des osmanischen Marinearsenals, trat Piri Reis in osmanische Dienste, als Bayezid II. seinen Onkel anwarb. Er erlebte den Fall Alexandrias mit und kartierte anschließend das Nildelta für den Großwesir Ibrahim Pascha. Außerdem zeichnete er zwei Weltkarten als Geschenk für Sultan Selim, von denen nur Fragmente erhalten sind. Das erste, farbig auf Gazellenhaut ausgeführt und in osmanischem Türkisch kommentiert, zeigt Spanien, den Golf von Biskaya, den Atlantik, die Karibik und die Ostküste Nordamerikas. Der Rest ist verloren. Für die Anfertigung zog Piri Reis rund 30 andere Land- und Seekarten heran, darunter portugiesische Karten von Indien und China sowie „eine von Kolumbus gezeichnete Karte der westlichen Regionen“, die ihm zufällig wenige Jahre zuvor bei einer Kaperfahrt in die Hände gefallen war. Von der zweiten Karte, in den 1530er-Jahren auf Kamelhaut gezeichnet, ist nur ein noch kleineres Fragment erhalten, das lediglich die Küsten des nördlichen Südamerika, der Karibik, des östlichen Nordamerika und Grönlands zeigt.

Das *Buch der Meere* war ein Portulan, der auf Piri Reis' Erfahrungen als Kapitän beruhte. Die in Versen gehaltene Einleitung verwendete die Metapher vom Meer des Lebens. Wer in Not ist, sucht einen verlässlichen Führer, wer den Weg sucht, findet Ganzheit – in den Begriffen stecken mystische Anspielungen.[38] Die Tiefe umspannt die Weltkugel mit ihren sieben Meeren – dem Südchinesischen Meer, dem Indischen Meer, dem Persischen Golf, dem „Meer der Schwarzen“ vor Äthiopien, dem „Westmeer“ oder dem Atlantik, dem Mittelmeer und schließlich dem Kaspischen Meer. Doch auch der „Große Ozean“ umschließt die Welt. „Der Weg nach China führte über dieses Meer“, schrieb Piri Reis mit spürbarer Ehrfurcht, „doch bisher war er nicht gefunden worden, und niemand wusste das." Dann erzählte er die Geschichte von Kolumbus und der Entdeckung der Neuen Welt, die er mit einer Reflexion über Unbeständigkeit abschloss:

> Diese Welt ist für niemanden beständig;
> Wahrlich, wer da fürchtet, hinterlässt nichts.
> Eine Erinnerung soll von jedem Menschen bleiben,
> Dank derer Tag und Nacht seiner gedacht wird.
> Und wenn dich nach diesem Pfad verlangt,
> Schließ dich, wer du auch bist, einem Führer an und sei sein Begleiter.[39]

Versepen

Nichts passte so gut zu den emotionalen Folgen des jähen Umbruchs wie die Lyrik und der erzählende Versroman. Wenn es stimmt, dass Literaturgattungen große kulturelle Mythen transportieren, so transportierten Lyrik und Versepos den großen osmanischen Kulturmythos – dass die Verlusterfahrung allen Dingen im Kern zugrunde liegt. Dies drückte die osmanische Dichtung durch die Metapher des Geliebten aus. Das Ghasel, ein kurzes lyrisches Gedicht in Verspaaren, war die bevorzugte Form dafür. Feste Regeln legten Reimschema und metrische Optionen fest; jedes Paar musste mit einem *Redif* genannten wiederkehrenden Wort oder Ausdruck schließen, das an die eigentlich reimende Silbe – die das erste Verspaar samt dem Refrain vorgegeben hatte – angehängt wurde. Das Standardszenario zeigte Freunde, allesamt Dichter, bei einem abendlichen Fest im Garten und beschrieb Letzteren samt Blumen, Sträuchern, Bäumen, Vögeln und herumschwirrenden Insekten. Essen und Wein gab es im Überfluss; Musiker spielten; Saki, die Muse der Dichter, war der Weinschenk. All diese Elemente wurden in kreativen Varianten kombiniert, wobei eine Schicht assoziative Metaphorik auf die andere gelegt wurde. Das übliche Thema war natürlich die Liebe – erfüllte Liebe, verlorene Liebe, leidenschaftliche Liebe, ohnmächtige Liebe, aussichtslose Liebe.[40]

Gelegentlich wurden die Biographien der Dichter ihren Versen gerecht, wenn auch nicht oft auf derart drastische Weise wie im Falle Figanis, der ein schlimmes Ende fand, als er noch in den Zwanzigern war. Nachdem er sich aus seiner Heimat Trabzon nach Istanbul begeben hatte, machte er sich während der öffentlichen Feierlichkeiten zur Beschneidung der Söhne Sultan Süleymans im Jahr 1530 einen Namen. Doch einige Jahre später zirkulierte ein Wortwitz, den er über die Statuen gerissen hatte, die Großwesir Ibrahim Pascha als Kriegstrophäen aus Buda mitgebracht und im Hippodrom aufgestellt hatte: „Zwei Abrahame sind in die Welt gekommen, der eine ein Zertrümmerer, der andere ein Schöpfer von Götzenbildern." Man verhaftete und hängte ihn, bevor irgendwer eine schützende Hand über ihn halten konnte.[41]

Ein Ghasel von Figani

Schwarz ist mein Herz verbrannt vom bloßen Feuer meiner Rippen nur,
Rot wie blutfarbner Wein die Tränen, Spiegel deiner Lippen nur
Über dem Sturzbach meiner Zähren, wo die Himmelssphäre kreist
Gleich einem Mühlrad, dessen Schaufeln in die Fluten stippen nur.
Seit jener Herzensharte meine Herzprovinz zerstörte –
Ein Trümmerfeld, des Steine voneinander niederkippen nur.
Des Himmels neun Gewölbe und selbst Gottes mächtger Thron
Sind bloße Blasen, die vom Weltmeer meiner Tränen nippen nur.
Der Staub, Figâni, deines Leibes ist ein Häufchen Erde bloß,
Seufzerverweht, und Sturmes Beute auf eiskalten Klippen nur.[a]

[a] Nach der im Original zitierten Übersetzung von Walter G. Andrews / Najaat Black / Mehmet Kalpakli (Hrsg.): *Ottoman Lyric Poetry. An Anthology*, Austin, Texas 1997, S. 60. Nachdruck mit freundlicher Genehmigung der University of Washington Press.

Jedermann kannte gleich mehrere erzählende Versromane, und ihre Figuren, Szenen und Handlungen wurden in der übrigen Literatur ständig wieder verwendet. Zwei von ihnen verdienen Erwähnung. Der eine ist *Hüsrev und Shirin*, eine Dreiecksgeschichte rund um die bildschöne Prinzessin und ihre beiden Verehrer. Ursprünglich kannten die osmanischen Leser sie als Standardszene aus dem persischen *Buch der Könige* (*Shahname*), aber es gab auch eine türkische Version von Şeyhi, dem Arzt und geistlichen Mentor Sultan Murads II. In der Geschichte verliebt sich der verbannte Prinz Hüsrev anhand der bloßen Beschreibung Shirins in sie, und Shirin verfällt Hüsrev durch ein Gemälde, das ihn zeigt. Nach tagelanger Reise auf der Suche nach ihm hält sie an, um zu baden, und ausgerechnet als sie nackt dem Teich entsteigt, kommt Hüsrev vorbei. Sie wirft sich ein Gewand über, er wendet sich ab, doch beide haben ihre Zweifel an der Sittsamkeit des anderen. Als sie einander dann richtig begegnen, weist sie seine allzu eifrigen Anträge ab, und so trennen sie sich. Hüsrev kehrt auf den Thron zurück, der ihm zusteht, heiratet eine Prinzessin und wird ein großer König. Shirin erbt ein benachbartes Königreich. Da verliebt sich Ferhad, das dritte Element des Dreiecks, in sie. Als Hüsrev davon erfährt, verspricht er, auf Shirin nur dann zu verzichten, wenn Ferhan einen Tunnel durch den Berg Bisutun graben kann. Entgegen allen Erwartungen schafft Ferhad das mit knapper Not, doch Hüsrev erzählt ihm fälschlicherweise, Shirin sei tot, woraufhin Ferhad sich von einer Klippe stürzt. Shirin ist zu Tode betrübt und straft Hüsrev mit Verachtung. Zu guter Letzt versöhnen sie sich und heiraten. Die Geschichte endet mit Hüsrevs Ermordung, worauf Shirin sich auf seinem Scheiterhaufen ersticht.

Das andere Epos, *Leyla und Medschnun*, war so berühmt, dass sogar die Eingangszeilen von Rumis *Mesnevi* es erwähnen – noch nicht ganz die Heilige Schrift, aber auch nicht weit davon entfernt. Auch für diese Geschichte gab es eine klassische persische Version aus der Feder Nizamis von Ganja. Fuzuli, ein Dichter aus dem Südirak, schuf auf Drängen von Freunden eine türkische Fassung. Er widmete sie Sultan Süleyman, der gerade in Bagdad einmarschiert war.[42]

Leyla und Medschnun ist die Geschichte eines Liebespaares, das durch Umstände getrennt wird, die es nicht in der Hand hat. Kays und Leyla begegnen sich in der Schule. Leylas Mutter erfährt von ihrer Liebe und hält ihre Tochter daraufhin zuhause fest. Weil Kays nicht verstehen kann, wieso Leyla nicht mehr zur Schule kommt, stürzt er in immer tiefere Verzweiflung und wird zu Medschnun, „dem Verrückten". Zufällig treffen die beiden einander dann doch, worauf Medschnun zusammenbricht und Leyla in Ohnmacht fällt. Medschnuns Eltern wenden sich mit einem Heiratsantrag an Leylas Familie, die ihn jedoch unter Verweis auf Medschnuns Wahnsinn ablehnt. In der Hoffnung, dass die Kaaba Medschnun heilen wird, nimmt sein Vater ihn mit auf Pilgerfahrt, doch in Mekka betet Medschnun nur um Liebe, Trübsal und Tod. Er zieht in die Wildnis und streift mit den Vögeln und wilden Tieren umher. Leyla

Abb. 3.1: Leyla und Kays in der Schule. Aus einer illuminierten Handschrift des Epos. Leyla kniet in der Bildmitte und blickt zum Lehrer; neben ihr sitzt Kays mit einem Buch in der Hand. University of Michigan, Ann Arbor, Special Collections Library, Isl. Ms. 417, S. 27

fühlt sich allein dem Wind, den Wolken und dem Falter in der Kerzenflamme verwandt. Ihre Familie verheiratet sie mit einem ehrbaren Mann, der sie auch liebt, doch Leyla schwört, sich nie einem anderen als Kays hinzugeben. Ihr verzweifelter Gatte stirbt. Leyla geht auf Reisen, stürzt unterwegs aber vom Kamel und wird vom Rest der Reisegesellschaft getrennt. In der Wüste umherirrend, stößt sie auf einen Fremden. Als sie einander ihre traurigen Geschichten erzählen, erkennen sie sich. In Fuzulis Fassung des Endes bietet Leyla sich endlich ihrem Liebsten an, der aber lehnt ab – sie seien schon eins. Sie kehrt heim, setzt ihr Testament auf und verlässt diese Welt mit Medschnuns Namen auf den Lippen. Medschnun stirbt, während er ihr Grab umklammert.

Der Erste Haushalt

Man kann zwar behaupten, dass die Eroberungen der Sultane aus den Osmanenländern ein Reich machten, doch das osmanische Reichsverständnis war nicht zu trennen von der charismatischen Herrschaft (*devlet*) und der Religiosität (*din*) der Sultane. In einem Imperium, dessen wichtigste Verwaltungsunterlagen regelmäßig die Haushalte zählten, war das Substantiv, dem man am häufigsten das Adjektiv *osmanisch* beifügte, die Dynastie und ihr Haushalt. Überdies war die Bedeutung dieser Begriffe nicht ein für allemal festgelegt, sondern entwickelte sich und passte sich neuen Umständen an. Als politischer Knotenpunkt einer mittlerweile integrierten, mehrdimensionalen Welt zwischen Schwarzem Meer, Mittelmeer und Persischem Golf war der osmanische Palast zudem der Dreh- und Angelpunkt des kulturellen Mäzenatentums. Das Netz der erweiterten Haushaltsbeziehungen der Osmanendynastie, gewoben aus Ehen und Erbschaften, Sklaverei und Klientel, wurde zum Muster für die gesamte osmanische Gesellschaft.[43]

Die Königsfamilie

Süleymans Liebe zu seiner Lieblingskonkubine und Vertrauten Hurrem war der Stoff, aus dem Epen gemacht werden. Ihr Briefwechsel ist erhalten. Die beispiellose Ehe zwischen beiden schuf neue politische Strukturen und änderte die öffentliche Wahrnehmung des ersten Haushalts im

Reich.[44] Frühere Sultane hatten nicht oft geheiratet, und wenn doch, waren ihre Kinder stets die Kinder versklavter Konkubinen gewesen. Die Beziehung zwischen Hurrem und Süleyman komplizierte die Thronfolge, weil Hurrem zur Mutter mehr als eines Sohnes wurde und mit Süleyman und ihren Kindern zusammen im Topkapı-Palast lebte. Da sie ihre Söhne nicht zu deren Statthalterschaften in den Provinzen begleitete, vertrat sie ihre politischen Interessen in anderer Form als die zahlreichen Generationen von Konkubinen-Müttern mit jeweils nur einem Sohn, die ihr vorausgegangen waren. Im Jahr 1553 machte die Hinrichtung Mustafas, des beliebten älteren Sohnes Süleymans von einer anderen Konkubine, den Weg für einen der Söhne Hurrems zur Thronbesteigung frei. Ihr Ältester, Mehmed, war an den Pocken gestorben, ein anderer als Kind; Cihangir, den Jüngsten, schloss eine Körperbehinderung aus. Die verbleibenden Söhne Selim und Bayezid bekämpften sich nach Hurrems Tod 1559 in einem Krieg, aus dem Selim als Sieger hervorging. Wesire betteten ihre Mutter zur letzten Ruhe.[45] Heute liegen sie und ihr Mann in zwei baugleichen Mausoleen im Moscheekomplex des Sultans in Istanbul, der Süleymaniye.

Vor Hurrems Zeit hatten nur wenige Frauen im Topkapı-Palast gelebt. Die Sultansfamilie lebte anderswo, in jenem ersten Palast, den Mehmed mitten in der Stadt erbaut hatte. Der Innenhof von Topkapı war eine Männerdomäne, besetzt mit drei- oder vierhundert männlichen Pagen, den „Sklaven der Pforte“, *Kapı kulları*. Die meisten von ihnen waren aus griechischen oder slawischen Christenfamilien in Rumeli gebürtig und durch die übliche Devşirme-Aushebung christlicher Jungen in den Palast gelangt – oder aber sie stammten aus Sklavenjagden jenseits der Reichsgrenzen und stellten das hergebrachte Fünftel des siegreichen Sultans an der Kriegsbeute dar. Diese Jungen traten zum Islam über und lernten Türkisch. Im Palast standen sie unter der Aufsicht von Eunuchen, die selber Sklaven waren.[46] (Und wenn schon die Institution der Devşirme einen fragwürdigen rechtlichen Status in der Scharia hatte, dann offenbarten die häusliche Herkunft und die Kastration zumindest einiger der Eunuchen eine „bemerkenswerte Gleichgültigkeit“ gegenüber der Scharia.[47]) Die Devşirme-Rekruten erhielten ihre Schulbildung im Palast, und die meisten gingen nach ihrem Abschluss als die regierende Elite des Reiches in die Provinzen. Einige kehrten irgendwann in der Mitte ihrer Laufbahn zurück und wurden Diplomaten und Mitglieder im Divan des Sultans. Mit der Anwesenheit Hurrems und ihrer Kinder änderte sich all das allmählich. Auch Selim heiratete seine Lieblingskonkubine Nurbanu. Diese Tochter eines venezianischen Adeligen war die Mutter von Selims Nachfolger Murad III., der seinerseits seine Lieblingskonkubine ehelichte. Nurbanu überlebte Selim und lebte auch weiterhin als die Valide Sultan, die Königinmutter, in Topkapı. Unter ihrer Führung entwickelte sich der Harem des Reiches zu einer außerordentlich einflussreichen politischen Institution.[48]

Wie die Komplexität des Palastlebens nahelegt, war es für nur einen Mann inzwischen unmöglich geworden, die Mechanismen dieses Riesenreiches zu kontrollieren. Doch während die reale Macht des Sultans diffuser wurde, sorgte das sich entwickelnde Protokoll im Topkapı-Palast dafür, dass der Eindruck absoluter Herrschaft gewahrt wurde. Neue Traditionen unterstrichen Süleymans Abgeschiedenheit und standen im ganzen Reich für die abwesende Anwesenheit des Sultans. Die Pagen des inneren Hofes bedienten sich einer geheimen Zeichensprache. Der Sultan nahm nicht mehr an Ratssitzungen teil, doch eine vergitterte Sichtblende in der Wand des Ratssaals erinnerte die Ratsmitglieder daran, dass ein Lauscher auf der anderen Seite die Verhandlungen verfolgen konnte. Die Dächer wurden überragt von einem neu erbauten Turm der Gerechtigkeit, dessen hohe Fenster gleichsam als Garanten von Sicherheit und Wachsamkeit in alle Richtungen blickten. An die Stelle der persönlichen Teilnahme des Herrschers an allen Aktivitäten trat ein weit verzweigtes Netz, das die Mitwirkung der Herrscherfamilie garantierte. Die Palastpolitik änderte sich entsprechend den gewandelten Umständen. Sultanssöhne bereiteten sich auf den Wettbewerb mit ihren Brüdern vor, Absolventen der Palastschule gingen als Statthalter in die Provinzen, und die Frauen der Dynastie spielten keine geringe Rolle, teils durch ihre Ehen mit Wesiren und Diplomaten und teils durch ihre Wohltätigkeit.[49] Von den neun Großwesiren Süleymans waren sechs mit einer seiner Schwestern, Töchter oder Enkelinnen verheiratet.[50] Ihre Familien, Diener und Klienten wurden zur osmanischen Herrschaftsschicht, bei der es sich letztendlich um den erweiterten Haushalt des Sultans handelte.

Abb. 3.2: Der Turm der Gerechtigkeit im Istanbuler Topkapı-Palast

Die Kehrseite dieser Entwicklung war das Entstehen politischer Interessengruppen. Die Schlüsselfiguren der Politik unter Süleyman waren die Wesire und andere Ratsmitglieder – die Kazaskere von Rumeli und Anatolien, der Schatzmeister und der Kanzler (*Nişancı*) –, außerdem einige Würdenträger ohne Sitz auf dem Divan. Zu ihnen zählten der Mufti von Istanbul (auch bekannt als *Şeyhülislam*), der Aga der Janitscharen und einflussreiche Palastbeamte wie der Obereunuch und der Großkämmerer.

Zu diesen Männern knüpfte Süleyman enge persönliche Beziehungen. Ungeheuer viel stand dabei auf dem Spiel. Ibrahim Pascha, ein begabter jugendlicher Begleiter Süleymans, wurde Großwesir, noch ehe er dreißig war. Seine bösartige Eitelkeit, die sich schon im Fall des Dichters Figani gezeigt hatte, sein unersättlicher Ehrgeiz und eine beunruhigende Weissagung des Hofastrologen führten 1536 zu seiner Hinrichtung.[51] Lutfi Pascha wurde im Juli 1539 während einer Epidemie Großwesir – seinem eigenen Bericht zufolge zur Zeit des Abendgebets, just als ein Feuer auf den Kais des Goldenen Horns ausbrach. Das dortige Gefängnis brannte nieder, und alle Gefangenen kamen um.[52] Der Brand wurde zu einem Symbol für die Politik der Ära Lutfis und für sein eigenes Leben, als er zwei Jahre später nach einem Streit mit seiner Frau, die die Schwester des Sultans war, kurzerhand entlassen wurde.[53]

Die Staatsmänner der zweiten Hälfte von Süleymans Herrschaft waren überragende Persönlichkeiten, und einige waren auch tatsächlich körperlich hoch gewachsen. Sie führten die Geschäfte auch während der Herrschaft Selims II. und noch in der Zeit Murads III. weiter. Rüstem Pascha diente über 15 Jahre lang als Großwesir, und wie seine Vorgänger Lutfi Pascha und Ayas Pascha verfasste auch er ein unterhaltsames politisches Geschichtswerk. Sokollu Mehmed Pascha, ein Koloss von einem Südslawen, saß mehr als 30 Jahre auf dem Divan, die Hälfte davon als Großwesir. Gazanfer Aga, ein venezianischer Konvertit in Selims Diensten, leitete jahrzehntelang den Harem, nachdem er sich selbst kastriert hatte. Zwei bedeutende Intellektuelle des öffentlichen Lebens, Ebu's-Suud und Celalzade Mustafa, standen einer Gruppe befähigter Gesetzgeber vor, die den bürokratischen Arm der Hauptstadt mittels Umstrukturierung der Reichsverwaltung verlängerten. Die meisten dieser Männer stammten aus alteingesessenen muslimischen Notabelnfamilien

Abb. 3.3: Das Gitterfenster im Ratssaal des Istanbuler Topkapı-Palastes

und waren nicht auf dem Weg über Sklaverei und Bekehrung in osmanische Dienste getreten. Ebu's-Suud bekleidete drei Jahrzehnte lang das Amt des Muftis von Istanbul, und sein Gegenstück Celalzade Mustafa, der Kanzler, war wegen seines Einflusses auf das dynastische Recht allgemein als „Mufti des Kanun" bekannt. Als diese Generation abtrat, traten in den Gruppen, die vom System bislang ignoriert worden waren, verdrängte Spannungen zutage. In den 1580er-Jahren erzwangen die Ereignisse eine Abrechnung mit Süleymans Art von imperialer Ordnung und den ihnen zugrunde liegenden Voraussetzungen. Doch die Traditionen des Mäzenatentums und der kulturellen Produktion, die von diesen Männern und Frauen gefördert worden waren, überdauerten die politischen Strukturen und wurden zur Grundlage eines osmanischen Kulturstils, der alle Regionen des Reiches zutiefst prägte.

Die Philanthropie und das Mäzenatentum der Königsfamilie prägten die Vorlieben in der osmanischen Kunst und Architektur. Ihre Projekte konzentrierten sich auf die heiligen Stätten und die Pilgerwege und setzten der Vergangenheit Denkmäler. Der Moscheekomplex Süleymans beherrschte die Silhouette Istanbuls auf der Seite des Goldenen Horns; dafür war der natürliche Berghang durch eine monumentale künstliche Plattform erweitert worden. Mit dem Grundriss und der Kuppel verneigte sich des Sultans Architekt Sinan ein weiteres Mal vor der Hagia Sophia. Sinan förderte eine Baukultur, die antike Überreste schätzte und pflegte. Eine rote Porphyrsäule aus Baalbek wurde im Heiligtum der Süleymaniye-Moschee verbaut. Provinzbeamte waren angewiesen, nach geeignetem Marmor von antiken Stätten zu suchen, sowohl in alten Gebäuden als auch auf Feldern, und ihn nach Istanbul zu transportieren. Allerdings sollten sie vermeiden, dabei die Häuser von Städtern zu beschädigen,[54] und der Verkauf solcher Antiquitäten an Fremde war streng verboten.[55] Süleyman ließ auch die Mauern Jerusalems wieder aufbauen, finanzierte neue Brunnen für die Öffentlichkeit und bedachte zahlreiche gemeinnützige Stiftungen der Stadt mit Spenden. Die Außenseite der Kuppel des Felsendoms in Jerusalem ließ er mit Dachziegeln in Unterglasurmalerei restaurieren.

Die Frauen des Königshauses waren philanthropisch ebenso aktiv wie die Männer.[56] Süleymans Mutter stiftete einen großen Komplex in Manisa, zu dem eine Moschee mit zwei Minaretten, eine Medrese, eine

Elementarschule, eine Herberge für Derwische und eine öffentliche Küche zählten. Die Tochter Süleymans und Hurrems finanzierte zwei Komplexe in Istanbul. Treibende Kraft in dieser Hinsicht war Hurrem selbst, die mehrere große Stiftungen in Istanbul und Edirne, in Mekka, Medina und Jerusalem in Auftrag gab. Zu ihrem Komplex in Jerusalem zählten eine Moschee, eine Pilgerherberge, eine Karawanserei, öffentliche Toiletten sowie eine öffentliche Bäckerei und Küche.[57] In Mekka, wo Süleyman der Kaaba ein neues Minarett hinzufügen ließ, unterstützten die Stiftungen des Paares Frauen und Arme; zu diesen Stiftungen zählten eine öffentliche Wasserversorgung in Mekka und in Medina die Renovierung des Hauses und des Mausoleums von Chadidscha, der Frau des Propheten Mohammed. Diese Baudenkmäler respektierten die lokalen Baustile der Vergangenheit, gaben diesen aber bei der Modernisierung unverkennbar osmanische Noten.[58]

Osmanische Haushalte, osmanische Gemeinschaften

Bei der Organisation der neu eroberten Länder als Provinzen ging der Divan behutsam vor. Ein Handbuch, das wahrscheinlich aus den 1550er-Jahren stammt, skizzierte zwei Grundregeln.[59] Das erste Prinzip lautete, dass jede osmanische Provinz zu einem von zwei fiskalischen Modellen passte, entweder zu *hass ile* oder zu *salyane ile*. In Hass-ile-Provinzen wurden die landwirtschaftlichen Erträge als Besitz an die Beylerbeyis, Sancakbeyis, Kavallerie und Palästina „paketweise ausgegeben“ (*hass*). Wo das nicht praktikabel erschien, griff man zum fiskalischen Modell der *salyane ile*, wonach die Provinzen ihre gesamten Einkünfte in Form einer jährlichen (*salyane*) Tributzahlung direkt an das staatliche Schatzamt in Istanbul überwiesen. Das zweite Prinzip lautete, dass die Provinzen aus Gründen des Protokolls in einer Hierarchie rangierten. Diese Rangordnung wurde nicht von Größe, Reichtum, Festigkeit des Glaubens, ethnischem Ansehen oder dergleichen Kriterien bestimmt, sondern von ihrem Platz in der Chronologie der Eroberungen des Hauses Osman. Die wichtigste Provinz des Osmanischen Reiches war stets Rumeli, und die zweitwichtigste war stets Anatolien.

Die Organisation der Provinzen

Das osmanische Rumeli erstreckte sich über weite Teile des heute als „Balkan" bekannten Gebietes, aber beide Begriffe bedeuteten nicht dasselbe.[60] Die osmanische Verwaltungsstruktur von Rumeli begriff das Gebiet nicht als einen durch Sitte, Herkommen und Lebensweise geeinten Raum. Im Gegenteil, sie ging wie selbstverständlich von der ökonomischen, politischen und kulturellen Vielfalt der Region aus. Desgleichen waren mit dem osmanischen Begriff Anatolien (*Anadolu*) die Flusstäler entlang der Ägäis-, Marmara- und Schwarzmeerküste sowie der Nordrand der galatischen Hochebene bis Ankara gemeint. Die zentrale Hochebene, die heute allgemein als „Anatolien" bezeichnet wird, war dagegen zwischen zwei anderen Provinzen aufgeteilt. *Rum*, die nördliche Hochebene mit den Städten Tokat und Sivas, bewahrte den antiken Namen Roms, den die Türken seit ihrer Ankunft stets verwendet hatten; in *Karaman*, dem kappadokischen Teil der Hochebene, lebte der Name des einstigen türkischen Königreiches mit der Hauptstadt Konya weiter.

Weil es der osmanischen Verwaltung widerstrebte, bereits bestehende Strukturen aufzubrechen, es sei denn, die Bedeutung der großen Städte für den Handel machte dies erforderlich, ging sie in den einstigen Ländern der Mamluken behutsam vor. Mindestens zwei Jahrzehnte lang wurden sie alle in einer einzigen Provinz mit dem schlichten Namen „Arabische Provinz" zusammengefasst, deren 15 Sancaks von Aleppo, Ayntab, Malatya und Divrigi im Norden bis nach Damaskus im Süden reichten.[61] Ausbesserungsarbeiten an den Festungen entlang der Route zwischen den großen arabischen Städten und der Route in den Hedschas erhöhten die Sicherheit vor Beduinenüberfällen. Zusammen mit der zusätzlichen Nachfrage aus Rumeli und Anatolien trug dies ungeachtet portugiesischer Übergriffe zur Neubelebung des Gewürzhandels im Roten Meer bei.[62] Herrscherliche Monopole der Mamlukenzeit auf Konsumgüter, wie etwa Zucker, wurden aufgehoben.[63] Aleppo und Damaskus wurden zu Hass-ile-Provinzen mit ortsansässigen Statthaltern. In Damaskus erkoren die ersten Statthalter das Stadtzentrum zum Standort für eine Reihe neuer Baudenkmäler im osmanischen Stil aus, ansonsten jedoch zeigte der Städtebau kaum offenkundigen osmanischen Einfluss.[64] Aus der Jezira-Ebene an Tigris und Euphrat, einschließlich Mossul am Oberlauf des Tigris, wurden Hass-ile-Provinzen gemacht; Bagdad hingegen war *salyane*.

Ägypten wurde zur Salyane-Provinz schlechthin. Ein Rat aus lokalen Notabeln regierte in Kairo unter Vorsitz eines von Istanbul ernannten Statthalters.[65] Istanbul setzte auch den Obersten Richter ein. Ein neues Regelwerk wurde ausgearbeitet, das Vorschriften für den jährlichen Tribut enthielt und den Zugriff des Militärs auf Einnahmen aus Grundbesitz regelte. Die Lehen aus der Mamlukenzeit wurden zwar eingezogen, aber statt sie in Timare umzuwandeln, wurden ihre Einkünfte von besoldeten osmanischen Steuerpächtern eingetrieben.[66] Finanzmittel flossen in Bauten in Bulaq am Nil und in Alexandria und Rashid am Mittelmeer.[67] Die osmanische Obrigkeit schien gleichbleibend zufrieden damit, dass aus Ägypten ein weniger streng reglementierter Schauplatz für finanzielle Experimente wurde.[68]

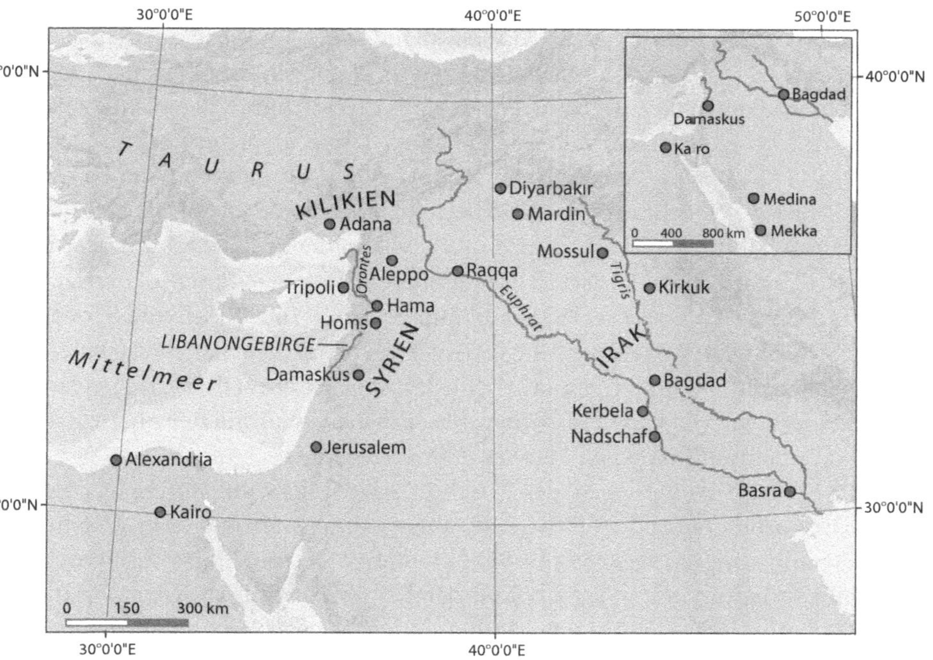

Karte 3.2: Die osmanischen arabischen Länder

Regionale Vielfalt setzte die osmanische Herrschaft als selbstverständlich voraus. Es wurden keinerlei Versuche unternommen, einen einheitlichen Währungsraum zu schaffen. Während, sprachlich gesehen, das Türkische an osmanischen Gerichten in Südosteuropa, Kleinasien, auf der Hochebene und im Kaukasus dominierte, war jenseits des Taurus weiterhin Arabisch Amtssprache. Oberster Beamter in Damaskus war ein von Istanbul ernannter Hanafi-Richter, doch ihm unterstellte örtliche Richter in Gegenden wie Transjordanien entschieden ihre Fälle nach Maßgabe der von ihnen bevorzugten Rechtsschule.[69] Der Kollege des Oberrichters in Kairo war ebenfalls ein hanafitischer Richter, den Istanbul einsetzte, und sein Tribunal am neugeschaffenen Gerichtshof Bab al-Ali wurde zum wichtigsten Gericht Kairos.[70] Aber an den 15 anderen Gerichten Kairos konnten sich die Prozessparteien aus den vier kanonischen Rechtsschulen diejenige aussuchen, die ihren Bedürfnissen am besten entsprach. Kairos große Medrese al-Azhar bewahrte sich ihre Unabhängigkeit und ihr Prestige als islamische Institution der höheren Bildung, trotz der Konkurrenz durch die Königsmedresen Mehmeds II. und jetzt auch Süleymans. Die strikte Hierarchie von Professorenrängen und Gehältern an den Istanbuler Schulen und die Organisationsstruktur der türkischen und slawischen Länder führte man in Syrien und Ägypten nicht ein.[71] Im Jahr 1527 war die Mehrheit der Sancakbeyis in Rumeli und Anatolien ehemalige Palastbeamte, Janitscharenoffiziere oder deren Söhne, und im selben Jahr waren vier der fünf Sancakbeyis in der Provinz Karaman aus den Palasttruppen in Istanbul aufgestiegen. Dagegen waren die ersten Sancakbeyis am oberen Tigris und Euphrat sowie in Kilikien und Syrien einheimische Fürsten, die dem Vorgängerregime gedient hatten, darunter auch einige Mamluken und Mitglieder anderer ehemals herrschender Dynastien.[72] Und diese örtlichen Befehlshaber kontrollierten meist die Vergabe von Timaren an Männer in ihren Regionen.

Kleinere Änderungen des Zuschnitts einer Provinz waren in den alten osmanischen Ländern an der Tagesordnung, aber zu einer großen Revision kam es, als in den 1530er-Jahren der Pirat und Eroberer Hayreddin Barbarossa mit seiner ansehnlichen Flotte in osmanische Dienste trat. Barbarossa, der Sohn einer Griechin und eines osmanischen Sipahis aus Makedonien, erhielt den Titel *Kapudan Pascha*, Großadmiral. Um diese Ernennung zu finanzieren, wurden mehrere Küstensancaks rund um die

Ägäis von Rumeli und Anatolien gelöst und in eine neue, „der Archipel" genannte Provinz umgewandelt.[73] Die landwirtschaftlichen Erträge der neuen Provinz wurden Eigentum des Admirals, und die Besatzungen der Flotte rekrutierten sich in erster Linie aus der mit Timaren ausgestatteten Reiterei. Spürbar wurde die unübertroffene Macht der osmanischen Flotte zuerst im Mittelmeer, wo der Sieg über eine Allianz aus dem habsburgischen Spanien, dem Kirchenstaat und Venedig dazu führte, dass Tunis und Algier als Salyane-Provinzen ins Osmanische Reich eingegliedert wurden,[74] und dann im Indischen Ozean. An der Südspitze der Arabischen Halbinsel entstand die Salyane-Provinz Jemen, als die osmanische Flotte 1536 – auf der Rückkehr von einer Belagerung des portugiesisch besetzten Diu in der indischen Region Gujarat – Aden eroberte.

Vor den Eroberungen Selims verfügte außer Istanbul nur eine Handvoll osmanischer Städte über mehr als 1000 Haushalte. Größe ist nicht zwangsläufig ein Indikator für Bedeutung, wohl aber eine Erinnerung daran, wie niedrig der Urbanisierungsgrad insgesamt war und welch langen Schatten die Seuchen warfen. In den meisten Regionen des Reiches wurden während Süleymans Herrschaft zweimal und gegen Ende des Jahrhunderts erneut Erhebungen durchgeführt. Diese Aufzeichnungen, die in den osmanischen Archiven noch erhalten sind, vermitteln einen umfassenden Eindruck davon, wie die wirtschaftliche Erholung um sich griff und im Lauf des Jahrhunderts Fahrt aufnahm. Zwei Jahrhunderte nach der Pest scheint die Gesamtzahl der Haushalte immer noch ziemlich niedrig gewesen zu sein, und aus Randnotizen geht hervor, dass mancherorts anhaltender Arbeitskräftemangel herrschte. Beispielsweise durften sich in Temesvár Dörfler aus Siebenbürgen, die auf der Suche nach Arbeit herkamen, niederlassen, nicht jedoch Wanderarbeiter aus den Osmanengebieten.[75] Doch an vielen Orten wich die frühere Knappheit, die daran ablesbar ist, dass Abgabenordnungen darauf abzielten, Dorfbewohner auf dem Land zu halten, nun vermehrter Bewirtschaftung.[76] Aus Kairo und dem übrigen Ägypten gibt es keine Daten, weil das Land als Salyane-ile-Provinz niemals Gegenstand einer Erhebung war. Aleppo und Damaskus jedoch waren mit jeweils über 10 000 Haushalten bevölkerungsreicher als jede andere Stadt des Reiches außer Istanbul.

Muslime und Nichtmuslime

Wahrscheinlich waren im Osmanischen Reich vor 1516 die Nichtmuslime in der Überzahl, vielleicht sogar noch danach, obwohl sich das nicht genau feststellen lässt, nicht nur weil die Erhebungsdaten unvollständig waren, sondern auch, weil die Erhebungen diesem Thema keinen hohen Stellenwert einräumten.[77] Da die Religionszugehörigkeit für das Funktionieren des Reiches nicht entscheidend war, führten die osmanischen Schreiber für das Reich als Ganzes keine derartigen Statistiken. Dagegen achteten sie sehr wohl auf Unterschiede in manchmal recht kleinen geographischen Räumen, mieden aber Verallgemeinerungen über die Zahlen der Nichtmuslime und ihre Lebensbedingungen im ganzen Reich. Denn eine solche Einheitlichkeit gab es nicht.[78] Steuer- und Cizye-Unterlagen aus der Anfangszeit der Herrschaft Süleymans lassen den Schluss zu, dass in Rumeli grob gerechnet 75 Prozent der Steuern zahlenden Bevölkerung keine Muslime waren, wogegen in der Provinz Anatolien die Muslime die Mehrheit bildeten, vielleicht sogar 85 Prozent der Bevölkerung ausmachten.[79] Überall gab es starke regionale Schwankungen. Auch war es nicht einfach so, dass Türken Muslime waren und Nichttürken keine Muslime. Die Muttersprache mancher griechischer und armenischer Christen, aber auch mancher Juden, war Türkisch; dafür sprachen manche Muslime Griechisch oder Armenisch.[80]

Zweck der Katastererfassungen war ohnehin nicht, eine Volkszählung vorzunehmen, vielmehr sollten sie die zu erwartenden Steuereinkünfte und deren Verteilung je nach Rechtsstatus des Landes festhalten – ob es Eigentum des Sultans, Privatbesitz oder Stiftungsvermögen war. Die ausschlaggebende Einheit war der *hane*, der steuerzahlende Haushalt. Witwen und unverheiratete erwachsene Männer wurden separat gezählt. Nichtsteuerzahler, darunter die Militärangehörigen und ihre Familien, Beamte sowie Medrese-Studenten, tauchen in diesen Registern überhaupt nicht auf, ebenso wenig die Sklaven. Selbst die genaue Definition eines Haushalts schwankte regional und im Lauf der Zeit und je nach Art der Steuer, die eingezogen wurde.

Auch was ihre nichtmuslimischen Untertanen betraf, verfolgten Mehmed II. und seine Nachfolger keine einheitliche Politik. Selbst die Cizye, die obligate Kopfsteuer für Nichtmuslime, schwankte von einem Ort zum andern – sofern sie überhaupt erhoben wurde. In den slawischen Ländern übernahm man einfach die Steuer in Höhe einer Goldmünze, welche die christlichen Dorfbewohner vor der osmanischen Eroberung an ihre christlichen Herren gezahlt hatten, und nahm sie als Äquivalent für die Cizye. Die hergebrachte Abgabe für muslimische Dorfbewohner war der Zehnt (*ʿöşür*). Doch selbst muslimische Dörfler zahlten gelegentlich die Cizye, wenn sie nämlich auf Grund und Boden lebten, der einem Christen gehörte. Die erste reichsweite Cizye-Erhebung war vermutlich jene, die Bayezid II. in den 1480er-Jahren vornehmen ließ. Die Zahl der Islam-Konvertiten war normalerweise gering, aber in Bosnien, wo es im Jahr 1450 noch gar keine Muslime gegeben hatte, veränderten die Übertritte die gesamte Provinz. Im Jahr 1528 war sie fast zur Hälfte muslimisch, 1540 zu 65 Prozent und zur Zeit der letzten Erhebung 1604 zu über 90 Prozent.[81] Im Gegensatz dazu fiel das an der Donau östlich von Belgrad gelegene Smederovo etwa zur gleichen Zeit in osmanische Hände, blieb aber in den Städten zu 85 Prozent und in den Dörfern zu 98 Prozent christlich.[82] Nach der Einnahme Belgrads durch Süleyman 1521 gingen die ungarischen Garnisonstruppen alle nach Hause, doch ein Teil der christlichen Stadtbewohner wurde in ein Dorf nahe Istanbul deportiert. An ihrer Stelle siedelte man in Belgrad muslimische Türken, Juden, christliche Walachen und Roma an – bei denen es sich teils um christliche, teils um muslimische und einige gemischte Familien handelte.[83] In den Jahren 1528–29 zählte Edirne über 6000 Haushalte, von denen mehr als 80 Prozent muslimisch, rund 13 Prozent christlich und 5 Prozent jüdisch waren.[84] Bursa hatte rund 4000 Haushalte. Die Städte Ankara, Tokat und Sivas an der Seidenstraße sowie Konya, das Pilgerstätte und zugleich Bildungszentrum war, besaßen jeweils über 1000 Haushalte, ebenso die Hafenstädte Athen und Saloniki, Nikopolis an der Donau und Serres. Aus Saloniki hatte man nach 1453 alle Juden zusammen nach Istanbul deportiert, aber 1519 hatte Saloniki dennoch eine jüdische Bevölkerungsmehrheit, was auf den riesigen Zustrom jüdischer Flüchtlinge zurückzuführen war, die aus Spanien vertrieben worden waren.

Die osmanischen Christengemeinden

Das griechisch-orthodoxe Patriarchat fungierte sowohl als wichtigster Anwalt der orthodoxen Glaubensgemeinschaft am osmanischen Hof wie als Symbol osmanischer Reichsautorität gegenüber der Kirche. Die Steuerbefreiung, die nach der osmanischen Eroberung gewährt worden war, entfiel zu Beginn der Herrschaft Sultan Bayezids II., als die rivalisierenden griechischen Gruppen – jede von ihnen über Verwandte, die Muslime geworden und in osmanische Dienste getreten waren, gut vernetzt – sich uneingeschränkt bereit zeigten, als Gegenleistung für eine förmliche Bestellungsurkunde Tribut zu zahlen.[85] Wie zu erwarten vereinigte sich infolge dieses Trends zum Wettbewerb die Autorität der Kirche im griechischen Patriarchat, das allein vom Sultan ermächtigt war, Kirchensteuern einzuziehen. Der Patriarch beeinflusste auch die anfängliche osmanische Entscheidung, die autonomen slawischen Patriarchate Peć und Ohrid abzuschaffen. Im Jahr 1557 wurden sie dank des slawischen Großwesirs Sokollu Mehmed Pascha wiederbelebt, dessen Bruder (manche Quellen machte ihn zum Neffen) Makariye, Archimandrit der Klöster vom Berg Athos, unverzüglich zum Patriarchen von Peć ernannt wurde. Auch die Klöster überstanden die Eroberung Konstantinopels und bewahrten ihre Immunität, die ihnen die Osmanensultane wahrscheinlich schon seit Orhan gewährt hatten.[86] Der Berg Athos war der bevorzugte Empfänger von Spenden reicher orthodoxer Christen, welche die Halbinsel als sicheren Hafen und Einlagenbank verwendeten.[87]

Nach der förmlichen Aufkündigung der Union von Florenz im Jahr 1484[88] bemühte sich das Patriarchat, unter den östlichen orthodoxen Christen sowohl innerhalb des Osmanischen Reiches als auch außerhalb seiner Grenzen ein internationales Zusammengehörigkeitsgefühl zu schaffen. Begabte griechische Studenten schrieben sich im Ausland an der Universität Padua, wo nach dem Fall von Konstantinopel ein Lehrstuhl für Griechisch eingerichtet worden war, und in Venedig ein, wo große orthodoxe Gemeinschaften Fuß gefassst hatten. Zwar bestand die Akademie des Patriarchen in Konstantinopel weiter, doch brachte sie nur wenige wirklich herausragende Gelehrte hervor, und für ihr geistiges Leben und bei Berufungen in Kirchenämter griff die orthodoxe Kirche häufig auf diese Gemeinschaften in der Diaspora zurück. Der russische Klerus, der sich für die russische Ideologie von Moskau als dem „Dritten Rom“ nach dem Fall Konstantinopels – des *Zweiten* Rom – stark gemacht hatte, wurde besänftigt, als Patriarch Jeremias II.

1588 nach Moskau reiste, um dort persönlich bei der Schaffung eines neuen Patriarchats den Vorsitz zu führen.[89]

Zwar hatten die orthodoxen Patriarchen von Jerusalem, Alexandria und Antiochia seit Langem nominell der Autorität Konstantinopels unterstanden, in der Realität jedoch waren sie seit der arabischen Eroberung vor 900 Jahren vom byzantinisch-christlichen Leben abgeschnitten gewesen. Nun, da die Welt der griechischen Orthodoxie erneut unter dem politischen Schirm des Patriarchats vereint war, verfolgten die Patriarchen das ehrgeizige Ziel, die griechische Führungsrolle wiederherzustellen und die weit verstreuten Kirchen wieder fester in den Machtbereich Konstantinopels einzubinden.[90] Das Patriarchat Jerusalem kam in ausschließlich griechische Hände, und auch in Antiochia und Alexandria dominierten zunehmend die griechischen Prälaten.[91] Die Melkiten von Syrien und Palästina waren zwar orthodox, verblieben jedoch im arabischen Sprach-und Kulturmilieu.

Selims und Süleymans Eroberungen bescherten dem Reich darüber hinaus auch nicht-chalkedonianische Christengemeinden, welche die 451 im Konzil von Chalkedon festgelegte Christologie nicht akzeptierten und die kirchliche Autorität Konstantinopels ablehnten. Zahlenmäßig am bedeutendsten waren die Armenier, die über Rum, Karaman und andere Gegenden verstreut lebten. Ihr kirchliches Zentrum befand sich außerhalb des osmanischen Zugriffs in Etschmiadzin im Kaukasus, doch nach der Eroberung Jerusalems schufen die Osmanen ein rivalisierendes armenisches Patriarchat in Istanbul.[92] In Ägypten bestand die Mehrheit der großen christlichen Gemeinschaft aus Nicht-Chalkedonianern – Mitgliedern der ägyptischen orthodoxen (oder koptischen) Kirche. Rund um das Libanongebirge lebten die Maroniten. In Syrien und im Irak waren die diversen nicht-chalkedonianischen Gruppen ziemlich pauschal als „Süryani" bekannt,[93] darunter die syrisch-orthodoxe Kirche und die aramäischsprachigen Gruppen in den Gebieten am oberen Tigris und Euphrat, deren Christologie nestorianisch war.[94]

Römisch-katholische Missionare, die aufgrund eines Vertrages mit Frankreich eintrafen, machten alles noch komplizierter. In den osmanischen Kirchen kam es zu Schismen, als einzelne Bischöfe ihre Gemeinden zur Glaubensgemeinschaft mit Rom führten. Zu einem solchen Konflikt kam es in den 1550er-Jahren in der nestorianischen Süryani-

Abb. 3.4: Das Kloster Mor Hananyo in Deyr al-Zafaran nahe Mardin. Nach 1293 war es der Sitz des Patriarchats der syrisch-orthodoxen Kirche von Antiochia.

Gemeinde. Eine Gruppe von Dissidentenbischöfen wählte einen Patriarchen, der mit Rückendeckung katholischer Missionare nach Rom reiste. Dort wurde er vom Papst geweiht. Die Katholiken nannten ihn und seine Anhänger „Chaldäer". Bei seiner Rückkehr brachten seine Gegner den Beylerbeyi dazu, ihn zu verhaften. Er starb im Kerker.[95] Der Rest der Süryani-Nestorianer blieb dem Stuhl von Alqosh treu.

In Europa dagegen waren die meisten osmanischen Katholiken gebürtige Ungarn, und deshalb war die Situation eine ganz andere. Hier weckten die Trennlinien der Reformation das Interesse der osmanischen Behörden. Man wies ranghohe katholische Geistliche aus, nicht aber den niederen Klerus, und die Osmanen veränderten die ungarische Gesellschaft nicht dramatisch.[96] Es kam zu keinem nennenswerten Exodus ungarischer Katholiken, es gab nur wenige Übertritte zum Islam,[97] und der Anteil osmanischer Einwanderer belief sich auf weniger als 10 Prozent der Bevölkerung, wobei es sich meistens um Garnisonssoldaten aus den südslawischen Landen und deren Familien handelte.[98] Die Gegenreformation, die als habsburgisches Projekt galt, blieb praktisch auf das habsburgisch kontrollierte Königliche Ungarn begrenzt, während die große Mehrheit der Ungarn in den osmanischen Ländern evangelisch wurde. Gelegentlich förderten osmanische Beamte Debatten zwischen den verschiedenen Lagern in Ungarn, aber die Dynastie nahm eine neutrale Position ein. Im Fürstentum Siebenbürgen (Transsilvanien) war Ferenc Dávid, der ungarische Calvinistenprädikant, der sich zum Antitrinitarier entwickelt hatte, Hofprediger. Im Jahr 1568 verkündete der Landtag von Torda religiöse Toleranz für Katholiken, Lutheraner, Calvinisten und Antitrinitarier (Unitarier). Sokollu Mehmed Pascha, der in Bosnien geborene Großwesir, der über zahllose Verbindungen verfügte, stellte für Unitarier und andere Protestanten, die Muslime werden und in osmanische Dienste treten wollten, eine Verbindung nach Istanbul her.[99] Doch selbst unter den Unitariern bekundeten nur wenige Interesse am Islam, und im Jahr 1574 wurde sogar ein unitarischer Prediger gehenkt, weil er in einem Streitgespräch den Koran beleidigt hatte. Ein Vetter Sokollus kleidete als Beylerbeyi von Buda die osmanische Haltung in praktisch dieselben Worte, die der protestantische Fürst von Siebenbürgen benutzt hatte: dass nämlich „der Allmächtige weder den Kaiser noch den Pascha bevollmächtigt hat, über Religionsfragen zu urteilen … Die Pflicht des Paschas war es, den beiden Bekenntnissen zu verbieten, einander körperlich oder in Worten zu beleidigen, und sicherzustellen, dass beide Parteien ihrem Glauben treu blieben."[100]

Die osmanischen jüdischen Gemeinden

Die verschiedenen jüdischen Gemeinden unter den Osmanen verfügten über keine dem griechischen Patriarchen vergleichbare zentrale Autoritätsperson. Unter den Istanbuler Romanioten, der alteingesessenen griechischsprachigen jüdischen Gemeinde, deren Vorfahren seit Jahrhunderten im Byzantinischen Reich gelebt hatten, scheint Rabbi Moses Capsali bis zu seinem Tod 1495 als faktisches Gemeindeoberhaupt fungiert zu haben. Er und später sein Nachfolger Elija Mizrahi zahlten Cizye an die Osmanensultane; im Gegenzug genoss die jüdische Gemeinde in eigenen Angelegenheiten beträchtliche Autonomie.[101]

Als nach 1453 Tausende Flüchtlinge vor der Reconquista und der Inquisition eintrafen, beflügelten sie die liturgische Erneuerung und eine umfassende kulturelle Renaissance. Die engen Kontakte zwischen den Romanioten- und den Karäergemeinden, die sich in Edirne gebildet hatten, hielten inmitten eines reichhaltigen geistigen und literarischen Lebens an und konzentrierten sich vor allem auf das Studium des Midrasch und der Kabbala sowie eine großangelegte karaitische Gesetzeskodifikation.[102] Juden von der Iberischen Halbinsel und aus anderen Teilen des christlichen Europa ließen sich nicht nur in Istanbul und Saloniki nieder, sondern auch in Edirne, Bursa, Nikopolis, Amasya, Tokat und Sarajevo.[103] Auch deutsch- und jiddischsprachige aschkenasische Juden wanderten nach und nach ein, ermutigt durch den Brief eines Rabbis aus Edirne, der die Sicherheit des Lebens unter osmanischer Herrschaft pries. Die Unterschiede in Muttersprache und Liturgie blieben bestehen, aber beachtliche Kräfte wirkten auch in Richtung einer Synthese, zumindest unter den Sephardim.[104] Sephardische Handelsnetze trieben die wirtschaftliche Integration der Region ins Reich voran. Jüdische Kaufleute spielten eine wichtige Rolle auf den internationalen Wein- und Stoffmärkten, und jüdische Unternehmer überwogen außer in Istanbul auch in großen Hafenstädten wie Alexandria und Sidon am Mittelmeer, Avlonya (Valona) an der Adria, Saloniki am Ägäischen und Kefe am Schwarzen Meer. Außerdem regelten sie die finanziellen Angelegenheiten des osmanischen Ägypten. Aus dem von dieser Gemeinschaft gesprochenen Kastilisch – überlagert von türkischen, arabischen, griechischen und germanischen Einflüssen – entwickelte sich eine internationale Handelssprache.

Die Ausbreitung von Texten und Ideen wurde durch den Druck in hebräischer Sprache erleichtert, zunächst auf einer Druckerpresse, die iberische Einwanderer in Istanbul betrieben, später auf anderen Pressen in Istanbul, Saloniki und Kairo.[105] Einig war man sich im Studium des Gesetzes und der Kabbala, den symbolischen Manifestationen des Göttlichen, als den beiden Polen einer osmanisch-jüdischen intellektuellen und kulturellen Anschauung.[106] Die Zentren dieser Bewegung waren Saloniki und Safed, die wichtigste osmanische-jüdische Stadt in Palästina, wo sowohl die rationalistische Kabbala-Deutung von Moses Cordovero als auch ihr Gegenstück, die revolutionäre Neuinterpretation von Isaak Luria, vermittelt wurden. Auch viele führende Gelehrte aus Einwandererkreisen fanden sich ein und ließen sich dort nieder, darunter der in Toledo geborene Joseph Karo, der Verfasser des *Schulchan Aruch*, welcher für Jahrhunderte zur maßgeblichen Kodifikation des jüdischen Religionsgesetzes in der Mittelmeerwelt wurde.

Die osmanischen muslimischen Gemeinschaften

Die Eingliederung von Rum und Karaman förderte außerdem eine im Entstehen begriffene islamische kulturelle Synthese. Das Phänomen Kızılbaş verschwand niemals vollständig, und ein wachsamer Scheich in Sofia, Bali Effendi, berichtete von erhaltenen Zellen der Anhänger Scheich Bedrettins.[107] Im Lauf mehrerer Jahrzehnte nahm die politische Bedeutung dieser sektiererischen Abspaltungen jedoch langsam ab. Schlüsselfiguren wie Kemal Paşazade kämpften für einen sunnitischen Konsens. Als Medrese-Professor in Edirne hatte Kemal Paşazade eine theologische Rechtfertigung für den Krieg gegen Schah Ismail verfasst. Anschließend ernannte ihn Çaldıran Selim zum Stadtrichter von Edirne, dann zum Kazasker von Anatolien und nahm ihn auf den Ägyptenfeldzug mit. Süleyman machte ihn zum Mufti von Istanbul. Weil Kemal Paşazade überzeugt war, dass die politische und religiöse Kultur der Kızılbaş mit rätselhaften Aspekten ihrer Lebensweise als Hirtennomaden verknüpft war, leitete er im Jahr 1518 die neue Katastererhebung der heiklen Provinz Karaman, die den Einwohnern die Endgültigkeit der osmanischen Herrschaft verdeutlichen sollte.[108] Bei den Katastererhebungen wurden die Schaf- und Pferdeherden gezählt und das von den Stämmen der Region erwartete Steueraufkommen notiert; außerdem wurden militärische Dienstpflichten und Einschränkungen der Nomadenzüge festgeschrieben.

Ergänzend dazu wurde eine bestimmte Form der Sufi-Spiritualität öffentlich unterstützt, und man umwarb führende Sufi-Scheichs. Kemal Paşazade erklärte die Theologie Ibn Arabis für orthodox,[109] und er und seine Nachfolger arbeiteten an sorgfältigen wissenschaftlichen Definitionen von Häresie zur Verwendung bei Prozessen gegen umstrittene Scheichs.[110] Selim I. finanzierte ein neues Heiligtum bei seinem Mausoleum in Kairo, Selim II. einen Moscheekomplex neben Rumis Grab in Konya. Auch die Entstehung formeller Sufi-Orden, die sich durch die

Entwicklung Istanbuls beschleunigte, trug dazu bei, die Absorption mancher Dissidentengruppen und Einzelner zu begünstigen.[111] Die Tekken boten die Möglichkeit zur Versöhnung, einen allmählichen Weg zu sozialem und religiösem Ansehen und ein legitimes Forum für abweichende Meinungen. Bayezid II. hatte den Bektaşis die Hand gereicht. Der Meister der großen Bektaşi-Tekke in Dimotika, Balım Sultan, erhielt 1501 auf dem Höhepunkt des Kızılbaş-Fiebers Besuch vom Sultan und nahm seine Ernennung zum Vorsteher der Gründungstekke der Bektaşi an.[112] Balım Sultan, der Sohn eines muslimischen Vaters und einer christlichen Mutter aus der Gegend nördlich des Balkangebirges, wurde zum zweiten Schutzheiligen des Ordens; er überwachte die Kodifikation der Bektaşi-Regeln und -Riten und überarbeitete die heilige Vita des Haci Bektaş. Unter seiner Führung trug der Eklektizismus der Bektaşi wahrscheinlich mehr zur Zerstreuung des politischen Einflusses dissidenter Frömmigkeitsformen bei als die Rechtsentscheidungen sämtlicher Muftis zusammengenommen. Außerdem verkörperte Balım Sultan eine der Tugenden von Haci Bektaş – Politik interessierte ihn nicht. Auch die Mevlevi arbeiteten an ihrer Attraktivität für Randexistenzen, die einen Weg ins anständige Leben suchten. Im Jahr 1491 hatte Rumis Orden eine Tekke eröffnet, nicht in Istanbul, aber auf der anderen Seite des Goldenen Horns, in Galata. Jetzt tauchte eine Tekke innerhalb der Stadtmauern selbst auf und eine weitere in der Bosporusstadt Beşiktaş, und die Mevlevis breiteten sich bis an die Küsten von Anatolien und Rumeli aus.[113]

Ideologische Konflikte, die vormals in die Kızılbaş-Kontroverse eingeflossen waren, wurden nun zerstreut – sowohl unter den verschiedenen muslimischen Gemeinschaften als auch durch die sich verfestigenden Grenzen zwischen Muslimen und Nichtmuslimen. Fragen, die den Unterschied zwischen Reich und Arm, zwischen Arabern, Türken und Slawen oder zwischen dem arabischen Islam und dem Islam auf Türkisch, Südslawisch oder Persisch überbrücken konnten, bargen das Potenzial, neue Koalitionen hervorzubringen, die sich politisch wirksam mobilisieren ließen. So wurde etwa der Gegensatz zwischen Sufis und Sufikritikern ständig durch neue Entwicklungen angeheizt. Zusammenstöße erfolgten anfänglich oft in Form von akademischen Streitgesprächen und Anfeindungen gegen beliebte Frömmigkeitspraktiken.

Abb. 3.5: Die Moschee Selims II. neben dem Mausoleum Rumis in Konya; im Vordergrund ein Friedhof. Das Foto wurde 1884 von dem amerikanischen Archäologen Jon Henry Haynes aufgenommen.

Ein Autor, der tief in diese Debatten eingriff, war Mehmed Birgivi. Er schloss seine Schulbildung in Istanbul ab, doch weil es ihm an Beziehungen zu den führenden Ulema-Dynastien fehlte, verbrachte er den Großteil seines Berufslebens an einer Medrese in Birgi (daher der Name). Er war ein überaus produktiver Verfasser frommer wie wissenschaftlicher Werke.[114] Der Titel eines seiner beliebtesten Bücher, *al-Tarikatu'l-Muhammadiya* („Der Orden Mohammeds"), zielte mit der These, es gebe nur einen Meister der muslimischen Lehre, nämlich den Propheten Mohammed selbst, auf sämtliche Sufi-Orden.[115] Birgivi prangerte viele normale Sufi-Praktiken, wie etwa Musik und Tanz, ebenso an wie die Argumentationsfreude der Sufis auf dem Feld der spekulativen Philosophie. Jede neue Idee, jeder neue Brauch, so lehrte er, müsse aus den Schriften und der Praxis des Propheten selbst gerechtfertigt werden. Die Lebensweise des Propheten, wie die Weisheit der Muslime aller Zeiten sie verstehe, bilde die Basis muslimischen Lebens. Da die Eigenschaften des Propheten „als Spiegel der schönen Eigenschaften [Gottes] geschaffen" seien, werde der wahre Glaube durch die Liebe zum Propheten vollkommen.[116] Birgivis Entwurf eines mystischen Weges zur Frömmigkeit über Selbstverleugnung und Ergebung in Gott ging weit daraüber hinaus, das Beispiel des Propheten und die ihm zugrunde liegende Lebensauffassung minutiös nachzuahmen. Doch sein strenges Beharren darauf, dass allein der Koran und die Hadithe die Macht hätten, das Leben eines Gläubigen zu erneuern,[117] und dass alles andere eine illegitime Neuerung (*bidat*) sei, lief der üblichen Frömmigkeit zuwider. Ein einschlägiges Beispiel waren Stiftungen, auf dass über dem Grab des Stifters der Koran rezitiert würde. Man brauchte nur ein paar Hundert Akçe, um für Kerzen und einen Rezitator zu sorgen, und dieser Brauch war vielen Menschen wichtig, der Elite und einfachen Menschen gleichermaßen, Frauen wie Männern. Birgivis Schmähkritik dieser Praxis trug ihm einen Rüffel des Mufti Ebu's-Suud ein, der ihn anwies, davon abzulassen.[118]

Dieser Vorfall verwies auf einen äußerst umstrittenen Trend, die Bargeldstiftung.[119] Solche Stiftungen waren nicht ganz neu, aber die Zeiten waren gut und der Wunsch wuchs, ihren Einsatz zu erweitern und zu variieren.[120] Ein weithin genutztes Lehrbuch billigte sie, und auch Kemal Paşazade verteidigte sie. Doch der Kazasker von Rumeli verbot sie – und *er* verfügte über echte Verwaltungsmacht, die weit mehr zählte als das bloße Ansehen eines gelehrten Mufti. Der öffentliche Protest war lautstark. Allein in Istanbul wurde in mehr als 1150 Fällen Geld gestiftet, und diese Stiftungen machten fast die Hälfte sämtlicher Stiftungen aus, die 1546 in der Stadt registriert wurden.[121] Bali Effendi, der Scheich aus Sofia, beschwerte sich bei Sultan Süleyman persönlich. In den slawischen Ländern legten viele Sufi-Organisationen ihre finanziellen Reserven in Geldstiftungen an, und das Verbot hatte dort für einigen Aufruhr gesorgt.[122] „Frömmigkeit, die zu Bösem führt, ist selbst böse", schrieb Bali Effendi. Ebu's-Suud begann seine 30-jährige Amtszeit als Mufti 1545 mit einer detailreichen Bekräftigung der Rechtmäßigkeit einer Bargeldstiftung.

Dennoch arbeiteten manche auf ein reichsweites Verbot hin. Auch Birgivi warf seinen Hut in den Ring und fasste die Einwände gegen die Geldstiftung mit seiner üblichen Lehrbuch-Präzision zusammen. Zunächst, so schrieb er ohne eine erkennbare Spur von Ironie, würden die Leute, wenn sie den viel höheren Wohltätigkeitswert von Bargeldstiftungen erkannten, keine Almosen (*zakat*) mehr geben; die aber seien vorgeschrieben. Zweitens entfremdeten Geldstiftungen den Besitz von dessen ursprünglichen Eigentümern, schützten also nicht die Eigentumsrechte von deren Erben. Drittens gefährde die Investition von Kapital die ursprüngliche Stiftung, dabei solle diese doch von Dauer sein.[123] Außerdem, so Birgivi herablassend, seien Bargeldstiftungen zu kompliziert, um von gewöhnlichen Bevollmächtigten verwaltet zu werden. Schließlich, führte er aus, habe Abu Hanifa selbst die Geldstiftung verworfen. Ebu's-Suud gelang es jedoch, in der hanafitischen Tradition ein Element ausfindig zu machen, das ihre Zulässigkeit verteidigte.[124] Ebu's-Suud war nicht der einzige, der einen liberalen Standpunkt einnahm, aber sein hohes Ansehen als Gelehrter und seine engen Kontakte zum Thron trugen dazu bei, dass die Bargeldstiftung eine der finanziellen Säulen des verbreiteten Wohlstands dieser Epoche wurde.

Beziehungen zwischen den Religionen

Mit den Gerichtshöfen der Rechtsbeamten, der Kadıs, stellte die osmanische Herrschaft ein Forum bereit, auf dem die Untertanenen ihre Angelegenheiten persönlich regeln konnten. Während die Sancak-Organisation die Sicherheit gewährleistete und Beiträge für die Armee erhob, wurde die Zivilverwaltung durch ein paralleles Netzwerk aus Gerichtshöfen, die in städtischen Zentren angesiedelt waren, auf die neuen Territorien ausgeweitet. Jeder Sancak war in mehrere Kazas unterteilt, also Gerichtsbezirke unter der Leitung eines Kadı, eines Richters mit Ausbildung in islamischem Recht. Die osmanischen Kadıs verkörperten die Verpflichtung der Verwaltung auf die hanafitische Rechtsschule, besonders in Gebieten mit Sympathien für die Kızılbaş und mit ausgeprägten Stammesloyalitäten, und sie versuchten das Vertrauen der Bevölkerung zu gewinnen. Die Versetzung der Richter von einem Dienstort zum anderen, die alle paar Jahre stattfand, vermittelte den Eindruck einer einheitlichen, ortsunabhängigen Rechtsprechung. Die Gerichte der Bezirksrichter tagten an einem öffentlichen Ort, wenn nötig, in einem eigens zu diesem Zweck errichteten Gebäude, und führten ständig schriftliche Aufzeichnungen über Handels- und Rechtsgeschäfte.[125] Auf diese Weise wurden die Bezirksrichter rasch zu einem wichtigen Instrument der sozialen und wirtschaftlichen Assimilation der einfachen Bürger.

Vor dem Kadı konnte jedermann, Nichtmuslime ebenso gut wie Muslime, alle möglichen rechtlichen Angelegenheiten erörtern und schriftlich protokollieren lassen, von Verträgen bis zu Erbschaftssachen, Ehen und Scheidungen, von der Stiftung bis zum Darlehen und Kredit, von der Freilassung von Sklaven bis zu Beschwerden gegen Nachbarn und so weiter. Möglich, dass Juden, Christen und Muslime gleichermaßen die ideale Vorstellung hegten, dass Streitigkeiten zwischen Mitgliedern ein und derselben Religionsgemeinschaft ausschließlich von den Behörden dieser Gemeinschaft geregelt werden müssten, aber im richtigen Leben blieben religiöse Gerichte und ihre Verfahren Andersgläubigen keineswegs versperrt. So brachten Muslime, weil die Beziehungen zu jüdischen Kaufleuten sich sprunghaft entwickelten, manchmal Fälle vor die jüdischen Instanzen. Jüdische Rabbiner hielten Kontakt zu den muslimischen Kadıs und integrierten die Debatten über die Gültigkeit des osmanischen Rechts in ihre eigene Rechtstradition.[126] Der Kadı wandte durchaus die Scharia an, doch als ernannter Richter für das Osmanenregime wendete er auch das Königsrecht, den *kanun* („Kanon"), an.[127] Christen und Juden nutzten seine Gerichtsbarkeit in Situationen, wo sie sich Vorteile davon versprachen. So war beispielsweise an islamischen Gerichten die Ehescheidung gestattet. Nichtmuslime nutzten Vakıf-Stiftungen zur Instandhaltung von Kirchen und Synagogen, zur Armenpflege und für die Straßenreinigung in Jerusalem.[128] Die Sprüche des Kadı wurden allgemein als bindend anerkannt, weil er der Repräsentant der osmanischen politischen Autorität war. Die Aktivitäten seines Gerichts wurden von Schreibern dokumentiert, und das Gerichtsarchiv war zugleich Staatsarchiv.

Die Verfahren vor dem Kadı erfolgten in freundlicher Atmosphäre, doch manchmal kam auch Misstrauen hoch, inklusive tief sitzender Zerrbilder und gängiger Vorurteile über die andere Seite. Die Gefahren waren nur zu real. Man denke nur an den christlichen Antisemitismus. Im Jahr 1530 plünderte ein armenischer Mob das Judenviertel in Amasya und brannte es nieder, nachdem armenische Priester und Notabeln behauptet hatten, eine Armenierin habe gesehen, wie Juden einen Christenjungen geschlachtet und sein Blut für das Pessachfest verwendet hätten. Der osmanische Statthalter presste führenden Juden, darunter der Rabbiner, Geständnisse ab. Man fand den angeblich ermordeten

Jungen und zog die Verleumder zur Rechenschaft – doch erst, nachdem mehrere Unschuldige gehenkt worden waren. Gleich darauf führte ein ähnlicher Vorwurf zu Gewaltausbrüchen in Tokat. Es hieß, Süleymans Leibarzt Moses Hamon sei bei Hof eingeschritten und der Sultan habe befohlen, dass jegliche weiteren Anschuldigungen wegen „Ritualmord" direkt vor den Divan kommen sollten.[129] Die Amtsgerichte prangerten diese Art von Antisemitismus regelmäßig an. Besonders gängig war er in den slawischen christlichen Ländern.[130]

Das Recht auf Berufung, sogar bis hinauf zum Divan, wurde in der Praxis zwar selten wahrgenommen, bot aber reichlich Stoff für Legenden. Gelegentlich verbreiteten sich unter Juden und Christen wilde Gerüchte, dass sie alle vernichtet würden. Eines behauptete, der Sultan habe ein Dekret erlassen, dass alle Juden im Reich getötet werden sollten, weil man eine Jüdin mit einem Collier im Wert von 40 000 Dukaten auf der Straße gesehen habe. Nur das vereinte Eingreifen von Rabbiner und Großwesir habe die Durchführung dieses Dekrets verhindert.[131] Ein anderes gängiges Gerücht lautete, der Sultan plane, sämtliche Kirchen der Hauptstadt in Moscheen umzuwandeln und alle Christen zu versklaven, weil sich ihm Konstantinopel 1453 widersetzt habe. Diesmal war es der Patriarch, der zusammen mit dem Großwesir vor dem Divan erschien und in einer erschütternden Szene betagte Veteranen von 1453 vorführte, die schworen, die Stadt habe sich seinerzeit friedlich ergeben; auf diese Weise wurden die Christen verschont.[132] In einer anderen Geschichte stießen „Derwische", die zur Osterzeit um Mitternacht zum Gebet in die Hagia Sophia gingen, auf ein blendend helles Licht und hörten Stimmen, die *Christus ist auferstanden* sangen. Sie holten daraufhin den Sultan, der es mit eigenen Augen sah und das Bauwerk durchsuchen ließ. Das Licht ging aus, und das Singen verstummte. Der aufgebrachte Sultan „beschloss abermals blindwütig, die Christen zu töten, aber einmal mehr bändigte Piri Pascha seinen Zorn".[133] In einer antisemitischen Version warnte ein „jüdischer Zauberer" Süleyman vor einer unmittelbar bevorstehenden Christenrevolte und drängte den Sultan, sämtliche Christen zu töten. Hinter all diesen Geschichten ist unschwer das Vorbild des biblischen Buches Esther auszumachen, in welchem der Sultan als der allmächtige Xerxes besetzt ist, das Volk Gottes mit Vernichtung bedroht wird und „Esther" beim Herrscher Fürsprache einlegt. Aber diese Geschichten waren auch eine diskrete Erinnerung daran, dass Nichtmuslime sehr wohl Gehör bei der Staatsmacht fanden. Die muslimische Rechtstradition schützte ihre heiligen Stätten. Sie konnten Gesuche an den Divan richten und dessen Akten zeigen, dass sie das auch regelmäßig taten, und zwar nicht nur der Patriarch und nicht nur einflussreiche jüdische Bankiers wie Joseph Nasi und Moses Hamon.[134]

Im Jahr 1587 kam erneut das Thema Kirchenbesitz auf, als Sultan Murad III. die Pammakaristos-Kirche, vormals Sitz des Patriarchats, zur Erinnerung an den Kaukasuskrieg in eine Moschee umwandelte. Schon der Name, den die neue Moschee erhielt, *Fethiye* („Sieg"), erinnerte alle daran, dass 1453 weder Kirchen noch Ordenskongregationen der Hauptstadt zerstört worden waren. Ungefähr zur selben Zeit beschlagnahmte man die einzige Synagoge in Jerusalem, mit der Begründung, sie sei erst nach der muslimischen Eroberung erbaut worden. Rasch erließ der Divan in Istanbul ein Dekret an die Provinzstatthalter, dass solche Beschlagnahmungen in Istanbul nicht als Vorbild für ihre eigenen Amtsbereiche dienen dürften. Besonders wichtig war es, die christlichen Heiligtümer in Jerusalem zu schützen.[135]

Oft kreisten die Auseinandersetzungen um den sogenannten „Pakt Umars", ein Bündel religionsrechtlicher Bestimmungen für die Beziehungen zwischen den Bekenntnissen in einem muslimischen Königreich. Zur Zeit der muslimischen Eroberung unter Kalif Umar II. (717–720 n. Chr.) hatte „das Volk des Buches", wie man die nichtmuslimischen Monotheisten nannte, im Gegenzug für die Anerkennung als geschützte Bevölkerungsgruppen (*dhimmi*, trk. *zimmi*) verschiedenen Einschränkungen zugestimmt. Sie würden keine neuen Kirchen oder Klöster bauen oder alte restaurieren und würden auch nicht dieselbe Kleidung tragen wie die Muslime. Mittelalterliche Theologen fügten weitere Restriktionen hinzu, wozu unter anderem die Zahlung der Cizye-Kopfsteuer und das Verbot, auf einem Pferd zu reiten, gehörten. Im Jahr 1516 zeigte man dieses Dokument Selim I. und er bestätigte es – echt oder nicht, man behandelte es als echt. Die Existenz dieser Auflagen und ihr grober Inhalt waren jedermann, Muslimen und Nicht Muslimen, mehr oder weniger geläufig. Doch ihre Umsetzung im Alltag hing sehr stark von der Haltung konkreter Behörden in konkreten Gemeinden zu einem konkreten Zeitpunkt ab und war Gegenstand von Verhandlungen zwischen lokalen Herrschern und ihren Untertanen. In den osmanischen Ländern ignorierte man viele dieser Auflagen, und im Allgemeinen war es sehr viel wahrscheinlicher, dass in bestimmten Kontexten die Berufung auf einen dynastischen Präzedenzfall oder auf die Dokumentation einer älteren osmanischen Praxis ausschlaggebend war.

Natürlich verhinderte dieser Stand der Dinge nicht, dass das islamische kanonische Recht ein ständiger Zankapfel war. Die für die verschiedenen Gemeinschaften geltenden Kleidungsvorschriften mussten regelmäßig bekräftigt werden – Beweis genug, dass sie in der Praxis eher lasch gehandhabt wurden.[136] Ähnlich verhielt es sich mit dem endlosen Streit unter zeitgenössischen jüdischen Autoren, ob das islamische Recht den Juden Sklavenbesitz gestatte oder nicht, obwohl Juden im Osmanischen Reich durchaus Sklaven besaßen.[137] Nach der Eroberung Zyperns 1571 tobte ein Streit, weil einige Muslime Juden in Istanbul, Kairo und Damaskus beschuldigten, Sklaven zu kaufen, die Muslime seien, mehr noch: muslimische Sklaven zu kaufen und sie zu zwingen, zum Judentum überzutreten. Prompt ergingen Dekrete des Herrschers, die den Juden Istanbuls den Sklavenbesitz verboten, flankiert von Fetvas des Mufti, der vorsichtig hinzusetzte: „wenn sie (die Sklaven) denn Muslime waren". Statt sich mit echten Fällen zu befassen, die ihnen vorgelegt wurden, entsprangen die Stellungnahmen der Behörde häufig der Notwendigkeit, auf öffentliche Gerüchte und Anspielungen zu reagieren.

Eine andere banale Quelle für Reibereien war der Alkohol. Normalerweise wurden solche Konflikte vor dem Tribunal des Ortsrichters verhandelt, doch wenn Leute sich betranken und Randale unter Alkoholeinfluss zum Sicherheitsproblem wurde, konnte ein Bezirkskadı gelegentlich um Vorgaben aus Istanbul nachsuchen. Aus den Gerichtsakten geht unstreitig hervor, dass Angehörige aller Glaubensgemeinschaften Weinberge besaßen, und es kann wenig Zweifel daran geben, dass sie auf die übliche Weise genutzt wurden. Eine der denkwürdigsten Metaphern für das Menschsein in den Gedichten Rumis ist das Aufwachen in einer Schänke, ohne zu wissen, wie man dorthin gekommen ist.[138] Es ist fast unmöglich, ein osmanisches Gedicht ohne einen Verweis auf Wein zu finden. Osmanische Dichter setzten die Trunkenheit mit der seelischen Erfahrung der allumfassenden Liebe Gottes gleich. Dennoch blieb der Alkohol bei bescheidener veranlagten Muslimen ein heikles Thema. In einer Kleinstadt nahe Erzurum beschwerten sich die Anwohner einmal über eine Horde Derwische, die „nicht beten, nicht fasten, sich betrinken, ihre Scham nicht bedecken“ und das tolerierbare Maß in den Beziehungen zwischen den Geschlechtern überschritten.[139] Einen anderen Fall meldete der Kadı der Schwarzmeerstadt Sinop, wo am Kai christliche Handwerker beschäftigt worden waren, „Leute mit nützlichen Fähigkeiten“, wie Zimmerer, Schiffskalfaterer und Seiler. Im Lauf der Zeit zogen sie andere Leute an, deren Gewerbe nicht ganz so willkommen war – Alkoholverkäufer und „Frauen, die kriegen, was sie wollen“.[140] Ratsbriefe verwiesen auf „viele frühere Anordnungen“ betreffend „Lasterhöhlen“ in Istanbul und in den Randbezirken – Bars, Kaffeehäuser und Orte, wo Wein und ein aus Getreide gewonnener Alkohol namens *boza* (was Tatarisch war und „echt guter Stoff“ hieß) hergestellt wurden.[141] Die Wirksamkeit dieser Anordnungen war augenscheinlich zweifelhaft, ebenso der Wille, sie durchzusetzen.

Krieg und Chancen

Während des größten Teils der letzten zwölf Jahre des zehnten islamischen Jahrhunderts führten osmanische Heere im Kaukasus einen Krieg gegen den Iran, einen Krieg, der durch seinen Bedarf an Geldmitteln und Menschen zu einem Katalysator des Wandels wurde. Das grundlegende Finanz- und Politikmodell des Reiches bedurfte einer Überarbeitung, um ein flexibleres System zu ermöglichen. Das bedeutete höhere Einsätze für die politischen Akteure, aber auch eine bessere Integration der verschiedenen Reichsteile.

Der Kaukasuskrieg

Seit Süleymans Irakfeldzug von 1534 hatten die osmanisch-safawidischen Beziehungen nur eine Trübung erfahren, und zwar als Schah Tahmasps rebellischer Halbbruder Mirza nach Istanbul floh, sich zur Sunna bekannte und dem Sultan Treue schwor. Süleyman hatte Kapital daraus geschlagen und war mit dem Safawidenprinzen – einem Sohn Schah Ismails – im Schlepptau mitten durchs Kızılbaş-Gebiet bis nach Täbris marschiert. Nach dem Frieden von Amasya 1555 distanzierte sich Schah Tahmasp von den Kızılbaş und es blieb ruhig an der osmanischen Ostgrenze, auch als Prinz Bayezid nach seiner Niederlage gegen Selim II. in den Iran floh. Tahmasp lieferte ihn osmanischen Bevollmächtigten aus.

Diese Friedenszeit endete, als Schah Tahmasp 1576 nach beinahe 50-jähriger Herrschaftszeit starb und das dichte Netz aus ethnischen und Stammesbündnissen am Hof der Safawiden sich in einem Bürgerkrieg auflöste. In Istanbul dachte man sich großartige Szenarien aus. Das strategische Hauptziel war die Verteidigung des Schwarzen Meeres. Andere Überlegungen galten dem Seiden- und Sklavenhandel. Das Vorrücken des Moskowiterzaren Iwan IV., der die muslimischen Khanate Kasan (1552) und Astrachan (1556) an der Mündung der Wolga ins Kaspische Meer erobert hatte, machte das bisherige Großfürstentum Moskau zu einem attraktiven Partner für Ehebündnisse zwischen den christlichen Adligen der Kaukasuskönigreiche. Im Jahr 1569 scheiterte ein osmanischer Feldzug und mit ihm Sokollus ehrgeiziges Projekt eines Kanals zwischen Don und Wolga.[142] Der Tod von Schah Tahmasp ließ gar manchen in Kreisen des osmanischen Militärs auf eine Besetzung des Kaukasus und die Vertreibung der Moskowiter hoffen. Der Verlockung einer Intervention, die in den Netzen der Günstlings- und Vetternwirtschaft am osmanischen Hof zahlreiche Fürsprecher hatte, war noch schwerer zu widerstehen, als ein Usbekenangriff auf die Ostgrenze des Iran die Safawiden weiter ablenkte.

Die Rivalitäten am Osmanenhof waren heftig. Die alte Garde, darunter viele Relikte aus der Herrschaft Süleymans I., geriet mit Murad III. und der Gruppe junger Vertrauter aneinander, die er von seinem eigenen Prinzenhof mitbrachte, als er 1574 Selim auf dem Thron ablöste. Die alte Garde ihrerseits war durch verschiedene Fehden gespalten. Ein Lager scharte sich um den Großwesir Sokollu Mehmed Pascha, für den Krieg eine schlechte Kombination hoher Ausgaben mit niedrigen Erträgen war.[143] Sokollu war ein Slawe aus dem niedrigen Adel, der als Jugendlicher im Rahmen der Devşirme seiner Familie weggenommen worden war.[144] Seit seiner Ernennung durch Süleyman hatte er mehr als 30 Jahre dem Divan angehört, davon war er 14 Jahre lang ununterbrochen Großwesir gewesen. Er war mit Selims Tochter Esmahan verheiratet und besaß ein Anwesen am Hippodrom, nur wenige Schritte vom Topkapı-Palast entfernt. Während seiner langen Karriere bevölkerte er die höheren Ebenen der osmanischen Regierung mit seinen Verwandten und Schützlingen, die oft genug Südslawen waren wie er selbst. Neben dem Bruder (oder Neffen), der Patriarch von Peć wurde, war Sokollus Vater, der Muslim wurde, Aufseher zahlreicher Stiftungsgüter in Bosnien, ein Cousin war Beylerbeyi von Buda, zwei Söhne dienten als hochrangige Offiziere im Militär, zwei weitere Cousins und ein Schwager amtierten als Sancakbeyis von Bosnien.

Murad III. fand Mittel und Wege, sich zu behaupten.[145] Indem er die Mitgliederzahl des Divans erhöhte, dessen Sitzungen fernblieb und sich aus den Protokollen informierte, schmälerte er letztendlich die Macht dieses Gremiums. Er spielte den Divan gegen den Palast aus, vermehrte das Personal des Ersteren, nutzte die bestehenden Strukturen und schuf für seine Favoriten neue Machtpositionen. Um diese Palastbeamten sammelten sich Sokollus zahlreiche Feinde, besonders der Obergärtner, der oberste weiße Eunuch, der große Gelehrte Hoca Sadeddin, Privaterzieher des Sultans, und Schlüsselpersonen im Harem, wie etwa die Haremsverwalterin, der oberste schwarze Eunuch (eine neu geschaffene Aufsichtsposition) und Murads Mutter Nurbanu Sultan.[146] Sie alle suchten sowohl innerhalb des Divans nach Verbündeten als auch außerhalb – in den bedeutenden muslimischen Familien, welche die Ulema-Hierarchie der Lehrer, Gelehrten und Richter dominierten, und bei wichtigen führenden Militärs, die Sokollu entgegentreten konnten, darunter Koca Sinan Pascha und Lala Mustafa Pascha.

Ohne Gegenwehr trat die alte Garde nicht ab. Koca Sinan und Lala Mustafa hatten eine lange Geschichte und gehörten verschiedenen politischen Lagern an. Lala Mustafa, ein südslawischer Devşirme-Rekrut und entfernter Verwandter Sokollus,[147] war als Mentor Selims II. (daher der Name Lala) im Palastdienst aufgestiegen. Er heiratete eine Enkelin des letzten Mamlukensultans von Ägypten und machte in verschiedenen Provinzämtern ein Vermögen. Selim holte ihn in den Divan, doch Lala Mustafa beherrschte das Spiel der Istanbuler Politik nicht gut, und er bekam nie das Siegel des Großwesirs. Koca Sinan, ein Albaner, hatte Prinz Bayezid bei dessen erfolglosem Griff nach dem Thron gegen Selim unterstützt. Koca Sinans Bruder, damals Beylerbeyi von Erzurum, hatte Bayezid freies Geleit in den Iran gewährt und teuer dafür bezahlt. Die Schuld an der Hinrichtung seines Bruders gab Koca Sinan Lala Mustafa.[148] In böswilliger Absicht übertrug Sokollu diesen beiden Feinden gemeinsam das Kommando über den Kaukasusfeldzug. Wie vorauszusehen, war ihnen eine Zusammenarbeit unmöglich, aber statt das ganze Projekt zu begraben, wie Sokollu gehofft hatte, rief der Sultan Koca Sinan zurück und übertrug Lala Mustafa den alleinigen Oberbefehl. Sobald das Heer nach Osten aufgebrochen war, erzielte es gute Erfolge, besetzte Tiflis, erzwang die Huldigung durch verschiedene safawidische Vasallen und eroberte Schirwan.

Im fernen Istanbul jedoch waren die Dinge in Bewegung. Im Frühjahr 1579 wurde Sokollu ermordet. Der von der Front abberufene Lala Mustafa starb wenige Monate später. Der Pascha, der letztendlich die Eingliederung des Kaukasus ins osmanische Provinzsystem überwachte, war Özdemiroğlu Osman, ein Großneffe des letzten Mamlukenherrschers. Er verbrachte fünf Jahre im Kaukasus, kehrte nach Istanbul zurück, übernahm das Amt des Großwesirs und leitete dann die Eroberung von Täbris. Anschließend hielten die Osmanen Täbris 20 Jahre lang, etwas, das selbst Selim I. nicht geglückt war. Nach der Thronbesteigung von Schah Abbas im Jahr 1587 ersuchte der Iran ihn um Frieden, und die Safawidendynastie löste sich langsam aus dem Griff der Kızılbaş-Spiritualität und näherte sich der Hauptrichtung der Schia an.[149]

Die finanzielle Umstrukturierung

Als Özdemiroğlu 1585 starb, war die alte Garde verschwunden und mit ihr der unangefochtene slawische Einfluss bei Hof. Die Generation Murads III. übernahm nun die volle Verantwortung. In den Provinzen war der Übergang schon seit Jahren im Gange, während die einst unabhängigen Dynasten, die östlich des Taurus und in Syrien als Provinzstatthalter weiter im Amt waren, das Zeitliche segneten. An ihre Stelle traten von Istanbul ernannte Männer – neue Beylerbeyis und Sancakbeyis, die ihre eigenen Hausbediensteten einschließlich Janitscharen, Schreibern und Finanzbeamten und neuen Stadtrichtern mitbrachten. Diese Ernennungen führten zu Auseinandersetzungen um den Zugriff auf die Einkünfte der Provinz, vermittels direkter Steuereintreibunsgrechte ebenso

wie durch Bieterverfahren um Steuerpachtverträge. Auf diese Weise wandelten sich die Verbindungen zwischen den eroberten Provinzen und dem imperialen Zentrum allmählich – von der Eingliederung bestehender Netzwerke des Provinzadels, bei denen es sich um Überbleibsel früherer Regime handelte, hin zur Schaffung neuer Netzwerke, die auf die aus Istanbul eintreffenden Neuernannten, deren Diener und lokale Anhänger setzten.

Die fiskalische Dimension des alten Systems hatte zum einen in getrennten Währungs- und Wirtschaftszonen bestanden, deren ungefähre Grenze das Taurusgebirge war, zum anderen in der Finanzierung imperialer Unternehmungen (wie dem Ausbau der Bürokratie und der Eroberung Ungarns) durch Gold aus den jährlichen Überweisungen in ägyptischen *şerifis*, die von der Kairoer Münze aus zentralafrikanischem Gold geprägt wurden. Der Druck auf dieses System hatte enorm zugenommen. Das lag zum Teil an dem über mehrere Jahrzehnte gewachsenen ländlichen Wohlstand, der sich im gestiegenen Anteil der bebauten Fläche und wohl auch in größeren Bevölkerungszahlen zeigte,[150] noch stärker aber in den Aktivitäten der Städte und des Handels zutage trat. Die wachsende Nachfrage führte zu monetärer Instabilität. Die imperiale Verrechnungseinheit, der Akçe, war immer noch die wichtigste Münze zwischen Donau und Taurus, aber nicht mehr die einzige Silbermünze im Umlauf. In Ägypten und ganz Syrien verwendete man den größeren ägyptischen Silberpara, und am oberen Tigris, am Euphrat und im Irak war eine Anzahl anderer Silbermünzen in verschiedenen Größen im Ge-

◁ *Abb. 3.6: Die Krüge von Pergamon. Sultan Murad II. besaß zueinander passende Krüge von gut zwei Metern Höhe aus jeweils einem Marmorblock, die aus dem antiken Pergamon stammten und auf dem Boden der Hagia-Sophia-Moschee aufgestellt wurden. Jeder der beiden Krüge, die als Wasserbehälter verwendet wurden, stand auf einem ionischen Kapitell, und nahe an seinem Fuß war ein kleiner Wasserhahn in ihn eingearbeitet. Ursprünglich waren die Krüge mit Gold ausgekleidet und in eine große Graburne aus Marmor eingelassen, die Sultan Mahmud II. 1837 König Louis Philippe von Frankreich schenkte und die heute im Pariser Louvre ausgestellt ist.*

brauch. Die Eroberung des Irak und anderer einst safawidischer Gebiete hatte Handelsschranken niedergerissen und den silbernen *shahi* in den osmanischen Ländern eingeführt. Das Beschneiden und Fälschen von Münzen war weit verbreitet, der Wechselkurs des Akçe zum Gold im Fallen begriffen und der Shahi überbewertet.[151]

Dazu kamen die Erfordernisse der Kriegführung. Die osmanische Variante der feudalen Übereinkunft – Einzug von Grundeinkünften durch die Timarioten der Provinzen im Gegenzug für Dienst; Bezahlung von Gehältern aus der zentralen Staatskasse an ein kleines stehendes Heer und die Verwaltung – war ausreichend, solange der Krieg hauptsächlich aus offenen Feldschlachten bestand. In letzter Zeit jedoch führte man Kriege normalerweise zur See und durch Belagerungen. Nicht genug damit, dass die Flottenunternehmungen Selims II. 1575 das habsburgische Spanien in den Bankrott führten, belasteten sie auch die osmanischen Finanzen, trotz der Goldreserven im Staatsschatz. Der bemerkenswerte Wiederaufbau der Flotte nach der Schlacht bei Lepanto (im Oktober 1571) ließ sich zwar mit Gold finanzieren, ihre Besatzungen aber musste man immer noch mit Silberakçes entlohnen. Mächtige Kaufleute, oft Juden und Christen, waren Gewährsmänner für kurzfristige Kredite an die öffentlichen Haushalte durch Steuerverpachtung, für die „Abgabenverträge" (*iltizam*) die treffendere Bezeichnung ist.[152] Die Zölle wichtiger Häfen wurden auf diese Weise vergeben. Die osmanische Flotte griff ohne Erfolg Malta an; Zypern wurde 1572 erobert und Tunis 1574. Dazu kamen noch die Kosten für die Niederschlagung eines Aufstands im Jemen 1569, 3200 Kilometer von Istanbul entfernt und mehr als 1800 Kilometer südlich von Kairo.

Für den Krieg im Kaukasus mussten die Armeen nicht unbedingt groß sein, aber der Angriff auf Festungen, ihre Reparatur und ihr Unterhalt waren teuer.[153] Eine partielle Antwort darauf waren vorübergehende Einnahmesteigerungen. Eine neuartige Methode bestand darin, Ebu's-Suuds Reform des Stiftungsrechts auf Kirchen- und Klosterbesitz auszuweiten. Zwar waren Klosterstiftungen in der Praxis durchaus üblich, verstießen aber gegen hanafitische Rechtsgrundsätze, erstens, weil Kirchen und Klöster ihnen zufolge keine Stiftungen gründen sollten, und zweitens, weil ihre großen Ländereien normalerweise in Königsland hätten übergehen und als Timare ausgegeben werden müssen. Bei solchen Formalitäten hatten die Sultane immer ein Auge zugedrückt. Selim II. konfiszierte die Klöster in Rumeli, und die Mönche mussten, obwohl sie wie alle Ackerbauern den Nießbrauch des Bodens erhielten, ihre Gebäude, Herden, Weinstöcke und Ähnliches als Privatbesitz zurückkaufen. Da diese Besitztümer nunmehr Privateigentum waren, konnten sie (wenn auch nicht der Grund und Boden selbst) in Stiftungsgut überführt werden. Die hanafitischen Juristen tricksten dabei die Scharia aus, indem sie die Formulierung „Stiftung für eine Kirche" umgingen und stattdessen von der „Stiftung für die Armen der Kirche" sprachen.[154] Bei diesem Geschäft strich der Sultan ein hübsches Sümmchen ein.

Eine andere kurzfristige Abhilfe war die Währungsverschlechterung. Im Jahr 1584 brachte eine Hungersnot, die bis ins nächste Jahr andauerte, eine Einwandererwelle nach Istanbul. Zur Abwertung kam es im Sommer 1585, vermutlich im Anschluss an eine ähnliche Maßnahme der Safawiden.[155] Der Umfang dieser Abwertung – atemberaubende 44 Prozent – legt nahe, dass die Hungersnot gravierend war und der Divan wahrscheinlich hoffte, den Krieg mit Gewinnen aus der Einwechslung alter Akçe finanzieren zu können. Es gab Widerstand und vereinzelt auch Gewalt. Die alten Münzen wurden gehortet. Der Palast versuchte einen offiziellen Wechselkurs festzusetzen und erhob eine Steuer, um die laufenden Kosten zu decken. Münzbeschneidung und -fälschung gingen weiter. Im Jahr 1586 wurde der Statthalter von Ägypten durch seine Janitscharentruppen gestürzt.[156] Als das Schatzamt im Frühjahr 1589 einen Teil der Istanbuler Palastgarde in schlechter Münze entlohnte, revoltierten die Soldaten und lynchten die beiden Männer, die für den Münzaustausch verantwortlich waren, den Oberschatzmeister und den Beylerbeyi von Rumeli.[157]

Diese Maßnahmen erbrachten bestenfalls ein Provisorium zur Beschaffung von Geldmitteln, solange der Divan sich zaghaft einer Finanzreform näherte. Kommandeure der osmanischen Armee im Felde begannen spontane Veränderungen vorzunehmen, heuerten Soldaten auf Jahresbasis an, drückten ihnen Gewehre in die Hand, verteilten Aufgaben neu und bezahlten die Männer dementsprechend. Nichts davon war wirklich neu – die osmanischen Militärplaner hatten es schon immer vorgezogen, Rekruten von überallher anzuwerben, und

Befehlshaber hatten früher schon auf Feldzügen Söldner eingesetzt.[158] Jetzt bewarben sich einige dieser Männer um Timare. Wegen ihrer größeren Zahl war es fiskalisch sinnvoller, städtische Gebiete um „außerordentliche" Abgaben anzuschnorren, als im ländlichen Katasterwesen nach neuen Einkünften zu suchen.[159] Eine schon vor Beginn des Kaukasuskrieges angelaufene reichsweite Katastererfassung war damit sofort hinfällig und war die letzte ihrer Art, die jemals durchführt wurde.

Die Änderungen bei der Rekrutierung im Zuge des Kaukasuskrieges wurden vom Rat zur Kenntnis genommen und in der Meldebehörde nachgehalten. Die Daten aus einem Sancak, dem an der anatolischen Ägäisküste gelegenen Aydın, zeigen, dass an der Front vermehrt Rekruten zum Einsatz kamen, in deren Familien der Militärdienst keine Tradition hatte. Damit verstärkte sich ein Trend, der während der Seekriege der 1570er-Jahre begonnen hatte. In den letzten Jahren von Süleymans Herrschaft waren 65 Prozent der erstmaligen Timar-Inhaber im Sancak Aydın Söhne von Sipahis gewesen, deren Status Zeugen und Dokumente nachwiesen. Alle anderen neuen Timar-Inhaber hatten entweder irgendeine Verbindung zum Militär, die ihnen den rechtmäßigen Anspruch auf einen Timar verschaffte, oder aber sie bekamen einen Timar als Ersatz für ein Gehalt aus der zentralen Staatskasse. Doch 1576–77, im Jahr vor Beginn des Kaukasuskrieges, fiel die Zahl der erstmaligen Timarvergaben an Sipahisöhne um knapp 50 Prozent, und 1588–89, als der Krieg fast vorbei war, sank diese Zahl auf unter 20 Prozent. Immer mehr Männer, die zum ersten Mal einen Timar empfingen, legten überhaupt keinen Beweis vor, dass sie der erblichen Reiterschicht angehörten. Statt dessen verdienten sich diese Männer, vermutlich Dorfbewohner oder Sklaven, die Billigung ihres Timargesuchs durch Dienst im Feld. Und da der Krieg von Belagerungen geprägt wurde, waren Sipahis, die ihren Timar für Verdienste in der Schlacht empfingen, in der Unterzahl gegenüber schlichten Arbeitskräften, Männern, die Steine schleppten, Holz transportierten, Gräben ausgehoben und in die Wasserversorgung eingebunden waren. Ihre Aufseher, Mitglieder des Palastgardekorps, reichten Listen mit ihren Namen ein.

Der Rat folgte einfach dem Beispiel der Kommandeure im Feld und reservierte einen kleinen Betrag für ‚Gehaltserhöhungen' derzeitiger Timarioten, die Festungen reparierten und errichteten.[160] Da die Feldkommandeure und Janitscharenoffiziere mehr Verantwortung für die Geldbeschaffung und die Rekrutierung während der Feldzüge übernahmen, wurde aus dem entsprechenden Talent eine einleuchtende Qualifikation für ihren Posten.[161] Gut erkennbar war dieses Muster im Palast Murads III., da mehr Wesire auf dem Divan Platz nahmen – drei bis vier oder mehr auf einmal –, ihre Amtszeiten immer mehr verkürzt und ihre Rolle im tatsächlichen Regierungsgeschäft entsprechend eingeschränkt wurde.

Das Sultanat und das Heilige

Viele Angehörige der intellektuellen Schicht der Schreiber beschwerten sich, dass das osmanische System zwar großartig sei, aber nicht mehr so funktioniere wie gedacht. Sie murrten, seit dem Ende der Zeit Süleymans hätten Freizügigkeit und Schlendrian Oberwasser. Schwache Sultane hätten die Kontrolle über die Ernennungsvorgänge ebenso verloren wie über das dafür zuständige Personal.[162] Dass sie Feldzüge nicht mehr persönlich führten, bedeute, dass das osmanische Feldlager nicht länger eine mobile Regierung, sondern eine Zweitregierung sei.[163] Skrupellose Beamte stellten unqualifizierten Leuten Ernennungsurkunden aus und missbrauchten die kaiserlichen Blankobefehle, die sie mit sich auf den Feldzug nahmen. Der Historiker Selaniki dokumentierte einen Fall von Veruntreuung, der gegen Ende des Kaukasuskriegs entdeckt wurde. Zwei Schreiber (einer davon aus dem Ratssekretariat) wurden daraufhin hingerichtet und sechs weiteren die Hände amputiert.[164] Auch andere Autoren waren der Auffassung, dass die Ordnung der Zeit Süleymans, einer Zeit redlicher Verdienste, des Protokolls und anständiger Karrieren, angefangen habe, aus den Fugen zu geraten.

Der Kanun-Legalismus

Vielleicht war Süleymans System ja auch nur den Schreibern wichtig gewesen. Pragmatismus gegen Prinzipiendenken in Schutz zu nehmen war noch nie leicht. Prinzipien bedeuteten aus Sicht der Schreiber das Festhalten an den Bestimmungen des Kanun, jenes Gesetzeskorpus, das aus den Dekreten des Sultans erwuchs und dessen Hüter sie waren.

Und Schreiber waren es üblicherweise auch, die ihre Ansichten zu Papier brachten, nämlich in zeithistorischen Schriften, wie etwa denen von Selaniki (1600), der vor dem Hintergrund der Taten von Ahnungslosen und Unqualifizierten von Karrieresprüngen erzählt. Noch direkter war der „Rat an Könige". Der Königsspiegel, eine alte Literaturgattung und seit abbasidischer Zeit ein Lieblingskind der Schreiberschicht, erlebte jetzt seinen stärksten Aufschwung, angefangen mit Lutfi Paschas *Asafname* von 1545. In dieser politischen Apologie nimmt Lutfi Pascha die Gestalt des sagenumwobenen Ratgebers Asaf an, der den biblischen König Salomo vor den Folgen der Ungerechtigkeit warnt. Nach allem, was wir wissen, war Lutfi Pascha ein gewissenhafter Verwaltungsbeamter, der seine Amtszeit als Großwesir nutzte, um die frühen Auswüchse am Hof Süleymans zu zügeln.[165] Sein Dauerthema, dass etwas „im Widerspruch zum Kanun" stehe, gab der Gerechtigkeit in Begriffen Ausdruck, welche die Schreiber überzeugend fanden. Das vielleicht beste Beispiel ist das „selbsternannte Genie" Mustafa Âli aus Gallipoli,[166] der sowohl als Autor eines Königspiegels wie als Historiker den zuvor schon dichten Schreibstil zu neuen Höhen der Komplexität führte. Das letzte der vier Kapitel seines *Rats an Sultane* von 1581 breitete quälend detailreich „die Leiden und Enttäuschungen des Autors" im Laufe seiner mittelmäßigen Karriere aus.[167]

Ohne ihre poetische Schärfe fiele es wohl leicht, die Verbitterung dieser Autoren als Klassensnobismus, Selbstgefälligkeit und Eigennutz abzutun. Aber wie jeder Legalismus war auch der ihre ein Ausdruck menschlichen Protests gegen Sinnlosigkeit inmitten ständigen Wandels. Wie schon Süleymans jugendlicher Messianismus, griff auch die gesetzgeberische Aktivität seiner reiferen Jahre nach einer Realität jenseits der konkreten Ereignisse seiner eigenen Herrschaft. Für alle, die daran beteiligt waren, war es so, als wäre ihr lebenslanger Dienst im Hausstand der Osmanendynastie selbst Geschichte. Ihre Beherrschung der Litaneien und Sprache des Dienstes wurde zum Bekenntnis ihres Glaubens an die osmanische Ordnung. Diese bestand in Kanun und Scharia, dem Weg des Sultanats und dem Weg Gottes. Beide sorgten für Harmonie in einer geschlossenen Weltordnung, die über spezifisch islamische Gebote weit hinausreichte.

Liturgische Zeit

Aus einer etwas anderen Perspektive bildete sich auch Sultan Murad III. seine Meinung über eine geschlossenee Weltordnung. Während sich mit dem Jahr 1000 der Hidschra im Oktober 1591 das erste islamische Jahrtausend seinem Ende näherte, wurde deutlich, dass das zehnte islamische Jahrhundert so enden würde, wie es begonnen hatte, in einem kosmischen Zusammentreffen. Schon 1564 deuteten die Himmelszeichen mit einer Konjunktion von Saturn und Jupiter, welche die Astrologie seit Langem mit großen politischen Ereignissen verband, ein nahes Schicksalsereignis an.[168] Im Jahr 1577 erschien im Sternbild Kleiner Bär ein Komet, für Könige ein weiteres beunruhigendes Zeichen.

Murad trieb die Pläne für ein osmanisches Observatorium voran, weil er auf eine Aktualisierung seines Horoskops hoffte. Sein Großvater Sultan Süleyman und sein Vater Sultan Selim waren beide unter verdächtigen himmlischen Konstellationen gestorben (jeweils kurz nach einer Sonnenfinsternis).[169] Takiyüddin, der Chefastrologe, koordinierte die Arbeiten, deren Ziel es war, die am berühmten Observatorium von Samarkand erstellten astronomischen Tafeln durch Einarbeitung neuer Beobachtungen von einem weiter westlich gelegenen Standort zu aktualisieren. Takiyüddin zählte zu den bedeutenden Intellektuellen der Epoche. Ausgebildet in Kairo und Damaskus, wirkte er in den weitverzweigten Wissenschafts- und Expertenkreisen des Mittelmeerraums.[170] Einige seiner Instrumente baute er selbst, andere ließ er importieren, auch aus Westeuropa. Auf einem Miniaturgemälde der Observatoriumswerkstatt ist neben anderen Instrumenten auch ein Globus zu sehen. Takiyüddin verstand die Verbindungen zwischen politischen Zielen und der Beeinflussung der natürlichen Welt. Mechanik und Mathematik, Astronomie und Astrologie waren allesamt ganzheitliche Wissenschaften, welche die innere spirituelle Struktur des Himmels enthüllten.[171] Doch das Observatoriumsprojekt stieß auf Probleme. Welches genau zu seinem Scheitern führte, ist unklar[172] – Takiyüddins optimistische Vorhersagen zum Kaukasuskrieg trafen nicht ein, sein Gönner Hoca Sadeddin hatte Feinde, zwei Kinder Murads starben 1580.[173] Jedenfalls wurde das Observatorium geschlossen und abgerissen.

Die neue Wissenschaft hatte es nicht geschafft, dem Schicksal auf die Sprünge zu helfen, doch vielleicht hatte der Kalender noch andere

Geheimnisse preiszugeben. Für osmanische Muslime begann das neue Jahr mit Aschura in den ersten zehn Tagen des ersten Monats des islamischen Jahres – das Fest markierte den Tod Husseins, des Enkels des Propheten Mohammed. Nach vier kleinen, *kandil* genannten Festen in der ersten Jahreshälfte intensivierte sich der liturgische Kreislauf mit dem Fasten im neunten Monat Ramadan. Im Ramadan begingen Familien und Gemeinschaften jeden Abend gemeinsam das Fastenbrechen. Gegen Ende des Monats kam die Nacht der Bestimmung, die an die erste Herabkunft des Koran erinnerte. Auf das Ende des Ramadan folgte das „Große Fest", in den türkischen und slawischen Gebieten als Bayram bekannt (in den arabischsprachigen Ländern als *Eid al-fitr*). Das zweite große jährliche Fest für die Sunniten war das „Pilgerfest" (*Hacılar bayramı* auf türkisch, *Eid al-adha* auf arabisch).[174] Die beiden Bayrams waren Anlass für Familienbesuche und öffentliche Festivitäten. Der Divan hielt zeremonielle Sitzungen ab, bei denen der Großwesir den Großmufti zu einer gelehrten Diskussion einlud.[175] Zeitgenössische Gemälde zeigen Musikanten und Tänzer, Seiltänzer und Akrobaten. Der Habsburger Botschafter Busbecq berichtete über öffentliche Festessen und war bei Wettbewerben im Bogenschießen auf dem Berg jenseits des Goldenen Horns auf der anderen Seite von Istanbul anwesend, wo es eine Schießbahn gab.[176]

Weil das Mondjahr zehn oder elf Tage kürzer ist als das Sonnenjahr, rotieren diese wichtigen heiligen Tage des islamischen Kalenders in wiederkehrenden Zyklen durch die Jahreszeiten des Sonnenjahrs. Etwa dreimal pro Jahrhundert fallen die muslimischen heiligen Tage mit Festen zusammen, die an den Sonnenkalender gekoppelt sind, wie etwa Nowruz und der Nilschwemme in Ägypten, aber auch mit christlichen und jüdischen Feiertagen. Für osmanische Christen gleich welchen Bekenntnisses war das Hauptfest des liturgischen Jahres der Festtagszyklus der Heiligen Woche im Frühjahr, dem die große Fastenzeit vorausging. Die Heilige Woche gipfelte in Karfreitag, Karsamstag und Ostersonntag. Für die Juden wurde der liturgische Zyklus markiert vom Neujahrsfest, von Jom Kippur im Herbst und von Pessach im Frühjahr. Christen wie Juden begingen um die Zeit der Wintersonnenwende Lichtfeste. Weihnachten fiel in den orthodoxen und armenischen Gemeinden auf den 6. Januar und im römischen Ritus auf den 25. Dezem-

Die Geburt Mohammeds

Als Mohammeds Mutter, Frau Amina,
Die Einmalige Perle, die Perlmutt gebar,
Ward schwanger nun von Abdallah,
Auf Monat und Tag die Zeit kam nah,
Als kurz noch es war zu Mohammeds Kommen,
Vor dem so viele Zeichen vernommen,
Im Monat Rabi, dem Ersten, nicht Zweiten,
Am Montag, dem Zwölften, zu Nachteszeiten,
Der Beste der Menschen kam nur zur Welt,
Den Augen Amines ward vieles erhellt:
Es sprach die Mutter von Gottes Wonne:
„Sein Licht umkränzte als Motte die Sonne,
Bevor es als Blitz meinem Hause entrannt –
Die Welt bis zum Himmel im Lichte verschwand.
Den offenen Himmel das Dunkel beenden
Ich sah – und drei Engel, drei Banner in Händen.
Der eine im Westen, der andere im Osten,
Der dritte hielt über der Kaaba den Posten.
Dem Himmel die Engel in Reihen entstiegen,
Als ihre Kaaba mein Haus zu umfliegen.
Herab fuhren die Huris, dicht auf dicht,
Ihr Antlitz versenkte mein Haus in Licht."[a]

[a] Übersetzung: Michael Reinhard Heß nach Mehmet Akkuş / Uğur Derman (Hrsg.), *Süleyman Çelebi, Vesîletü'n-Necât (Mevlid)*. Ankara (Diyanet İşleri Başkanlığı), S. 54f.

ber. Chanukka begann Ende November oder Anfang Dezember, am 25. Kislew des jüdischen Kalenders.

Auf den ersten Blick könnte man meinen, dass Muslime an diesen jahreszeitlichen Sonnenfeiern wenig Geschmack gefunden haben dürften, und tatsächlich sagten sie vielen nichts. Doch die Verheißung des Lichts in der Dunkelheit überschreitet religiöse Grenzen, und das Geburtsfest des Propheten Mohammed, auch Mevlid genannt, bot eine Gelegenheit, dies auszudrücken.[177] Man feierte Mevlid im Monat

Rebiülevvel mit Musik und Tanz, Festen und Jahrmärkten, Lichterprozessionen und Kantoren, die Geschichten von der Geburt des Propheten erzählten. Unter den vielen Gedichten zur Herkunft des Propheten (ein osmanischer Bücherfreund zählte über hundert) war das mit Abstand beste Süleyman Çelebis *Vesiletü'n-Necat* oder *Das Mittel zur Rettung*, geschrieben kurz nach 1400.[178] Auch unter dem schlichten Namen *Mevlid-i Şerif*, „Die edle Geburt", bekannt, war dieses Epos jedermann geläufig, und wahrscheinlich ist es immer noch der meistgeliebte Text, der jemals in türkischer Sprache geschrieben wurde.

Das Gedicht schilderte die Ankunft Mohammeds als den Höhepunkt der Gnade Gottes, bei der Erschaffung der Welt und ihrer Geschöpfe. Manchen Muslimen klang das allzu sehr nach Weihnachten und Lichtmess (der 2. Februar des christlichen Kalenders),[179] aber wahrscheinlich waren es genau diese Ähnlichkeiten, an die Sultan Murad II. wohl dachte, als er im Jahr 1588 am Hof den Brauch einführte, Mevlid zu begehen. Der Historiker Selaniki gab das Dekret des Sultans wieder, wonach jedes Jahr an diesem Tag die Minarette der Moscheen von Istanbul mit Kerzen erleuchtet werden sollten und der Abend mit Hymnen und Rezitationen der Geschichte von der Geburt des Propheten zu begehen sei.[180]

Als das islamische Jahrtausendfest vor der Tür stand, überschnitten sich die drei Lichtfeste – jüdisches, christliches und muslimisches. 1588, im Jahr von Sultan Murads Dekret (dem muslimischen Jahr 997), fiel Mevlid auf den 31. Januar (julianisch), zwei Tage vor Lichtmess. Während der nächsten drei Jahre bewegte sich Mevlid über die Weihnachtszeit und Chanukka rückwärts, sodass es im Jahr 1000 der Hidschra auf den 18. Dezember fiel (1591 n. Chr.). So schloss das zehnte islamische Jahrhundert, jenes Jahrhundert, das mit Schah Ismails Jahrhundert-Aschura begonnen hatte, mit einem kosmischen Crescendo, in Visionen vom Mevlid des Millenniums. Im Namen aller osmanischen Haushalte wurde es vom Palast begangen.

4. Unklarheiten und Gewissheiten, 1591–1688

Wenn der Umstand, dass Sultan Murad sich für zahlenmystische Wunder begeisterte, von einer Gelassenheit der Osmanen angesichts der zur Jahrtausendwende grassierenden Sorgen und Befürchtungen zeugte,[1] so waren in diesem Punkt nicht alle einer Meinung. Als ein paar Jahre später Murads Anwesenheit bei der Armee im Feld Erinnerungen an den Sultan als Gazi-Eroberer weckte, widersprachen nur wenige. Die Gegenwart bot reichlich Gelegenheit, sich zu fragen, ob in diesen beiden Bildern bei all ihrer anachronistischen Beharrungskraft nicht auf je unterschiedliche Weise der Wunsch nach einer schlichteren Gewissheit zum Ausdruck kam, die stets schon fast mit Händen zu greifen schien.

Allerorten herrschte Unklarheit, angefangen im Innern. Elitenpolitik ist selten einfach. In der Ehe, in den Patronage-Netzwerken, in der Sklaverei und im Dienst für einen Herrn war die Königsfamilie Vorbild und Spiegel der osmanischen Gesellschaft insgesamt. Nicht nur unterließ es Murad, interne Streitigkeiten zu unterdrücken, unter seiner Herrschaft wurden sie nachgerade ein Charakteristikum im Beziehungsgeflecht des Palasts. Die durch Mitglieder des erweiterten herrscherlichen Haushalts, vor allem Armeeoffiziere und ihre Bundesgenossen, gewährte oder verweigerte Erlaubnis bedeutete eine Art von öffentlichem Druck, den die Regierten auf die Regierung ausübten. Doch das Modell war von Natur aus instabil: Gewalt oder die Drohung damit wurde als Mittel zum Aushandeln politischer Veränderung beinahe zur Routine. Murads Nachfolger Mehmed III. ernannte und entließ im Lauf seiner achtjährigen Herrschaft (1595–1603) sieben Großwesire. Inmitten solcher ständigen politischen Umwälzungen schienen die Osmanensultane in Alltagsfragen oft wenig politisch-militärischen Einfluss zu haben. Doch jenseits der oberflächlichen Instabilität sorgte Murads Modell dafür, dass die Rolle der Osmanendynastie als gemeinsamer Nenner, der die verschiedenen Teilbereiche des Imperiums zusammenhielt, gestärkt wurde.

Krieg, Rebellion und Reform

Die Friedensdividende verschleuderte der Divan, noch ehe er eine Chance hatte, die Lektionen aus dem Kaukasuskrieg, der 1590 endete, zu lernen. Ein Feldzug gegen Spanien wurde angekündigt. Koca Sinan begann, die Flotte bereit zu machen, die seit dem Zypernfeldzug 20 Jahre zuvor vernachlässigt worden war, doch das Aufbringen der nötigen Geldmittel erwies sich als schwierig. Provinzstatthalter und Schatzmeister im ganzen Reich, deren Kostenbeiträge man veranschlagt hatte, wurden angewiesen, als erstes Steuerschulden einzutreiben. Diese waren in manchen Fällen seit neun Jahren aufgelaufen.[2] Nicht nur Bezirke wie Kars und Jerewan, wo der Kaukasuskrieg die Steuereintreibung erschwert hatte, waren im Rückstand, sondern auch Stammesgebiete wie Diyarbekir, wo Protestierende den Statthalter zum Rücktritt zwangen, sowie Bosnien im fernen Grenzgebiet. Selbst vermeintlich unauffällige Provinzen wie Ankara und Aleppo waren in Schwierigkeiten.[3] Obendrein mussten die Wesire und Paschas höchstpersönlich bezahlen, und der venezianische Gesandte berichtete, dass man die jüdische Gemeinde von Istanbul mit 300 000 Golddukaten zur Kasse bat.[4] Dennoch gingen nur etwa zwei Drittel der erwarteten Gelder ein.[5] So musste man das gesamte Marineprojekt schlicht versenken.

Das Finanzierungsdebakel bewies, dass die osmanische Steuerpolitik in der rauen Wirklichkeit nicht so funktionierte wie auf dem Papier, und das schon seit einiger Zeit. Eine der Hauptursachen war vermutlich das seit mehreren Jahrzehnten anhaltende Bevölkerungswachstum. Laut den letzten Katastererhebungen wurden in Rum und Karaman nun Bodenflächen in Grenzertragslagen bebaut, die wahrscheinlich seit dem Schwarzen Tod brachgelegen hatten. Die Durchschnittsgröße der Familienparzellen nahm ab, während die Zahl landloser Dorfbewohner und lediger Männer wuchs.[6] Zahlreiche Dorfbewohner zog es in die Städte, wo Bedarf an Arbeitskräften herrschte, während einige anscheinend zum nomadischen Hirtenleben zurückkehrten. Von den landlosen jun-

Osmanische Sultane des elften islamischen Jahrhunderts

Murad III.	1574–1595
Mehmed III.	1595–1603
Ahmed I.	1603–1617
Mustafa I.	1617–1618 und 1622–1623
Osman II.	1618–1622
Murad IV.	1623–1640
Ibrahim	1640–1648
Mehmed IV.	1648–1687

gen Männern wurden viele als Musketiere für die Gefolge örtlicher osmanischer Offiziere angeworben. Andere schienen sich in den ländlichen Gebieten zu verlieren. Dürren und Hungersnöte beschleunigten die Landflucht, die in den 1590er-Jahren während der Vorbereitungen zu dem fehlgeschlagenen Seefeldzug einsetzte.[7] Im Jahr 1592 meldeten Provinzstatthalter in Syrien Lebensmittelknappheit, und eine Epidemie suchte Istanbul heim. Ein Jahr später wurden die Nahrungsmittel in Bagdad knapp, und in Ägypten fielen die Nilüberschwemmungen enttäuschend aus, wovon auch Mekka und Medina betroffen waren.

Der Lange Krieg in Ungarn

Eine langfristige Reform der Staatsfinanzen wurden verschoben, solange ein Landkrieg gegen das habsburgische Österreich drohte. Die Finanzierung wurde auf dem Kriegsschauplatz verbessert. Hin und wieder war es zu Scharmützeln zwischen osmanischen Garnisonstruppen und den habsburgischen Milizen gekommen, und der alljährliche Tribut aus Wien ging jedes Jahr später ein.[8] Der Statthalter von Bosnien, ein Favorit Murads, witterte seine Chance und provozierte einen Zusammenstoß. Im Jahr 1593 startete Sinan Pascha einen umfassenden osmanischen Angriff. Zwar traf er erst Mitte Juli an der Front ein, konnte aber dennoch zwei Festungen einnehmen. Doch im Herbst fiel eine Reihe von Kastellen nordöstlich von Buda an die Habsburger.

Der Lange (Türken-)Krieg, der während der nächsten 13 Jahre hin- und herging, erschöpfte sich im Wesentlichen in solchen Aktionen.

Manche Festungen wechselten mehr als einmal den Besitzer, während das zentrale Karpatenbecken bei den wiederholten Belagerungen verwüstet wurde.[9] Aus osmanischer Sicht kam der gefährlichste Abschnitt des Krieges in den Jahren 1595 und 1596 nach zwei harten Wintern in Serie. Die Festungen im Donaubogen fielen, womit Buda ungeschützt war. Da Zsigmond (Sigismund) Báthory, einer der seltenen römisch-katholischen Fürsten von Siebenbürgen (Transsilvanien), mit den Habsburgern gemeinsame Sache machte, sahen sich die Osmanen gezwungen, an der unteren Donau eine zweite Front zu eröffnen, um ihre Nachschubwege vom Schwarzen Meer zu sichern. Im Jahr 1596 führte Sultan Murad persönlich das Heer dorthin, als erster Sultan seit Süleymans letztem Feldzug vor 30 Jahren. In einer der wenigen großen Schlachten des Krieges besiegte das osmanische Heer die Habsburger auf der Ebene von Mezőkeresztes, und im Oktober fiel Eger an das Osmanenheer. Als Báthory abdankte, erkannten die Osmanen einen antihabsburgischen Kandidaten an und stellten sich zusammen mit den Fürsten der Walachei und Moldawiens den habsburgischen Bestrebungen im Karpatenbecken entgegen. Sie eroberten die Donaufestungen zurück und konnten aus dieser Position der Stärke heraus 1606 einen Frieden aushandeln.

Die Celali-Aufstände

Inzwischen hatte sich die Lage in Karaman und Rum verschlechtert. Einige der wohlhabenderen Einwohner flohen nach Istanbul und klagten, durch den Abzug so vieler Soldaten, die im fernen Ungarn kämpften, sei auf der Hochebene die Sicherheit zusammengebrochen.[10] Für die Banditen verwendeten osmanische Beamte den Sammelbegriff *Celalis*, aber es handelte sich schwerlich um eine einheitliche Bewegung.[11] Zu den frühen Aufwieglern gehörten zwei exzentrische Brüder, der eine ein Musketier und Söldner namens Kara Yazıcı, „der Schwarze Schreiber“, und der andere seinem Namen Deli („Irrer“) Hasan sowie einer Beschreibung seiner Gefolgsleute (siehe Kastentext auf S. 175) nach zu urteilen ein Mystiker.

Peçevi beschreibt Deli Hasans Celali-Rebellen

İbrahim Peçevi, Sohn eines zum Islam konvertierten Ungarn, wurde als Waise von dem slawischen Sokollu-Clan adoptiert. Nach einer Karriere in der Finanzverwaltung setzte er sich in Buda zur Ruhe und schrieb eine Geschichte der Osmanen. Deli Hasans bunt zusammengewürfelten Haufen schilderte er folgendermaßen:

„Bei einigen hing jeweils eine Kamelglocke am Steigbügel. Andere hatten über ihren splitternackten Rücken jeweils zwei Reihen Glöckchen an Schulterriemen hängen. Einige hatten unbedeckte, grobschlächtige Köpfe. […] Einige trugen ihre Haare so lang wie Frauen, sodass sie an beiden Seiten bis auf die Brust herabhingen. Einige waren an Füßen und Beinen unbekleidet, und sie hatten einen Spieß oder eine Lanze in der Hand, an deren Enden jeweils ein zwei Spannen großes Stück Mantelstoff als Fahne befestigt war. Insgesamt waren ihr Auftreten und ihre Haltung unbeschreiblich. Wer ihrer ansichtig wurde, kam aus dem Staunen nicht mehr heraus.“[a]

[a] Übersetzung Michael Reinhard Heß; Textbasis: Ibrāhīm Pečuyī, *Tārīḫ-i Pečuyī*, Bd. 2, Matbaᶜ-ï ᶜĀmire (Der-i Seᶜādet) 1867, S. 271.

Wie in früheren Jahrhunderten hätten die Brüder dem Aufstand einen klassischen politisch-religiösen Doppelcharakter verleihen können, aber dazu kam es eigentlich nie. Der gut ein Jahrhundert alte Begriff Celali bezog sich auf einen gewissen Scheich Celal, einen Zeitgenossen des Kızılbaş-Gründers Scheich Cüneyd, der aus demselben Holz geschnitzt war wie Cüneyd.[12] Unter den Celalis finden sich Namen wie Shah Verdi und Shah Veli, die auf ein Kızılbaş-Bekenntnis hindeuten,[13] und Kara Yazıcı unterschrieb seine Briefe mit Schah Halim („der Demütige“) und behauptete, der Nachfahre namentlich ungenannter Schahs der Vergangenheit zu sein. Er behauptete, der Prophet sei ihm im Traum erschienen.[14] Doch ihm und seinem Bruder fehlten die messianische Ausstrahlung und die dynastische Glaubwürdigkeit eines Schah Ismail oder eines Scheich Bedrettin; ebenso ging diesem neuen Aufstand das apokalyptische Potenzial jener beiden früheren Rebellionen ab. Leider sind die osmanischen Ratsprotokolle für diese Jahre verlorengegangen, aber noch erhaltene Chroniken und die venezianischen Konsularberichte aus Aleppo sprechen hinsichtlich der Beweggründe der Rebellen kaum von Religion. Sie legen vielmehr den Schluss nahe, dass die anhaltende Unsicherheit und die Mühsal des Lebens diese Taugenichtse zu dem verlockenden Leben von Männern verführten, die keinen Herrn kennen.[15]

Aus Kara Yazıcıs Kurzbiographie sprach weniger der Wunsch, die osmanische Ordnung zu stürzen, als Unmut über die Regeln, die zu befolgen waren, wollte man ihr angehören. Den Janitscharen und anderen Palasttruppen öffnete der Dienst im erweiterten Haushalt des Sultans über Steuerpacht und -eintreibung die Tore zu Privilegien und persönlicher Gunst.[16] All diese Soldaten rekrutierten sich aus demselben Reservoir von Menschen – der Devşirme, der Knabenlese, und anderen Versklavungsverfahren, und auch die Söhne von Korpsmitgliedern konnten sich melden. Zwischen den Janitscharen auf der einen Seite und den kleineren, privilegierteren „sechs Regimentern" der Palastreiterei auf der anderen Seite gab es heftige Rivalitäten. Eine dritte Gruppe war das aus Feuerwerkern, Kanonieren und Gespannführern bestehende Artilleriekorps.[17] Janitscharen konnten für Spezialaufträge rekrutiert werden, die mit hohem Risiko verbunden waren, aber auch hohe Belohnung versprachen. Nach solchen Einsätzen winkte die Beförderung in eines der Reiterregimenter, was höheren Sold und Zugang zu lukrativen Verwaltungs- und Finanzposten in Friedenszeiten oder nach dem Ausscheiden aus dem aktiven Dienst bedeutete.[18]

Beispielsweise oblag die Eintreibung der Cizye, der Kopfsteuer für Nichtmuslime, Angehörigen der sechs Regimenter. Sie machten 78 Prozent der Namen auf einer Liste von Cizye-Eintreibern eines Registers von 1571–72 aus, und 1615–16 lag ihr Anteil bei 90 Prozent.[19] So sehr wurden die sechs Regimenter mit der Eintreibung von Abgaben gleichgesetzt, dass Steuerpächter manchmal in eines der sechs berufen wurden, ohne irgendwelche militärische Erfahrung zu besitzen. So verhielt es sich etwa im Fall eines gewissen Mustafa, der zusammen mit seinem Vater im März 1575 einen Dreijahresvertrag für die Zölle im aufstrebenden Hafen von Izmir erhielt.[20] Der Name des Vaters, Haci Mehmed, deutet darauf hin, dass er die Pilgerfahrt nach Mekka gemacht hatte oder andernfalls ein reicher Kaufmann, aber keinesfalls ein Soldat war. Trotzdem teilte man ihn einem der sechs Regimenter zu, und der Sohn

Mustafa bekam einen großen Timar. Das Team aus Vater und Sohn überbot beim Bieterwettstreit vor dem kaiserlichen Schatzmeister einen gewissen Süleyman.[21] Das war kein Einzelfall, und es war nicht nur die persönliche Garde des Sultans, die sich in Handel und Finanzen betätigte. Einige Seiten weiter vorn verzeichnet dasselbe Register den Fall eines kaiserlichen Kuriers, dessen Timar erhöht wurde, damit es als Pfand bei den Verhandlungen um einen großen Steuerpachtvertrag dienen konnte.[22]

Auch im Provinzdienst eröffneten sich Chancen, und dort begann Kara Yazıcı seine Karriere – als Adjutant eines Sancakbeyi in der Provinz Rum. Als sein Gönner im Jahr 1596 zum Ungarnfeldzug einberufen wurde, oblag Kara Yazıcı die Sicherheit daheim, und als sein Schutzherr aus der Armee entlassen wurde, da wurde auch er entlassen. Ursache für die Entlassung war ein Vorfall nach der Schlacht bei Mezőkeresztes. Im Glauben, die Schlacht bereits gewonnen zu haben, plünderten die habsburgischen Truppen das osmanische Lager, aber dem Heer der Osmanen gelang es, das Blatt zu wenden. Nach diesem unwahrscheinlichen Sieg ordnete der osmanische Feldkommandeur eine spontane Inspektion an. Jeden, der nicht anwesend war, strich er aus der Musterrolle. Angehörige der Provinzreiterei lebten stets mit dem Wissen, dass sie ihre Timare verlieren konnten, wenn sie nicht zum Appell erschienen, obwohl dies in der Praxis selten vorkam. In diesem Fall aber ließ der General, Çıgalazade Sinan Pascha, den Worten Taten folgen. Laut dem Bericht des venezianischen Konsuls in Aleppo erhielt Kara Yazıcı die Nachricht von seiner Entlassung, während er eine Polizeiaktion gegen randalierende Medrese-Studenten in Kilikien durchführte. Er weigerte sich, von seinem Posten zurückzutreten. Schließlich erfüllte er seine Pflicht.

Kara Yazıcı war nicht der einzige Gefolgsmann, der nach der auf Mezőkeresztes folgenden Säuberung zum Rebellen wurde. In den Reihen der Aufrührer fand sich eine bunte Mischung aus landlosen Dörflern, arbeitslosen Stadt- und Landarbeitern, bewaffneten Mitläufern, unzufriedenen Theologiestudenten, niederen Geistlichen und – wie es ein Historiker der Zeit verächtlich ausdrückte – „Häretiker[n], die weder von Religion noch von Theologie eine Ahnung haben".[23] Der Beylerbeyi von Karaman wurde gegen die Aufrührer entsendet, schloss sich ihnen aber stattdessen an, besiegte eine Regierungstruppe und verschanzte sich in Urfa. Als der Sohn des Großwesirs mit Truppen anrückte, trat Kara Yazıcı im Gegenzug für die Beförderung zum Sancakbeyi als Kronzeuge auf.[24] Oder aber – so ein anderer Bericht – er blieb stets ein Rebell und starb nach einer Niederlage am oberen Euphrat. Auch Deli Hasan streckte auf der Suche nach einer Stelle im Palast seine Fühler in Richtung Istanbul aus. Das stieß auf den Protest der Palastwachen in der Hauptstadt. Tatsächlich ernannte man ihn zum Beylerbeyi von Bosnien im fernen Grenzland, aber ihn verfolgten Gerüchte, dass er neuen Aufruhr plane, und am Ende wurde er verurteilt und hingerichtet.[25] Die Revolte ging ohne die Brüder weiter. Ein unzufriedener Tatarenfürst stieß dazu. Rebellentruppen brannten einen Teil von Tokat nieder und ermordeten einen osmanischen General, zogen dann nach Westen, plünderten Ankara und belagerten Kütahya.

Die Rückkehr von Schah Abbas mit der persischen Armee in den Kaukasus Ende 1603 bedeutete, dass die Osmanenarmee während der nächsten drei Jahre an drei Fronten kämpfte – ein interessantes Zeichen ihrer militärischen Stärke, auch wenn die Ergebnisse durchwachsen waren. Die Osmanen zogen in Ungarn gegen die Habsburger ins Feld und im Kaukasus gegen die Perser, und die ganze Zeit über ebbte die Aktivität der Celali auf der Hochebene nicht ab. Täbris fiel an Schah Abbas, im Frühling 1604 auch Jerewan. Da der Krieg in Ungarn sich hinzog, hing der Erfolg dieses Ostfeldzugs – unter der Führung des besagten Çıgalazade Sinan Pascha – davon ab, ob die noch umherstreifenden Celali-Rebellen ausgeschaltet werden konnten. Einem, Halil dem Langen, übertrug man die Statthalterschaft von Bagdad, während zwölf seiner Leute Sancaks erhielten.[26] Ein anderer, Kalenderoğlu Mehmed, Anhänger eines Vetters der Sokollu, hatte sein Talent sowohl als Hauptmann von Musketieren wie auch als Steuereintreiber unter mehreren Provinzbeamten unter Beweise gestellt.[27] Auch er fiel der Mezőkeresztes-Säuberung zum Opfer, und auch er wurde zum Gesetzlosen. Nun empfing er die Steuereinkünfte von Ankara als „Pension". Und noch viele andere solcher Lokalhelden und -schurken im Kleinformat mussten gewonnen und kooptiert werden. Die Regierungstruppen marschierten nach Osten, nur um schließlich im Jahr 1605 nahe dem Urmia-See eine

Niederlage durch Schah Abbas zu erleiden, die zu einem nicht geringen Teil dem passiv-aggressiven kurdischen Stammesfürsten aus dem Canbulad-Clan von Kilis geschuldet war, dessen Truppen nicht auftauchten. In heller Wut darüber, dass er sie bei seiner Rückkehr seelenruhig am Van-See lagernd vorfand, ließ Çıgalazade Sinan Pascha den Stammesfürsten hinrichten.[28]

Im Verlauf des nächsten Jahres zogen sich das Osmanen- als auch das Safawidenheer zurück, und Çıgalazade verstarb. Istanbul konnte sich auf keine Vorgehensweise einigen. In Aleppo prägte Canbulads Sohn Ali trotzig seine eigenen Münzen und ließ in seinem Namen Freitagsgebete sprechen.[29] Er erzwang die Unterwerfung der beiden südsyrischen Sancaks Damaskus und Tripoli. Außerdem schloss er einen Handelsvertrag mit dem Herzog der Toskana, dem Florentiner Rivalen Venedigs,[30] wahrscheinlich in der Hoffnung, einen Teil des Handels, den die gesamte Region an Izmir verloren hatte, ersetzen zu können – Izmir war inzwischen sicherer als Aleppo, und erste englische und französische Händler waren bereits dort, um Baumwolle und Mohair aufzukaufen.[31] Wie es hieß, herrschte östlich und nördlich des Vansees Anarchie; das Gebiet wurde von örtlichen Machthabern und Banditen, Muslimen wie Christen, verheert. Die Einwohner flohen aus den Städten und verkrochen sich in Höhlen, während umherstreifende Horden Bewaffneter plünderten und Verpflegung verlangten. Arakel von Täbris schrieb von einer Heuschreckenplage und erzählte Geschichten über Kannibalismus und Menschen, die Hunde und andere unreine Tiere aßen. Die armenische Bevölkerung wanderte überallhin aus, wo sie Nahrung finden konnte – nach Rumeli, in die Walachei, nach Polen, nach Kefe und ans Schwarze Meer, nach Täbris und Ardabil. Allerorten wütete der Hunger.[32]

Ende 1606 ging das Siegel des Großwesirs an Kuyucu Murad Pascha, den Brunnengräber. Kuyucu Murad, ein südslawischer Devşirme-Zwangsrekrut, der inzwischen über 80 Jahre alt war, hatte eine beachtliche militärische Laufbahn hinter sich. Er war es, der soeben den Vertrag ausgehandelt hatte, der den Krieg in Ungarn beendete. Jetzt führte er – nur einen Monat später – die Armee von Rumeli gegen die Celalis. Im Frühherbst überquerte er die von einer Dürre gezeichnete Hochebene und machte Verdächtige abwechselnd durch Schmeichelei und Einschüchterung gefügig. Nach einer Ruhepause in Konya brach er durch die Kilikischen Tore und stürzte sich auf Adana. Im Oktober 1607 besiegte seine Streitmacht Canbulad Ali und eroberte Kilis. Canbulad Ali selbst wurde nach Temesvár geschickt, wo er ein Jahr lang als Statthalter im politischen Abseits und in ständiger Lebensgefahr seitens der Janitscharen zubrachte. Als er nach Belgrad aufbrach, wurde er von Kuyucu Murads Bevollmächtigten gefangen genommen und hingerichtet.[33]

Damit blieb noch Kalenderoğlu, den Kuyucu Murad im Rücken seines Heeres zurückgelassen hatte. Kalenderoğlu versuchte zwar, den ihm in Ankara versprochenen Posten anzutreten, aber der Ortsrichter ver-

Abb. 4.1: Die Sultan-Ahmed-Moschee. Aus Dankbarkeit für den Sieg über die Celali-Rebellen baute Sultan Ahmed eine neue Moschee am Istanbuler Hippodrom gegenüber der Hagia Sophia. Der wegen seiner sechs Minarette berühmte Bau heißt nach den Kacheln im Innern auch die Blaue Moschee. Dieses Fresko im Harem des Istanbuler Topkapı-Palastes stammt aus der Zeit nach dem Palastbrand von 1665.

weigerte ihm den Zutritt zur Stadt, und die Zitadelle hielt seinem Sturmangriff stand. Seine Männer plünderten Bursa und lösten damit eine leicht übertriebene Panik in Istanbul aus – die Angst einer Herrschaftsschicht, die nicht daran gewöhnt war, sich im Spiegel der ehrgeizigen Pläne eines anderen zu sehen. Aber wie alle anderen Rebellen besaß auch Kalenderoğlu nicht genug Artillerie, um eine Festung zu erobern oder das osmanische Hauptheer auf dem Schlachtfeld ernsthaft herauszufordern. Kuyucu Murads Truppen besiegten ihn,[34] und 1609 waren die Celali-Aufstände größtenteils vorüber. Laut Arakel von Täbris endete auch die Hungersnot.[35]

Die Finanzreform

Die Umstände verlangten nicht nur kleinere verwaltungstechnische Änderungen, sondern auch ein gründliches Überdenken des osmanischen Fiskalmodells. Die eben erst abgeschlossenen Katastererfassungen waren schon überholt, noch ehe die Tinte auf den Registern trocken war, denn eine ganze Reihe neuer sozialpolitischer Realitäten hatte sie erledigt. Sich diesen Realitäten zu stellen, bedeutete, dass die gesamte Praxis der regelmäßigen Erhebungen über Boden und Abgaben, seit zwei Jahrhunderten Kennzeichen der osmanischen Agrarverfassung, zu den Akten gelegt werden müsste. An ihre Stelle trat ein Programm der Vergabe von Steuerpachten, das die lokale Loyalität stärkte und als System kurzfristiger Inlandskredite für die Regierung fungierte.

Die neue Besteuerungsstruktur schuf ein symbiotisches Netz aus Wechselbeziehungen zwischen imperialem Zentrum und lokalen Eliten, anfangs mittels der Cizye und der *avarız*- oder „außergewöhnlichen" Steuer. Die Cizye, die religionsrechtlich verankerte Kopfsteuer für Nichtmuslime im Unterschied zum Zehnten, den die Muslime zahlten, assoziierte man gemeinhin mit Unterjochung und Freistellung vom Militärdienst. Die *avarız* war dem Namen nach eine gelegentlich erhobene Sondersteuer für zusätzlichen Finanzbedarf in Kriegszeiten. Jetzt wurde sie zu einer jährlichen Abgabe. Der Einzelhaushalt war weiterhin die Besteuerungseinheit, aber für die Zwecke der Avarız verstand man unter „Haushalt" eine variable Rechnungseinheit, die alles zwischen 3 und 15 echten Familien umfassen konnte – was bedeutete, dass die realen Steuerlasten je nach Zahlungsfähigkeit verteilt wurden.

Avarız und Cizye wurden fortan von der Gemeinde eingetrieben und privatisiert; man vergab sie in dreijährigen *iltizam*-Verträgen an einen *mültezim* genannten Bevollmächtigten, der normalerweise irgendwelche Beziehungen zu vornehmen Familien in der Provinz hatte. Die Ortsvorsteher kümmerten sich um die Veränderungen und führten die Bücher. Das Konzept baute auf die vor Ort vorhandene Kenntnis der örtlichen Gegebenheiten und gewährte der örtlichen Führung im Gegenzug für Investitionen und Kooperation größere Autonomie. Auf diese Weise arrangierte sich die osmanische Verwaltung mit Notabeln und Militärbefehlshabern in den Provinzen, deren Kenntnis der lokalen Verhältnisse und persönliche Kontakte für gutes Regierungshandeln unentbehrlich waren. Die in Ägypten gelernten Lektionen flossen in die Veränderungen ein. Seine Salyane-Struktur machte Ägypten tendenziell zum Vorreiter in Finanzfragen. Die Steuerpacht- bzw. Iltizam-Struktur wurde seit den 1560er-Jahren in Ägypten weiterentwickelt, um die Abzweigung von Steuereinnahmen in private Stiftungen zu verhindern. In der Iltizam fand die osmanische Regierung eine wettbewerbsfähige Form der Investition. In Ägypten waren die finanzpolitischen Schlüsselfiguren erstens der Schatzmeister, der den alljährlichen Tribut verwaltete, zweitens der Befehlshaber der Pilgerkarawane, die den Zugang zum Kaffeehandel über das Rote Meer und zum Gewürzhandel über den Indischen Ozean eröffnete, und drittens der Obereunuch des Istanbuler Palastharems. Letzterer verwaltete die Stiftungen für die Heiligen Städte, und in seinem Schlepptau agierten zahlreiche Bevollmächtigte für die Einkünfte auf dörflicher Ebene, die für diese Stiftungen bestimmt waren.[36] Landwirtschaftliche Einkünfte, die bisher von eigens ernannten Bevollmächtigten des Fiskus eingezogen worden waren, wurden jetzt über entsprechende Verträge an Mültezims vergeben.[37] Angehörige zweier alter Militäreinheiten in Ägypten erhielten Exklusivrechte auf das Amt des Sancakbeyi, der in Ägypten ausdrücklich finanzielle Kompetenzen hatte. Die Struktur der Tributbeziehung zu Istanbul bedeutete, dass Ägypten ein sicheres Versuchsgelände für die Umwandlung der Provinzstatthalter von Militärbefehlshabern in Finanzmanager war.

Die Dynastie in Bedrängnis

Schon beim Regierungsantritt Sultan Murads III. tauchten Warnzeichen auf, dass ein dynastischer Notstand drohte. Als Murad 1574 den Thron bestieg, hatte er nur zwei Söhne, von denen der eine (der spätere Mehmed III.) erst 15 Jahre alt war und noch keinen Erben hatte, und der andere zu Beginn von Murads Herrschaft starb. Murads Mutter Nurbanu drängte ihren Sohn, sich außer seiner Favoritin Safiye noch weitere Konkubinen zu nehmen und zu versuchen, mehr Erben in die Welt zu setzen. Murad widersetzte sich erst, aber als er sich dieser Aufgabe dann widmete, hatte er spektakulären Erfolg: Neunzehn weitere Söhne und mehr als zwei Dutzend Töchter wurden ihm geboren, ehe er 1595 starb. Doch all diese kleinen Konkurrenten, die durchweg noch nicht volljährig waren, ließ Mehmed III. umgehend hinrichten, ebenso seinen eigenen ältesten Sohn, der recht beliebt war. Das bedeutete, dass sein verbleibender Sohn und Nachfolger Ahmed I. noch minderjährig war, als Mehmed III. 1605 selbst unerwartet verstarb. Und die einzigen Osmanenprinzen, die während der nächsten 50 Jahre volljährig wurden, ehe sie den Thron bestiegen, waren psychisch labil. Eine der vielen Folgen dieser Situation war, dass keiner dieser Sultane Erfahrungen als Statthalter einer Provinz sammeln konnte, ehe er zur Herrschaft über das Reich berufen wurde.

Als Ahmed I. den Thron bestieg, wurde sein neunjähriger Bruder Mustafa nicht hingerichtet, und zwar aus mehreren Gründen. Man wusste, dass Mustafas geistige Gesundheit auf schwachen Füßen stand. Und wäre er exekutiert worden, dann wäre das einzige lebende männliche Mitglied der Osmanendynastie Sultan Ahmed gewesen, der noch keine sexuellen Beziehungen eingegangen und noch nicht einmal beschnitten war. Außerdem wirkten das Entsetzen und der Abscheu in der Öffentlichkeit vor acht Jahren, als der Zug winziger Särge mit den unglücklichen jüngeren Kindern Murads III. sich durch die Palasttore schob, stark nach.[38]

Der Dichter Nev'i, der mehrere dieser Jungen unterrichtet hatte, schrieb eine Trauerode, die neben dem Schmerz der Öffentlichkeit auch die bittere Diskretion ausdrückte, die Künstlern und Intellektuellen abverlangt wurde, deren Leben von der Protektion ihrer Gönner abhing.

„Es ist die Zeit der Rosen“, begann er, „überall kann man ihre Anzeichen sehen, doch eine unserer Knospen liegt verloren auf der Erde.“ Als Nev'i das schrieb, war Frühling, und die ganze Welt feierte nach dem Ende des Ramadan. „Warum sind dann meine Augen zu einer solchen Zeit feucht?“

> Gleich wer der Sultan ist, wir sind an seine Befehle gebunden –
> Der Umsichtige sagt nicht, dass … dies ein Opfer um seinetwillen war.[39]

Aus all diesen Gründen war die Hinrichtung Mustafas ein Risiko, das der Palast nicht eingehen wollte. Doch die Entscheidung, ihn *nicht* hinzurichten, manövrierte die Osmanendynastie in eine beispiellose Sackgasse, als Ahmed I. im November 1617 plötzlich starb.

Osmans Ermordnung

Ehe Ahmed starb, hatte er zwei Söhne gezeugt; damit war Mustafa nicht mehr das einzige andere männliche Mitglied der Dynastie. Dieser Umstand führte zu einer Spaltung des Hofes: Einige bevorzugten den schwachen Mustafa, andere Ahmeds älteren Sohn Osman. Zunächst bestieg Mustafa den Thron – es war das erste Mal, dass einem Osmanensultan nicht sein Sohn nachfolgte. Vor den Massen, die der feierlichen Thronbesteigung beiwohnten, ließ sich Mustafas Geisteszustand nicht verbergen. Dennoch hatte er die Unterstützung des Großmuftis, der in einem überraschend juristisch klingenden Schreiben wissen ließ, Prinz Osman sei „zu jung“. Zwar war Osman erst vierzehn, damit aber älter als sein Vater gewesen war, als er Sultan wurde. Nach drei Monaten setzte der Obereunuch, in diesen Zeiten junger Königinmütter und ihrer Kindersultane eine aufsteigende Figur im Harem, Mustafa zugunsten Osmans ab. Und wieder wurde Mustafa nicht hingerichtet, sondern im Harem gefangen gesetzt.

Die Kluft zwischen dem Obereunuchen, der Osman auf den Thron brachte, und dem Mufti, der Osman übergangen hatte, war tiefer als nur die zwischen zwei Männern. Die Anführer beider Seiten im Palast waren in Wirklichkeit Frauen – Ahmeds Lieblingskonkubine Kösem und Mustafas Mutter, eine Konkubine und Sklavin, deren Name nicht bekannt ist. Prinz Osmans Mutter war gestorben, als er noch ein kleines Kind war, womit er ohne diese allerwichtigste politische Verbündete auskommen musste. Zwar stand sich Osman, wie es heißt, recht gut mit Kösem, aber politisch war es für sie wenig reizvoll, sich für Osman statt für ihre eigenen Söhne starkzumachen.[40]

Die Kluft war noch größer als die zwischen den beiden Lagern im Palast. Das Wort „stürmisch" wird gern überstrapaziert, aber wenn dieses Attribut auf die Herrschaft irgendeines Osmanensultans zutrifft, dann auf die Regierungszeit Osmans.[41] Selbst das Wetter war extrem – 1621 fror nicht nur das Goldene Horn zu, sondern sogar der Bosporus, und zum ersten Mal seit Menschengedenken bedeckte Eis von Istanbul bis Üsküdar das Wasser.[42] Sobald Osman auf dem Thron saß, wurde die umstrittene Rolle des Obereunuchen bei seiner Thronbesteigung kritisch unter die Lupe genommen. Der Obereunuch hatte alle schriftlich davor gewarnt, worauf sie gefasst sein müssten, sollte Mustafa weiter amtieren. Jetzt warfen die Kritiker ihm vor, dass er die Vorgänge hinter den Haremsmauern nicht diskreter behandelt hatte. Man verbannte ihn nach Ägypten.[43] Aber die Episode verwies auch auf einige entscheidende Schwächen Osmans, die zwar anders geartet waren als die Mustafas, am Ende jedoch ebenso belastend. Osman fehlten angeborene politische Fähigkeiten. Dieses Manko hätte sich ausgleichen lassen, wenn seine Mutter noch gelebt oder Osman die Chance gehabt hätte, eine Lehrzeit als Provinzstatthalter zu absolvieren. Außerdem fehlte es ihm an Kompetenzen im zwischenmenschlichen Bereich. In seinen Beziehungen zu den hohen Offizieren der Palastmiliz und der Janitscharen unterliefen ihm schwere Fehler. Diese Mängel resultierten zweifellos aus politischen Einstellungen, die schon zu Ahmeds Lebzeiten offenkundig gewesen waren, und dürften der eigentliche Grund gewesen sein, warum der Mufti Mustafa unterstützt hatte.

Als Osman dann den Thron bestieg, traf er eine Reihe von Entscheidungen, die – zumindest nach Auskunft der erhaltenen Quellen – zusammenhanglos wirken. Der Austausch des Obereunuchen brachte die Palasttruppen auf. Nach einer Niederlage im Kaukasus wurde der Großwesir entlassen und der zweite Wesir ebenfalls. Die Vollmacht zur Ernennung der Ulema wurde dem Großmufti entzogen und Osmans Erzieher Ömer Efendi übertragen. Ömer Efendi zerstritt sich mit dem neuen Großwesir. Das stehende Heer hatte aus vielen Gründen etwas gegen Osman, unter anderem, weil er verkleidet durch die Stadt zog, um zu kontrollieren, in welchen Istanbuler Tavernen sie sich herumtrieben. Und dass er in der Öffentlichkeit im Gewand eines einfachen Mannes von der Straße auftauchte, trug ihm den Spott des gemeinen Volkes ein.

Angesichts seiner bröckelnden Glaubwürdigkeit kam Osman zu dem Entschluss, dass er jetzt unbedingt seine Armee auf einen Feldzug führen müsse. Er nahm die Einladung einer Delegation der Protestantischen Union an, die ihn dringend bat, sich in jenen mitteleuropäischen Konflikt einzuschalten, der später als Dreißigjähriger Krieg bekannt werden sollte. Ziel der Osmanen war die Festung Hotin am Oberlauf des Dnjestr in Moldawien, die vor einigen Jahren in die Hände der Republik Polen-Litauen gefallen war. Der Feldzug der Osmanen, der nur wenige Monate nach dem habsburgischen Sieg über die böhmischen Protestanten in der Schlacht am Weißen Berg begann, konnte außerdem ihrem Vasallen nutzen, dem Fürsten von Siebenbürgen (Transsilvanien), der Protestant war. Um einen Palastputsch in seiner Abwesenheit zu verhindern, wollte Osman vor seinem Aufbruch noch seinen ältesten Sohn hinrichten lassen. Der Großmufti weigerte sich, eine entsprechende Fetva zu verkünden, aber Osman besorgte sich die Unterlagen von einem weniger wichtigen Ulema-Vertreter und die Bluttat geschah. Seinen jüngeren Söhnen wurde kein Haar gekrümmt und erneut auch Mustafa nicht. Nach einem feuchtkalten Winter verließ die Armee im Mai Istanbul, doch obwohl die Truppen gut ernährt und ausgerüstet waren, lebten sie in ständiger Angst, ihre Vorräte könnten zur Neige gehen.[44] Während des Marsches verwandelte Osman ein zeremonielles finanzielles „Geschenk“ an die Soldaten in eine spontane Inspektion der Streitmacht, was sie erboste. Als Nächstes wehrte die kleine Festung Hotin mehrere Sturmangriffe ab und widerstand der osmanischen Belagerung, die sich in die Länge zog. Die Leistung des stehenden Heeres ließ eindeutig zu wünschen übrig, und ein beliebter Kommandeur fiel im Kampf. Im Januar 1622 kehrten der Sultan und seine Armee nach Istanbul zurück, ohne die Festung erobert oder ihr Verhältnis verbessert zu haben.

Es war, als habe Osman das Drehbuch für einen neuen Mustersultan gelesen, könne aber die Rolle nicht spielen. Als Kompromissversuch heiratete er die Tochter des Großmufti. Aber damit wischte er drei Jahrhunderte elementarer politischer Klugheit der Osmanen beiseite – den Grundsatz, Ehebande mit dem türkischen Adel zu meiden. Dann

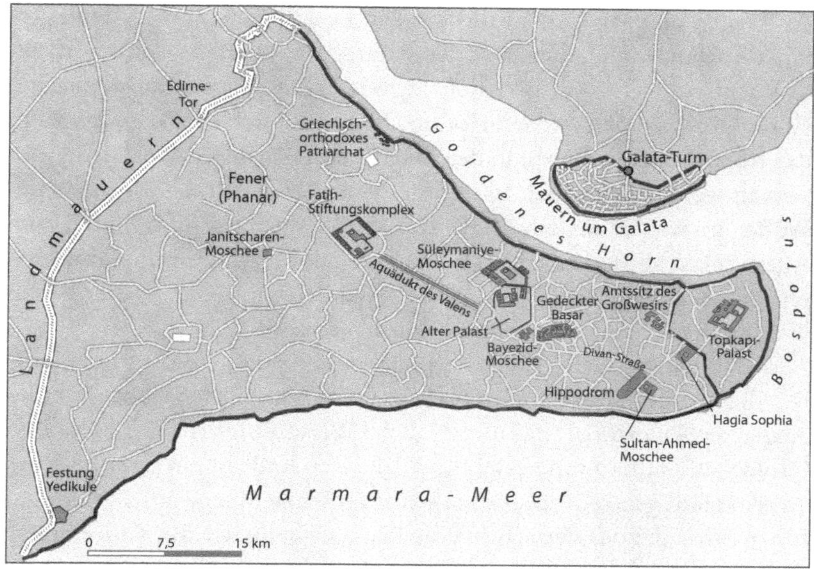

Karte 4.1: Die wichtigsten Bauten im osmanischen Istanbul

startete er den Versuchsballon einer Pilgerfahrt nach Mekka, etwas, das kein Osmanensultan je getan hatte und auch später niemals tun würde. Taktvoll entschied der Mufti, dass die Pilgerfahrt für einen Herrscher keine bindende Pflicht darstelle. Da ein offensichtliches Motiv fehlte, stritt man über Osmans Beweggründe. Einige meinten, der Sultan wolle nach Ägypten gehen und Kairo zur neuen Hauptstadt des Reiches machen. Andere lagen wahrscheinlich richtiger, wenn sie ihm die Absicht nachsagten, in den Provinzen ein Heer als Ersatz für die Palastreiterei und die Janitscharen aufzustellen.

Wo die politische Elite mit Verblüffung reagierte, war die Antwort der Truppen eine Meuterei. Die Revolte brach am Abend des 18. Mai 1622 aus, als der Sultan anordnete, sein persönliches Prunkzelt auf die andere Seite des Bosporus zu schaffen, was die übliche erste Maßnahme eines Feldzugs war. Da kein militärisches Unterehmen ausgerufen worden war, glaubte man, es handele sich um einen Teil der geplanten Pilgerreise. Das stehende Heer forderte, der Sultan müsse den Marsch aufgeben und die Hintermänner des Vorhabens bestrafen. Eine Abordnung aus Ulema übergab Osman ihr Gesuch. Er willigte ein, von der Pilgerfahrt Abstand zu nehmen, aber seine Ratgeber ausliefern wollte er nicht. Das genügte nicht. Am nächsten Tag zogen die Truppen aufs Palastgelände, stürmten den zweiten Hof und brachen durch ein Loch, das sie in das Kuppeldach schlugen, in den Harem ein. Sobald sie Mustafa in ihre Gewalt gebracht hatten, zwangen sie die Ulema mit vorgehaltener Waffe, ihn wieder auf den Thron zu setzen, holten Mustafas Mutter vom Alten Palast ab und brachten beide unter Bedeckung in die Janitscharenmoschee. Der Großwesir und der Aga der Janitscharen, die Osman als Unterhändler geschickt hatte, wurden ermordet.

Anschließend verhafteten die Truppen den Sultan selbst und schafften ihn in die Janitscharenmoschee. Die Szene in der Chronik eines Augenzeugen erinnert auf unheimliche Weise an Jesus auf der Via Dolorosa – der Sultan mit zerwühlten Kleidern und auf ein gewöhnliches Arbeitspferd gesetzt, wie er durch eine johlende Menge aus Gaffern geführt wird. „Ist das der ach so edle Prinz Osman, der die Kaffeehäuser durchsucht und die Sipahis und Janitscharen auf die Galeeren geschickt hat? Haben deine Ahnen etwa mit Söldnern Provinzen erobert?"[45] Man beriet sich zusammen mit Mustafas Mutter. Sie versuchte gar nicht erst, ihre Hände in Unschuld zu waschen. Rachsüchtig ernannte sie einen General zum Großwesir, der Osman hasste, womit das Schicksal des Sultans besiegelt war. Er wurde zur Festung Yedikule geschafft und dort erdrosselt.

Für Osman und gegen Osman

Osmans Ermordung traf die Generation, die sie miterlebte, wie ein Wolkenbruch. In Mustafas zweiter Regentschaft auf dem Thron amtierten fünf Großwesire, und irgendwie schaffte er es, 16 Monate zu herrschen, eher er zugunsten von Kösems ältestem Sohn Murad IV. abgesetzt wurde. Das Ganze war aber keineswegs nur ein interner Machtkampf im Palast. Die Spaltung im Palast hatte die wichtigsten Bruchlinien der osmanischen Gesellschaft offengelegt.

Die Autoren dieser polarisierten Epoche neigen dazu, alle Beteiligten einem von zwei Lagern zuzuordnen.[46] Auf der einen Seite war das stehende Heer des Palastes samt seinen Verbündeten im Finanzwesen und in der Verwaltung, und zwar in der Hauptstadt wie in den Provinzen.

Mochten sie Osmans Ermordung auch bedauern, verteidigten sie doch seine Absetzung als zum Schutz der „osmanischen Tradition" erforderlich. Unter Letzterer verstanden sie den privilegierten Status des stehenden Heeres als Leibgarde der Dynastie und ebenso das damit einhergehende System der Patronage-Netzwerke bei Ämtervergabe und Steuerpacht. Die ethnische Zugehörigkeit spielte dabei keine geringe Rolle,[47] und es gab auch eine religiöse Dimension. Viele – wenn auch nicht alle – Angehörige des stehenden Heeres waren Slawen und Armenier, die nach wie vor über das Devşirme-Sklavensystem rekrutiert wurden, und in dieser Zeit geschah es, dass erstmals ein Großwesir aus dem Janitscharencorps berufen wurde, der Bosniake Hüsrev. Albaner und Slawen neigten stärker dazu, Bektaşis oder Sufis zu werden, was nüchternen Sunniten suspekt war.

Auf der anderen Seite waren die Osmanisten, die Verteidiger Osmans, wie etwa der Abchase Mehmed Pascha, der Statthalter von Erzurum, der für uneingeschränkte Königsmacht stand. Die Ursprünge ihrer Patronage-Netzwerke lagen meist in den Ostprovinzen, besonders im Kaukasus, in Rum und Karaman sowie manchmal in den syrischen Städten, doch fehlte es ihnen nicht an Beziehungen zum Palast. Oft waren sie von Wesiren rekrutiert worden, die auf diese Weise ihre Streitkräfte für Feldzüge an entlegenen Fronten aufstockten. Die meisten waren Sunniten, aber die ethnische Zugehörigkeit konnte selbst die muslimisch-christliche Trennlinie überlagern. Zu Mehmed Paschas Verbündeten in der Hauptstadt zählte der Eunuchen-Großwesir, der Georgier war; ein armenisch-christlicher Chronist verewigte ihn als jemanden, der seine Leute kannte und liebte, da er in Erzurum unter ihnen gelebt hatte. Als Mehmed Pascha das Janitscharenkorps in seinen östlichen Garnisonen angriff und die Kompanie niedermetzelte, gelang einigen die Flucht, indem sie sich als Armenier verkleideten.[48] Mehmed wurde entlassen, gleichwohl marschierte er, sobald der Winter vorbei war, mit seinem Heer nach Westen und belagerte Ankara, und obwohl er besiegt wurde, begnadigte man ihn, wahrscheinlich wegen der bröckelnden osmanischen Position im Irak. Schah Abbas eroberte Bagdad, Mossul und Kirkuk, bedeutende Städte, die Sultan Süleyman vor 90 Jahren eingenommen hatte. Im Lauf der nächsten Jahre scheiterten zwei Versuche, die Perser zu verdrängen, während Mehmed Pascha Befehle zum Angriff verweigerte. Man enthob ihn des Kommandos und verbannte ihn als Statthalter nach Bosnien.

Nach dem zweiten gescheiterten Versuch zur Wiedereroberung Bagdads spitzte sich der Konflikt zu. Hüsrev der Bosnier zog sich mit dem Heer nach Mossul zurück, verbrachte Frühjahr und Sommer 1631 in Mardin und Diyarbekir und wandte sich dann für einen neuen Anlauf gen Süden. Als er zugunsten eines Parteigängers der Osmanisten entlassen wurde, machte er kehrt und zog er mit dem Heer Richtung Heimat. In Tokat wurde er ermordet. Seine Truppen zogen weiter, drangen in Istanbul ein, exekutierten den osmanistischen Großwesir und installierten eine Schreckensherrschaft. Doch als auch Sultan Murads persönlicher Freund Musa Çelebi ihrer Brutalität zum Opfer fiel, „erweckte Gott den Sultan", wie ein Beobachter vermerkte.[49]

Sultan Murad war der seltene Fall eines politischen Genies – ein Radikalreformer, der Konservative davon überzeugen konnte, dass er ein Spätgeborener aus einer vergangenen Epoche sei. Er berief eine erweiterte außerordentliche Sitzung des Divans ein und leitete persönlich Sitzungen, die im Juni und Juli 1632 über mehrere Wochen im Uferpavillon des Palastes stattfanden. Die dabei getroffenen Entscheidungen verfolgten zwei Hauptziele: den Zwist in der osmanischen Armee zu beenden und die safawidische Einnahme Bagdads rückgängig zu machen. Eine große Gruppe von Amtsträgern aus Militär, Verwaltung, Justiz und Religion kam zusammen. Man hörte die Protestierenden an. Es gab zahlreiche Hinrichtungen. Man verschaffte sich einen Überblick über die Palast- und Militärangelegenheiten, erbat Reformvorschläge, und allmählich nahm ein bemerkenswerter Kompromiss Gestalt an. Hüseyin Pascha, Spitzname „der Schurke", ein General, der alt genug war, sich noch an Sultan Süleyman zu erinnern, wurde zusammen mit dem Intendanten der Registratur nach Sofia entsandt. Obwohl seine Befehle die große Geschichte der Timar-Verwaltung nostalgisch verklärten, spielten sie alte Anforderungen, wie etwa die Vergabe von Timaren an die Söhne ehemaliger Sipahis, herunter und bevorzugten die Vergabe an ortsansässige Soldaten. Gleichzeitig wurden in den Provinzen – in Rumeli, Anatolien, Bosnien, Ungarn, Karaman, Diyarbekir, Trabzon, Maraş, Sivas, Syrien, Erzurum und Raqqa[50] – bei Heeresinspektionen Leute ausgesondert, die durch „Pensions"-Bewilligungen und andere

Arten von Steuerpachten in Abwesenheit Rechte auf Timare erworben hatten. Das war eine klare Anerkennung der Umgestaltung der Vorgängergeneration – und es funktionierte. Der Sultan persönlich führte einen Feldzug, in dessen Verlauf 1635 Jerewan erobert wurde, bevor er 1638 im Triumph nach Bagdad zurückkehrte, womit der Name Murads IV. neben den von Süleyman als osmanische Eroberer der Abbasidenhauptstadt trat.

Der Sultan und sein Unterhalter

Das privateste Porträt Murads IV. stammt aus der Feder seines Unterhalters und Freundes Evliya Çelebi. Evliya nahm zusammen mit seinem Vater, einem Hofgoldschmied, der an der Blauen Moschee Ahmeds I. mitgearbeitet hatte, am Jerewan-Feldzug teil. Als sie in jenem Herbst wieder in Istanbul waren, erregte Evliya die Aufmerksamkeit des Sultans, als er während des Ramadan in der Hagia Sophia zur Nacht der Bestimmung aus dem Koran vorsang. Am selben Abend stellte man Evliya dem Sultan vor und brachte ihn in den Palast. Aufgefordert zu singen, wählte er ein schmerzliches Klagelied:

> Ich ging los, meinen geliebten Musa zu treffen; er säumte und kam nicht.
> Vielleicht habe ich ihn unterwegs verpasst; er säumte und kam nicht.

Unter Tränen rief der Sultan aus, er habe doch verboten, dieses Lied jemals in seiner Gegenwart zu singen, und verlangte zu wissen, woher Evliya es kenne. Evliya antwortete, er habe es von zwei Sklaven gelernt, deren Herr beim letzten Pestausbruch gestorben sei. Der Sultan fasste sich wieder und forderte ihn auf fortzufahren; nun wechselte Evliya zu einem gängigen Sufi-Lied. Als er fertig war, verriet Murad, dass das erste Lied von keinem Geringeren als ihm selbst komponiert worden sei, und zwar für seinen geliebten Freund Musa Çelebi, der im Terror von 1632 umgekommen war.[51]

Murad und Evliya waren gleichaltrig. Der Sultan mochte Evliyas komödiantischen Stil und die Art, wie er Geschichten erzählte. Murad, so schrieb Evliya, suchte den Wettstreit, war athletisch gebaut und „zog sich häufig aus, um zu ringen“. Bei solchen Gelegenheiten war es Evliya, der „das übliche Gebet der Ringer vorlas“. Einmal, so behauptete er, habe er gesehen, wie der Sultan seine beiden Schwertträger packte, „beides bemerkenswert kräftige Männer, und sie am Gürtel fasste, über seinen Kopf hob und den einen nach rechts, den anderen nach links schleuderte". Als Evliya einmal nach einem Bad scherzte, Murad werde sich ja wohl zum Ringen nicht einölen, „packte er mich lachend wie ein Adler am Gürtel, hob mich hoch über seinen Kopf und wirbelte mich umher wie ein Kind einen Kreisel". Für diese Unannehmlichkeit bekam Evliya 48 Goldstücke.[52]

Der Menge predigen

Die scheinbar endlose Chronik der Kriege, Meutereien, Revolten, Katastrophen, Seuchen und Skandale war für manche eine Bestätigung, dass die osmanische Gesellschaft krank war. Selbsternannte Ärzte untersuchten die sozialen Symptome, stellten Diagnosen und boten Heilmittel an. Kaiserliche Kanzleibeamte und Schreiber betrauerten den Verlust der osmanischen Ordnung, während manche Moscheeprediger vor dem Untergang der islamischen Gesellschaft warnten.

Zwar konnten sich nur noch die Älteren an Süleyman erinnern, doch verwendeten die Essayisten nach wie vor die Literaturgattung des Königsspiegels, um der verlorengegangenen Ordnung des osmanischen Rechts, des *kanun*, nachzutrauern, welche die meisten mit Süleyman verbanden – die Osmanen nannten ihn nicht den Prächtigen, sondern *Kanuni*, den Gesetzgeber. Vom Divan bis zu den Janitscharen, von den Ulema bis zur Provinzreiterei, von den Erziehern des Sultans bis zu seinen Konkubinen zog die Schreiberschicht die Verbindungen zwischen dem dynastischen Recht und der göttlichen Pflege der Gesellschaft. Ein Autor, ein Mann von beträchtlichem wissenschaftlichen Können namens Katib Çelebi, sehnte sich in seinen *Leitenden Prinzipien* nach einem „Mann des Schwertes", der alles ins Lot bringen sollte, nach Gewalt, um der Gewalt entgegenzutreten. Egoismus und Klassendünkel dieser Männer waren offenbar kaum verhüllt. In den *Gesetzen der Osmanendynastie*[53] bezeichnete Ayn Ali Gott als den „Schreiber der Tafel- und Rohrfeder-Editionen", womit er den Wortlaut des Korans aufgriff, allerdings in Begriffen, die direkt dem Lexikon des osmanischen Feudalismus entnommen waren. Gott verleihe ein „Auskommen" je nach dem

Rang im Leben und mache Geschenke aus dem Ertrag der unbegrenzten „Felder“ seiner Freigebigkeit. Gott „befahl“ – das Verb für die Anordnungen des Sultans – dem Propheten Mohammed, das Gesetz zu verdeutlichen. Der Prophet sei der „Vorstand des Registers der Seiten der Apostelschaft, die Gesamtsumme des Hauptbuches der Größe, der Schreiber der Register von Recht und Religion.“ Er sei der Intendant der Registratur – eine bürokratische Stellung, die Ayn Ali selbst innegehabt hatte – „des inspirierten Wortes des Herrn der Zwei Welten“. Das osmanische System entspreche Gottes erschaffener Ordnung, die osmanischen Register entsprächen ihrem heiligen Archiv.[54]

Die Moscheeprediger kleideten ähnliche Argumente in ähnliche Begriffe, nur wählten sie nicht die Sprache des dynastischen Rechts der Osmanen, sondern die des islamischen kanonischen Rechts, der Scharia. Ihre Medizin verabreichten sie den Massen bei den Freitagspredigten in der Moschee. Nicht immer war das Predigen eine so hochgeschätzte Kunst gewesen. Seine neue Beliebtheit lässt darauf schließen, dass hier plötzlich soziale Anliegen auf eine lese- und schreibkundige Zuhörerschaft trafen. Eine gute Predigt motivierte zum individuellen Nachdenken über das Seelenleben, gedieh aber paradoxerweise durch die Energie der Menge. Die Migrationsbewegungen in die Städte und die urbane Entwurzelung der Zeit nach der Jahrtausendwende nährten einen wachsenden Erwartungshunger: auf Arbeit und Aufwärtsmobilität, auf Bildung und auch auf Unterhaltung. Gleichzeitig schuf die städtische Umgebung Probleme hinsichtlich des richtigen Verhaltens in der Öffentlichkeit und der sozialen Kontrolle, die sich mit alten Sorgen überschnitten, wie etwa über die Sufi-Frömmigkeit und ihre unberechenbare Emotionalität. Im günstigsten Fall wies eine gute Predigt über konkrete Situationen hinaus, ohne zeitgenössische Nöte auszusparen.

Angeregt durch die Schriften von Mehmed Birgivi, jenes grantigen Professors aus dem vorigen Jahrhundert, dessen ablehnende Haltung gegenüber Bargeldstiftungen bereits erwähnt wurde, übernahmen mehrere charismatische Prediger die Verantwortung. Birgivi verfasste weithin gebräuchliche Lehrbücher zur arabischen Syntax und zu anderen Themen. Seine erbaulichen Werke, *Die Ordnung Mohammeds* und ein weiteres, ein Katechismus in türkischer Sprache, waren Bestseller – ein moderner Bibliograph hat allein in den Bibliotheken Istanbuls über 220 handschriftliche Kopien des ersten und über hundert des zweiten Buches gezählt.[55] Besonders beliebt war er bei Leserinnen, behauptet zumindest Katib Çelebi.[56] Bei Birgivi wie auch bei den Predigern ging der streitbare Ton nicht etwa mit dem Inhalt einher, er *war* der Inhalt – er verlieh dem Zorn Gottes eine Stimme. Persönliche Reue und soziale Reform mischend, predigten sie eine Moral individueller Verantwortung gegenüber den Versuchungen des urbanen Lebens. So wie es sich bei gesellschaftlichen Übeln – Alkohol, Tabak, Prostitution und dergleichen – um persönliche Laster handle, so handle es sich bei persönlichen Tugenden wie Nüchternheit und Selbstbeherrschung um schickliche öffentliche Verhaltensweisen und Einstellungen. Von da aus war es nur noch ein kleiner Schritt zu dem Vorschlag, die Obrigkeit solle ihre Verhaltensnormen durchsetzen. Peçevi, der oben erwähnte Historiker, zog eine Verbindung zwischen den religiösen Zänkern und jenem „ungeschmälerten Vergnügen", dessen Schauplätze die literarischen und sozialen Zusammenkünfte der Kaffeehäuser waren.[57] Paul Rycault, der Sekretär der englischen Levant Company in Izmir, sah noch eine weitere Ähnlichkeit: Er verglich die Prediger mit Calvinisten, „streng, mürrisch und lüstern … unduldsam gegen Musik, fröhliche oder leichtherzige Unterhaltung …, strikt und peinlich genau in der Befolgung der Glaubensregeln".[58]

Die Predigten zum Geburtstag des Propheten

Im September 1633 lieferten sich in der Istanbuler Hagia Sophia bei den alljährlichen Gedenkfeiern anlässlich des Geburtsfestes des Propheten (*mevlid*) zwei der bedeutendsten Prediger ihrer Zeit in Anwesenheit des Sultans einen Schlagabtausch.[59] Keine drei Wochen zuvor war auf der Schiffswerft am Goldenen Horn ein Großbrand ausgebrochen. Die Arbeiter kalfaterten gerade ein Boot, das für ein abendliches Fest bestimmt war, als der Wind fliegende Funken ans Ufer blies, wo sie Häuser in Brand setzten. Ehe das Feuer sich löschen ließ, war ein Fünftel der Stadt zerstört. Auf das Gerücht hin, ein Raucher habe den Brand ausgelöst, ließ der Sultan die Kaffeehäuser schließen; einige riss man ab, andere baute man zu Läden um. Die Schließungswelle griff auf die Provinzen über, sogar auf Arabien und Ägypten, und mancherorts vergingen 20 Jahre, bevor sich alles normalisierte und die Kaffeehäuser wieder öffnen

Abb. 4.2: Das Grab Birgivis in einem Zypressenhain in Birgi in der Südwesttürkei

konnten. Spitzzüngig schrieb Katib Çelebi, die Leute, die ihren Kaffee nicht bekommen konnten, seien auf Wein umgestiegen.[60]

Bei den beiden Predigern, die während des Mevlid-Gottesdienstes drei Wochen nach dem Brand ihr Duell austrugen, handelte es sich um Mehmed Kadızade, den Freitagsprediger an der Hagia Sophia, und um seinen Kollegen an der (Blauen) Sultan-Ahmed-Moschee, Sivasi Efendi. Ihre Moscheen befanden sich gegenüber dem Hippodrom, sie vertraten diametral entgegengesetzte Ansichten zu Politik und Religion – und sie verabscheuten einander. Sivasi Efendi, der als Erster sprach, war ein alternder Halveti-Scheich, ein Dichter und bedeutender Vermittler von Sufi-Spiritualität. Er war vor 15 Jahren aus seiner Heimat Sivas auf Einladung des Sultans nach Istanbul gekommen, um die Stelle als Freitagsprediger an der Blauen Moschee zu übernehmen, als sie eröffnet wurde. Er nutzte seine Predigt, um Kadızade mit Spott zu überhäufen. Katib Çelebi, ein Augenzeuge und damals Schüler von Kadızade, meinte, diese Taktik habe das Publikum abgestoßen.

Nach Sivasi stieg Kadızade auf die Kanzel. Als Schüler Birgivis und mit einem ähnlichen Temperament ausgestattet wie dieser, hatte

Kadızade durch einen offenen Brief an Murad IV., in dem er in einer langen Litanei die Untugenden Istanbuls, der Stadt der Sünde, auflistete, traurige Berühmtheit erlangt.[61] Er traf etwa zur Zeit des Mordes an Osman in Istanbul ein und wurde an der Moschee Selims I. der Nachfolger von niemand Geringerem als Birgivis eigenem Sohn. Seine populistischen Predigten sprachen soziale und kulturelle Themen an und beförderten seinen raschen Aufstieg über eine Reihe wichtiger Posten. Bald versetzte man ihn zur Bayezid-Moschee, 1631 nahm er dann den Ruf an die Süleymaniye an. Später in jenem Jahr wechselte er an die Hagia Sophia.

Heilige Schrift und Autorität

Von der Mevlid-Predigt Kadızades blieb Katib Çelebi in Erinnerung, dass er über folgenden Vers sprach:[62]

> Siehe, Gott befiehlt euch, anvertraute Güter ihren Eigentümern wieder auszuhändigen und, wenn ihr als Schiedsrichter tätig seid, zu entscheiden, wie es recht und billig ist. Wahrlich, welch treffliche Ermahnung, die Gott euch damit gibt! Wahrlich, er hört und sieht alles.

Für sich genommen deutet der Korantext nicht auf eine engstirnige Polemik hin, sondern ist ein allgemeiner Verweis auf Bündel ähnlicher Anliegen. Die Menschheit untersteht heiligen Weisungen, einem „Geraden Weg", der sich aus den Urtexten – dem Koran und den Hadithen – herauslesen lässt. Ihn in diesem Leben zu befolgen, heißt, das Beispiel des Propheten nachzuahmen. Zu Mevlid war das eine passende Botschaft, gleichzeitig aber war es ein nicht gerade hintergründiger „osmanistischer", sprich: royalistischer Text, denn gerecht zu richten, war die Prärogative herrscherlicher Autorität.

Kadızade hatte viele Anhänger, darunter sogar einige Sufis. Asketische Selbstdisziplin ermöglichte ein authentisches Erleben der Botschaft des Propheten; nüchternes Studium war ein verlässlicher Führer zu Gott, viel besser als die Sinne, die stets anfällig für Versuchung und Verderbtheit waren. Überzeugungen oder Praktiken und weltliche Neuheiten, die nicht in den Schriften fußten, waren *bidat*, das genaue Gegenteil der Sunna. Was das unter dem Strich für die Gesellschaft hieß, wird möglicherweise durch den literarischen Kontext von

Kadızades Predigttext angedeutet. Der ausgelegte Vers erscheint in der Mitte der Sure 4, „Die Frauen", in welcher sich ausgiebige Ermahnungen zu Ehe, Scheidung, Ehebruch und Unzucht, Erbschaften und Waisen sowie polemische Vorwürfe gegen Juden, Christen und Heuchler finden. Ein gängiges muslimisches Vorurteil lautete, dass Christen und Juden Säufer, ihre Frauen unmoralisch und Tabak von den Engländern importierter Dreck seien, aber Nichtmuslime mussten sich keinesfalls bloßgestellt fühlen. Kadızades Lehre verspottete auch die Derwische mit ihrem Singen und Tanzen, ihrer Heiligenverehrung und ihrer Verwendung von Weingenuss und Liebesakt als Metaphern für die Begegnung mit Gott. Selbst scheinbar harmlose Bräuche wie das Händeschütteln und der Segenswunsch *Friede sei mit ihm* für den Propheten wurden von Kadızade verdammt.[63]

Dem Sultan gefiel Kadızades Predigt. Dass die Autorität der Texte hier über die Tradition gestellt und der Lebenswandel mit dem Blick eines Sittenrichters untersucht wurde, deckte sich mit seinen eigenen Ansichten. Wie Katib Çelebi berichtete, ging Sultan Murad nach dem Erlass seines Rauchverbots verkleidet durch die Stadt und ließ Raucher, die er auf frischer Tat ertappte, umgehend hinrichten.[64] Dennoch war Murad kein „Kadızadeli", wie man die eifrigen Gefolgsleute des umstrittenen Predigers bald nannte, und auch ein Freund der Sufis war er nicht. Murad war sowohl der erste Sultan, der einen ökumenischen Patriarchen hinrichten, wie auch der erste, der einen Großmufti hinrichten ließ.

Wie im Fall der protestantischen Reformation traute auch Kadızade, wenn er sich auf die Autorität von Texten berief, den Massen zu, diese Texte auch zu verstehen. Er ging davon aus, dass sein Publikum über rudimentäre Lese- und Schreibkompetenz verfügte und bereit war zuzuhören. Gebildete Menschen, Leser, meinen gewöhnlich, dass sich die Antwort auf eine Frage in einem Buch finden lässt. Binnen einer Generation verwandelten die Kadızadelis die Predigt in ein wirksames Mittel der Massenbildung. Ihre Botschaft versicherte den Zuhörern, dass wahre Bildung nicht schwer zu erlangen sei. Weder langjährige Schulbildung noch Übung seien nötig. Nicht das Erlernen menschlicher Weisheit zähle, sondern die Kenntnis eines einzigen Buches, dessen Sinn durchschaubar sei. Dass dieser angeblich klare Sinn dieses Buches durch die recht selektiven Filter der Hadithe und der Theologie gepresst wurde und man dabei Gottes anderes „Buch“, das Buch der Schöpfung, außer Acht ließ, wurde manchen Beobachtern nur allzu deutlich. Katib Çelebi, ein früher Anhänger, gab zu, dass die antiintellektuelle Ausrichtung der Bewegung eine Tatsache war, wie umfassend gelehrt Kadızade selbst auch sein mochte.[65] So wurde die Moschee zum Ort der Massenbildung – wenn auch nur in einer bestimmten, eingeschränkten Form.

Der König ganz inkognito

Eine der berühmtesten Geschichten über Murad IV. besagte, er sei verkleidet durch die Stadt gegangen und habe seine Untertanen beobachtet. Evliya Çelebi erzählt es so:

> [M]anchmal ging Murad verkleidet umher, um den Zustand der Welt zu betrachten, begleitet von Melek Ahmed Aga und seiner Leibwache. Oft fing er einige Straßenräuber, übergab ihre Leiber der Erde, ihre Seelen dem Land des Nichts und ließ ihre Köpfe auf Lanzen zur Schau stellen. Er verbot die Kaffeehäuser, Tavernen, Lokale und Raucherhöhlen und richtete auf diese Weise täglich ein- oder zweihundert Menschen hin.
> [...] Doch obwohl er so gewalttätig war, konnte er doch mit Groß und Klein gleichermaßen ohne Vermittler ins Gespräch kommen, und er ging Tag und Nacht inkognito umher, um die Lebensumstände der Armen und Bedürftigen zu sehen, und um die Preise für Nahrungsmittel zu erfahren, ging er oft verkleidet zum Essen aus.[a]

Ähnliche Geschichten erzählte man sich von anderen Sultanen – Osman II. ist schon erwähnt worden –, und Dukas berichtet, Mehmed II. sei als Soldat verkleidet umhergeritten oder habe zu Fuß Edirne durchwandert „und dem gelauscht, was über ihn geredet wurde“.[b] Doch gibt es diese Geschichten nicht nur über Osmanensultane. In der islamischen Überlieferung war der ursprüngliche Inkognito-König der Kalif Umar (oder Omar), der laut dem arabischen Historiker al-Tabari gern einen Blick in das Leben gewöhnlicher Muslime warf.[c] (Laut Evliya erschien Umar dem Sultan Murad im Traum und gürtete ihn mit seinem Schwert.) Im Jahr 2002 berichtete *Newsweek*, dass Taliban-Chef Mullah Omar seinen Namensvetter nachahme und auf einem Motorrad umherfahre.[d] Und nicht nur Muslime verhielten sich so. Der Volkskundler Stith Thompson hat viele alte Versionen der Legende vom „König in Verkleidung“ aufgelistet.[e] Ob die Geschichten wahr sind oder nicht, das kollektive Gedächtnis hält den Inkognito-König in Ehren, der die Leiden seines Volkes aus erster Hand kennt.

[a] *Evliya Çelebi Seyahatnamesi*, Bd. 1, S. 92–93; 103; nach der Übersetzung des Autors.
[b] Magoulias (Hrsg.), *Decline and Fall* 201.
[c] Smith (Übs.), *The History of al-Tabari*, Bd. 14, 108–13.
[d] *Newsweek* 21. Januar 2002,26–27.
[e] Thompson, *Motif Index*, Bd. 4, K1812.

Die Prediger entdeckten viele Punkte, bei denen sie Mitgefühl mit den städtischen Massen empfanden.[66] In der Moschee, die immer schon der große Gleichmacher gewesen war, bestimmten nicht Klasse und Privileg den Rangunterschied, sondern Rechtschaffenheit. Wie Kadızade gehörten die meisten bedeutenden Prediger nicht zur osmanischen Aristokratie, waren meist keine großen Theologen, Medrese-Professoren oder führende Scheichs und stammten nicht aus Istanbul, sondern aus den Provinzen. In Hauptmoscheen konnten die Leute jeden Tag eine Predigt hören. Ihre freie Zeit konnten sie nicht in Tavernen, sondern in religiösen Kursen zubringen, die von wahrhaft begabten Männern geleitet wurden. Während seiner frühen Jahre in der Hauptstadt gab Kadızade selbst mehrmals pro Woche Kurse in einer Moschee seines Viertels und hielt zusätzlich Privatunterricht.[67]

Echos des Gewöhnlichen

Die Wiedereroberung Bagdads durch Sultan Murad im Jahr 1638 krönte eine Erholung um die Jahrhundertmitte, für die es in den Gerichtsakten osmanischer Ortsrichter reichlich Belege gibt, nicht allein in den großen Städten Istanbul, Saloniki, Kairo, Aleppo und Damaskus, sondern auch in bescheidenen Städten wie Kayseri. Schriftkundigkeit und Belesenheit galten nicht nur unter Gelehrten immer mehr, sondern auch in einer Führungsschicht, die motiviert war, zu lesen und Bilanzen zu führen. Wenigstens einige in den Massen, die sich versammelten, um die populären Prediger zu hören, stellten auch Privatlehrer für ihre Kinder an, sammelten mehr Bücher und bauten hübschere Häuser. Sie erblühten zu einer städtischen Mittelschicht aus Kaufleuten und Intellektuellen, die sich von Regierungsbeamten und deren Familien absetzte.[68] Steuerpacht und Bargeldstiftung wurden zur Grundlage eines Kreditsystems. Länder und Städte jenseits des Taurusgebirges leisteten ihren Beitrag zur Integration des Handels zwischen Indischem Ozean, Mittelmeer und Schwarzem Meer, einer Integration, die nicht auf einem perfekt geordneten System aus Rängen und Verfahren baute, wie es von einem Gesetzgeber-Monarchen wie Süleyman vorgeschrieben wurde, sondern auf ein flexibles Gefüge zwischenmenschlicher und Klientel-Beziehungen setzte, das sich quer durch die osmanische Gesellschaft erstreckte.

Allgemeiner Wohlstand

Reiche Kaufmannsfamilien machten Kairo zum Zentrum des Fernhandels, vor allem mit Zucker, Pfeffer, Tuchen und Kaffee.[69] Diese Händler bereisten die Routen über das Rote Meer, ihre Netzwerke erstreckten sich bis ins Afrika südlich der Sahara und nach Indien. Über die jüdischen Agenten, die überwiegend osmanische Zollhäuser betrieben, hatten sie außerdem Zugang zu den Märkten Venedigs und der Adria.[70] Familien wie die Abu Taqiyyas aus Kairo brachten ungeheure Kapitalsummen für Fernhandelsunternehmen zusammen, die sich mehrmals auf knapp eine Million Silber-*nisfs* beliefen.[71] An den meisten Orten ging es allerdings um kleinere Summen, in Kayseri beispielsweise beliefen sie sich höchstens auf einige Zehntausend Akçes – und damals war der Akçe wahrscheinlich nur die Hälfte des ägyptischen *nisf* wert.[72] Aber jeder nutzte die Kreditmärkte ohne Vorurteil, Frauen ebenso wie Männer, Muslime, Christen und Juden gleichermaßen,[73] und kein osmanisches Gericht hielt verzinste Darlehen (die Zinsraten reichten von 10–20 Prozent) ernstlich für unvereinbar mit islamischem Recht.

Aufgrund der Zuwanderung wurde Kayseri zur bevölkerungsreichsten Stadt der Provinz Karaman.[74] Simeon der Pole, ein Mönch, der armenische Gemeinden von Jerusalem bis nach Kairo, Skopje und Sarajevo dokumentierte,[75] stieß in östlichen Städten wie Kayseri auf große Armenier-Gemeinschaften. Als Flüchtlinge vor der safawidischen Invasion, dem osmanisch-safawidischen Krieg und klimatisch bedingten Hungersnöten siedelten sich viele armenische Seidenhändler in Kayseri an, weil die Stadt an den Karawanenwegen nach Istanbul lag. Simeon zufolge sprachen sie Türkisch und nicht Armenisch, wie in den Dörfern der Umgebung. Die arbeitende Bevölkerung war äußerst mobil, und eine Reihe von Tagelöhnern, Kaufleuten und anderen hielt sich einen Teil des Jahres in Istanbul oder anderen Städten auf. Der Opiumhandel zog außerdem bedeutende Investoren an.[76] Ein einzelner Kaufmann brachte insgesamt 87 000 Akçe von vier verschiedenen Investoren zusammen, von denen einer – eine Frau namens Ayşe bint Ahmed – das Geschäft von ihrem verstorbenen Bruder übernommen hatte. Dieselbe Dame war Mehrheitseignerin in einer Gruppe von acht Läden in der Stadt, außerdem stiftete sie ein Kaffeehaus nahe der Burg von Kayseri und verpachtete es.[77] Aber selbst winzige Bargeldstiftungen verliehen Geld. Die Verknüpfung zwischen Stiftung, Steuerpacht und Kredit lässt sich in Fällen beobachten, wo der erklärte wohltätige Zweck der Stiftung darin bestand, die *avarız*-Steuer für das Wohnviertel des Stifters zu bezahlen.[78] In einem typischen Fall verbürgte sich eine Frau namens Fatma für ein Darlehen an ihren Sohn, das mit 20 Prozent verzinst wurde und dessen Sicherheit ein Haus mit Garten war.[79] Das Darlehen dürfte benutzt worden sein, um ein Gebot für den Pachtvertrag zur Eintreibung der *avarız* abgeben zu können. Nachdem der Mültezim das Bieterverfahren gewonnen hatte, nutzte er die Gewinne aus der Steuerpacht zur Rückzahlung des Darlehens.

Gilden kontrollierten Verfahren von der Rohstoffbeschaffung über die Herstellung bis hin zu Vermarktung, Verkauf und Qualitätskontrolle, außerdem boten sie eine Berufs- und Unfallversicherung sowie Unterhalt im Bedürftigkeitsfall. Sie wurden zu offiziell anerkannten Organisationen in praktisch jedem erdenklichen Beruf und Handwerk, ob für Handwerker, Kaufleute oder Tagelöhner. Es gab sogar Gilden für Badehausbesitzer, Sklavenhändler, Buchhändler und Geschichtenerzähler in den Kaffeehäusern.[80] Sie funktionierten auf der Basis gewohnheitsrechtlicher Regularien, wählten ihre eigenen Scheichs und schlichteten ihre Streitigkeiten intern, bevor sie das Gericht erreichten.[81] Au-

Aus Evliya Çelebis Reisebericht – Die große Brücke von Mostar

Trotz der großen Höhe dieser Brücke geschieht es, wenn Wesire, Stellvertreter und bedeutende Notabeln und erhabene Ortsvorsteher zur Besichtigung kommen und während sie in einem der erwähnten Kastelle [beiderseits der Brücke] wohnen, dass einige tapfere Jungen am Rand der Brücke bereitstehen und im Beisein der Wesire *Ya Allah* rufen und in den Fluss springen, so wie Vögel fliegen. Jeder Junge zeigt dabei eine andere Fähigkeit, ob er nun Purzelbäume in der Luft dreht oder mit dem Kopf voran springt oder mit verschränkten Beinen; oder aber sie sind zu zweit und zu dritt, umarmen einander und springen ins Wasser. Gott lässt sie unbeschadet bleiben, und sie klettern gleich ans Ufer und die Klippen hinauf ans Ende der Brücke, wo sie von den Wesiren und Notabeln Belohnungen erhalten.

Andere Männer wagen gar nicht hinabzusehen, geschweige denn hinunterzuspringen; täten sie es, würde ihre Gallenblase platzen, denn die Höhe dieser Brücke beträgt von der Wasseroberfläche an gerechnet 80 Faden und die Tiefe des Flusses Neretva weitere 80 Faden. Außerdem gibt es im Fluss Felsen so groß wie die Kuppel eines Badehauses, und der Fluss selbst strömt sehr wild und bildet zahlreiche Strudel und Wirbel, die wie der Blitz leuchten und wie der Donner grollen. Es braucht ungeheuren Mut, um dermaßen ins Wasser zu tauchen.

Aber die Jungen haben das geübt. Erst springen sie von niedrigen Felsen, dann von immer höheren. Eine weitere Form des Übens ist, dass jene Jungen, die bei Händlern in der Stadt Lehrlinge sind, wenn sie vom Haus ihres Lehrherrn das Mittagessen in den Laden bringen und in den Händen und auf den Köpfen Tabletts mit Essen und Brotlaibe tragen, mit diesen schweren Lasten nicht etwa mit-

Abb. 4.3: Die Brücke von Mostar auf einer Postkarte der Firma Photoglob in den 1890er-Jahren

ten auf der Brücke gehen, sondern vielmehr auf den schmalen Geländern, die beiderseits an der Brücke entlanglaufen, auf und ab hüpfen. Kluge Männer wagen, wenn sie diese Brücke überqueren, nicht einmal an ihren Rand zu treten, aber unreife Jungen hüpfen auf den Geländern! Das ist ein wahres Schauspiel.[a]

[a] *An Ottoman Traveller. Selections from the Book of Travels of Evliya Çelebi*, Übers. Robert Dankoff / Sooyong Kim, S. 215. Mit freundlicher Genehmigung von Eland Press.

ßerdem dienten sie als zusätzliche berufliche Bildungssstätten. Die Ausbildung dort ging über den privaten Unterricht zu Hause ebenso hinaus wie über jene Bildung, die in den an Stiftungskomplexe angegliederten Medresen und Elementarschulen geboten wurde.

Die kultivierten Schichten

Nirgends zeigte sich der allgemeine Wohlstand besser als in den Salons, die in den Stadtresidenzen der Oberschicht ausgerichtet wurden, in großen Städten wie in kleineren. Musik, Poesie und Konversation waren die Nahrung, bei Tabak, geistigen Getränken und Kaffee ging es überaus gesellig zu. Ein 1617 an die Beamten von Konya und Karaman verschickter Befehl spricht von „Alkohol- und Tabakgenuss in Gärten und Höfen und dem Verkauf beider auf Märkten und in Läden".[82] Auch die Musik hatte sich über die Tekke hinaus verbreitet. Sie emanzipierte sich von iranischen und zentralasiatischen Vorbildern und von der älteren osmanischen Praxis und sickerte in die etablierte osmanische Populärkultur ein. Der Palast gab das Tempo vor, aber auch die Haushalte führender Kaufleute und osmanischer Würdenträger hatten Teil am kulturellen Reichtum und verbreiteten ihn.[83]

Zwei beliebte literarische Gattungen fingen insbesondere die Atmosphäre der Salons ein: das biographische Lexikon und das literarische Album. Anders als Tagebücher oder persönliche geistige Journale[84] waren sie nicht zwangsläufig autobiographisch oder introspektiv. Wie andere Werke dieser Zeit – beispielsweise Yusuf al-Maghribis (in Kairo entstandenes) Wörterbuch der arabischen Umgangssprache[85] oder Etiketteratgeber für das öffentliche Leben – war jede dieser Gattungen Ausdruck eines typisch osmanischen Talents, das Gewöhnliche im Kontext des Klassischen zu entdecken.

Die biographischen Lexika nannte man *tezkere*. Sie erschienen dutzendweise. Manche waren nach Berufsgruppen organisiert – Dichter, Sufi-Scheichs, Ulema-Persönlichkeiten. Andere ehrten Männer, die in ihrer Heimatstadt berühmt waren. Ein Beispiel für diese Gattung war das von Sehi Bey aus Edirne verfasste biographische Lexikon osmanischer Dichter. Ein Jahrhundert lang erschienen Ergänzungsbände und Fortsetzungen, die neue Dichter hinzufügten, einzelne Einträge erweiterten oder kürzten, verschiedene Themen diskret in den Vordergrund rückten und originelle Gedichte sowie persönliche Kommentare hinzufügten.[86] Geordnet waren die Beiträge alphabetisch nach den Namen der Dichter, wobei ein eigener Abschnitt den Dichtern aus dem osmanischen Königshaus gewidmet war. Bei den Prosa-Einleitungen, die jeder neue Herausgeber verfasste, handelte es sich um zeitgemäße kritische Essays zur Poetik und Literaturgeschichte. Ein anderes Beispiel, Taşköprüzade Ahmeds biographisches Wörterbuch der Scheichs, erschien 1558 in der arabischen Urfassung, wurde aber schnell mehrfach ins Türkische übersetzt und erfuhr bis 1632 acht Erweiterungen und Überarbeitungen. Erhaltene Handschriften zeigen, dass Besitzer ihr Privatexemplar häufig mit zahlreichen Randnotizen und persönlichen Beobachtungen versahen.[87] Wenn Historiker – wie Mustafa Âli aus Gallipoli schrieb – wie Jesus sind, weil sie die Toten auferstehen lassen,[88] dann lesen sich diese biografischen Lexika wie Nachrufe auf ganze Gemeinschaften, nämlich die osmanischen Vertreter uralter literarischer Künste.

Die andere beliebte Salongattung, das literarische Album, lief unter der Bezeichnung *mecmua*, was „Sammlung" oder „Anthologie" bedeutet. Bei den allerfrühesten osmanischen Beispielen, die bis in die Zeit vor der Eroberung Konstantinopels zurückreichen, hatte es sich um Stilratgeber für die Schreiberschicht gehandelt, die auf das ökumenische Erbe der Ilchaniden zurückgriffen.[89] Die osmanischen Literaturliebhaber hatten dieses „Handbuch" inzwischen in ein persönliches literarisches Skizzenbuch verwandelt. Gedichte, Briefe, Listen, Wetteraufzeichnungen und amtliche Dokumente flossen in die Mecmua ein, dazu Anekdoten, Märchen, Dekrete der Sultane, Geschichten über Helden der Bibel und des Koran und vieles mehr – manches kopiert und manches selbstverfasst. All das kursierte anschließend unter den Schriftsteller- und Künstlerkreisen in den Salons. Ihre Beliebtheit auf Türkisch, Slawisch und Arabisch verweist auf allumfassende überregionale und überethnische soziale Werte literarisch gebildeter osmanischer Untertanen.[90]

Gelehrte und Studenten

Zusammen mit Istanbul, Damaskus und Saloniki bildete Kairo ein osmanisches Viereck mit einer gemeinsamen mediterranen Bildungskultur. Gelehrte, Pilger, Diplomaten und Kaufleute von der Atlantikküste im Westen bis zum Kaukasus im Osten, Juden und Christen ebenso wie Muslime, begegneten einander innerhalb und jenseits der osmanischen Grenzen.

Viele führende osmanische Gelehrte, Wissenschaftler und Ärzte erhielten ihre Ausbildung in Ägypten. Das Fundament der Bildung waren die klassischen Texte von Persönlichkeiten wie Ibn Sina (Avicenna), dessen Werke in die Gelehrsamkeit des gesamten Mittelmeerraums einflossen, im christlichen Europa durch lateinische Übersetzung und in den osmanischen Ländern im arabischen Original. In Kairo genossen die Medresen aus der Ayyubiden- und Mamlukenzeit noch immer hohes Ansehen, und der Ruf des Mansuriyye-Hospitals war unübertroffen. Das bedeutete nicht, dass man sich neuen Erkenntnissen verschlossen hätte, ganz im Gegenteil. Man studierte beispielsweise Ibn Sinas *Kanon*, jedoch in der überarbeiteten Ausgabe, die Ibn Nafis im Kairo der Mamluken vorgelegt hatte.[91] Ibn Nafis Überarbeitung wiederum wurde von Shems ad-Din Itaki in seinem Handbuch *Anatomie der Körperteile* verwendet. Itaki fügte auch seine eigenen Korrekturen und Deutungen an, etwa was den Embryo und das Nervensystem des Menschen betraf. Siyahi publizierte ein einflussreiches Wörterbuch medizinischer und pharmazeutischer Begriffe, das er ebenfalls in Ägypten erarbeitete. Auch die arabischen Klassiker wurden häufig ins Türkische übersetzt, womit die Grundlagen für ein türkisches Wissenschafts- und Medizinvokabular geschaffen wurden. Das vielleicht wichtigste medizinische Werk der Zeit waren die *Muster der Medizin*. Als systematische Erörterung von Krankheiten und ihren Behandlungen, die ein Schwergewicht auf die Anatomie legte und sich für das Lernen an Leichen aussprach, begann es mit einem Aufsatz über die Wechselbeziehung zwischen Klima, Topographie und Gesundheit, dem üblichen Kontext jeglicher medizinischen Praxis.[92] Der Verfasser des Werkes, Emir Çelebi, war zuvor Chefarzt an der Mansuriyye gewesen, bevor er als Leibarzt dreier aufeinanderfolgender Sultane eingestellt wurde.

Wissenschaftliche Hypothesen und Forschungsvorhaben, Handschriften und Bücher überwanden leicht politische und religiöse Grenzen. Bei diesem Kulturaustausch spielten die Buchhändler eine nicht ausreichend gewürdigte Rolle.[93] Auf den Märkten in Istanbul, Aleppo,

Kairo und anderen großen Städten versorgten sie osmanische wie nichtosmanische Kunden. Der Buchmarkt vor dem Gedeckten Basar in Istanbul, schrieb Evliya Çelebi, umfasste 60 Läden und gab 300 Menschen Arbeit. Einen weiteren gab es im Hof der Eroberer-Moschee. In Kairo gehörten zum Buchmarkt der al-Azhar 20 Läden.[94] Auch einzelne Schriftsteller und Lehrer zogen kreuz und quer durch die osmanischen Länder. So stammte Itaki aus Schirwan und kam mit derselben Flüchtlingswelle nach Westen, welche die vielen armenischen Seidenhändler an Orte wie Kayseri verschlug. Itaki ging nach Kairo; andere gelehrte Flüchtlingen, überwiegend sunnitische Aseris und Kurden, zog es nach Damaskus. Was Kairo für Naturforschung und Medizin war, das war Damaskus für Philosophie und Theologie. Ein weiteres einflussreiches Beispiel war Mullah Mahmud al-Kurdi. Nachdem er sich in Damaskus niedergelassen hatte, führte al-Kurdi in seiner mehr als 50-jährigen Lehrtätigkeit dort neuere persische Forschungsergebnisse und Methoden ein, die auf Logik, Semantik und Rhetorik basierten. Er verteidigte die unabhängige Rolle der Philosophie gegen das wachsende Misstrauen von Theologen und Predigern wie Kadızade und bildete eine Generation herausragender osmanischer Gelehrter aus, zu denen Ibrahim al-Kurani (gestorben 1690) und Abd al-Ghani al-Nabulusi (1640–1731) zählten.[95] Bei diesem kulturellen Austausch zitierten die Gelehrten nicht immer ausdrücklich die Werke ihrer Kollegen mit Namen, sie kannten diese Namen manchmal gar nicht. So übernahm etwa Itaki Abbildungen aus einem älteren Anatomiewerk in persischer Sprache und kannte auch sicher Vesalius' 1543 in Basel erschienenes lateinisches Werk *De humani corporis fabrica*, obwohl er es nicht anführt.[96]

Auch protestantische und katholische Gelehrte fanden gelegentlich den Weg aus den nordwestlichen Anrainerstaaten des Mittelmeers in die Zentren osmanischer Gelehrsamkeit. Männer wie Pietro della Valle aus Rom, der Jude Joseph Salomon Delmendigo, der an der Universität Padua studiert hatte, die englischen Royalisten John Greaves und Edward Pocock, Protegés der englischen Erzbischöfe Laud und Ussher, und viele andere verbrachten Jahre mit Reisen durch das osmanische Reich und die Länder östlich davon. Sie waren nicht der Auffassung, dass der mittelalterliche Islam die Wissenschaft der griechisch-römischen Antike allein ihnen zuliebe bewahrt habe. Mit den muslimischen Gelehrten ihrer eigenen Zeit teilten sie die Auffassung von der Unteilbarkeit der Wissenschaft und gewannen Erkenntnisse nicht nur aus der arabischen Wissenschaft des Mittelalters, sondern auch aus zeitgenössischen osmanischen und persischen Werken.[97] Sie suchten nach antiken Artefakten, sammelten Handschriften in Arabisch, Syrisch, Hebräisch, Griechisch und in anderen Sprachen und zogen ortsansässige Koryphäen zu Rate.[98] Dieser rege intellektuelle Austausch hatte zur Folge, dass auch einige osmanische Gelehrte auf das kopernikanische System und die Debatten, die es entfachte, aufmerksam wurden. Am osmanischen Hof bekannt wurden diese Themen in den 1660er-Jahren durch die arabische Übersetzung von Noël Durets Buch *Nouvelle théorie des planètes* durch Ibrahim al-Zigetvari. Durets ursprünglich auf Lateinisch erschienenes Werk war ein Geschenk Kardinal Richelieus an den Sultan gewesen; Richelieu besaß seinerseits 37 türkische, arabische und persische Handschriften.[99] Obwohl al-Zigetvari hauptsächlich wegen seiner aktualisierten astronomischen Tafeln auf eine Berücksichtigung des Werkes drängte, stieß es auf gehörige Skepsis.

Katib Çelebi und die osmanische Gelehrsamkeit

Die ganze intellektuelle Bandbreite führender osmanischer Gelehrter repräsentiert Katib Çelebi (1609–1657), der seinem späteren Ruhm zum Trotz in seiner Zeit offenbar keine außergewöhnliche Erscheinung war.[100] Er stammte nicht aus einer der führenden gelehrten Familien – sein Vater war ein im Palast ausgebildeter christlicher Konvertit. Als Jugendlicher nahm Katib Çelebi eine Stelle in der Finanzverwaltung des Militärs an und begleitete das Heer in den Krieg. Er schrieb sich nie an einer Medrese ein, da deren Lehrpläne, wie er klagte, die klassische Philosophie, die Astronomie, Arithmetik und Geometrie an den Rand drängten.[101] Stattdessen wurde er zu Hause durch mehrere Privatlehrer unterrichtet, von denen der erste Kadızade höchstpersönlich war, dessen Vorträge Katib redegewandt und bereichernd fand. Nach dem Jerewan-Feldzug von 1635 beschloss er jedoch (den entsprechenden Hadith zitierend), sich *vom kleineren Dschihad ab- und dem größeren Dschihad zuzuwenden*, sich der Selbstbeherrschung und einem Leben der Gelehrsamkeit zu widmen.[102] Die Erbschaft seiner Mutter und eines weiteren reichen Verwandten erleichterte ihm den Weg. Das Geld verwendete er, um sein kleines Einkommen aus privaten Unterrichtsstunden aufzubessern, und den Rest gab er für Bücher aus.

Katib Çelebi schrieb über 20 Werke, die mehrere Gattungen umfassten, von seinem oben erwähnten Fürstenspiegel *Leitende Prinzipien* aus der Frühphase bis hin zu einer literaturbiographischen und bibliographischen Enzyklopädie von atemberaubender Spannweite namens *Verkündung von Meinungen über Bücher und Schriften*, die üblicherweise unter ihrem arabischen Kurztitel *Kashf al-Zunūn* bekannt ist. Dieses wohl wichtigste Nachschlagewerk zur islamischen Literatur und Literaturwissenschaft, das je geschrieben wurde, enthält über 10 000 Autoren und 15 000 Titel aller Fachgebiete, darunter Lyrikanthologien und -sammlungen, außerdem Werke und Autoren aus Naturwissenschaft, Religion, Sprache, Politik, Geschichte und anderen Gebieten, dazu mehr als 300 Aufsätze zu natur- und geisteswissenschaftlichen Themen.[103] Darüber hinaus verfasste Katib Çelebi eine wichtige Chronik seiner Zeit und eine Geschichte der osmanischen Flotte. Sein letztes abgeschlossenes Werk, eine systematische Widerlegung der Kadızadeli-Bewegung mit dem Titel *Die Waage der Wahrheit*, zeigt, wie sehr er sich von seiner einstigen Bewunderung Kadızades distanziert hatte.[104]

Bei seinem Tod hinterließ Katib Çelebi ein unvollendetes wuchtiges Geographiehandbuch auf Türkisch namens *Cihannüma* oder *Weltbetrachter*. Anfangs schrieb er es in der Art osmanischer und älterer persischer und arabischer Werke über Geographie, als eine Art Phänomenologie der Erde,[105] mit Beschreibungen der Städte, der Flora und Fauna, der Sitten und Gebräuche der Menschen und von Kuriositäten in verschiedenen Weltgegenden. Während des Schreibens veranlasste ihn die Lektüre neuerer geographischer Werke, die ein französischer Konvertit für ihn aus dem Lateinischen und Französischen übersetzt hatte – darunter der *Atlas Minor* und Ortelius' *Theatrum orbis terrarum* –, seine Arbeit komplett zu überdenken. Er fing in einem anderen Stil von vorn an und steckte mitten in dieser Überarbeitung, als er starb. Dringend wünschte er sich eine Druckerpresse (er klagte, im ganzen Land gebe es keine) und sagte voraus, dass künftige Kopisten seine Karten einfach weglassen würden.[106]

Die Laster der Zeit

Wie Katib Çelebi starb, hat seine Frau einem engen Freund berichtet. Ehe er sich zur Nachtruhe begab, hatte er etwas Melone gegessen. Am Morgen wusch er sich (nach dem Verkehr mit seiner Frau) mit kaltem Wasser und machte sich einen Kaffee. Plötzlich entfiel die Tasse seiner Hand, und er brach mit einem Herzanfall zusammen. Die Erwähnung der Melone, eines natürlichen Antioxidans mit der Fähigkeit, die Leber zu entgiften, zeigt, welche große Kenntnis die osmanische Medizin von ganzheitlicher Gesundheitsvorsorge besaß. Sie zeigt außerdem, dass Katib Çelebi seinen Kaffee wahrscheinlich gern mit einem Schuss Opium nahm.[a]

[a] Hagen, *Ein osmanischer Geograph*, S. 76–78.

Die städtische Arbeiterschicht

In den Chroniken und anderer Literatur, christlicher wie muslimischer, taucht aus der Tiefe eine städtische Arbeiterschicht auf. Mit Unbehagen sprechen die Autoren von den Burschen aus der Stadt, vom Pöbel, von Witzbolden, niedrigem und ungehobeltem Volk,[107] von Leuten, die zwischen den achtbaren Schichten der Kaufleute, Soldaten, Schreiber, Ulema, Scheichs und Seyyids (der Nachfahren des Propheten) herausstachen. Es gab einen Markt für Träger, Masseure, Botenjungen der Ladenbesitzer und sonstige Formen der Lohnarbeit. Ein armenischer Autor behauptete, viele fänden eine Beschäftigung bei den Bautrupps und Handwerkern, die an der Sultan-Ahmed-Moschee arbeiteten.[108] In einigen dieser Tätigkeiten winkte die Aussicht auf eine Ausbildung, die sich die Unterschichten zumindest für ihre Kinder wünschten. Autoren, die die östlichen Regionen kannten, erwähnten die Migranten und Flüchtlinge vor den Celali-Rebellen und den Perserkriegen. Zweimal versuchten die Sultane, sie alle per Befehl dorthin zurückzuschicken, wo sie hergekommen waren.[109] Laut Evliya Çelebi, der selber Abchase war, verkauften einige Abchasen in Istanbul ihre Söhne an Amtsträger, in der Hoffnung, dass auf diese Weise Verwaltungsbeamte aus ihnen würden und sie nicht im anonymen städtischen Pöbel aufgingen.[110]

Manche erinnerten die gesichtslosen Massen an das Klima: Beide waren getrieben von unpersönlichen, nicht zu identifizierenden Kräften. Doch während das Wetter einer höheren Gewalt gehorchte, stieß das Konzept der göttlichen Vorsehung in Fällen, wo Ereignisse von einer Menge provoziert zu sein schienen, in bislang kaum erforschte Bereiche vor.[111] Es war nicht nur so, dass Pöbelhaufen manchmal für Geschehnisse verantwortlich waren, vielmehr lagen solchen Zusammenrottungen Gerüchte und Hörensagen zugrunde, wie etwa bei der Ermordung Sultan Osmans und während des Istanbuler Terrors von 1631–32[112] – aber was lag wiederum Gerüchten und Hörensagen zugrunde? Beides wirkte verschwommen, ungreifbar, ließ sich an keinen konkreten Ort zurückverfolgen.

Kaffeehäuser bündelten die Furcht. Als Treffpunkte für städtische Sünder waren sie leichte Ziele für Sicherheitsfanatiker und Frömmler. Der einzige in puncto Geselligkeit vielleicht mit dem Kaffeehaus vergleichbare Ort war das öffentliche Bad, doch für die Bäder sprach die kanonische Verbindung zwischen Reinlichkeit und Frömmigkeit. Der Kaffeegenuss war nicht gerade neu. Sobald die braune Bohne vor einigen Jahrzehnten aus dem Jemen eingetroffen war, hatten augenblicklich in Istanbul Kaffeehäuser eröffnet und sich in alle Teile des Reiches verbreitet.[113]

Für Männer mit bescheidenen Mitteln, deren Wohnungen nicht dazu taugten, Gästen dort Diskussionen, Musik und andere Formen der Unterhaltung zu bieten, dienten die Kaffeehäuser als Äquivalent für die häuslichen Salons der Reichen und Gutbetuchten.[114] Wo es Kaffee gab, dort gab es auch Tabak, der in der „öffentlichen Spaßkultur" sogar noch schlimmer war.[115] Vom Kaffee bekam man Mundgeruch, aber er konnte einen ganzen Raum mit seinem Duft erfüllen, wogegen Tabak einen abgestandenen Gestank hinterließ, Zähne, Bart und Nägel gelb verfärbte und Leute generell beschmutzte. Erste Moscheen wiesen Menschen ab, die nach Rauch rochen oder Kaffeeatem hatten, genau wie die heiligen Schriften es ihnen eher humorvoll für den Fall rieten, dass jemand nach Knoblauch, Porree und Zwiebeln roch. Aber hier ging es um Ernstes. Manche Theologen assoziierten Tabak mit den Ungläubigen[116] und erinnerten alle Welt daran, dass es Engländer gewesen waren, die dieses Laster eingeschleppt hatten.

Henry Blount im Kaffeehaus

Im Jahr 1634 besuchte ein junger englischer Adliger namens Henry Blount das Osmanische Reich auf eigene Faust. Er buchte eine Überfahrt auf einer venezianischen Galeere nach Zara, reiste auf dem Landweg nach Istanbul und segelte weiter nach Ägypten, „der Quelle aller Bildung“. In seinen Reiseerinnerungen findet sich folgende Beschreibung:[a]

> Einen andern Trunk haben sie, der zum Mahle nicht gut passt, heißt *Cauphe* und ist aus einer *Beere* von einer kleinen *Bohne* Größe gemacht, wird im Ofen getrocknet und zu rußfarbnem Pulver gestampfet, im Geschmack ein wenig *bitterlich*, das sieden und trinken sie, so heiß sich's ertragen läßt; es taugt zu allen Stunden des Tags, besonders aber morgens und abends, wenn sie sich darzu zwei oder 3 Stunden in *Cauphe-Häusern* vergnügen, deren es in der ganzen Türkey mehr hat als *Herbergen* und *Bierstuben* bei uns; man denkt, es sei die alte schwarze Brüh, welche die *Lacedämonier* so viel gebrauchet, und trocknet üble Säfte im Magen, tröstet das Hirn, macht niemals Trunckenheit oder andern Überdruß und ist harmloser Zeitvertreib unter guten Gesellen; denn da sitzen sie auf Emporen, drei Fuß hoch und behangen mit Matten, die *Beine über Kreuz* nach der Türken Manier, oftmals gar zwei oder drei Hundert beisammen, plaudern, und wahrscheinlich läuft irgendeine armselig *Musick* auf und nieder: der *Türkey Musick* ist bedenkenswert; durch all jene riesigen Herrschaften zieht sich nur eine Weise und nach allem, was ich hörte, ist nicht mehr an der, als jedermann spielen kann; doch kaum hat einer nur eine *Fiedel* mit zwei Saiten, spielt schon bei Gastereien und sonstiger Versammlung munter drauflos, doch nach welcher Weise, das weiß er nicht, kann dieselb auch nicht zweimal spielen; das weiß ich gewiß; habe zur Probe nämlich gewaget, auf mancher Versammlung aufzuspielen und meines Landes Weisen zum besten zu geben, auf daß ich hörte, ob sie wohl ihre Kunst verstünden oder nicht; und ward so gut aufgenommen, daß sie mich oft haben aufs Neue spielen lassen; so

fand ich meine Kunst und ihre gleich, denn nie hab'ich von einem *Instrumento* auch nur den kleinsten Handgriff verstanden; nichts konnte mir ihren *Genium* besser enthüllen, war ich's doch gewohnt, der Menschen Launen aus den *Melodien* zu ermessen, von denen ich sie am meisten eingenommen fand, und dies fast so sehr wie aus ihren Reden.

[a] Blount, *Voyage*, S. 105–6.

Evliya Çelebi ist eine aufschlussreiche Quelle sowohl für jene Art von Geschichten, die zum Standardrepertoire der Abende im Kaffeehaus gehört haben könnten, wie für ihren aufgedrehten Ton. Nach dem Tod Sultan Murads schloss er sich dem Gefolge von Melek Ahmed Pascha an, seines mächtigen Vetters, der kurzzeitig als Großwesir amtierte. Doch seine wahre Berufung fand Evliya als Reisender. Sein *Seyahatname* („Buch der Reisen"), ein gewaltiges, anschauliches literarisches Kaleidoskop der osmanischen Kultur, zählt zu den großen Freuden der Weltliteratur. Mehr als der Erzähler ist der eigentliche Star des Buches das Imperium mit seinen verschiedenen Völkern. Ein Großteil seines Unterhaltungswerts beruht auf dem Interesse des Lesers an den ethnischen Gruppen des Osmanischen Reiches, ihren regionalen Sprachen und Kulturen. Jede Beschreibung einer Region beginnt Evliya mit Listen von Vokabeln in der örtlichen Sprache, welche auch immer es sein mag. Üblicherweise bringt er dem Leser bei, wie man bis zehn zählt, und nennt ein paar Grundwörter wie Brot, Fleisch, Gerste und dergleichen, ehe er sich den farbenfroheren Bezeichnungen von Körperteilen, den Flüchen und sonstigen Schimpfwörtern zuwendet. Als er die albanische Sprache beschreibt, behauptet er zunächst, dass der Begriff „albanisch" *Möge es keine Schande geben* bedeute, dann stürzt er sich in eine Flut von albanischen Grobheiten und endet mit den unschuldigen Worten: „Kurz gesagt, wenn Derwische reisen, sollten sie auch solche Ausdrücke kennen, damit sie Ärger vermeiden können, indem sie nicht an Orte gehen, wo man sie beschimpft."[117]

Fremde

Eine letzte Gruppe, die das Interesse aufmerksamer Osmanen weckte, waren die Fremden, deren Zahl und Vielfalt damals wuchs. Außer den

Das Wunder der Wissenschaft

Es ist nachgewiesen, dass Hezarfen Ahmed Çelebi zuerst auf der Kanzel in Okmeydanı übte, indem er mit seinen Adlerflügeln acht, neun Mal mit der Gewalt des Windes herumflog, dass er anschließend vom höchsten Punkt des Galataturms herab mit dem Südwestwind flog und in Üsküdar auf dem Doğancılar-Platz landete, wobei Sultan Murat Han ihm vom Sinan-Paşa-Pavillon in Sarayburnu aus zusah. Anschließend schenkte ihm Murat Han einen Beutel Goldstücke, verbannte ihn jedoch auf Lebenszeit nach Algerien, wo er auch verstarb. [a]

[a] Übersetzung: Michael Reinhard Heß; Textbasis: Orhan Şaik Gökyay (Hrsg.): *Evliya Çelebi Seyahatnamesi. Topkapı Sarayı Bağdat 304 Yazmasının Transkripsiyonu, Dizini*, Bd. 1. Istanbul (Yapı Kredi Yayınları) 1996, S. 318.

Händlern gab es auch Wissenschaftler und Missionare, dazu Abenteurer wie den englischen Adligen Henry Blount. Blount schrieb dem Klima überragenden Einfluss auf die menschliche Kultur zu und reiste in die osmanischen Länder, um das Gegenteil der nassen, kalten Engländer zu finden. Er besuchte das Land kurz nach dem Winter des blutigen Terrors 1631/32 und schrieb: „[W]er diese Zeiten in ihrer größten Herrlichkeit sehen wollte, der könnte keine bessere Szene finden als die Türkey."[118] Er buchte eine Passage auf einer venezianischen Galeere und stellte zu seiner Freude fest, dass er in einer Gruppe anderer Reisender, die von Zara über Land nach Istanbul gelangen wollte, der einzige Christ war. Unterwegs verwickelte er sich in Sarajevo in einen Streit mit einem christlichen Slawen, der ihn in die Sklaverei zu verkaufen drohte. Der Kadı entschied zugunsten Blounts und setzte ihn auf freien Fuß. Fasziniert war er von Ägypten, in der Antike „der Born jeglicher Wissenschaft und edlen Künste". In Kairo sah er „gewißlich den größten Zusammenfluß der Menschheit zu dieser Zeit".[119]

Zwar reiste Blount auf eigene Faust und nicht als Vertreter irgendeiner Handelsgesellschaft oder in offizieller Mission, doch die meisten Fremden in den osmanischen Ländern waren Kaufleute, unter denen traditionell die Italiener, vor allem die Venezianer, an erster Stelle standen. Im Lauf des Jahrhunderts wirkte sich die portugiesische Öffnung des Seewegs um das Kap der Guten Hoffnung nach Indien allmählich dämpfend auf den venezianischen Handel aus. Eine zeitgenössische osmanische Lageanalyse warnte vor einem ähnlichen Einfluss auf die osmanischen Geschäfte, sollte der Sultan nicht handeln. In einer Randbemerkung zu einem älteren osmanischen Werk mit dem Titel *Die Neue Welt, oder Geschichte Westindiens* forderte ein anonymer Essayist ein militärisches Vorgehen gegen Portugiesen und Spanier und klagte: „Es gibt keinen Ort auf dem Antlitz der Erde, sei er auch nur eine Handfläche groß, den ihre Schiffe nicht erreichen, und es gibt keinen Hafen, keinen Landeplatz, wo sie nicht Burgen und Festungen anlegen."[120]

Lieber strich der osmanische Divan auch weiterhin seinen Anteil am Transithandel ein, indem er französischen und englischen Kaufleuten Privilegien anbot. Zu diesen Abmachungen zählten die Befreiung von der Cizye-Kopfsteuer und eine Art begrenzter Exterritorialität für die Händler und ihre örtlichen Kunden, selbst wenn es sich bei diesen um osmanische Untertanen handelte. Diese „Kapitulationen" waren in den Augen der Osmanendynastie eine Variante der begrenzten Selbstregierung, die man den Führern der jüdischen und christlichen Gemeinden zugestand, und sie liefen auch unter demselben Begriff. Zwar räumten die Bedingungen umgekehrt auch den Osmanen das Recht ein, in den Hauptstädten der anderen Seite diplomatische Gesandtschaften zu errichten, doch um Gleichheit handelte es sich nicht. Osmanische Händler im Ausland genossen nicht dieselben Rechte, die ihre Regierung ausländischen Händlern einräumte, außerdem gab es für Muslime im Ausland keine Religionsfreiheit – ohnehin durften sie die meisten Teile Nordwesteuropas nicht betreten.[121] Kapitalgesellschaften aus Nordwesteuropa wurden jetzt direkt auf dem attraktiven osmanischen Markt aktiv und positionierten sich neben den erfahreneren Italienern. Das erste derartige Abkommen hatten die Franzosen 1569 mit dem Sultan abgeschlossen. Englische Kaufleute handelten anfangs unter dem Schutz der Franzosen, bis Königin Elizabeth I. 1581 die Turkie Company verbriefte.[122] Die 1592 in „Levant Company" umbenannte Gesellschaft errichtete Vertretungen in Istanbul und Izmir und besaß ein herrscherliches Monopol für den englischen Handel mit den Osmanen. Niederländische Kaufleute bedienten sich ihrerseits zunächst des Schutzes der Levant Company, doch nach wenigen Jahren privilegierten die Generalstaaten ihre eigene Ostindienkompanie.[123]

Die willkommene Anwesenheit von Fremden in osmanischen Häfen des östlichen Mittelmeers und das Kommen und Gehen osmanischer Christen und Juden, die sich in Europa freier über Grenzen hinweg bewegen konnten als osmanische Muslime, waren Zeichen für ein kosmopolitisches Bewusstsein. Außerdem bewirkten sie, dass sich Kontroversen innerhalb der westlichen Christenheit auf die osmanischen Länder übertrugen. Jesuiten sorgten mit ihren Missionierungsversuchen für Verärgerung bei den armenischen und östlich-orthodoxen Gemeinden. Im Jahr 1620 wurde der Katholikenfeind Kyrillos Loukaris in derselben Woche Patriarch in Istanbul, in der die Schlacht am Weißen Berg stattfand. Er arbeitete an einer Kirchenreform, um den Einfluss katholischer Missionare zurückzudrängen, und zeigte Sympathien für den Protestantismus. Viele seiner Freunde waren niederländische und polnische Protestanten, er korrespondierte mit dem Erzbischof von Canterbury und wurde durch die englischen Vertreter in Istanbul nachdrücklich unterstützt. Loukaris gründete die erste griechische Druckerei und ließ das Neue Testament in die griechische Umgangssprache übertragen. Seine umstrittenen *Östlichen Bekenntnisse des christlichen Glaubens* zeigten eine calvinistische Sichtweise. Unter den Metropoliten der osmanischen Orthodoxie gewann eine Bewegung an Boden, deren Ziel seine Absetzung war; sie sammelte das nötige Geld, um Kyrillos im Osmanenpalast aus dem Amt zu kaufen. Seine Anhänger starteten eine Gegenoffensive und eroberten den Patriarchenstuhl zurück. Nun heckten die Metropoliten gemeinsam mit dem österreichischen Botschafter eine Verschwörung aus und gaben Kyrillos die Schuld an einem Kosakenraubzug auf dem Asowschen Meer. Murad, der die Intrigen im Patriarchat vielleicht satt hatte, ließ Kyrillos einkerkern und am Vorabend des Bagdad-Feldzugs hinrichten.[124]

Islam und Reich

Der Fortbestand der Dynastie war erneut in Gefahr, als Murad IV. 1640 starb. Da er seine drei Söhne hatte töten lassen – zwei 1635 zur Zeit des Jerewan-Feldzugs und den dritten 1638 während des Bagdad-Feldzugs –, folgte ihm sein psychisch labiler Bruder Ibrahim auf den Thron. Ibrahim verbannte seine Mutter Kösem und ließ den Großwesir hinrichten, hielt sich aber trotz seiner Sprunghaftigkeit acht Jahre auf dem Thron, hauptsächlich weil die einzigen anderen männlichen Angehörigen der Dynastie seine eigenen Söhne im Säuglingsalter waren.[125] Zu guter Letzt konnten die Höflinge Ibrahim nicht länger ertragen, setzten ihn ab und holten Kösem als Regentin für den sechsjährigen Sultan Mehmed IV. zurück – allerdings nur, bis Kösem auf Befehl von Mehmeds junger Mutter Turhan ermordet wurde.[126] Die Thronwirren setzten sich während der ersten Jahre von Mehmeds Herrschaft fort; nun stand er unter der Regentschaft Turhans.

Während dieser sehr chaotischen Jahre am Hof sorgte Ende 1644 plötzlich ein Vorfall in der Ägäis für Aufmerksamkeit. Maltesische Piraten griffen dort ein osmanisches Pilgerschiff an, das mehrere hohe Würdenträger und einen gewaltigen Schatz an Bord hatte – die Gelder, welche die Stiftungen für die Heiligen Städte überwiesen, unter Aufsicht des obersten Haremseunuchen. Er und andere wurden bei dem Angriff getötet, weitere wurden versklavt, und man schleppte das gekaperte Schiff samt Beute in einen Hafen auf der venezianischen Insel Kreta. Den Moment der Klarheit nutzend, verlangte die aufgebrachte osmanische Führung eine umgehende Bestrafung und Entschädigung für die Verluste. Auf die maltesische Piraterie hatte der venezianische Senat kaum Einfluss, dementsprechend auch keine Möglichkeit, diese Forderungen zu erfüllen.[127] Im nächsten Frühjahr landeten osmanische Truppen auf Kreta, rückten rasch vor und hatten bis 1647 Rethymno, Chania und den Großteil der Insel eingenommen.[128] Nur die einsame Festung Kandia entging der Eroberung. Zwei Jahrzehnte hielt sie stand.

Allmählich löste sich die öffentliche Ordnung in Istanbul auf, als Venedig den Krieg in eine Blockade der Meerenge verwandelte. In den 15 Monaten von Mai 1655 bis Oktober 1656 wurden sieben verschiedene Großwesire ernannt und wieder entlassen, dazu sechs Großmuftis und fünf Großadmiräle. Truppeneinheiten meuterten wegen verschlechterten Münzen, und es gab einen Aufruhr wegen des Gebetsrufs an der Fatih-Moschee. Kadızades demagogischer Nachfolger im Amt des Freitagspredigers an der Hagia Sophia, ein Mann namens Üstüvani, schob das Scheitern vor Kandia auf die Tatsache, dass der Großwesir ein Halvati-Sufi war. Üstüvani, dem man nachsagte, in Arabien einen Mann getötet zu haben,[129] stachelte durch seine unverantwortlichen öffentlichen Tiraden wiederholt zu Gewalt auf. Jetzt sammelte sich im Hippodrom ein Mob aus Straßenhändlern, Ladenbesitzern und Theologiestudenten, bereit zu Selbstjustiz gegen die Halvati-Tekken. Im Frühsommer 1656 besiegte Venedig die osmanische Flotte, besetzte drei Inseln an der Einfahrt aus dem Mittelmeer in die Meerenge und brachte vorübergehend sogar Truppen auf der Halbinsel Gallipoli an Land.

Mehmed Köprülü

In diesem kritischen Moment trat Mehmed Köprülü das Amt des Großwesirs an. Der über 80-Jährige verkörperte die strikte Disziplin der alten Schule. Er war als Devşirme-Knabe aus Albanien in den Dienst der Palastküche gekommen und zum Schützling des Bosniers Hüsrev Pascha geworden. Als Hüsrev zum Aga der Janitscharen aufstieg, ging Köprülü in den Provinzdienst, und als Hüsrev Großwesir wurde, kehrte Köprülü als Schatzmeister von dessen Haushalt zurück. Die besten politischen Kontakte hatte er unter den Albanern, und seine Feinde waren mit einigen Ausnahmen Leute aus dem Osten – Abchasen und Georgier.[130] Unter späteren albanischen Großwesiren blieb er in einer Vielzahl von Rollen politisch aktiv – als Oberaufseher der Gilden, Leiter des Arsenals, Divisionskommandeur und Provinzstatthalter.

Das Siegel des Großwesirs übernahm Köprülü nur unter der Bedingung, dass ihm umfassende Vollmachten eingeräumt wurden – an sich nichts Ungewöhnliches,[131] aber Köprülü wusste sich des Systems meisterlich zu bedienen. Er säuberte es von seinen Feinden und setzte seine Verbündeten auf Machtpositionen, darunter Großmufti, Kanzler, Oberschatzmeister und Janitscharen-Aga. Üstüvani und zwei andere Prediger verbannte er nach Zypern.[132] Miteinander rivalisierende Truppenteile spielte er gegeneinander aus und brachte wichtige Vertreter der Janitscharen als Gegengewicht zu ihren Rivalen, den sechs Regimentern, auf seine Seite. Bei der Vorbereitung auf den anstehenden Feldzug gegen Venedig sicherte sich Köprülü so rechtzeitig Unterstützung. Zur bleibenden Erinnerung an die erstaunliche Entdeckung, dass er, ein gewisser Scheich Mehmed und auch der Sultan allesamt denselben Namen wie der Prophet trugen (schließlich war Mehmed die türkische Form von Mohammed), begannen über ganz Istanbul verteilt in den Moscheen 101 Männer den Koran je 1001-mal zu rezitieren. Währenddessen sangen 92 Palastbedienstete mit dem Namen Mehmed immerzu die Sure 92 des Korans, *Bei der Nacht, wenn sie alles bedeckt, und dem Tag, wenn er hell scheint*, ein völlig unzweideutiges moralisches Urteil, wonach das Gute belohnt und das Böse bestraft werde. Da vor 19 Jahren eine Prozession der Gilden die Wiedereroberung Bagdads verkündet hatte, wiederholte man sie.[133] Die venezianische Flotte wurde geschlagen, die Inseln in der Meerenge zurückerobert, und Istanbul feierte den Sieg mit Paraden und einem dreitägigen Feuerwerk.[134] Den Krieg auf Kreta gedachte Köprülü mit einem schnellen Schlag zu Lande gegen Venedig selbst zu beenden.

Das konnte er allerdings nicht allein tun, und wieder einmal ergaben sich Verwicklungen – natürlich auch im Innern, doch zunächst in der konfusen osteuropäischen Politik. Bohdan Chmielnicki, der Hetman der Kosaken am unteren Dnjepr, dessen Revolte gegen die polnisch-litauische Republik die gesamte Region in Aufruhr versetzt hatte,[135] starb 1657. Das war keine Kleinigkeit. Erst kurz zuvor hatten Kosaken zur See für einen Schock gesorgt, als sie über das Schwarze Meer setzten, Sinop plünderten und direkt in den Bosporus einfuhren, wo sie die Dörfer an der Küste nur einige Kilometer nördlich von Istanbul plünderten. Um die Lage zu stabilisieren, nahm der Fürst von Siebenbürgen und osmanische Vasall György II. Rákóczi die Dinge selbst in die Hand. Er fiel in Polen ein, in der Hoffnung, sich die polnische Krone zu sichern und ein vereintes osteuropäisches Königreich zu schaffen. Damit scheiterte er, doch es ergaben sich Konsequenzen für Köprülü. Denn die anderen osmanischen Fürst-Statthalter (Wojewoden) in Moldawien und der Walachei ignorierten Befehle, gegen Venedig aufzumarschieren, und schlugen sich stattdessen auf die Seite von Rákóczi. Wollte man das osmanische System tributpflichtiger Vasallen entlang der Schwarzmeerküste schützen, kam man um eine Abrechnung mit dem ehrgeizigen Rákóczi nicht herum.

Die Komplikation daheim erwuchs aus den gewohnten politischen Bruchlinien. Hasan Pascha, ein abchasischer Feind Köprülüs, widersetzte sich dem Befehl zum Aufgebot gegen Rákóczi. Köprülüs bosnisch-albanische Verwaltung, erklärte er, sei zu beschäftigt mit ihren christlichen Verbündeten und der Feudalpolitik.[136] Hasan war nicht in den Reihen der Janitscharen aufgestiegen, sondern bei Köprülüs Gegenspielern, den sechs Regimentern. Während des Venedig-Feldzugs beschloss Köprülü, nicht gegen Hasan Pascha aufzumarschieren, sondern ihn kaltzustellen, und ernannte ihn zum Statthalter von Aleppo. Jetzt machte Hasan seinen Vorwurf sogar noch expliziter, indem er ein Heer aufstellte, das *Cunud-ı Muslimîn*, die „Truppen der Muslime" zu nennen er die Stirn hatte. Das Heer marschierte auf Bursa und forderte Köprülüs Rücktritt. Der Sultan tadelte Hasan, und Köprülü setzte hinzu: „Wenn ihr wahre Muslime seid, stoßt zu uns."[137] Manche sahen in Hasan den Erneuerer des Zeitalters, doch das beeindruckte Köprülü auch nicht mehr als seinerzeit die Kadızade-Hysterie. Im Februar 1659 ließ er Hasan und dessen führende Offiziere in Aleppo hinrichten.

Sultan Mehmed der Jäger

Während der nächsten 50 Jahre bestimmte die erweiterte Familie von Mehmed Köprülü die osmanische Politik – zwei Söhne, zwei Schwiegersöhne (wovon einer sein Sklave gewesen war), ein Neffe, der Stabschef eines Sohnes sowie zwei Mitglieder des Haushalts eines Schwiegersohnes wurden allesamt Großwesire.[138] Parallel zur Machtverschiebung vom Palast zum Dienstsitz des Großwesirs fand ein Ortswechsel statt: Nachdem 1665 ein Brand den Palast beschädigt hatte und der Hof nach Edirne ausgewichen war, begann sich der Divan in den Räumen des Großwesirs zu treffen, in einer Gartenanlage auf der anderen Straßenseite gegenüber dem Palast in Istanbul.

Die Stabilität dieser Epoche war das Ergebnis einer merkwürdigen Allianz aus Hof und Kadızadelis, die ein Köprülü-Großwesir besiegelte. Sultan Mehmed IV. regierte fast 40 Jahre lang, die längste Herrschaftszeit aller osmanischen Sultane mit Ausnahme Süleymans des Prächtigen – und dieser Vergleich gefiel Mehmed. Ohne eine erkennbare Spur von Ironie besorgte sich Mehmed eine Fetva, die ihn offiziell zum Gazi erklärte. Er hinterließ seine Spuren in der höfischen Kultur, wo seine legendäre Trägheit erst in Tugend verwandelt wurde – in der Metapher, die Jagd sei Kriegführung mit anderen Mitteln – und dann in Frömmigkeit. War es bei seinem Onkel Murad IV. der Einsatz von Gewalt gewesen, der es den Konservativen gestattet hatte, ihn für einen der ihren zu halten, so war es bei Mehmed IV. die Religion. In Mehmed IV. und seiner Mutter Turhan besaßen die Kadızadelis ein Gespann aus wahren Gläubigen. Und mit dem Großwesir Fazıl Ahmed Köprülü, Mehmed Köprülüs Sohn, hatten sie einen Kadızadeli, der zugleich ein Köprülü war. Aus einer Karriere als Ulema hatte sein Vater ihn in die Politik gelotst. Als Großwesir führte Fazıl Ahmed Brandreden gegen Kaffee, Tabak, Wein, Rakı und andere beliebte Vergnügungen und forderte die

Abb. 4.4: Szene aus dem türkischen Harem. Dieses Gemälde von Frauen in einem osmanischen Haushalt wurde von drei österreichischen Künstlern im Gefolge des Habsburger Gesandten geschaffen. Auf der großen Leinwand (1,90 m × 1,30 m), die das Datum 1654 trägt, erwiesen die Maler dem osmanischen Miniaturenstil ihre Reverenz, den ein oberes und unteres Bildregister, Zweidimensionalität und schwach ausgeprägte Perspektive kennzeichnen. Kleider und Musikinstrumente der Frauen sowie die Raumausstattung erscheinen in üppigem Detail. Oben links ist zu lesen: „Weil denen fiernemen [= vornehmen] Türkischen Weibs biltern gar wenig ausres hauß oder under fremde Mans Bilter zu kümen erläubet Wierde [= wird], laden Sie Sich Undter ein andter [= gegenseitig] in ihre Häußer, undt ergötzen Sich. mit Solcherleÿ Tantzen, Commedien, undt Kürtz weillen [= Zeitvertreiben].“

strikte Trennung der Geschlechter außerhalb des Hauses.[139] Ganz gleich ob diese Forderung nun durchgesetzt wurde oder eine Durchsetzung überhaupt möglich war, im Trubel des städtischen Klatsches fielen solche Verlautbarungen allemal ins Gewicht.

In den Augen vieler Osmanen wurde die oberflächliche Tugendhaftigkeit der Kadızadeli nur noch von ihrer Heuchelei übertroffen. In Zeiten des Wohlstands konnte man die populistischen sozialen Ziele, welche die Bewegung der Kadızadeli einst getragen hatten, vergessen, und was dann übrigblieb, waren ihre engstirnigen Feindbilder – Sex und Alkohol, Musik und Tanz. Mehmed IV. war ein Liebhaber und Förderer der Künste, auch der weltlichen, und er bewunderte nichtmuslimische Musiker und beschäftigte sie bei Hof.[140] Doch als Hofkaplan holte Fazıl Ahmed ausgerechnet Vani Mehmed, einen Kadızadeli-Prediger aus dem Kaukasus. Nach den Worten des englischen Gesandten John Covel war Vani „ein bucklichter Greis, sehr grau, von verdrießlichem Gesicht".[141] Er und seine zwölf Söhne, die im Osten bereits riesige Ländereien besaßen, rafften nach dem Eintritt in den Hofdienst rund um Bursa Grundbesitz und Beteiligungen zusammen, die man ihnen zum Geschenk machte. Gleichzeitig wetterten sie gegen die Unmoral der osmanischen Truppen auf Kreta. Die Kadızadelis weigerten sich sogar, die Totengebete für Muslime zu sprechen, die ihren eigenen orthodoxen Maßstäben nicht genügt hatten.[142] Und zwangsläufig konnten die Rechtschaffenen ihren eigenen Ansprüchen nicht gerecht werden. Den Palast selbst traf eine persönliche Tragödie, als Fazıl Ahmed, seit 15 Jahren Großwesir, an den Folgen seines Alkoholkonsums starb.[143] So wie er die Koalition aus Köprülüs und Kadızadelis verkörpert hatte, so verkörperte er auch deren innere Widersprüche.

Während der Krieg sich hinzog und Kandia standhielt, wurden Krieg und Widerstand Teil der osmanischen Identität. Aus der Konversion wurde erst ein Trend, dann eine Bewegung. Der osmanische Hof stellte sich dahinter. Zahlreiche griechische Christen auf Kreta konvertierten zum Islam und traten den osmanischen Hilfstruppen und dem Korps der Janitscharen bei, sodass sie am Kampf gegen Venedig teilnahmen.[144] Interreligiöse Debatten schienen vergleichbar der Kriegführung zu sein – Sieg und Bekehrung waren zwei Seiten derselben Medaille. So wie eroberte Stätten bekehrt wurden und Kirchen sich in Moscheen verwandelten,[145] so wurden auch die Menschen in öffentlichen Zeremonien bekehrt. Beim Divan wurden Festakte abgehalten und die frisch Bekehrten mit Geschenken überhäuft – neue Kleider, Mäntel, weiße Turbane und pralle Geldbörsen. Das staatliche Schatzamt übernahm das Beschenken, und die Bürokratie dokumentierte alles.[146] Der Hofkaplan Vani glänzte bei Debatten. Am Ende einer langen Diskussion mit Sir Thomas Baines, dem Arzt der Engländer, so berichtete sein Landsmann Covel, habe Vani „ihn willkommen geheißen, nach häufigerer Unterredung verlangt und ihn aller Sicherheit und Freiheit versichert". Covels Dolmetscher, ein osmanischer Christ, gestand, dass er selbst keine solche Freiheit empfinde.[147] Da es bei Religion jetzt mehr um Identität und Zugehörigkeit ging als um irgendeinen inneren Wandel, wurde ein reflexartiger Kulturchauvinismus politisch opportun, und der Verlauf des Krieges auf Kreta machte es umso schwerer, den Wert alles vermeintlich Christlichen anzuerkennen, wie etwa der neuen Wissenschaft.

Im Jahr 1669 kapitulierte Kandia schließlich. Die Eroberung von Kreta bedeutete, dass die Ägäis nun vollständig osmanisch war. Fazıl Ahmed ließ eine Katastererfassung durchführen und erließ ein Gesetzbuch, zwei Anachronismen, die gezielt die Erinnerung an Süleyman wachriefen. In Wirklichkeit war das für Kreta geschaffene Regime dem System Süleymans diametral entgegengesetzt, denn es sah privaten Grundbesitz, die Verpachtung von Abgaben und islamische Agrarsteuern vor. Zwar verteilte man Timare, meist als Entschädigung für die Mitglieder der örtlichen Milizen, aber binnen weniger Jahre wurden auch sie in Iltizam-Pachtverträge für Investoren aus Istanbul umgewandelt.[148] Und nachdem jetzt die letzte lateinische Bastion aus der Zeit der Kreuzfahrer gefallen war und die römisch-katholische venezianische Gemeinschaft die Insel geräumt hatte, machte sich das osmanische Patriarchat daran, die Orthodoxen zu organisieren, und errichtete auf der Insel ein Erzbistum mit sieben Bischöfen. Allerdings waren die einheimischen griechischen Mönche, die unter venezianischer Herrschaft ihre Angelegenheiten selbst geregelt hatten, nicht der Ansicht, dass ihre Interessen zwangsläufig mit denen des Patriarchats und der Griechen aus Istanbul zusammenfielen.[149]

Drei Jahre später setzte Mehmed IV. ein Ausrufezeichen unter den osmanischen Triumph. Als der polnische General Jan Sobieski das

Durcheinander in Osteuropa zu beseitigen suchte, leitete der Sultan persönlich die Eroberung von Kamjanez und spielte in diesem herrlichen imperialen Theaterstück mit Vollendung die Rolle des Gazi. Die Provinz Podolien wurde geschaffen, Katastererfassung und Beylerbeyi inbegriffen. Damit erreichte das Osmanische Reich seine historisch größte geographische Ausdehnung.

Schabbatai Zwi

Von allen Bekehrungsgeschichten dieser Zeit kreiste die faszinierendste um den jüdischen Mystiker aus Izmir.[150] Er genoss eine traditionelle jüdische Erziehung, lehrte die Kabbala und faszinierte seine jungen Schüler mit seinem Verständnis der geheimnisvollen äußeren Manifestationen Gottes. Doch Schabbatai Zwi war ein seltsamer Mensch. Er durchlief Zyklen aus Euphorie und Melancholie.[151] Er heiratete zweimal, vollzog aber keine der beiden Ehen. Öffentlich sprach er das Tetragrammaton aus, den heiligen Namen Gottes, was ein Sakrileg war, und wurde dafür von den Rabbinern verurteilt und verbannt. In Saloniki sorgte er anschließend für einen Skandal, als er sich mit einer Torarolle vermählte. Er verkündete eine Buße für die Sünden Israels, indem er alle drei Pilgerfeste innerhalb einer einzigen Woche beging. Nach dem großen Istanbuler Brand von 1660 bereiste Schabbatai die jüdischen Gemeinden in Izmir, Ägypten, Tripoli und schließlich Palästina. In Ägypten heiratete er erneut, diesmal keine Buchrolle, sondern ein hübsches Mädchen namens Sarah, „die Gemahlin des Messias", die im Ruf der Hexerei und eines promiskuitiven Sexuallebens stand.

Im Mai 1665 erkannte in Gaza ein prominenter Kabbalist namens Nathan von Gaza in einem ekstatischen Moment Schabbatai aus einer Vision wieder, die er gehabt hatte. Er deutete Schabbatais Leiden als die Ankunft des Reiches Gottes. Während die Jerusalemer Rabbiner ihn vor die Tür setzten, griff das einfache Volk Nathan von Gazas Ausrufung des Messias freudig auf. In den Gebeten las man den Namen Schabbatai Zwi anstelle des Sultans, der Kalender der neuen Zeit begann, die Befreiung von der Herrschaft der Söhne „Edoms und Ismaels" stand bevor.[152] Die Neuigkeit verbreitete sich rasch in der osmanisch-jüdischen Subkultur und im Ausland bis nach Amsterdam und Hamburg. Zu Chanukka besetzten Schabbatai und eine Schar von Gläubigen die portugiesische Synagoge und zwangen seine Gegner, sich zu verstecken. Er las die Tora aus einem gedruckten Buch, wobei es zu spontanen Anfällen von Prophetie und Visionen kam, und setzte Herrscher über das neue Königreich ein.

Es drohte ein Eingreifen der Regierung. Der Kadı von Izmir scheint nichts unternommen zu haben, doch fehlen die osmanischen Gerichtsakten,[153] die wahrscheinlich beim Brand von Izmir 1922 verlorengegangen sind.[154] Neben Beschwerden über freizügiges Verhalten hatte es in Istanbul einen Aufruhr gegeben, als Schabbatai das Fasten am Neunten Ab – dem Gedenktag der Zerstörung des Ersten und Zweiten Tempels – durch ein Fasten am Geburtstag des Messias, seinem eigenen, ersetzte. Seine Ankunft in Istanbul wurde mit einer Mischung aus fieberhafter Vorfreude und rabbinischem Verdruss erwartet. Als ein Wintersturm ihn aufhielt, beschimpften Witzbolde auf der Straße die Juden, verspotteten ihren neuen Gruß *Geldi mi?* („Ist er gekommen?") und dichteten spöttische Liedchen.[155] Durch den Sturm gezwungen, im Hafen von Gallipoli Schutz zu suchen, wurde Schabbatai Zwi von den osmanischen Behörden verhaftet und in der Festung Gallipoli eingekerkert. Zu Tausenden strömten arme Pilger zu ihm, von denen sich viele als Armenier verkleideten, um dem Spott der Türken zu entgehen.[156] Der Streit tobte in allen jüdischen Gemeinden, in Saloniki, Edirne, Buda, Sarajevo, Bagdad, Kurdistan, Syrien, Ägypten und im Jemen.[157]

Binnen Kurzem wurde Schabbatai in den Palast von Edirne bestellt, wo ihn eine Gruppe von Würdenträgern befragte, darunter der Großmufti, der Sicherheitschef von Istanbul und Vani Efendi. Osmanische Aufzeichnungen über dieses Ereignis wurden bislang nicht gefunden, und die erhaltenen christlichen und jüdischen Berichte weichen in den Details voneinander ab.[158] Schabbatai wurde von einem polnischen Kabbala-Anhänger angezeigt, der mit ihm in Gallipoli drei Tage diskutiert hatte. Er weigerte sich, auf Verlangen ein Wunder zu vollbringen. Vor die Wahl zwischen Bekehrung oder Tod gestellt, trat er zum Islam über. Er nahm den Namen Mehmed an, der Name des Propheten und des Sultans. Außerdem erhielt er den Posten eines Türhüters sowie ein Gehalt.

Fassungslosigkeit, Verwirrung und Ernüchterung ergriffen für sehr lange Zeit die gesamte jüdische Diaspora. Manche verhöhnten schadenfroh all jene, die sich hatten hereinlegen lassen; andere breiteten den Mantel des Schweigens darüber. Die rabbinische Führungsschicht bemühte sich allerorten, die Folgeschäden einzudämmen. Nachdem Nathan von Gaza Schabbatai in Edirne besucht hatte, verbrachte er mehrere Monate damit, in aller Stille zwischen den jüdischen Gemeinden in Thrakien, Makedonien, entlang der dalmatinischen Küste und auf der italienischen Halbinsel herumzureisen. Selber für gottlos erklärt, bekräftigte Nathan, wie notwendig es sei, dass der Messias unter den Ungläubigen weile, und sah im Abfall vom Glauben eine endgültige Abkehr von Gesetz und Tradition – und ein Vorspiel zur endgültigen Herrlichkeit. Die letzten zehn Jahre seines Lebens verbrachte Schabbatai in einem kleinen Kreis aus ebenfalls konvertierten Anhängern, der Keimzelle einer Sekte; dort lehrte er und predigte manchmal. Er starb 1676 im Exil in Dulcigno an der Adriaküste.

Befangen in seiner eigenen Bilderwelt, war das osmanische Regime nicht imstande, die Ironie im Leben des Schabbatai Zwi zu erkennen. Der Hof, von der Durchsetzung religiöser Grenzen derart in Anspruch genommen, dass er es sogar fertigbrachte, ein bürokratisches Verfahren zur Dokumentation der Schahada – des islamischen Glaubensbekenntnisses – zu ersinnen, feierte jetzt einen Konvertiten, dessen Kernbotschaft lautete, dass die Macht des Gesetzes durch das Brechen des Gesetzes gebrochen werde und dass nur in der Sünde der Raum für Gnade und Erbarmen zu finden sei.

Der Wiener Feldzug und die Folgen

Einige Jahre vor dem Ende des Jahrhunderts versammelte Großwesir Kara Mustafa Pascha das osmanische Heer in Edirne für einen Feldzug nach Norden. Der habsburgische Kaiser Leopold I. hatte kein Interesse an einem Türkenkrieg und wollte sogar den jüngsten, 1664 geschlossenen Friedensvertrag erneuern. Die Fetva des Muftis verbot den Angriff auf einen Feind, der sich um Frieden bemühte. Aber die osmanische Führung wollte eine protestantische Revolte gegen Leopold in Ungarn unterstützen und rüstete zum Angriff auf Wien.[159] Vani Mehmed, der soeben die Abfassung eines unverhohlen militanten Korankommentars beendet hatte, wurde mitgenommen, um zündende Ansprachen an die Truppen zu halten.

Am 14. Juli 1683 erschien die osmanische Armee vor Wien und eröffnete die Belagerung; die tatarische Reiterei durchstreifte das ganze Gebiet bis an die Grenzen Bayerns. Als es nach zwei Monaten so aussah, als würde jeden Augenblick eine Bresche in die Mauern geschlagen,[160] erschienen 20 000 polnische Kämpfer unter dem Kommando von Jan Sobieski zum Entsatz der Stadt. Am 12. September brachte Sobieski dem osmanischen Heer eine vernichtende Niederlage bei. Das Lager der Osmanen, darunter Hunderte Dokumente und Akten und das persönliche Zelt des Großwesirs (das heute in einem Wiener Museum zu bewundern ist), wurde erobert, als die türkischen Truppen kehrtmachten und das Weite suchten. Einen Monat später nahm eine habsburgische Streitmacht das nur 50 Kilometer vor Buda im Donaubogen gelegene Esztergom ein.

Der Hof schob allem und jedem die Schuld zu – der tatarischen Reiterei, weil sie Sobieski nicht am Überqueren der Donau gehindert hatte, den protestantischen Aufrührern in Ungarn, den Feiern und den Prostituierten im osmanischen Lager, Großwesir Kara Mustafa – seine Hinrichtung in Belgrad im Dezember beraubte die Armee ihres fähigsten Befehlshabers. Manche dachten, die Schuld müsse auf den Sultan selbst zurückfallen, dessen demonstrative Frömmigkeit und Ansprüche auf den Gazi-Status ausschweifendes Verhalten und infantile Interessen bemäntelten. Er habe die Länder des Islam an ungläubige Könige verloren und Schande über den Islam selbst gebracht.[161] Vani Mehmed wurde nach Bursa verbannt, wo er auf seinem Familiengut starb. Die Königinmutter Turhan war bereits in Abwesenheit des Heeres gestorben. Auf eine schwere Dürre mit einer Hungersnot 1686 folgte ein Winter, der so bitterkalt war, dass das Goldene Horn erneut zufror. Im September fiel Buda, dann Belgrad. Auch Athen erlag einer venezianischen Belagerung. Die teure Erinnerung an alte Siege wurde in ihr Gegenteil verkehrt, als man im Herbst 1687 durch Prinz Eugen von Savoyen bei Nagyharsány, kaum 30 Kilometer von Mohács entfernt, eine Niederlage erlitt. Die Geduld der Öffentlichkeit erschöpfte sich langsam, die Armee meuterte, ein weiterer Großwesir wurde hingerichtet, und im letzten Jahr des Jahrhunderts wurde Mehmed IV. zugunsten seines Bruders Süleyman II. entthront.[162]

Bilanz eines Jahrhunderts

Die Osmanendynastie hatte ihre Kinderkaiser überlebt – und doch endete das elfte islamische Jahrhundert so, wie es begonnen hatte, mit Krieg in Osteuropa. Die fiskalische Neuordnung hatte allerorten für Wohlstand gesorgt und starke militärische Leistungen der Osmanen ermöglicht – bis zum letzten Feldzug gegen Wien, aber diese Niederlage offenbarte die verborgenen sozialen Widersprüche. Einer bestand in der Notwendigkeit, den Sinn und Zweck der tributpflichtigen Vasallen in Osteuropa und am Westrand des Schwarzen Meeres von der Donau bis zum unteren Dnjepr zu überdenken; sie mussten mehr sein als nur ein Ausgangspunkt für Plünderungen und Sklavenraubzüge in der Kosakensteppe.[163] Im Gegensatz zum europäischen Grenzland war es an der persischen Grenze seit dem Vertrag von 1639 ruhig gewesen. Das war ein Indiz dafür, dass der Schwerpunkt der strategischen Interessen der Osmanen sich nach Westen verlagert hatte, doch die Augen der osmanischen Gesellschaft schienen mit Hornhautverkrümmung geschlagen. Der öffentliche Diskurs führte massiv in die Irre. Die Kadızadelis waren nicht geneigt, ihre Rolle in der Welt im Nachhinein anzuzweifeln oder die Vorstellung vom Osmanischen Reich als einer im Westentlichen muslimischen Nation zu hinterfragen. Weil der Hof die Konversionsbewegung während der mehr als 20-jährigen Belagerung von Kandia unterstützte, war der Krieg als eindeutiger Sieg des Islam über das Christentum inszeniert worden, doch die Enttäuschung der griechischen christlichen Wortführer auf Kreta über das Patriarchat in Istanbul zeigte, dass alles nicht annähernd so schwarz-weiß oder so einfach war.

Es wäre unfair, den dramatischen Unterschied im religiösen Image der Dynastie zum Symbol des Jahrhunderts zu machen, vom mystischen Ökumenismus Murads III. am Anfang bis zum aggressiven Exklusivismus Mehmeds IV. am Ende. Besser lässt es sich vielleicht zusammenfassen, wenn man sagt, dass die Köprülü-Kadızadeli-Allianz – eine Koalition des osmanischen Ostens mit dem osmanischen Westen, so instabil sie war – dafür gesorgt hatte, dass die tiefe soziale Kluft, die der Mord an Osman II. enthüllt hatte, ein wenig geschlossen wurde. Die Kadızade-Kontroverse war passiert, und sie hatte die osmanische Welt erschüttert. Doch war sie nicht ohne Kritik geblieben. Einer der scharfzüngigeren (und schillernderen) Kritiker des Palastes war ein charismatischer Sufi-Meister namens Niyazi-i Mısri. Wie Sabbatai Zwi besaß auch Niyasi das durchdringende Gespür eines Propheten für die Gegenwart Gottes im Alltäglichen,[164] und wie Sabbatai Zwi kündete sein skandalöses persönliches Betragen von seiner radikalen Ablehnung der althergebrachten Ordnung.[165] Er sei der Mittelpunkt der Erde, sagte er, die Kaaba selbst. Man verfolge ihn; die Schergen des Sultans hätten den Frieden seines eigenen Haushalts verletzt. Persönliche Krankheit und Paranoia einmal beiseite gelassen, könnte man diese ungewöhnlichen Behauptungen als Gleichnis auf den Verfall osmanischer Werte verstehen. Nicht genug damit, dass die militärische Niederlage zum Ende des Jahrhunderts das Projekt der Eroberung und Bekehrung entwertet hatte, verkannte dieses Projekt selbst die von der Vorsehung bestimmte Aufgabe der Osmanendynastie, die weltlichen Voraussetzungen für eine Begegnung mit der göttlichen Ganzheit zu schaffen.

5. Globales und Lokales, 1688–1785

An der Wende zum zwölften islamischen Jahrhundert hatten der Haushalt des Sultans und die gesamte osmanische Gesellschaft mit der Niederlage in Mitteleuropa zu kämpfen und machten sich Gedanken über den Zustand des Reiches. Während der relativ kurzen Herrschaft Süleymans II. und Ahmeds II. prallten zwei Sichtweisen aufeinander und spitzten sich während der Regierungszeit Mustafas II. zu. In der einen Sichtweise gehörte das Osmanische Reich zum „Haus des Islam" (*Dar al-Islam*), dessen bedeutende Kultur sich in einem unversöhnlichen Kampf mit dem im „Haus des Krieges" (*Dar al-Harb*) angesiedelten Unglauben befinde. Der anderen Sichtweise hingegen fiel es schwer, solche Unterscheidungen in der Realität festzumachen. Das internationale Finanzwesen überschritt Grenzen, getragen von den Schiffen und in den Händen einer internationalen Bruderschaft von Kaufleuten, und das Gleiche galt für Ideen, Krankheitserreger und noch mehr. Keine Grenze war undurchlässig. Nicht nur, dass das Globale Einfluss auf das Lokale hatte, war im Lokalen das Globale bereits gegenwärtig. In jedem noch so kleinen Vorkommnis spiegelte sich eine allgemeingültige Realität.

Niederlage und Sieg

Um einen Verfechter der ersten Sichtweise zu finden, braucht man nicht weiter zu gehen als bis zu Sultan Mustafa II., der sein Ziel verkündete, in den Kampf gegen die Ungläubigen zu ziehen. Indem er eine Pose annahm, die der Mehmeds IV. ziemlich ähnelte, wollte er unbedingt die Initiative des Sultans im osmanischen Sozialleben zurückgewinnen und die sich unkontrolliert ausbreitende Respektlosigkeit und Unmoral

Osmanische Sultane des zwölften islamischen Jahrhunderts

Süleyman II.	1687–1691
Ahmed II.	1691–1695
Mustafa II.	1695–1703
Ahmed III.	1703–1730
Mahmud I.	1730–1754
Osman III.	1754–1757
Mustafa III	1757–1774
Abdülhamid I.	1774–1789

zurückdrängen. Wie zuvor hing der Erfolg dieser Bemühungen von der Doppelhelix aus militärischem Ruhm und gesetzlicher Frömmigkeit ab, wahren Karikaturen von Kanun und Scharia. Und wie zuvor scheiterten sie an einer militärischen Niederlage. Nicht dass militaristische Frömmigkeit ein Privileg der Osmanen gewesen wäre. In ihrem Kampf an vier Fronten standen sie einer als Heilige Liga bekannten Koalition gegenüber.[1] Habsburgische Gesandte am Petersburger Hof drängten die Orthodoxen: „Kämpft für das Kreuz Christi! ... Besetzt Konstantinopel, wo euer Patriarch ein unwilliger Gast ist ... Gewinnt den Sitz Eurer Kirche zurück, wo jetzt die Götzen herrschen."[2]

Einen Friedensschluss lehnte Mustafa II. ab und zog mit seinen Truppen in die Schlacht, beschwingt von der Entdeckung des Schwertes Davids, eingebildet, weil ein christlcher Konvertit einen Sieg prophezeit hatte.[3] Es folgte eine Katastrophe. In Anwesenheit des Sultans fiel 1696 die Festung Azak (Asow) an Peter den Großen; in seiner Anwesenheit überraschte Prinz Eugen die Osmanen, als sie im September 1697 bei Zenta die Theiß (Tisza) überquerten, und brachte ihnen eine verheerende Niederlage bei. Österreichische Truppen entvölkerten die Wojwodina, unternahmen Vorstöße tief nach Bosnien hinein und plünderten Sarajevo.

Die Kontroverse um Karlowitz

Der Friedensvertrag von Karlowitz, der am 26. Januar 1699 unterzeichnet wurde, beendete den Krieg und wurde ergänzt durch eine separate bilaterale Vereinbarung mit Russland.[4] Alle osmanischen Besitzungen im Karpatenbecken und Siebenbürgen mit Ausnahme von Temeswár fielen an das Habsburgerreich. Polen gewann Podolien mit der Festung Kamianec. Die Morea und Teile der Küste Dalmatiens fielen an Venedig. Russland behielt Asow. Zwar verhandelten die osmanischen Diplomaten – Rami Mehmed, Chef der Kanzlei, und der Hofdragoman İskerletzade Alexander (auch als Mavrokordatos bekannt), ein griechisch-orthodoxer Christ aus der Phanarioten-Aristokratie in Istanbul – durchaus geschickt und erreichten die österreichische Räumung von Temeswár und einen polnischen Rückzug aus Moldawien, doch dieser Trost milderte die Wucht der militärischen Katastrophe nur wenig.

Die Verlustgefühle nach Karlowitz erfassten sämtliche Schichten der osmanischen Gesellschaft. Wenn Mustafa II. für die Haus-des-Islam-Sichtweise auf das Reich mit ihren scharfen kulturellen Grenzen und ihrer moralischen Eindeutigkeit stand, dann war Karlowitz sein Ruin. Der Hofhistoriker Naima schildert die Kontroverse um einen muslimischen Herrscher, der Gebiete abtrat.[5] So etwas war durchaus schon vorgekommen, diesmal jedoch handelte es sich um einen dauerhaften Verlust ohne Aussicht auf Rückgewinnung, mit festen Grenzen, denen Geltung zu verschaffen der Sultan in einem förmlichen Friedensabkommen versprochen hatte. Wer die Dichotomie zwischen Haus des Islam und Haus des Krieges befürwortete, der fand das unverantwortlich. Obendrein argwöhnten Tataren und andere halbnomadische Gruppen, deren Lebensideal ungestörte Raubzüge waren, dass die Regierung Karlowitz zum Vorwand nehmen könnte, ihre Bewegungsfreiheit drastisch zu beschneiden, sie leichter zu besteuern und zu kontrollieren, inwieweit sie theologisch auf abweichenden Pfaden wandelten. Als Antwort führten die Verteidiger des Vertrages berühmte historische Präzedenzfälle an, darunter den Frieden mit den Kreuzfahrern nach dem Fall Jerusalems und den Frieden des Propheten Mohammed mit den heidnischen Stadtvätern von Mekka.

Die Finanz-, Religions- und Militäraristokratie Istanbuls stellte sich hinter den Vertrag. Ihnen war das Klima des finanziellen und sozialen Ausgleichs lieber, für welches die Steuerpacht stand. Doch hatten sie andere Gründe, warum sie Mustafa II. lossein wollten, und sie waren es, die hinter der Rebellion standen, durch die er 1703 gestürzt wurde. In Istanbul meuterte das nach Georgien abkommandierte Korps der

Waffenschmiede. Die Janitscharen schlossen sich an, und rasch bildete sich eine Koalition, zu der weitere Einheiten des stehenden Heeres zählten, dazu viele Ulema, das Gefolge führender Paschas und Wesire der Regierung sowie zahlreiche Kaufleute und Handwerker in Istanbul.[6] Ihre beiden erklärten Forderungen waren erstens die Entlassung des Großmuftis Feyzullah Efendi und zweitens die Rückkehr von Sultan und Hofstaat nach Istanbul.

Durch ihren Umzug nach Edirne hatten der Sultan, Feyzullah und seine Kumpane den Händlern und Handwerkern, Arbeitern und Dienstleistern Istanbuls schweren Schaden zugefügt, außerdem hatte Feyzullah, der Schwiegersohn des Kadızadeli-Hofkaplans Vani, seine eigene Dynastie aus Gefolgsleuten aufgebaut. Als neuen Großwesir favorisierten die Rebellen einen Anhänger der Köprülü, der zu den Friedensstiftern von Karlowitz gehörte. Der Umsturz von 1703 markierte somit letztendlich den Sieg der Finanzkreise der Hauptstadt und ihre imperiale Vision.

Die Donaufürstentümer

Die osmanischen Militäroperationen der Folgezeit boten einigen Anlass zur Zuversicht. Nach dem Verlust von Asow beobachtete Istanbul mit Argusaugen die Wandlung des Moskauer Staates zum Russischen Reich unter Peter I., dem Großen. Nach seiner Niederlage gegen Peter akzeptierte König Karl XII. von Schweden osmanisches Asyl und unternahm 1711 zusammen mit osmanischen Heeren und den Krimtataren einen koordinierten Angriff. Die Ziele lauteten, die osmanischen Grenzbefestigungen vom Schwarzen Meer bis nach Belgrad wiederherzustellen und die erschütterte osmanische Rolle in der Walachei und Moldawien (die man inzwischen üblicherweise unter dem Namen der Donaufürstentümer zusammenfasste) wiederherzustellen.[7] Ein massives osmanisches Aufgebot überquerte die Donau, umfasste Peters Heer am Pruth und errang einen überwältigenden Sieg. Im darauf folgenden Abkommen gewannen die Osmanen Asow zurück und verdrängten Russland vom Schwarzen Meer. In Moldawien und der Walachei ersetzte man einheimische Fürsten, die Peter unterstützt hatten, durch von den Osmanen ernannte Statthalter, die unter den griechischen Phanarioten in Istanbul ausgewählt wurden.

Nach dem erfolgreichen Pruth-Feldzug griffen osmanische Heere Venedig an und konnten mit Hilfe orthodoxer Einwohner, die unter der römisch-katholischen Herrschaft der Venezianer gelitten hatten, die Morea leicht zurückerobern. Jedem, der Venedig half, drohte der Patriarch in Konstantinopel mit der Exkommunikation. Nachdem jedoch habsburgische Truppen unter Prinz Eugen das osmanische Heer bei Peterwardein geschlagen hatten, gingen Temeswár und die westliche Walachei verloren. Eugen belagerte Belgrad, schlug das osmanische Entsatzheer zurück und nahm die Stadt ein. Mit dem Frieden von Passarowitz war 1718 aus osmanischer Sicht der Verlust des Karpatenbeckens vollständig.[8]

Finanzreformen

Trotz der Niederlage nahm die osmanische Regierung eine Reihe von Finanzreformen in Angriff, die zwischenzeitlich eine lange Phase der Prosperität in der osmanischen Gesellschaft einleiteten, deren unbestrittenes politisches, finanzielles und kulturelles Zentrum Istanbul war.

Die Reformen wurden Stück für Stück im Lauf mehrerer Jahrzehnte durchgeführt. Schon im Krieg um Kreta hatten die militärischen Notwendigkeiten die Grenzen der Iltizam-Struktur kurzfristiger Anleihen durch Steuerverpachtung für jeweils drei Jahre aufgezeigt. Ein neues Gesetzeswerk von 1673, in dem es um Landbesitz, Erbschaft und Besteuerung ging, hatte Sultansdekrete mit den Rechtsgutachten (*fetvas*) großer Juristen wie Celalzade (gestorben 1567), Ebu's-Suud (gestorben 1574), Yahya (gestorben 1644) oder Mehmed Baha'i (gestorben 1654) zusammengefasst, um Begriffe des Kanun für eine neue Zeit neu zu definieren.[9] Man beachte, dass es sich bei all diesen Männern um osmanische Juristen der letzten anderthalb Jahrhunderte handelte, nicht um arabische Theologen des Mittelalters. Im Jahr 1677 hatte die osmanische Regierung eine Korrektur im Verhältnis zwischen islamischem und julianischem Kalender eingeführt, um den Auswirkungen der Diskrepanz von Sonnen- und Mondjahr für den Finanzhaushalt Rechnung zu tragen.[10] Und das positive Wirtschaftsklima, beispielsweise auf dem städtischen Immobilienmarkt, veranlasste osmanische Behörden, darüber nachzudenken, wie das heimische Kapital weiter genutzt werden konnte.[11]

Mitten in dem Krieg von 1683–99, der in Karlowitz endete, kündigte das staatliche Schatzamt eine Versteigerung bestimmter Einnahmen des Reiches an Pächter auf Lebenszeit an. Das war ein kühner Schritt. Solche lebenslangen Steuerverpachtungen, *malikane* genannt, waren in der traditionellen islamischen Rechtslehre beispiellos. Doch erwiesen sie sich als dauerhafte Lösung für den langfristigen Kreditbedarf der Regierung.[12] Die 1673 gesetzlich verankerte Steuerreform, die jetzt mit den neuen Finanzinstrumenten durchgesetzt wurde, beruhigte potenzielle Investoren. Von einer korrekten Veranlagung würden sie ebenso profitieren wie die Regierung. In den Provinzen wurden neue Erhebungen durchgeführt. Für nichtmuslimische Bevölkerungsgruppen, die der Cizye-Steuer unterlagen, wurden in der Hoffnung, Unstimmigkeiten bei der Einziehung dieser kanonischen Abgabe zu beseitigen, Register erstellt.[13] Außerdem stellte die Regierung den Rhythmus ihrer Gehaltszahlungen auf das solare Kalenderjahr von Frühling zu Frühling um, während die Berechnungen der Einnahmen und Ausgaben weiterhin nach dem Mondjahr erfolgten.[14]

Jährlich fanden in Istanbul oder Edirne die zentralen Auktionen der Regierung statt, bei denen männliche Muslime bieten durften. Der höchste Bieter erhielt für eine beachtliche Sicherheitssumme und den Gegenwert der Gewinnerwartungen mehrerer Steuerjahre einen Vertrag. Der Vertrag verbriefte ihm Exklusivrechte zur Einziehung der Steuer, vorausgesetzt, er leistete festgesetzte Jahreszahlungen an das staatliche Schatzamt. Diese Verträge konnten an Subunternehmer weitergereicht, in Anteile aufgespalten und privat gehandelt werden. Zwar waren Nichtmuslime vom Bieterverfahren ausgeschlossen, doch für den Betrieb des ganzen Systems waren sie unentbehrlich, verfügten doch nur wenige Investoren über die nötigen Mittel, um ohne Darlehen bei den örtlichen Bankiers (*sarrafs* genannt) ein Gebot abzugeben – und von den Sarrafs wiederum waren die meisten keine Muslime. Sarrafs verliehen die Summen für Teilzahlungen auf die Verträge und fungierten auf dem Markt für Anteile und andere vertragsbasierte Finanzinstrumente als Buchhalter und Agenten. Die Verbindungen der Familien osmanischer Juden sowie griechischer und armenischer Christen mit den Bankhäusern Mitteleuropas stellten sicher, dass das osmanische System an das finanzielle Umfeld des europäischen Subkontinents angebunden blieb.[15]

Die Steuerpacht auf Lebenszeit bedeutete zwar keinen völligen Machtverlust der Zentralregierung, doch sie veränderte diese Macht. Steuerpächter und Zentralregierung gingen wichtige Verbindungen ein, und beide Seiten hatten die Mittel, ihre Vorrechte zu schützen.[16] Exklusive Einzugsrechte schützten Steuerpächter vor der Einmischung örtlicher Behörden, unter dem alten System ein schweres Handicap für Investoren. Außerdem konnten ihre Erben auch den Vertrag erben, sofern sie die anfängliche Sicherheitssumme erneut zahlten. Die Zentralregierung optimierte das System durch weitere Regeln, um Missbrauch abzustellen und auf unvorhergesehene Entwicklungen zu reagieren.[17] Beispielsweise konnte sie eingreifen und tat das auch, um von Steuerpächtern zusätzliche Zahlungen zu verlangen, wenn sie feststellte, dass sie den Wert eines Vertrags unterschätzt hatte; auch konnte sie Regeln ändern oder einen Vertrag ganz kündigen und neu ausschreiben. Dies geschah zum Beispiel während des Krieges von 1715–18. Bestieg ein neuer Sultan den Thron, erhob man eine Thronantrittssteuer. Eine übermäßige Aufsplitterung der Anteile war verboten, also konnte die Regierung die Zahl der Agenten, mit denen sie zu tun hatte, begrenzen, und die Bankiers, welche diese Geschäfte abwickelten, wurden offiziell von der Regierung zertifiziert. Um einen Vertrag zu erhalten, musste ein erfolgreicher Bieter die Garantie einer dieser amtlich beglaubigten Banken vorweisen.

Trotz dieser starken staatlichen Einmischung war das Interesse der Investoren gewaltig. War das Malikane-Verfahren anfangs für Agrareinkünfte entwickelt worden, so wurde es bald auf eine Vielzahl von Steuern und Zöllen ausgeweitet, darunter Markt- und Gildengebühren, Steuern auf Verbrauchsgüter und auf die Verpachtung von Ämtern sowie Dorf- und Stammessteuern im ganzen Reich. Bei den meisten Investoren handelte es sich bald um Familien-„Firmen“.[18] Sie verwendeten die neuen Instrumente, um ihre Portfolios zu diversifizieren, zu denen auch Immobilien in den Städten und Vakıf-Stiftungen gehören konnten. Viele besaßen Anteile an mehreren Steuerpachten in verschiedenen Regionen, die unter Verwandten und Abhängigen verteilt waren. Die große Verfügbarkeit von Krediten, darunter auch Ratendarlehen,[19] machte das System geschmeidiger, und neue islamische Rechtsgutachten erteilten ihm explizit ihren Segen. Akkreditive, Kreditbriefe, welche das zentrale Schatzamt garantierte, waren im ganzen Reich und auch international, bei französischen und italienischen Kaufleuten, in Umlauf. Die Fähigkeit des Schatzamtes, das System zu stützen, wurde durch eine neue osmanische Silbermünze gestärkt, den *kuruş*, die erste erfolgreiche inländische Münze seit dem Ableben des Akçe. Auch eine neue Goldmünze kam in Verkehr.[20] Faktisch stammte das Darlehenskapital vieler armenischer Sarrafs in Istanbul aus ihren Investitionen in die Silber- und Goldindustrie der Provinz Karaman. Die Hauptgeldwechsler in den Zollstellen von Istanbul, Izmir, Saloniki, Aleppo und Kairo waren allesamt Armenier, ebenso der Direktor der Münze in Istanbul.[21]

Provinznetzwerke

Auf den Steuerpacht-Auktionen in Istanbul und Edirne bestimmten reiche Istanbuler Firmen aus dem Umfeld des Hofes das Geschehen. Wesire, Armeeoffiziere, Palastbeamte, hochrangige Verwaltungsmitglieder, ihre Untergebenen und ihre erweiterten Patronage-Netzwerke strichen die meisten Gewinne ein. Selbst an einem so entlegenen Ort wie Aleppo entfielen über drei Viertel des in Steuerpachten investierten Vermögens auf Amtsträger, die auf die eine oder andere Weise mit Istanbul verbunden waren.[22]

Dies schuf in den Provinzen eine weitere Ebene des Wettbewerbs und sorgte für nicht geringen Unmut. Während das staatliche Schatzamt die Zahl seiner besoldeten Beamten in den Provinzen aufstockte, waren Stellen, die noch so magere staatliche Bezüge versprachen, heißbegehrt und wurden eifersüchtig verteidigt. Stellen bedeuteten Kontakte und gestiegene Chancen auf die Eroberung eines Vertrags.[23] Das ursprüngliche Dekret, mit welchem das Malikane-Verfahren eingeführt wurde, kritisierte Missbräuche unter dem alten System und warf den Steuereinnehmern der Provinzen samt ihren Agenten vor, sie hätten die zeitlich begrenzten Iltizams ausgenutzt, um auf Kosten der Einwohner maximalen Profit zu machen. Doch obwohl das neue System durchaus darauf abzielte, der Macht der Provinzeliten entgegenzuwirken, wollte die Zentralregierung sie keineswegs völlig von dem Verfahren ausschließen. So lockte sie lokale Unternehmer an, indem sie ihnen die Kontrolle über lokale Einnahmen überließ, die ohnehin nicht so lukrativ waren und von Auswärtigen schwerer einzutreiben waren. Solche Abgaben wurden auf Auktionen verpachtet, die in wichtigen Provinzstädten stattfanden,[24] und je nach Region gab es große Unterschiede, welche und wie viele Abgaben auf eine lebenslange Laufzeit umgestellt wurden. Auf lokale Investoren griff man außerdem zurück, um für die Dorfbewohner Saatgut, Kredite und andere Dienstleistungen bereitzustellen. In ausgewählten Gebieten wie Karaman und Rum, am oberen Tigris und Euphrat sowie in Syrien löste das neue System einen Wirtschaftsboom aus. Die Investitionen auf dem Land blieben dagegen vergleichsweise niedrig, sogar an Orten wie Bursa,[25] und in Europa zwischen dem Schwarzen Meer und der Adria stellte man nicht einmal ein Viertel der bestehenden Iltizam-Verträge auf lebenslange Laufzeit um.[26] Zu den Akteuren in den Provinzen zählten Janitscharen, Basarhändler und Handwerker samt den Mitgliedern ihrer Haushalte, einschließlich Frauen und Konkubinen, Söhnen, Töchtern und Sklaven, außerdem christliche Geistliche und jüdische Rabbiner, muslimische Ulema, Sufimeister und -schüler, der Adelsstand der Seyyids, der Nachkommen des Propheten, und sogar ausländische Kaufleute.[27]

Die „Kapitulationen", die vertraglich begrenzte Abgabenfreiheit und Exterritorialität, die man ausgewählten Gemeinschaften ausländischer Kaufleute einräumte, wurden unter diesen Umständen zu bedeutenden Vorteilen. Als man sie ein Jahrhundert zuvor oder noch früher einer winzigen Gruppe englischer und französischer Kaufleute gewährt hatte, hatten sie noch keine große Rolle gespielt, doch waren sie im Lauf der Zeit auf osmanische Kunden, Agenten und Bevollmächtigte der Ausländer ausgedehnt worden. An Orten wie Aleppo und Izmir, wo ausländische Gemeinschaften, besonders die Kapitalgesellschaften, jetzt größer und finanziell mächtiger waren, sorgten diese Privilegien dafür, dass ein wachsendes Segment der Handelstätigkeit sich außerhalb des osmanischen Geltungsbereichs abspielte. Die osmanischen Behörden zeigten sich besorgt darüber und stellten Nachforschungen an, um zu überprüfen, ob jene osmanischen Untertanen, die diese Vorteile in Anspruch nahmen, auch tatsächlich die Angestellten und Kunden der ausländischen Kaufleute waren. Doch selbst wenn sie es waren, trugen die meisten wichtigen christlichen und jüdischen Familien zusätzlich Sorge, Bündnisse mit muslimischen Kaufmannsfamilien einzugehen, deren Beziehungen bei der Vertragsvergabe in Istanbul von großem Wert waren.[28]

Dynastische Verwerfungen

Die Finanzreformen versetzten das Reich in die Lage, von der stärkeren Integration in das globale Handelssystem, das sich gerade entwickelte, zu profitieren, machten es aber zugleich auch anfällig für globale Verwerfungen. Die osmanische Buchhaltung zeigt, dass die Reformen während der zwölf Jahre, in denen der Rat dem Großwesir Nevşehirli Damad Ibrahim Pascha unterstand, für einen Haushaltsüberschuss und beachtliche Stabilität sorgten. Je nach Sichtweise war es eine hohe Blütezeit der schönen Künste oder aber eine Ära der Leichtgläubigkeit und schockierend ungleicher Wohlstandsverteilung,[29] für die – im Guten wie im Schlechten – eine allgemeine Versessenheit auf Tulpen und Ibrahim Paschas prächtiger Sadabad-Palast am Goldenen Horn standen. Diese Ära endete in Unruhen, die 1730 zur Hinrichtung Ibrahim Paschas und zur Abdankung Sultan Ahmeds III. führten. Diese Ereignisse waren eng verknüpft mit dramatischen Veränderungen jenseits der osmanischen Grenzen, die weltweite und sehr lang anhaltende Auswirkungen hatten.

Der Sturz der Safawiden und der Moguln

In dem Jahrzehnt, das der Abdankung Ahmeds III. vorausging, versanken das Nachbarland Iran und Indien in politischen Krisen, welche die Dynastien der Safawiden und der Moguln zu Fall brachten. Diese beiden sagenumwobenen türkisch-muslimischen Herrscherhäuser, die über Reiche von ungeheurem Wohlstand geboten, brachen plötzlich und beinahe gleichzeitig zusammen. Die Krise der Safawiden begann, als Afghanen aus dem Stammesverband der Ghilzai 1709 Kandahar eroberten. Sie brachten der safawidischen Armee eine Reihe von Niederlagen bei, die 1722 in einer Invasion des Iran und im Fall Isfahans nach langer Belagerung gipfelten. Der Safawidenschah wurde gestürzt und der Großteil seiner Familie niedergemetzelt. Im Indien der Moguln starb 1707 der betagte Kaiser Aurangzeb. Er war so alt, dass sein Sohn und Nachfolger Bahadur Schah bereits 65 war und nur fünf Jahre auf dem Thron saß, ehe der Tod auch ihn ereilte. Gleich zwei Erbfolgekriege in einer derart kurzen Zeitspanne lähmten die Mogul-Zentralregierung.

Abb. 5.1: Wohlstand und Naturschönheit. Dieser Ausschnitt aus einem Fresko zeigt das Umland von Edirne mit seinen Landgütern. Das Bild schmückt das Kuppelinnere eines kleinen Kiosks auf einer Brücke über den Fluss Tundscha. Unbekannter Künstler

Der Zerfall der safawidischen Macht schreckte ihre Nachbarn auf. Im Juli 1722, während die Belagerung von Isfahan durch die Afghanen noch andauerte, entsandte Peter der Große ein gewaltiges Heer an die Westküste des Kaspischen Meeres. Die russische Landeoperation fand nicht ohne Hilfe der ansässigen Georgier und Armenier statt, doch die Drohung einer bewaffneten Antwort durch die Osmanen zwang den Zaren zum Rückzug, ganz zu schweigen von der extremen Hitze und den Seuchen, die ein Drittel der russischen Streitmacht das Leben kostete. Die Osmanen befanden sich ihrerseits in der misslichen Lage, die Wiedereinsetzung der schiitischen Safawiden gegen die orthodox sunnitischen Ghilzais zu betreiben.

Zwar zogen es viele Osmanen vor, den Handelsinteressen zuliebe weiterhin in Frieden mit dem Iran zu leben, und der afghanische Anführer genoss bei vielen osmanischen Muslimen großen Respekt, doch andere fanden die Aussicht, den Kaukasus zu kontrollieren, zu verlockend, um die Gelegenheit verstreichen zu lassen. Mit an den Haaren herbeigezogenen theologischen Argumenten wies man in Istanbul afghanische Friedensvorschläge zurück, und nach Abschluss eines Geheimabkommens mit Russland startete die osmanische Armee im nächsten Jahr eine Invasion. Sie besetzte große Teile des Kaukasus und presste eine reiche Ernte aus georgischen, tscherkessischen und abchasischen Sklaven in osmanische Dienste. Nicht lange darauf starb Peter der Große.

Die osmanische Invasion drang tiefer in den Iran vor, als osmanische Truppen jemals gekommen waren. Zwar erlitten sie am Ende auf dem Weg quer über die iranische Hochebene nach Isfahan bei Chorramabad eine Niederlage, doch im Gegenzug für die Anerkennung der Afghanenherrschaft wurden ihre kaukasischen Eroberungen bestätigt. Dennoch hielt das politische Durcheinander im Iran an. Der turkmenische Kriegsherr Nadir Khan, der sich einer Wiedereinsetzung der Safawiden verschrieben hatte, besiegte die Afghanen und stärkte Schritt für Schritt sein eigenes Ansehen. Im Jahr 1730 marschierte Nadir nordwärts, machte die meisten osmanischen Geländegewinne im Kaukasus zunichte und nahm Täbris ein.[30] Diese Neuigkeit war es, die – als sie im Juli Istanbul erreichte, während das osmanische Heer bei Üsküdar lagerte und bereit zum Marsch nach Persien war – jene Rebellion auslöste, die Ahmed III. stürzte.

Inzwischen versank Indien im politischen Chaos, als verschiedene dynastische Splittergruppen und ihre jeweiligen Kaiserkandidaten sich in den Vordergrund drängten. In den lediglich zwölf Jahren nach Aurangzebs Tod saßen dessen Sohn Bahadur Schah und drei seiner Enkel allesamt kurz auf dem Thron. Unter dieser extremen Belastung zerbrach das Mogulreich, und in verschiedenen Teilen des Subkontinents erschienen regionale Nachfolgestaaten unter Hindu- und muslimischen Adelsdynastien. Kaiser Muhammad Schah (1720–1748) herrschte von Delhi aus über einen Mogul-Rumpfstaat, stand aber vollständig unter dem Einfluss seines nominellen Vasallen, des Nizam von Hyderabad auf dem Dekkan.[31] So wehrlos war das Mogul-Sultanat, dass Nadir – der jetzt den erhabenen Titel Nadir Schah führte – 1739 den Hindukusch überschritt und Delhi plünderte.

Der Patrona-Halil-Aufstand

Die Unruhen in Istanbul begannen, weil die Nachricht, dass die Stadt Täbris an Nadir gefallen war, den osmanischen Feldzug ungewiss machte. Eine Demonstration nahm vom Gedeckten Basar ihren Ausgang. Ihr Hauptanstifter war ein Albaner namens Patrona Halil, ein Kleinkrimineller, der seine schillernde Karriere – und seinen Namen – einer rund 15 Jahre zurückliegenden gescheiterten Meuterei auf einem Schiff mit dem Namen *Patrona* verdankte. Der Großadmiral hielt ihn für ganz nützlich, schonte sein Leben und machte einen Janitscharen aus Halil. Anschließend wurde er in einen Aufstand der Garnison in Vidin verwickelt. Danach verschwand er im Netz der Istanbuler Straßenganoven und trieb sich mit anderen albanischen Bandenmitgliedern in den Tavernen herum. Bei einer Wirtshausschlägerei tötete er einen Mann, wurde durch den Großadmiral abermals aus der Todeszelle geholt und arbeitete nun gegen Trinkgeld im Bayezid-Bad. Als die Basardemonstration in Fahrt kam, taten sich Gildenmitglieder und ungelernte Arbeiter, Griechen, Armenier und Muslime gleichermaßen mit den Rebellen zusammen. Nachdem sie gerade erst die außerordentliche Kriegssteuer bezahlt hatten, waren sie erbost über die Aussicht, der Feldzug könnte abgesagt werden, war er doch ihre einzige Hoffnung, die Zwangsinvestition wieder einzubringen. Die Aufrührer brachen in Gefängnisse ein und befreiten die Insassen. Auch Veteranen, die von der Front heimkehrten, machten mit.

Sultan Ahmed III. knickte ein und lieferte seinen obersten Mufti, den Großadmiral und den langgedienten Großwesir Ibrahim Pascha der Pöbeljustiz aus. Davon abgesehen forderte die Rebellion unmittelbar nur wenige Todesopfer. Ihre Anführer schienen hauptsächlich daran interessiert, sich mit Berufungen in hohe Ämter zu schmücken. Patrona Halil, der sich in der Rolle des Großadmirals gefiel, ritt dem neuen Sultan Mahmud I. bei der Parade zu dessen Amtsantritt voraus, in Alltagskleidung gehüllt und barfuß. Freunde und Anhänger meldeten sich zu den Janitscharen und ähnlichen Einheiten, was langfristige staatliche Bezüge garantierte. Aber die Wirtschaft begann zu stagnieren, und so hielten die Unruhen mit Unterbrechungen die nächsten zwei Jahre an.[32] Zuletzt hatte die Armee genug vom anmaßenden Auftreten der Rebellen. Der neue Sultan lockte die Rädelsführer mit einem Bankett zu ihren Ehren in eine Falle; sie wurden verhaftet und exekutiert. Schon zu Zeiten Evliya Çelebis waren die Albaner unter der ethnisch gemischten Istanbuler Arbeiterschaft verrufen gewesen, nun aber überwachte man sie noch genauer. Ab sofort mussten die Betreiber von Bädern ihre sämtlichen Beschäftigten registrieren und die Albaner in diesen Registern mit roter Tinte markieren.[33]

Das dynastische Ideal

Angesichts dessen, was im Iran und in Indien geschehen war, ist es bemerkenswert, dass der Fortbestand der Osmanenherrschaft während der gesamten Episode scheinbar nie in Frage stand. Trotz des Unmuts der Basarhändler und der sozialen Verbitterung in den Unterschichten aller ethnischen und religiösen Gruppen – die bizarre Gestalt des Patrona Halil hatte sie auf ihre Weise ausgedrückt – dachte kaum jemand irgendwo ernsthaft daran, die Osmanen durch andere Herrscher zu ersetzen. Eine Erklärung dafür war vielleicht, dass die Existenz mehrerer erwachsener Kandidaten für die Thronfolge die Überlebensfähigkeit der Dynastie garantierte, als Ahmed III. auf den Thron verzichtete. Allerdings legt die offensichtliche Bereitschaft, die Dynastie weiter herrschen zu lassen, ebenfalls nahe, dass dank der Finanzreformen und Neuerungen der vorausgegangenen Generation bei den relevanten militärischen und finanziellen Akteuren des Reiches, die durch den Erhalt des gegenwärtigen Systems mehr zu gewinnen hatten als durch seinen Sturz, ein Vorrat an Loyalität bestand.

Doch der Zerfall der alten Ordnung im Iran und in Indien bedeutete eine tiefgreifende Veränderung der globalen Beziehungen, von der keine Großmacht unberührt bleiben konnte. Die persische Krise führte zu einer unmittelbaren Konfrontation zwischen Russland und den Osmanen im Kaukasus. In diesem Fall war durch den Tod Peters des Großen die russische Position etwas schwach. Doch weil es mittlerweile weder in Indien noch im Iran eine nennenswerte Macht gab, wurden im Lauf von etwa anderthalb Jahrhunderten nicht nur die kaukasischen Königreiche, sondern auch die großen türkischen Sultanate im zentralen Eurasien Stück für Stück von der russischen Eroberungspolitik hinweggefegt. In Indien zog der Zerfall der öffentlichen Ordnung die europäischen Handelskompanien in Mitleidenschaft, die hastig Maßnahmen ergriffen, um ihre eigenen Vermögen und Interessen zu schützen. Die Miliz der britischen Ostindienkompanie eroberte rasch das unter Mogulherrschaft stehende Bengalen und errichtete gegen Ende des islamischen Jahrhunderts ein wackliges Reich, das halb Indien kontrollierte. Der Konflikt zwischen der britischen und der französischen Handelsgesellschaft in Indien wurde zu einem Aspekt des weltweiten Siebenjährigen Krieges (1756–1763), und er griff auch ins östliche Mittelmeer über. Die dank der osmanischen Kontrolle Kretas gestiegene Sicherheit im Mittelmeerraum erlaubte Franzosen und Briten eine starke Ausweitung ihre Aktivitäten. Neben Istanbul spielte dabei die Hafenstadt Izmir wegen ihres Zugangs zur osmanischen Baumwoll- und Getreideproduktion eine zunehmend wichtige Rolle. Etwa 30 Prozent der französischen Exporte ins Osmanische Reich wurden über Izmir abgewickelt, und die Hälfte der Exporte Izmirs ging nach Marseille.[34]

Nicht allein das Charisma dieser speziellen Dynastien, der Safawiden und der Moguln, hatte sich erschöpft. Dem Prinzip des dynastischen Charismas selbst – jener Leib, in dessen Schoß die osmanische Souveränität empfangen worden war, um die von Aşıkpaşazade berichtete Traumgeschichte aufzugreifen – war ein potenziell tödlicher Schlag versetzt worden. Der Sturz der Safawiden- und der Moguldynastie rührte an unantastbare politische Grundannahmen, die seit den Zeiten Dschingis Khans und der Mongolen in der westlichen islamischen Welt geherrscht hatten. Beides waren charismatische turkstämmige Dynastien, durch Verbindungen zu heiligmäßigen Sufi-Ahnenreihen auf sehr ähnliche Art geheiligt wie die der Osmanen. Babur, der Gründer des Mogulreichs, war ein direkter Nachkomme Timurs und erhob in seinen Memoiren den Anspruch, von Dschingis abzustammen. Zu Zeiten Kaiser Akbars (gestorben 1605) hatte ein Chishti-Heiliger die Dynastie durch das Versprechen eines Sohnes gerettet. Was die Safawiden anging, so waren sie, abgesehen von den halb vergessenen Königshäusern der Komnenen, Uzum Hasans und der Akkoyunlu-Turkmenen, direkte Nachfahren Schah Ismails und der Scheichs von Ardabil, womit ihre Legitimität auf einer Ahnenreihe beruhte, die bis zum Siebten Imam zurückreichte.

Natürlich gab es neben dem dynastischen Ideal weitere, konkurrierende politische Ideale, und sie erhielten jetzt größere Bedeutung. Eines dieser

Ideale waren feste Grenzen. Beispielsweise hatte sich das osmanisch-safawidische Verhältnis seit 1639 in Richtung auf eine Anerkennung territorialer Grenzen entwickelt. Die Friedensfühler, welche die Afghanen nach ihrer Einnahme Isfahans zu den Osmanen ausstreckten, beruhten ausdrücklich auf der beiderseitigen territorialen Unverletzlichkeit, mit der Begründung, dass in verschiedenen Klimazonen gleichberechtigte muslimische Souveräne herrschen könnten. Diese Argumentation wiesen die Osmanen zwar nicht zurück, erklärten aber stattdessen – daraus entwickelten sie ihren Grund für eine Invasion –, dass natürliche geographische Hindernisse, wie sie etwa Osmanen und Moguln trennten, zwischen osmanischem Reich und Iran nicht existierten. Nach ihrem Sieg ließen die Afghanen das Thema fallen, doch der Vertrag, den beide Seiten unterschrieben, sah immerhin eine regelmäßige diplomatische Vertretung und den Austausch diplomatischer Noten vor – eine Art wechselseitiger Anerkennung.[35] Ebenso hatte man nach Karlowitz an der osmanischen Nordwestgrenze territoriale Grenzen auf Karten eingezeichnet und mit Pfählen markiert. Gegen Ende der 1730er-Jahre traten osmanische Heere bei Vidin und Niš an den Donaurouten zum Schwarzen Meer österreichischen Truppen entgegen. Im Frieden von 1739 fiel Belgrad wieder unter osmanische Herrschaft, und die Grenze zwischen habsburgischen und osmanischen Landen wurde entlang der Una, der Save und der Donau östlich bis nach Orşova gezogen.[36] Wien und Istanbul beschlossen beide, dass sie durch den jeweils anderen nicht so stark gefährdet waren wie durch Russland bzw. Preußen. Österreich war mit dem preußischen „Raub Schlesiens" und seiner eigenen Thronfolgekrise konfrontiert, während die größere Sorge der Osmanen tatarische Raubzüge an der russischen Grenze in der Steppe waren, bedrohten sie doch die Halbinsel Krim und die osmanische Souveränität im Schwarzen Meer.

Abgesehen von der territorialen Integrität sind in Nadir Schahs Verhandlungen mit den Osmanen in den 1730er-Jahren zwei alternative Vorstellungen von Souveränität festzustellen. Nadir schlug gleichberechtigte Beziehungen vor, die erstens auf der osmanischen Anerkennung der Legitimität der Zwölfer-Schia als fünfter Schule des orthodoxen islamischen Rechts beruhten. Und zweitens schlug er etwas vor, das einem ethnischen oder nationalen Konzept ähnelte – gleichberechtigte Beziehungen, die auf Nadir Schahs Identität als Mitglied der edlen turkmenischen Völkerfamilie beruhten.[37]

Prosperität und Pathos

Die Bevölkerungszahlen der Osmanen zu dieser Zeit auch nur halbwegs zuverlässig zu schätzen, ist unmöglich.[38] Da durch die Finanz- und Militärreformen die Notwendigkeit von Katastererhebungen entfiel, erfolgten sie recht selten und nur für bestimmte kleine Gebiete, sodass einheitliche Daten fehlen. Was an brauchbaren Daten aus den frühen Jahren des 18. Jahrhunderts erhalten ist, etwa die Aufzeichnungen der Cizye-Steuer, erweckt mit regionalen Abweichungen den Eindruck eines demographischen Tiefs zwischen 1600 und 1750, das sich schwer erklären lässt, gefolgt von einer gewissen Erholungsphase.[39] Verstreute Belege und Daten, die viel später bei den ersten osmanischen Volkszählungen erhoben wurden, verstärken tendenziell den Eindruck niedriger Gesamtzahlen, verglichen mit dem Rest Europas. Es fällt leicht, die üblichen Verdächtigen auszumachen – Krieg, Seuchen, Hungersnöte, Naturkatastrophen und Brände.

Brände

In Istanbul wie in den meisten anderen osmanischen Städten waren Großbrände ein faszinierendes Thema, das den lokalen Sagen- und Märchenschatz bereicherte. Ein ortsansässiger Venezianer bemerkte: „Es war üblich, dass der Sultan sich zu einem Brand begab oder doch früh am Morgen hinging, falls er während der Nacht aufgetreten war", um Münzen auszustreuen und diejenigen, die das Feuer bekämpften, anderweitig zu ermutigen.[40] Istanbuler Autoren machten aus Bränden ein literarisches Thema. Ein gebürtiger Armenier aus dem vorausgegangenen Jahrhundert, Eremya Çelebi, hatte behauptet, es bestehe eine Verbindung zwischen Istanbuls Bränden und militärischen Siegen der Osmanen über die Christen, und ein Geschichtswerk verfasst, um seine Theorie zu beweisen.[41] Aus erster Hand berichtete er über den verheerenden Brand von 1660. Ein weiteres Feuer richtete 1665 schwere Schäden am Topkapı-Palast an. Für den Zeitraum von 1711–35 verzeichnete ein osmanischer Tagebuchschreiber in Istanbul 136 Brände und 21 Erdbeben.[42]

Seuchen

Was ansteckende Krankheiten betraf, so durchlitten osmanische Städte derart häufig Epidemien der einen oder anderen Art, dass sie hier nicht alle erwähnt werden können. Zu größeren Ausbrüchen kam es in verschiedenen Städten 1719–20 (darunter in Istanbul, Aleppo und Kairo) und 1733 (Istanbul und Bagdad). Europäische Diplomaten, die in Pera lebten, jenem Stadtviertel, das dem eigentlichen Istanbul auf der anderen Seite des Goldenen Horns gegenüberliegt, berichteten während der 1720er- und 1730er-Jahre fast jährlich von Epidemien. Die Pestilenz von 1733 drang bis in den Sultanspalast vor.[43]

Die Mecmua eines Autors aus Sarajevo namens Molla Mustafa öffnet uns ein Fenster in diese Zeit. Molla Mustafa besaß eine öffentliche Schreibstube im Basar von Sarajevo, in der er zwei Sekretäre beschäftigte. Außerdem unterrichtete er in einer Elementarschule und arbeitete als Imam und Prediger in einer Moschee. Er überlieferte viele Berichte über Seuchen in Bosnien und hinterließ detailreiche Geschichten über zwei dieser Ausbrüche.[44] Sein Tagebuch wimmelt von Vor- und Anzeichen für Epidemien und von makabren Witzen. Auch Molla Mustafas Träume konnten eine Pest voraussagen, und ungewöhnliches Wetter war ein böses Omen. Einmal fing während eines Schneesturms in Sarajevo ein Haufen kleiner Jungen auf dem Markt eine riesige Schneeballschlacht an, bei der viele jüdische und christliche Händler verletzt wurden. Eine so unerhörte Respektlosigkeit, schrieb Molla Mustafa, werde zweifellos die Pest nach sich ziehen. Ein andermal gab es so viele Richter und Lehrlinge in der Stadt – mehr, als er je erlebt hatte –, dass er sich sicher war, eine Epidemie werde kommen. Während des Istanbuler Ausbruchs von 1778 sangen sogar die Hunde ein Trauerlied – man hörte sie den Ruf zum Gebet heulen.[45]

Der erste Ausbruch der Pest, über den Molla Mustafa schrieb, begann in Städten der Umgebung und erreichte Sarajevo im Mai oder Juni 1762. „Sie begann zunächst in den Außenbezirken der Stadt bei den Armen und drang nicht bis zu den Reichen vor."[46] Er zählte die Viertel auf, in denen die Krankheit aufgetreten war, und schätzte, im Lauf von drei Jahren seien allein in Sarajevo an die 15 000 Menschen gestorben. *O Gott, dessen Güte verborgen ist*, betete er, *beschütze uns vor unseren Ängsten.* Zwanzig Jahre darauf begann der zweite Ausbruch am „Ali-Tag", 40 Tage nach der Sonnenwende, im August 1782. Molla Mustafa suchte nacheinander alle Kaffeehäuser der Stadt auf und befragte die Menschen nach der Seuche in ihrem Viertel. Daraus schloss er, es seien rund 8000 Men-

Abb. 5.2: Die Altstadt (Baščaršija) von Sarajevo in osmanischer Zeit auf einer stereographischen Aufnahme der Keystone View Company. Das Bild entstand 1910, zwei Jahre nach der Annexion durch Österreich.

schen gestorben, einschließlich Frauen und Kinder, Ungläubige und Juden. „Mehr wahrscheinlich nicht", schrieb er mit der Spur eines lokalen Abwehrreflexes. „Aber wenn man Idioten fragt, die keine Ahnung haben, sagen sie einem womöglich: 20 000."[47]

Im darauf folgenden Frühjahr hielten nach dem Georgstag – 40 Tage nach den Frühlingsäquinoktien – die beiden Moscheen auf dem Markt nahe dem Schreibbüro Molla Mustafas jeden Tag am Morgen und am Nachmittag 20–30 Sterbegebete ab.[48] Die Gottesdienste waren randvoll und die besseren Damen und Herrschaften nahmen persönlich teil, statt ihre Dienstboten zu schicken. Molla Mustafa verlor zwei Töchter. Als der Scheich einer führenden Sufi-Tekke seinen Sohn verlor, ging Molla Mustafa zum Begräbnis. Eine große Menge sammelte sich im Basar vor der Moschee, wo Scheich Osman Dede den Gottesdienst hielt. „Als er die *Einheit* (das islamische Glaubensbekenntnis) aufzusagen begann", schrieb Molla Mustafa, „stürmten die Männer hinein und attackierten ihn, angeführt von einem ‚fortwährend ernsten' Kadızadeli-Imam namens Molla Ömer, der schrie: ‚Ihr Neuerer-Pack!'" Aber Scheich Osman Dede „packte ihn an seinem struppigen Bart und warf ihn zu Boden, und die Gemeinde jagte die Fanatiker bis nach Başçarşıya".[49]

Molla Mustafas Tagebuch füllt den Großteil seiner Mecmua. Er entschied sich, einige der Ereignisse und einen Teil der Geschichte Sarajevos und der Provinz Bosnien zu schildern. Drei außergewöhnliche Ereignisse im Jahr 1757, als er Ende zwanzig war, bewogen ihn, zur Feder zu greifen. „Wie das Sprichwort schon sagt", schrieb er, „was man schreibt, bleibt, aber woran man sich erinnert, das verschwindet."[50] In jenem Jahr wurden drei Banditen öffentlich hingerichtet, womit für Bosnien zehn Jahre der Unruhe zu Ende gingen, außerdem begann ein Feldzug gegen Montenegro, und vor Damaskus wurde die Pilgerkarawane auf der Rückkehr von Mekka angegriffen. Molla Mustafa führte das Tagebuch bis 1804–05. Es steckt voller alltäglicher Ereignisse, die in einem äußerst umgangssprachlichen osmanischen Türkisch mit starker Beimischung slawischen Vokabulars geschildert werden. Truppen werden in der Region ausgehoben und in den Krieg geschickt, ein abgestorbener Baum fällt in den Garten der Bibliothek, ein Junge erschießt sich mit einem Gewehr, ein ortsansässiger Dreckskerl und zwei seiner Kumpane legen Ahnungslose mit einem Schwindelprojekt zum Haddsch aufs Kreuz. Zwei ausführliche Listen mit den Verstorbenen der Stadt füllen fast 40 Prozent des Tagebuchs – aufgeführt sind nicht etwa nur die an der Pest Gestorbenen, sondern jeder, von dessen Tod Molla Mustafa wusste oder gehört hatte. Diese Listen führte er als spirituelle Übung, wie er schrieb, als Meditation über die Realität des Todes inmitten des Lebens. Auch der Tod von „Sultan Mustafa, Kaiser aus dem Haus Osman", erscheint zusammen mit all den übrigen, zwischen einem Schuhnagelschmied und einem Kurzwarenhändler, der zugleich Knopfmacher war.

Sufis und Kadızadelis

Zwar endete die ostentative Anwesenheit der Kadızadelis am osmanischen Hof im Jahr 1703, und die Welle der Bekehrung zum Islam ebbte ab,[51] aber damit verschwanden die Kadıziadelis nicht einfach, wie der Begräbniszwischenfall bei Molla Mustafa zeigt. Oft hoben sich die Einstellungen der Kadızadelis stark von der traditionellen Sufi-Religiosität ab. Da war zunächst das moralisierende Auftreten der Kadızadelis, ihre Besessenheit von Sexualität und Geschlechterrollen, Familienverhältnissen und Identitätspolitik. Die Kadızadelis pflegten einen Kulturchauvinismus mit scharfen Trennlinien. (Und natürlich gab es Muslime, denen selbst die Kadızadelis zu liberal waren.[52])

Doch es ging nicht einfach nur um den schlichten Gegensatz Kadızadelis gegen Sufis. Die Kadızadelis hatten auch einen starken Einfluss auf die Sufi-Frömmigkeit, und so bekam die kontemplative Tradition schleichend eine nüchternere Ausrichtung. Beispielhaft für diese Entwicklung stand Fazlızade Ali. Vom „Ziel“ des Sufismus zu sprechen, scheint auf den ersten Blick auf eine Art Missverständnis hinzudeuten – der Sufismus war ja grundsätzlich nicht zielorientiert –, doch für Fazlızade und viele andere gab es sehr wohl ein Ziel, und dieses Ziel war nicht die Vereinigung mit Gott, sondern die Vervollkommnung des Verhaltens. Ein Scheitern darin machte alle guten Taten zunichte, selbst wenn es in unschuldiger Absicht geschah.[53] Biespielhaft für eine andere Streitfrage steht Ismail Hakkı Bursavi (1653–1725).[54] Er schrieb über 100 Werke, von denen die bekanntesten ein Korankommentar, ein Kommentar zu den ersten paar hundert Verspaaren in Rumis *Mesnevi* sowie ein Kommentar zu einer heißgeliebten Biographie des Propheten Mohammed aus dem 15. Jahrhundert waren. Dass Bursavi jedoch die Eltern und Vorfahren Mohammeds als ungläubige Heiden verdammte, war eine ausschließende, verurteilende Haltung, die besser zu einem Kadızadeli gepasst hätte. Die Gegensätze zwischen Sufismus und Kadızadeli-Spiritualität konnten auch subtiler sein. Beispielsweise fanden beide Richtungen Analogien zwischen innerem und äußerem Verhalten überzeugend, doch für einen traditionellen Sufi führte die innere Wandlung naturgemäß zu einer veränderten Lebensweise. Die Kadızadelis verkehrten diese Einsicht in regelorientierte Religiosität, in der Gottgefälligkeit nur durch strenge, gesetzeskonforme Selbstdisziplin zu erreichen war.[55]

Zugleich wurden klassische Sufi-Meister, selbst Ibn Arabi, in ähnlicher Weise popularisiert, wie die Theologie von den Predigern des vorangegangenen Jahrhunderts für den Alltagsgebrauch vereinfacht worden war. Der bedeutende Gelehrte Abd al-Ghani al-Nabulusi (1640–1731) verteidigte die Einstellung und die Praxis der Sufis mit allem Nachdruck in mehr als 200 Werken, darunter Kommentare zu Ibn Arabis *Einfassungen der Weisheit* und zu Birgivis *Weg Mohammeds*.[56] Bursavis neuer *Mesnevi*- Kommentar trat neben zwei weitere, die seit der Kadızade-Explosion des letzten Jahrhunderts auf Türkisch geschrieben worden waren. Der eine aus der Feder des Kanzleibeamten Sarı Abdullah (gestorben 1660) brauchte allein fünf Bände, um Buch 1 (von sechs Büchern) abzudecken. Der andere stammte von Ismail Ankaravi (gestorben 1630), vormals Rektor der Mevlevi-Tekke in Galata.[57] Diese für die Lehre gut geeigneten Synthesen sahen Rumis Epos durch die Augen Ibn Arabis und bekräftigten für die Leser ihrer Zeit genau jenen osmanischen Konsens, den Kadızade und seine Anhänger angriffen. In Ankaravis Erörterung der berühmten Eröffnungsverse des *Mesnevi* (siehe Kasten auf S. 72/73) liegt das Wesen des Glaubens nicht im Kampf, sondern im gespannten Warten. Ihres Ichs entleert wie die hohle Flöte von ihrem hölzernen Kern, warten die Sufis darauf, vom Atem Gottes erfüllt zu werden – es ist ein passives Geschehen. Dies sei die Wahrheit des Islam.[58]

Der osmanische Islam wetteiferte notgedrungen mit dem Wirtschaftswachstum.[59] Wohlstand und Macht hinterließen – im Guten wie im Schlechten – tiefe Spuren bei den führenden Ulema-Familien und den Scheichs der führenden Sufi-Orden und -Klöster. Die Verbreitung finanzieller und administrativer Macht quer durch die osmanische Gesellschaft war im osmanischen Glaubensleben zu spüren. Als die privatwirtschaftliche Kultur die traditionellen Gildenstrukturen untergrub, füllte die Mitgliedschaft in Sufi-Orden die Lücke. Die Zahl der Orden und ihrer Untergliederungen stieg, und sie standen untereinander in regem Wettbewerb. Ehrgeizige Mitglieder suchten die Scheichs auf, weil sie sich nach Heiligkeit sehnten, während sie nicht bereit – oder im Fall vieler Frauen, deren Gatten sich widersetzten – nicht in der Lage waren, ihren Lebensstil in Frage zu stellen.[60] Wie ließ sich das ändern? Über den Sufismus wurde erschöpfend geredet, er war beliebt, er war öffentlich sichtbar, und seine Wege waren gründlich studiert und ließen sich leicht beschreiten.[61]

Die Zeiten hatten sich geändert, und die Osmanen wussten, dass sie die Einstellung ihrer Ahnen nicht in allen Fällen teilten. Die gemeinnützigen Stiftungen ihrer eigenen Zeit – mochten sie sich neben den steinernen Zeugnissen vergangener Dynastien vielleicht auch bescheiden ausnehmen – füllten die städtischen Räume. Brunnen für die Öffentlichkeit, kleine Sufi-Tekken und Stadtteilmoscheen, Schulen, ja sogar öffentliche Bibliotheken[62] – sie alle verwiesen auf ihre Art auf das gleiche Interesse an individueller Wandlung. Man baute neue Tekken und Herbergen – die Früchte vermehrter Spenden und erweiterter Stiftungen. Manche mühten sich ab, die Erwartungen reicher Stifter zu erfüllen, deren Geschenke häufig mit der Erwartung einhergingen, Einfluss zu nehmen. Manche Orden und Scheichs sorgten sich allmählich, dass bei der Erziehung und Unterweisung ihrer neuen Mitglieder zu wenig Strenge walte, dass die Askese übertrieben werde und das kulturelle Niveau sinke. Neue Stiftungsurkunden verlangten manchmal, dass beim Tod des Scheichs sein Sohn an seine Stelle treten müsse. „Scheichs in der Wiege", wie man solche Kinder jetzt nannte, wuchsen mit allen Vor- und Nachteilen ererbten Reichtums und Ansehens auf, mit beunruhigenden Folgen für das spirituelle Leben.[63] Erfolg war eine schwere Bürde. Wenn die Debatten von Gelehrten und Juristen ein Barometer ihrer Zeit sind, dann lässt der Umstand, dass besonderer Wert auf ein gründliches Hadith-Studium gelegt wurde, den Schluss zu, dass ein beherrschender Gedanke sich darauf richtete, eine Möglichkeit zu finden, wie Frömmigkeit mit Wohlstand und Weltzugewandtheit vereinbar wäre.

Bücher, Handschriften, Bibliotheken

Wie der wirtschaftliche Aufschwung wurzelte auch dieses spirituelle und kulturelle Leben in einer weit verbreiteten Lese- und Schreibfähigkeit, und es machte an den Glaubensgrenzen nicht halt. Hebräischsprachige Druckerpressen arbeiteten in Istanbul, Saloniki und Kairo,[64] eine armenischsprachige in Istanbul. Im Jahr 1726 gründeten zwei muslimische Geschäftsleute aus Istanbul dort außerdem eine Druckerei für osmanisches Türkisch: Ibrahim Müteferrika, ein ungarischer Unitarier, der aus Cluj (Klausenburg) in Siebenbürgen stammte und in seiner Jugend Muslim geworden war, sowie ein Mitarbeiter des Großwesirs, dessen Vater eine berühmte Gesandtschaft nach Frankreich geleitet hatte. Beide Partner gewannen die begeisterte Unterstützung des Großwesirs, des Sultans und des Mufti von Istanbul. Die Müteferrika-Druckerei kannte ihre Klientel und ihr Produkt. Bücher herzustellen, war teuer, und die arabische Schrift, die von Natur aus eine kursive war, eignete sich nicht so ohne Weiteres für den Druck. Unter bestimmten Bedingungen konnte sich der Druck jedoch als überlegen erweisen. Unter ihren 16 Publikationen konzentrierte sich die Druckerei Müteferrika auf umfangreiche, technisch komplizierte Titel und auf Werke von aktuellem intellektuellen Interesse, vor allem philologische und historische. Mit religiösen Schriften und dem Koran versuchte sie gar nicht erst zu konkurrieren, denn die meisten Haushalte besaßen entweder bereits eine schöne Koranhandschrift oder konnten sich für wenig Geld eine bestellen. Und manche Muslime erhoben tatsächlich Einwände dagegen, die heiligen Schriften zu drucken, ebenso auch einige Juden (wir erinnern uns, dass Schabbatai Zwi seine Verdammung herausgefordert hatte, indem er aus einer gedruckten Version der Tora vorlas). Was Müteferrika aber in Auflagen von 500 oder 1000 Stück veröffentlichte, das waren diverse mehrbändige Werke, darunter Katib Çelebis *Weltpanorama* mit seinen vielen Karten und Abbildungen und Wörterbücher. Die Druckerei wurde ein bedingter Erfolg; sie überstand den Zerfall der ursprünglichen Geschäftspartnerschaft und konnte mehr als zwei Drittel der gedruckten Exemplare absetzen, ehe sie mit Müteferrikas Tod einging.[65] In seinem Testament vermachte er die verbleibenden Lagerbestände seiner Tochter.[66]

Nichtsdestotrotz garantierte die Nachfrage unter Muslimen wie Nichtmuslimen die fortgesetzte Lebensfähigkeit des Handels mit Handschriften.[67] Molla Mustafa aus Sarajevo kannte viele, die wie er selbst nebenbei als Kopisten tätig waren, darunter sogar ein Grobschmied und ein Krämer. Die Bibliotheken in der gesamten osmanischen Welt enthalten weit mehr Handschriften, die in dieser Zeit kopiert wurden, als aus der ganzen Zeit davor. Sie decken alle Fachgebiete von den Naturwissenschaften bis zur Dichtung ab, und Gerichtsakten zu Erbschaftsangelegenheiten zeigen, welch eindrucksvollen Umfang private Buchsammlungen in Istanbul, Kairo und Damaskus, im Libanon und an anderen Orten erreicht hatten. Papier war billig, die Kopie eines Werkes konnte schnell bestellt werden, und die Gilden der Buchbinder konnten ein schönes Aussehen und einen soliden Einband garantieren, der wiederholtes Lesen im Freundeskreis unbeschadet überstand. Die Produktion bestimmten individuelle Wünsche und nicht massenhafte Absatzfähigkeit. Molla Mustafa erwähnte, dass einer seiner Freunde eine Abschrift von Vankulıs wuchtigem Arabisch-Türkisch-Wörterbuch angefertigt hatte, eine gewaltige Leistung auch noch Jahrzehnte nachdem die Druckerei Müteferrika es gedruckt hatte. Im Nachlassverzeichnis der Bibliothek dieses Freundes war sie als sein wertvollster Text aufgeführt.[68]

In Istanbul und andernorts entstand eine Vielzahl unabhängiger Bibliotheken, sogar in entlegenen Grenzfestungen.[69] Die erste öffentlich zugängliche Bücherei, die Köprülü-Bibliothek in Istanbul (1661),[70] war Teil des gemeinnützigen Gebäudekomplexes, den Fazıl Ahmed Köprülü zu Ehren seines Vaters gestiftet hatte. Ihre Bestände setzten sich aus Fazıl Ahmeds Privatsammlung und jenen Büchern zusammen, die andere Familienmitglieder im Lauf der nächsten beiden Generationen gespendet hatten; insgesamt waren es 2773 Bände, überwiegend Handschriften abgesehen von 180 gedruckten Büchern. Besonders kostbar war Fazıl Ahmed Paschas Sammlung arabischsprachiger Handschriften, deren älteste aus dem 13. Jahrhundert stammte. Bei einer Reihe davon handelte es sich um Anthologien Hunderter beliebter Kurztexte, die oft in mehreren Exemplaren vorhanden waren. Wenngleich arabische und islamische Klassiker den Schwerpunkt der Sammlung bildeten, war sie durchaus auch aktuell. Etwa die Hälfte der Bestände war seit der islamischen Jahrtausendwende (1591–92) entstanden. Auch Bücher christlicher Autoren fehlten nicht. Unter den Drucken befanden sich eine Ausgabe des italienischen Kommentars von Pietro Andrea Mattioli zu Pedanios Dioskurides' *Materia medica* aus dem Jahr 1568, mehrere europäische Geographiewerke wie der *Atlas novus*, der *Atlas minor*, der *Atlas curieux* und der *Atlas geographicus* von Matthias Seutter, 1720 in Augsburg erschienen – und ebenso Ibrahim Müteferrikas Ausgabe von Katib Çelebis *Weltpanorama*.

Pilgerfahrt und Handel

Die Überschneidung von Religiosität, Handel und Politik zeigt sich an einem der wichtigsten Ereignisse im alljährlichen Kalender, der Haddsch, der Pilgerfahrt nach Mekka. Seit 1517, als der Scherif von Mekka sich nach der osmanischen Eroberung Ägyptens Selim I. unterwarf, hatten die Osmanensultane diese Pilgerreise beaufsichtigt. Das Betreiben der Haddsch stärkte das osmanische Ansehen im In- und Ausland und trug zur Sicherung des wirtschaftlichen Wohlstands bei – war die Pilgerfahrt doch zugleich eine religiöse, politische und geschäftliche Festzeit, und diese drei Komponenten waren nicht voneinander zu trennen.[71]

Abb. 5.3: Die Köprülü-Bibliothek in Istanbul. Die besten Bibliotheken verfügten über eigene kleine Bauten mit gut gelüftetem Buchmagazin, einem Leseraum, Personal und einem Ausleihsystem.

Das Ritual der Pilgerfahrt

Wer diese Reise seines Lebens antrat, tat dies teilweise, um einer heiligen Pflicht nachzukommen; die Wallfahrt nach Mekka war eine der fünf „Säulen" des Islam. Da man die Zahlen nie festgehalten hat, ist schwer zu sagen, wie viele Menschen genau sich auf den Pilgerweg nach Mekka

Abb. 5.4: Leseraum der Sultan-Bayezid II.-Bibliothek auf einem Foto von Abdullah Frères (ca. 1880–93)

begaben, doch mehr als ein winziger Bruchteil der osmanischen Muslime war es nie. Die Reise war ja beschwerlich und kostspielig. Im Abstand einiger Jahrzehnte schätzten beiläufige Beobachter, dass sich mehrere Zehntausend Pilger auf der Ebene von Mina versammelten, und die

Hauptkarawanen umfassten wahrscheinlich mehr als 10 000 Kamele.[72] So begann Birgivi seine Erörterung der Pilgerfahrt im *Letzten Willen*, indem er den Koranvers 3,97 zitierte: „Und die Menschen sind Gott gegenüber verpflichtet, die Wallfahrt nach dem Haus zu machen – soweit sie dazu eine Möglichkeit finden."[73]

Doch sogar für diesen dogmatischsten aller osmanischen Theologen – ein paar Seiten später konnte er anmerken: „Es ist eine Pflicht für jeden Muslim zu wissen, was er tun muss, wie er sich verhalten muss, wie er sein Leben führen muss, auch wenn er nicht weiß oder darüber nachdenkt, warum" – war mit „Pflicht" die ganze Erfahrung der Pilgerschaft nur unzureichend beschrieben. Birgivi geleitete seine Leser durch jeden einzelnen rituellen Schritt – von der einleitenden Waschung, dem Anlegen des weißen Pilgergewandes und dem Kundtun der Absicht über das Eintreffen in Mekka und den Eintritt ins Heiligtum, den Anblick der Kaaba, ihre Umkreisung und das Berühren des schwarzen Steins, den Lauf zwischen den Bergen Safa und Marwah, den Weg nach Mina, das reuige Stehen auf der Ebene Arafat, die Steinigung des Teufels, die Rückkehr zur Kaaba, den Trunk aus der heiligen Quelle Zamzam bis zum Abschied von Mekka und zur Heimkehr. Dabei führte Birgivi den Leser in die innere Bedeutung der Rituale ein und erklärte: „[D]ie Form jeder Art von Gottesverehrung ist ein Mittel, um die Wahrheit zu finden. Lässt sich die Wahrheit dadurch nicht finden, hat die Form an sich weder Sinn noch Zweck."[74]

Durch all diese Etappen geleiteten Wallfahrtshandbücher die osmanischen Pilger. Diese Literaturgattung bot dem Lesepublikum vermittels erbaulicher Literatur eine Version der Pilgerreise, ob die Leser diese Fahrt nun tatsächlich antraten oder nicht.[75] Ein volkstümliches Beispiel war das von Nabi verfasste *Geschenk der beiden Heiligtümer*; Nabi hatte die Reise 1678 tatsächlich unternommen. Er brach früh auf und machte mehrere Wochen lang Station in Urfa, der Heimatstadt seiner Familie, ehe er auf der Hauptroute Istanbul – Konya – Adana – Aleppo – Damaskus weiterreiste. Von Damaskus aus suchte er Kairo auf, weil er dort noch nie gewesen war. In Kairo stieß er dann zur offiziellen Pilgerkarawane. Da er sich von klein auf danach gesehnt hatte, diese Wallfahrt zu unternehmen, und damals den Geschichten heimkehrender Pilger gelauscht hatte, überwältigte ihn der Anblick der Kaaba, als er sie endlich erreichte. Er vergoss Tränen gläubiger Ekstase. Doch Nabis Beschreibung war eher Reiseliteratur als Handbuch. Den Einzelheiten der heiligen Rituale räumte er wenig Platz ein, stattdessen schien er das Erlebnis des Reisens zu genießen, nicht nur die historischen Moscheen und anderen Sakralbauten, sondern auch die Kaffeehäuser von Damaskus.[76]

Pilgerpolitik

Obwohl kein einziger Osmanensultan jemals selbst den Haddsch unternahm, war die Gegenwart der Sultane in Mekka und Medina deutlich spürbar. Gleich mehrere Sultane trugen zur architektonischen Neugestaltung der heiligen Stätten bei. Süleyman ließ die sechs Minarette der großen Moscheen neu erbauen, fügte ein siebtes hinzu und errichtete einen Pavillon mit Kuppel, in dem der Hanafi-Ritus gefeiert wurde. Seine vier Medresen waren eine weitere typisch osmanische Geste. Selim II. und Murad III. erneuerten die Galerien. Während der Herrschaft Ahmeds I. wurde die Kaaba von Grund auf restauriert.[77] Laufende Kosten deckte die Stiftung für die Heiligen Stätten, ein Werk unter der Verantwortung der jeweiligen Valide Sultan, der Mutter des regierenden Sultans.

Die muslimischen Herrscher des Auslandes erwarteten, dass die Osmanensultane ihre Pflicht als Beschützer der heiligen Stätten erfüllten. Und in der Tat nahmen die Sultane diese Verantwortung ernst. Das bedeutete, dass sie innerhalb der osmanischen Grenzen die Reise organisierten und beschützten und die Bereitschaft Mekkas und Medinas, Pilger aufzunehmen, finanziell förderten und darüber wachten. In den 1560er-Jahren erreichte den Osmanenpalast ein Brief des Sultans von Aceh auf Sumatra, der zum Vorgehen gegen portugiesische Piraten aufforderte, welche den Pilgerverkehr im Indischen Ozean drangsalierten, und außerdem ein Schreiben des Khans von Choresm, als der Moskauer Zar Iwan IV. durch seine Eroberung Astrachans den Pilgerweg blockierte.[78] Die osmanische Regierung organisierte jährlich zwei offizielle Karawanen, jede unter einem vom Sultan ernannten Oberbefehlshaber; die eine brach von Damaskus auf, die andere von Kairo. Aus der gesamten muslimischen Welt mussten sich Pilger in eine dieser beiden Städte begeben. Vom Norden aus, aus Anatolien, vom Balkan, der Krim und aus den Ländern jenseits davon, konnten sie sich einer großen Karawane an-

Abb. 5.5: Eine Pilgerkachel. Bei der Rückkehr aus Mekka ließen einige vermögende Pilger als Andenken Kacheln mit dem Bild der Kaaba brennen und stifteten sie als Votivgabe an eine Moschee. Häufig brachte man diese Kacheln an der Wand neben dem Mihrab an. Dieses Exemplar ist rechts neben dem Eingang in die Vorhofmauer der Rüstem-Pascha-Moschee in Istanbul eingelassen. Es zeigt ein Diagramm des Heiligtums rund um die Kaaba. Beschriftet sind wichtige Orte, darunter die Kanzel des Propheten und die Unterkünfte der vier Scharia-Rechtsschulen. In der Mitte erscheinen der Schwarze Stein und die Goldene Regenrinne am Dach der Kaaba. Die Inschrift (Mitte unten) nennt den Spender, einen gewissen Etmekçizade Mehmed Beşe, und das Datum 1070 AH (1659–60 n. Chr.).

schließen, die Istanbul verließ und über Adana und Aleppo Damaskus erreichte. Für Nordafrika bis zum Atlantik lautete das Ziel Kairo. Reisende aus dem Osten, rund um den Indischen Ozean, konnten sich in Basra zusammenschließen oder das Rote Meer hinauf nach Dschidda segeln, dem Hafen von Mekka.

In der Karawane finanzierten die Pilger sich selbst und führten persönliche Vorräte mit, was zu gewaltigen Unterschieden zwischen wohlhabenden Pilgern und den Armen führte. Erhalten ist eine Anzahl von Schutz- und Geleitbriefen, hauptsächlich ausgestellt für große Damen und Herren aus dem Ausland. Wer nicht so gut gestellt war, musste sich auf die Vorratsdepots verlassen, die für die offiziellen Karawanen an befestigten Haltepunkten entlang der Route bereitstanden, davon 56 auf dem Weg aus Kairo.[79] Der Sultan bezahlte ein Wohltätigkeitszelt für die Bedürftigen. Die Beschaffung dieser Vorräte und der dazugehörigen Tragtiere von Händlern und Zulieferern war eine große Aufgabe, die persönliche Zuschüsse durch den Sultan und die beiden Karawanenbefehlshaber erforderte.

Mit den Zuschüssen des Sultans für die Pilgerschaft wurden auch die ständigen Bewohner der Heiligen Städte unterstützt, teils, um einen Ausgleich für die logistischen Ausgaben des Scherifs von Mekka und seiner Mitarbeiter zu schaffen, teils, um die Gelehrsamkeit zu fördern. Mekka und Medina waren nicht nur das Ziel der Pilgerfahrt, sie waren auch internationale Bildungszentren. So zählte etwa Medina zu den großen Zentren der Ibn-Arabi-Forschung.[80] Viele, die als Pilger kamen, nutzten die Gelegenheit und blieben mehrere Monate oder Jahre zum Studium bei den dort ansässigen Lehrern und Scheichs. Der einflussreiche indische Gelehrte Schah Wali Allah aus Delhi entwarf während der 14 Monate, die er in den 1730er-Jahren in den Heiligen Städten verbrachte, sein Konzept der islamischen Idealgesellschaft. Doch Fanatiker wurden nicht unbedingt herzlich aufgenommen – ein anderer, der wahrscheinlich zur selben Zeit eintraf, war Muhammad Ibn abd al-Wahhab, jener hanbalitische Prediger aus Arabien, aus dessen Bündnis mit dem Emir des Nedschd, Abd al-Aziz ibn Saud, die wahhabitisch-saudische Allianz hervorging. In den 1740er-Jahren ließ der Scherif von Mekka eine Gruppe Wahhabis ausweisen und verweigerte wahhabitischen Pilgern den Zutritt.[81] Die Wahhabiten hatten manches mit den Kadızadelis gemeinsam, doch gab es einige entscheidende Unterschiede. Die Lehrauffassung der Wahhabiten leitete sich von dem Theologen Ibn Taymiyya aus Damaskus her (gestorben 1366), und im Unterschied zu den Kadızadelis entstand die Wahhabitenbewegung außerhalb des osmanischen Herrschaftsbereichs und war zutiefst antiosmanisch. Selbst unter Berücksichtigung des kulturellen Gefälles zwischen Istanbul und der Arabischen Halbinsel betrachteten die osmanischen Behörden die wahhabitische Streitsucht und Intoleranz als eine Form kulturellen Verrats.

Ägypten, Damaskus und das Geschäft mit der Pilgerfahrt

Auf der Reise in die Heiligen Städte transportierte die Damaskus-Karawane die Unterstützungsgelder des Sultans und die Ausschüttungen der zahlreichen Heilige-Städte-Stiftungen, die über die Provinzen Rumelien, Anatolien, Rum und andere verteilt existierten. Auf dem Rückweg reisten beide Karawanen schwer beladen; ihre kostbarste Fracht war Kaffee. Beide führten auch große Kontingente afrikanischer Sklaven mit, die in Dschidda (dem Umschlaghafen für Güter, die vom Horn von Afrika kamen) gekauft worden und für die Märkte in Kairo, Damaskus, Aleppo und Istanbul bestimmt waren. Die Damaskus-Karawane war auf ihrem langen Weg durch Transjordanien und den Hedschas sowie auf den gut 350 Kilometern zwischen Medina und Mekka für Überfälle durch Beduinenbanden anfällig. Im Jahr 1693, als der Autor al-Nabulusi den Haddsch unternahm, machte ein Konflikt mit mehreren Beduinenstämmen den Besuch Medinas unmöglich.[82] Im Jahr 1701 und dann noch mehrmals in den folgenden Jahren griffen Beduinen die Karawane auf dem Rückweg aus dem Hedschas an, einmal vier Jahre hintereinander (1725– 29), als die Zeit für die Pilgerfahrt in die drückende Hitze des Hochsommers fiel.[83] Und 1757 fand jener schockierende Überfall statt, der Molla Mustafa aus Sarajevo veranlasste, Tagebuch zu führen.

Wegen dieser Sicherheitsprobleme organisierte Istanbul die Damaskus-Karawane um. Der Oberbefehl über die Karawane wurde im Rang hochgestuft und nach 1703 nicht mehr in die Hände von Sancakbeyis an Orten wie Gaza oder Nablus gelegt, sondern den Statthaltern von Damaskus übertragen. Zum Ausgleich entband man diese von der normalen Feldzugsverpflichtung beim osmanischen Hauptheer. Damit war der Haddsch praktisch selbst zu einem Feldzug geworden, erforderte er doch jedes Jahr für mehrere Monate die persönliche Aufsicht des Statthalters.[84] Da die Finanzreform die örtlichen Abgaben meist bei den Gouverneuren konzentrierte, welche die Pachtvergabeverfahren in den Provinzen kontrollierten, verfügten die Damaszener Statthalter über die nötigen Mittel, sich der Situation anzunehmen. Die Kontrolle der Karawanensicherheit wurde Damaskus unter der al-Azm-Statthalterfamilie übertragen, welche in der Damaszener Gesellschaft gut 50 Jahre lang den Ton angab. Die al-Azms arbeiteten erfolgreich mit Janitscharenkommandeuren, Stammesoberhäuptern, führenden Ulema und Basarhändlern zusammen und unterhielten eine eigene Privatmiliz.

Mächtigster Rivale der al-Azms war der Obereunuch (*Kızlar Ağası*) des kaiserlichen Harems in Istanbul. Während des vergangenen Jahrhunderts war der Obereunuch stets ein Schwarzer gewesen und hatte, falls er in Istanbul in Ungnade gefallen war, seinen Ruhestand in Ägypten verbracht. Die Rivalität ergab sich aus der Tatsache, dass das Haupteinkommen der Obereunuchen aus ihrer Tätigkeit als Aufseher über die Heiligen-Städte-Stiftungen stammte – doch dieses Bargeld wurde mit der Damaskus-Pilgerkarawane unter dem Schutz der Statthalter von Damaskus aus Istanbul abtransportiert. Beşir Ağa, einer dieser übermächtigen schwarzen Obereunuchen, verschwor sich während seiner 30 Amtsjahre mit dem Schatzmeister von Damaskus – mit dem Ziel, die Statthalterschaft an sich zu reißen, wenn der gegenwärtige al-Azm-Amtsinhaber starb. Dieser Plan scheiterte, weil Beşir Ağa 1746 seinerseits starb.[85] Die al-Azms rächten sich, indem sie die Entlassung und Hinrichtung seines Mitverschworenen, des Defterdars, wegen Amtsmissbrauchs einfädelten.

Zehn Jahre später aber wurde der al-Azm-Gouverneur Esad Pascha tatsächlich durch einen reichen Notabeln aus Gaza verdrängt – wiederum durch die Machenschaften eines in Kairo ansässigen schwarzen Obereunuchen im Ruhestand. Esad Paschas Sturz führte zu dem Beduinenüberfall von 1757, auf den sich das Tagebuch Molla Mustafas aus Sarajevo bezieht. Beduinenstämme, die mit den al-Azms verbündet waren, zogen eine große Streitmacht zusammen und griffen die Karawane auf dem Rückweg aus Mekka brutal an. Hunderte wurden getötet und 20 000 Menschen, die man sogar der Kleider beraubt hatte, in der Wüste zum Sterben zurückgelassen, ohne Nahrung und Wasser, tagsüber der Hitze und nachts der Kälte preisgegeben. Esad Pascha wurde für seine Konspiration mit den Beduinen hingerichtet, ebenso der schwarze Obereunuch wegen seiner Intrigen und der Statthalter wegen Unfähigkeit des Amtes enthoben.[86] An die Familie al-Azm zurück fiel die Statthalterschaft von Damaskus 1760 mit der Ernennung eines ihrer früheren Sklaven, des georgischen Tscherkessen Osman Pascha al-Sadiq.[87]

Verglichen mit Damaskus hatte Ägypten, wie diese Episode zeigt, eine kompliziertere politische und wirtschaftliche Struktur. Der Statthalter von Ägypten und der Kommandeur des ägyptischen Janitscharenkorps wurden von Istanbul aus ernannt, allerdings agierten sie in einem sich entwickelnden, einmaligen ägyptisch-osmanischen System aus Regimentskommandos einerseits und Provinzverwaltungsposten oder *beyliks* andererseits. Die Beyliks fungierten im Prinzip als Pachten für die Besteuerung von Agrar- und Handelserträgen. Von diesen Posten aus – und aus der Verwaltung für die Pilgerfahrt, die quer zu der gesamten Struktur eigenständig organisiert war – konnte man Hunderte kleinerer Pöstchen und Investitionschancen an treue Verbündete, Unterstützer und Günstlinge vergeben. Durch die lebenslange Dauer der Pachtverträge verschärfte sich der Wettbewerb unter den führenden ägyptischen Häusern.

Die Mitgliedschaft in den Regimentsrängen der ägyptischen Janitscharen und anderer Streitkräfte bedeutete immer zugleich auch große geschäftliche Chancen. Nach dem Ende des Krieges auf Kreta und der Kriege mit der Heiligen Liga hatten Träume vom Reichtum viele nach Ägypten gelockt. Entlassene reguläre Soldaten, ehrgeizige Offiziere, die Söldner in ihrem Gefolge und nicht wenige Glücksritter – sie alle kamen. Die Regimentsränge wurden unterwandert von frisch eingewanderten Türken, Bosniern, Tscherkessen und Georgiern, die den Weg an den Nil fanden. Mittels der lebenslangen Steuerpacht, die zur gleichen Zeit eingeführt wurde, infizierten und beeinträchtigten diese neuen Gruppen die zuvor in Ägypten allgegenwärtige politisch-soziale Trennlinie zwischen den Clans und Gefolgsleuten der Qasimi und der Faqari und zerstörten sie letztendlich. An ihrer Stelle stieg das von einem Glücksritter aus Anatolien, der irgendwann nach dem Kreta-Krieg in das Gefolge eines ägyptischen Janitscharenoffiziers eingetreten war, begründete Haus Qazdağlı in eine Spitzenposition auf.[88]

Abb. 5.6: Die Moschee des Propheten in Medina. Das Bild ist ein Ausschnitt aus einem von drei großen Wandbildern aus Kacheln im kleinen Gebetsraum der Gemächer des schwarzen Eunuchen im Topkapı-Palast. Auf den anderen Bildern sieht man den Berg Arafat und eine Gebetsnische mit der Kaaba. Die Wandbilder stammen aus der Renovierung des Palastes nach dem Brand von 1665.

Durch aggressives Werben innerhalb des Janitscharenkorps und geschickte Verwaltung ihrer Investitionen in den Kaffeehandel schufen die Qazdağlıs einen gigantischen Konzern. Getreide und Kaffee boten generell die größten Profitchancen, und beide Güter waren über Mekka miteinander verknüpft. Abgesehen davon, dass man in Mekka die Armen damit speiste, wurde ägyptisches Getreide dort auf der riesigen Warenmesse, die mit der Pilgerfahrt zusammenfiel, gegen jemenitischen Kaffee getauscht. Aus diesem Grund versprachen in Ägypten, anders als im übrigen Reich, Pachtverträge für landwirtschaftliche Einkünfte sogar auf dörflicher Ebene verlässliche Profite und waren zugleich relativ sicher. Die wirklich spektakulären Profite, aber auch die höchsten Risiken steckten in den städtischen Pachtverträgen, die direkt mit dem Kaffeehandel in den Häfen am Roten Meer verknüpft waren. Stark engagiert waren die Offiziere der Janitscharen, nicht nur bei Verträgen zur Karawanensicherheit, sondern auch im Getreide- und Kaffeehandel. Schwierigkeiten hatten sie dagegen, an die Pachten auf Beylik-Ebene zu kommen, die allesamt in den Händen der ernannten Statthalter lagen. Die Qazdağlıs erlangten die Steuerpachten so wichtiger Häfen wie Suez am Roten Meer und Alexandria, Damiette und Rosette am Mittelmeer, sie knüpften Beziehungen zu Kaufleuten in Dschidda und den Heiligen Städten und kontrollierten die Vergabe der wichtigsten Posten im Zusammenhang mit der Pilgerfahrt. Ihre Kontakte nach Istanbul pflegten sie mittels guter Beziehungen zu den verbannten Obereunuchen des Harems. Mit der Zeit gelang es ihren Untergebenen und Gefolgsleuten, eine Bresche in die Mauer um die Beyliks zu schlagen und die wichtigsten Posten in Ägypten zu übernehmen, darunter den des Statthalters von Kairo.[89] Ihren Höhepunkt erreichte die Qazdağlı-Ära mit Ali Bey, einem georgischen Sklavenkommandeur, der in der Zeit nach dem Siebenjährigen Krieg im Gefolge des Qazdağlı-Clanpatriarchen aufstieg.

Das Osmanische Reich und der internationale Handel

Gemeinsame Interessen und Verpflichtungen jener Art, wie sie bei der Pilgerfahrt zutage traten, und die daraus resultierende – teils partnerschaftliche, teils konfliktreiche – Zusammenarbeit wiederholten sich in den Beziehungen zwischen Istanbul und allen Provinzen. Durch das Finanzmodell der Steuerpacht konnten die Osmanen an allen Aspekten des entstehenden Handelssystems im Indischen Ozean teilhaben.

Indischer Ozean und Persischer Golf

Nachdem der Friede von Karlowitz die Osmanen von dem Konflikt im Donaubecken befreit hatte, schenkten sie ihrem Anteil am Handel im Indischen Ozean höhere Aufmerksamkeit. Der Südirak und vor allem Basra, jener Hafen am Schatt al-Arab, den indische Schiffe anliefen und verließen, spielten bei ihren Bemühungen eine Schlüsselrolle. Die Statthalter von Basra, die als Gesandte am Mogulhof fungieren konnten, waren ihrerseits anfällig für die Verlockungen des Reichtums der Moguln und suchten gelegentlich Zuflucht in deren Diensten, wenn ihnen Gefahr von den osmanischen Behörden drohte.[90] Mangels eines starken Gefolgsmannes in Basra überließ man das Drohen den arabischen Stämmen im südlichen Mesopotamien, doch nach Karlowitz holten sich die Osmanen Basra zurück. Sie bauten zu Handels- und militärischen Zwecken eine neue Flotte auf dem Euphrat auf, und um die Schiffbarkeit des Oberlaufs zu gewährleisten, zog man den früheren Aufseher über die Donau hinzu.[91] Das langfristige strategische Ziel war, Basra in die Provinz Bagdad einzubeziehen und seinen Hafen zu nutzen, um den Güterverkehr aus dem Golf abseits der von den arabischen Nomaden-Karawanenführern bevorzugten Wüstenrouten über osmanische Zollstationen an den Flüssen zu leiten.

Unter Hasan Pascha – einem Georgier und ehemaligen Sklaven, der Statthalter von Bagdad geworden war –, seinem Haushalt und seinen Nachkommen gelangte dieser Handel dauerhaft in osmanische Hand. Als nach dem Sturz der Safawiden die persische Verwaltung darniederlag, löste das osmanische Basra das persische Bandar Abbas als Haupthafen am Nordende des Persischen Golfs ab. Die Abgaben auf Transitgüter machten laut den offiziellen, Istanbul vorgelegten Abrechnungen fast die Hälfte der Einkünfte von Basra aus, und der Großteil dieser Summe stammte von Schiffen aus Indien. Die Karawanen aus Aleppo wurden zeitlich so geplant, dass sie ziemlich genau dann in Basra eintrafen, wenn die Indienfahrer einliefen, ungefähr im Juni oder Juli. Zu den Waren aus Indien zählten Gewürze, aber auch Reis, Zucker und andere Waren aus Bengalen, Chintz und Baumwollgarn von der Koromandelküste und Baumwollstoffe von der Malabarküste. Basra exportierte Datteln, die an den Ufern des Schatt al-Arab wuchsen, und den offiziellen Verboten zum Trotz auch Araberpferde.[92] Auch harte Währung floss ab, da es den Osmanen eigentlich nie gelang, genau so viel nach Indien zu exportieren, wie sie importierten.

Basras Boom war untrennbar verbunden mit dem politischen Aufruhr im Iran nach dem Sturz der Safawiden. Nadir Schah raubte systematisch die gesamte Region aus. Nach der Plünderung Delhis eroberte er Oman und belagerte die osmanischen Städte Bagdad, Basra und Mossul.[93] Zwar entwickelte nach Nadir Schahs Tod Karim Khan Zand, der in den 1750er-Jahren im Iran an die Macht kam, eine einheitlichere Handelspolitik, doch die ausländischen Handelsgesellschaften blieben zu ihrer Sicherheit im Hafen Basra. Einen Gipfel erreichte der Warenumschlag in Basra, nachdem die Engländer Frankreich im Siebenjährigen Krieg besiegt hatten, aber gegen Ende des zwölften islamischen Jahrhunderts trafen mehrere Faktoren zusammen, die den osmanischen Stern am Golf sinken ließen. Als eine Unterbrechung in der Abstammungslinie Hasan Paschas mit der osmanischen Niederlage in einem weiteren Krieg mit Russland (1768–74) zusammenfiel, und als zudem eine Seuche – entweder die Pocken oder die aus Istanbul eingeschleppte Beulenpest – 1773 Bagdad und Basra traf, begann sich Mesopotamien aus dem Einflussbereich Istanbuls zu entfernen.[94]

Vom Golf zum Mittelmeer

Dieselbe Spannung zwischen örtlichen Akteuren und den Interessen Istanbuls manifestierte sich auch in den Städten entlang der Route zwischen dem Persischen Golf und dem Mittelmeer, besonders in Mossul und Diyarbakır. Mossul war eine Militärstadt, eine wichtige Festung im System der östlichen Grenzverteidigung.[95] Während der glücklichen Jahrzehnte nach dem Perserfrieden von 1639 spielten die von Istanbul eingesetzten Statthalter eine zweite Rolle als wichtigste Steuerpächter. Wie auch anderswo integrierten sich die hier stationierten Janitscharen allmählich in die einheimische Gesellschaft. Mit der Zeit jedoch funktionierten Steuereintreibung, Besoldung und die Logistik der militärischen Nachschubroute, die entlang der Grenze nach Bagdad verlief, immer unabhängiger von der Autorität des osmanischen Statthalters.

Das führte zu einer manchmal gewalttätigen Konkurrenz unter den Vertretern lokaler Finanzinteressen und in deren Folge zu sinkenden Zolleinkünften, worunter auch die Fähigkeit zur Organisation eines Feldzugs litt, falls einer erforderlich werden sollte.

Als die Afghanen in den 1720er-Jahren die Safawidendynastie stürzten, wandte sich die Istanbuler Regierung, ermüdet vom internen Zwist in Mossul, an Ismail Jalili, einen Kaufmann, der als Subunternehmer des osmanischen Statthalters ein Vermögen gemacht hatte. Die ursprünglich christliche Familie Jalili war im Jahrhundert zuvor aus Diyarbakır eingewandert. Die jüngere Generation der Jalilis wurde muslimisch, investierte in Steuerpachten und nutzte ihren Reichtum zum Aufkauf einiger ländlicher Malikanes. Sie hatten enge Verbindungen zu örtlichen Bankiers, christlichen, jüdischen und muslimischen, und gute Arbeitsbeziehungen zu dem örtlichen Janitscharenkorps. Ihr Erfolg beim Ausbau des Handels auf dem Tigris nach Bagdad und Basra ließ den Schluss zu, dass sie auch einen Logistik- und Nachschubvertrag würden einhalten können. Im Jahr 1726 gewann Ismail Jalili den bedeutenden Vertrag über das Eintreiben städtischer Steuern in Mossul, womit er sich praktisch auch das Statthalteramt erkaufte. Das Vertrauen Istanbuls verdiente sich die Familie durch ihre verlässliche Führungsrolle bei der Verteidigung von Mossul, erst in den 1720er-Jahren und dann bei der Belagerung durch Nadir Schah. Für den Rest des Jahrhunderts blieb die Statthalterschaft von Mossul ihr Monopol.[96]

Diyarbakır, an jener Stelle des oberen Tigris gelegen, wo er sich dem Euphrat bis auf etwa 100 Kilometer nähert, lag an der Route, die in der einen Richtung nach Aleppo und ans Mittelmeer und in der anderen Richtung über den Antitaurus auf die Hochebene und zum Kaukasus führte.[97] Außerdem lag die Stadt in unmittelbarer Nähe wichtiger Bergwerke. Karawanen stellten die Verbindungen her. Bewaffnete Eskorten, an Ort und Stelle durch osmanische Beamte oder deren Stellvertreter angeworben, schleusten den Verkehr über Zollstationen unter osmanischer Kontrolle. Konkurrenz gab es durch halbnomadische Araber-, Kurden- oder Turkmenenstämme, deren Sicherheitsexperten ihre eigenen bevorzugten Routen hatten.

Dabei war Diyarbakır nicht bloß ein Zwischenstopp auf dem Weg woandershin. Die Stadt war ein blühendes Zentrum der Landwirtschaft und Textilproduktion und besaß ein reges Kultur- und Geistesleben. Der häufige Wechsel im Amt des Statthalters, dessen Dienstzeit im Durchschnitt ein bis drei Jahre betrug, bedeutete, dass sich Istanbul zu einem großen Teil auf die Erfahrung der örtlichen Verwaltung verließ und darauf vertraute, dass die lokalen Beamten die Dinge im Griff hatten. Zum Rat des Statthalters zählten nicht nur seine eigenen ranghohen Untergebenen, sondern auch der städtische Gerichtsbeamte, der Mufti, der Kommandeur des Sicherheitsapparats der Stadt, der mächtige oberste Finanzbeamte, der die Abgabenverträge verwaltete, sowie Vertreter des städtischen Adels. Über Verwandte pflegten Diyarbakırs reiche Familien Verbindungen in die Hauptstadt, und es ist wahrscheinlich, dass jene Istanbuler Eliten, welche sich die ertragreichsten Steuerpachten in Diyarbakır sicherten, lokale Wurzeln hatten.

Im Zeichen der lebenslangen Steuerpacht entwickelte sich Aleppo auf ähnliche Weise wie Diyarbakır. Zwar lag Aleppo nicht am Meer, doch seine Nähe zum Hafen Alexandrette (İskenderun) machte es zu einer Endstation der Seidenstraße und zur wichtigsten Stadt im osmanischen Syrien. Aleppo lebte von den Karawanen. Fernkarawanen, die manchmal 2000 Kamele zählten, erreichten die Stadt vom Golf und vom Hedschas her, andere über kürzere Distanzen aus Kilikien und Südsyrien; in Letzteren kamen neben Kamelen auch Maultiere und Esel zum Einsatz. Nach der Registrierung im Zollhaus brachten Träger (üblicherweise Kurden) die Waren zu Karawansereien, welche in der Regel von den sprachbegabten Armeniern betrieben wurden. Da die osmanischen Statthalter und Kadıs nur kurze Zeit amtierten und häufig ausgetauscht wurden, stellte man die Kontinuität durch den muslimischen Ortsadel sicher, der die Posten des obersten Steuerpächters und des Kaymakam (oder stellvertretenden Statthalters) bekleidete. Die wichtigsten sozialen Bruchlinien unter den Muslimen verliefen zwischen alten Familien mit Besitz, Ämtern, Bildung oder einem Adelsstammbaum, der bis zurück zum Propheten reichte, einerseits und Emporkömmlingen, deren Geld und Titel auf dem Dienst in einem der osmanischen Militärkorps der städtischen Garnison beruhten, andererseits.

Aleppo war ethnisch und religiös vielfältig: Heimat von muslimischen Türken und Arabern, von Juden, griechisch-orthodoxen Melkiten, die Arabisch sprachen, von iranischen und osmanischen Armeniern (der

Katholikos von Sis residierte in Aleppo), einer großen Gemeinschaft abgespaltener Süryanis, französischer Katholiken sowie niederländischer und englischer Protestanten. Muslimische und christliche Araber arbeiteten im Seidengeschäft und reisten in den Iran, die Schlüsselrolle in der Seidenindustrie aber spielten dank ihrer Kontakte zur armenischen Gemeinde in Dschulfa (einem Ortsteil von Isfahan) die Armenier. Deshalb waren sie von der Cizye befreit.[98] Es gab ägyptischen Reis, Kaffee aus dem Jemen, Trockenfrüchte und Seidenstoffe aus Damaskus, dazu Mohair aus Ankara und Wollwaren aus Mossul und Saloniki; die Engländer trieben Handel mit ihren gewalkten Tuchen oder kauften Seide mit Silber, und Aleppo selbst war bekannt für sein Olivenöl und die daraus gewonnene Seife. Das Pächteramt für die Zölle, das einzige städtische Amt, das Nichtmuslimen offenstand, wurde von der jüdischen Gemeinde beherrscht. Als Schiedsrichter in letzter Instanz nutzten alle den Gerichtshof des Kadı.

Obwohl Aleppos Ruf als friedfertiger religiöser Schmelztiegel sich mit dem Istanbuls messen konnte, zeigte sich in den Beziehungen zwischen den Christengruppen ein weiterer Aspekt der Spannung zwischen der Autonomie des lokalen Kulturlebens und der Einmischung Istanbuls. Eine auffällig große Gruppe missionsfreudiger französischer katholischer Geistlicher, die Mitte des vorangegangenen Jahrhunderts eingetroffen war, las in einer der Karawansereien der Stadt die Messe im lateinischen Ritus und betätigte sich bei den anderen christlichen Konfessionen. Aus mehreren Gründen fanden einige Christen in Aleppo den Katholizismus attraktiv. So hatten die Franzosen an ihren religiösen Schulen eine Erziehung neuen Typs zu bieten, wo sie mit Lehrbüchern arbeiteten, die auf der ersten arabischsprachigen Druckerpresse im Osmanischen Reich gedruckt worden waren. Wurde der arabische Untertan der Osmanen Kunde französischer Kaufleute, so bedeutete dies sowohl Steuerbefreiung als auch Chancen, persönlich voranzukommen und es zu Wohlstand zu bringen. Empört über den vielfachen Glaubensabfall beschwerten sich die Geistlichen der Süryani, Armenier und Melkiten in Istanbul und erwirkten eine Anweisung, die den ortsansässigen Christen den Besuch der lateinischen Messe verbot. Als 1724 der Patriarch von Antiochia starb, spaltete sich die melkitische Gemeinde: Die Melkiten in Aleppo unterstützten einen Bischof, der für engere Bindungen an Rom eintrat, während die Gemeinde von Damaskus sich hinter den Kandidaten Konstantinopels stellte, einen zypriotischen Griechen. Der lokale Aleppiner Favorit zog sich ins Libanongebirge zurück und erreichte seine Investitur durch den Papst; seine Anhängerschaft in Aleppo erhielt einen katholischen Metropoliten und stand den Rest des Jahrhunderts über loyal zu Rom – darin unterstützt von der örtlichen muslimischen Obrigkeit.

Das westliche Schwarzmeergebiet

Zwei Faktoren trugen ungeachtet der Ungewissheiten des Krieges zur schnellen Verbreitung des neuen Finanzmodells in Rumeli bei. Zum einen rissen sich die Investoren aus Istanbul wegen ihres hohen Geldwertes und einer ebensolchen Liquidität um die Cizye-Kopfsteuer, die Herdensteuer und die *avarız*-Steuer. Zum anderen war da die große Nähe der ertragreichen Anbauflächen an der westlichen Schwarzmeerküste, am Marmarameer und an der Ägäis zu Istanbul. Nirgends im ganzen Reich gab es daher so viele lebenslange Pachtverträge wie rund um Sofia. Hier lag der durchschnittliche Vertragswert beim Fünffachen eines Durchschnittsvertrages in Aleppo oder Diyarbakır, deren Felder vergleichsweise niedrige Erträge lieferten.[99] Auf den großen Landgütern in Rumeli wurde kommerzielle Landwirtschaft auf hohem Niveau betrieben. Die Güter waren aus einstigen Timar-Ländereien geschaffen worden, als die Armee im Lauf des vergangenen Jahrhunderts dazu übergegangen war, die Truppenstärke je nach Jahreszeit zu variieren. Exportiert wurde vor allem Weizen, aber auch Wolle und Felle, und zwar über Wien und während der Kriegsjahre über Saloniki.[100]

Der Verlust Ungarns und Siebenbürgens (Transsilvaniens), der Druck Moskaus im Steppengebiet und der wachsende Exporthandel auf der Donau verwandelten die tributpflichtigen Donaufürstentümer Walachei und Moldawien in Länder von entscheidender wirtschaftlicher und strategischer Bedeutung.[101] Viele orthodoxe Slawen, Albaner, Juden und alte osmanisch-griechische Kaufmanns- und Klerikerfamilien wanderten ab und siedelten sich dort an, wo sie in den lokalen Adel einheirateten. Durch die habsburgisch-osmanischen Kriege kamen Tausende muslimischer Flüchtlinge hinzu, die sich an der Donau im Gebiet um Vidin zusammendrängten. Sie strömten in das Ackerland nördlich des Flusses, obwohl die Osmanen schon lange zugesichert hatten, die muslimische Ansiedlung in den Fürstentümern zu unterbinden. In den Jahren 1759–60 ermittelte eine osmanische Kommission in der Sache und konfiszierte am Ende rund 1300 dieser Hofstellen.[102]

In den Fürstentümern entstanden drei Parteiungen. Die erste war für die Österreicher. Eine zweite bevorzugte Russland. Zu ihr zählte der moldavische Hospodar Dimitri Kantemir, obwohl er lange in Istanbul gelebt hatte und eine Geschichte der Osmanen sowie ein bahnbrechendes Werk zur osmanischen Musik geschrieben hatte.[103] Doch während des Pruthfeldzuges hatte er mit Peter kollaboriert und war, als Peter ihn verlor, nach Sankt Petersburg geflohen. Die dritte Partei, die für die Osmanen eintrat, bestand aus osmanisierten griechisch-orthodoxen Familien und den Mitgliedern ihrer gewaltigen Klientelnetzwerke, Griechen und Nichtgriechen. Diese Gruppe regierte die Fürstentümer nach dem Pruth-Vorfall und zog sie tiefer in den wirtschaftlichen und finanziellen Einflussbereich des Reiches.[104] Allgemein nannte man sie die Phanarioten, weil so viele von ihnen aus dem Phanar(Fener)-Viertel in Istanbul stammten, dem Sitz des orthodoxen Patriarchats und einer Vielzahl griechisch-christlicher Aristokraten. Unter ihnen waren einige alte byzantinische Familien, etwa die Kantakuzenen; zu einer davon hatte Şerban gehört, der erste Phanariotenfürst der Walachei ab 1679. Andere hatten ihr Vermögen an Orten wie Chios oder Izmir gemacht und waren anschließend nach Istanbul umgesiedelt. Diese griechischen Christen verfügten über Einfluss bei Hof und fühlten sich einigermaßen wohl in der Oberschicht der osmanischen Gesellschaft,[105] der sie sich durch Kenntnisse in Medizin, Naturwissenschaften, Handel und den westlichen Sprachen empfahlen; das spiegelte sich auch in der Architektur ihrer Villen und im Anteil türkischer Vokabeln an ihrem Dialekt.[106]

Als die Hochkultur in den Fürstentümern phanariotisch-griechisch und folglich osmanisiert wurde, ähnelte die Dynamik des politischen und sozialen Lebens dem, was anderswo im Reich unter dem muslimisch-türkischen und arabischen Provinzadel stattgefunden hatte, jedoch mit entscheidenden Unterschieden.[107] Als Kantemir sich nach Russland absetzte, ernannte der Osmanensultan Nikolaos Mavrocordatos den Sohn jenes Alexandros Mavrokordatos, der den Vertrag von Karlowitz ausgehandelt hatte, in Moldawien zum Fürsten. Der zog drei Jahre später in die Walachei um, als dort der Thron vakant wurde, und man fand einen anderen Phanarioten, der ihn in Moldawien ersetzte. In beiden Fällen endete damit die altehrwürdige Tradition der Autonomie und lokalen Fürstenwahl. Stattdessen begann ein neues Regime, das auf der Einsetzung von Statthaltern (Woiwoden, später Hospodaren) durch den osmanischen Sultan beruhte. Diese Männer stammten meistens aus phanariotisch-griechischen Adelsfamilien, bildeten aber keine einheitliche Dynastie. Zwei andere typische Wege zur Macht in einer osmanischen Provinz, die wir schon kennengelernt haben – die Kontrolle der Sicherheit und lebenslange Steuerpachtverträge – standen den Phanarioten in den Fürstentümern nicht offen. Es gab keine phanariotischen Privatmilizen, die Sicherheit lag überwiegend in den Händen der Janitscharen, und als Christen konnten die Phanarioten bei den lebenslangen Pachtverträgen nicht mitbieten. Dennoch verfügten sie über enorme Finanzmittel in Gestalt kurzfristiger Iltizam-Verträge für den Einzug von Abgaben, etwa aus dem Salzmonopol, und aufgrund ihrer Investitionen in den Weizenhandel in der Schwarzmeerregion. Dank ihrer feierlichen Einsetzungszeremonien im Istanbuler Osmanenpalast genossen sie beachtliche Rückendeckung durch den Sultan.[108]

Harmonie und Missklang

Wie in den Donaufürstentümern deckten die interreligiösen Beziehungen überall stets die ganze Spanne vom Prominenten bis zum Alltäglichen ab. Das Ökumenische Patriarchat und die Situation in Palästina sind aufschlussreiche Beispiele für beide Enden des Spektrums.

Das Ökumenische Patriarchat

Die osmanisch-griechische Vormachtstellung in den Donaufürstentümern beruhte auf der Vorherrschaft der Phanarioten im höheren orthodoxen Klerus und der Kontrolle der phanariotischen Laien über die Kirchenbürokratie in Istanbul. Aber das hatte Folgen. Wie andere hohe osmanische Posten bedeutete auch die Berufung in ein Kirchenamt eine finanzielle Verpflichtung und war zwischen den potenziellen Investoren sehr umkämpft. Die griechische Finanzmacht wurde einerseits zum Kontrollinstrument der Phanarioten, aber auch zu einer Quelle der Unzufriedenheit.

Kritiker warnten, der Verkauf von Kirchenämtern komme einem kirchlichen Verzicht auf die christliche Führungsrolle und der Umwandlung geistlicher Leitung in eine Ware gleich. Manche Mitglieder des Klerus versuchten sich zu wehren. Sie besorgten sich 1741 einen Ferman des Sultans, dass die Patriarchenwahl der Synode – die stets von den Phanarioten beeinflusst wurde – von den Metropoliten der Regionen ratifiziert werden müsse. Patriarch Kyrill V., zwischen 1748 und 1757 gleich zweimal gewählt und zweimal abgesetzt, tarierte die Macht der Phanarioten aus, indem er die Steuern auf Bischofsämter anhob und die Oberhäupter der Gilden in den Entscheidungsprozess einbezog. Die geistliche Integrität der Kirche zu schützen, bedeutete für Kyrill, Gemeindemitglieder, die – beispielsweise auf der Morea in den zwei Jahrzehnten venezianischer Herrschaft – zum Katholizismus übergetreten waren, nicht so leicht wieder in die Orthodoxie aufzunehmen. Die katholische und armenische Taufe verwarf Kyrill als ungültig, und so machte er die Wiedertaufe zur Vorbedingung für die Rückkehr zur Orthodoxie. Antikatholisch hieß üblicherweise zwar proosmanisch, doch in diesem Fall widersetzten sich Kyrills eigene Metropoliten, die einen leichteren Weg zur Wiederaufnahme wollten. Gewalt auf den Straßen erzwang eine Intervention der osmanischen Obrigkeit. Nach seiner zweiten Absetzung lebte Kyrill bis zu seinem Tod auf dem Berg Athos.[109]

Der Einfluss der phanariotischen Griechen untergrub den ökumenischen Charakter der Kirche.[110] Der slawische orthodoxe Patriarch von Peć, der die Österreicher im Krieg der Heiligen Liga unterstützt und einen allgemeinen christlichen Aufstand gegen die Herrschaft der Muslime gefordert hatte, floh 1690 nach Ungarn. Tausende slawischer Christen folgten ihm. Kaiser Leopold I. versorgte die Exilanten mit neuen orthodoxen Metropolien in Karlovci im habsburgisch besetzten Slawonien und in Belgrad. Beide Orte entwickelten sich zu Zentren der slawisch-orthodoxen Kultur, während ihr nomineller Vorgesetzter, das Patriarchat im osmanischen Peć, durch seine Armut und die ständige Abwanderung allmählich geschwächt wurde. Im Krieg von 1736–39 setzte sich der osmanische Patriarch von Serbien erneut ab, diesmal in die Vojvodina, und Wien tat alles, um die Bande zwischen seinen orthodoxen

Slawen und Peć zu trennen.[111] In Istanbul tobte ein Machtkampf zwischen den griechischen und serbischen Osmanen. Unter Einfluss der Phanarioten gelang es den Griechen, beim Sultan nicht nur die Aufhebung des Patriarchats in Peć durchzusetzen (1766), sondern auch das von Ohrid zu beseitigen, das seit fast 400 Jahren autokephal gewesen war.[112] Beide Diözesen wurden der direkten Kontrolle des griechischen Patriarchen in Konstantinopel unterstellt, womit die slawischen Geistlichen praktisch auf die Rolle von Pfarrern reduziert wurden. Wie nicht anders zu erwarten, übertrugen sich die slawisch-griechischen Spannungen jenseits der Kirchenmauern auf Sprache, Literatur und Erinnerung. Im Jahr 1756 erschien Andrija Kašić Miošićs *Angenehmes Gespräch des slawischen Volkes*; etwa zur selben Zeit schrieb Jovan Rajić seine *Geschichte der verschiedenen slawonischen Völker, besonders der Bulgaren, Kroaten und Serben* (sie erschien in den 1790er-Jahren vierbändig in Wien). Diese Umstände waren es auch, unter denen das Kosovo aus dem Bereich der Volkssagen in den des Heldenepos wechselte.[113] Und wie in Syrien nutzten christliche Geistliche und Finanzeliten ihren Kundenstatus bei ausländischen Kaufleuten, um ihren eigenen Optionsspielraum zugunsten einer größeren Unabhängigkeit zu erweitern, wobei sie oft Bündnisse mit Handelspartnern in den nordwesteuropäischen Kapitalgesellschaften eingingen.

Palästina

Mindestens zwei Themen sorgten dafür, dass Istanbul sich weiter lebhaft für Palästina interessierte. Eines war die Sicherheit für die Pilger.[114] Südpalästina – das heißt, die Sancaks Ajlun und Lajjun, Nablus, Gaza und Ramle (ar-Ramla) sowie Jerusalem – gehörte zur Provinz Damaskus. Galiläa, Haifa, Akkon, Tyrus, Sidon und Beirut bildeten eine eigene Provinz. In Sidon kümmerten sich die Drusen, Metwalis und Beduinen mehr oder weniger um ihre eigenen Angelegenheiten. In den 50 Jahren seit Karlowitz (1669) hatte es in Sidon mehr als 40 Statthalter gegeben, und ähnlich lagen die Dinge in seinen verschiedenen Sancaks, da diese Posten gegen eine Zahlung an das staatliche Schatzamt in Istanbul käuflich waren. Verlockend war hier der Hafen von Sidon, eine lukrative Steuerpacht. Die wichtigste Persönlichkeit in Sidon war nicht der Statthalter, sondern der Scheich von Tiberias Dahir al-Umar, der zugleich der Steuerpächter (*mültezim*) war. Durch diesen Posten wurde Dahir ziemlich wohlhabend und stärker als die eigentlichen Statthalter. Ständig versuchte ihn Istanbul auszuschalten, erst mit Hilfe der Statthalter von Sidon und dann derer von Damaskus, doch nie hatte man Erfolg. Dahir seinerseits mied offene Feindseligkeiten mit Istanbul und hoffte auf eine Ernennung zum Statthalter, obwohl er sie nie bekam. Weil Istanbul ihn zugleich brauchte, damit er die eingetriebenen Abgaben überwies, war man in Kriegszeiten erheblich nachsichtiger gegen Dahir. Nach seinem Tod 1775 erhielt sein Nachfolger Ahmed Cezzar Pascha dann tatsächlich die Statthalterschaft von Sidon und brachte die Provinz unter die straffe Kontrolle Istanbuls. Mit Zöllen und Monopolabgaben, besonders auf Baumwolle, schuf er sich ein persönliches Vermögen und eine mächtige lokale Miliz, außerdem überwies er Istanbul größere Summen. Zur Belohnung ernannte man ihn auch noch zum Statthalter von Damaskus.[115]

Der zweite Faktor, der dafür sorgte, dass Istanbul ins Klein-Klein des Lebens in Palästina verstrickt blieb, war Jerusalem. Seine Heiligtümer zogen christliche, jüdische und muslimische Pilger an, und die Gemeinschaften, die sie unterhielten, waren prominent und mächtig. Die Statthalter von Damaskus schüchterten sowohl den jüdischen Geldadel als auch die christlichen Klöster und Kirchen ein und erpressten Geld von ihnen mit der Drohung, die heiligen Stätten zu „inspizieren"; Befehle aus Istanbul, damit aufzuhören, ignorierten sie.

Und die Gemeinschaften beschwerten sich übereinander. Manchen Muslimen kam die regelmäßige Vermischung jüdischer, christlicher und muslimischer Bevölkerungsgruppen gelegentlich ungehörig vor. Ein solcher Ort waren die öffentlichen Bäder, deren Eintritt so niedrig war, dass selbst die Ärmsten sich einen Besuch leisten konnten, sodass hier alle Schichten und sozialen Gruppen zusammenkamen. Altbekannte Regeln sicherten den öffentlichen Anstand und hielten die Männer davon ab, während der Badezeiten der Frauen oder, bei größeren Bädern, vor dem separaten Fraueneingang herumzulungern. Muslime und Nichtmuslime sollten eigentlich getrennte Handtücher, Rasiermesser, Holzschuhe und Schalen benutzen. Städtische Inspekteure sollten eigentlich überprüfen, ob diese Regeln auch durchgesetzt wurden. Einmal verteidigte sich in Jerusalem ein Badbetreiber gegen den Vorwurf, fadenscheinige Handtücher auszugeben, mit der Behauptung, die seien für Christen, Juden und Bauern reserviert![116] In einem anderen Fall legten Derwische aus einer Tekke auf dem Zionsberg, deren Grundbesitz sie vor einem Jahrhundert von den Franziskanern konfisziert hatten, Beschwerde gegen die christlichen Palmsonntagsprozessionen ein. Auf Eingaben von allen Seiten hin – der Franziskaner, der französischen Konsuln und der Derwische – erging eine Weisung des Sultans, die an sich gar nicht so widersprüchlich war: Christen sollten das Recht auf diese Form der Gottesverehrung haben, jedoch alles unterlassen, was im Widerspruch zur Scharia stehe.[117]

Mit ihrer intellektuellen Tradition und ihren besseren Schulen waren die römisch-katholischen Missionare ein zusätzliches Ärgernis für die orthodoxen Würdenträger. Der Jerusalemer Patriarch Dositheos (1669–1707), auf der Morea geboren und eine der wichtigsten orthodoxen Persönlichkeiten seiner Generation, schrieb eine monumentale Geschichte der Ostkirche und arbeitete zusammen mit anderen Führungspersönlichkeiten an der Formulierung eines neuen Glaubensbekenntnisses, das als Ansporn zu einer geistigen Neubelebung der Orthodoxie dienen sollte.[118] Einen Entwurf dazu erbat Dositheos von Dionysios IV. von Konstantinopel (der wegen seiner vielen muslimischen Verwandten den Spitznamen „der Muslim" trug). Unter Hinzuziehung mehrerer Vorgängerbekenntnisse wurde es überarbeitet und abgeändert und schließlich von einer neu eingerichteten orthodoxen Druckerei in Jassy veröffentlicht. Im Jahr 1680 verabschiedete die Synode von Jerusalem das als „Dositheos-Bekenntnis" bekannt gewordene Dokument.

Was die christlichen Heiligtümer in Jerusalem betraf, so waren die beiden wichtigsten die Grabeskirche in Jerusalem selbst und die Geburtskirche in Bethlehem. Durch unermüdliche Anstrengungen war es der griechisch-orthodoxen Kirche gelungen, sie beide während der Herrschaft Sultan Mehmeds IV. (1648–1687) den Franziskanern zu entreißen, die sie seit der Zeit der Kreuzzüge jahrhundertelang kontrolliert hatten.[119] Nun entschlossen sich die Orthodoxen zu einer Renovierung der Geburtskirche, einschließlich einiger Gebäudeteile, die auch von Muslimen besucht wurden. Schließlich handelte es sich für sie um den heiligen Geburtsort des Propheten Jesus, und Muslime kamen dort seit Jahrzehnten zu Andacht, Gebet und alltäglichen Verrichtungen zusammen. Einige dieser muslimischen Pilger machten sich jedoch unbeliebt, wenn sie von den christlichen Hütern des Heiligtums das komplette Paket an Dienstleistungen verlangten – Läden, Unterbringung und dergleichen –, das an anderen Orten üblicherweise von einer Vakıf-Stiftung finanziert wurde.

Die geplante Schönheitsreparatur des Gebäudes bot den Christen nun eine Chance, die lästigen Muslime loszuwerden. Auf ihren Antrag hin erklärte der Divan in Istanbul unmissverständlich seine Unterstützung für die christlichen Rechte auf die heiligen Stätten. Als genügte das noch nicht, machte sich der Mufti die Mühe, den muslimischen Pilgern eine Gardinenpredigt zu halten, weil sie die Kirche überhaupt besucht hatten. Ihre Authentizität als Geburtsstätte Jesu sei nicht sicher. Der Kadı von Jerusalem bildete einen Untersuchungsausschuss, der sich all diese Streitereien geduldig anhörte, die Reparaturen an der Kirche überwachte und dafür sorgte, dass sie im Einklang mit der Scharia durchgeführt wurden. Letztendlich schufen die Griechisch-Orthodoxen „ein prächtigeres Bethaus, als es jemals seit der osmanischen Eroberung existiert hatte", und warfen die Muslime hinaus. Diese vollendete Tatsache akzeptierte die osmanische Regierung mit dem Argument, zumindest der Anschein eines schariagemäßen Vorgehens sei gewahrt worden, denn das Äußere des Gebäudes war unverändert und die islamische Souveränität über die Stätte sei bestätigt worden.[120] In Wirklichkeit überantwortete die Regierung während der Kriege der Heiligen Liga die gesamte Kirche aus Rücksicht auf französische Empfindlichkeiten wieder der Kontrolle der Franziskaner, und erst in den 1760er-Jahren erhielten die Griechisch-Orthodoxen das Heilige Grab zurück.[121]

Krieg und Frieden

Mehr als ein Vierteljahrhundert relativen Friedens wurde durch die schlimmste militärische Niederlage unterbrochen, die das osmanische Reich je erlebt hatte. Ganz untätig war die osmanische Armee nicht gewesen, vor allem im Kaukasus, wo sich nach dem Tod Nadir Schahs 1740 mehrere Kleinkönigreiche gebildet hatten, einige davon unter muslimischen, andere unter christlichen Herrschern. Die Osmanen wahrten ihre Interessen und intervenierten beispielsweise, um ihren eigenen Kandidaten in Kutaissi an die Macht zu bringen, als das christliche Imereti-Königreich in Georgien den Sklavenhandel zu unterbinden suchte.[122] Doch eine direkte Teilnahme am Österreichischen Erbfolgekrieg und am Siebenjährigen Krieg, welche die Machtverhältnisse in Europa, Südasien und Nordamerika grundlegend veränderten und den Aufstieg Russlands und Preußens markierten, hatten sie vermieden. Als sie dann schließlich auf die europäischen Schlachtfelder zurückkehrten, offenbarte ihr Abschneiden einige technologische Rückstände, etwa im Gebrauch des Bajonetts und der leichten Feldartillerie, zweier Schlüsselelemente europäischer Kriegführung nach 1756.[123] Sultan Mustafa III. war bemüht, diese Probleme zu beheben, besonders hinsichtlich der Artillerie, um die sich auf sein Ersuchen französische Experten kümmerten.[124] Doch die Probleme reichten tiefer.

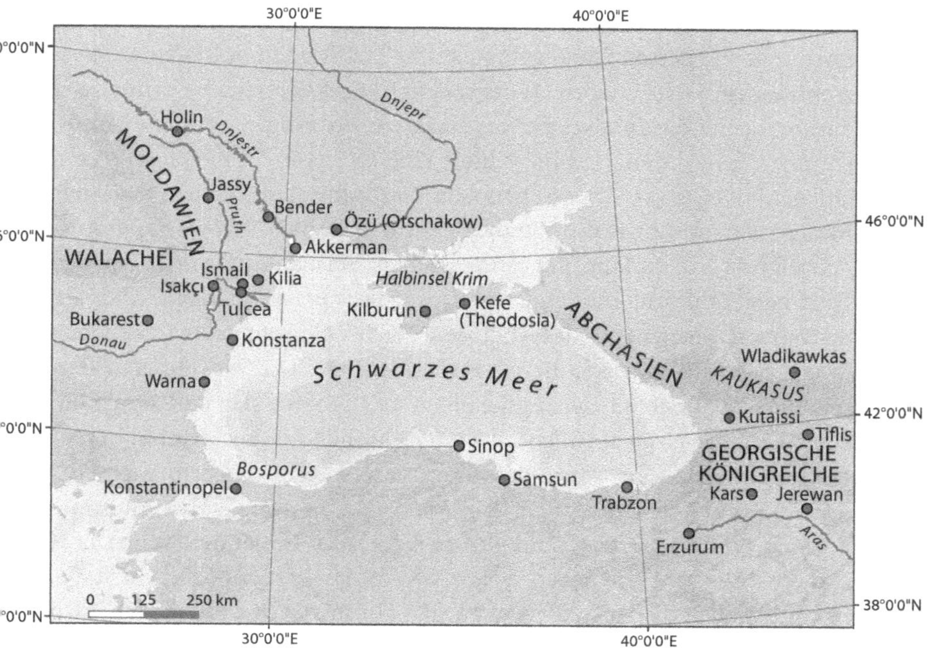

Karte 5.1: Die Umgebung des Schwarzen Meeres

Russland war es, das die Osmanen wieder in Kämpfe verwickelte. Zwei Sorgen standen im Vordergrund: erstens die fortschreitende Eingliederung von Kosakengebieten durch die Russen und die Befestigung der Grenzregionen in der Steppe, zweitens der russische Druck auf die polnisch-litauische Adelsrepublik. Ahmed Resmi, vom Sultan und dem Großwesir 1763 mit einer offiziellen Gesandschaft nach Berlin geschickt, lieferte eine düstere Einschätzung der Lage in Polen nach dem Tod König Augusts III. Polnische katholische Adlige rebellierten gegen den neuen König, der orthodox war und von Russland unterstützt wurde, und baten Mustafa III. um Hilfe. Gleichzeitig brach auch noch ein Kosakenaufstand aus, und beim Aufmarsch gegen die Aufrührer verletzte die russische Armee osmanisches Hoheitsgebiet. Die Osmanen protestierten und erklärten Russland den Krieg.[125]

Der Krieg mit Russland 1768–1774

Auf einen großen Krieg war die osmanische Armee jämmerlich schlecht vorbereitet. Nach der langen Friedenszeit mussten Rekrutierungsverfahren auf den neuesten Stand gebracht und Traditionen militärischer Disziplin aufgefrischt werden. Während sich die Reiterei der Krimtataren daranmachte, die russischen Stellungen zu bedrängen, wurden Musterungen angekündigt, und im Winter 1768/69 waren die ersten Rekruten auf dem Weg zum Kriegsschauplatz. Sie stammten aus der Schwarzmeerregion, aus Anatolien, manche aus dem fernen Syrien. Reparaturbedarf bestand entlang der osmanischen Verteidigungslinie, bei den Festungen am unteren Dnjestr, am Unterlauf der Donau und am Schwarzen Meer, außerdem bei den Nachschubrouten zwischen den Magazinen und Biwaks, die sie verbanden. Die Dorfbewohner widersetzten sich den Requirierungsbefehlen und probten den Aufstand oder flohen, und in einigen Fällen musste Nachschub bis aus Istanbul herangeschafft werden. Im April griff die russische Armee über den Dnjestr hinweg an, zog sich aber zurück, als sie bei der Festung Hotin auf osmanischen Widerstand traf; man wusste nicht, dass hinter den Mauern die osmanische Garnison ihren eigenen Kommandeur umgebracht hatte. Im Juli stießen die Russen erneut gegen Hotin vor und zogen sich nach einem Monat abermals zurück, als beide Seiten erschöpft waren und die umliegenden ländlichen Gebiete keinen Proviant mehr hergaben. Im

September baute das osmanische Heer eine Brücke über den Dnjestr und griff das russische Lager bei Kamenez an. Geschlagen schafften die Osmanen es gerade noch über die Brücke zurück, bevor diese zusammenbrach. Als die Russen sich ein drittes Mal vor Hotin wagten, hatten die Osmanen es geräumt, weil ihre Vorräte erschöpft waren.[126]

Von Desertionen ausgezehrt, erlitt die osmanische Armee 1770 mehrere Niederlagen in Moldawien. Im August löste sich bei Kartal (Kagul) am Pruth nahe dem Donaudelta eine gewaltige osmanische Streitmacht von etwa 100 000 Mann in Nichts auf, sodass die Janitscharen am Ende praktisch allein dastanden und geschlagen wurden. Sie ließen Kanonen und Tross im Stich, anschließend wurden sie beim chaotischen Versuch, über die Donau zu setzen, vollständig aufgerieben. Tausende Leichen trieben im Fluss. Gleichzeitig brach unter den Dorfbewohnern auf der Morea ein Aufstand aus, und zwei Dutzend russische Schiffe erschienen im östlichen Mittelmeer, nachdem sie von Sankt Petersburg aus durch die Straße von Gibraltar gesegelt waren und in England neu versorgt und repariert worden waren. Ohne Gegenwehr griff diese Flotte osmanische Festungen entlang der Küste der Morea an und vernichtete eine osmanische Flottille, die im Hafen von Çeşme auf der Halbinsel Karaburun westlich von Izmir lag.[127]

Beide Seiten vereinbarten einen Waffenstillstand und versuchten, Frieden zu schließen. Im russischen Lager in Moldawien wütete die Pest, und das unglückselige osmanische Nachschubsystem hatte einzelne Kommandeure in Schulden gestürzt, weil diese versuchten, ihre Truppen aus eigener Tasche zu verpflegen. Doch zu den russischen Forderungen zählten die freie Schifffahrt auf dem Schwarzen Meer und durch den Bosporus, die permanente Besetzung zweier Festungen am Asowschen Meer und die Unabhängigkeit der Krim, worauf die Osmanen unmöglich eingehen konnten. Besorgt wegen des Pugatschow-Aufstandes daheim trieb Zarin Katharina den Krieg voran, um möglichst eine Kapitulation zu erreichen. Verbissen kämpften die Osmanen im Sommer 1773 an der Donau mit Truppen, die zunehmend aus örtlichen Rekruten und Kommandeuren bestanden. Zwar hielten ihre Befestigungen stand, aber unbegrenzt konnten sie diese Stärke nicht aufrechterhalten. Im Jahr 1774 fiel Kilburun, das auf einer Halbinsel gegenüber dem osmanischen Özü (Otschakow) an der Dnjeprmündung lag, und der Hauptteil des osmanischen Heeres wurde in seinem Hauptquartier bei Şumnu (Šumen) südlich der Donau eingeschlossen. Der Krieg war verloren.

Mehr noch als in den technologischen oder taktischen Unzulänglichkeiten[128] bestanden die Hauptprobleme auf osmanischer Seite in den sozialen Verfahren der Rekrutierung, Musterung und Ausbildung. Die letzte Devşirme war schon Jahrzehnte her – nicht dass die Sklaverei abgeschafft worden wäre, aber die osmanischen Sklaven kamen jetzt von den Grenzen des Imperiums im Kaukasus und in Afrika, und aus ihnen wurden keine Janitscharen. Und die Janitscharenarmee war erkennbar nicht einsatzfähig. Schlechte Ausbildung, Disziplinlosigkeit, Desertionen und das Fehlen erfahrener Kommandeure oder eines einheitlichen Kommandos belasteten die osmanischen Kriegsanstrengungen. Der Nachschub funktionierte zwar, das aber mehr zugunsten der Unternehmer und Profiteure als zum Vorteil der osmanischen Kriegsstrategie. Im Gegensatz zum lebenslangen Wehrdienst und zur Ausbildung russischer Bauern, die freudig für Ideale kämpften, die zu verwirklichen sie selbst niemals hoffen konnten, blieben die Osmanen wie früher bei erreichbaren Zielen. Sie lockten mit Beteiligung, Beute und Profit und betrieben lokale Ad-hoc-Rekrutierung. Das osmanische System vertraglicher Beziehungen überließ die Entscheidungsgewalt örtlichen Notabeln, welche die Truppen aushoben, den Nachschub, die Pferde und Wagen besorgten und das jeweilige Feldlager unterhielten. Das osmanische Lager erinnerte an einen „aufgescheuchten Bienenstock“, und sein Marsch zur Front und seine dortige Anwesenheit war nach wie vor großes Theater.[129]

Kurz gesagt, der osmanische Fehlschlag war zu einem nicht geringen Teil dem Erfolg des vergangenen Jahrhunderts bei der Pflege und Entwicklung genau jener sozialen Beziehungen geschuldet, die dem Reich das tief verwurzelte Vertrauen und die Partnerschaft der örtlichen Eliten eingebracht hatten. Dieser Erfolg hatte dafür gesorgt, dass die osmanische Dynastie nicht gestürzt wurde und das Reich in den Rebellionen von 1703 und 1730 nicht zusammenbrach, verglichen mit der gleichzeitigen Erfahrung, die das Persien der Safawiden und das Indien der Moguln gemacht hatten. Nun aber zeigte sich die Kehrseite dieses Ansatzes.

Der Aufstieg örtlicher Machthaber

Wie der Krieg gezeigt hatte, bedeuteten die Finanzreformen, dass die örtlichen Eliten bei jeder osmanischen Kriegsanstrengung eine entscheidende Rolle spielten, durch ihre Zusammenarbeit mit der Istanbuler Regierung ebenso wie durch ihre Forderungen an sie. Während des Krieges deckte das Reich seinen Bedarf an Soldaten ebenso über örtlich rekrutierte freiwilligen Milizen wie durch seine Berufsarmee und bezahlte dafür, abgesehen von der Finanzierung durch das Schatzamt in Istanbul, mit der Erhebung von Steuern auf dem Kriegsschauplatz und in Gebieten auf dem Weg zur Front. Unterstützt durch Komitees aus angesehenen Notabeln, beaufsichtigten Provinzbeamte Mobilisierung, Nachschub, Logistik und Versorgung.[130] Molla Mustafa aus Sarajevo berichtet in seinem Tagebuch, dass bei Kriegsausbruch der Bedarf an Soldaten Istanbul recht nachsichtig stimmte – künstlich aufgeblähte Musterrollen, Unterschlagung und jede Art von Korruption, an der sich die örtlichen Janitscharenoffiziere und Polizeichefs vor dem Krieg beteiligt hatten, wurden gnädig übersehen. Aus Istanbul kamen Befehle, 1000 Freiwillige aufzubringen und jeden fünften Mann in Sarajevo einzuberufen, bis die Zahl 7000 erreicht sei; zu diesen kamen 4000 Sipahis aus der Provinz Bosnien und noch einmal 2000 auf persönliche Kosten des Statthalters. Man schickte sie ins benachbarte Montenegro.[131]

Doch Interessengegensätze zwischen den Führungspersönlichkeiten in den Provinzen und Istanbul verhinderten eine einheitliche Reaktion auf die Gefahren. Symptomatisch für dieses Dilemma ist Ali Pascha von Canik. Seine Familie besaß auf Lebenszeit die Malikanes des Schwarzmeerhafens Canik (Samsun) und dehnte ihre Kontrolle auf weite Abschnitte gebirgiger Küstenstreifen von Kastamonu bis Trabzon aus, ebenso auf ein großes Stück der Ost-West-Route über das hochgelegene Binnenland zwischen Amasya und Erzurum.[132] Während des Krieges mit Russland stellte die Familienfirma Truppen und Vorräte und bewachte den Seeweg zur Krim. Ali Pascha selbst zeichnete sich als Kommandeur auf der Krim und im Kaukasus aus, außerdem bei der Niederschlagung eines Aufstandes zu Hause. Damit weckte er jedoch Empfindlichkeiten. Istanbul erhob immer höhere Ansprüche auf seine Ressourcen. Beschwerden vor Ort, die eine rivalisierende Familie aus der Gegend von Sivas und Tokat gegen Ali Pascha vorbrachte, verschafften Istanbul einen Vorwand, um ihn als Rebellen zu brandmarken und die Beschlagnahme seines Eigentums in die Wege zu leiten. Zweimal flüchtete er, kehrte zurück und wurde wieder in seine alten Rechte eingesetzt. Wäre dies der einzige derartige Fall gewesen, wäre vielleicht schwer zu verstehen, warum die Regierung die Macht Ali Paschas abwechselnd verurteilte und tolerierte, die Wirklichkeit aber sah so aus, dass Istanbul sich „auf Hunderte solcher Mini-Despoten verließ",[133] und zwar im ganzen Reich. Wie Ali Pascha aus Canik waren sie zugleich das glückliche Ergebnis des erstaunlich erfolgreichen Finanzmodells der lebenslangen Pachtverträge und das unselige Problem, das von diesem Modell geschaffen worden war. Fast alle standen sie grundsätzlich loyal zur Osmanendynastie.

Ein noch beunruhigenderer Fall war Ägypten. Vor dem Siebenjährigen Krieg hatte die Konkurrenz durch Kaffeeexporte aus den französischen Kolonien in der Karibik die Erträge aus dem Kaffeehandel im Roten Meer geschmälert. Der Qazdağlı-Hauskonzern deckte seine Verluste, indem er sich in die Provinz-Beyliks und ihre relativ konstanten Einnahmen aus der Landwirtschaft verzweigte. Die ständige Kontrolle dieser Einkünfte, erkannte man, setzte die Statthalterschaft von Ägypten voraus, die Vergabe dieses Postens aber war ein Vorrecht des Palastes in Istanbul. Just bei Ausbruch des Siebenjährigen Krieges starb der Patriarch des Hauses Qazdağlı, Ibrahim. Einer seiner georgischen Hauptleute namens Ali Bey schaltete gnadenlos seine Rivalen aus, zwang Verbündete der Qazdağlı in die Beyliks, wo es nur ging, und versuchte den Sultan dazu zu bringen, ihn zum Statthalter zu ernennen.

Als der Krieg mit Russland begann, schien Ali Bey nach Unabhängigkeit zu streben. Zwei Männer, die Istanbul zu Statthaltern ernannt hatte, setzte er 1768 –69 ab, schloss dann ein kurzlebiges Bündnis mit Scheich Zahir al-Umar von Palästina und bemühte sich um russische Unterstützung.[134] Auf der Suche nach Wegen, um Istanbul von seiner Zuverlässigkeit überzeugen, spielte Ali Bey den treuen Vasallen und schlichtete beispielsweise einen Streit unter Rivalen um das Amt des Scherifen von Mekka, wobei er den Vorfall gleichzeitig nutzte, um selbst in den Heiligen Städten in Erscheinung zu treten. In aller Unschuld bestrafte er einen Imam, der seinen Namen – Ali – in der Freitagspredigt neben den des Sultans gesetzt hatte, anschließend belohnte er ihn. Nach der Vernichtung der osmanischen Flotte bei Çeşme durch die Russen tat Ali Bey sich mit Scheich Zahir zusammen und suchte die Machtprobe mit dem osmanischen Statthalter von Syrien. Im Jahr 1773 wurde er im Kampf verwundet und gefangen genommen. Eine Woche später starb er.[135]

Der Friede von Küçük Kaynarca

Das Jahrhundert endete, wie es begonnen hatte – die osmanische Öffentlichkeit musste eine große militärische Niederlage verdauen. Der Friedensvertrag mit Russland, der in Küçük Kaynarca unterzeichnet wurde, war katastrophal. Verbrämt mit der urkundlichen Fiktion von politischer und bürgerlicher Freiheit fiel das Krimkhanat unter russische Herrschaft. Dreihundert Jahre zuvor hatten die Osmanen es erobert, beherrscht hatte es eine Dynastie mit hochgeschätzten dschingisidischen Wurzeln, und als Haupthafen für osmanische Exporte in den Norden war sein wirtschaftlicher Wert unschätzbar.[136] Im Jahr 1776 kam der russische Kandidat Şahin Giray in Bahçesaray auf den Thron, nachdem er in Sankt Petersburg gewesen war und Katharina getroffen hatte. Die griechischen, armenischen und georgischen Bewohner der Krim wurden von den russischen Herrschern zwangsumgesiedelt, um ihre wirtschaftliche Erfahrung zu nutzen und sie zugleich dem unabhängigen Khanat der Krim zu entziehen, damit es desto leichter zu annektieren war. Viele dieser Armenier und Georgier wurden auf Ackerland an der Schwarzmeerküste und am Asowschen Meer neu angesiedelt und die Griechen in den dort neu gegründeten russischen Städten. Griechen von den Inseln der Ägäis und der Küste Anatoliens, die den russischen Angriff auf die osmanische Flotte unterstützt hatten, verließen ihre Heimat, um sich ebenfalls hier anzusiedeln.[137]

Der Vertrag verschaffte Russland außerdem eine Vormachtstellung im Asowschen Meer und entlang der Ostküsten des Schwarzen Meeres. Die Festungen Azak (Asow), keine drei Kilometer flussaufwärts am Don gelegen, Kilburun, Kertsch und Yenikale, die den Zugang zum Schwarzen Meer bewachten, blieben sämtlich in russischer Hand. Im Nordkaukasus unterstellte Russland mehrere Festungen in Georgien und Mingrelien wieder lokaler Kontrolle. Groß- und Klein-Kabarda wurden vorbehaltlich der Einwilligung der Tataren dem Russischen Reich überlassen. Im Tausch für diese Länder verzichteten die Osmanen auf die Versklavung von Einwohnern.[138] Russische Kaufleute durften ungehindert das Schwarze Meer befahren, die Meerenge ins Mittelmeer passieren und die Donau benutzen. Zusätzlich erhielt Russland das Recht, überall im Osmanischen Reich Konsulate zu errichten, und dem Buchstaben nach sollten osmanische Kaufleute russisches Gebiet betreten dürfen.

Ein Hauptthema der russischen Bedingungen im Vertrag von Küçük Kaynarca war die Obsession der Russen für Fragen der religiösen Identität. Beispielsweise erklärte sich Russland bereit, den Osmanensultan als „Kalifen des Islam" anzuerkennen. Vordergründig verwies der Titel auf religiöse Autorität, und vermutlich leitete er sich von der islamischen Geschichte des Mittelalters her. Aber unter den gegebenen Umständen war er eine russische Erfindung, die weit mehr über das russische Selbstbild gegenüber den osmanischen Christen aussagte als irgendetwas über den osmanischen Islam. Ein anderes Beispiel: Der Artikel, der Kriegsgefangenen beider Seiten ein Rückkehrrecht einräumte, nahm diejenigen aus, die freiwillig in russischer Gefangenschaft das Christentum oder in osmanischer Gefangenschaft den Islam angenommen hatten.[139] Den neuen russischen Vertreter in der osmanischen Hauptstadt würde man nicht daran hindern, Muslim zu werden, wenn er dies wünschte; sollte er diese Entscheidung aber in betrunkenem Zustand fassen, müsste man ihm Zeit geben, wieder nüchtern zu werden. Sollte er ein Verbrechen begehen, würde man ihn nach osmanischem Recht vor Gericht stellen. Und schließlich wurde die osmanische Regierung einmal mehr verpflichtet, die christliche Religion und ihre Kirchen zu beschützen; eigens erwähnt wurden jene Gebiete, aus denen sich die russische Armee zurückzog, die Donaufürstentümer und die Inseln der Ägäis. Russische Pilger nach Jerusalem sollten nicht behindert werden. Für Beyoğlu, ein Viertel in Galata, war eine „russisch-griechische" Kirche unter osmanischem Schutz vorgesehen (die nie gebaut wurde). Diese Bedingungen wurden gigantisch aufgebläht (Katharina die Große begann sofort persönlich damit) bis hin zu der Behauptung, dass der Vertrag von Küçük Kaynarca das Kaiserreich Russland zum Beschützer aller orthodoxen Christen im Osmanischen Reich mache.[140]

Der Aufschrei über den Verlust der Krim machte eine Revision des Vertrages zur obersten Priorität für den Rat und den Sultan Abdülhamid I., der im Januar 1774 auf den Thron kam. Den von Russland favorisierten Khan versuchten sie mit Gewalt zu verdrängen. Nicht genug damit, dass dieser Versuch scheiterte, Istanbul sah sich außerdem gezwungen, die Unabhängigkeit der Krim ausdrücklich anzuerkennen. Schlimmer noch, durch die Verletzung des Vertrags von Küçük Kaynarca lieferten die Osmanen Katharina den perfekten Vorwand für das, was zweifellos die ganze Zeit Russlands Absicht gewesen war. Als das islamische Jahrhundert endete, annektierte Katharina die Halbinsel Taman, die Flussebene des Kuban an der östlichen Schwarzmeerküste und das Krimkhanat.

6. Zusammenarbeit und Zusammenbrüche, 1785–1882

Zwischen Gerüchten über einen neuen Krieg und Reformbedarf begann das 13. islamische Jahrhundert damit, dass alle Welt einen brandneuen Beitrag zu einer aus der Mode gekommenen Gattung las: dem erzählenden Versroman. In *Schönheit und Liebe* setzte ein begabter junger Dichter, ein Mevlevi-Scheich namens Galib, ein wortgewaltiges Ausrufezeichen hinter den gesammelten religiösen und literarischen Kanon der Osmanen.[1] Das vielschichtige Werk – Liebesgeschichte, Kompendium osmanisch-islamischer Anspielungen auf Literarisches und Wegweiser ins eigene Innenleben – formulierte außerdem eine Poetik für eine neue Zeit.

Osmanische Sultane des 13. islamischen Jahrhunderts

Selim III.	1789–1807
Mustafa IV.	1807–1808
Mahmud II.	1808–1839
Abdülmecid I.	1839–1861
Abdülaziz	1861–1876
Murad V.	1876
Abdülhamid II.	1876–1909

Scheich Galib erzählt, wie seine Freunde einmal bei der Zusammenkunft in einem Salon das Loblied Nabis sangen, des Dichters aus dem letzten Jahrhundert. Galib sah das ganz anders. Sicher lasse sich in jedem Gedicht etwas Wertvolles finden, sagte er, aber Nabis klischeebeladene Beschwörung der Klassiker lasse ihn kalt. Die Vergangenheit sei nicht zwangsläufig besser, nur weil sie vergangen sei. „Diese Welt vergeht, das

Leben nach dem Tod besteht" – wenn das alles sei, was Alter und Erfahrung zum täglichen Kampf der Gegenwart beizutragen hätten, dann könnten Jugend und Kraft das ebenso gut.

Die Notwendigkeit der Dichtung

Ungehalten über Scheich Galibs Respektlosigkeit, verlangten seine Freunde, dann solle er es doch besser machen. Er nahm die Herausforderung an, und das Ergebnis war „das größte Werk der osmanischen Literatur",[2] maskiert als Remake von Fuzulis klassischem Versroman *Leyla und Mecnun*. In Galibs Version wird der Knabe Liebe vom Mädchen Schönheit verfolgt.[3] Das schicksalhafte Paar, geboren in „einen Stamm, in dem alle schönen Tugenden zusammentreffen", und dessen Älteste ihre Verlobung besiegeln, begegnen sich in der Schule, im Unterricht von Professor Wahnsinn. Frau Anstand trennt sie, doch finden sie eine Liebesbotin in der Poesie. Der Brautpreis, den die Ältesten festgesetzt haben, ist eben jene Serie von Prüfungen im Lauf des Lebens, welche Liebe zum Ziel namens Ich führen. Verwirrt und verzweifelt vollzieht Liebe den Liebesakt mit einer Luftspiegelung, ehe er zum Glück entdeckt, dass es doch nicht geschehen ist. Auf dem dramatischen Höhepunkt – Galibs Bericht über die Nachtfahrt des Propheten weist auf ihn voraus – bricht Liebe endlich durch und steht vor dem wundervollen Anblick der Ewigen Stadt. Ein „Regiment in weißen Umhängen" geleitet den benommenen Prinzen durch Straßen, die mit Perlen gepflastert sind, in den Thronsaal eines Schlosses, wo Schönheit ihn erwartet.

Verglichen mit dem schneidenden Schmerz von Fuzulis *Leyla und Mecnun* quillt Scheich Galbis *Schönheit und Liebe* von Freude und guter Laune nur so über. Und wenn jedes Gedicht zugleich auch eine Aussage über das Wesen der Dichtung ist, dann festigt Galibs Versepos die Überzeugung, dass es die menschliche Mühsal ist, welche die stets erneuerbare göttliche Eingebung aktualisiert.[4] „Ständig wird neue Lyrik hervorgebracht", schrieb er.[5] Es ist eben nicht nur so, dass das Vergangene durch sein Beispiel inspiriert. Vielmehr fließen vergangene Kunst und gegenwärtige Kunst aus derselben inspirierten Quelle.

Bei Scheich Galibs These ging es um mehr als nur Kunst. Es ging darum, neue Möglichkeiten zu finden, den stetigen Wandel der menschlichen Lebensumstände zu erkennen. Die Virtuosität der Verse des Koran hat die Dichtkunst nicht verstummen lassen, vielmehr muss ihre Unnachahmlichkeit durch noch mehr Dichtungen bewiesen werden. Auf die gleiche Weise lässt sich Gottes mühelose Schöpferkraft nur durch fortgesetzte schöpferische Anstrengung des Menschen wahrhaft würdigen.

Scheich Galib über die Notwendigkeit der Redekunst

In dieser Passage behauptet Şeyh Galip, dass die berühmte Aufforderung des Korans an seine Zweifler, doch Dichtungen von ebenso hoher Qualität hervorzubringen, eine von Gott inspirierte Segnung unablässiger menschlicher Kreativität sei.

Wie heftig war vor Islames Zeiten
Um der Redekunst Krone von allen das Streiten!

Man sammelte sich auf dem Basar von Ukaz,
Man bot sich Gedichte, das war ja noch was!

Zunge mit Schwert sich beim Streiten gern fand,
Improvisieren und Prügeln: verwandt.

Bis der Lebende, Ruhmreiche Herr,
Mit dem Koran die Welt beschenkte so sehr.

Nun Wunder mit Kunst des Redens verschmolz,
Zu Schrecken da wurde der Volksredner Stolz.

„Schafft dem Koran doch ein Gleiches!“, sprach Er,
Zu beschämen des irrenden Volkes Heer.

Der lebt und die Macht hat, Des Wunder-Wort,
Besteht immerdar und gefestigt fort.

Doch gäb es Gefühl und Geschmack nicht auch jetzt,
Umsonst der „Schafft …“-Befehl wär gesetzt.

Wenn Redekunst und Dichtung verwehen,
Wo soll des Korans Verdienst man noch sehen?

Wenn wortreiche Dichter verschließen die Münder.
Dann fehlt es Allahs Beweis am Verkünder.

Dass Zweifler sich schämen, hat Er uns erwählt,
Wobei unserem Mühen die Macht doch nicht fehlt.

Mit Gottesbeweis bracht ich die Feinde zum Schweigen,
Durch Koran ich konnte mein Können hier zeigen.

Übersetzung: Michael Reinhard Heß, Textgrundlage: Muhammet Nur Doğan (Hrsg. und Übers.): *Şeyh Galib. ‚Hüsn ü Aşk'*, Istanbul (Ötüken) 2002, S. 168– 170.

Das war eine Botschaft für die modernen Zeiten, für ein neues Jahrhundert, das mit Phantasien über ein wiedergeborenes griechisches Reich begann; sie waren im Ausland in Umlauf, bei Freunden der Osmanen ebenso wie bei ihren Feinden. Nicht, dass man etwas so Gewaltiges den Griechen hätte überlassen wollen! Im Frühjahr 1787 fuhr Zarin Katharina von Russland den Dnjestr hinab, um zusammen mit dem Habsburgerkaiser Joseph II., ihrem Verbündeten bei der geplanten Aufteilung der Grenzgebiete am Schwarzen Meer, die Krim zu bereisen. Vielleicht dachte Katharina an ihren neuen Enkel Konstantin, als sie durch einen Triumphbogen schritt, dessen Aufschrift verkündete: „Der Weg nach Byzanz."[6] Küçük Kaynarcas Zustimmung zum Freihandel machte die Meerenge für russische Handelsschiffe durchlässig und gewährte russischen Kaufleuten Zugang zu osmanischen Kunden und Gütern im ganzen Reich außer in Istanbul. In Absprache mit Österreich, Frankreich, England und Preußen fielen die Transit- und Import-Export-Zölle, aber Freihandel war nicht neutraler Handel. Die bestehenden osmanischen Handelsnetze litten darunter, während die neuen Verhältnisse die osmanischen Kunden ausländischer Händler begünstigten. Dies meinte vor allem die osmanischen orthodoxen Christen, die russische Fracht beförderten.[7] Der schleichende russische Einfluss erreichte das im Entstehen begriffene georgische Königreich Kartli-Kachetien, dessen christlicher Fürst Katharina bat, seinen Erben zu bestätigen. Dies brachte eine russische Festung nach Wladikawkas und eine russische Garnison nach Tiflis, beide verbunden durch eine neue Straße über den Deryali-(Darjal)-Pass. Da jedes glaubhafte iranische Gegengewicht fehlte, schien es wenig zu geben, was einen russischen Vorstoß bis an den Fluss Aras verhindern konnte. Osmanische Rufe nach Vermittlung blieben unbeantwortet; es kam zum Krieg. Nachdem die Janitscharen bei der Einnahme von Kilburun gescheitert waren, hing der Ausgang von der erfolgreichen Verteidigung des osmanischen Festungsbogens ab, der sich von İsakçı, Tulcea und Ismail an der Donau über Bender nördlich des Dnjestr bis nach Kilia, Akkerman und Özü (Otschakow) am Schwarzen Meer erstreckte. Hotin fiel einer vereinten österreichisch-russischen Streitmacht in die Hände, Österreich besetzte Jassy, und Özü erlag den Russen.

Sultan Selim III., der im April 1789 auf Abdülhamid I. folgte, setzte sich über seine Berater hinweg und kämpfte weiter – mit traurigen Folgen. Österreich nahm Belgrad ein und besetzte die gesamte Walachei, Russland eroberte Akkerman und Bender und schlug die osmanische Armee in Moldawien. Zwar konnten die Osmanen Belgrad zurückerobern, weil Joseph II. mit Katharina brach und aus dem Krieg ausschied, doch verloren war der Krieg dennoch, als Ismail in einem blutigen Kampf bis zum letzten Mann den Russen in die Hände fiel.[8] Der Vertrag von Jassy im Januar 1792 bestätigte die russische Souveränität über die Krim und eine permanente russische Präsenz an der Schwarzmeerküste. Mit regem Interesse verfolgten Rivalen, mit wachsender Sorge die osmanischen Partner die offensichtliche Schwäche des osmanischen Reiches.

Scheich Galibs *Schönheit und Liebe* lässt sich nicht als schlichter Kommentar zur osmanischen Gesellschaft oder zu den politischen Verhältnissen lesen. Als Ausdruck des Vertrauens in die angeborene Fähigkeit der Menschen, neue Lösungen für neue Probleme zu finden, stellte sich der geistliche Mentor damit an die Seite des jungen Sultans Selim III.

Die Neue Ordnung und die Unzufriedenen

Entschlossen, die militärischen Schwächen der Osmanen anzugehen, bewerteten Selim III. und seine Berater die Lage realistisch. Mittlerweile hatte die osmanische Vorliebe, Truppen aus zahlreichen heimischen

Quellen zu rekrutieren, ihre offenkundigen Nachteile offenbart. Die verschiedenen Truppenteile hatten konkurrierende Aufgaben, ihre Beziehungen untereinander waren nicht geklärt, und sie unterstanden keinem einheitlichen Oberbefehl. Erhebliche Befugnisse für die Rekrutierung und den Nachschub lag in den Händen von Notabeln und ihren privaten Leibgarden und Milizen.[9] Selbst bei den stehenden Verbänden des Palastes herrschte Verwirrung über die tatsächliche Stärke der Mannschaften und ihre theoretischen Tätigkeitsfelder. „Mein Gott", rief Selim aus, „was sind das für Zustände? Zwei der Barbiere, die mich rasieren, behaupten, sie seien Angehörige des Artilleriekorps!"[10] Disziplinlosigkeit und eine Kultur des „Eine Hand wäscht die andere" herrschten praktisch überall, von den Mannschaften über die Kommandeure bis zu den Lieferanten. Einen passenden Vergleich bot der Fall Russland, wo Peter und Katharina es geschafft hatten, sich im Laufe der Zeit und zu einem gewissen Preis über tiefverwurzelte Militär- und Finanzinteressen hinwegzusetzen.[11] Wie Abdülhamid vor ihm suchten nun auch Selim und seine Ratgeber französischen Rat. Istanbul brauchte eine Artillerie im europäischen Stil auf dem neuesten Stand und ein kleines, gut ausgebildetes, schnell einsetzbares Elite-Infanteriekorps. Es war klar, dass das Janitscharenkorps diese Funktion nicht erfüllen konnte.

Die Ziele des Palastes – Ausübung persönlicher Kontrolle, Begrenzung der Privatisierung und Aufbietung aller internen Ressourcen gegen die russische Herausforderung – kollidierten mit denen zweier mächtiger Interessengruppen. Die eine bestand aus den reichen Notabeln in den Provinzen, die andere waren die bewaffneten Truppen des erweiterten osmanischen Haushalts. So zerstritten beide waren, profitierten sie doch beide massiv von der derzeitigen osmanischen Regierungsform.[12] Mit keiner von beiden war der Palast zufrieden, wie sich schon an der Methode zeigte, die er wählte, um mit den in Küçük Kaynarca vereinbarten Kriegsentschädigung umzugehen. Um die Gelder aufzubringen, verkaufte man Anteile (*esham*) an den geschätzten Jahreseinkünften aus wichtigen Steuerquellen. Dieser Quasi-Vorläufer der späteren Staatsanleihen[13] hatte einen weiteren vorteilhaften Effekt, denn er erweiterte die Zahl der Anteilseigner an den öffentlichen Finanzen.

Lokale Notabeln stießen sich an Reformbestrebungen, die von der Reichshauptstadt ausgingen, vor allem deshalb, weil sie sich als Partner

Istanbuls verstanden; sie stellten Menschen, Waren und Dienstleistungen einschließlich der Steuereintreibung bereit. Neben den Caniklis aus Samsun, denen wir schon begegnet sind, dachten inzwischen wahrscheinlich auch andere in den Kategorien eines osmanischen Staatenbundes, natürlich unter Oberaufsicht der Osmanendynastie in Istanbul, die jedoch ihre eigene Autorität vor Ort anerkannte.[14] Da Istanbul am Schwarzen Meer vollauf beschäftigt war, nahmen umständehalber anderswo häufig die Einheimischen die Dinge in die Hand. Manchmal bedeutete das lediglich, dass Notabeln in Städten und Dörfern zum Schutz ihres eigenen Vermögens handelten, wo es nicht um den unmittelbaren Militäreinsatz in Istanbuls Kriegen ging. Aber auch die Märkte für Produktion, Konsum und Handel im In- und Ausland waren in stetiger Entwicklung, und das unter sehr spezifischen Bedingungen, mit denen am besten auf lokaler Ebene zurechtzukommen war.[15] Zunehmend belastet wurden die Beziehungen zu Istanbul durch unterschiedliche Prioritäten und wachsendes beiderseitiges Misstrauen. In bestimmten Gegenden hatten sich prominente Notabeln kleine Feudalherrschaften aufgebaut. Diese mächtigen Männer (oft sprach man von *ayans*) entstammten regionalen Notabeln-Geschlechtern und nahmen in aggressiver Weise Einfluss auf entstehende lokale Netzwerke. Und ziemlich reich wurden sie auch. An den Orten, wo kein einzelner Grundherr, keine einzelne Familie die Kontrolle über die Finanzen an sich brachte, konkurrierten rivalisierende Familien. Überall befeuerten die finanziellen Möglichkeiten, die sich durch die Verpachtung der Staatseinnahmen eröffnet hatten, verwandte Formen von Kleinkredit und heimischer Produktion in zahllosen regionalen Spielarten.

Der privilegierte Status des stehenden Heeres und die Stärke seiner geschäftlichen Netzwerke machten es zum zweiten Erzfeind erweiterter Herrscherbefugnisse. Um seine Macht zu beschneiden, versuchte Selim, die militärischen von den adminstrativen Funktionen zu trennen, die Ranghierarchien zu normieren und die Rekrutierung zu regeln. Die Musterrollen der Janitscharen wurden durchkämmt, ihre Kasernen umgestaltet. Modernere Waffen und Munition wurden ausgegeben. Man versprach rechtzeitige Soldzahlungen. Doch die beharrliche Verteidigung ihrer Rechte und Privilegien und ihre undurchsichtige, einer geistlichen Gemeinschaft ähnelnde Organisation vermittelte den Eindruck, als seien die

Janitscharen reformunfähig.[16] Bei den Einstellungen der Öffentlichkeit zu dem Korps war nur schwer zwischen Klassenressentiment und Neid aus fanatischem, blindem Hass auf ihre Bektaşi-Religiosität zu unterscheiden. Dementsprechend nahm die Reformrhetorik gelegentlich einen markant sunnitischen Tonfall an,[17] obwohl die Sunniten selbst gespalten waren. Progressive Muslime wie Scheich Galib, der Selims Seelenführer und nach 1790 auch der Meister der Mevlevi-Tekke in Galata wurde, unterstützten die Reformen. Doch nicht alle Sufis waren Progressive, nicht einmal alle Mevlevis – der Meister der Mevlevi-Stammtekke in Konya stellte sich auf die andere Seite. Bei Sunniten konnte sich eine reflexhafte Absage an Neuerungen als frommer Kulturchauvinismus äußern und gleichzeitig höchst weltliche finanzielle Eigeninteressen bemänteln.

Selims Vorzeigeprogramm war die *Nizam-ı cedid*, die „Neue Ordnung", im Grunde eine neue Armee unter Leitung des Palastes, zu der eine technisch orientierte Marineschule, eine Ingenieurschule für Heerespioniere, europäische Offiziere, europäische Ausbildung und Uniformen sowie eine eigene Organisation zur Finanzierung gehörten, das Schatzamt für die Neue Ordnung (*İrad-ı cedid*). Es erhielt zweckgebundene Mittel aus dem Tribut der Heiligen Städte, aus konfiszierten lebenslangen Steuerpachtverträgen und aus den Einkünften unbesetzter Timare. Das Personal stammte aus türkisch-muslimischen Dörfern, deren Jungen von Statthaltern und Kommandeuren in der Provinz Anatolien angeworben wurden. Das spirituelle Leben sollte Scheich Galib überwachen, der zum Korpsgeistlichen ernannt wurde. Sehr verheißungsvoll wirkte der Startschuss nicht; ein disziplinloser Haufen Männer nahm ihre Rekrutierung als Freibrief zur Ausplünderung des flachen Landes, und die Offiziere waren unfähig, sie im Zaum zu halten. Die Notabeln der Provinzen, die die Lage am besten kannten, waren von dem Verfahren ausgeschlossen.[18] Jedenfalls steckte die Reform noch in den Kinderschuhen, als Napoleon Bonaparte an der Spitze einer französischen Invasionsarmee in Ägypten landete und Scheich Galib mit nur 42 Jahren an Tuberkulose starb.

Die französische Invasion versetzte den osmanischen Hof in Schockzustand. Frankreich hatte nach dem Siebenjährigen Krieg (1756–63) seinen Überseehandel wieder aufbauen können, teils deshalb, weil ihm alte Vereinbarungen mit den Sultanen Wettbewerbsvorteile im östlichen

Mittelmeerraum verschafften. Französische Luxuswaren fanden Absatz in ägyptischen Mamlukenhäusern, und die ägyptische Landwirtschaft exportierte in der Gegenrichtung Reis und Weizen. Französischer Kaufleute bauten sich ein Netz aus christlich-osmanischen Kunden auf, die damit in den Genuss der Privilegien der Franzosen kamen und unter konsularischem Schutz standen.[19] Die engen Beziehungen der osmanischen Regierung zu Frankreich und das Vertrauen in die französischen Militärberater hatten alle Hoch- und Tiefpunkte des vergangenen Jahrhunderts einschließlich der Französischen Revolution unbeschadet überstanden. Doch nachdem Bonaparte die Habsburger in Oberitalien geschlagen hatte, besetzte Frankreich plötzlich die Ionischen Inseln, und im Sommer 1798 landete der Korse im Nildelta, eroberte Alexandria und besetzte Kairo. Diese Okkupation sollte nicht nur vorübergehend sein: Frankreich entsandte Scharen von Pionieren, die einen Kanal durch die Landenge von Suez graben sollten, Heere von Archäologen, welche die ägyptischen Altertümer studierten, und Heerscharen richtiger Soldaten, um die Briten aus dem Roten Meer zu vertreiben und den Krieg über den Sinai bis nach Palästina zu tragen.[20] Doch mit Flottenunterstützung aus Istanbul und England sowie einer Abteilung Truppen der Neuen Ordnung, die Sultan Selim entsandt hatte, hielten die osmanischen Verteidigungslinien in Akkon unter dem Kommando von Ahmed Cezzar Pascha, dem Statthalter von Sidon, stand. Die Franzosen räumten Syrien und wurden von den Ionischen Inseln vertrieben. Osmanische Truppen eroberten das Delta zurück, und im August 1801 kapitulierten die Franzosen.[21]

Machthaber in den Provinzen

So kurz Bonapartes Invasion gewesen war, sie hatte die Regierungsstrukturen in Ägypten zerstört, die osmanischen Ayans ziemlich mitgenommen und bei den osmanischen Nachbarn im Kaukasus und in Arabien ein Echo gefunden. Ağa Muhammad Khan, der Eunuchen-Kriegsherr der turkmenischen Kadscharen, die die Macht im Iran übernommen hatten, machte sich daran, die iranische Herrschaft über den Kaukasus wiederherzustellen. Zwar verzögerte sich die russische Reaktion durch den Tod Zarin Katharinas, aber sobald Frankreich aus Ägypten abzog, annektierte Zar Alexander die georgischen Königreiche, forderte die Anerkennung seines Kandidaten für das armenische Patriarchat in Etschmiadzin[22] und stellte Dagestan unter russisches Protektorat. Einige wenige muslimische Herrscher hielten sich noch, darunter die Khane von Jerewan und Gandscha.[23] In Zentralarabien spielten die Ereignisse in Ägypten der saudisch-wahhabitischen Koalition in die Hände. Ihre Heere plünderten Kerbela, zerstörten die Kuppel der Imam-Hussein-Moschee und raubten ihre Schätze, die selbst Timur verschont hatte.[24] Mekka plünderten sie im Frühjahr 1803, weil sie es auf den wertvollen Karawanenhandel zum Roten Meer und die Reichtümer der Pilger abgesehen hatten. In ihrer Verachtung für die osmanische Orthodoxie zerstörten die Wahhabis Gräber, Kuppeln und alles, was nicht in ihren legalistischen Islam passte. Der osmanische Statthalter von Damaskus versuchte sich den wahhabitischen Forderungen anzupassen, zwang den Nichtgläubigen eine Kleiderordnung auf und verbot Alkohol, Musik, Prostituierte und das Sich-Rasieren auf dem Haddsch, aber es half nichts. Die Wahhabiten in Mekka zwangen die Pilgerkarawane trotzdem zur Umkehr.[25]

In Ägypten machte die französische Landung den Zugriff der Qazdağlı auf Finanzen und Politik der Provinz zunichte und ebnete den Weg für brutale Konkurrenz. Istanbul entsandte Truppen unter einem neuen osmanischen Statthalter, Hüsrev Pascha, der für den Sultan die direkte Kontrolle über Ägypten übernehmen sollte.[26] Doch in der Verwirrung nach der Invasion war es Mehmed Ali, ein einfacher Offizier und stellvertretender Kommandant über 300 Albaner in der osmanischen Armee, der sich überraschend als stärkster Mann in Ägypten durchsetzte. Nach dem Abzug der Franzosen meuterte das albanische Kontingent und stürzte Hüsrev Pascha. Auch wenn Mehmed Ali ein Außenseiter im bunten politisch-sozialen Bevölkerungsgemisch Ägyptens war, hatte er seine Albaner im Griff, jagte Hüsrev Pascha fort nach Istanbul und wurde 1805 mit der Ernennung zum osmanischen Statthalter belohnt. Er beabsichtigte, Sultan Selims Neue Ordnung nachzuahmen und Ägypten in eine osmanische Musterprovinz zu verwandeln.[27] Das bedeutete, dass er den mamlukischen Familienfirmen und ihren Unternehmensmilizen entgegentreten musste, die den Kriegsausgang in Oberägypten abgewartet hatten und bei ihrer Rückkehr nun feststellen mussten, dass ihr Eigentum beschlagnahmt worden war und man ihre Posten an normale ägyptische Muslime und koptische Christen vergeben hatte.

Das französische Intermezzo belastete auch die Beziehungen Istanbuls zu Amtsträgern in anderen Provinzen. Einer der mächtigsten war Ali Pascha in Janina. Der Sohn einer Notabelnfamilie albanischer Bektaşis hatte seine Karriere in osmanischen Diensten in den 1770er-Jahren als Offizier in den örtlichen paramilitärischen Banden begonnen, welche die Bergpässe von der Adria landeinwärts und von Janina nach Skopje, Niš und Belgrad im Landesinneren sicherten. Nachdem er 1787 zum Sicherheitschef ernannt worden war, schwang er sich binnen weniger Jahre zum bedeutenden Militärbefehlshaber auf. Die polizeiliche Kontrolle ermöglichte Ali, seinen Landbesitz zu vergrößern und die Verträge für die landwirtschaftlichen Abgaben im Gebiet von Janina zu übernehmen. Geschickt spielte er albanische Stammeskrieger gegen die griechischen Rebellen auf der Morea aus. Als in Istanbul die Neue Ordnung entstand, war Ali Pascha bereits mit Abstand der mächtigste Mann in Rumeli. Die Regierung in Istanbul sah sich dadurch mehr oder weniger verpflichtet, ihn zum Statthalter von Janina und Tırhala (Trikala) zu ernennen. Seine Macht erstreckte sich über ein riesiges Gebiet von Janina bis Tırhala und vom Ohrid-See bis zum Golf von Korinth. Ali Pascha, der wahrscheinlich sehr wenig Türkisch sprach, machte das demotische Griechisch, die Sprache der großen Mehrheit seiner Untertanen in Zentralgriechenland und auf der Morea, zu seiner Hofsprache.[28] Reiche griechische Gönner gründeten Schulen, und in Ali Paschas Janina fand das osmanisch-griechische kulturelle Wiedererwachen der Donaufürstentümer eine zweite Heimat.

Nach Bonapartes Invasion hingen Ali Paschas Beziehungen zu Istanbul davon ab, wie gut er sich als Partner für Selim III. machte.[29] Er hatte ein Auge auf die von Frankreich besetzten Ionischen Inseln und deren Häfen auf dem Festland geworfen, die Schlüssel zum Adriahandel und dessen Einkünften.[30] Als Belohnung für seinen Beitrag zum osmanischen Sieg über die Franzosen erwartete er, dass die Festlandhäfen und Inseln seiner eigenen Statthalterschaft zugeschlagen wurden. Umso aufgebrachter war er, als die Osmanen sich stattdessen an der Schaffung einer unabhängigen „Republik der Ionischen Inseln" beteiligten, die von osmanischen Truppen, aber auch von genau jenen russischen Soldaten beschützt wurde, die den unzufriedenen Griechen auf der Morea gegen Ali geholfen hatten.

Abb. 6.1: Das Minarett der Pasvanoğlu-Moschee in Vidin mit seinem ungewöhnlichen, schaufelförmigen Emblem. Anfang der 2000er-Jahre wurden die Moschee und die Bibliothek in Pasvanoğlus Stiftungskomplex restauriert.

Ali Paschas Pendant im Donautal war Osman Pasvanoğlu.[31] Dessen Vater, ein reicher bosnisch-muslimischer Grundherr aus Tuzla, war ein ranghoher Kommandeur bei den Janitscharen gewesen. Die Familie besaß etwas Land rund um Vidin an der Donau östlich von Belgrad und hatte ein eher gespaltenes Verhältnis zu den Istanbuler Behörden. Als Pasvanoğlus Vater 1788 hingerichtet wurde, floh der Sohn nach Albanien. Dort nutzte er seine Janitscharen-Referenzen, um in osmanischen Diensten eine Privatarmee gegen Österreich aufzustellen. Das verschaffte ihm die Rückgabe der Ländereien seines Vaters und den Regierungsvertrag für die Cizye in Vidin. Zwar verletzten seine Überfälle auf die Walachei die Vertragsbedingungen von Jassy, doch durch seine Verwaltungstätigkeit in Vidin gewann er den Respekt ortsansässiger Christen und Muslime, die eine Rolle im öffentlichen Leben der Region spielten und sich in einem Brief für ihn stark machten. Während der nächsten 15 Jahre herrschte Pasvanoğlu über den Ostabschnitt der Donau und das reiche Kraina-Tal, maximierte ihre Landwirtschaftserträge und trieb regen Handel mit Österreich. Sein Hauptquartier Vidin wurde zum Inbegriff osmanisch-muslimischer Kultur in den Provinzen, dessen Mittelpunkt Pasvanoğlus großzügig angelegter Stiftungskomplex und seine öffentlichen Bauten waren.[32]

Entschlossen widersetzte sich Pasvanoğlu den Reformen Selims III. und sah sich daher ständig einem Gegendruck aus Istanbul in der Person des Kommandeurs der Festung Belgrad und des Statthalters von Rumeli ausgesetzt. Um seinen Gegenspieler zu Fall zu bringen, zog Selim aus dem ganzen Reich eine Armee unter dem Kommando von Küçük Hüseyin Pascha zusammen, zu der auch Kontingente anderer Provinzmachthaber wie Ali Pascha von Janina gehörten, die gegenüber den Osmanen ihre Vertrauenswürdigkeit unter Beweis stellen wollten. Die mit Pasvanoğlu verbündeten Janitscharen nahmen im Dezember 1801 Belgrad ein, unterstützt vom örtlichen Mufti, der verärgert über den Sultan war, weil der christliche Söldner in seine Armee aufnahm. Zu Fall brachte Pasvanoğlu am Ende eine Koalition aus Istanbul treu ergebenen Muslimen, bewaffneten christlichen Dorfbewohnern sowie ihren christlichen und muslimischen Offizieren unter Führung des serbisch-orthodoxen Notabeln Karađorđe Petrović. Zwar blieb Pasvanoğlu in osmanischen Diensten, wurde aber 1806 bei der Vergabe des Oberbefehls gegen Russland übergangen und starb im Januar 1807.

Alemdar Mustafa und das Dokument der Übereinkunft

Auch Istanbul selbst konnte von den Auswirkungen der französischen Invasion nicht verschont bleiben. Beinahe kam es zum Bürgerkrieg, als Sultan Selim seine Pläne ankündigte, die Neue Ordnung auf Rumeli auszuweiten. Bei Hof gab es Widerspruch dagegen, aber noch hielt Selim Russland für die größere Gefahr und hoffte auf französische Unterstützung. Nach Bonapartes Sieg bei Austerlitz vertrieb Selim Russlands Marionetten-Hospodare aus den Donaufürstentümern und entsandte im Sommer 1806 eine Streitmacht der Neuen Ordnung, um in Edirne mit der Aushebung zu beginnen. In Abstimmung mit den Anti-Nizam-Fraktionen am Hof zwang der thrakische Machthaber Tirsiniklioğlu den Sultan zu einem Rückzieher. Die Unruhen setzten sich während der nächsten Monate fort, als Russland die Fürstentümer besetzte und eine Blockade über Istanbul verhängte. Als Janitscharen in einer Festung am Bosporus einen Offizier der Neuen Ordnung ermordeten, entglitt Selim die Kontrolle über die Lage. Während Aufrührer durch die Straßen der Hauptstadt zogen, wurde Selim am 29. Mai 1807 abgesetzt und im Palast unter Arrest gestellt. Auf dem Thron ersetzte man ihn durch Mustafa IV. Rebellierende Janitscharen ermordeten den Großwesir und mehrere Offiziere, dann begannen sie mit der Auflösung der Neuen Ordnung.

Doch die meisten Notabeln in den Provinzen, ob sie nun für oder gegen die Neue Ordnung waren, hatten nichts übrig für ein von Janitscharen kontrolliertes Reich. Einer von ihnen, Alemdar (oder Bayrakdar) Mustafa, ein fähiger Veteran, der Tirsiniklis Kommando in Thrakien übernommen hatte, erkannte nun in der Neuen Ordnung das einzige Mittel, um genau das zu verhindern. Er marschierte in Istanbul ein und stellte einen Anschein von Ruhe wieder her. Doch als sich Mustafa IV. weigerte, ihn zum Großwesir zu ernennen, schlug er erbittert die Hände über dem Kopf zusammen und kehrte, begleitet von einigen entschlossenen Parteigängern Selims III., in sein Hauptquartier bei Rusçuk zurück. Im Sommer 1808 verschlechterte sich die internationale Lage für Istanbul. Russland und Frankreich unterzeichneten den Vertrag von Tilsit, russische Truppen hielten noch immer die Fürstentümer besetzt, und

Karađorđes Aufstand griff in Bosnien um sich. Alemdar Mustapha marschierte wieder nach Istanbul, diesmal mit dem Ziel, Mustafa IV. zu stürzen und Selim wieder auf den Thron zu setzen. Doch ehe es Alemdars Truppen gelang, die Palasttore aufzubrechen, packten Mustafas Schergen Selim und ermordeten ihn im Harem. Mit knapper Not entkam Selims jüngerer Bruder Prinz Mahmud über die Palastdächer, als eine Palastsklavin seinen Möchtegern-Mördern heiße Glut ins Gesicht schleuderte. Auf der Stelle machte Alemdar ihn zu Sultan Mahmud II.[33]

Nun, da er nach dem Putsch Großwesir war, berief Alemdar Mustafa eine Versammlung führender Staatsmänner und Notabeln ein. Im Oktober kamen sie zusammen und entwarfen ein „Dokument der Übereinkunft" (*Sened-i İttifak*). Den Bestimmungen dieses Pakts zufolge sollte der Sultan das osmanische Modell der Provinzverwaltung bestätigen; die Steuerpächter versprachen dem staatlichen Schatzamt seinen Anteil; die Ayane verpflichteten sich zu gewissenhafter Amtstätigkeit und zur Aushebung von Truppen, um das Reich und im Fall einer Rebellion auch den Palast zu verteidigen; und der Großwesir sollte als Stellvertreter des Sultans die Gesetze des Reiches (den *kanun*) wahren. Im Grunde war das Dokument der Übereinkunft ein Bündnis zwischen den Provinznotabeln und dem Großwesir gegen die Janitscharen und die stehende Palastreiterei, das „zu ratifizieren der Sultan aufgefordert wurde".[34]

Alemdar Mustafa begann sofort mit der Aufstellung eines neuen Heeres, um der Übereinkunft Nachdruck zu verleihen. Diese Streitmacht, die Neuen Sekbans, bedeuteten die dürftig verschleierte Rückkehr von Selims Neuer Ordnung und waren sogar in derselben Kaserne untergebracht. Die Janitscharen durchschauten das Spiel und meuterten beim abendlichen Fastenbrechen am Ende des Ramadan, am 14. November 1808. Am nächsten Tag tötete eine verdächtige Explosion Alemdar Mustafa im Hauptquartier des Großwesirs zusammen mit seiner Leibwache und Hunderten von Janitscharen. Rasch ließ Sultan Mahmud Mustafa IV., das einzige andere männliche Mitglied der Osmanenfamilie, das noch am Leben war, hinrichten und rief die Unterzeichner des Dokuments der Übereinkunft an seine Seite, als eine Janitscharenhorde den Palast stürmte. Es folgte eine ausgewachsene Schlacht. Vom Goldenen Horn aus beschoss die Marine die Janitscharenkaserne. Ein Feuer brach aus und vernichtete große Teile der Altstadt von Istanbul, wobei

Tausende starben. Als alles vorbei war, hatten die Janitscharen kapituliert, doch die Neuen Sekbans wurden aufgelöst. Bei Racheakten kamen viele jener Soldaten und Provinznotabeln ums Leben, die für die Neue Ordnung und das Dokument der Übereinkunft gekämpft hatten. Nachdem Mahmud nun sicher auf dem Thron saß, erreichte er im Vertrag von Bukarest 1812 den russischen Rückzug aus den Fürstentümern und einen Frieden.

Die Teilung der alten Ordnung

Für den Rest seiner langen Regierungszeit versuchte Sultan Mahmud das Dokument der Übereinkunft als Konzept zu beerdigen – praktisch bestand es ohnehin nur noch auf dem Papier – und bemühte sich stattdessen, die herrscherliche Autorität der Osmanen für die neuere Zeit wiederherzustellen. Der unmittelbare Preis war eine beispiellose Zerrüttung der Beziehungen zum Statthalter Ägyptens und ein Bruch, der durch die osmanisch-muslimische Gesellschaft ging. Vielleicht war Mahmud etwas naiv, was die Haltbarkeit der von ihm geschmiedeten De-facto-Koalition – Palast, Ulema und internationales Kapital – und ihre instinktive Verankerung im volkstümlichen Islam betraf. Doch aus seiner Sicht gab es kaum Alternativen, und erst während er diesen Weg verfolgte, entfaltete sich das Zerstörungspotenzial der internationalen Finanzsysteme.

Mehmed Ali, die Wahhabiten und die Heiligen Städte

Die Gegenreaktion auf die Neue Ordnung in Istanbul war lehrreich für Mehmed Ali. Vor einer ähnlichen Situation stand er ja in Kairo – erbitterter Widerstand seitens der mamlukischen Notabelnfamilien und seiner eigenen albanischen Truppen. Schonungslos ging Mehmed Ali gegen beide vor und bediente sich dazu eines gemeinsamen Angriffs mit Sultan Mahmud II. gegen die Wahhabiten. Festungen entlang des Pilgerwegs in den Hedschas wurden in Bereitschaft versetzt, und in einem eiligen Schiffsbauprogramm entstanden bei Suez Dutzende neuer Schiffe. Zum Startschuss für den Feldzug lud Mehmed Ali im März 1811 die Spitzen der ägyptischen Finanzaristokratie zu einem Empfang in die Zitadelle von Kairo ein. Als sie feierlich den schmalen Eingang zum Hof durch-

Astronomische Mutmaßungen eines unbekannten Osmanen aus dem Jahr 1809

Im Jahr nach dem turbulenten Amtsantritt Sultan Mahmuds II. machte sich ein Unbekannter Gedanken über den Sinn der Ereignisse und brachte Notizen über astronomische Phänomene und wichtige Daten der osmanischen Geschichte zu Papier – auf dem hinteren Vorsatzblatt einer Handschrift mit ganz anderem Thema. Vielleicht war es der Buchhändler Esad Efendi, dem die Handschrift gehörte und der sie einige Jahre später zusammen mit mehreren Tausend anderen aus einer Privatsammlung einer von ihm gestifteten Bibliothek schenkte.

Wer der Schreiber auch war, er erstellte Listen einiger früher osmanischer Siege und der Eintrittsdaten der Sultane, außerdem von bestimmten Planetenkonjunktionen, insbesondere zwischen Saturn und Jupiter. Dazu kommt es ungefähr alle 20 Jahre; die Konjunktionen wandern in langsamem Rhythmus durch den gesamten Tierkreis und beginnen am Ende mit einer großen Konjunktion von vorn – nach der traditionellen Berechnung alle 960 Jahre. Sie stehen für dramatische politische Umschwünge. Im Lauf des Zyklus treten vier mittlere Konjunktionen ein – auch sie mit großen politischen Umwälzungen verknüpft –, wenn der Zyklus in eine neue „Triplizität" eintritt, eine Dreiergruppe von Tierkreiszeichen. Traditionell rechnet man alle 240 Jahre damit, doch der Autor der Notizen verwendete mit 200 Jahren eine genauere Ziffer. Er merkte an, dass es zu einer solchen mittleren Konjunktion im Entstehungsjahr der Osmanendynastie gekommen sei, welches er auf das Jahr 687 (1288 n. Chr.) ansetzte, und dass die nächste Konjunktion im Jahr 1287 folgen werde (1870–71 n. Chr.).[a]

[a] Ich danke Cornell Fleischer und Tunç Sen für ihre Hilfe bei der Interpretation dieser Quelle.

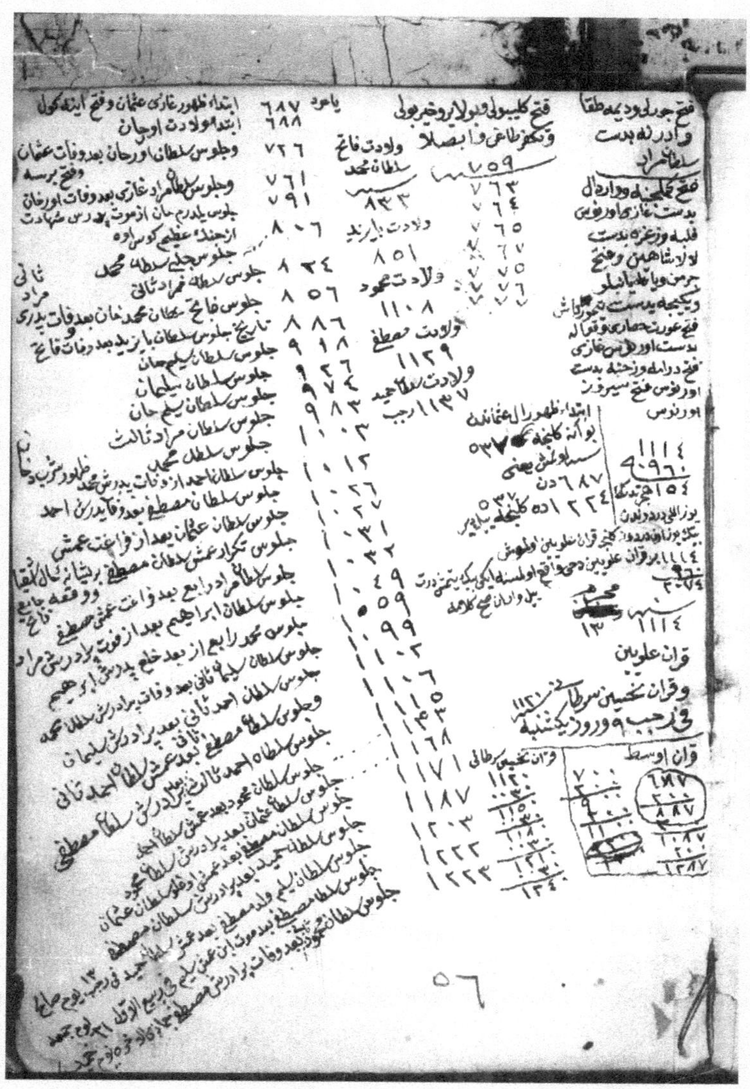

Abb. 6.2: Das letzte Blatt von MS Esad Efendi 2361. Süleymaniye-Bibliothek, Istanbul

schritten, eröffneten Mehmed Alis albanische Soldaten das Feuer und töteten mehr als 400 Personen. In einer blutigen Säuberungsaktion wurde während der nächsten Tage allein in Kairo Jagd auf mehr als 1000 ägyptische Familienoberhäupter gemacht. Sie wurden ermordet, ihre Häuser geplündert und ihre Frauen und Töchter vergewaltigt. Auf einem Marsch nilaufwärts umstellte und exekutierte Mehmed Alis ältester Sohn Ibrahim weitere Hunderte von Menschen.

Dann begann unter Ibrahims Kommando der Wahhabitenkrieg. Er machte sich Risse in der innerarabischen Allianz zunutze, um das junge saudisch-wahhabitische Königreich zu vernichten und Emir Abdullah bin Saud gefangen zu nehmen.[35] Drei Wahhabitenführer wurden erst nach Kairo und dann nach Istanbul verschleppt, öffentlich gedemütigt und enthauptet, Abdullah im Hippodrom vor der Hagia Sophia. Ihre Leichen wurden öffentlich zur Schau gestellt, dann ins Meer geworfen. Von überall trafen Glückwünsche ein.[36] Der Hedschas unterstand wieder osmanischer Souveränität, die Pilgerkarawanen aus Kairo und Damaskus erreichten Mekka wie früher, erneut flossen die Reichtümer aus dem Kaffeegeschäft und dem Handel im Indischen Ozean durch Kairo und Damaskus. Es traf sich gut und war vielleicht auch boshafte Absicht, dass Seuchen, extreme Hitze und Verluste auf dem Schlachtfeld die aufsässige Albanerarmee Mehmed Alis dezimierten. Sie hatten ihn zwar an die Macht gebracht und bildeten den Kern seiner Unterstützer, aber inzwischen empfand er sie als Plage und war entschlossen, sie zu eliminieren und eine neue, disziplinierte Armee aufzubauen. Diese rekrutierte er zunächst aus sudanesischen Sklaven und später aus eingezogenen ägyptischen Dorfbewohnern.[37]

Jetzt schnitt sich Sultan Mahmud seinerseits eine Scheibe von Mehmed Ali ab und begann einen parallelen Feldzug, der sich gegen die kleineren Ayane richtete. Das Kommando hatte Halet Efendi, der sich trotz seiner Verbindungen zum Janitscharenkorps den Respekt des Sultans erwarb. im Jahr 1810 wurde er in den Irak entsandt und bildete dort geschickt eine Koalition zur Absetzung des Machthabers von Bagdad, Küçük Süleyman Pascha, und zur Rückführung Mesopotamiens unter Istanbuler Kontrolle. Nachdem er diesen Erfolg gegen verschiedene kleinere Grundherren hatte wiederholen können, erhielt er 1820 den Auftrag, Ali Pascha von Janina zu Fall zu bringen. Aus der Sicht des Sultans hatte Ali Pascha zwar im Krieg gegen Russland 1806–12 wertvolle Hilfe geleistet, aber seine diplomatischen Annäherungsversuche an Großbritannien und Frankreich, die sich nicht an die in Istanbul formulierte Politik hielten, waren zu viel. Ali Pascha wurden seine Titel aberkannt, und er wurde von Halet Efendi zum Rückzug in eine Inselfestung im See von Janina gezwungen. Dort ermordete man ihn im Januar 1822.

Der griechische Aufstand

Als einfache Bürger sahen, dass Ali Paschas griechische Lehnsherrschaft zu Fall gebracht wurde, riefen sie im Januar 1821 Gott und den Sultan an, die Übergriffe der Phanarioten in ihrer anderen griechischen Bastion, den Donaufürstentümern, zu beenden. Die Einwohner der Fürstentümer hatten seit 1768 drei Kriege über sich ergehen lassen müssen und während des letzten Grausames durchgemacht.[38] Unter Führung eines mäßig erfolgreichen rumänischen Landbesitzers namens Todor zogen die Aufständischen sengend und plündernd nach Bukarest.

Auf diese Nachricht hin schritt der Sohn eines Phanarioten, Alexander Ypsilanti, der im russischen Ausland seine Ausbildung absolvierte, zur Tat. Mit rumänischen Dorfrevolutionären hatten er und seine Männer nichts gemein. Sie wollten weniger die Herrschaft der Phanarioten abschütteln, als sie in einer romantischen Restauration des Byzantinischen Reiches übertreffen. Dazu hatten sie den Segen des Zaren. Als Sohn eines einstigen Hospodars war Ypsilanti, der ohne jede militärische Erfahrung in den Generalstab Zar Alexanders berufen worden war, der Kopf einer Geheimbewegung griechischer Idealisten mit Sitz auf der Krim namens *Philiki Hetairia*, „Freundesgesellschaft", deren Mitglieder sich über die gesamte osmanisch-griechische Welt verteilten und sogar in der Kirchenhierarchie Konstantinopels saßen.[39] In der Hoffnung, den richtigen Augenblick nicht verpasst zu haben, überschritten Ypsilanti und seine Männer den Pruth und lösten einen allgemeinen Aufstand aus. Horden griechischer Christen massakrierten während ihres Marsches auf Bukarest Muslime.

Als Reaktion wurden Janitscharentruppen entsandt. Diese wollten gern mithalten und plünderten auf dem Weg nach Norden die wohlhabenden griechischen Dörfer am Bosporus. Als sie in den Fürstentümern eintrafen, floh Ypsilanti über das Gebirge nach Siebenbürgen.

(Der Zar verleugnete ihn, Ypsilanti wurde gefangen genommen und starb in einem österreichischen Gefängnis.) Phanariotenbanden nahmen Vladimirescu gefangen und folterten ihn zu Tode. In Istanbul ergriff die Janitscharengarde nach dem Ostergottesdienst Patriarch Gregorios und hängte ihn ans Tor des Patriarchats.[40] Ein bedauernswertes Häuflein Juden zwang man, die Leiche des Patriarchen durch die Straßen zu schleifen und ins Meer zu werfen. Zwar war er ein alter Freund eines der Rebellenführer gewesen, doch war der Patriarch gewiss kein Anhänger Ypsilantis und hatte sich von ihm losgesagt, als er dazu aufgefordert worden war. Aber die griechische Rebellion griff um sich, ein Attentatsplan gegen den Sultan war aufgedeckt worden, und so wurde Gregorios zum Sündenbock.

Die Gewalt gegen Muslime in den Fürstentümern, auf der Morea und den Ägäischen Inseln überschnitt sich mit Ausschreitungen gegen Christen in Istanbul, Izmir und anderen großen Städten, und die Zyklen aus Gewalt und Gegengewalt ließen viele Annahmen über die osmanische Ordnung in einem grellen Licht erscheinen. Der Aufruhr hatte lokale Ziele und war kaum öffentlich koordiniert – örtliche Notabeln, ob es sich um Großreeder in der Ägäis handelte oder Dorfälteste in den griechischen Bergen, widersetzten sich jeder Autorität von außen, ob es sich um die Bevollmächtigten Ali Paschas aus Janina oder die osmanische Regierung in Istanbul handelte. Sultan Mahmud verkörperte einen neuen Herrschertypus und kam bei Reisen aufs flache Land ausgiebig mit Bürgern ins Gespräch, doch ebenso teilte er viele eingefleischte Einstellungen osmanischer Muslime. An den Gedanken der natürlichen Befähigung aller Muslime zu herrschen gewöhnt, machte ihn die griechische Rebellion echt sprachlos.[41] Wie so mancher europäische Souverän seiner Zeit konnte er nicht glauben, dass es eine repräsentative Versammlung gab – das sollte die griechische Regierung sein? „Unsäglicher Unfug", sagte er.[42]

Nicht einmal Halet Efendi, der Ali Pascha von Janina erledigt hatte, konnte die griechischen Rebellen bändigen. So wandte sich der Sultan an Mehmed Ali in Ägypten und bot ihm die Statthalterschaft über Zypern, Kreta und die Morea an, wenn er seine ägyptische Armee einsetzte. Mehmed Ali willigte ein und seine disziplinierten Truppen unter Ibrahim schlugen den Aufstand zunächst auf Kreta nieder. Im Februar 1825 landeten sie auf der Morea und stellten nach und nach die Ordnung wieder her. Missolonghi auf dem griechischen Festland fiel nach einjähriger Belagerung, Athen im August 1826. Nur Nauplion und Korinth blieben in den Händen der Rebellen.[43] In Istanbul bat ein neuer Patriarch den Thron um eine Amnestie für alle in die scheinbar gescheiterte griechische Rebellion Verwickelten.[44]

Das Ende der Janitscharen

Im Sommer 1826 schien es also durchaus möglich, dass Ägypten, Albanien, das griechische Festland, Kreta, Zypern und der Hedschas unter Mehmed Alis Statthalterschaft vereint würden. Durch das Angebot des Sultans konnte sich das Osmanische Reich statt in „Europa" und „Asien" – mit Istanbul in der Mitte zwischen beiden – in ein Schwarzmeergebiet unter der Herrschaft des Sultans in Istanbul und ein Mittelmeergebiet, das Mehmed Ali von Kairo aus regierte, spalten.

Mehrere Faktoren verhinderten diese Entwicklung. Einer war das Eingreifen des Auslands. Der griechische Aufstand hatte dort die Phantasien beflügelt; hier ging man von einer osmanisch-muslimischen *Unrechts*herrschaft aus und träumte nicht etwa von einer Wiederherstellung von Byzanz, sondern des perikleischen Athen. In der englischsprachigen Welt ließ sich die ganze komplizierte Situation irgendwie auf die Wiedergeburt Griechenlands reduzieren. Nach und nach trafen Freiwillige ein, Lord Byron als berühmtester unter ihnen und dazu Hunderte anderer „Philhellenen", die den Spitznamen „Byron-Brigade" erhielten. Ein Schotte, George Finlay, schrieb eine frühe Geschichte dieser Bewegung und hielt ihre Träume und Gräueltaten fest. George Jarvis, der erste amerikanische Freiwillige, führte ein Tagebuch, das seinen eigenen Tod in Argos, einige Jahre später, überlebt hat. Seine Kampferfahrungen ernüchterten Jarvis, hinsichtlich der griechischen Freischärler, die nicht für ihre Ideale kämpften, sondern für Beute und Sklaven, und die ihre eigenen Leute zum Preis eines Gefangenen verkauften.[45] Während ägyptische Truppen die Lage auf der Morea bereinigten, forderte Zar Nikolaus I., der im Dezember 1825 den Thron bestiegen hatte, lautstark eine Rückkehr zum *Status quo ante* in den Donaufürstentümern, und Russland wie England bestanden auf Verhandlungen. Mahmud II. protestierte in der üblichen Sprache der europäischen Diplomatie – es handele sich um Rebellen gegen einen legitimen Souverän, was könne dies also anderes sein als eine innerosmanische Angelegenheit?[46]

Wichtiger als die ausländische Einmischung war indes, dass weder Mehmed Ali noch Sultan Mahmud II. eine Aufteilung des Reiches befürworteten. Während Mehmed Ali langsam alt wurde, war er persönlich unschlüssig, ob sein Ausgreifen über die Grenzen Ägyptens hinaus richtig gewesen war, weil er das Prestige der Osmanensultane nicht herausfordern wollte und ihm seine eigene bescheidene Herkunft bewusst war. Er wollte, dass seine Familie die Früchte seines Erfolges genoss, doch er wollte nur sehr ungern ein Vermächtnis als Rebell gegen die osmanische Souveränität hinterlassen. Und weit davon entfernt, das Osmanische Reich mit einem Partner zu teilen, beseitigte Sultan Mahmud gnadenlos alles, was seiner persönlichen Macht im Wege stand.[47] Seinen einstigen Vollstrecker Halet Efendi ließ er hinrichten und beschlagnahmte seinen beträchtlichen Besitz, nachdem er Halets jüdischen Bankier hatte verhaften und foltern lassen.[48] Großwesir wurde Galib Pascha, vormals im Gefolge von Alemdar Mustafa, und es wurde ein passender Großmufti eingesetzt. Dann nahm sich der Sultan die Janitscharen vor. Rasch verschliss er in drei Jahren sieben Janitscharen-Agas auf der Suche nach jemand Gefügigem.[49] Als er keinen fand, griff er an.

Bei einer Versammlung in den Amtsräumen des Muftis kündigte Galib Pascha im Mai 1826 brüsk die Abschaffung der Janitscharen an. Aus ihren Reihen werde man ein brandneues Korps formieren. Ein solcher Schritt war schon seit einiger Zeit diskutiert worden. Längst war dem osmanischen Hof die Ähnlichkeit zwischen der eigenen Situation und dem Kampf Peters des Großen mit den Strelizen aufgefallen. Die Ergebnisse der Reform, die in Russland im Lauf des letzten Jahrhunderts durchgeführt worden war, hatte das osmanische Militär am eigenen Leib zu spüren bekommen, und Mahmud und seine Berater hatten sie genau studiert – beispielsweise fertigte der Großdragoman Yakovaki 1813 eine osmanische Übersetzung von Jean Henri Castéras beliebter *Geschichte Katharinas II., Kaiserin von Russland* an.[50] Am Zahltag für die Janitscharen, zwei Wochen nach der Ankündigung des Großwesirs, weigerte sich das Schatzamt, alte Soldanweisungen anzunehmen. Kämpfe brachen aus, und die Truppen verschanzten sich in ihrer

Abb. 6.3: Feuerwehrmänner in Istanbul um 1875, Foto: Abdullah Frères. Als die Janitscharen im Mai 1826 verboten wurden, löste man auch verschiedene Hilfseinheiten auf und verteilte ihre Aufgaben neu. Die Brandbekämpfung in Istanbul übernahm das armenische Patriarchat. Noch ehe der Sommer vorüber war, sah es sich durch einen riesigen Brand auf eine harte Probe gestellt – wahrscheinlich Brandstiftung durch Ex-Janitscharen. Nach dem Feuer ersetzte ein steinerner Brandwachturm am höchsten Punkt der Stadt, den der königliche Architekt Krikor Baljan, ein Armenier, entworfen hatte, den abgebrannten hölzernen Turm.

Kaserne. Mahmud pulverisierte das Gebäude mit einem Trommelfeuer der Artillerie und brannte es nieder, wobei alle im Innern umkamen.

Eine furchtbare Säuberungsaktion schloss sich an, die sogar Mehmed Alis Verfolgung der Mamluken übertraf. Ad-hoc-Gerichte verhörten jeden Überlebenden, den man in Istanbul aufgriff. Einige loyale Männer wurden in neuen Einheiten, vor allem in der Artillerie, weiterbeschäftigt. Selbst der Begriff Janitscharen wurde abgeschafft. Die Armee, die Mahmud als Ersatz für die Janitscharen aufbaute, war ein zivilisiertes modernes Heer, das nicht kämpfte, um Sklaven und Gefangene zu machen, nicht für Körperteile (Ohren und Nasen) und Bargeldprämien, sondern für hohe Ideale. Sie schien in allem bis auf den Namen die Neue Ordnung zu sein – aber eben dieser Name war wichtig. Selims *Nizam-ı cedid* hatte auf den Wert des Modernen, des Revolutionären, vielleicht des Ausländischen verwiesen. Mahmuds Armee waren die *Muallem asakir-i mansure-yi Muhammadiye*, die „Geübten Soldaten, denen Muhammad den Sieg schenkt".[51]

Die Verfolgung der Bektaşis

Der Angriff auf die Janitscharen lenkte die ganze Kraft der Regierung gegen einen mächtigen Finanzsektor der osmanischen Gesellschaft und ihr bestorganisiertes Widerstandszentrum gegen die herrscherliche Autorität. Wie der Name der neuen Armee schon andeutet, steckte in dem Anschlag ein religiöser Konflikt. Da im Denken der Bevölkerung Janitschar gleich Bektaşi war, setzte man dementsprechend den Janitscharen-„Aufstand" mit der Bektaşi-„Ketzerei" gleich. Einige Janitscharen hätten Kreuze auf den Armen eintätowiert, munkelte man – Beweis genug für die Voreingenommenen, dass Bektaşis lediglich verkleidete Ungläubige waren.[52] Einige Jahre zuvor hatte man allgemeine Reformen für die Sufi-Orden erlassen – die Ernennungen von Scheichs mussten zentral registriert werden und unter Beteiligung des Großmuftis erfolgen, ohne Geschenke oder Bestechungen; das Verwaltungszentrum jedes Ordens musste sich in der Tekke am Grab seines Gründers befinden, und das Vakıf zu jeder einzelnen Tekke wurde damals einem neu geschaffenen Kaiserlichen Stiftungsdirektorium unterstellt.[53] Dies aber war keine Reform. Der gesamte Bektaşi-Orden samt allen Ablegern und Sekten wurde verboten und all seine Tekken geschlossen. Eigentum und Vermögen des gesamten Bektaşi-Ordens wurden vom osmanischen zentralen Schatzamt eingezogen. Waren die Tekken weniger als 60 Jahre alt, wurden sie abgerissen, sonst in sunnitische Moscheen oder Tekken umgewandelt. Mehrere Bektaşi-*babas* wurden hingerichtet, der Rest dazu verurteilt, von Sunni-Scheichs im richtigen Islam unterwiesen zu werden. Die örtlichen Imame wurden aufgefordert, Bektaşis namentlich anzuzeigen und auszuliefern. Die in den Untergrund getriebenen Bektaşi-Gruppen trafen sich heimlich – manchmal auch in ihrer alten Tekke, wenn deren mitleidige Sunni-Hüter wegzusehen bereit waren.[54]

Das Einvernehmen zwischen den Glaubensrichtungen hatte durch den griechischen Aufstand einen Schlag erhalten. Sunnitische Frömmigkeit mischte sich jetzt offen mit Patriotismus, und der nüchterne Flügel des Sufismus war angesagt. Selbst der asketische Nakşibendi-Orden fand Gehör, wurde er doch von einem streng exklusivistischen Scheich in Damaskus propagiert. Gut die Hälfte der rund 50 neuen Tekken, die im Lauf des Jahrhunderts in Istanbul gebaut wurden, gehörten den Nakşibendi oder ähnlichen Orden. Die Haupttekke des Haci Bektaş übergab man einem Nakşibendi-Scheich. Die Mevlevis behielten ihren privilegierten Status. Selim III. stand Scheich Galib nahe, Mahmud II. hielt Kontakt zur Mevlevi-Tekke in Yenikapı,[55] und man baute neue Mevlevi-Häuser.[56] Später unterstützte Pertevniyal, die Mutter des Sultans Abdülaziz, die Restaurierungsarbeiten an einer großen Moschee bei Rumis Grab in Konya. Da sich die Sunniten beeilten, ihren Glaubenseifer unter Beweis zu stellen, konnte Mahmud auf öffentliche Unterstützung zählen. Die osmanischen Sunniten bekräftigten ihre Treue zu einer gestärkten herrscherlichen Autorität, doch sie taten es, indem sie sich verschworen, eine finanzkräftige einheimische osmanische Schicht von Gewerbetreibenden mit Gewalt ihres Investitionskapitals zu berauben.

Istanbul und Kairo

Mahmud konnte die Stimmung in der Öffentlichkeit gut deuten, und sie war günstig für Reformen, solange diese die sunnitisch-muslimische osmanische Gesellschaft neu belebten. Doch er verschätzte sich, was seine militärische Bereitschaft betraf. Fehler führten zu einer katastrophalen Konfrontation, in deren Verlauf Großbritannien, Frankreich und Russland im Namen der belagerten griechischen Aufständischen die Morea blockierten. Im Oktober 1827 wurde die in der Bucht von Navarino vor Anker liegende vereinigte türkische-ägyptische Flotte versenkt.[57] Im anschließenden Krieg eroberte Russland Kars und Erzurum im Kaukasus sowie Warna und Silistra am Schwarzen Meer. Die Osmanen kapitulierten, um eine Belagerung von Edirne zu vermeiden. Die Bedingungen des Friedensvertrages garantierten faktisch nicht nur die Unabhängigkeit Griechenlands, sondern auch die Serbiens. Zwar konnte der Sultan auch weiterhin die Hospodare der Donaufürstentümer ernennen, doch er verlor jede nennenswerte Eingriffsmöglichkeit in ihre Angelegenheiten. Kars und Erzurum kehrten unter osmanische Souveränität zurück, dafür annektierte Russland Georgien und das östliche Armenien. Das Schwarze Meer wurde für den Freihandel geöffnet, Handelsschiffe passierten fortan ungehindert die Meerenge. Die osmanische Regierung zahlte eine riesige Kriegsentschädigung.

Über der osmanischen Niederlage zerstritten sich der Sultan und der Statthalter von Ägypten. Kairo, nach Istanbul die bedeutendste Stadt des Reiches und ihre einzige echte Rivalin als Handels-, Kultur- und geistiges Zentrum, war noch nie so osmanisch gewesen wie unter der Führung Mehmed Alis. Er war ja albanischer Osmane und sprach sehr wenig ägyptisches Arabisch. Seine Moschee in der Zitadelle von Kairo legte hoch über der Stadt eindrucksvoll Zeugnis ab von der visuellen

Abb. 6.4: Die Zitadelle von Kairo mit der Moschee Mehmed Alis. Im Vordergrund Mausoleen der Mamlukenzeit

Schlichtheit osmanischer Baukunst. Doch Mahmuds Bestreben, alle Provinzen zentraler Aufsicht zu unterstellen, lief Mehmed Alis parallelem Ziel in Ägypten zuwider.[58] Mehmed Ali war zwar eines der Vorbilder Mahmuds für seine Militärreformen, gleichzeitig aber war er einer jener Machthaber, deren Beseitigung das Hauptziel dieser Reformen war. Mehmed Ali reagierte auf Istanbuls Hilfsbedürfnis, allerdings nahm ihn die frustrierende Erfahrung, als er Istanbul seine Truppen zur Verfügung stellte, gegen eine weitere Zusammenarbeit mit dem Sultan ein. Praktisch die gesamte ägyptische und osmanische Flotte endete auf dem Grund der Bucht von Navarino – die Flotte, die Mehmed Ali selbst im vorausgegangenen Winter in den Docks von Alexandria hatte generalüberholen lassen, nachdem er pflichtgemäß die Truppen zum Kampf gegen Mahmuds griechische Rebellen bereitgestellt hatte. Und schuld an all dem war, so glaubte Mehmed Ali, einzig Mahmuds Weigerung, eine griechische Unabhängigkeit auch nur in Erwägung zu ziehen. Das Debakel stimmte ihn um, und er schloss sich der Sichtweise seines Sohnes Ibrahim an: Notwendig war ein vollständiger Bruch mit dem Osmanischen Reich.[59]

Im Frühjahr 1831 erhob Mehmed Ali Anspruch auf Syrien, und Ibrahim fiel in das Land ein. Damaskus und die meisten großen Städte in Palästina und im Libanon kapitulierten, ausgenommen Akkon. Die Stadt wurde belagert, eine osmanische Entsatztruppe, die hauptsächlich aus anatolischen Wehrpflichtigen bestand, scheiterte. Akkon fiel im Mai 1832. Nach Abschluss der Eroberung Syriens verlegte Ibrahim im Herbst sein Hauptquartier nach Adana und schickte ein Friedensangebot nach Istanbul. Mahmud bat Großbritannien um Hilfe und machte mobil. Ibrahims Armee überschritt die Kilikischen Tore und schlug Mahmuds Truppen im Dezember in Schnee und Nebel bei Konya. Ende Januar 1833 stand Ibrahim bereits in Kütahya. Da keine britische Hilfe in Sicht war, wandte sich der verzweifelte Mahmud an Russland. Zur großen Bestürzung der Hauptstadtbewohner landeten 14 000 russische Soldaten am Bosporus. Man handelte einen Vertrag aus, nach dem Ägypten einen jährlichen Tribut an Istanbul zahlte[60] und der Sultan Mehmed Ali als Statthalter von Ägypten, dem Hedschas und Kreta sowie Ibrahim als Statthalter von Akkon, Damaskus, Tripoli und Aleppo sowie als Steuerpächter von Adana anerkennen musste.[61] Ein ereignisreiches Jahrzehnt lang hielt Ibrahim Syrien besetzt. Die Bevölkerung dort, welche die Istanbuler Reformen nie richtig erreicht hatten, begeisterte sich keineswegs für die Reformen aus Kairo, besonders da „Reform" auf Besteuerung und Wehrpflicht hinauslief.[62]

Zwar gewann Istanbul 1841 Syrien zurück, aber der Konflikt zwischen Kairo und Istanbul spaltete das Osmanische Reich auf Dauer. Im Abstand weniger Monate starben 1848/49 Mehmed Ali und Ibrahim, Vater und Sohn, und die Herrschaft in Ägypten vererbte sich danach in der Familie Mehmed Alis weiter. Mahmud II. erlebte es nicht mehr, dass der Familie des letzten unter den osmanischen Provinzmachthabern die erbliche Herrschaft über Ägypten verliehen wurde (seit 1867 unter dem Titel Khedive, was in etwa „Vizekönig" heißt). Gleichwohl waren die Geschicke beider Dynastien, der von Mahmud und der von Mehmed Ali, durch die Finanzen und sogar durch Heirat zwangsläufig verflochten: Pertevniyal, die Mutter von Mahmuds Enkel Sultan Abdülaziz, war die Schwester von Hoşyar, der Mutter des Enkels von Mahmud Ali, des Khediven Ismail.

Der Zwangsstaat

Feierlich wurde am 3. November 1839 ein neues Bündel osmanischer Reformen eingeleitet, das man die Tanzimat nannte. Diese Reformen setzten die zentralisierenden Bestrebungen Selims III. und Mahmuds II. fort, waren aber umfassender und stützten sich auf eine etwas andere Art von Rückhalt. Das offizielle Dekret wurde im Rosengarten (Gülhane) des Topkapı-Palastes vor einer Gruppe eigens eingeladener Würdenträger verlesen. Der Staatsmann, der es entworfen hatte, Mustafa Reşid Pascha, vertraute wie der junge Sultan Abdülmecid darauf, dass die osmanische Gesellschaft bereit war zum Eintritt in eine neue Ära.

Die Tanzimat-Strukturen

Während Selims Neue Ordnung im Grunde auf eine Armee zur Verteidigung des Sultans hinauslief, versuchten die *Tanzimat-ı Hayriye* – die „Gesegneten Reformen", als welche sie nach einer Formulierung in dem Rosengarten-Edikt bekannt wurden – das Überleben der Dynastie durch ein Programm der gezielten Weiterentwicklung der osmanischen Gesellschaft zu sichern.[63] Darüber hinaus war es ihre Absicht, dem osmanischen Staat eine bessere Position innerhalb des sich neu entwickelnden atlantischen Handelssystems zu verschaffen, nachdem im Vorjahr das Handelsabkommen mit England unterzeichnet worden war. Der mehr oder weniger autonome Staat, der in der zweiten Hälfte von Mahmuds Herrschaft entstanden war, nahm jetzt stärker formelle Züge an. Drei Verwaltungszweige bildeten sich heraus – die Bürokratie (*Kalemiye*), oft nach dem Hauptquartier des Großwesirs auch „Hohe Pforte" genannt; die Militärangelegenheiten (*Seyfiye*) unter dem Oberkommandierenden (dem Serasker); und die Religionsangelegenheiten (*İlmiye*) unter dem Großmufti, den man jetzt häufiger als den Şeyhülislam bezeichnete. Der vom Sultan ernannte Großwesir (mit dem Titel *Baş vekil*, Premierminister) leitete einen Ministerrat, dessen Mitglieder ihrerseits nach Funktionen geordnete Ministerien führten. In den folgenden Jahren bildete man eigene Ministerien für Heer, Marine, Inneres, Äußeres, Finanzen, Religion und Justiz. Beratungsgremien aus Experten und Beamten dienten den Ministerien und verwalteten so wichtige Aspekte der Regierung wie Handel, Infrastruktur, Vakıf-Stiftungen, Sufischeichs sowie Bildung und Erziehung. Ein Oberster Rat für Gerichtsverfügungen, dessen Mitgliedschaft und Befugnisse sich mit dem Ministerrat überschnitten, empfahl dem Sultan neue Gesetze. Daneben entwickelte sich eine neue zivile Bürokratie.[64] Selbst die Beziehungen zwischen den Glaubensrichtungen fasste man neu als ein Gefüge aus *millets*, offiziell anerkannten religiösen Gemeinschaften.

Dieses Hauptaugenmerk auf den Verwaltungsstrukturen war jahrzehntelang typisch für die Tanzimat-Ära. Hierarchien und Befehlsketten wurden wiederholt aufgelöst und neu eingerichtet, häufig verkündete man neue Gesetze. Neue Regierungsabteilungen tauchten auf, wurden umstrukturiert, verschwanden und tauchten manchmal ein zweites Mal auf. Dafür gab es zwei zusammenhängende Gründe: erstens die fast unglaubliche Komplexität der bestehenden osmanischen Herrschafts- und Verwaltungssysteme, die sich seit nunmehr fünf Jahrhunderten entwickelt hatten, und zweitens die Ausgedehntheit der osmanischen Kultur der Patronage. Man hat sie oft als Einfallstor für Korruption kritisiert, aber schon die reine Zähigkeit dieser politischen Kultur und ihr

Widerstand gegen Veränderungen deuten auch auf starke Bindungen hin. Es erwies sich als schwierig, alte Regierungsstrukturen und -gremien zu beseitigen, wie überholt und irrelevant sie inzwischen auch geworden sein mochten. Der alte Reichsrat (Divan) beispielsweise, dessen Funktionen jetzt vollständig im Schatten des Ministerrats standen, fristete dennoch weiter ein Dasein als Möglichkeit, um Gefälligkeiten und Finanzmittel an wichtige Leute weiterzuleiten. Selbst die neuen Büros und Abteilungen funktionierten im Grunde durch Patronage, die von den Sekretariaten der Minister ausging. Das scheint auch unvermeidlich, wenn man beispielsweise an jemanden wie Hüsrev Pascha denkt, der unter Selim III. in die osmanische Regierung eingetreten war, vor Mehmed Ali als letzter Statthalter Ägyptens gedient hatte, anschließend dessen unversöhnlicher Feind wurde und ihm dann überlebte, 100 Jahre alt wurde und sogar noch den Krimkrieg miterlebte.

Fast im selben Augenblick, als die Zeremonie im Rosengarten endete, zeigten sich Risse in der Koalition, die sich zugunsten der Reformen zusammengetan hatte. Einige, wie Hüsrev Pascha, hatten zwar nichts Grundsätzliches gegen Veränderungen einzuwenden, vermieden sie aber, wenn sie sie bedrohten oder wenn sie persönlich den Wandel nicht steuern konnten.[65] Abseits solcher Opposition Einzelner taten sich bei den miteinander verknüpften Fragen der Ziele und Methoden große Gräben auf. Der Palast und die „Pforte", im Wesentlichen also die Büros des Großwesirs und der Regierungssitz, stritten sich darüber, wem von beiden das Vorrecht zukam, die Entwicklungen zu steuern. Lange hatten vertrauliche Beziehungen, die auf Eheschließungen und Dienstbarkeit beruhten, die osmanischen Amtsträger über die Frauen des Herrscherhaushalts an den Palast gebunden, doch die neuen Strukturen bescherten den staatlichen Behörden eine gewisse Autonomie. Eine zweite Frage betraf die Vorgehensweise: Sollten die Reformen weitergehen, indem sie die zentrale Kontrolle stärkten, oder sollten sie willkürlicher Macht Grenzen setzen? Das Gespür des Rosengarten-Edikts für Rechtsstaatlichkeit, seine Achtung vor Eigentum und persönlicher Ehre deuteten ein Ende der Hinrichtungen und Enteignungen an. Der Verweis auf die Scharia als Grundlage des öffentlichen Rechts – ein solcher Hinweis hatte beispielsweise im Dokument der Übereinkunft gefehlt – warf noch eine dritte Frage auf, nämlich ob das Ziel eine gestärkte *islamische*

Gesellschaft sein sollte oder aber eine *osmanische* Gesellschaft, in der alle Untertanen gleichermaßen Bürger wären, ungeachtet von Gemeinschaftsidentitäten.

Der Sultan und die zivilen Wortführer der Reformbewegung setzten die ihnen zur Verfügung stehenden Mittel ein, um für öffentliche Unterstützung zu werben. Bis zu einem gewissen Punkt hieß das, dass sie sich eines osmanisch-muslimischen Vokabulars bedienen mussten, das bei den Leuten als eindeutig sunnitisch ankam. Das Dekret zur Abschaffung des Janitscharenkorps bezeichnete Sultan Mahmud nicht nur als Padischah des Islam, sondern auch als Herrscher der Gläubigen (*Emirü'l-mu'minîn*). Das war ein exklusiver, ein Kalifentitel, den kein Rivale tragen konnte, egal ob Mehmed Ali oder die britischen Herrscher des muslimischen Indien. Es wurde ein Volksfest veranstaltet, weil Prinz Abdülmecid den Koran auswendig gelernt hatte.[66] Nach der Wiedergewinnung Syriens restaurierte Abdülmecid den Felsendom in Jerusalem ebenso wie die Hagia Sophia in Istanbul, baute die Moschee des Propheten in Medina um und errichtete eine neue Bibliothek in Mekka. Inzwischen ließ sich Mahmud als romantischer Rivale Peters des Großen in Öl malen, mit Frack und Fest. Abdülmecid unternahm, was noch nie geschehen war, herrscherliche Staatsbesuche in den Hauptstädten Westeuropas, und die Sultane nutzten das Territorium des Reiches und das, was es über wie unter der Erde enthielt, um sowohl sein hohes Alter als auch seine organische Einheit zu unterstreichen.

Dem normalen Einwohner des Reiches begegnete die Reformbewegung zunächst in Gestalt des Steuereintreibers und des Feldwebels, der ihn schliff. In den Jahren 1829–31 wurde eine partielle Volkszählung der erwachsenen Männer abgehalten, nicht zur zweckfreien soziologischen Analyse, sondern zu Besteuerungs- und Rekrutierungszwecken. Sie wurde zum Zeitpunkt von Mahmuds Abrechnung mit Mehmed Ali von einem neuen Bevölkerungsamt durchgeführt, und die militärischen Führer leisteten einen erheblichen Beitrag.[67] Der Zensus unterschied nach Muslimen, „Reaya" (damit waren die orthodoxen Christen gemeint), Armeniern, Juden und Roma. Die Christen klassifizierte man nach ihrer Zahlkraft – drei Gruppen: hoch, mittel und niedrig – und die Muslime nach ihrer Tauglichkeit für den Militärdienst. Es folgte eine Aushebung muslimischer Männer, theoretisch nach Quoten für jede

Provinz, tatsächlich aber je nach ausgeübtem Druck seitens der Regierungsbeamten, deren Verhalten stark dem der Provinzmachthaber glich, deren Stelle sie eingenommen hatten. Sogar Schätzungen der Regierung bezifferten die Desertionsrate auf ungefähr 25 Prozent. Ibrahim hatte auf seiner Seite der Grenze auch keinen größeren Erfolg.[68] Gehorsam wurde durch Prügelstrafen und ständige Überwachung, Drill und strenge Erinnerungen an die Tugend des Gehorsams und den Wert des Dschihad zur Verteidigung des Glaubens erzwungen.[69] Eine osmanische Reservearmee, so schlecht ausgerüstet und trainiert sie auch war, begann überall auf dem flachen Land den Leuten die Richtlinien des Dienstes für das Reich einzuimpfen.[70] Die Männer in den Dörfern hassten sie durchweg und widersetzten sich der Wehrpflicht mit allen Mitteln, sogar mit Selbstverstümmelung.

Finanzierung

Die Achillesferse des Tanzimat-Staates war sein Finanzbedarf.[71] Die Bürokratie war chronisch unterfinanziert und daher im Verhältnis zu ihren Zielen auch unterbesetzt. Parallel zu ihr blühte eine Schattenwirtschaft.[72] Die traditionelle Steuerpacht, also die Privatisierung eines Großteils der Abgabenerhebung, hatte sich zu einer regelrechten Kultur des Verkaufens, Verschenkens und erworbener Ansprüche entwickelt; sie war das wichtigste Mittel, soziale Gunst und Gefälligkeiten breit zu streuen. Wie wir gesehen haben, hatte sie im Lauf der letzten anderthalb Jahrhunderte wichtige Bereiche der osmanischen Gesellschaft um das persönliche Engagement bereichert, und frühe anleihenartige Instrumente wie der *eşam* erweiterten es noch. Die Beliebtheit der Steuerpacht war daher verständlich, und selbst wenn jedermann die Nachteile erkennen konnte, fiel es dem Staat schwer, diejenigen, die von ihr profitierten, von der Notwendigkeit eines Wandels zu überzeugen. Die direkte Besteuerung durch den Staat war im Vergleich dazu unregelmäßig, ungleichmäßig und ungerecht. Der Staat hatte Mühe, für gemeinsame Projekte die erforderlichen Einnahmen oder den nötigen Schwung aufzubringen, weil ein so großer Prozentsatz auf fixe Kosten entfiel – etwa Kommissionsgebühren für Steuereintreiber, Agenten, Auftragnehmer und die Chefs von Familienfirmen. Währenddessen wuchs die Wohlstandslücke zwischen dieser Schicht und den schwächeren Steuerzahlern. Infolgedessen machten einen Großteil der staatlichen Budgets die weniger lukrativen Einkünfte aus der Landwirtschaft aus, was bedeutete, dass diese Budgets anfällig waren für das Auf und Ab der landwirtschaftlichen Produktion. Bilaterale Verträge mit Handelspartnern wie den Vereinigten Staaten 1830 und Großbritannien 1838 verankerten das System des „Freihandels" noch stärker in der osmanischen Wirtschaft, doch es war unklar, inwieweit der Staatsapparat davon profitieren würde, zumal die Kosten manchmal offensichtlich waren, beispielsweise bei den rechtlichen Beschränkungen, die er Warenzöllen auferlegte.[73]

Das Ergebnis war ein wachsendes Haushaltsdefizit des Tanzimat-Staates. Im ersten Jahrzehnte finanzierte er dieses Defizit mit Inlandskrediten und nahm bei prominenten Privatleuten Darlehen auf, einer recht überschaubaren Zahl osmanischer jüdischer, griechischer und armenischer christlicher Familien, die zusammen als die „Galata-Bankiers" bekannt waren.[74] Indirekt fungierten sie gegen Gebühr als Mittelsmänner zwischen ausländischen Kreditgebern der osmanischen Regierung, weil sie über gute Beziehungen zu den Geldinstituten Mittel- und Westeuropas verfügten. Die Armenierfamilie Düzian betrieb bis in die 1820er-Jahre die osmanische Münze, dann berief Mahmud an ihrer Stelle Artın Kazaz, einen weiteren Armenier, der zum wichtigsten Finanzberater des Hofes wurde.[75] Aber diese Mittel reichten nicht aus, da sich in den knapp 60 Jahren zwischen dem Anfang der Regierung Selims III. 1780 und dem Ende der Herrschaft Mahmuds II. 1839 der Realwert der Staatsausgaben fast verdreifachte.[76] Mahmud sah sich nach anderen Finanzierungsmöglichkeiten um. Er experimentierte mit einer verzinsten Papierwährung, die zunächst die Tanzimat-Behörden an ihre Lieferanten ausgaben, ehe man sie zum quasi legalen Zahlungsmittel machte.[77] Immer öfter griff man zur Beschlagnahmung der Vermögen reicher Osmanen und immer öfter stieß diese Politik auf Ablehnung.[78] Und dann gab es noch das alte Mittel der Währungsverschlechterung, dessen Kazaz sich bediente, um erstens Einnahmen zu generieren und zweitens mit Blick auf die fälligen Reparationszahlungen an Russland die Inflation kontrolliert anzuheizen. Nach der Vernichtung der Janitscharen, welche den Hauptwiderstand gegen eine Währungsverschlechterung beseitigte, reduzierte man den Silbergehalt des Kuruş in vier Jahren um 79 Prozent. Nach 1844 stabilisierte er sich bei etwa 40 Prozent seines Wertes vor 1828.[79] Ende der 1840er-Jahre sprach man von der Errichtung einer Reichsbank und der Möglichkeit, eine internationale Anleihe aufzunehmen.

Orthodoxe und Katholiken

In Jerusalem wurde ein Streit zwischen orthodoxen und katholischen Christen zu einem Mikrokosmos der Verlegenheiten, in welche das Tanzimat-System den Staat stürzte – eine äußerst lokale Angelegenheit und dennoch stark eingebettet in internationale fiskalische und politische Strukturen.

Als sie nach Ibrahims Rückzug 1841 wieder unter osmanische Herrschaft kamen, hatten die Notabeln in Syrien und Palästina, Muslime wie Christen, keine Lust, den zentralistischen Autokraten in Kairo einfach gegen den aus Istanbul einzutauschen. Sie suchten nach Möglichkeiten, selbst die Initiative zu ergreifen. Ihre vorsichtigen Bemühungen fanden die Unterstützung katholischer und protestantischer Missionare aus Frankreich, England und den Vereinigten Staaten sowie russisch-orthodoxer Pilger, die Tausende Rubel für den Wiederaufbau der Grabeskirche spendeten, nachdem diese 1808 abgebrannt war. Die Diplomaten beanspruchten Rollen, die unter den instabilen Verhältnissen im Syrien der Nach-Ibrahim-Zeit sehr viel umfassender zu sein schienen.[80] Als 1843 der orthodoxe Patriarch von Jerusalem starb – er war in Wirklichkeit ein griechischer Aristokrat, der 1200 Kilometer entfernt in einem Anwesen mit Blick auf den Bosporus residierte –, brachten die Wahlberechtigten in Jerusalem ihren eigenen Kandidaten ins Amt, statt in die Entscheidung Konstantinopels einzuwilligen, wie sie es immer getan hatten.

Dass sich die Stimmen der Orthodoxen erhoben, entging den Ohren Roms nicht. Papst Pius IX. handelte mit der osmanischen Regierung eine Vereinbarung aus, einen römisch-katholischen Patriarchen von Jerusalem zu ernennen, den ersten seit den Kreuzzügen. Veranlasst wurde dieser Schritt durch einen Vorfall im November 1847, als während eines orthodoxen Gottesdienstes plötzlich der Stern der Weisen über der Geburtskirche verschwand.[81] Die Katholiken verdächtigten die Orthodoxen, ihn gestohlen zu haben, und ein Tumult brach aus, bei dem die Mönche mit Kerzenständern und Kreuzen aufeinander einprügelten.[82]

Das Ende vom Lied war ein Ersuchen Frankreichs, der Sultan möge ein Abkommen von 1740 einhalten und den Katholiken den Primat für die heiligen Stätten der Christen einräumen.

Der osmanische Außenminister Fuad Pascha zeigte sich der Herausforderung gewachsen. Er handhabte den Vorfall gekonnt, um osmanische Staatsinteressen zu thematisieren. Erst vor ein paar Monaten hatte Zar Nikolaus I. dem jungen habsburgischen Kaiser Franz Joseph russische Truppen zur Verfügung gestellt, um die Revolution in Ungarn und im österreichischen Teil Polens niederzuschlagen. Diese österreichisch-russische Kumpanei weckte in Istanbul ebenso viele Befürchtungen wie in Paris. Tausende Flüchtlinge hatten Schutz im Osmanischen Reich gesucht, darunter die Rebellenführer Lajos Kossuth und Józef Bem, und die osmanische Regierung lehnte Anträge auf deren Auslieferung ab. Noch dazu verlockten zwei slawische Aufstände die Dorfbewohner im osmanischen Bosnien und in der Herzegowina, die unter den Tanzimat-Kontrollen ächzten; an der Spitze des einen stand der katholische Adlige Jelačić, der andere wurde von dem orthodoxen Fürstbischof Danilo in Montenegro angeführt.[83] Mochte Louis Napoléon Jerusalem nutzen, um einen Keil zwischen Russland und Österreich zu treiben und das für Frankreich ungünstige Machtgleichgewicht in Europa zu revidieren,[84] für Fuad Pascha jedenfalls barg eine osmanisch-französische Verständigung über Jerusalem die Möglichkeit, die Unterstützung der Franzosen für Anträge bei europäischen Bankiers zu gewinnen.

Die vernünftige Lösung für den Streit um die Heiligtümer in Jerusalem bestand zumindest in den Augen Fuad Paschas in einem gemeinsamen Zugang, da die von Frankreich unterstützten katholischen Wünsche und die von Russland unterstützten orthodoxen offenbar unvereinbar waren. So entwarf er eine raffinierte Antwort auf die französische Note: Gewiss komme das Osmanische Reich seinen Vertragsverpflichtungen nach, aber das schiere Alter der heiligen Stätten bedeute, dass im Lauf der Jahrhunderte zahlreiche Weisungen ergangen und Erklärungen gegenüber allen christlichen Religionsgemeinschaften abgegeben worden seien. Jede Antwort, die verbriefte Rechte betreffe, könne erst nach ausführlicher Prüfung der Akten durch eine unparteiische Kommission erfolgen. Dass Fuad Pascha osmanische Vorrechte verteidigte, kam bei den osmanischen Muslimen gut an. Die osmanische Regierung setzte diese Kommission auch tatsächlich ein. Ihre Nachforschungen ergaben, dass die im Lauf der Jahrhunderte an die Orthodoxen ergangenen osmanischen Dekrete (20) gegenüber denen für die Katholiken (17) in der Überzahl waren und dass das älteste den Orthodoxen den Vorzug

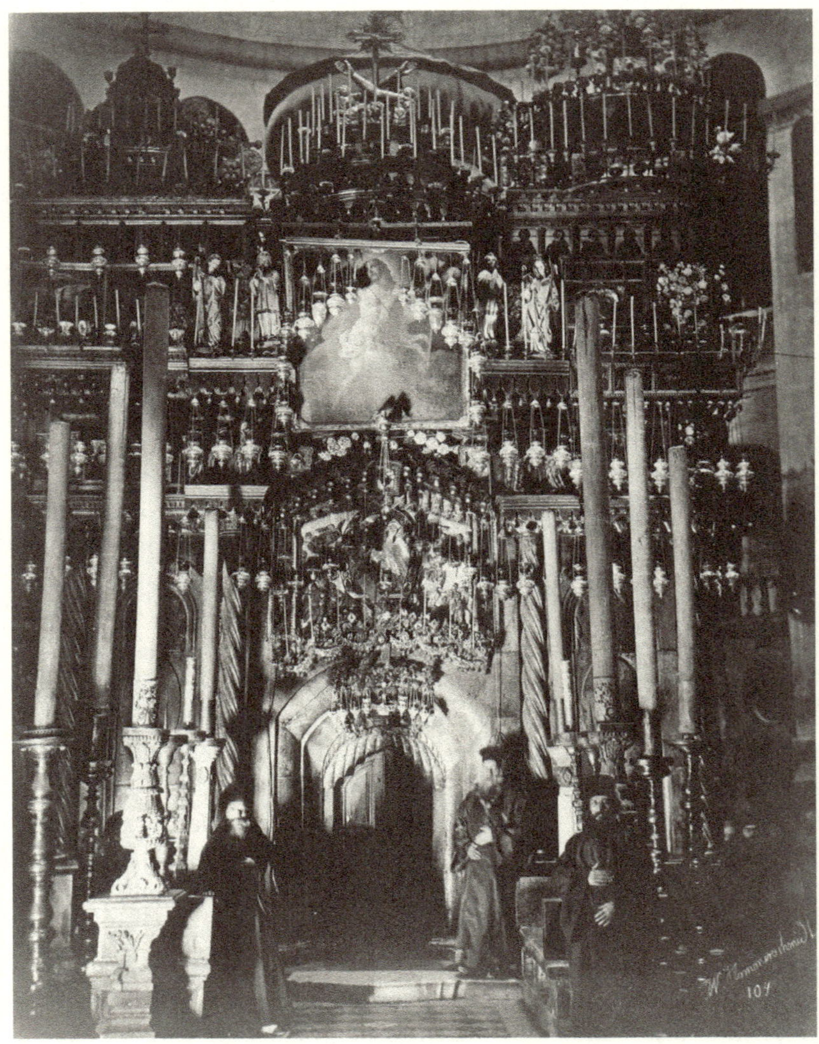

Abb. 6.5: Das Innere der Grabeskirche in Jerusalem 1858–59

gab. Doch seien auch die katholischen Ansprüche gerechtfertigt. Die Kommission empfahl, dass die Rechte beider schriftlich niedergelegt werden und die Katholiken die „Schlüssel" der Geburtskirche erhalten sollten. Letztere wurde damit natürlich zum eigentlichen Zankapfel.

Von Jerusalem nach Sewastopol

Wie zu erwarten, war die russische Reaktion hitzig. Alexander Sergejewitsch Menschikow, der Gesandte des Zaren, traf am 28. Februar 1853 mit großem Gefolge in Istanbul ein. Mit gemischten Gefühlen reagierte man auf Menschikows herrisches Auftreten – Phanarioten-Adel stand gegen den niederen griechischen Klerus, der wiederum gegen die Patrioten im eigentlichen Griechenland. Diese Meinungsverschiedenheiten entgingen jedoch den osmanischen Muslimen wie auch den ausländischen Beobachtern,[85] die „gewaltigen und begeisterten Mengen orthodoxer Christen" dabei zusahen, wie sie Menschikow als ihren „Helden und Retter" feierten.[86] Menschikow verlangte die förmliche Anerkennung Russlands als Beschützer der osmanischen orthodoxen Christen entsprechend den russischen „uralten Rechten". Dass diese eigenwillige Auslegung der russisch-osmanischen Verträge keine Ähnlichkeit mit ihrem tatsächlichen Inhalt aufwies, übersahen der Zar und sein Außenminister, die diese Verträge gar nicht erst gelesen hatten.[87] Dass es sich aber tatsächlich um die aktuelle russische Position handelte, bedeutete schlicht, dass keine Einigung möglich war, würde die doch darauf hinauslaufen, die russische Souveränität über rund ein Drittel der osmanischen Bevölkerung einzuräumen.

Trotz der erklärten Bereitschaft aller Seiten, einen Krieg zu vermeiden, machte der religiöse Populismus es jedem schwer, dem Krieg aus dem Weg zu gehen.[88] Die osmanischen Vertreter in Paris erzielten tatsächlich eine Vereinbarung über ein Darlehen von 50 Millionen Francs, zu 6 Prozent verzinst und mit 23 Jahren Laufzeit, zzgl. 2 Prozent Kommission. Sultan Abdülmecid stimmte den Bedingungen zunächst widerstrebend zu, dann trat er von dem Vertrag zurück, aus Furcht vor einem osmanischen Kreditverzug – aber erst, nachdem bereits Anleihen für 20 Millionen Francs verkauft worden waren. Man kann sich die Reaktion der europäischen Investoren vorstellen, vor allem weil der Sultan im Ruf stand, bei den Ausgaben für den Palast nicht zu knausern. Damit schrien die osmanisch-muslimischen Massen nach einem Krieg, den zu finanzieren der Staat keine Mittel hatte, während sich frustrierte osmanische Staatsmänner über eine naive und „freche" osmanische Öffentlichkeit beschwerten, die sich ein Dreivierteljahrhundert nach Küçük Kaynarca immer noch die Krim zurückwünschte.[89]

Im Juli 1853 marschierten russische Truppen in die Fürstentümer ein, und vor den Dardanellen lieferte die britische und französische Flotte eine Machtdemonstration. Hektische diplomatische Aktivität folgte. Kein Entgegenkommen gegenüber den russischen Ansprüchen auf ein Protektorat über die osmanischen Christen würde in Istanbul akzeptabel sein, und während die Krise eskalierte, entwarf die Regierung Zusicherungen gegenüber den osmanischen Christen und Juden, dass man ihre Rechte respektieren werde.[90] In einer erweiterten Sitzung des osmanischen Staatsrates räumte das Oberkommando ein, dass die osmanischen Truppen den Russen natürlich nicht gewachsen seien, meinte aber, sie könnten sie durchaus eine Zeitlang aufhalten.[91] Ungeduldig wischten Ulema-Vertreter das Problem der Kriegsfinanzierung vom Tisch – man würde ihn eben mit der Beute bezahlen! Reşid Pascha musste plötzlich den Gedanken verteidigen, dass Christen – doch, ja – zuverlässige Verbündete sein könnten. Nicht alle Christen seien gleich; auch sie hätten ihre Meinungsverschiedenheiten, so wie die Osmanen und der Iran, die doch beide muslimisch seien.[92]

Noch während die Gespräche andauerten, schien ein Abgleiten in die Gewalt unvermeidlich, als die Osmanen im Oktober 1853 den Krieg erklärten und einen Angriff über die Donau starteten. Ein Vorstoß ins Schwarze Meer Ende November provozierte einen russischen Angriff. Die osmanische Flotte wurde vernichtet, dazu der Großteil der Küstenstadt Sinop, 4000 Menschen kamen ums Leben. Auch im Kaukasus wurden die osmanischen Armeen geschlagen und zogen sich auf Kars zurück, während das, was an georgischer Sympathie für die Osmanen existierte, sich zusammen mit jenen georgischen Jungen und Mädchen verabschiedete, die von in Batum stationierten osmanischen Soldaten in die Sklaverei deportiert wurden.[93]

Großbritannien und Frankreich traten im März 1854 aufseiten der Osmanen in den Konflikt ein – nach einem schrecklichen Winter. Die halbe osmanische Garnison von Kars starb an Kälte, Hunger, schlechten sanitären Bedingungen und Seuchen. Ihre Führung war in einen Finanzskandal verstrickt. Von den 17 000 Mann, die noch am Leben waren, als im März ein neuer Führungsstab eintraf, lagen 11 000 im Lazarett.[94] Tunesische Truppen stießen zu den Osmanen, ausgeschickt durch einen Statthalter, der sich unbedingt beliebt machen wollte.[95] Im August übernahm der englische General Fenwick Williams die Verteidigung von Kars, und so hielt die Garnison einer sechsmonatigen russischen Belagerung stand. An deren Ende teilte die „tapfere Armee" ihr Brot mit den hungernden Stadtbewohnern. Da keine Hilfe eintraf, erlag sie im November 1855 der russischen Übermacht.[96] Andernorts ging die Sache anders aus. Frankreichs Hoffnungen erfüllten sich, als österreichische und russische Truppen sich in den Fürstentümern ineinander verbissen.[97] Im September 1854 landeten die Alliierten auf der Krim, schlugen ein russisches Heer an der Alma und eröffneten die Belagerung von Sewastopol. Sie sollte fast ein Jahr dauern, ehe die Russen kapitulierten, und zog sich den grausamen Winter 1854/55, das folgende Frühjahr und den Sommer hin. Laut dem Friedensvertrag, den man im März 1856 in Paris schloss, sollte jedermann die osmanische Souveränität und territoriale Integrität respektieren.

Vermischungen

Der Sieg rechtfertigte nachträglich die Allianz mit Frankreich und Großbritannien und stärkte die Position derjenigen, die für eine Integration in das entstehende atlantische Weltsystem und eine Ausrichtung der osmanischen Gesellschaft an dessen liberalen Tendenzen eintraten. Die Jahrbücher des Staates und der Provinzen sowie die von Regierungskreisen geförderten Zeitschriften führten stolz Protokoll über soziale Fortschritte und eröffneten Freiräume für freiere Ausdrucksformen in der Öffentlichkeit.[98] Doch vollzog sich der Fortschritt nicht geradlinig.

Durch das kumulative Gewicht der neuen Dekrete und Regierungsstrukturen erhöhte sich der Einfluss des bürokratischen Staates. Legislative und Judikative wurden getrennt (und im Staatsrat bzw. im Rat für Gerichtsverfügungen angesiedelt). Mit einem neuen Landgesetz (1858) und einem Provinzgesetz (1864) ging man erstmals gegen das fiskalische Modell der Verpachtung von Staatseinnahmen und gegen die etablierte Macht der Notabeln in den Provinzen vor. Doch die beiden mächtigsten Persönlichkeiten der zweiten Tanzimat-Generation, Fuad Pascha und Âli Pascha, die sich zwei Jahrzehnte lang gemeinsam das Monopol auf den Posten des Großwesirs und des Außenministers sicherten, pflegten gleichzeitig die Kultur der Patronage einschließlich deren Tendenz zu persönlichen Racheakten. Unter den Unzufriedenen wurde der Ruf nach einer Verfassung immer lauter,[99] für die ironischerweise die Donaufürstentümer eines der Vorbilder waren. Im Jahr 1859 wählten Moldawien und die Walachei gleichzeitig denselben Hospodar und verabschiedeten eine Verfassung, die ein Parlament vorsah.

Der Tanzimat-Glaube

Wenn der Staat in den Tanzimat-Plänen neutraler Boden war, so blieb der Stellenwert des Islam ungeklärt.[100] Unmittelbar vor der Pariser Friedenskonferenz erließ Sultan Abdülmecid gegen Ende des Winters 1856 ein Edikt über die religiöse Gleichheit. Was genau dies bedeutete, war unklar. Eine neue Rechtskodifikation (die *mecelle*) erhob die Scharia zur Grundlage des osmanischen Rechts, doch auch dies war reichlich vage und vermutlich als Bekräftigung des kulturellen Erbes gedacht. Der Hauptautor, Cevdet Pascha, der aus den Reihen der Ulema stammte und in den öffentlichen Dienst gewechselt war, sparte den Islam lieber aus. Das Straf- und das Handelsgesetzbuch, die nach dem Krieg in Kraft gesetzt wurden, waren im Wesentlichen säkular, nicht nur, weil sie auf den jeweiligen französischen Vorbildern beruhten, sondern auch, weil der gesamte Anstoß zu ihnen auf den Konflikt um die Krim und die Handelsverträge mit den Vereinigten Staaten und Großbritannien zurückging.[101] Konkrete Gestalt nahm die *mecelle* in weltlichen Gerichtshöfen unter Aufsicht des Rates für Gerichtsverfügungen, nicht der Ulema, an. Der gesamte Prozess resultierte aus Bedürfnissen des Staates.

Dies beschleunigte die Zweiteilung in der Tanzimat-Kultur zwischen den unterschiedlichen Interpretationen ihrer Ziele: Stand sie für gelenkte Entwicklung oder für Rechtsstaatlichkeit? Und wenn Rechtsstaatlichkeit, sollte es dann eine *islamische* Gesellschaft sein oder eine *osmanische* ohne Ansehen der Religion? Und sollte dabei die zentrale Kontrolle ausgeweitet oder eingeschränkt werden? Das Edikt von 1856 war eine eindringliche Bekräftigung des osmanischen Pluralismus, zeitlich so abgestimmt, dass es dem Frieden von Paris zuvorkam und garantierte, dass die osmanische Religionsfreiheit nicht auf die Tagesordnung kam. Zugleich aber fiel das Edikt mitten in eine Unruhewelle in den osmanischen Städten der arabischen Provinzen. Muslimische Handwerker, Ladenbesitzer und Verwaltungsbeamte reagierten feindselig auf die überwiegend christlichen Händler, die im Fernhandel mit Europa ein Vermögen verdienten.[102] In nur wenigen Jahren vor und nach dem Krimkrieg flammte vielerorts muslimisch-christliche Gewalt auf – in Aleppo, Mossul, Nablus, Dschidda, Damaskus und im Libanon.[103] Obwohl in der Gleichheit der Gemeinschaften, wie das Edikt von 1856 sie vorsah, das Ideal eines osmanischen Religionsmosaiks zum Ausdruck kam, zementierte es durch das Sprechen von der *millet* – religiöse Gemeinschaft – religiöse Trennlinien und trug zur Animosität gegenüber den osmanischen Christen bei, die man als mit Ausländern im Bunde[104] und nicht als Gegner des Islam betrachtete. Die evangelische Mission, die aus dem Ausland unterstützt wurde, schadete den armenischen und orthodoxen osmanischen Gemeinden durch ihre Bekehrungsarbeit viel mehr als die osmanisch-muslimische Gesellschaft.[105]

Nichts wühlte die Gefühle so sehr auf wie eine Bekehrung. Ob zum Islam oder – so selten das inzwischen war – weg vom Islam, wenn eine Bekehrung erfolgte, weckte sie extreme Bitterkeit. Ein Beispiel dafür ist ein internationaler Zwischenfall, zu dem es im Mai 1876 in Saloniki kam. Mit dem Zug aus Skopje traf eine junge Bulgarin ein und bat die Polizisten im Bahnhof, sie zu den Behörden zu bringen, damit sie zum Islam konvertieren könne. Ein jüdischer Drucker, der den Vorgang miterlebte, berichtete: „Kaum waren sie einige Schritte gegangen, da riss ein Haufen junger Griechen, der über die Ankunft der Frau unterrichtet war, sie den Gendarmen aus den Händen, entfernte in der Öffentlichkeit ihren Schleier und ihren Kaftan und drängte sie in eine Kutsche." Die Menschen in benachbarten Kaffeehäusern, die dort den Hızr-Ilyas-Tag, das „Frühlingsfest" zur Mitte des Quartals, feierten, sahen alles mit an, und am nächsten Morgen versammelte sich eine Menge in der Uhrturm-Moschee und forderte, man möge die Frau tun lassen, was sie wolle. Der französische und der deutsche Konsul, die in Kontakt zu den

Entführern der Frau standen, begaben sich zu der Moschee. Da der osmanische Statthalter äußerste Gefahr witterte, bekniete er sie, die Frau in seinen Gewahrsam zu überstellen. Als es den Konsuln nicht gelang, sie aus dem Versteck zu holen, kam es zu einem Aufruhr, und beide Konsuln wurden gelyncht.[106]

Unter den orthodoxen Slawen koordinierte Fürst Mihailo (Michael) Obrenović von Serbien die Bestrebungen zugunsten der slawischen Einheit, die parallel zu anderen national geprägten Initiativen der 1860er-Jahren liefen.[107] Manche slawischen Priester und Intellektuellen, die sich als Teil einer romantischen Erlösungs- und Befreiungsgeschichte verstanden, stellten die Zeit der türkischen Herrschaft als finsteres Mittelalter der Unterjochung dar und idealisierten Stefan Dušan und andere historische Gestalten der vorosmanischen Vergangenheit. In diesen Zeiten erwache das alte slawische Königreich wieder zu seiner wahren Natur und werde im neuen, modernen Zeitalter eine herrliche Wiedergeburt erfahren. Aus dieser Sicht war der Übertritt zum Islam Verrat. Wie sollte man dann aber die höchst reale Existenz muslimischer Slawen erklären? Nach einer gängigen Ansicht in Bosnien waren sie die Nachkommen der häretischen Bogomilen des Mittelalters. Eine andere These besagte, der mittelalterliche Adel sei konvertiert, um seine Standesprivilegien zu wahren.[108] Eine besonders gefährliche Ansicht lautete, dass die Bekehrung unter Gewaltandrohung erfolgt sein müsse – wofür man dann plötzlich einen berühmt-berüchtigten Beweis auf der letzten Seite einer 200 Jahre alten slawonischen religiösen Handschrift „entdeckte“, die 1870 in Bulgarien aufgefunden wurde. Abgesehen von denjenigen, die es veröffentlichten, hat niemand das angebliche Dokument je gesehen, und angesichts des gewählten Zeitpunkts – inmitten eines Kampfs um die Errichtung des bulgarischen Exarchats – war nicht nur die Quelle, sondern die ganze Frage der Zwangskonversion „höchstwahrscheinlich eigens zu dem Zweck fabriziert worden, nationalistische Stimmungen zu schüren“.[109]

Schon während des Griechischen Aufstands der 1820er-Jahre hatten viele bulgarische Christen ihre Enttäuschung darüber ausgedrückt, wie der Ökumenische Patriarch in Konstantinopel mit den Interessen *ihrer* Gemeinschaft umging. Das Reformedikt von 1856 weckte in ihnen die Hoffnung auf eine separate bulgarische Nationalkirche. Am Ostersonntag 1860 betete die bulgarische Gemeinde in Istanbul für den osmanischen Sultan, nicht für den Ökumenischen Patriarchen. Versöhnungsversuche des Patriarchats im Lauf des nächsten Jahrzehnts stellten die Bulgaren nicht zufrieden. In einem Dekret von 1870 gewährte Sultan Abdülaziz den Bulgarisch-Orthodoxen eine unabhängige Kirche mit 17 Regionalbistümern und künftigen Erweiterungsmöglichkeiten.[110] Das sorgte für heftige Feindseligkeit, nicht nur zwischen bulgarischen und griechischen orthodoxen Christen.

Rasse und Sklaverei

Zugleich gibt es komplexe Darstellungen des osmanischen Pluralismus nach dem Krimkrieg. Dazu gehören die Memoiren der späteren Komponistin Leyla Saz (Leyla Hanımefendi, Lady Leyla), die im Palast Sultan Abdülmecids aufgewachsen war. Im Jahr 1925, als ihre Memoiren erstmals als Serie in einer Istanbuler Zeitung erschienen, hatten osmanische Erinnerungen an das osmanische Völkermosaik einen radikal anderen ideologischen Beiklang. In Leyla Saz' Rückblick mischte sich die Trauer um eine Kultur, die durch die Gewalt am Ende des Reiches verzehrt worden war. Liebevoll schrieb Lady Leyla über eine osmanische Gesellschaft, die Freude an „Karikaturen aller Rassen des Reiches hatte, jede mit ihrem eigenen Akzent und ihren speziellen Gesichtszügen, Charaktereigenschaften und Bräuchen". Da gab es den naiven, aber gutmütigen Türken und den rumelischen Türken, „stolz und aufrecht"; der „furchtbare Albaner sprach von nichts anderem, als die ganze Welt niederzumachen, wenn er keine Genugtuung erhalte"; der unvernünftige Kurde ließ sich immerhin durch Freundlichkeit umstimmen; es gab „den stolzen und habsüchtigen Araber, den lästigen und feigen Juden", den „provokanten Armenier, den Griechen, der jedem nur vorstellbaren Gewerbe nachgeht", den bulgarischen Schäfer und den leichtlebigen Europäer, der seinen Spazierstock schwingt. Im volkstümlichen Theater stellte all diese Charaktere häufig ein einziger Schauspieler dar, der zwischen den Szenen rasch sein Kostüm wechselte. Bei der Schilderung osmanischer Vorurteile gegen die Afrikaner empörte sich Leyla Saz, es sei „sehr ungerecht, andere Menschen so leichthin zu beurteilen, die sich von uns nur durch die Farbe ihrer Haut unterscheiden".[111]

Nach der Thronbesteigung von Abdülaziz heiratete Leyla einen osmanischen Beamten und folgte ihm zu mehreren Posten in den Provinzen. Als ihr Mann zum Statthalter von Bagdad ernannt wurde, trennten sie sich, und Lady Leyla blieb in Istanbul, um es sich in der dortigen High Society gutgehen zu lassen. Mit tiefer Anteilnahme schrieb sie über die Not der Flüchtlinge, Sklaven und anderer, denen es nicht so gut ging wie ihr – wobei sie sich auf die Erfahrung ihrer eigenen Eltern stützte. Leylas Vater Ismail Pascha war Grieche und auf einer der Ägäisinseln geboren. Auf dem Sklavenmarkt von Izmir verkaufte man ihn an einen jüdischen Chirurgen; später erhielt er seine medizinische Ausbildung in Istanbul und Paris. Er wurde königlicher Leibchirurg und vollzog die Beschneidung am Prinzen Abdülmecid. Später trug er als Handelsminister die Verantwortung für den osmanischen Pavillon auf der ersten Weltausstellung, der Great London Exhibition von 1851.[112] Leylas Mutter Nefise war Krimtatarin, die der Krieg ins Osmanische Reich verschlagen hatte, so wie Tausende anderer muslimisch-tatarischer Flüchtlinge.

In den zehn Jahren nach dem Krieg eroberte Russland den Kaukasus und vertrieb die muslimischen Einwohner gewaltsam; man siedelte sie andernorts im Russischen Reich an. Wer sich weigerte, der wurde deportiert und sein Land an Kosaken oder Russen vergeben.[113] Erst fielen die Khanate Dagestan und Tschetschenien, dann Abchasien. Die Flüchtlinge brachte man auf dem Seeweg ins osmanische Konstanza, nach Warna, Samsun, Trabzon und an andere Orte, von wo aus sie in Rumeli und Anatolien neu angesiedelt werden sollten.[114] Seuchen, besonders Pocken und Typhus, griffen von den Schiffen aus auf die Hafenstädte über. Um diesen Menschenstrom zu bewältigen, der zwischen einer halben und einer Million Betroffener zählte, entwickelte die osmanische Regierung 1860 eine typische Tanzimat-Lösung: ein neues Ministerium für Stämme und Flüchtlinge.[115]

Die Flüchtlingskrise unterstrich die Widersprüche der osmanischen Sklaverei. Viele adlige muslimische Landbesitzer aus dem Kaukasus brachten ihre Sklaven mit.[116] Dabei handelte es sich um arme Muslime vom Land, anders als die Tausende Haussklaven aus dem Kaukasus, die bereits voll in die osmanische Elitegesellschaft integriert waren. Man improvisierte ein Freilassungsprogramm, das die Sklavenbesitzer durch Landschenkungen entschädigen sollte, aber bis zur Lösung dieser Fragen vergingen viele Jahre. Die Idee einer generellen Abschaffung der Sklaverei war schon zuvor in Gesprächen mit Großbritannien gleich nach dem Rosengarten-Edikt aufgekommen. Im Jahr 1847 hatte Abdülmecid den großen Sklavenmarkt von Istanbul neben dem Eingang der Nur-ı-Osmaniye-Moschee zum Gedeckten Basar schließen lassen und Sklavenimporte über den Persischen Golf verboten. Die privaten Sklavenverkäufe sowie der Handel über andere Importhäfen gingen jedoch weiter.[117] Das militärische Fiasko im Kaukasus während des Krieges veranlasste die osmanische Regierung zu einem Verbot des Handels mit georgischen Sklaven, und der afrikanische Sklavenhandel wurde gleich nach Kriegsende verboten.[118]

In beiden Fällen jedoch war die tatsächliche Ausrottung der Sklaverei eine ganz andere Sache. Der ägyptische Baumwollboom der 1860er-Jahre stärkte den Sklavenhandel mit Afrika auch weiterhin[119] und nach wie vor schätzten Elitefamilien die tscherkessischen Sklavinnen wegen ihrer Schönheit – ja, der Osmanenpalast war sogar der größte Einzelkunde.[120] Der Illegalität wegen war jede Phase des Handels geheimnisumwittert. Afrikanische Sklaven, schrieb Leyla, „wurden in den Tiefen Afrikas von Menschen ohne Herz oder Erbarmen eingefangen". Mädchen waren zu Dienerinnen im Haushalt bestimmt. Kastrierte Jungen wurden in Elitefamilien der gesamten osmanischen Welt als Eunuchen geschätzt. Sie wurden „auf selten begangenen Pfaden zur Küste gebracht", an arabische Sklavenhändler verkauft, mit Gewinn weiterverkauft und dann zum Verkauf an Haushalte der Oberschichten verfrachtet. Auch die tscherkessischen Sklavinnen „waren bedauernswert", aber nach Leylas Erfahrung kannten sich Tscherkessinnen immerhin in der Welt aus, verglichen mit den Afrikanern aus entlegeneren Gesellschaften. Nach dem Kauf dienten afrikanische Mädchen sieben Jahre, Tscherkessinnen neun, ehe sie entscheiden konnten, ob sie bleiben oder rechtskräftig in die Freiheit entlassen werden wollten. „In den 1860er-Jahren zur Zeit der großen Einwanderung der Tscherkessen", erinnerte sich Leyla, hätten viele verarmte Familien, die ihre Kinder nicht ernähren konnten, „sie zu lachhaft niedrigen Preisen verkauft".[121] Vor allem hübsche Mädchen wurden erworben, im Milieu der osmanischen Oberschicht aufgezogen und dann an den Osmanenpalast oder andere besonders elitäre Adelsfamilien weiterverkauft.

Musik und Literatur

Doch in vielerlei Hinsicht deuten die Anekdoten von Lady Leyla, wie andere Zeugnisse, auf eine ermutigende kulturelle Genesung nach der langen Periode der Auseinandersetzungen während der ersten Jahrhunderthälfte hin. Ungeachtet der Existenz neuer autonomer griechischer und slawischer Königreiche zog eine beträchtliche Gruppe osmanischer Christen die kosmopolitische osmanische Atmosphäre der plebejisch-provinziellen Kultur im unabhängigen Griechenland vor. Sie glaubten auch weiterhin, dass ein Reich der vielen Kulturen und Sprachen die Zukunft der verschiedenen Völker des osmanischen Mosaiks besser sichern konnte. So kam es, dass das Jahrhundert der größten muslimisch-christlichen Zwietracht auch die größte muslimisch-christliche Eintracht hervorbrachte, als eine Generation aus Künstlern, Schriftstellern, Verlegern, Wissenschaftlern, Lehrern und anderen den Begriff „osmanisch" gezielt so umdefinierte, dass er pluralistisch sämtliche Bürger des Reiches bezeichnete. Erste zaghafte kulturelle Kontakte über die Grenzen der Gemeinschaften hinweg verfestigten sich durch Übersetzungen und gemeinsame Erfahrungen.

Musik und Lesen sind ein Beispiel. Was als klassische osmanische Musik bekannt wurde, war die gemeinsame Schöpfung osmanischer christlicher, jüdischer und muslimischer Musiker (vor allem der Mevlevi) über mehrere Generationen hinweg.[122] Auch weiterhin spielte der Hof dabei die Führungsrolle. Leylas Memoiren beschreiben ein blühendes Musikleben im Çırağan-Palast am Bosporus, wo sie nach dem Krimkrieg ihre Jugend verbrachte. An ein paar Abenden pro Woche gab es ein Konzert oder Ballett. Dabei war die Musikszene keinesfalls auf den Palast beschränkt. Zu Bayram und an anderen Feiertagen trat das aus 80 Frauen bestehende Haremsorchester auf (das, wie Leyla schreibt, ebenso gut war wie das männliche Palastorchester). Die Frauen spielten sowohl ein osmanisches als auch ein europäisches Repertoire. Leyla selbst war eine begnadete Pianistin. Sie schilderte auch, wie Tanzgruppen aus kleinen Jungen und jüdischen oder armenischen Mädchen das Volk in der Stadt unterhielten.[123]

Die entstehende Musikkultur in Istanbul, die sich im nichtliturgischen Raum entfaltete, förderte säkularisierende Tendenzen innerhalb der religiösen Gemeinschaften und drückte die Werte des Tanzimat-

Staates der zweiten Generation aus. Ihr kulturelles Hauptopfer, was die emotionale Kraft und umgeleitete schöpferischer Energie betraf, war wahrscheinlich die Lyrik. Aber nicht sofort: Leylas Vater ließ sie auch weiterhin klassische osmanische Dichter auswendig lernen.

Ebenso ausgeprägt waren die Muster in der Literatur. Alle schienen sich darin einig zu sein, dass das osmanische Türkisch eine gemeinsame Sprache sein sollte. Griechische, bulgarische, armenische, französische, englische, jüdisch-spanische (Ladino-)Schriften fanden allesamt ihren Weg ins Türkische. Es gab so viele versierte Übersetzer und gute Übersetzungen, dass sie eine ganze Bewegung innerhalb der osmanischen Literatur bildeten. Gleichzeitig aber fasste in der osmanischen Gesellschaft unmittelbar neben den wechselseitigen Kulturimpulsen eine Art griechischer Renaissance Fuß. Da der politische Einfluss der Phanarioten in Istanbul gebrochen war, war der Weg frei für eine andere Generation osmanischer Griechen. Osmanische Verwaltungsbeamte mussten in europäischen Sprachen ausgebildet werden, vor allem im Französischen; griechische und armenische Christen in den Städten kannten zwar normalerweise europäische Sprachen, beherrschten oft aber nicht das osmanische Türkisch. Eine große Zahl unentbehrlicher Hilfsmittel für den Sprachunterricht entstand – Wörterbücher, Grammatiken und Lehrbücher. Die Rehellenisierung fasste auch außerhalb der großen Städte Fuß, in vielen Kleinstädten, wo die Muttersprache der Christen Türkisch war – das *Karamanlı*, das mit griechischen Buchstaben geschriebene Türkisch, und das in armenischen Schriftzeichen geschriebene Armeno-Türkisch.

Nachdem in den 1830er-Jahren türkische und arabische Druckereien in Mahmuds Istanbul und in Mehmed Alis Kairo aufgetaucht waren, dauerte es zwar einige Zeit, aber in den 1850er-Jahren stieg das Lesepublikum größtenteils auf gedruckte Bücher um.[124] Die Kataloge der Buchhändler deuten auf einen Publikationsboom in den Hafenstädten Istanbul, Kairo, Beirut, Izmir und Saloniki hin, der sich in gleich mehreren Sprachen manifestierte, nämlich in osmanischem Türkisch, auf Griechisch, Armenisch und im Fall von Kairo und Beirut auch auf Arabisch; Saloniki war das Zentrum des Verlagswesens auf Ladino. In allen diesen Sprachen erschienen auch Zeitungen. Beliebt waren neue Literaturgattungen, darunter Romane und Dramen, aber auch klassische Erbauungsliteratur, das Heldenepos und das Geschichtsbuch. Selbst der alte Königsspiegel tauchte gedruckt auf – seine Verteidigung des Kanun ließ sich im Kontext der Debatten um das Scharia-Recht analog zur Forderung nach einer weltlichen Rechtsbasis verstehen.[125]

Christen und Muslime trafen sich in Gelehrtenzirkeln wie der offiziellen Gesellschaft des Wissens (1851–62), einer erklärtermaßen weltlichen Schöpfung, deren Ziel es war, Lehrmaterialien für die Literatur

Teodor Kasap

Eine führende Persönlichkeit der osmanischen Literatur war Teodor Kasap (Theodoros Kasappis). Der Karamanlı-Grieche aus Kayseri war Übersetzer, Verleger und erklärter Streiter für eine inklusive, kosmopolitische osmanische Kultur. Einige Jahre verbrachte er in Frankreich als enger Vertrauter von Alexandre Dumas. Als er bei Ausbruch des Deutsch-Französischen Krieges 1870 in die osmanischen Länder zurückkehrte, legte er noch im Jahr 1870 eine türkische Übersetzung von Dumas' *Conte de Monte-Cristo (Der Graf von Monte Christo)* vor.[a] Diese moderne Geschichte über Verlust und Verlangen nahm die Phantasie der osmanischen Öffentlichkeit gefangen. Ein späterer Autor erinnerte sich, dass das Buch „unsere brillentragenden Großeltern an den Winterabenden wochen- und monatelang fesselte".[b] Der Roman erschien in Fortsetzungen in Kasaps Zeitung *Diyojen* (*Diogenes*).

Der *Diyojen*, der sich der Satire auf aktuelle Fragen aus Politik und Gesellschaft verschrieben hatte, begann als Wochenzeitung in französischer Sprache, wechselte dann zu Griechisch und schließlich zum osmanischen Türkisch. Seine Blütezeit fiel ins Klima eines kritischen Wettbewerbs in Istanbul und den anderen städtischen Zentren nach dem Krimkrieg. Als das Blatt auf Anweisung der Regierung 1873 eingestellt wurde, erschien es dreimal pro Woche. Kasap machte mit anderen Verlagsprojekten weiter. Selbst während der verheerenden Kriegsjahre 1875–78 verkündete Kasaps und die Wissenschaften auszuwählen, zu übersetzen und zu publizieren.[126] Ihr gemischter Mitgliederkreis aus Muslimen, Armeniern und Griechen liest sich wie ein Who's Who des osmanischen Beamtentums. Eine weitere Gründung, die Osmanische Wissenschaftsgesellschaft, brachte die erste gelehrte Zeitschrift in osmanisch-türkischer Sprache heraus. Erfolgreicher und langlebiger war ihr griechischsprachiges Gegenstück, der Syllogos, der wenige Monate später in Istanbul gegründet

نومرو ۱۷ — چهارشنبه ۱ مایس ۱۲۸۷ سنه — ایکنجی سنه

دیوژن

گولگه ایتمه بشقه احسان استمم

هفته‌ده بردفعه طبع ونشر اولنور . غزته‌خانه‌سی غلطه‌ده یکی جامع جاده‌سنده واقع زنجیرلی خان درونده کائندر . بر سنه‌لکی
نصف عثمانلی لیراسنه والتی ایلغی ۱۰ مجیدیه و بر نسخه‌سی ۱ غروشه‌در . طشره ایچون پوسته اجرتی ضم اولنور .
اعلاناتك هر سطرندن ۳ غروش ومواد سائره‌نك سطرندن ۶ غروش النور .

Bild 6.6: Die Zeitung Diyojen. *Dieser Titel war während der ersten elf Monate des Erscheinens in Gebrauch. Diogenes von Sinope spricht aus seinem berühmten Fass: „Stör mich nicht, mehr verlange ich nicht."*

Zeitung *İstikbal* mutig: „Die Söhne des Vaterlandes sind ein einziger Leib, der keine Teilung durch politische Mittel duldet."

[a] Johann Strauss, „Notes on the First Satirical Journals in the Ottoman Empire", in: Pistor-Hatam (Hrsg.), *Amtsblatt*, S. 121–38.

[b] Ismail Habib, zit. in Strauss, „The Millets and the Ottoman Language", S. 239.

wurde.[127] Selbst das amtliche Regierungsblatt erschien parallel auf Türkisch und Griechisch. Ein letzter exemplarischer Fall: Ein osmanisch-griechischer Christ, Konstantinos Photiadis, der in einer muslimischen Medrese ausgebildet worden war, wurde Direktor des Lycée Galatasaray, einer 1867 gegründeten Eliteakademie der Regierung, und arbeitete mit einem Albaner aus Janina an einem osmanisch-türkisch-griechischen Wörterbuch.

Die Vergangenheit, die vor uns liegt

Vielleicht bestand die allgemeine Richtung jener Umorientierung, die sich in der zweiten Tanzimat-Generation zeigte, in einer veränderten Einstellung zur Zeit.[128] Der Kalender selbst wurde reformiert, genauer gesagt, der fiskalische Kalender, der seit den Reformen der 1670er-Jahre in Gebrauch gewesen war, wurde als offizieller Kalender für alle staatlichen Angelegenheiten übernommen. Das bedeutete, dass das Reich im Prinzip den julianischen Sonnenkalender benutzte; nur die Jahre wurden von der Hidschra des Propheten Mohammed an gezählt.[129] Doch hier ging es nicht allein um Mathematik. Während das kulturelle Ansehen der Lyrik sank und die Waagschale sich allmählich der Musik und anderen Kunstformen zuneigte, füllten Prosaerzählungen die emotionalen Leerräume.

Verglichen mit der Prosa war die Poesie die literarische Ausdrucksform der mystischen Erfahrung. Ihre Macht lag in der Fähigkeit, die innere Welt des Verlustes, Verlangens und Leidens auszudrücken. Auch Leyla Hanımefendis anekdotisch erzählte Memoiren halten diesen Verlust fest, bestimmen ihn aber anders – er ist eine Sehnsucht nach unwiederbringlichen Erlebnissen, nach vergangenen Zeiten, nach Jugend, nach der Jugend der eigenen, inzwischen erwachsenen Kinder. Doch Erzählungen, fiktionale wie historische, brachten die Zeit in eine feste Abfolge und trieben ihre Leser der Zukunft entgegen, in der sich der Knoten der Handlung auflösen würde. Die Beliebtheit von Romanen wie *Der Graf von Monte Christo* legt deutlich nahe, dass die osmanischen Leser den modernen Hunger nach einer solchen Auflösung teilten.

Aus diesem Kampf um die Erfahrung der Zeit ging die Geschichtswissenschaft als die integrative Disziplin hervor und ähnelte damit dem Vorrecht des Staates, die Gesellschaft zu organisieren. Der Hofhistoriker Şanizade war ein kosmopolitischer Intellektueller. Als Bektaşi und Mentor eines Salons, der sich auf einem Landsitz am Ufer des Bosporus traf, waren ihm die wissenschaftlichen Entwicklungen in vielen Sprachen geläufig, nicht nur auf Türkisch, Arabisch und Persisch, sondern auch auf Latein, Griechisch, Italienisch und Französisch.[130] Seine Nachfolger Ahmed Cevdet und Lütfi nahmen amtliche Dokumente in ihr mehrbändiges Geschichtswerk auf,[131] so als sei das Erzählen der Inhalte des Staatsarchivs die Geschichte selbst – inzwischen bedeutete der alte Begriff *devlet* „Staat" und nicht mehr charismatische persönliche Autorität.[132] Neben diesen Werken erschien auch eine neue Art von Weltgeschichte. Einige dieser Bücher waren Übersetzungen englischer oder französischer Werke, doch vom Staat ermutigt verfassten mehrere osmanische Autoren eigene Beiträge zu der Gattung.[133] Wie bei den britischen und französischen Varianten war die Hauptfigur dieser Erzählungen die *Zivilisation*. Entstanden in der Antike, reifte sie zu klassischer Pracht heran, bevor sie in eine mittelalterliche Epoche aus Religion und Barbarei gestürzt wurde, aus der die Moderne sie dann errettete. Dieser Plot zielte darauf ab, den Säkularismus und die imperialen Projekte des neuzeitlichen Europa vernünftig zu begründen. Für manche osmanischen Autoren hieß Zivilisation Islam, folglich bestand die Geschichte nur aus zwei Epochen, vor und nach der Hidschra Mohammeds. Andere übernahmen das dreiteilige Schema Antike – Mittelalter – Neuzeit und beteiligten sich an der Debatte, wann das finstere Mittelalter endete und die Neuzeit begann.[134] In einer recht geläufigen osmanischen Anverwandlung endete die Antike mit dem Aufstieg des Islam; das Mittelalter endete und die Moderne begann mit der osmanischen Eroberung Konstantinopels.[135] Als Grundlage für den Geschichtsunterricht in den neuen staatlichen Schulen lieferten diese Bücher scharfsinnige Argumente für die These, dass das Osmanische Reich der Inbegriff der Zivilisation sei.

Die materiellen Überreste dieser kulturellen Akkumulation, welche die europäischen Nachbarn der Osmanen so begehrten, lagen als sichtbare Ruinen in den Provinzen des Reiches und wurden von Istanbul zunehmend streng kontrolliert. Nicht lange nach dem Rosengarten-Edikt, sobald Mustafa Reşid seine erste Amtszeit als Großwesir begann, wurde auf dem Palastgelände ein Reichsmagazin für Altertümer geschaffen. Hatte die osmanischen Bevölkerung früher stets inmitten der Ruinen gelebt, so forderte die osmanische Regierung jetzt die Provinzbeamten dazu auf, die antiken Überreste in ihren Bezirken zu katalogisieren und die Bestände nach Istanbul zu melden. Wie die neue „Schatzkammer für Dokumente“ wurde das Magazin nun zur Schatzkiste für Kostbarkeiten aus den Provinzen und zum Ausweis der Kontrolle, die das Reich über sie ausübte. Nach der Europareise von Sultan Abdülaziz wurde aus dem Antikenmagazin ein Museum, das zwar nicht der Öffentlichkeit, wohl aber der Herrscherfamilie, Staatsbediensteten und ausgewählten Besuchern offenstand. Das osmanische Museum beherbergte weder, wie europäische Museen, die ganze Welt, noch war es Ausdruck des menschlichen Geistes oder bot eine Definition der schönen Künste, vielmehr sammelte, hütete und pflegte es eine neue imperiale Identität.[136]

Die Ausfuhr von Handschriften war schon lange durch Dekrete verboten, aber das neue Antiquitätenrecht von 1870 deckte nun auch Kunstgegenstände und archäologische Funde ab.[137] In mehreren Fällen erlaubten osmanische Beamte auf der Basis örtlicher Vereinbarungen Franzosen und Briten die Ausfuhr von Artefakten, doch zwei Faktoren veranlassten die Zentralregierung einzuschreiten. Der eine war die gigantische Menge an Objekten, die mittlerweile außer Landes geschickt wurden, der andere war die Unverfrorenheit schatzsuchender Archäologen, noch Jahrzehnte nach der Entfernung der Parthenonskulpturen durch Lord Elgin.[138] Die einzige Vorbedingung für eine Ausgrabung war eine Genehmigung, aber auch die wollten manche Schatzgräber nicht einholen. Die relativ großzügigen Regelungen des ersten Antiquitätengesetzes erlaubten es den Grabungsteams, die Hälfte ihrer Funde zu behalten, aber Heinrich Schliemann schmuggelte insgeheim alles über die Grenze, was er in Troja ausgegraben hatte – eine finanzielle Entschädigung zahlte er erst, als man ihn zur Rede stellte. Carl Humann plünderte Pergamon und spedierte den Zeusaltar nach Berlin.[139] Hinter der Antikenbesessenheit stand offenbar noch mehr als harmlose intellektuelle Neugier.[140] Der Wettbewerb im Wegschleppen der Vergangenheit war eine Form imperialistischer Konkurrenz. Vorwürfe, die Osmanen schützten ihre Artefakte nicht genug, waren vergleichbar mit dem eigensüchtigen Gerede der Europäer von osmanischer „Misswirtschaft“. Der

Historische Linguistik

Ein ungeheures Interesse galt in der Neuzeit den mutmaßlichen Verwandtschaftsbeziehungen zwischen Türken, Ungarn und Finnen und ihrer möglichen Abstammung von den Hunnen und den Mongolen. Philipp Johann von Strahlenberg, ein schwedischer Offizier, den die Russen in der Schlacht von Poltawa 1709 gefangen genommen hatten, stellte während seiner langjährigen Gefangenschaft im zentralen Eurasien Ähnlichkeiten zwischen verschiedenen türkischen und mongolischen Dialekten fest. Matthias Alexander Castrén, ein Finne, der in den 1840er-Jahren Feldforschung in Sibirien betrieb, mutmaßte dann eine genetische Verwandtschaft zwischen diesen Völkern. Neue Einsichten brachte die Wiederentdeckung alter Klassiker. Der *Shejere-i Terakime* (*Stammbaum der Turkmenen*), geschrieben von Abu'l-Ghazi Bahadur, dem Khan von Chiwa (1643–63), wurde vom späteren Bildungsminister Ahmed Vefik ins osmanische Türkisch übersetzt und 1864 in Istanbul gedruckt. Ein polnischer Flüchtling, Mahmud Celaleddin, der nach dem Aufstand von 1849 nach Istanbul floh und zum Islam übertrat, nutzte den *Stammbaum* in seiner Studie *Les Turcs anciens et modernes* (erschienen 1870 in Paris) für seine Argumentation, das Türkische sei mit dem Lateinischen verwandt – genau die Art phantasiereicher Verbindung, die Lesern in Nordwesteuropa imponieren konnte. Später fand und publizierte man während des Ersten Weltkriegs Mahmud Kaşgaris *Kompendium der türkischen Dialekte.*

Besitz der Vergangenheit rechtfertigte Ansprüche, ihre rechtmäßigen Erben zu sein.[141]

Im selben Jahr, in dem das Antikenmagazin geschaffen wurde, richtete Mustafa Reşid Pascha ein osmanisches Zentralarchiv ein, eine „Schatzkammer (*Hazine*) für Dokumente". Schon 1850 diente das Archiv als Depot für die Akten des Großwesirats und seiner Kanzlei samt Direktor und Personal. Alte Aktensammlungen, die sich an verschiedenen Stellen und in über die Stadt verteilten Depots erhalten hatten, wurden hierhin ausgelagert.[142] Die „Schatzkammer" diente als Modell für die Archive anderer Regierungsbehörden und schließlich auch der Provinzhauptstädte.[143]

Der Crash der 1290er-Jahre

Die Neuorientierung der osmanischen Gesellschaft an diesen kosmopolitischen Leitlinien war untrennbar verknüpft mit der Schuldenlast des Reiches gegenüber europäischen Gläubigern. Wenn es auch nicht von geliehener Zeit lebte, so lebte das Reich jedenfalls von geliehenem Geld. Alles brach zusammen in den 1290er-Jahren (den Jahren 1873–82), dem letzten Jahrzehnt des 13. islamischen Jahrhunderts.

Osmanische Schulden

Zwar hatte sich Sultan Abdülmecid aus der französischen Anleihe von 1852 zurückgezogen, aber mit Ausbruch des Krimkrieges gingen dem osmanischen Staat die Optionen aus. Die Kosten des Konflikts zwangen den Sultan, seine Furcht vor dem Souveränitätsverlust zu überwinden, der darin bestand, dass zum ersten Mal osmanische Sicherheiten verpfändet und Schulden im Ausland gemacht wurden. Als Sicherheit für die ersten Darlehen diente der jährliche Tribut aus Ägypten. Seine Inlandsschulden konnte der Staat mit Geldern zurückzahlen, die er sich zu niedrigeren Zinsen lieh, und sich sogar zusätzliche Kredite beschaffen. Unterdessen lieh sich die Regierung Ägyptens selbst Geld auf dem europäischen Markt. In den Folgejahren lieh sich der osmanische Staat erneut Geld und bot als Sicherheit äußerst flüssige Einkünfte: die Zolleinnahmen von Istanbul und Izmir.[144]

Nach einiger Zeit waren diese wertvollen Pfänder aufgebraucht, und alle weiteren Auslandskredite mussten an die Einkünfte geknüpft werden. Deshalb hing die Verfügbarkeit von Krediten davon ab, dass man Gläubiger überzeugte, die Haushaltsführung des osmanischen Staats sei zuverlässig, was wiederum bedeutete, dass man einen Staatshaushalt aufstellen musste, der von europäischen Banken anerkannt würde – eine überaus problematische Aufgabe.[145] Osmanische Budgets setzten sich aus dem Rohmaterial provinzieller Finanzberichte zusammen, aber beim Erstellen dieser Berichte hatten die Provinzen reichlich

Grund, die Ausgaben zu übertreiben und bei den Einnahmen tiefzustapeln. Staatliche Kassendefizite wurden mit *havale* genannten schriftlichen Anweisungen gedeckt, die einer Zwangsanleihe von unten gleichkamen, da ihr Realwert häufig Verhandlungssache war. Ein weiteres Problem waren die löchrigen Grenzen zwischen Staatshaushalt und Palasthaushalt sowie das Fehlen wirksamer Beschränkungen hinsichtlich der Ausgaben der Sultane. Sowohl Abdülmecid (1839–61) als auch Abdülaziz (1861–76) standen in dem Ruf, das Geld mit beiden Händen auszugeben. Abdülaziz etwa brachte das Publikum auf seiner aufwendigen Reise nach Westeuropa, der ersten eines osmanischen Sultans überhaupt, zum Staunen. Sogar nach Ägypten reiste er. Der Dolmabahçe-Palast, der am Bosporus als dringend nötiger Ersatz für den alternden Topkapı errichtet worden war, diente als glanzvoller Schauplatz für die Gegenbesuche auswärtiger Monarchen und Würdenträger, war aber ebenfalls kostspielig. Wohnhaft war der Sultan in einem weiteren neuen Palast, Çırağan, der sich noch ein Stück weiter bosporusaufwärts in dem Dorf Beşiktaş befand. Skeptiker meinten, die osmanischen Budgets seien bestenfalls Annäherungswerte.

In der entstehenden atlantischen Weltwirtschaft waren die Osmanen nicht nur Kreditnehmer, sondern auch wichtige Handelspartner. Der osmanische Handel mit Westeuropa wuchs nach 1830 durch die Freihandelsabkommen dramatisch, bis 1873 um mehr als 5 Prozent pro Jahr. Federführend bei dieser Expansion waren die Küstenregion Syriens, Westanatolien und Nordgriechenland. Mehr als 70 Prozent des osmanischen Handels wurden mittlerweile mit Mittel- und Westeuropa abgewickelt, wobei Großbritannien Frankreich als größter Handelspartner der Osmanen bei Im- und Exporten überholte. Das Handelsvolumen war so groß, dass Fluktuationen im Außenhandel die osmanische Gesellschaft als Ganzes stark in Mitleidenschaft zogen. Als nach dem Amerikanischen Bürgerkrieg beispielsweise US-Weizenexporte den Markt überschwemmten, drückte das die Weltpreise und die osmanischen Weizenexporte gingen erheblich zurück. Und die Freihandelsverträge verboten Schutzzölle.[146]

Im Jahr 1863 wurde unter dem Namen Imperial Ottoman Bank eine osmanische Zentralbank gegründet, um potenzielle Gläubiger zu beruhigen. Ihrem Namen zum Trotz war die Bank kein osmanisches Unternehmen, sondern ein englisch-französisches Konsortium. Das Geldinstitut erledigte die Buchführung des osmanischen staatlichen Schatzamtes, zog bestimmte Einkünfte ein und hatte ein Monopol auf die Ausgabe von Banknoten, die durch die Währungsreserven gedeckt waren. Nach 1865 nahm der Umfang der osmanischen Anleihen zu. Die osmanischen Staatsausgaben mussten gedeckt werden, und gleichzeitig suchte ausländisches Kapital dringend nach Investitionsmöglichkeiten, eine Folge der in Europa grassierenden Spekulationswut.[147] Die Welle nationaler Einigungen erzeugte in Italien, Deutschland, Österreich-Ungarn und sogar im Amerika der Nachbürgerkriegszeit eine Finanzblase im Städtebau und bei den Eisenbahnen. Das europäische Kapital bewertete hastig das Kreditrisiko des Osmanischen Reiches. Der Krieg zwischen Frankreich und Deutschland 1870–71 veranlasste nicht nur Frankreich, sich abrupt von den Weltmärkten zurückzuziehen, sondern er goss auch entflammbares finanzielles Öl ins Feuer des Baubooms in Deutschland und Österreich. Überzogen optimistische Investoren liehen viel mehr, als die Darlehensnehmer nach realistischen Maßstäben zurückzahlen konnten.

Dann brach im Mai 1873 die Wiener Börse zusammen.[148] London und New York entgingen dem Krach zunächst, aber die überdurchschnittlich anfälligen britischen Banken traten bei den ausländischen Sicherheiten just zu dem Zeitpunkt auf die Bremse, als durch das Ausscheiden Frankreichs Kapital am meisten gefragt war. Auf dem gesamten Kontinent brachen die Finanzmärkte zusammen. Über Nacht war kein Kredit mehr zu bekommen.

Die Auswirkungen des „Gründerkrachs“ waren nirgendwo vernichtender als im Osmanischen Reich. Im Herbst 1871 fiel nach einer langen Dürre die Weizenernte auf der Hochebene von Rum und in Bosnien aus. Über 100 000 Menschen starben in jenem Winter, dazu gingen 40 Prozent der Viehbestände auf der Ebene ein.[149] Überall in der Region gingen die osmanischen Einnahmenpächter unter der Last ihrer Zahlungsverpflichtungen an den Staat bankrott.[150] Da die osmanische Regierung weiterhin Liquidität benötigte, beugte sie sich entsprechenden Forderungen und setzte eine Haushaltskommission unter Aufsicht der Ottoman Imperial Bank ein. Das verschaffte ihr etwas Zeit und neue Darlehen. Ein Großteil der Ausgaben floss ins Militär. Zwar gab es Einkünfte, doch waren sie ungleich verteilt und kamen in erster Linie aus gezielt geförderten Provinzen unter fähigen Verwaltern. Beispielsweise setzte Midhat Pascha in einer völlig umgestalteten Donauprovinz, zu der jetzt Rusçuk, Vidin, Sofia, Tarnovo, Warna, Tulça in der Dobrudscha und Niš gehörten, das Provinzreformgesetz von 1864 um. Es handelte sich um ein Gebiet, dem das Ende des Krimkrieges tiefgreifende Veränderungen gebracht hatte.[151] In Kilikien, wo seit dem Rückzug von Ibrahims ägyptischer Verwaltung 1841 recht chaotische Zustände geherrscht hatten, sorgte eine „Reformdivision" mit einem zivilen Statthalter und Truppen unter dem Kommando von Derviş Pascha für Ordnung.[152]

Der bosnische Aufstand

Nach der Missernte brach in Bosnien die öffentliche Ordnung zusammen. Ihrer Lage und ihrer gemischten religiösen Zusammensetzung wegen standen die Provinzen Bosnien und Herzegowina im Mittelpunkt explosiver Rivalitäten. Laut den osmanischen Daten aus dem Provinzjahrbuch 1870/71 setzte sich die Bevölkerung Bosniens aus ungefähr 50 Prozent Muslimen, 36 Prozent Orthodoxen und 13 Prozent Katholiken zusammen, wozu noch rund ein Prozent nichtmuslimische Roma und eine kleine Anzahl Juden kamen.[153] Der allseits geschätzte osmanische Statthalter, der hier das Provinzreformgesetz umgesetzt hatte, starb 1869; im Vorjahr war Fürst Michailo Obrenović von Serbien gestorben, ein unermüdlicher Fürsprecher der slawischen Einigung. Ohne den Mut und den politischen Willen beider Männer verkamen die sozialen Beziehungen. Orthodoxe Mönche predigten in den Seminaren in Mostar und Banja Luka einen engstirnigen slawisch-christlichen Chauvinismus, während mitten in Sarajevo eine protzige neue orthodoxe Kathedrale entstand. Ihre Glocken drohten die Stimmen der Muezzine zu übertönen, und unsichere Imame erbosten sich, dass der Glockenturm vielleicht höher ausfallen würde als die höchsten Minarette der Stadt. Der Volksverhetzung im Innern entsprachen leichtsinnige Einmischungen von außen. Während russische Spender Geld in die Kathedrale pumpten, errichteten österreichische Nonnen ein Kloster und bauten amerikanische Missionare eine Schule.[154] Auf das Drängen kroatischer Unterstützer und katholischer bosnischer Flüchtlinge in Wien stattete Kaiser Franz Joseph Bosnien-Herzegowina im Frühjahr 1875

Ethnische und religiöse Vielfalt in der Provinz Anatolien

Abb. 6.7: Eine große Gemeinschaft orthodoxer Christen sprach Türkisch als Muttersprache, schrieb es aber im griechischen Alphabet. Das Bild zeigt das Fragment einer Inschrift in diesem Karamanlı-Dialekt, die im türkischen Alaşehir gefunden wurde. Es handelt sich um den Grabstein eines Mannes namens Vasiloglu Dimit vom 26. Juli 1890.

einen Staatsbesuch ab, eine offenkundige Demonstration österreichischer Interessen.[155]

Im Sommer 1875 kam es zu Gewaltausbrüchen von Dorfbewohnern gegen Grundherren. Als die Weizenernte ausblieb, flohen hungrige und mittellose Menschen in die Berge, um sich der Steuerpflicht zu entziehen, und drei heftig bedrängte Grundherren – zwei Muslime und ein Christ – versuchten das Problem mit Gewalt zu lösen. Doch diese bittere menschliche Notlage spielte sich inmitten eines angespannten politischen Kontextes ab, und als der Aufstand andauerte, zeigte sich die ethnische und religiöse Seite des Konflikts. Weder In-

Abb. 6.8: Inschrift in osmanischem Türkisch und in Hebräisch, gefunden im türkischen Bergama. Es handelt sich um eine Stiftungsinschrift für Gebäudereparaturen, die ein angesehener Händler, Andan Morino, finanziert hatte, aus dem Jahr 1295 [1878 n. Chr.]. Der hebräische Text zitiert Sprüche 5,16 und 18: ... sollen deine Quellen auf die Straße fließen, auf die freien Plätze deine Bäche. [...] Dein Brunnen sei gesegnet; freu dich der Frau deiner Jugendtage. *Die Inschrift schließt:* Dem Herrn Ältesten Chaim Moshe unserem Lehrer Kurkidi, Gott kräftige und bewahre ihn. Und ich segnete ihn 363 *[1868 n. Chr.].*

terventionen aus dem Ausland noch osmanische Zugeständnisse konnten ihn beilegen.

Bankrott

Im Oktober 1875 kündigte der Großwesir an, der osmanische Staat werde die Zinsen auf seine Schulden nur zur Hälfte zahlen. Zwar hatte es in der Vergangenheit schon zweimal (1866 und 1871) verspätete Zahlungen gegeben,[156] doch in diesem Fall empörten der schlechte Zeitpunkt und die Art, wie der Zahlungsausfall bekanntgegeben wurde – eine schlichte Notiz der Regierung in den Istanbuler Zeitungen ohne jeden Versuch, in

Verhandlungen über eine Umschuldung einzutreten – die osmanische Öffentlichkeit ebenso wie die europäischen Gläubiger, die russische Intrigen dahinter witterten.[157] Die Anstrengungen zur Vermittlung in Bosnien-Konflikt wurden forciert; an ihrer Spitze stand Graf Gyula Andrássy, der ungarische Außenminister der Doppelmonarchie. Die Versuche schlugen fehl, obwohl Istanbul Pläne zu einer Finanzreform und Umverteilung des Grund und Bodens in der Provinz akzeptiert hatte. Unter diesen Umständen scheint die osmanische Schwäche die Entschlossenheit der slawisch-orthodoxen Christen noch gestärkt zu haben, die von der Vorstellung einer habsburgisch-katholischen Einmischung völlig besessen waren. Und inmitten der herrschenden Gewalt waren verängstigte christliche Dorfbewohner anfällig für Propaganda. Angriffe auf muslimische Dörfer fielen zusammen mit der ausländischen Intervention, die eigentlich alles beruhigen sollte. Auf den osmanischen Teilausfall vom Oktober 1875 folgte im April 1876 ein vollständiger. Exakt zur gleichen Zeit führte ein partieller Zahlungsausfall in Ägypten zur Einsetzung eines europäischen Finanzkonsortiums, das die ägyptischen Staatsschulden überwachte. Eine ähnliche Regelung gab es bereits in Tunis.[158]

Bei revolutionären Kundgebungen in drei Städten Zentralbulgariens griffen die Massen im Mai 1846 Türken an und töteten tausend Menschen. Osmanische Truppen und in muslimischen Dörfern angeworbene Freischärler schlugen grausam zurück. Nach osmanischen Angaben starben 3100 Christen und 400 Muslime; der britische Konsul bezifferte die Opferzahl auf 12 000, US-Quellen auf 15 000. Ende Mai wurde Sultan Abdülaziz in Istanbul durch einen Staatsstreich abgesetzt. Kaum eine Woche später nahm er sich das Leben. Fassungslos über diesen Selbstmord, zeigte sich sein Nachfolger Murad V., auf den die liberalen osmanischen Konstitutionalisten ihre Hoffnungen gesetzt hatten, außer Stande, die Staatsgeschäfte zu führen. Bis zum letzten Augusttag war die Regierung in Istanbul handlungsunfähig; dann löste Murads Bruder Abdülhamid II. ihn auf dem Thron ab. In den Wochen, die dazwischen lagen, erklärten Serbien und Montenegro den Krieg.

Der Russisch-Osmanische Krieg

Die Nachricht eines recht schnellen Sieges der osmanischen Heere und einer Verfassung, die man in Istanbul vorbereite, wurde in Frankreich und Großbritannien ganz anders aufgenommen als in Russland. In Großbritannien wirbelten evangelikale Christen wegen Gewalttätigkeiten gegen bulgarische Christen viel Staub auf. Gladstone wetterte in einer Streitschrift namens *Bulgarian Horrors and the Question of the East*, die im September 1876 erschien, gegen Premierminister Disraelis Bündnis mit der Türkei.[159] Anders als die „milden Mohammedaner Indiens", schrieb Gladstone, oder „die ritterlichen Saladine Syriens" und die „kultivierten Mauren Spaniens" seien die Türken „seit dem schwarzen Tag, als sie zuerst Europa betraten, der eine große menschenfeindliche Vertreter der Menschheit gewesen". Maßvollere Gemüter in Paris und London sahen keine praktische Alternative zum Osmanischen Reich, würde doch bei dessen Zusammenbruch mit Sicherheit Russland den Balkan überrennen und die Gläubiger der osmanischen Schulden alles verlieren. Tatsächlich drohte Russland mit militärischem Eingreifen. Einer internationalen Konferenz in Konstantinopel gelang es nicht, den Krieg abzuwenden, da sich die osmanische Regierung unter Großwesir Midhat Pascha, dem Autor jener Verfassung, die am Eröffnungstag der Konferenz in Kraft trat, jedem Zugeständnis verweigerte.[160]

Der Krieg dauerte nur sieben Monate und endete mit einem russischen Sieg, doch der menschliche Blutzoll entprach den Verlusten im Krimkrieg. Im Juni 1877 begann Russland seine Invasion auf beiden Seiten des Schwarzen Meeres, an der Donau und im Kaukasus. Dort nahm eine russische Offensive im November Kars ein und umfasste Erzurum. In der Donauebene hielt sich die osmanische Festung Plewna fünf Monate, ehe sie im Dezember kapitulierte. Als im Januar 1878 Edirne fiel, willigten die Osmanen in einen Waffenstillstand ein. Bei Kriegsende hatte Bulgarien mehr als die Hälfte seiner muslimischen Bevölkerung verloren – eine Viertelmillion war tot, mehr als eine halbe Million war in andere osmanische Länder vertrieben worden, verjagt von der russischen Armee. Auch die muslimische Bevölkerung in Bosnien-Herzegowina ging um mehr als 30 Prozent zurück, und der serbisch-orthodoxe Anteil der Provinz sank um 7 Prozent.[161]

Im Frieden von San Stefano erzwang Russland eine massive Kriegsentschädigung und die Autonomie für Bosnien-Herzegowina. Serbien und Montenegro wurden unabhängig und erhielten, obwohl sie den Krieg verloren hatten, zusätzliche Gebiete. Rumänien (so hießen die vereinigten

Donaufürstentümer jetzt), das den russischen Truppen den Durchmarsch gestattet hatte, bekam die Dobrudscha im Tausch für das südliche Bessarabien. Russland selbst behielt Batum am östlichen Schwarzen Meer, dazu Kars. Besonders beunruhigend war, dass sich plötzlich ein riesiges autonomes Bulgarien von Albanien bis zum Schwarzen Meer und mit einem Zugang zur Ägäis auf der Karte breitmachte.

Angesichts dieser unerhörten Vertragsbedingungen, voran Großbulgarien – ein willfähriges Werkzeug russischer Vorherrschaft – und weil sich San Stefano zur osmanischen Staatsschuld vollständig ausschwieg,[162] intervenierten die anderen europäischen Mächte und ordneten unter Gewaltandrohung eine augenblickliche Revision an. Auf dem Berliner Kongress wurde im Juni 1878 ein neuer Vertrag formuliert. Anwesend waren Großbritannien, Österreich-Ungarn, Frankreich, Deutschland, Italien, Russland und das Osmanische Reich. Griechenland, Rumänien, Serbien und Montenegro entsandten Beobachter. Im Berliner Abkommen wurde Großbulgarien aufgeteilt und stark verkleinert. Es sollte einen von den Osmanen gebilligten Fürsten bekommen und dem Osmanischen Reich Tribut zahlen, ansonsten autonom sein und eigenständig regiert werden, jedoch von russischen Truppen besetzt. Mazedonien wurde dem Osmanischen Reich zurückgegeben und Ostrumelien zur autonomen osmanischen Provinz gemacht. Russland behielt Kars, Batum und Süd-Bessarabien. Zwar wurden Serbien, Montenegro und Rumänien als vollständig unabhängig anerkannt, doch die Landgewinne Serbiens und Montenegros wurden reduziert. In Berlin räumte man der Abzahlung der osmanischen Schulden Priorität vor den osmanischen Reparationen an Russland ein und übertrug einen proportionalen Anteil dieser Schuld den soeben unabhängig gewordenen Staaten. Österreich-Ungarn besetzte am Ende Bosnien-Herzegowina und nahm es unter seine Verwaltung. In einer separaten Zypernkonvention sicherte sich Großbritannien das Recht, die Insel Zypern zu besetzen und für den Sultan zu regieren; im Gegenzug versprach es Hilfe gegen einen russischen Angriff und zahlte einen Tribut.

Zu klären blieb noch der osmanische Zahlungsausfall. Die aufgelaufene Kreditsumme belief sich insgesamt auf über 250 Millionen Pfund Sterling, mehr als das Zehnfache der jährlichen Einnahmen des osmanischen Schatzamtes zur Zeit des Börsenkrachs von 1873. Weil die einzelnen Anteile an den Schulden sehr unterschiedlichen Konditionen unterlagen, gestaltete sich die Koordination des Schuldendienstes schwierig. Als Garantie für einen Teil diente der ägyptische Tribut, der direkt in der Bank of England hinterlegt wurde, ein anderer Teil wurde mit allgemeinen Einnahmen des Schatzamtes abgesichert und war verschiedenen Kreditgebern geschuldet. Dieser Mangel an Koordination unter den Anteilseignern, verbunden mit der erneuten Einbeziehung der Galata-Bankiers, ermöglichte der osmanischen Regierung während des Krieges und danach weiter den Zugang zu Krediten.[163]

Die Übereinkunft wurde im Muharrem-Dekret verkündet, das nach dem ersten Monat des letzten Jahres im 13. islamischen Jahrhundert (Dezember 1881) benannt war. Laut der Vereinbarung wurde die Schuld auf unter 100 Millionen Pfund Sterling reduziert und der Umfang der aufgelaufenen Zinsrückstände auf 10 Prozent dieser Summe. Bis zur Rückzahlung waren für die Tilgung dieser Schuld bestimmte osmanische Staatseinkünfte vorgesehen. Dazu gehörten das staatliche Tabakmonopol, das Salzmonopol, die Alkoholsteuer, die Briefmarkensteuer, jetzt, wo das Reich seinen eigenen unabhängigen Postdienst aufbaute,[164] die Fischsteuer, die Seidensteuer einiger Provinzen, die bulgarische Tributzahlung, die Einkünfte aus der neuen Provinz Ostrumelien und die überschüssigen Einkünfte aus Zypern.[165] Zu ihrer Verwaltung wurde eine neue Institution geschaffen, die Ottoman Public Debt Administration.

7. Auflösung, 1882–1924

Jenes Osmanische Reich, für das die Generation des islamischen Jahrzehnts der 1290er-Jahre (1873–82) die Verantwortung übernahm, als sie erwachsen wurde, unterschied sich frappierend von dem Reich, das noch ihre eigenen Großeltern gekannt hatten. Durch die Masseneinwanderung von Muslimen, die vor den Kriegen und Gebietsverlusten auf dem Balkan und im Kaukasus flohen, war es zu seismischen Verschiebungen im demographischen Gleichgewicht des Reiches gekommen. Wie die Niederlage gestaltete auch die Schuldenlast das Reich um. Mit der Wende zum 14. islamischen Jahrhundert – dem letzten Bruchteil eines Jahrhunderts, den das Reich überhaupt noch existieren würde, wie sich später erwies – kamen Sorgen und gemischte Erwartungen.

Osmanische Sultane des 14. islamischen Jahrhunderts

Abdülhamid II.	1876–1909
Mehmed V. Reşad	1909–1918
Mehmed VI. Vahideddin	1918–1922

Mit der Zeit weckte die osmanische Verfassung, obwohl Sultan Abdülhamid II. sie ironischerweise unter Anwendung ihrer eigenen Bestimmungen außer Kraft gesetzt hatte, durch ihr schieres Vorhandensein Erwartungen einer offeneren politischen Kultur, selbst wenn der Sultan keine erkennbare Absicht hatte, diese zu erfüllen. In vielerlei Hinsicht war Abdülhamid ein vorausdenkender Monarch und dazu einer, der durch seine öffentlich praktizierte Frömmigkeit die alte sunnitische Nervosität gegenüber Neuerungen beschwichtigen konnte. Doch das alte Misstrauen gegen jede Form von Spaß hielt sich in weltlichem

Gewand nach wie vor. Folglich existierte die eilfertige Integration des Regimes in die internationale Ordnung eines ungebremsten Kolonialkapitalismus neben seiner ermüdenden islamischen Apologetik, einer paranoiden Informationspolitik und obsessiven Schuldzuweisungen. Osmanische Muslime fühlten sich von ihrer zudringlichen Regierung gegängelt, während die osmanischen Nichtmuslime außerdem noch den schäbigen religiösen Chauvinismus des Regimes zu spüren bekamen. Niemand war wirklich zufrieden – ausgenommen vielleicht die Verwaltern der Public Debt Administration. Die Aussichten für Investitionen schienen vielversprechend.

Die osmanische Generation der islamischen 1290er-Jahre jedoch weigerte sich am Ende, bereitwillig einer untergeordneten Rolle in einer internationalen Ordnung zuzustimmen, die ihr Reich einerseits als rückständig definierte und diese Definition andererseits als Rechtfertigung nahm, es der Souveränität zu berauben. Die Kugeln des Mörders, die am 28. Juni 1914 in Sarajevo den habsburgischen Erzherzog Franz Ferdinand und die Herzogin Sophie töteten und damit eine Folge von Ereignissen auslösten, die bis zum Ende jenes Sommers den Großteil Europas in den Krieg führte, waren nicht bloß die ersten Schüsse des Konflikts, der später als der Große Krieg bezeichnet wurde. Sie waren auch Vergeltungsschüsse in einem umfassenderen Konflikt, der längst im Gange war, einem Konflikt, der besser als Osmanischer Auflösungskrieg bezeichnet werden sollte. Er begann nicht erst im Sommer 1914, sondern bereits sechs Jahre früher im Sommer 1908, und seine ersten Schüsse wurden nicht von Ausländern abgefeuert, sondern von subalternen osmanischen Offizieren, die die Dinge selbst in die Hand nahmen. Der Osmanische Auflösungskrieg setzte sich weit über den Waffenstillstand hinaus fort, der den (Ersten) Weltkrieg beendete, und zwar bis zur Unterzeichnung des Vertrags von Lausanne im August 1923. Durch ihre Lebensumstände radikalisiert, stürzten patriotische Jungtürken dieser letzten osmanischen Generation ihre eigene Regierung, übernahmen die Kontrolle des Reiches und steuerten es in seinen endgültigen Untergang. Der Sieg „nationalistischer" Kräfte – der Überbleibsel der osmanischen Armee unter Führung osmanischer Generäle – zwang die Ententemächte an den Verhandlungstisch, während der Osmanensultan aus seinem Reich floh. Der letzte Rest osmanischer

Souveränität endete im März 1924, als das Parlament Abdülmecid II. absetzte – nicht einmal mehr als Sultan, sondern bloß als Kalif – und er über die Grenze ins Exil fuhr.

Das hamidische Zeitalter

Den Hintergrund dieser dramatischen Ereignisse bildeten die vorausgegangenen Jahrzehnte. Sultan Abdülhamid II. war einer jener osmanischen Sultane, deren Name für eine ganze Ära steht. Nur drei frühere Sultane – Orhan (1327–61), Süleyman (1520–66) und Mehmed IV. (1648–87) – hatten Abdülhamids 33 Jahre auf dem Thron übertroffen. Dank moderner Verwaltungs- und Kommunikationstechniken, vor allem Telegraph und Eisenbahn, wurde er ein Autokrat, wie es keiner seiner Ahnen je gewesen war.

Abdülhamid beendete entschlossen die Debatte über die Ziele der Tanzimat zugunsten einer zentral gesteuerten Entwicklung der osmanisch-islamischen Gesellschaft. Als Vorbild nahm er sich Mahmud II. und erklärte: „Jetzt verstehe ich, dass es nicht möglich ist, die Völker, die Gott unter meinen Schutz gestellt hat, mit anderen Mitteln als durch Gewalt zu bewegen."[1] Die Verfassung nutzte er, um deren Autor nur vier Monate nach ihrem Inkrafttreten zu verbannen, und mit verfassungskonformen Maßnahmen setzte er die Verfassung außer Kraft. Nach zwei Sitzungen schickte er das Parlament im Februar 1877 nach Hause. Abdülhamid gefiel es, alles unter Kontrolle zu haben, und zu seinem persönlichen Kontrollwahn gesellte sich ein unstillbares Verlangen nach Loyalität. Die Gendarmerie wurde als Truppe für die innere Sicherheit organisiert und unterstand nicht der Militärverwaltung, sondern dem Innenministerium. Ein Netzwerk bezahlter und freiwilliger Spitzel lieferte eilfertig Berichte über alle möglichen Alltagsaktivitäten. Später entdeckte man über 20 000 davon im Palast, wo sie zum persönlichen Lesevergnügen des Sultans verwahrt worden waren. Aber es waren nicht allein Abdülhamids pathologische Eigenheiten, welche die Grundzüge der osmanischen Politik und des Regierungshandelns diktierten. Politik wurde vielmehr von paternalistischen Beamten verschriftlicht und gemacht, bei denen es sich in der Mehrzahl um einheimische türkische

Muslime aus Rumeli und Anatolien handelte,[2] die inmitten einer allgegenwärtigen Verdachtskultur eifrig die Vorschriften durchsetzten.

Zwar kann die Ermordung von Zar Alexander II. durch russische Anarchisten im März 1881 Abdülhamid nicht entgangen sein, aber einen solchen Anstoß von außen scheint seine Paranoia gar nicht nötig gehabt zu haben. Zwei Sichtweisen auf die Persönlichkeit des Sultans finden sich in den Memoiren von Frauen des Palastes, die Jahrzehnte später in Istanbuler Zeitungen der 1940er- und 1950er-Jahre erschienen. Seiner Tochter Ayşe kam Sultan Abdülhamid ernsthaft und fleißig, hingebungsvoll und fromm vor, wie ein introvertierter Asket. Als er sah, wie Ayşe ihn auf dem Weg zum allwöchentlichen öffentlichen Gebet durch die Kutschentür anlächelte, hieß der Sultan sie allen Protesten der Mutter zum Trotz, dass sie noch zu jung sei, den Schleier anzulegen. Die ganze Familie trug das gleiche Parfüm, weil ihr Vater es trug. Wenn er nachts schlafen ging, verstummte der ganze Palast, um ihn nicht zu stören.[3] Ein anderes Bild ergibt sich aus den Erinnerungen von Filizten, einer Dame niederen Rangs am Hof Sultan Murads V., der 1876 als zweiter Herrscher in jenem „Dreisultanjahr" nur drei Monate lang auf dem Thron saß. Murad scheint der Selbstmord seines Vorgängers Abdülaziz seelisch aus dem Gleichgewicht gebracht zu haben. Als er sich erholt hatte, war er schon abgesetzt worden, und der Thron gehörte seinem Bruder Abdülhamid. Die nächsten 28 Jahre bis zu seinem Tod 1904 verbrachte Murad unter Hausarrest im Çırağan-Palast. Praktisch kein Wort von ihm drang an den Wachen vorbei in die Öffentlichkeit. Abdülhamid hat ihn nie besucht.[4]

Die osmanische Volkszählung

Um an genaue Daten zu kommen, führte Abdülhamids Regierung im ersten Jahrzehnt des neuen islamischen Jahrhunderts einen vollständigen Zensus durch.[5] Vor den Gebietsverlusten des Russisch-Türkischen Krieges 1877–78 hatten auf den Provinzjahrbüchern beruhende Schätzungen die osmanische Bevölkerung auf rund 29 Millionen beziffert, die sich gleichmäßig auf jene Gebiete aufteilten, die sogar osmanische Verwalter der Einfachheit halber „Europa" (50,8 Prozent) und „Asien" (49,2 Prozent) nannten; Afrika blieb ausgespart.[6] In San Stefano und Berlin begründeten russische Delegierte, die sich für ein Großbulgarien einsetzten, sowie das griechische und das armenische Patriarchat allesamt ihre territorialen Ansprüche mit erfundenen Bevölkerungszahlen.[7] Frustrierte osmanische Beamte entschieden, dass ein Zensus, eine umfassende Volkszählung der osmanischen Bürger, die Kaza für Kaza durchgeführt werden sollte, den Zielen des Staates entgegenkomme – zur Abwehr gegen weitere diplomatische Aggressionsakte ebenso wie zur Erleichterung der Besteuerung und Rekrutierung. Die Aufzeichnungen führten die Personenzahl pro Haushalt, Namen, Geburtsdatum und Äußeres der Hausvorstände sowie Details zu ihrer Militärtauglichkeit auf. (Das Reformedikt von 1846 hatte die Gleichheit von Muslimen und Nichtmuslimen verfügt, also waren auch beide Gruppen zum Militär-

Der osmanische Zensus

In Europa wie in Asien mischten sich die osmanischen Glaubensgemeinschaften nach stark variierenden regionalen Mustern.[a] Um nur einige Beispiele zu nennen: In Europa war Yanya (Janina) zu über 75 % griechisch und nur knapp über 20 % muslimisch. Das Kosovo war zu 56,8 % muslimisch, zu 38,1 % bulgarisch. Die Provinz Edirne wies eine muslimische Mehrheit von 52 % auf, zählte jedoch außerdem rund 30 % Griechen und 12 % Bulgaren. Selbst auf den ägäischen Inseln erreichte die muslimische Minderheit 10,4 % der Bevölkerung.

In Asien präsentierte sich die Provinz Bursa zu 84 % muslimisch, zu fast 10 % armenisch und darüber hinaus überwiegend griechisch. Die Provinz Aydın einschließlich Izmir war zu rund 80 % muslimisch und zu 14 % griechisch. In Samsun verteilte die Summe sich fast gleichmäßig auf Muslime (49,4 %) und Griechen (48,7 %). Van war die einzige Provinz mit einer armenischen Mehrheit (52 %), und die Stadt Van selbst zählte fast 65 % Armenier. Doch auch viele andere Städte hatten große armenische Minderheiten: Bitlis über 40 %, Elazığ 27 %, Erzurum 25 %, Sivas 23 %, Kayseri 19 %, Erzincan 18 % und Diyarbakır 17 %. Adana, die wichtigste Stadt Kilikiens, war zu 13,6 % armenisch. Das Sancak

dienst verpflichtet, in der Praxis jedoch zahlten Nichtmuslime auch weiterhin für eine Freistellung.[8]) Erstmals zählte man die Frauen mit. Es wurden Personalausweise ausgestellt.

Die Gesamtzahl, deren Erfassung Jahre dauerte, belief sich auf rund 17,4 Millionen Menschen, von denen etwa drei Viertel Muslime waren. Um systembedingte Fehler nach unten korrigiert – Nomadenstämme hielten ihre vollständige Stärke geheim, in den Sancaks Ipek und Prizren im Kosovo fand man sehr wenige Frauen, und in Bagdad, Basra und Mossul wurde der Zensus niemals abgeschlossen –, ergab sich eine geschätzte Gesamtbevölkerung von gut 20,4 Millionen für das gesamte Reich.[9] Gesamtzahlen zeigen jedoch nur einen Teil der Wahrheit. Nach

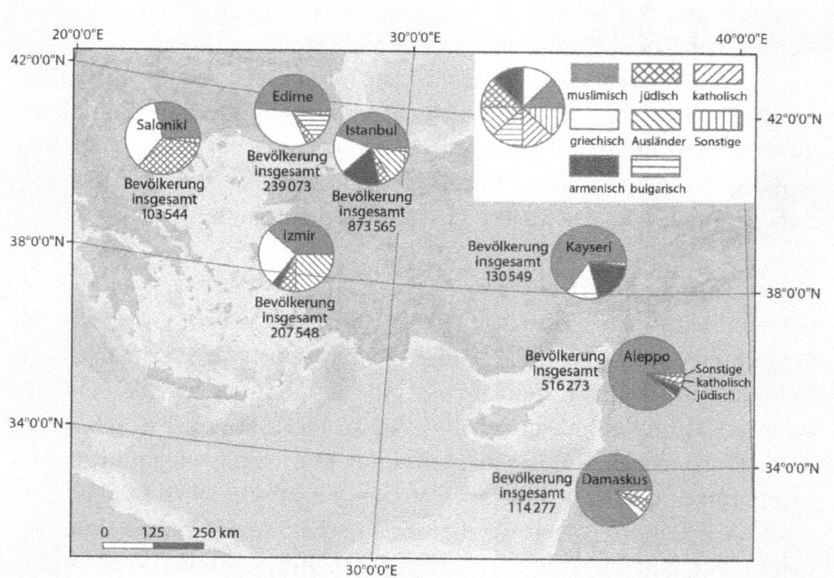

Karte 7.1: Die Volkszählung in ausgewählten osmanischen Städten

Jerusalem einschließlich Jerusalems, Jaffas und des Umlandes war zu 85 % muslimisch, zu 7 % griechisch und nur zu 3,5 % jüdisch.

[a] Zahlen aus Karpat, *Ottoman Population*, S. 122–51.

Sprachen unterschied die Zählung nicht, ob die Menschen nun Türkisch sprachen, Kurdisch, Arabisch, Albanisch, Bulgarisch, Serbisch oder eine andere Sprache. Und die Aufzeichnungen unterschieden zwar zwischen griechischen, armenischen und katholischen Christen, nicht aber zwischen den muslimischen Gruppen. Das osmanische Europa wie das osmanische Asien waren da ziemlich gemischt. Europa, obwohl inzwischen ein viel kleinerer Teil des Reiches, wies unter der Mehrheit aus griechischen und slawischen Christen große Gruppen von Muslimen auf; ebenso lebten unter den osmanischen Muslimen in Asien große Gruppen von Christen mit starken regionalen Abweichungen.

Die osmanische Bevölkerung war mittlerweile in wachsendem Maß muslimisch, in erster Linie wegen der Zuwanderung aus den russischen Gebieten und den unabhängigen Balkanstaaten. Der zweite osmanische Zensus, der 1905–06 durchgeführt wurde, bestätigte diesen Trend. Wie die erste war auch diese Volkszählung mindestens teilweise politisch motiviert, insbesondere durch die internationale Kontroverse um Mazedonien.[10] Die meisten Migranten ließen sich in Anatolien nieder. Der Anstieg der muslimischen Bevölkerung in Saloniki und Izmir deutet darauf hin, dass sie auch Arbeit in den Fabriken fanden.

Die osmanische Entwicklung

Generell wurde die Entwicklung der Hamidiye-Ära im Guten wie im Schlechten durch zwei miteinander verknüpfte Faktoren bestimmt, die Public Debt Administration (PDA) und die Kapitulation. Die PDA, ein internationales Finanzkonsortium, kontrollierte einen beträchtlichen Teil der osmanischen Wirtschaft, und ihre politischen wie militärischen Unterstützer genossen bei der Entscheidungsfindung rechtliche Vorteile, die spürbare Folgen für die osmanische Souveränität hatten. Das heißt nicht, dass der Sultan und seine Regierung machtlos oder unfähig gewesen wären, sondern lediglich, dass ihre Handlungen – ebenso wie der Widerstand dagegen – stets einen internationalen finanziellen und politischen Kontext hatten. Der osmanischen Regierung Abdülhamids II. gelang es nie, dem globalen Kolonialismus innerhalb ihres eigenen Herrschaftsbereichs mit adäquaten Mitteln entgegenzutreten, da sie, wie schon die Tanzimat-Politiker, die grundlegende Prämisse akzeptierte, dass globaler Fortschritt in Richtung Moderne ebenso unausweichlich wie notwendig sei. Statt sich dem internationalen Finanzregime zu widersetzen, beteiligte sich die osmanische Regierung daran, profitierte davon und suchte mit seiner Hilfe ihre eigene Vision der osmanischen Entwicklung voranzutreiben. Obwohl sie in manchmal schrillen islamischen Tönen eine osmanische Identität entwarf,[11] gab es in der osmanischen Regierung kaum echten Widerstand gegen den Kolonialismus, höchsten kleinliche Kritik an Methoden und Tempo und wer dabei führend sein sollte. Der Lebenslauf so manches Hamidiye-Beamten enthielt ein Intermezzo in Diensten der PDA.

Die Kapitulationen wiederum befreiten ausländische Firmen und ihre osmanischen Kunden von der osmanischen Besteuerung, was einem sehr großen Teil der osmanischen nichtmuslimischen Bevölkerung gestattete, sich der fiskalischen Souveränität, sprich: dem Zugriff der Finanzbehörden zu entziehen, und mit diesen Untertanen des Reiches arbeiteten die ausländischen Firmen am liebsten zusammen. Durch die Bewirtschaftung bestimmter osmanischer Einkünfte im Namen eines Kreditgeberkonsortiums bei der Imperial Ottoman Bank zahlte die PDA im Lauf der Zeit die ursprünglichen osmanischen Schulden ab und vermittelte Auslandskredite zu deutlich verbesserten Bedingungen.[12] Mit einer Personalstärke, die größer war als die des osmanischen Finanzministeriums, verbuchte die PDA 1903–04 Bruttoeinnahmen in Höhe von 30 Prozent der gesamten Einkünfte des staatlichen Schatzamtes; 1911 betrug der Anteil 17 Prozent.[13] Trotz der aus diesen ernüchternden Zahlen sprechenden Minderung der osmanischen Souveränität hätte es schlimmer kommen können – in Ägypten beschlagnahmten die europäischen Gläubiger ihre Sicherheiten einfach. Ähnlich ging die Sache im französisch besetzten Algier und in Tunis aus. Britische Truppen nutzten 1882 nach einer ägyptischen Heeresrevolte die Unruhen als Vorwand, um Truppen zu landen, den Suezkanal zu übernehmen und das Land zu besetzen. So schwer Istanbul es auch hatte, noch gab es am Bosporus keinen in London oder Paris ernannten Hochkommissar.

Ein erheblicher Teil der ausländischen Investitionen im Osmanischen Reich floss in Hafenanlagen und Eisenbahnbau.[14] Am Ende von Abdülhamids Herrschaft waren mehrere Bahnlinien in Betrieb. Der Bahnhof Sirkeci, 1890 am Bosporusufer unweit der Außenmauern des Topkapı-Palastes eröffnet, verband Istanbul mit Saloniki und Monastır und dann weiter über die Route des Orientexpress mit den österreichisch-ungarischen Hauptstädten Budapest und Wien und schließlich mit Paris. Eine weitere Bahnlinie verlief von der vergrößerten Station Haydar Paşa, die gegenüber Sirkeci auf der asiatischen Seite des Bosporus lag, nach Ankara. Im Jahr 1909 verbanden eigene Strecken Izmir und Kasaba, mit Stichbahnen durch die Flusstäler ins Landesinnere, sowie Damaskus und Hama, mit Stichbahnen ans Mittelmeer bei Beirut.[15]

Gemeinsame Interessen der Eisenbahnbaugesellschaften und der PDA gefährdeten eine unabhängige osmanische Beschlussfassung.[16] Aber es gab Wachstum. Die Kontrolle des Salzmonopols durch die PDA führte zu Entwicklung in verwandten Branchen wie Olivenanbau und Fischerei; die PDA verwaltete die Fischmärkte in Istanbul und den umgebenden Dörfern. Ihre Kontrolle der Seideneinkünfte in verschiedenen Provinzen erlaubte es den Beamten dort, den Gewerbezweig von der Seidenraupenkrankheit zu befreien.[17] Aber das Ganze hatte auch einen Preis. Weil die Eisenbahnen osmanische Agrarprodukte und Rohstoffe auf die Märkte brachten, förderten sie die Kommerzialisierung der osmanischen Landwirtschaft, aber ohne unbedingt die Herstellungskapazität zu erhöhen. Es wurde mehr Getreide exportiert, doch die tatsächliche Getreideproduktion stieg nur wenig. So musste beispielsweise Istanbul noch immer Mehl importieren.[18] Und im Unterschied zu anderen europäischen Großmächten wurde das osmanische Bahnsystem nicht mit Blick auf militärische Bedürfnisse gebaut, vielmehr standen Handelsprofite an erster Stelle. Im Fall einer Mobilmachung beispielsweise würden die Strecken, die nicht sehr nahe an den Grenzen des Reiches lagen, die absehbaren Anforderungen für den Truppentransport nur schlecht erfüllen.[19] Ehrgeizige Pläne für eine Bahnlinie nach Bagdad führten zur ersten osmanischen Bahnlinie, die nicht direkt zur Küste führte – ein Streckenabschnitt zwischen Eskişehir und Konya.

Auch Tabak und Baumwolle veranschaulichen die gemischten Ergebnisse. Mit ihrem Tabakmonopol verfügte die PDA über eine Quelle potenziell spektakulärer Gewinne – auf Tabak entfielen sagenhafte 35 Prozent aller Einnahmen der PDA.[20]

Dieses Tabakmonopol verpachtete die PDA an eine multinationale Gesellschaft, die man englisch kurz die Régie Company nannte und die ihre Profite mit der PDA und der osmanischen Regierung teilte. Die

Zigaretten

Tabak war in den osmanischen Ländern schon drei Jahrhunderte alt, aber ursprünglich keine einheimische Pflanze. Die Zigarette dagegen wurde, falls sie nicht sogar eine osmanische Erfindung ist – die Beweise dafür sind nicht restlos zwingend –, auf jeden Fall durch osmanische Soldaten populär, die sie auf den Schlachtfeldern der Krim mit den Alliierten teilten. Später überquerten die Zigaretten den Atlantik und erreichten die Armeen des Nordens und Südens im Amerikanischen Bürgerkrieg. In den osmanischen Ländern rauchten anscheinend alle, Männer, Frauen und Kinder. Sogar das Fasten am Ramadan brachen die Osmanen, indem sie sich abends eine anzündeten.[a]

[a] Quataert, *Social Disintegration*, S. 15.

Abb. 7.1: Ein Eunuch, Nadir Aga, macht um 1912 eine Zigarettenpause im osmanischen Dolmabahçe-Palast. Zeitgenössische Postkarte der Neuen Photographischen Gesellschaft, Berlin

Régie Company kontrollierte im Reich alle Stufen der Produktion, vom Anbau bis zum Verkauf. Tabak für den persönlichen Bedarf oder zum Verkauf an Nachbarländer anzubauen, war verboten. Ortsansässige osmanische Tabakfirmen gaben entweder ihr Geschäft auf oder zogen ins Nildelta um. Lizenzierten unabhängigen osmanischen Händlern war es möglich, für den Export ins Ausland zu verkaufen, jedoch nicht ins britisch besetzte Ägypten. Wie vorherzusehen war, stiegen die Tabakpreise, und der Schmuggel blühte.[21] Während die Régie Company Tausende Arbeitsplätze vernichtete, beschäftigte sie umgekehrt auch Tausende osmanischer Arbeiter in einer Belegschaft, die zu über 90 Prozent lokaler Herkunft war; doch die Firmenleitung bestand hauptsächlich aus Europäern.[22] Viele dieser Arbeitsstellen waren im firmeneigenen Sicherheitsapparat. Die Beziehungen zwischen Régie Company und osmanischer Regierung waren hitzig, da die Regierung sich um ihre Leute kümmerte, während die Firma ihr die niedrigen Profite ankreidete und über ein zu lasches Vorgehen gegen den Schmuggel klagte.[23] Die öffentlichen Proteste und Kundgebungen übersprangen alle Religions- und Gemeinschaftsgrenzen und schlugen häufig in Gewalt um, ebenso die Konfrontationen zwischen Schmugglern und Firmensicherheitsdienst. In den drei Jahrzehnten, welche die Régie Company im Geschäft war, tötete ihre Privatmiliz über 20 000 Menschen.[24]

Ein anderer Fall war Baumwolle. Wegen des Amerikanischen Bürgerkriegs suchten die europäischen Textilfirmen fieberhaft nach alternativen Bezugsquellen für Rohbaumwolle. Das löste im Mittelmeerraum einen Baumwollboom aus, nicht nur in Ägypten, sondern auch in der Provinz Aydın und in Kilikien, wo er zu einem tiefgreifenden Wandel führte. Der Boom ereignete sich in einem Rahmen, den das Tanzimat-Landgesetz von 1858 geschaffen hatte, von dem zwei Aspekte relevant für die Baumwolle waren. Weil es auf einer Registrierung des Rechtstitels auf das Land selbst bestand und Rechtstitel nur denjenigen gewährte, die Baumwolle anbauten, nicht etwa Steuereinnehmern, Stammesoberhäuptern und auswärtigen Grundherren, bedeutete das Landgesetz das endgültige Aus für die Abgabenpacht.[25] Außerdem verkaufte der Staat Titel auf Land, das bis dahin unproduktiv gewesen war und brachgelegen hatte. Solche Landstücke spielten, vor allem in der unter-

Abb. 7.2: Baumwollballen auf dem Markt von Kasr al-Nil in Kairo nach 1860

kilikischen Ebene, eine große Rolle bei der Steigerung der Baumwollproduktion für die internationalen Märkte.[26]

Kilikien, 1869 von Aleppo abgetrennt und zur eigenständigen neuen Provinz Adana erhoben, wurde zum Modell für die Zivil- und Militärverwaltung. Armenische Unternehmer kauften die brachliegenden, malariaverseuchten Feuchtgebiete in Unterkilikien, entwässerten sie und warben Halbpächter und Landarbeiter für den Baumwollanbau an. Hand in Hand mit der Trockenlegung der Sümpfe ging ein Ansiedlungsprogramm für die Hirtennomaden der Gegend, wie das Landgesetz es vorgesehen hatte.[27] Im Jahr 1878 kamen bereits über 60 Prozent der Rohbaumwolle, die das Osmanische Reich exportierte, aus Adana.[28] Im Mai 1884 wurde eine Eisenbahnlinie zwischen Adana und dem Hafen Mersin eingeweiht – mit Musikkapelle, feierlichen Gebeten auf Türkisch und „in den Sprachen der anderen anwesenden Nationalitäten" sowie einer Rede des Statthalters, die das Lob des modernen Fortschritts sang.[29] Mehrere Wellen muslimischer Migranten veränderten das demographische Bild in Adana – Nogai-Türken nach dem Krimkrieg, Abchasen, Tscherkessen und Slawen aus dem Zentralbalkan nach 1875.[30] Einige armenische Kaufleute und Landbesitzer wurden sehr reich, während der Boom auf die türkische Arbeiterschaft weit bescheidenere Auswirkungen hatte und für Spannungen zwischen Landbesitzern und nomadischen Bevölkerungsgruppen sorgte.

Das moderne Kalifat

Während das Hamidiye-Regime sich wohl oder übel an der europäischen Kolonialordnung beteiligte, steckte es eine eigene Einflusssphäre ab. Der Osmanensultan war einer der wenigen unabhängigen muslimischen Souveräne in ganz Afroeurasien. Abdülhamid, ein Meister von Pomp und Prunk, machte aus dem Freitagsgebet (dem *selamlık*) eine allwöchentliche Prozession und dachte sich Feiern aus wie den 25. Jahrestag seines Herrschaftsantritts und die 600-Jahr-Feier der Dynastie. Das Kalifat machte er zu einer Quelle des Stolzes und zu einem wichtigen Sinnbild muslimischer politischer Bestrebungen. Auf diese Weise forderte das osmanische imperiale Projekt den europäischen Kolonialismus mit einer Variante osmanisch-muslimischer Solidarität heraus, übernahm von ihm aber zugleich die ganze Bandbreite seiner modernisierenden Grundannahmen.[31] Abdülhamids Kulturpolitik trat der starken kolonialen Prägung entgegen und kanalisierte die Ängste und Ressentiments, die der massive Zustrom muslimischer Einwanderer vom Balkan und aus dem Kaukasus geweckt hatte.

Abdülhamids gebetsfrommer Säkularismus sah sich in Bildung und Erziehung auf die Probe gestellt. Die Krise der islamischen 1290er-Jahre (1873–82) hatte das Erziehungsgesetz von 1869 geschwächt. Fälle wie Damaskus waren die rühmliche Ausnahme. Unter dem ehrgeizigen Statthalter Midhat Pascha entstanden in mehreren syrischen Städten Bildungsgesellschaften unter örtlicher Ägide.[32] Zum Großteil aber fand die Bildungsreform unter den harten Realitäten des neuen Jahrhunderts statt. Abdülhamids energisch durchgeführtes Programm zielte auf eine allgemeine Grundschulbildung, nicht nur wie früher auf Militärakademien und Medizinhochschulen. Probleme gab es bei der Finanzierung, wegen der großen Distanzen zwischen Istanbul und den Provinzen sowie der mangelnden Begeisterung für den säkularen Zuschnitt des Programms bei muslimischen wie nichtmuslimischen Familien. Und obwohl lokale Anregungen nicht ungern gesehen waren, blieb eine imperiale Note spürbar – im gemeinsamen Lehrplan, im Stundenplan und in den Uniformen, welche die Schüler tragen mussten. In den osmanischen Städten setzte die Architektur modernistische Tanzimat-Akzente, von Zweckbauten bis hin zu einer Art osmanischem Historismus.[33] Dagegen scheiterten Versuche, das überholte Medrese-System zu reformieren. Da es politisch höchst riskant war, die eifersüchtig gehüteten Befreiungen der Medrese-Studenten und ihrer Lehrer vom Militärdienst an-

Abb. 7.3: Einsamer Beter in der Hagia Sophia. Die Hoffotografen prägten das Bild vom Reich in der Öffentlichkeit mit. Als erste schlüpften drei als Abdullah Frères bekannte armenische Brüder in diese Rolle, die Jahrzehnte lang ein Studio in Istanbul betrieben, das Ableger in Alexandria und Kairo hatte. Im Jahr 1900 verkauften sie die Firma an Sébah & Joaillier. Ihre Fotos stellten exotischen europäischen Bildern des Reiches alltägliche Gebäude und einfache Menschen entgegen.

zutasten, blieben die Medresen von den Reformen der Lehrpläne und Zielsetzungen überwiegend verschont.[34]

Bei den Nichtmuslimen erfolgte die Schulausbildung normalerweise innerhalb der Glaubensgemeinschaften. Einige stärker säkular eingestellte Familien nutzten die öffentlichen Schulen, aber wer es sich leisten konnte, schickte seine Kinder, dem Beispiel muslimischer Familien folgend, zur Ausbildung häufig ins Ausland. Eine weitere Option waren ausländische Missionsschulen, und einige christliche Familien griffen auf sie zurück.[35] Schon in den 1830er-Jahren interessierte sich die osmanische Regierung für das pädagogische Modell amerikanisch-protestantischer Schulen.[36] Nach dem Krimkrieg ließen sich Amerikaner in großer Zahl in Anatolien, auf der zentralen Hochebene, in Großsyrien und im Kaukasus nieder, wo sie Schulen, Krankenhäuser und Druckereien gründeten, zuerst auf Malta, dann in Istanbul und schließlich in Beirut. Die Tanzimat-Behörden schätzten sie als Gegengewicht zum russischen Einfluss unter den osmanischen Griechen und Armeniern. Cyrus Hamlin, der in dem griechischen Dorf Bebek am Bosporus ein amerikanisches Seminar und ein College gründete, wurde von Sultan Abdülaziz persönlich willkommen geheißen.[37] Doch die schiere Anzahl amerikanischer Schulen weckte Besorgnisse über ihre Absichten, und es gab Versuche, sie lizenzpflichtig zu machen und ihre Lehrpläne zu überwachen.[38] Eine Erhebung von 1910 über die Missionen verzeichnete 92 Hauptmissionsstationen und 500 Ableger mit über 600 ausländischen Beschäftigten. Mehr als 40 000 Schüler, hauptsächlich armenische und griechische Christen, besuchten 549 Grundschulden. An 11 Colleges waren weitere 1700 Schüler eingeschrieben.[39] Aus Eigeninteresse neigten die Missionare dazu, den Analphabetismus unter den Osmanen zu übertreiben, und sie machten sich Gedanken zum Thema Glaubensabfall,[40] dabei reichte die Bandbreite der Einstellungen unter den Missionaren von einem tiefen Verständnis für die osmanisch-muslimische Gesellschaft auf der einen Seite bis zu tiefer Ahnungslosigkeit und Bigotterie auf der anderen. Die osmanischen Christen teilten die Sorge ihrer Regierung und fanden, diese Schulen müssten überwacht werden.[41] Eine vergleichbare Bewegung unter den osmanischen Juden finanzierte die Alliance Israélite Universelle, eine 1860 gegründete französische Organisation. Wie die amerikanischen Schulen bei Armeniern und Griechen, so zielten die Alliance-Schulen auf die Entstehung einer modernisierten jüdischen Gemeinschaft im Osmanischen Reich nach eigenem Muster.[42]

Moderne Zeiten

Die modernistischen Widersprüche im Osmanischen Reich verkörperte der vielseitige Archäologe, Maler und Beamte Osman Hamdi.[43] Osman Hamdi liebte Paris, wohin ihn seine Familie zu Bildungszwecken geschickt hatte und wo er die Idee des Imperiums als zivilisatorischer Mission mit der Muttermilch einsog. Der Sohn eines Großwesirs hatte das große Glück, seine Verwaltungskarriere unter dem begabten Midhat Pascha in Bagdad zu beginnen. Nach mehreren weiteren Posten erhielt er jene Doppelernennung, die zu seiner Berufung wurde – er wurde zum Direktor des kaiserlichen Antiquitätenmuseums und der Schule für schöne Künste berufen. Mit seiner Einstellung bewiesen osmanische Beamte, dass sie die Beziehung zwischen Kultur und Imperialismus zweifelsohne verstanden. Osman Hamdi war der osmanische Vertreter im Verwaltungsrat der PDA mit der längsten Dienstzeit; er gehörte dem Gremium von 1888 bis zu seinem Tod 1910 an. Er nutzte diesen Posten, um rechtliche Schutzmaßnahmen für osmanische archäologische Kulturgüter einzuführen, die so abgefasst waren, dass europäische Regierungen und Forscher sie verstehen konnten; die Maßnahmen gipfelten im Altertümergesetz von 1884.[44] Gierige Archäologen konnten sich dennoch weiter über seinen Kopf hinweg direkt an den Sultan wenden oder an Orten wie Saloniki und Aleppo ihre heimischen Konsulate einschalten. Und auch osmanische Beamte ließen sich von Fall zu Fall einspannen, ja selbst Osman Hamdi war für Schmeicheleien nicht unempfänglich.[45] Aber es kam zu keiner Wiederholung des Falles von Lord Elgin, der im Jahr 1800 die Skulpturen des Parthenonfrieses nach England verschifft hatte, oder von Heinrich Schliemann, der 1874 den „Schatz des Priamos“ aus Troja wegschaffte.

Geschicklichkeit als Netzwerker und Diplomat und seine stark entwickelten zwischenmenschlichen Fähigkeiten nahmen Kollegen und Rivalen gleichermaßen für ihn ein, und so verlagerten sich der Prozess und das Produkt der archäologischen Forschung Schritt für Schritt in die osmanische Hauptstadt. Osman Hamdi wurde zum Katalysator für ein gesteigertes öffentliches Bewusstsein für antike Kulturgüter, deren

Abb. 7.4: Osman Hamdi, Zwei Musikantinnen. Wie Abdullah Frères lehnte sich auch die Malerei Osman Hamdis diskret gegen Klischees des Orientalismus auf. Das Bild, heute in der Sammlung des Pera-Museums, erinnert an Gérôme und macht viele orientalisierende Anleihen, wie etwa Teppiche und eine Balustrade mit Arabesken. Doch ist es an einem identifizierbaren Schauplatz angesiedelt (der Grünen Moschee in Bursa), und die unverschleierten Musikantinnen sind selbstbewusste, voll bekleidete Künstlerinnen.

Abb. 7.5: Der Alexandersarkophag. Reproduktion eines zeitgenössischen Fotos

Erhalt und den Wert der osmanischen und islamischen Vergangenheit.[46] Fortgesetzt wurde diese Arbeit durch die 1909 gegründete Osmanische Historische Gesellschaft. Osman Hamdis vielleicht größter Coup war der 1887 in Sidon ausgegrabene „Alexandersarkophag". Der außerordentlich gut erhaltene Sarkophag aus weißem Marmor mit faszinierenden Hochreliefs, die Kämpfe Alexanders des Großen gegen die Perser und Löwenjagden zeigen, wurde anfangs als der Sarkophag Alexanders selbst identifiziert. Das alexandrinische Erbe der Osmanensultane, vormals in den Versen der Epen besungen, wurde jetzt zum am meisten geschätzten Besitztum des Antikenmuseums. Dort konnte es mit einem anderen Grabmal konkurrieren, das allgemein für das Alexanders gehalten wurde; es war aus Ägypten geraubt und im Britischen Museum untergebracht worden.

Widerstand gegen Abdülhamid II.

Abdülhamids repressiver Sicherheitsapparat, die Zensur und das Netzwerk aus Spionen erschwerten es, innerhalb des Reiches Unzufriedenheit zu äußern.[47] Liberales Gedankengut kursierte unter Studenten an der Medizinhochschule, der Rechtshochschule, der Militärakademie und an einigen Oberschulen. Sie bildeten heimliche Zirkel, zogen die Aufmerksamkeit der Polizei auf sich und wurden zu Verhören vorgeladen. Auch unter den Christen formierten sich Oppositionsgruppen. Man verdächtigte die Kirchenführung; 1891 wurde die Patriarchatsversammlung der Armenier aufgelöst.[48] Außerhalb des Reiches konnten sich dagegen Oppositionsgruppen treffen, diskutieren und Zeitschriften oder Abhandlungen veröffentlichen – in Paris, in Genf, im britisch besetzten Kairo und Alexandria sowie in Beirut.[49] Mitte der 1890er-Jahre funktionierte ein lockerer Dachverband, der sich irgendwann „Komitee für Einheit und Fortschritt“ (KEF) nannte und einen gemeinsamen Rahmen bot, innerhalb dessen sich die grundverschiedenen Elemente der osmanischen Opposition mit ihren stark voneinander abweichenden philosophischen Positionen über ihre Ziele austauschen konnten. Die Kollektivbezeichnung „Jungtürken“, die der Bewegung auch in europäischen Kreisen beigelegt wurde, war irreführend:[50] Die verschiedenen Gruppen hatten wenig gemeinsam außer dem Wunsch, Abdülhamid zu stürzen.

Förmlich organisiert wurde die Opposition während einer Phase heftiger armenierfeindlicher Gewalt im Reich. Die Gewalttätigkeiten begannen im August 1894 in Sason nahe dem Vansee und entzündeten sich ursprünglich an einem banalen Steuerstreit. Mitglieder von Huntschak, einer armenischen Dissidentengruppe, griffen den osmanischen Statthalter an. Daraus wurde ein Massaker, als Hamidiye-Regimenter, ein nach Stämmen organisierter Ableger der Gendarmerie, und reguläre Truppen eingesetzt wurden. Ein Jahr später versuchte Huntschak eine europäische Intervention herbeizuführen und organisierte zu diesem Zweck eine Demonstration in Istanbul; daraus entwickelte sich ein Tumult, bei dem Hunderte Armenier getötet wurden. Das armenierfeindliche Pogrom griff auf Trabzon und andere Ortschaften über, befördert von einigen osmanischen Beamten. Auch einfache osmanische Muslime beteiligten sich, weil die Aussicht auf Beute sie lockte. Nach Schätzungen des deutschen Missionars Johannes Lepsius starben 88 000 Armenier.

Lepsius hielt die Verfolgungen nicht für religiös, sondern politisch motiviert.[51] Der neue, 1896 gewählte Patriarch galt als Lakai des Sultans.[52] Im weiteren Verlauf desselben Jahres brachten Mitglieder der Armenischen Revolutionären Föderation (Daschnakzutjun) den Hauptsitz der Imperial Ottoman Bank in Istanbul samt 150 Geiseln in ihre Gewalt und drohten, ihn in die Luft zu sprengen. Die Franzosen intervenierten, und die Verbrecher entkamen. Doch wurden bei einem Wiederaufflammen der Gewalt etwa 6000 Armenier getötet.[53] Vorschlägen einer armenischen Autonomie widersetzte sich Abdülhamid; er verwies auf den Fall von Ostrumelien, das sich nach dem Berliner Kongress mit Bulgarien vereinigt hatte,[54] und auf Kreta, wo, nachdem eine repräsentative Versammlung und ein christlicher Statthalter zugestanden worden waren, die Vereinigung mit Griechenland verkündet und von griechischen Truppen unterstützt wurde. Die osmanische Armee gewann zwar einen kurzen Krieg, aber die Autonomie erhielt Kreta trotzdem, und das unter einem von Europa ernannten Hochkommissar, bei dem es sich rein zufällig um Prinz Georg von Griechenland handelte.[55]

Auf einer Generalversammlung der osmanischen Opposition, die im Februar 1902 in Paris stattfand, spalteten sich die verschiedenen Richtungen – Konstitutionalisten, Materialisten, Anarchisten und andere. Die Frage, die alle am meisten entzweite, war die Haltung für oder gegen eine ausländische Einmischung in osmanische Angelegenheiten; damit einher ging generell auch die jeweilige Einstellung zu einer Autonomie der Armenier.[56] Das KEF verbrachte die nächsten beiden Jahre im Dornröschenschlaf, doch den Eindruck des japanischen Sieges im Russisch-Japanischen Krieg und der russischen Revolution von 1905 auf die osmanischen Dissidenten kann gar nicht hoch genug eingeschätzt werden.[57] Nicht nur die Osmanen verfolgten die Ereignisse aufmerksam. Vom russischen Vorbild angeregte Revolutionäre stürzten die Dynastie der Chadscharen und gaben dem Iran die erste Verfassung. Als wilde Gerüchte umliefen, der japanische Kaiser sei Muslim geworden, wollte ihn Abdullah Cevdet im britischen Kairo schon zum Kalifen machen – bis klügere Köpfe ihn daran erinnerten, dass der Kalif natürlich ein Türke sein müsse![58]

Dass Geheimgesellschaften und revolutionäre Gruppen wie Pilze aus dem Boden schossen, war Abdülhamids Regierung nicht entgangen. Ahmed Bedevi Kuran, ein Beteiligter, der 50 Jahre später seine Memoiren veröffentlichte, erinnerte sich an mehr als nur einen vereitelten Anschlag auf den Sultan im Jahr 1905.[59] Bahaeddin Şakir, der Leibarzt von Prinz Yusuf Izzeddin (des Zweiten in der Thronfolge), wurde als geheimes KEF-Mitglied enttarnt und floh nach Paris. Dort traf er im September 1905 ein, gerade als der Russisch-Japanische Krieg zu Ende ging und Graf Witte die russische Verfassung ankündigte. Dr. Şakir verband die osmanischen Widerstandskreise wieder zu einem Netz aus Zellen inner- wie außerhalb des Reiches und schloss ein entscheidendes taktisches Bündnis mit armenischen Revolutionären. Außerdem half er bei der Organisation eines zweiten Kongresses der osmanischen Opposition im Dezember 1907.

Die jungtürkische Revolution

Die osmanische Revolution brach in Mazedonien aus. „Mazedonien“ meinte drei osmanische Provinzen, nämlich Manastır, Kosovo und Saloniki. Gemeinsam zählten diese drei Provinzen mehr Christen als Muslime – doch die griechischen, bulgarischen und serbischen Orthodoxen waren durch Konfessions- und Sprachgrenzen streng geteilt. Die größte Gruppe (mehr als 45 Prozent im Zensus von 1906) stellten die Muslime, aber auch sie bildeten keine einheitliche Gemeinschaft.[60] Diese demographischen Tatsachen bedeuteten, dass Mazedonien nach dem Berliner Kongress 1878 zum Ziel für bulgarische, serbische und griechische Begehrlichkeiten, osmanische Eifersüchteleien und der Rivalitäten der Großmächte wurde. Innerhalb der Region waren die Religionsunterschiede zweitrangig, gemessen an den Fragen von Arbeit und Landbesitz. Militante Arbeiterbewegungen fassten Fuß, als die Régie Company die einheimischen Tabakfirmen aus dem Geschäft drängte und die Arbeiter wählen mussten, ob sie der Régie Company dienen oder ganz wegziehen wollten.[61] Im Jahr 1894 ging eine Eisenbahnlinie in Betrieb, die Saloniki mit Manastır verband, und 1903 wurde der Ausbau der Hafenanlagen in Saloniki abgeschlossen. Eine Welle von Landenteignungen förderte die massenhafte Emigration. Allein in der ersten Hälfte des Jahres 1906 wanderten laut Konsularakten 15 000 Mazedonier in die Vereinigten Staaten aus.[62]

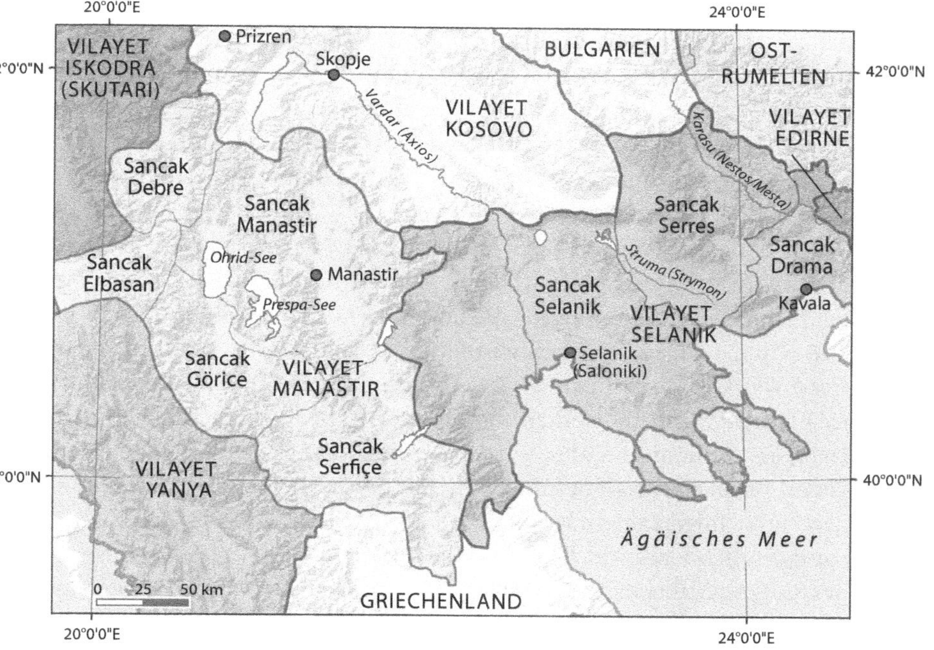

Karte 7.2: Das osmanische Mazedonien

Es herrschte kein Mangel an internationalen Vorschlägen zur Lösung der Probleme, und der Sultan handhabte die Situation ineffektiv. In den Provinzen tummelten sich einige der radikalsten Gruppen osmanischer Revolutionäre. Es bildete sich eine Bewegung für die mazedonische Unabhängigkeit, während gleichzeitig revolutionäre Organisationen, die von der griechischen, der bulgarischen und der serbischen Regierung gegründet worden waren, auf die Annexion Mazedoniens hinwirkten. Die Briten hatten schon zur Zeit des Berliner Kongresses einen Plan vorgelegt, der eine mazedonische Autonomie mit neuen Provinzgrenzen und einem christlichen Statthalter bei Abzug der osmanischen Truppen vorsah. Österreich und Russland schlugen bescheidene Reformen, eine internationale Finanzaufsicht und eine gemeinsame europäisch-osmanische Friedenstruppe vor. Zwar stimmte Abdülhamid zu, doch die Gespräche zur Umsetzung des Plans traten mehr oder weniger auf der Stelle. Seit 1903 kam es zu einer Reihe brutaler Anschläge: der

Aufsehen erregenden Entführung eines amerikanischen Missionars, der freigekauft wurde; einer Welle von Bombenanschlägen; und dem Mord am serbischen König Aleksandar Obrenović. Im Frühjahr 1908 führte das KEF mehrere Attentate in Mazedonien durch. Englische Konsularkreise schätzten in dieser Zeit, dass politische Morde jeden Monat etwa 100 Opfer forderten.[63]

Vor dem Hintergrund einer reichsweiten Dürre im Jahr 1907, Unruhen wegen des Brotpreises in Sivas, Kayseri und Erzurum[64] sowie flehentlicher Gebete um Regen, die auf Prozessionen von den Moscheen und Kirchen aus gesprochen wurden, traf sich im Juni 1908 König Edward von Großbritannien in Reval (Tallinn) mit Zar Nikolaus II. Gerüchte liefen um, sie wollten die Osmanen zur Aufgabe Mazedoniens zwingen. Osmanische Armeeoffiziere schritten zur Tat. Ahmed Niyazi, Ismail Enver und andere führten ihre Truppen in die Berge und begannen, Freiwilligenverbände aufzustellen. Jemand versuchte den Garnisonskommandanten in Saloniki zu ermorden, einen bekannten Spion des Sultans. Şemsi Pascha, den der Palast ausschickte, um die Lage unter Kontrolle zu bringen, wurde von einem KEF-Revolutionär am helllichten Tag vor dem Postamt erschossen, als er in ein Fahrzeug stieg.[65] Die Meuterei griff um sich, weitere Morde wurden verübt, und binnen zwei Wochen hatten die Rebellen die Provinz unter Kontrolle. Verhandlungsangebote schlugen sie aus und erklärten, sie würden auf Istanbul marschieren. Der Sultan sah sich zu Konzessionen genötigt. Am 24. Juli 1908 wurde die osmanische Verfassung wiederhergestellt.[66] Sollte im Osmanischen Auflösungskrieg tatsächlich ein erster Schuss abgegeben worden sein, dann war das die Ermordung von Şemsi Pascha in Manastır am 7. Juli 1908.[67] Ein 600 Jahre altes Reich begann auseinanderzufallen und die verschiedenen Völker dieses Reiches, Türken, Kurden, Armenier, Griechen, Araber, Südslawen und andere, deren Wünsche die Revolution in gemeinsame Bahnen lenkte, kämpften jetzt erbittert für die Kontrolle über sein Erbe.

Die internationale Reaktion folgte unmittelbar. Bulgarien erklärte seine Unabhängigkeit. Griechenland annektierte Kreta. Istanbul hatte kaum eine andere Wahl, als sich mit diesen vollendeten Tatsachen abzufinden. In Bosnien und der Herzegowina jedoch lagen die Dinge etwas anders. Rein rechtlich waren sie immer noch osmanisches Gebiet, also konnte ein neues osmanisches Parlament theoretisch die seit 30 Jahren anhaltende österreichische Besatzung für beendet erklären.[68] Um dem zuvorzukommen, erklärte Wien die Annexion. Noch in derselben Nacht trafen sich der serbische Außenminister und weitere aufgebrachte Amtsträger in Belgrad, um Pläne zur Finanzierung von Propaganda, kulturellen Veranstaltungen und weniger unschuldigen Aktivitäten mit dem Ziel einer Destabilisierung der Provinzen auszuarbeiten. Franz Ferdinands Mörder Gavrilo Princip sagte später aus, dass er und seine Mitverschwörer, südslawische Idealisten, eine Ausbildung und Geld erhalten hätten.[69]

In Istanbul hatten die Rebellenoffiziere, die das Reich retten wollten, kaum konkrete Pläne, wie sie es regieren sollten. Das Komitee für Einheit und Fortschritt war keine organisierte politische Partei. Seine Mitglieder einte weniger eine Ideologie als vielmehr die gemeinsame Anschauung einer Generation aus unzufriedenen Kadetten und patriotischen Beamten. Als Gruppe waren sie antiklerikal, materialistisch und Säkularisten. Sie wollten durchaus das Sagen haben, doch verließen sie sich auf Intellektuelle wie Ziya Gökalp, Yusuf Akçara und andere, die ihre Gedanken in Übereinstimmung bringen und eine in sich schlüssige Vision erarbeiten sollten. Doch vorerst verlangten drängende Fragen ihre Aufmerksamkeit. Arbeiterunruhen hatten die Revolution begleitet und die unterschwelligen Ressentiments in der Gesellschaft zutage gefördert, die den Erfolg dieser Revolution erst ermöglicht hatten. Dieselben Truppen, die der Palast nach Saloniki beorderte, um im Juli 1908 die Revolte im Keim zu ersticken, hatten den Abmarsch aus Izmir verweigert, weil ihr Sold ausstand.[70] In jenem Sommer und Herbst fegte eine Streikwelle durch das Reich. Die Beschäftigten der Fährverbindung zwischen dem Goldenen Horn und den Prinzeninseln streikten nur acht Tage nach Wiederherstellung der Verfassung wegen ihres Lohnrückstandes. Im September brachten Streiks praktisch den gesamten Schienenverkehr des Reiches zum Erliegen. Die Arbeiter wollten höhere Löhne und bessere Arbeitsbedingungen – kürzere Arbeitszeiten, mehr Sicherheit am Arbeitsplatz – und waren weder besonders klassenbewusst noch gut organisiert. Lange durchhalten konnten sie nicht, ohne arbeitsrechtliche Regelungen oder Streikkassen, die sie geschützt hätten. Die Firmen setzten Gewalt ein, um sie wieder an die

Arbeit zu treiben, oder feuerten sie und ersetzten sie durch andere. Die Hoffnungen der Arbeiter auf Unterstützung durch das KEF wurden enttäuscht. Zu stark war das Reich in die internationalen kapitalistischen Strukturen eingebunden, als dass das KEF Druckmittel gefunden hätte, um sie in Frage zu stellen.[71]

Konterrevolution

Das Gezänk unter den osmanischen Revolutionären schwappte im April 1909 auf die Straßen Istanbuls über. In den ersten Monaten des osmanischen Parlaments, das Abdülhamid im Dezember 1908 feierlich im Çırağan-Palast eröffnet hatte, organisierte sich das KEF förmlich als politische Partei. In Fragen der nationalen Wirtschaftspolitik und der Rolle der Religion im öffentlichen Leben wurde der Widerstand gegenüber den „Unionisten" lauter, und eine nunmehr befreite Presse fand viel Gelegenheit zur Satire.[72] Viele Angehörige des KEF waren als Säkularisten bekannt; manche waren Atheisten, manche Bektaşis, andere Freimaurer.[73] Eine Demonstration im Hippodrom von Istanbul, die zeitlich so angesetzt worden war, dass sie mit dem Geburtstag des Propheten im April 1909 (31. März julianisch) zusammenfiel, schlug in Gewalt um. Eine Gruppe, die Mohammedanische Union, stimmte den Ruf nach der „Scharia" an. Da die Demokratie in Gefahr war, gingen außerhalb der Hauptstadt Truppen zur Verteidigung der Revolution in Stellung. Mahmud Şevket Pascha, Kommandeur des Heeres in Mazedonien und Verbündeter des KEF, verhängte das Kriegsrecht. Das Parlament setzte Abdülhamid ab, wiewohl er in keiner eindeutigen Verbindung zu den Gewalttaten stand, und hob Sultan Mehmed V. alias Reşad, mit dem die Unionisten eine geheime Absprache hatten, auf den Thron.[74] Eine Revision der Verfassung machte aus dem Sultan einen parlamentarischen Monarchen, schränkte die Versammlungsfreiheit und das Streikrecht ein und beendete die Befreiungen von Nichtmuslimen vom Militärdienst.

Die Gewalt blieb nicht auf die Hauptstadt beschränkt. In Adana, wo der armenierfeindliche religiöse Fanatismus spürbar und die antiunionistische Politik beliebt war, erweckten die ersten wirren Berichte von den Vorfällen am 31. März den Eindruck, als wäre das KEF gestürzt worden. Böswillige Gerüchte über einen geplanten Aufstand der Armenier verbreiteten sich.[75] Von türkischen Rowdys angegriffen, tötete ein armenischer Schreiner seine Bedränger in Notwehr, und aus dem Begräbnis der Raufbolde wurde ein Aufruhr. Ein amerikanischer Augenzeuge, Herbert Adams Gibbons (der später eine wichtige Geschichte des frühen Osmanischen Reiches schrieb) sah, wie armenische Händler ihre Geschäfte abschlossen und nach Hause eilten.[76] Adanas unterschwellige soziale und religiöse Spannungen entluden sich in schrecklicher Gewalt. Vor den Augen Gibbons' und eines anderen Missionars ermordete ein Mob zwei Armenier. Zwei Tage lang tobten Kämpfe, wurde „in allen Vierteln der Stadt dauernd und ununterbrochen geschossen und getötet". Muslime aus den nahe gelegenen Dörfern strömten in die Stadt und stürzten sich in den Kampf, angestachelt von mordlustigen muslimischen Ulema. In ganz Kilikien griffen hasserfüllte Muslime ihre armenischen Nachbarn an. Gibbons berichtet, dass 250 türkische Freischärler den Zug nach Tarsus für beschlagnahmt erklärt und dort bei der Zerstörung des Armenierviertels geholfen hätten. Truppen, die entsendet wurden, um das Töten zu beenden, machten stattdessen mit.[77] Schätzungsweise 25 000 Armenier und 1850 Türken kamen ums Leben.[78]

Die fanatischen Prediger, Seminaristen und Sufis der Konterrevolution schockierten das Parlament. Die Morde brachten die Stimmen der

Abb. 7.6: Straße im Christenviertel von Adana im Juni 1909

osmanischen Liberalen und ihrer nichtmuslimischen Verbündeten zum Verstummen, drängten sie in die Defensive und verschoben das Kräfteverhältnis innerhalb des KEF zugunsten der radikalen Säkularisten im Zentralkomitee. Ein halbamtliches Gremium der Scheichs wurde geschaffen, dessen Ehrenvorsitz der Şeyhülislam übernahm. Es veröffentlichte eine Geschichte des Sufismus und begann mit der Zusammenstellung einer allgemeinbildenden Bibliothek in der Hoffnung, ruhige Gelehrtentätigkeit werde alle wieder zur Vernunft bringen.[79] Aber einige im Parlament forderten, die Tekken einfach zu schließen. Man müsse den Dschihad gegen die Derwische und Seminaristen ausrufen, sagte ein Parlamentarier, da sie so weit vom Islam und vom Koran abgekommen seien. In seiner *Geschichte des osmanischen Niedergangs* schrieb Celal Nuri die ätzenden Worte: „Der Mecnun und Verrückte in der türkischen Literatur war Fuzuli, in der arabischen Ibn Arabi und in der persischen Hafiz." Sufi-Bücher seien „wie Vampire, die die Medrese umkreisen und ihre Zähne in unsere Seelen schlagen".[80]

Einheit der Elemente

Im Juni 1911 machte Sultan Mehmed Reşad als Geste des guten Willens einen öffentlichkeitswirksamen Besuch in Mazedonien und Albanien, bei dem er sich für die soziale Vielfalt der Osmanen aussprach.[81] Unterwegs wurde er überall mit Paraden und Umzügen begrüßt, man opferte Schafe und sprach Gebete. Die öffentlichen Veranstaltungen unterstrichen die ethnische und religiöse Eintracht und demonstrierten die königliche Unterstützung für die „Einheit der Elemente", ein unionistischer Wahlspruch für Gespräche zwischen den verschiedenen osmanischen Gemeinschaften über gemeinsame Ziele.

In den Händen von KEF-Radikalen nach der Konterrevolution konnte Einheit der Elemente aussehen wie angewandte Sozialwissenschaft. An der Spitze des Zentralkomitees standen Männer, die im Krisenjahrzehnt 1873–82, den islamischen 1290er-Jahren, zur Welt gekommen waren, junge Männer, die auf die Jugend und ihre Berufung zu großen Veränderungen vertrauten. Die Schlüsselfiguren waren Ismail Enver (geboren 1881) und der Innenminister Mehmed Talat (geboren 1874), der Soziologe Ziya Gökalp (geboren 1876), der tatarische Einwanderer und Historiker Yusuf Akçura (geboren 1876 in Simbirsk, dem heutigen Uljanowsk) und Celal Nuri (geboren 1881). Der etwas ältere Ahmet Ağaoğlu alias Agajew war 1869 in Aserbaidschan geboren. Einige von ihnen waren selbst Opfer ethnischer Säuberungen gewesen.[82] Sie konnten sehr wohl die muslimische Frömmigkeit verachten und dennoch gleichzeitig kein Gespür für Nichtmuslime haben. Sie bezweifelten, dass islamische oder überkonfessionelle osmanistische Ideale in der Lage seien, in einem modernen Staat sozialen Zusammenhalt zu schaffen.[83] Zu ihren einheitlichen Bildungszielen zählten der Gebrauch der türkischen Sprache und der osmanischen Schrift. Klar formulierte Kritik an den Kapitulationen, so sehr sie im osmanischen Politikspektrum Gemeingut war, konnte in Parteikreisen als Votum für eine staatliche nationale Wirtschaftspolitik verstanden werden, was nach liberalem Verständnis eine Todsünde war. Nichttürkische und nichtmuslimische Mitglieder, die sich – selbst nach den Bluttaten in Kilikien – noch an die Hoffnung auf Kooperation klammerten, wurden auf KEF-Parteikongressen durch das Gerede von einer homogenen „nationalen" Gesellschaft vor den Kopf gestoßen.

Doch auf der Reise des Sultans drehte sich alles um Bilder und Symbole der Harmonie. In Saloniki wohnte der Sultan einer Sema der Mevlevis bei, wurde Ahmed Niyazi, einer der Helden der Revolution und zugleich ein Albaner, geehrt und sein geschichtsträchtiger Einzug in die Stadt nachgespielt. Nach einem öffentlichen Treueschwur wurden albanische Rebellen begnadigt. Im Kosovo machte ein direkter Nachkomme der serbischen Königsfamilie seine Aufwartung. In Prishtina sang der Chor des serbisch-orthodoxen Priesterseminars. Auf dem Bahnhof in Velez wurde ein muslimisches Mädchen geehrt, das ein Gedicht aufsagte, und ein bulgarisches Christenmädchen, das eine Rede hielt, bekam eine Ausbildung zugesichert, deren Kosten das Herrscherhaus vollständig tragen würde.

Zur Entourage des Sultans stieß ein charismatischer junger Prediger aus dem nahen Bitlis, Said Nursi.[84] Nach dem Vorfall vom 31. Mai hatte er als Mitglied der Mohammedanischen Union im Gefängnis gesessen, doch ein Kriegsgericht hatte ihn freigesprochen. In Wirklichkeit stimmten Nursis modernistische kulturelle Positionen in vielem mit dem überein, was das KEF zu erreichen suchte. Sein Konzept einer Universität des Ostens als Brennpunkt für die ökonomisch-soziale Entwicklung seiner Heimat Kurdistan stieß bei albanischen Muslimen auf Anklang, und seine pittoreske kurdische Tracht passte zum multikulturellen Thema der kaiserlichen Rundreise.[85] Die Einladung, den Sultan auf der Reise zu begleiten, folgte nach einer bewegenden Predigt, die Nursi zu Anfang des Frühjahrs in der uralten Umayyadenmoschee in Damaskus gehalten hatte. Unter dem Titel „Sechs Worte" nutzte die Predigt den Koranvers *Verzweifelt nicht an Gottes Gnade* (39,53) zu einer Rede über heilige Hoffnung. Nursi drängte sein arabischsprachiges Publikum, den Türken als „Schildwachen der heiligen Zitadelle der islamischen Nationalität" beizustehen. In einem abschließenden modernistischen Bild verglich er die islamische Gesellschaft mit einer Fabrik mit vielen Maschinen, die alle zusammenwirkten, um ein Produkt herzustellen.[86] Der stolze, ehrgeizige Nursi blühte auf, wenn er diskutierte, und sonnte sich in seiner Nähe zur Macht. Er glaubte an seine eigene Fähigkeit, die Probleme der osmanisch-islamischen Gesellschaft zu diagnostizieren. Doch vor der Politik hütete er sich. Im Schlussteil der Damaszener Predigt bemerkte er: „Keine Politik kann den Islam zu ihrem Werkzeug machen."[87] Nach der königlichen Rundreise blieb er nicht in der Hauptstadt, sondern kehrte nach Van zurück, versehen mit ausreichenden Geldmitteln, um in einem alten Medrese-Gebäude an die Verwirklichung seines Traums von der Universität zu gehen.

„Die vollständige Vernichtung einer fremden Bevölkerungsgruppe"

Drei Monate nach dem herrscherlichen Besuch auf dem Balkan landeten Ende September 1911 italienische Truppen bei Tripolis. Von diesem Moment an befand sich das Osmanische Reich bis zur Evakuierung der griechischen Truppen aus Izmir, elf Jahre später, fast ständig im Krieg. Während Italien in Libyen kämpfte, bombardierte es außerdem zwei osmanische Forts, die die Meerenge bewachten, und besetzte die Inseln des Dodekanes. Im Jemen brach eine Revolte gegen die Herrschaft des KEF aus[88] und in Albanien eine Revolution. Am 9. August 1912 erschütterte ein Erdbeben die Halbinsel Gallipoli und das Nordufer des Marmarameeres. Die osmanische Presse meldete über 1100 Tote, und ein Regierungsbericht schätzte, dass etwa 99 000 Menschen obdachlos und 60 Prozent der Häuser und sonstigen Gebäude in mehr als 100 Dörfern zerstört oder beschädigt seien.[89] Im selben Herbst erklärte Montenegro dem Osmanischen Reich den Krieg, an der Spitze einer Koalition, zu der Serbien, Bulgarien und Griechenland gehörten; und auch die osmanische Gesellschaft spaltete sich entlang altbekannter Bruchlinien.

Unter solchen Umständen konnte eine zivile demokratische Herrschaft, wenn überhaupt, nur schlecht funktionieren. Eine Gruppe selbsternannter „Retteroffiziere" stürzte das KEF-Kabinett und löste das Parlament auf, das danach zwei Jahre nicht mehr zusammentrat. Eilig schlossen die Retteroffiziere Frieden mit Italien, während sie Truppen aus der nordafrikanischen Wüste nach Mazedonien und Thrakien verlegten. In einer schnellen Folge von Niederlagen wichen die osmanischen Truppen zurück. Ende Oktober verloren sie bei Skopje gegen die Serben und gegen die Bulgaren bei Kırk Kilise und Lüleburgaz östlich von Edirne.[90] Da die Gräuel von 1875–78 noch in frischer Erinnerung waren, „stürmte" die muslimische Bevölkerung „in Panik" nach Saloniki,[91] aber auch diese Stadt kapitulierte im November vor Griechenland. Die osmanischen Verteidigungslinien hielten bei Çatalca, 50 Kilometer vor Istanbul, während Cholera und Ruhr die Reihen dezimierten. Die Einwohner der Hauptstadt konnten die Geschütze hören.[92]

Als im Dezember ein Waffenstillstand unterzeichnet wurde, blieb vom osmanischen Europa kaum etwas außer den Städten Edirne, Janina und Shkodër – und alle drei wurden belagert. Fassungslos darüber, dass die „Retteroffiziere" eine Teilung Edirnes anboten, platzten Ismail Enver und mehrere andere in eine Kabinettssitzung, erschossen den Großwesir und setzten Mahmud Şevket Pascha an seine Stelle. Als sie den Krieg wieder aufnahmen, verloren sie prompt Janina und Shkodër; Ende März fiel Edirne an die Bulgaren, und Mahmud Şevket Pascha selbst wurde später bei einem gescheiterten Gegenputsch ermordet. In einem kurzen, aber brutalen Zweiten Balkankrieg fielen die vormaligen Alliierten im Juli 1913 übereinander her, und die Osmanen machten mit, als sich alle gegen Bulgarien wandten. Edirne wurde befreit. Dank jener Art Prominenz, die nur unter solchen Umständen entstehen kann, stand Enver als „Eroberer" von Edirne im Rampenlicht.

Der Carnegie Report

Nachdem Edirne wieder unter osmanischer Herrschaft stand, veröffentlichte *Le Jeune-Turc* Berichte über Gräueltaten während der bulgarischen Besatzungszeit. Das Carnegie Endowment for International Peace, ein früher Akteur in der Entstehungsphase der internationalen Friedens- und Abrüstungsbewegung, bestimmte eine Delegation, welche die Vorwürfe untersuchen sollte. Kurz nach dem Ende des Zweiten Balkankrieges trafen die Kommissare im Spätsommer ein. Ungefähr einen Monat lang studierten sie den Konflikt

Der Anfang 1914 veröffentlichte *Carnegie Report* war eine ungeschminkte Denkschrift über extreme Brutalität, die Misshandlung von Kriegsgefangenen und zahlreiche Grausamkeiten gegen die Zivilbevölkerung der verschiedenen Gruppen.[93] Sie bestätigte osmanische Berichte über bulgarische Verbrechen in Edirne und an anderen Orten Thrakiens.[94] Als die bulgarische Armee nach erfolgreicher Belagerung in Edirne einzog, traf sie die Einwohner abgemagert und hungernd an. Gefangene, die auf einer Insel inmitten der Tundscha festsaßen, aßen das Gras vom Boden und die Rinde von den Bäumen. Viele griechische, armenische und jüdische Einwohner schlossen sich den bulgarischen Soldaten bei der Plünderung der Stadt an, während die türkische Bevölkerung in „ruhiger Würde" und aus Angst vor Repressalien „es, ohne ein Wort zu sagen, geschehen ließ, dass sie alles wegschleppen". Aber es gab heldenhafte Ausnahmen. Der bulgarische Major Mitov stoppte das Plündern, wo er nur konnte.[95] Ein mutiger Jude versuchte einen bulgarischen Soldaten daran zu hindern, einen wehrlosen türkischen Gefangenen zu töten. Nach vier Monaten flohen die Bulgaren hastig per Bahn, als die osmanische Armee anrückte. Da die osmanischen Truppen sich aber nicht gleich zeigten, kehrten die bulgarischen Truppen zurück, gingen von Tür zu Tür, trieben ausgewählte Einwohner zusammen, fesselten sie zu vieren aneinander und ertränkten sie in der Mariza.

Wie die Bevollmächtigten vermerkten, handelte es sich hierbei nicht um „isolierte oder wahllose Vorfälle. Sie stehen für eine nationale Taktik".[96] Dieser Krieg, bekräftigte ihr Report, sei nicht allein einer der Armeen, sondern einer der Nationen, den die Völker dieser Nationen führten. „Das Ziel dieser bewaffneten Konflikte", schrieben sie, „ob offen oder verdeckt, klar umrissen oder vage, aber stets und überall dasselbe, war die vollständige Vernichtung einer fremden Bevölkerung."[97] Keine Seite hielt Maß, keine Seite blieb verschont. Der Großteil der Bevölkerung, auf welche die Zerstörung zurollte, floh *en masse* in dem sicheren Wissen, was kam, „ein wahrer Exodus.[...] Die Türken flohen vor den Christen, die Bulgaren vor den Griechen und Türken, die Griechen und Türken vor den Bulgaren, die Albaner vor den Ser[b]en [...]."[98] Wer trotzdem blieb, sah sich Zwangsbekehrungen und „Assimilation durch Terror" ausgesetzt.[99] Die Londoner *Times* druckte Augenzeugenberichte über Zwangstaufen von Muslimen.[100]

In Mazedonien töteten während des zweiten Krieges die griechischen Behörden die bulgarischen Einwohner von Serres, während die bulgarische Belagerungsarmee vor der Stadt stand. Als die Bulgaren Serres einnahmen, massakrierten sie die Griechen und brannten die Stadt nieder. Zur Rache dafür befahl der König von Griechenland persönlich die vollständige Verwüstung bulgarischer Dörfer.[101] Systematisch verbrannten griechische Truppen über 160 Dörfer im Bezirk Strumnica. In der Stadt Kilkis vernichtete man 4725 Gebäude, darunter 1846 Häuser, über 600 Läden und 5 Fabriken. Von dort bis zur rund 160 Kilometer entfernten bulgarischen Grenze verbrannten die Griechen jedes einzelne Dorf, zusammen mehr als 80. Griechische Plakate aus dem Krieg, die der Carnegie Report abbildet, zeigten Soldaten, die fröhlich Augen ausstechen und andere Schreckenstaten verüben. Ein Konvolut aus 25 Briefen griechischer Soldaten prahlte damit, sie seien brutaler als die Bulgaren. „Ich kann kein Papier finden, um Euch zu schreiben", erklärte einer, „denn hier sind alle Dörfer verbrannt und alle Einwohner weggelaufen. Wir brennen all ihre Dörfer nieder, und jetzt treffen wir keine Menschenseele an." Ein anderer schrieb: „Was hier geschieht, hat sich so seit den Tagen Jesu Christi nicht zugetragen. [...] Weiß Gott, was daraus werden wird."[102]

Serben und Türken „bildeten keine Ausnahme von der Regel". Berichte, die in der sozialistischen Tagespresse erschienen waren, wurden von der Kommission bestätigt. Die Gewalttaten geschahen persönlich, von Angesicht zu Angesicht, Pistolenläufe, Bajonette und Gewehrkolben waren die Lieblingswaffen. Man fand Leichen mit abgezogener Haut, ausgestochenen Augen oder abgeschnittenen Nasen und Ohren; einigen hatte man ihre abgehackten Genitalien in den Mund gesteckt, andere aufgespießt und gebraten.[103] Die Offiziere trieben ihre Männer noch an. Ein arabischer Christ in osmanischen Diensten berichtete einem Freund: „[D]ie *ausdrücklichen Befehle* ihrer Hauptleute seien gewesen, erst zu sengen und zu brennen, dann alle Männer zu töten, als nächstes die Frauen … und dass er persönlich die ihm gegebenen Befehle ausgeführt habe." Er habe es wie die anderen gemacht.[104] Die Kommission zog mit „absoluter Sicherheit" den Schluss, dass das Ziel die vollständige Vernichtung der Bevölkerung durch die Militärbehörden gewesen sei, und zwar „in Ausführung eines systematischen Plans".[105] Als die Türken im Juli 1913 Rodosto (Tekirdağ) zurückeroberten, ermordeten ihre Freischärler und die zurückkehrende türkische Bevölkerung erst den bulgarischen Vertreter, der ihnen die Stadt übergeben wollte, plünderten dann den Ort, töteten etwa 300 Menschen und erpressten Schutzgelder von den Überlebenden. Im nahen Malgara töteten zurückkehrende türkische Truppen Dutzende Armenier, plünderten ihre Häuser und zündeten die Stadt an. Das Feuer breitete sich aus, als Munition explodierte, die in armenischen Läden versteckt war. Am nächsten Tag „legte man die Leichen auf dem Marktplatz getöteter Menschen auf dem Kirchhof ab".[106]

Die Erfahrung der Balkankriege verschaffte den extremistischen Stimmen innerhalb des KEF Auftrieb.[107] „Die Türkei in Europa" sah sich auf Ostthrakien reduziert, ihre Grenzen verliefen an der Mariza und der Tundscha in Edirne. Nicht nur Mazedonien war verloren, selbst Albanien spaltete sich ab. Die Umsiedlungsbemühungen der Osmanen ertranken in mehr als einer halben Million muslimischer Flüchtlinge aus Griechenland, Serbien, Montenegro und Bulgarien. Als mit den benachbarten Balkanstaaten Verhandlungen über einen Bevölkerungsaustausch begannen, überreichte die russische Botschaft in Istanbul den britischen, französischen, deutschen und österreichischen Vertretern einen Vorschlag, welche osmanischen Reformen es im Osten geben sollte. Von diesen Diskussionen war die osmanische Regierung ausgesperrt, machte aber Gegenvorschläge. In der endgültigen Vereinbarung – die osmanische Regierung unterzeichnete sie im Februar 1914 ohne jede Absicht, sie umzusetzen – hieß es, die sechs östlichen osmanischen Vilayets, in denen die Armenier einen bedeutenden Bevölkerungsanteil ausmachten, sollten in zwei neue Provinzen umorganisiert werden, jede unter einem europäischen Inspektor, der den Übergang beaufsichtigen sollte. Dieses Abkommen betrachtete die osmanische Regierung schlicht als Aufforderung an Russland, die wenigen Überreste des Reiches zu zerstückeln.[108] Unter Führung des Innenministers Talat Pascha schlug das Zentralkomitee des KEF im ersten Halbjahr 1914 mit Plänen für eine nationale osmanisch-muslimische Wirtschaft zurück. Eine Einschüchterungskampagne und ein Boykott gegen griechische und armenische Händler trieben mehr als 160 000 Christen aus der Marmararegion zum Verlassen des Reiches. Während man lästige albanische Einwanderer für eine Umsiedlung in den Osten vorsah,[109] kam unter den Führern des KEF das Thema auf, Anatolien zu homogenisieren, es von seinen christlichen Griechen und Armeniern zu „säubern".[110]

Der Große Krieg

Ausgebrannt, wie das osmanische Heer durch die Balkankriege war, befand es sich 1914 in keiner Verfassung für einen weiteren großen Konflikt. Eine intensive Reform, die man nach dem Zweiten Balkankrieg unter enger Beteiligung einer deutschen Militärmission begonnen hatte, war noch nicht abgeschlossen.[111] Gegen Envers Kriegslust nach Sarajevo erhob sich im Sommer 1914 der Widerstand anderer Führer des KEF einschließlich des Großwesirs Said Halim Pascha, der bescheidene Kriegsziele hatte und eine ausländische Intervention zu vermeiden hoffte.[112] Eine aggressive Handhabung der Allianz mit Deutschland, die vor allem von Enver ausging, führte das Osmanische Reich im November 1914 in den Krieg. Die osmanische Regierung kündigte die armenische Reformvereinbarung auf, widerrief die Kapitulationsbedingungen mit den europäischen Mächten und stellte ihren Schuldendienst ein. Außerdem rief sie offiziell einen „Dschihad" aus.

Rund 800 000 osmanische Männer dienten im Ersten Weltkrieg 1914–18 in den Streitkräften; die besten Kampftruppen stellten Rekruten aus den türkischen Dörfern Anatoliens. Kampftauglich, aber weniger zuverlässig waren die Araber; die christlichen Griechen und Armenier, die seit 1909 wie die Muslime eingezogen wurden, dienten überwiegend in unterstützender Funktion, bei Nachschub- und Arbeitseinheiten.[113] Doch die hohen Tiere vom KEF trafen schlechte strategische Entscheidungen. Eine zu schwache Verteidigung Mesopotamiens ermöglichte es britischen Truppen, nur wenige Tage nach der Kriegserklärung Basra einzunehmen. Trotz ihrer Erschöpfung und zu geringen Stärke eröffnete die Armee gleichzeitig Fronten im Kaukasus und am Suezkanal. Beide versagten jämmerlich. Cemal Pascha und seine Armee verbrachten den Krieg mit einer unbehaglichen Besetzung Syriens und Palästinas. Im Hedschas meuterten arabische Freischärler und stellten sich auf die Seite der Briten. Zusicherungen, nach dem Krieg werde es ein arabisches Königreich geben, zerschlugen sich durch das britische Doppelspiel, nachdem General Allenbys Vormarsch die osmanischen Armeen im Herbst 1917 aus Syrien vertrieben hatte. Andererseits wehrten im Frühjahr 1915 die osmanischen Verbände an der Meerenge eine massive britische Invasion ab, deren Ziel es war, Istanbul einzunehmen und das Osmanische Reich aus dem Krieg auszuschalten. Der Kampf an der Meerenge veranlasste die KEF-Führung, Tausende Griechen, Armenier und Albaner aus dieser Region ins anatolische Landesinnere zu deportieren.[114] Als der britische Angriff gegen die festen osmanischen Verteidigungslinien auf der Halbinsel Gallipoli zum Stehen kam, öffneten die Briten die Front im Irak wieder und rückten auf Bagdad vor. Abermals hielt die osmanische Verteidigung stand und fügte der britischen Armee Ende 1915 in der Schlacht von Kut eine Niederlage zu.

Der Völkermord an den Armeniern

Nichts jedoch war dem vergleichbar, was in Ostanatolien und im südlichen Kaukasus geschah. Dort wurde nach dem Muster der Massenvernichtungen und physischen Zerstörung in den beiden Balkankriegen eine menschliche Katastrophe beispiellosen Ausmaßes entfesselt.[115] Schon im August 1914, bei Ausbruch der Feindseligkeiten an der Westfront, war unter den Armeniern und den muslimischen Völkern im Kaukasus die osmanische und die russische Propaganda aktiv gewesen. Milizorganisationen rüsteten zum Krieg, obwohl in der breiten Öffentlichkeit wenig Begeisterung herrschte.[116] Während die Enteignungen und Deportationen osmanischer Griechen aus Nordwestanatolien weitergingen, begannen schattenhafte, locker organisierte paramilitärische Gruppen des KEF, die jetzt in aller Form als „Sonderorganisation" (*Teşkilat-ı Mahsusa*) geführt wurden, Armenier in Ostanatolien zu vertreiben und zu töten und ihr Eigentum zu beschlagnahmen. Anfangs machten die

Armenier in diesem Konflikt Boden gut, doch das änderte sich mit einem massiven Feldzug im Dezember unter Envers Führung. Wegen logistischer Schwächen, des Winterwetters, schlechter Nachrichtenverbindungen und der Rückzugsgefechte armenischer Freischärler konnte der Angriff nicht richtig koordiniert werden und kam bei Sarıkamiş zum Stehen.[117] Dort ereilte die osmanische Armee eine Katastrophe. Verschiedene Verlustberichte sprechen von etwa 50 000 Toten und Verwundeten bei Kampfhandlungen, rund 7000, die in russische Gefangenschaft gerieten und in sibirische Lager deportiert wurden, und mehreren Tausend weiteren, die an Typhus und Unterkühlung starben.[118]

Diese osmanische Niederlage elektrisierte den armenischen Widerstand. Eine russische Gegenoffensive begann unter „gegenseitigen wahllosen Massakern an Muslimen durch die vereinten russisch-armenischen Truppen und an Christen durch die osmanischen Truppen".[119] In Istanbul ordnete Talat die Entlassung aller regionalen Sicherheitskräfte und Regierungsbeamten an, bei denen es sich um Armenier handele.[120] Als Rache für Desertionen und für die Unterstützung der Russen verübten osmanische Truppen Massaker an Armeniern. Cevdet, der osmanische Statthalter der Provinz Van, ahndete „jedes Anzeichen für Unruhe mit äußerster, wahlloser, rachsüchtiger Gewalt".[121] Aufgewachsen war Cevdet, Envers Schwager, in Van als Sohn eines früheren Statthalters.[122] Russische Truppen rückten in der östlichen Provinz Van vor, während gleichzeitig 1500 Kilometer weiter westlich britische Truppen die Dardanellen angriffen. Von russischen Streitkräften besiegt, griff Cevdet armenische Dörfer in seiner Region in der Überzeugung an, sie kollaborierten mit den Russen. Das Armenierviertel von Van, seit dem Herbst das Zentrum armenischer paramilitärischer Kriegsvorbereitungen, errichtete Barrikaden gegen Cevdets erwarteten Angriff. Am 20. April begann Cevdet mit der Belagerung.[123] Fünf Tage später landeten die Alliierten in Gallipoli.

Am 24. April 1915 erging aus Istanbul Befehl zur Schließung der armenischen Komitees, der Verhaftung ihrer Führer,[124] der Beschlagnahme ihrer Unterlagen und „der Sammlung der Armenier, deren Existenz an den gegenwärtigen Orten als gefährlich betrachtet wird, an sicheren Plätzen in Provinzen und Unterprovinzen, ohne ihnen eine Möglichkeit zur Flucht zu lassen".[125] In Wirklichkeit hatten die Deportationen aus Kilikien schon Anfang April begonnen, weil man eine britische Landung zusammen mit griechischen Truppen bei İskenderun befürchtete.[126] Am gesamten oberen Tigris und Euphrat führte man Massendeportationen durch, ohne sich darum zu kümmern, ob jemand tatsächlich in revolutionäre Tätigkeiten verwickelt war oder gegen die osmanische Armee gekämpft hatte. Männer, Frauen und Kinder armenischer Abstammung wurden zusammengetrieben und in Marschkolonnen aus ihren Städten und Dörfern ins Exil gezwungen, ohne dass man Vorsorge für ihr Überleben getroffen hätte. Riesige Lager bildeten sich um Aleppo, das Zentrum des Geschehens, in anderen syrischen Städten sowie in Deyr al-Zor und an mehreren weiteren Orten entlang des Euphrat in der syrischen Wüste. In diesen Lagern kam es zu Massenmorden, Enteignungen, Plünderungen und Zwangsbekehrungen.[127]

Überdies erreichten Tausende der deportierten Opfer die Lager gar nicht erst. Viele starben an Hunger, Durst und Erschöpfung. Häufig überfielen und plünderten türkische und kurdische Banden die Marschkolonnen, wobei es zu Massentötungen kam. Die Deportation aus Erzurum entwickelte sich zu einer „Orgie aus Mord, Vergewaltigung, Verstümmelung, Entführung und Diebstahl".[128] Aus der Kemach-Schlucht zogen sich die Gendarmen auf die Anhöhen zurück und eröffneten von dort das Feuer auf die wehrlosen Menschen, wobei Tausende und Abertausende niedergemacht wurden. Ein Augenzeuge berichtete:

> Einige Tage später gab es eine Säuberungsaktion: Weil viele Kinder noch lebten und neben ihren toten Eltern herumliefen, wurden die Çetes [Freiwilligenverbände] ausgeschickt, um sie zusammenzutreiben und zu töten. Sie griffen Tausende Kinder auf und brachten sie an die Ufer des Euphrat, wo sie sie an den Füßen packten und ihnen die Köpfe an den Felsen zerschmetterten. Und während ein Kind noch in den letzten Zuckungen lag, warfen sie es schon in den Fluss.[129]

In Diyarbakır traf ein neuer osmanischer Statthalter ein, Mehmed Reşid, ein Tscherkesse, dessen Familie in Jahr nach seiner Geburt vor der russischen Eroberung des Kaukasus geflohen war. Mit ihm begann eine Schreckensherrschaft, die alles in jener Zeit übertraf. Besessen von der Angst vor „Verrat" entließ er alle örtlichen Sicherheitsbeamten, organisierte ein Komitee aus Radikalen und begann nach versteckten

Waffen und aufrührerischen Schriften zu fahnden. Auf der Jagd nach „Deserteuren" warf er binnen 14 Tagen Hunderte christlicher Würdenträger und Handwerker aus Diyarbakır ins Gefängnis, wo er sie foltern und töten ließ. Die Befehle aus Istanbul vom 24. April führte er mit Wonne aus und überwachte die Massendeportationen der christlichen Bevölkerung seiner Provinz. Auf Flößen schickte man Konvois den Tigris hinunter und behauptete, man bringe sie nach Mossul. An einem Zwischenhalt ließ man die Deportierten Briefe an ihre Familien schreiben, dann wurden sie von Mitgliedern kurdischer Milizen abgeschlachtet und in den Fluss geworfen.[130] Tausende anderer wurden zur Arbeit in den Bergwerken von Ergani fortgeschafft, dann aber stattdessen die Klippen hinunter in die Maden-Schlucht gestürzt.[131] Im September telegraphierte Reşid an Talat, er habe erfolgreich 120 000 Menschen aus seiner Provinz deportiert.[132] Viele Morde wurden von paramilitärischen kurdischen Verbänden verübt, viele aber auch von ganz normalen osmanischen Muslimen, welche die Aussicht auf Beute lockte. Es ist schwer fassbar, aber in die Kritik geriet Reşid, weil er nicht nur Armenier getötet hatte, sondern auch Süryani-Christen, was ihm nicht befohlen worden war. Außerdem wurde wegen des plötzlichen Verschwindens von Hüseyin Nesimi ermittelt, des Bürgermeisters von Lice. Nesimi hatte sich geweigert, den Armeniern ein Leid zuzufügen, und daraufhin hatte Reşid ihn töten lassen, so wie er andere widerstrebende Beamte ermordete.[133]

In Trabzon wurden aus den Spannungen, die wegen der Reformdebatte bereits stark waren, offene Racheakte, als die russische Flotte im November 1914 die Stadt beschoss. Man beschuldigte einen armenischen Notabeln, den russischen Schiffen Signale gegeben zu haben. Auf Befehl des Statthalters Cemal Asmi suchte die Ortspolizei nach russischen Spionen, außerdem nach Waffen und etwaigen armenischen Deserteuren. Aus den Deportationen führender Armenier entwickelte sich nach einem Besuch von Bahaeddin Şakir in Trabzon eine allgemeine Vertreibung und Plünderung. Bemühungen, ein Waisenhaus für armenische Kinder zu improvisieren, verkehrten sich in eine Verteilung der Kinder auf türkische Familien. Viele Alte und Schwache, die ein Krankenhaus des Roten Halbmonds aufgenommen hatte, wurden vergiftet. Bahaeddin Şakir persönlich befehligte die Trabzoner Abteilung der

Sonderorganisation, die Menschen auf Frachtkähne lud und im Schwarzen Meer ertränkte.[134]

Rückzug und Waffenstillstand

Nach den zwei Revolutionen von 1917 zogen die russischen Soldaten im Kaukasus ab und machten sich nach und nach auf den Weg nach Hause. Den Osmanen gelang es, alle früher in dem Krieg verlorenen Territorien wiederzuerlangen, und durch den Frieden von Brest-Litowsk mit den Bolschewiki bekamen sie im März 1918 auch Kars, Ardahan und Batum zurück. Die deutsche Oberste Heeresleitung drängte massiv darauf, dass die Osmanen die bulgarische Front in Mazedonien verstärken und die gefährlich ausgedünnten Kräfte im Irak und in Palästina auffüllen sollten. Stattdessen verlegte Enver im Sommer 1918 Tausende osmanischer Soldaten, die an der Balkanfront freigeworden waren, nach Osten. Im September eroberten die Osmanen kurzzeitig Baku mit seinen Ölquellen, doch bestand kaum die realistische Hoffnung, diese Trophäe zu behaupten, und die Kräfte, die sie band, führten zu einer fatalen Vernachlässigung anderer Prioritäten. Binnen weniger Tage brachen Mitte September nacheinander die Fronten in Palästina und in Mazedonien zusammen. In Palästina zerschlug Allenby die osmanischen Verteidigungslinien mit einer erdrückenden Überzahl. Mustafa Kemal Paschas schüttere osmanische Truppe zog sich hastig auf Aleppo zurück.[135] In Thrakien durchbrachen Truppen unter dem Befehl des französischen Generals Louis Franchet d'Espèrey die bulgarischen Stellungen, womit Bulgarien abrupt aus dem Krieg ausschied und eine furchtbare Bedrohung für Istanbul entstanden war.

Über spanische Kanäle streckte das jungtürkische Kabinett Friedensfühler in Richtung der Vereinigten Staaten aus, trat dann aber zurück, als es keine Antwort erhielt. Ein neues Kabinett versuchte es nochmals, diesmal über General Charles Townshend, der seit seiner Gefangennahme bei Kut auf den Prinzeninseln in Gewahrsam war und jetzt die Anfrage überbrachte. Verhandlungen führten zum Waffenstillstand von Mudros, der am 30. Oktober 1918 unterzeichnet wurde. Die Ententemächte diktierten die Demobilisierung und Entwaffnung der osmanischen Armeen und forderten die Kontrolle über Häfen und Eisenbahnen. Sie verlangten umfassende Rechte zur Intervention in dem Gebiet, das gemäß europäischen Gepflogenheiten als die „sechs armenischen Provinzen“ bezeichnet wurde, außerdem überall dort im Reich, wo sie ihre Sicherheit für bedroht hielten.

Zwar machten der osmanischen Führung mehrere dieser Waffenstillstandsbedingungen Sorgen, aber anfangs schienen ihre Ängste unbedeutend angesichts der Erleichterung, dass der Krieg aus war. Die osmanische Dynastie hatte überlebt, der Sultan und Kalif seinen Thron behauptet.[136] Was aber die osmanischen Armeen um den Preis des Lebens Tausender junger Männer erfolgreich verteidigt hatten, das verschenkte der Waffenstillstand mit einer Unterschrift. Die osmanische Delegation war der Auffassung, sie habe Zusicherungen erhalten, dass, obwohl die Forts an der Meerenge besetzt würden, nur britische und französische Truppen sich daran beteiligen würden und man Istanbul selbst nicht besetzen werde. Doch zwei Wochen nach Unterzeichnung des Waffenstillstands liefen mehr als 50 alliierte Schiffe in die Meerenge ein, besetzten die Forts der Dardanellen und ankerten im Hafen von Istanbul. Unter ihnen befanden sich vier griechische Kriegsschiffe. Die osmanischen Proteste blieben wirkungslos: Am 8. Dezember wurde Istanbul unter ausländische Militärverwaltung gestellt. Die Absichten der Entente schienen allein schon durch den Gebrauch des Titels „Hochkommissar“ durch ihre Vertreter ziemlich klar zu sein; den hatten die britischen Statthalter Ägyptens seit 1882 getragen. Im Februar zog General d'Espèrey auf einem Schimmel durch die Tore Konstantinopels ein, begrüßt von einer überglücklichen Menge aus osmanischen Christen und Juden.[137] Hingerissen sprach man davon, die Hagia Sophia werde wieder eine Kirche werden.[138]

Die Teilung des Reiches

Zu Beginn des Frühjahrs 1919 sickerte bei den Pariser Friedensgesprächen allmählich durch, dass und wie man das osmanische Staatsgebiet unter den europäischen Kolonialmächten aufzuteilen gedachte. Die in die Länge gezogenen Beratungen nahmen im Vertrag von Sèvres, unterzeichnet im August 1920, feste Form an. Seine Bedingungen waren schockierend. Die osmanische Armee sollte auf 50 000 Mann begrenzt werden, überwiegend Gendarmen, und im Prinzip unter der Kontrolle von Entente-Befehlshabern stehen. Enge Grenzen wurden der osmanischen Flotte gesetzt. Die Kapitulationen traten erneut in Kraft, dazu übernahm eine alliierte Kommission die Kontrolle über die Begleichung der osmanischen Schulden und wichtige Teilbereiche der Wirtschaft und Finanzen. Die anatolische Eisenbahn, die Bagdadbahn und die Bahn in Kilikien, die Mersin, Tarsus und Adana verband, sollten von einem Konsortium europäischer Investoren betrieben werden.

Zwar hatte das osmanische Kabinett zugesagt, den nationalen Willen des arabischen Volkes als Basis einer politischen Nachkriegsregelung zu unterstützen, doch unter diesen Umständen war es unmöglich, nennenswerte Verbindungen zwischen dem Sultan und den Arabern zu unterhalten. Palästina, Syrien und der Irak waren besetzt und der Gnade der Entente ausgeliefert, deren einander widersprechende Vereinbarungen aus der Kriegszeit allesamt eins gemeinsam hatten: eine europäische Kolonialherrschaft vom Mittelmeer bis zum Persischen Golf. In Nordmesopotamien verletzten britische Truppen den Waffenstillstand, noch ehe die Tinte darunter getrocknet war. Sie stießen nach Norden vor und nahmen den zahlenmäßig unterlegenen osmanischen Truppen in den ersten Novembertagen 1918 Mossul ab – ein Postfactum-Zusatz zum Waffenstillstand, der am 15. November übergeben wurde, verpflichtete die osmanische Armee zur Räumung von Mossul und zur Auslieferung ihrer Artillerie. Damit war auch Mossul der osmanischen Kontrolle entzogen. Das Projekt des amerikanischen Präsidenten Woodrow Wilson, eine interalliierte Kommission solle die Bevölkerungsgruppen der Region erfassen und ermitteln, welche Regierungsform sie sich wünschten, stieß auf wenig Begeisterung. Man ernannte amerikanische Kommissare unter der Leitung von Henry Churchill King (Präsident des Oberlin College) und dem Industriellen Charles R. Crane; zu ihrem Stab gehörte Alfred Howe Lybyer, Professor am Robert College. Die Briten wählten Kommissare aus und einen Sekretär – den Universalhistoriker Arnold J. Toynbee, der Delegierter bei der Friedenskonferenz gewesen war –, schickten sie aber gar nicht erst auf die Reise. Die Franzosen taten überhaupt nichts. Davon ließen sich King und Crane nicht abschrecken, erledigten im Sommer 1919 ihre Feldarbeit und kehrten mit dem ganz und gar nicht überraschenden Resultat zurück, dass die arabische Bevölkerung die Unabhängigkeit wolle. Wenn sie schon gezwungen sei, unter einer ausländischen Mandatsmacht zu leben, dann wolle sie Amerika als Mandatar. King und Crane sprachen sich für die Schaffung eines amerikanischen Mandats für Armenien aus, erfassten aber nicht die öffentliche Meinung im Kaukasus. Man ließ den ganzen Bericht verschwinden.[139]

Im Frühjahr 1920 teilte ein Vertrag der Entente, der in San Remo unterzeichnet wurde, die arabischen Gebiete in koloniale „Mandatsgebiete“ unter britischer und französischer Herrschaft auf, was jene arabischen Anführer enttäuschte, die für das Versprechen der Unabhängigkeit den Kampf der Briten unterstützt und sich zur Bildung einheimischer Regierungen in Damaskus versammelt hatten. Die britischen Truppen in Syrien räumten das Feld zugunsten der Franzosen, und die westsyrischen Städte wurden mit einem Teil der Jezira-Ebene am oberen Euphrat zum französischen Mandat Syrien zusammengefasst. Ein kleines Gebiet beiderseits des Libanongebirges sparte man aus; es wurde zum französischen Mandat Libanon, bestehend aus der Küstenebene, der Bergkette, dem Beka'a-Tal und dem Antilibanon-Gebirge. In Palästina verblieben die britischen Truppen; es wurde am Jordan geteilt und in zwei britische Mandate umgewandelt. Westlich des Jordans hielt Großbritannien sein Versprechen aus der Balfour-Deklaration vom November 1917, eine „nationale Heimstatt“ für das jüdische Volk zu schaffen. Das „Transjordanien“ genannte Territorium auf dem Ostufer des Jordan wurde von den Zusagen der Deklaration ausgenommen. Schließlich schlug man Mossul zu Bagdad und Basra und schuf so das britische Mandatsgebiet Irak. Örtlicher Widerstand gegen all diese kolonialen Absprachen, der sich augenblicklich und gewalttätig entlud, wurde größtenteils eingedämmt und niedergeschlagen. Einheimische arabische Führer versuchten sich mit den Anführern des osmanischen Widerstands zu verbünden, der sich allmählich auf der inneranatolischen Hochebene und im Kaukasus formierte.[140]

Der Vertrag von Sèvres schrieb die Aufteilung des verbleibenden osmanischen Gebiets vor. Ostthrakien, Izmir und die Ägäisküste wurden unter griechische Verwaltung gestellt. Nach fünf Jahren sollte eine Volksabstimmung entscheiden, ob Izmir und das Umland dauerhaft dem Königreich Griechenland angegliedert werden sollten. Man schuf ein unabhängiges Armenien mit Zugang zum Schwarzen Meer; vorgesehen war dafür ein amerikanisches Mandat, dessen exakte Gebietsgrenzen Präsident Wilson festlegen sollte. Italien erhielt die Inseln des Dodekanes, die Zonguldak-Kohlevorkommen im Nordwesten der Provinz Anatolien und ein „spezielles Interessengebiet" an der Mittelmeerküste rund um Antalya und auf dem inneren Plateau einschließlich Konya. Ein ähnliches „Sonderinteresse" wurde Frankreich an Kilikien bis Urfa und Mardin zugestanden. Das einzige Gebiet, das unter der Herrschaft des Osmanensultans verblieb, war die Stadt Konstantinopel mit einem kleinen Stück der Umgebung entlang des Marmarameeres.

Der nationale Widerstand der osmanischen Muslime

Zwar fehlte dem Vertrag noch die Unterschrift, aber im Mai 1919 wurden Griechenland, Italien und Frankreich bereits aktiv, um ihre Ansprüche durchzusetzen. Italienische Truppen besetzten Antalya und Bodrum. Die Franzosen okkupierten Adana und das übrige Kilikien, Gebiete, die an ihre syrischen Besitzungen grenzten, und begannen die Armenier als eine Art lokale Miliz zu bewaffnen. In Izmir landeten griechische Truppen und begannen eine ausgewachsene Invasion. Die Erfahrung aus den arabischen Provinzen bewies dem osmanischen Volk, dass wütende Proteste allein nicht genügten. Der einzige Ort, wo es noch genug bewaffnete Macht gab, um der Kolonialherrschaft zu widerstehen, lag im Kaukasus und im Innern der anatolischen Hochebene westlich von Ankara. Sofort bildeten sich Freischärlermilizen, und die Überreste der osmanischen Armee sammelten sich zur Verteidigung des Reiches.

Chaos in der Hauptstadt

Oberflächlich betrachtet gingen die Dinge in der osmanischen Hauptstadt ihren gewohnten Gang, doch eigentlich war nichts mehr beim Alten geblieben. Eine Art emotionaler Kluft begann die träge Regierung des Sultans von ihren osmanisch-muslimischen Untertanen zu trennen. In Melancholie gehüllt glaubte die Dynastie, ihr Überleben lasse sich am besten durch die Erfüllung der Forderungen der Entente sicherstellen, selbst dann noch, als die Ententemächte die Bedingungen des eben erst unterzeichneten Waffenstillstands vorsätzlich ignorierten. Doch die Bürger, die in den Ruinen ihrer Welt lebten, welche der Krieg zerstört hatte, begannen allmählich und in unterschiedlichem Maß eine andere Art Zukunft vor Augen zu haben.

Admiral Mark Bristol, der entschieden antikolonialistische amerikanische Hochkommissar, stellte die Wirksamkeit der alliierten Blockade Istanbuls in Frage, da sie die Armen der Stadt treffe, während sie den Mächtigen kaum Verlegenheit bereite.[141] Bristols eigene Männer wurden mit Gold bezahlt, britischem wie türkischem, aber in der Öffentlichkeit war kein Kleingeld aus Silber oder Kupfer in Umlauf, nur schmutzige Papiernoten.[142] Seit November waren die Straßenbahnen außer Betrieb. Essen gab es zwar auf den Märkten, Frischfleisch, Fisch, Obst und Gemüse, doch es war teuer. Um die osmanischen Steuern zu umgehen, floss das Öl über dunkle Kanäle auf den Vorratskähnen der Besatzungsmächte im Bosporus aus dem Land[143] und wurde vom rumänischen Konstanza oder vom britisch kontrollierten Baku aus verschifft, trotz einer riesigen Explosion, die sich im Vorjahr im Haydar-Paşa-Bahnhof ereignet hatte, und trotz einer anderslautenden Verfügung des Schiedskomitees der Ententemächte selbst.[144]

Admiral Mark L. Bristol

Der amerikanische Hochkommissar kam im Februar 1919 an und richtete sein Hauptquartier auf der USS *Scorpion* ein. Das Schiff hatte den ganzen Krieg über mit einer Rumpfbesatzung in Istanbul vor Anker gelegen, weil (falls man der Geschichte glauben darf, die der Bridge-Redakteur der *New York Times* später erzählte) Lieutenant Commander Herbert Babbitt gegen Talat Pascha beim Kartenspiel gewonnen hatte.[a] Auf dem Bild erscheint neben Bristol der amerikanische Reiseschriftsteller Frank G. Carpenter, der im August 1923 zusammen mit seinem Privatsekretär Ambrose Kelly Visite in Istanbul machte und mit Bristols Hilfe eine Audienz bei Kalif Abdülmecid zu erhalten hoffte.

[a] Truscott / Truscott, *Bridge Book*, S. 14–17.

Abb. 7.7: Admiral Mark Bristol (links)

In Istanbul sammelten sich die einstmals Großen, um ihren Verlusten nachzutrauern. Da war etwa der Ex-Khedive von Ägypten, Abbas Hilmi, den man zu Kriegsbeginn gewaltsam vom Thron verdrängt hatte; seine Mutter besaß ein Haus in Bebek am Bosporus. Dann war da Prinzessin Shevekiar, die erste Frau des aktuellen ägyptischen Sultans Fuad. Auch der einstige Schah des Iran lebte in Bebek. Zu ihnen gesellte sich einer seiner Söhne, der über Indien und Ägypten aus dem Iran geflohen war, als Reza Khan die Chadscharendynastie vom Thron gestürzt hatte.[145] Ebenfalls am Bosporus waren zwei Söhne des Ex-Emirs von Mekka, dessen Position der Scherif Hussein an sich gerissen hatte. Zuflucht in Istanbul fanden 1920 auch die besiegten antibolschewistischen russischen Generäle, erst Denikin und dann auch Wrangel, im Gepäck ein Heer mittelloser und bedauernswerter russischer Adliger.

Doch das größere Elend erlitt das einfache Volk, das sich aus den Trümmern des Krieges aufmachte und aus dem gesamten Westen Eurasiens den Weg in die alte Hauptstadt suchte. Istanbul war eine Durchgangsstation für Flüchtlinge sowohl vor dem Russischen Bürgerkrieg als auch vor dem Krieg zwischen den Bolschewiki und den Armeen der jungen Südkaukasischen Republik im Winter und Frühjahr 1918/19. Osmanische Truppen, die auch Monate nach dem Waffenstillstand noch im Feld standen, zogen sich vor den vereinten russisch-armenischen Streitkräften zurück, nahmen Vieh, Lebensmittel und landwirtschaftliches Gerät mit und ließen Tausende armenischer Flüchtlinge ausgeraubt und hungernd zurück.[146] Im folgenden Sommer kam es im gesamten östlichen Schwarzmeergebiet bis zum Vansee zu einer ausgedehnten Hungersnot. Flüchtlinge, die es auf dem Seeweg schafften, erreichten Istanbul aus Konstanza, aus Trabzon, Samsun und Batum und aus Odessa und der Südukraine. Die alliierten Hilfsmaßnahmen konzentrierten sich auf Mehl- und Nahrungslieferungen in diese Häfen; in manchen Fällen erreichten sie über die britisch kontrollierten Verkehrswege in Nordsyrien und am oberen Euphrat auch Städte im Binnenland. Im Frühsommer kontrollierte Großbritannien Baku samt seinen reichen Ölvorkommen, außerdem Tiflis und Batum sowie die Bahnstrecke, die beide Städte verband. Diesen Moment nutzte Admiral Bristol, um das Gebiet zu besuchen, wo inzwischen drei neue transkaukasische Republiken entstanden waren – nach seinen Worten „brillante Beispiele politischer Anarchie“.[147]

Mit dem Flüchtlingsstrom nach Istanbul brachen überall Krankheiten aus, vor allem Grippe, Pocken und Typhus, außerdem Geschlechtskrankheiten, zumindest bei den alliierten Soldaten.[148] Im Vorgriff auf die Forderungen, welche die Friedenskonferenz stellen würde, verfügte die Regierung des Sultans einen Stopp der Deportationen von Griechen und Armeniern aus Anatolien und begann Daten über diese Bevölkerungsgruppen zu sammeln.[149] Neben den Christen gab es über eine Million muslimischer Flüchtlinge und Vertriebener, vom Balkan verjagt und per Schiff aus Konstanza gekommen oder über die Häfen der Krim dem Russischen Bürgerkrieg entflohen oder auf der Flucht vor dem Krieg im Kaukasus. Zuständig für ihre Versorgung wurde das osmanische Ministerium für Stämme und Flüchtlinge, doch der Sultan war nicht mehr alleiniger Herr im eigenen Haus. Unter den herrschenden Umständen waren die Befehle der Regierung, wie selbstlos oder selbstsüchtig sie auch sein mochten, unmöglich auszuführen. Es gab kein Geld. Die Istanbuler Regierung hatte den Zugang zu ihren Einnahmequellen verloren und hatte Mühe, ihre eigenen Beschäftigten zu bezahlen.[150] Die ohnehin brüchigen Nachrichtenverbindungen von der Hauptstadt nach Anatolien wurden durch die erneute britische Besetzung im März 1920 völlig unterbrochen, sodass es unmöglich war, auch nur an die einfachsten Informationen über die Zustände hinter den griechischen und britischen Linien zukommen. In den wenigen Bezirken der unmittelbaren Marmara-Region, in denen die Istanbuler Regierung überhaupt noch ein Wörtchen mitzureden hatte, stießen die Versuche, heimkehrende griechische und armenische Flüchtlinge wiederanzusiedeln, auf heftigen und manchmal gewalttätigen Widerstand. In vielen Fällen waren die Häuser und Wohnungen, welche die Flüchtlinge zurückgelassen hatten, jetzt von Türken belegt, die selber Flüchtlinge waren, vertrieben aus Bulgarien, Griechenland, Serbien und Montenegro, und ihre neuen Unterkünfte nicht räumen wollten, ehe sie ihre alten zurückbekamen. An einige der zurückkehrenden christlichen Flüchtlinge verteilten ihre Priester unter alliierter Aufsicht Waffen. Es kam zu tödlichen Zusammenstößen.[151] Natürlich wussten alle, dass die Delegierten auf der Pariser Friedenskonferenz über die Schaffung christlicher Staaten in der Region nachdachten, und für diese neuen Nationen bereitete eine überaus erfolgreiche Propagandamaschinerie rhetorisch den Boden, in der Auslandspresse wie in lokalen griechischen und armenischen Presseorganen.

Die äußerst komplizierten Verhältnisse verwischten alle persönlichen Identitäts- und Konfessionsgrenzen. Der Krieg hatte Tausende Witwen und Zehntausende Waisen hinterlassen. Zu Spannungen kam es zwischen Missionaren und Hilfsorganisationen einerseits und der Istanbuler Regierung, den Regierungen der Entente und den betroffenen Bevölkerungsgruppen andererseits. Christliche Frauen und Kinder hielten sich in muslimischen Einrichtungen und Heimen auf, Christinnen hatten Muslime geheiratet, muslimische Frauen und Kinder landeten in christlichen Einrichtungen und Heimen. Manche wollten da bleiben, wo sie waren, andere nicht. Muslime lehnten die christlichen Hilfsorganisationen ab, weil sie die christlichen Flüchtlinge begünstigten, und sahen eine enge Verknüpfung zwischen der christlichen Hilfsarbeit und den fremden Besatzungsarmeen.[152] Admiral Bristol – er verbrachte eine Menge Zeit damit, die amerikanischen Missionare und Helfer davon zu überzeugen, dass sie bedürftigen Muslimen ebenso helfen müssten wie bedürftigen Christen – schätzte, dass die Amerikaner in den vier Jahren nach dem Waffenstillstand rund 70 Millionen Dollar an Hilfsgeldern in die Region investierten.[153]

Während der ersten Monate des Jahres 1919 waren die Vorbereitungen für Kriegsverbrecherprozesse gegen Unionisten weitergegangen. Die drei am tiefsten in den Genozid an den Armeniern verstrickten KEF-Führer, Talat, Enver und Cemal, waren auf einem deutschen U-Boot entkommen und begaben sich, sobald der Waffenstillstand in Kraft trat, auf die Krim. Alle drei starben binnen weniger Jahre eines gewaltsamen Todes. Die Prozesse begannen im April 1919. Als Ende Mai 67 Häftlinge nach Malta deportiert wurden, nahmen das nur wenige zur Kenntnis, weil wenige Tage zuvor erst die Nachricht von der griechischen Besetzung Izmirs die Straßen der Hauptstadt erreicht hatte. Wochenlang gab es Demonstrationen. Höchst feierlich wurde im Januar 1920 das Parlament eröffnet, und die Rede des Sultans versprach weitere Reformen. Lange tagten die Parlamentarier nicht, die mehrheitlich große Sympathien für die sich damals formierende Widerstandsbewegung hegten. Erneut besetzten britische Truppen im März 1920 die Stadt und entließen die Abgeordneten. Viele von ihnen entgingen der Verhaftung und flohen aus der Stadt, um sich dem Widerstand anzuschließen, der, wie alle begriffen, über das Schicksal des Landes entscheiden würde. Was in der Hauptstadt vorging, fanden Reporter wie L. E. Brown von den *Chicago Daily News* weitgehend unwichtig. Sie versuchten, Sicherheitspässe für eine Reise nach Anatolien zu bekommen.[154]

Der Widerstandskrieg

Am 15. Mai 1919 besetzten griechische Truppen Izmir. Sie erhielten den öffentlichen Segen des griechischen Metropoliten und hatten die Unterstützung der siegreichen Ententemächte. Franzosen, Italiener und Briten kehrten bezüglich der griechischen Herrschaft zur Tagesordnung zurück, indem sie die Kapitulationen durchsetzten – gegen die Proteste des griechischen Hochkommissars, der jetzt begriff, wie ruinös sie für die örtliche Wirtschaft waren.[155] Binnen weniger Tage begannen die griechischen Truppen ihren Vormarsch ins Innere Westanatoliens. Währenddessen flohen türkische Beamte, desertierten türkische Soldaten und Gendarmen und plünderte die griechische Einwohnerschaft türkische Häuser.[156] Einige der drei Jahre zuvor deportierten Griechen und Armenier waren seit dem Waffenstillstand vom Herbst zurückgekehrt und hatten versucht, wieder in ihre alten Wohnungen einzuziehen und ihr altes Leben wieder aufzunehmen.[157] Die Besetzung von Izmir und der entschlossene Vormarsch der Griechen ins Binnenland versetzten die griechischen Gemeinden in allen Orten in Aufregung. Einen Monat später berichtete Admiral Bristol von der Ost- und Südküste des Schwarzen Meeres, dass der Anblick eines griechischen Torpedobootes, das vor der Küste kreuzte, in Trabzon „mit ostentativer Begeisterung und öffentlichen Festlichkeiten durch die griechische Einwohnerschaft und vor allem die griechischen Bischöfe" aufgenommen worden sei. Aus Russland kehrten griechische Flüchtlinge nach Trabzon und Samsun zurück. Weitere Tausende warteten in Noworossijsk auf die britische Erlaubnis zur Rückkehr.

Nicht dass es dem Palast vollständig an treuen Unterstützern gefehlt hätte,[158] aber das Vorgehen der Griechen erregte in der osmanisch-muslimischen Bevölkerung tiefen Abscheu. Täglich nahmen Tausende an Demonstrationen teil. Bei einer Kundgebung im Hippodrom von Istanbul sprach die berühmte Romanautorin Halide Edib, die erste Türkin, die das American College for Girls in Üsküdar absolviert hatte, von der Sultan-Ahmed-Moschee aus zur Menge.[159] Die Protestierenden lobten Präsident Wilsons Vierzehn Punkte sowohl wegen des Ideals der Selbstbestimmung als auch wegen der ausdrücklichen Formulierung, die türkischen Teile des Osmanischen Reiches – so Wilsons zwölfter Punkt – sollten in „sicherer Souveränität" leben. Gerüchte verbreiteten sich, am Bayram nach dem Ramadan, Ende Juni, solle eine griechische Demonstration stattfinden. Griechische Truppen hatten Eisenbahnstrecken in Thrakien besetzt und sich anschließend wieder nach Çatalca zurückgezogen, und es herrschte die Sorge, Istanbul selbst könnte angegriffen werden.

Überall schossen „Gesellschaften zur Verteidigung der nationalen Rechte" aus dem Boden, mehr als zwei Dutzend. „National" bedeutete inzwischen, dass sich osmanische Muslime, Türken wie Kurden, gegen Pläne stellten, Gebiete hinter den Waffenstillstandsgrenzen an Armenier und Griechen zu vergeben.[160] Die erste Organisation dieser Art hatte sich gleich nach dem Waffenstillstand in Kars gebildet. Die seit 1877 unter russischer Herrschaft stehende Stadt war 1918 von osmanischen Truppen zurückerobert worden und jetzt als künftiger Teil Armeniens vorgesehen. Die Muslime, die an den Küsten der Ägäis und des Schwarzen Meeres lebten, wo sie 80 Prozent der Bevölkerung ausmachten, bemerkten, dass man sie einem Großgriechenland überlassen wollte. Typisch war die Leidensgeschichte Trabzons – russisch besetzt, dann von den Bolschewiki erobert und schließlich von den Türken zurückgeholt. Da die Vorräte der Hilfsorganisationen zur Neige gingen, würde es „eine ganze Menge zusätzlichen Leids geben, ehe die neue Ernte eingebracht ist, das heißt in den nächsten zwei Monaten".[161]

Drei Monate nach der griechischen Invasion besuchte im September 1919 eine interalliierte Untersuchungskommission das Gebiet von Izmir, wo sie sich jeden Morgen um 9.30 Uhr in einer türkischen Schule versammelte. Eines Tages fuhren die Kommissionsmitglieder im Automobil nach Süden, das Tal des Mäander hinauf. „Die Häuser nördlich der Mäander-Brücke waren zerstört oder ausgebrannt, und es gab keine Anzeichen von Leben oder Vieh. Gleich nach Überquerung der Brücke stieß man auf Ansiedlungen türkischer Flüchtlinge, die unter improvisierten Zeltplanen lebten, dazu auf große Herden aus Ziegen, Schafen und Rindern." Beim Blick auf Aydın konnten sie von einer Anhöhe aus erkennen, dass drei Viertel der Stadt durch Feuer zerstört waren. „Praktisch alle Häuser, die nicht ausgebrannt waren, waren geplündert", gleich ob griechisch oder türkisch. Auf 300 griechische Flüchtlinge aus Aydın stieß die Kommission in Nazli, wo Türken die Menschen ernährten, außerdem befragten sie einen türkischen Flüchtling – einen von Tausenden, deren Dörfer erst vor zwei Tagen von griechischen Truppen niedergebrannt worden waren.[162]

Mehrere osmanische Generäle, die nach dem Waffenstillstand im Feld geblieben waren, verweigerten die Demobilisierung oder die Herausgabe ihrer Waffen. Der düsteren Einschätzung der militärischen Lage des Reiches im Oktober 1918 hatten sie sich vielleicht sogar angeschlossen, waren aber hell empört, dass die Regierung die Waffenstillstandsbedingungen angenommen hatte. Mustafa Kemal, ein weiterer junger Brigadegeneral, der wegen seiner Leistungen im Gallipoli-Feldzug und bei der Durchführung des Rückzugs aus Syrien bekannt geworden war, wurde in den Palast gerufen und erhielt den Auftrag, ins Landesinnere zu gehen und entsprechend den Vertragsbedingungen die Demobilisierung und Entwaffnung der osmanischen Armee zu leiten. Als er am 19. Mai in Samsun landete, setzte er sich stattdessen mit den osmanischen Kommandeuren in Verbindung, und gemeinsam formierten sie aus den Resten der osmanischen Truppen eine vereinte Widerstandsarmee. Sie taten sich zusammen und organisierten drei Treffen führender Bürger – im Juni in Amasya, im Juli in Erzurum und im September in Sivas.

Diese osmanischen Armeen, die rasch als die „Nationalisten" bekannt wurden, wehrten sich gegen die Russen und deren armenische Stellvertreter und handelten ein Abkommen mit den Bolschewiki aus, das es der Roten Armee gestattete, sich auf Denikins Truppen in der Südukraine zu konzentrieren. Zusammen mit der abziehenden russischen Armee verließen auch die armenischen Verbände Anatolien und ließen ihre Ernte auf dem Halm stehen. Nahe Batum erblickte Fullerton Waldo vom *Public Ledger* aus Philadelphia ein Flüchtlingslager mit rund 8000 Griechen, „die praktisch unter freiem Himmel lebten und an allen möglichen Krankheiten starben und verhungerten". An der Grenze nach Georgien verweigerten Grenzbeamte 10 000 Armeniern den Durchzug, solange die Flüchtlinge in Batum nicht verlegt würden, und wie Waldo schätzte, warteten in Armenien noch 8000 weitere Flüchtlinge auf den Transit nach Mazedonien.[163] Im April 1920 waren Denikins Truppen geschlagen, und zusammen mit Denikin selbst setzten 20 000 Flüchtlinge über das Schwarze Meer und landeten in Istanbul. Sechs Monate darauf endete Wrangels Feldzug gegen die Bolschewiki auf der Krim, und 20 000 russische Flüchtlinge saßen auf ankernden Schiffen im Hafen von Istanbul. Hilfsorganisationen aus allen alliierten Ländern schalteten auf Krisenmodus und bemühten sich, die Flüchtlinge unterzubringen und zu verpflegen. Eine Küche am Bahnhof Sirkeci – geleitet von Helen Moore Bristol, der Frau des Admirals – gab an einem einzigen Novembertag Tee, heißen Kakao und Brot an 4000 geflohene Russen aus.[164] Da im Vorjahr in der Südukraine und im südlichen Wolgagebiet nichts ausgesät und angepflanzt worden war, gab es 1921 keine Ernte. Tausende Menschen verhungerten.

Nach dem Sieg der Nationalisten im Osten lenkten die Franzosen und Italiener ein und zogen ihre Truppen im Sommer 1920 zurück, zu denen auch 5000 bis 6000 Armenier unter französischer Fahne gehörten.[165] Nun sahen sich die Nationalisten einem erneuten griechischen Vorrücken gegenüber. Im April 1921 verloren sie Eskişehir und zogen sich auf ihr Hauptquartier bei Ankara zurück, konnten sich aber erholen und siegten im August 1921 in einer dreiwöchigen Schlacht am Fluss Sakarya; es war der entscheidende Zusammenstoß dieses Krieges.

Die Rückkehr des Said Nursi

Mit den anderen verirrten Schafen kehrte auch Said Nursi, der charismatische Prediger aus Bitlis, nach Istanbul zurück. Nach der Balkanreise des Sultans von 1911 war Nursi mit herrscherlichem Startkapital zurück nach Van gegangen, um mit der Arbeit an seinem Lieblingsprojekt, der Universität für den Osten, zu beginnen. Als die Russen 1915 einfielen, meldete er sich als Freiwilliger zur osmanischen Armee. Im Jahr 1916 geriet er in Gefangenschaft, die den ganzen Krieg über währte. In dieser Zeit begann sich in der Einsamkeit eines Gefangenenlagers an der oberen Wolga ein tiefer innerer Wandel in ihm zu vollziehen. Nursi verbrachte viele lange Nächte in einer geliehenen kleinen Moschee am Ufer des Flusses, wo er die Aussicht auf Leben und Heimat begrub; er lauschte „dem traurigen Plätschern der Wolga und dem freudlosen Prasseln des Regens und dem wehmütigen Seufzen des Windes“.[166] Die Istanbuler Zeitungen vermerkten im Juni 1918 die Rückkehr Nursis, er aber fand das Bild unerträglich, das die Öffentlichkeit von ihm hatte. Wie Leyla sei er von der Karawane gefallen, doch niemand habe es bemerkt.[167] Nun erinnerte er sich an die Worte von Niyazi-i Mısri:

> Jeden Tag fällt ein Stein aus dem Bau meines Lebens zu Boden;
> Achtloser! Du schlummerst und merkst nicht, dass der Bau in Trümmern liegt![168]

Von einem engen Freund verraten, empfand er ein überwältigendes Gefühl des Verlusts und der Hilflosigkeit. Auch sein Alter spürte er. Von allem, was er erreicht hatte, zählte nichts, alles schien labil und flüchtig.[169] Nursi bezog ein Haus in Çamlıca, das vom asiatischen Ufer auf den Bosporus blickte, mit seinem Neffen als Gefährten und Sekretär. Obwohl er es versuchte, konnte er mit dem Schreiben nicht aufhören und er verfertigte sogar eine einflussreiche antibritische Abhandlung namens *Die sechs Stufen*. Aber er war am Ende seiner emotionalen und spirituellen Kraft. Istanbul war eine Friedhofsstadt, und er starrte dem Tod geradewegs ins Angesicht.[170] Der Şeyhülislam wünschte sich auch weiterhin, dass Nursi am Universitätsplan arbeitete, doch all die akademischen Gewissheiten, die er vor ein paar Jahren noch gehabt hatte, waren verflogen, und er bat, man möge ihn in Ruhe lassen.[171]

Im Traum sah er sich von einer Wolke aus Zeugen umgeben. Die großen Gestalten der islamischen Geschichte verlangten einen Bericht über den Stand der Dinge.[172] Zwar trösteten sie ihn, aber der Weg vor ihm war lang und beschwerlich. Das hier war kein Wandel über Nacht, er brauchte Zeit, um das ganze Bewusstsein zu durchdringen. In seinem Schmerz erkannte Nursi, dass es für das menschliche Leid keine Lösung gab, schon gar keine politische; auch Gelehrsamkeit und Aktivismus hatten versagt. Er hatte die erste Hälfte seines Lebens damit zugebracht, die Wahrheit durch die Vernunft zu erfassen, nun aber erachtete er die ganze Suche für müßig. Wiederholt schrieb er, dass er „es aufgab“.[173] Er wandte sich den geistlichen Klassikern zu. Eine Passage bei Gilani schien ihn zu verspotten: *Du bist im Haus der Weisheit, also suche nach einem Arzt, der dein Herz heilt.* Er war doch Said Nursi, er hatte die spirituelle Krankheit des Islam diagnostiziert, wozu brauchte er also einen Arzt?[174] Aber er wusste, dass es stimmte, dass von allen Menschen in der Tat er es war, der des Arztes bedurfte. Sirhindis Auftrag – *Vereine deine Qibla* – nahm er als den eigenen an: Herz und Gemüt, Seele und Verstand, vereint in einem ganzheitlichen Leben des Geistes. Das war eine sehr umfassende Erkenntnis, individuell, aber nicht nur, sondern den Blick gleichzeitig nach innen und nach außen gerichtet, auf die gesamte Menschheit. Weder gab Nursi die Moschee auf, noch war dies traditioneller Sufismus. Jene Wege boten Regeln und Rituale; das war alles schön und gut, doch sie waren darauf ausgelegt, Identitäten und Grenzen zu schaffen, Dinge außerhalb des Ich. Sie bewirkten nichts, sie verhalfen ihm weder zu einer authentischen Begegnung mit dem Heiligen, noch verliehen sie ihm innere Ganzheit. Allmählich tastete er sich zu etwas anderem vor, zur Artikulation eines modernen Zustands, in dem die zentrale menschliche Erfahrung die Entfremdung war,[175] und zu einer individuellen Kontemplationspraxis, die vom einfachen Licht (*nur*) des Korans geleitet wurde.[176]

Nursis Krise war persönlicher Natur, nicht politischer, doch die merkwürdigen Parallelen seines inneren Sterbens und Erlöstwerdens mit der letzten Krise des Osmanischen Reiches konnten ihm nicht entgehen.[177] Die Beliebtheit seines kleinen Traktats *Sechs Stufen* erregte das Interesse der nationalistischen Gegenregierung und verschaffte ihm im Herbst 1922 eine Einladung nach Ankara. Nursi ging hin, auch wenn ihm der Besuch keine Erleuchtung brachte, nur „vier oder fünf Schichten der Finsternisse des Alters, eine innerhalb der anderen“. Er stieg zur Zitadelle der alten Stadt hinauf. „Sie schien“, schrieb er, „aus versteinerten historischen Ereignissen errichtet zu sein.“ Er wusste, dass die Veränderungen, die er miterlebt hatte, dauerhaft waren:

> Das hohe Alter der Jahreszeit zusammen mit meinem Alter, dem Alter der Zitadelle, dem Alter der Menschheit, dem Alter des ruhmreichen Osmanischen Reiches und dem Tod der Herrschaft des Kalifats und dem Alter der Welt, sie alle ließen mich auf dieser hohen Zitadelle im Zustand tiefster Trauer, Kümmernis und Schwermut auf die Täler der Vergangenheit und die Berge der Zukunft blicken.[178]

Abschiede

Anfang September 1922 sprengte eine letzte Offensive der Nationalisten die griechischen Linien, und das so plötzlich, dass die Art ihres Zusammenbruchs sogar die Griechen überraschte. Auf dem Rückzug nach Izmir und an die Küste verbrannten und zerstörten die griechischen Truppen alles, was ihnen in die Quere kam, und trieben Flüchtlinge vor sich her. A. J. Toynbee, der die griechische Armee als Korrespondent des *Manchester Guardian* begleitete, erlebte ihren „Vernichtungskrieg" mit.[179] Edith Parsons, die Direktorin der amerikanischen Mädchenschule in Bursa, berichtete, dass die „zurückweichende griechische Armee 80 Prozent der kleineren Dörfer, fast jedes Gehöft und beinahe alle größeren Dörfer zu einem Gutteil niederbrannte". Rund 30 000 türkische Flüchtlinge aus dieser Gegend waren vollständig mittellos. Im bevorstehenden Winter werde eine Unterbringung allerdings kein Problem sein, schrieb Parsons, und zwar wegen der Evakuierung der christlichen Bevölkerung, die fortgebracht worden sei. Doch da Ernte und Lebensmittelvorräte vollständig zerstört seien, benötige man dringend Kleidung und Essen.[180] George Horton, der amerikanische Konsul in Izmir, warnte Istanbul, die militärische Lage sei äußerst ernst und Drohungen, Izmir niederzubrennen, seien „reichlich zu hören". Uşak und Kutay Ayntab seien bereits geräumt und niedergebrannt worden, und man gehe davon aus, dass Eskişehir dasselbe Schicksal erwarte.[181] H. C. Jaquith, der Hilfskoordinator der American Near Eastern Relief, kabelte chaotisch aus Izmir:

> erschöpfte flüchtlinge mehrheitlich frauen kinder blockieren alle straßen richtung smyrna stop stadt schrecklich überfüllt durch obdachlose flüchtlinge hunger quartiermangel schaffen großes leiden elend viele todesfälle verursacht unterernährung typhus ausgebrochen und hiesige krankenhäuser überquellen entsetzlicher mangel an ärzten schwestern medikamenten lebensmitteln stop schlimmste bedingungen verschärft durch wehklagende schutzflehende frauen kinder.[182]

Es folgte eine Katastrophe. Ob er zufällig ausbrach oder absichtlich gelegt wurde – beide Versionen werden vertreten –, jetzt begann der furchtbarste, zerstörerischste Brand, den das Reich je erlebt hatte. Alle waren sich einig, dass das Feuer im Armenierviertel ausbrach. Angefacht durch einen Südostwind, wuchs die Feuersbrunst, und die Altstadt ging in Flammen auf. Amerikanische Marineoffiziere berichteten, sie hätten auf ihren Schiffen in der Bucht die Hitze gespürt. 100 000 Menschen drängten sich auf der Pier zwischen dem tobenden Feuer und dem Meer, suchten unter durchnässten Teppichen und Decken Schutz vor der sengenden Hitze und dem Funkenflug. Einige sprangen ins Wasser und schwammen zu den Schiffen im Hafen. Manche ertranken, während sie sich in Boote am Ufer zu quetschen suchten.[183] Selbst nach intensiven Ermittlungen konnte nie eine Brandursache ermittelt werden. Als eine Art Trauerersatz verbreiteten sich einseitige Schuldzuweisungen.

Am 11. Oktober 1922 wurde in Mudanya ein Waffenstillstand unterzeichnet, der den Krieg beendete. Das amerikanische Konsulat meldete im November nach Washington, dass seit dem Brand 262 587 Flüchtlinge Izmir verlassen und sich auf die griechischen Inseln und das Festland begeben hätten, zuzüglich der etwa 20 000, die schon vor Ankunft der Türken geflohen waren. Weitere 70 000 verließen Bursa. Abmachungen zwischen muslimischen und christlichen Nachbarn, einander zu schützen, halfen wenig, als die türkische Armee die griechischen Bewohner der Küstenstädte verjagte. Zusätzlich wurde „die ganze nichtmuslimische Bevölkerung Ostthrakiens“ nach Westthrakien und Bulgarien evakuiert, etwa 280 000 Menschen, und „die Abwanderung von Griechen und Armeniern aus Konstantinopel, welche die Passage bezahlen konnten, war konstant“ und umfasste weitere 60 000 Menschen. Zusätzliche Tausende warteten auf ihren Abtransport aus Trabzon, Samsun, Mersin und Aleppo. Schätzungsweise 75 000 mittellose griechische Kriegsgefangene befanden sich immer noch in Anatolien.[184] Das Leid der erzwungenen Teilung der osmanischen Völker erreichte sein ganzes modernes Ausmaß im sogenannten Bevölkerungsaustausch, auf den sich Griechenland und die Türkei im Januar 1923 einigten und den sie im Vertrag von Lausanne in Rechtsform gossen, der noch im selben Jahr den Vertrag von Sèvres ersetzte. Sogar die Karamanlıs wurden vertrieben – sie waren zwar Türken und sprachen Türkisch, aber sie waren orthodoxe Christen.

Zwei Wochen nach dem Waffenstillstand schaffte die nationalistische Versammlung, die in Ankara tagte, das Osmanensultanat ab – eine Entscheidung, die nicht weniger atemberaubend war, nur weil sie seit der Unterzeichnung des Vertrags von Sèvres durch die Regierung des Sultans vor zwei Jahren vollkommen absehbar gewesen war. Vor der Abschaffung des Kalifats machte die Versammlung Halt, also konnte der osmanische Herrscher dieses Amt weiterhin ausfüllen. Dennoch verließ Mehmed VI. Vahideddin am 17. November 1922 ohne Vorankündigung Istanbul. Admiral Bristol, der amerikanische Hochkommissar, hörte es von seinem Chauffeur, der es wiederum vom Chauffeur des britischen Hochkommissars erfahren hatte, der am selben Morgen General Harington und den Sultan von Dolmabahçe zur Anlegestelle gefahren hatte. Der Sultan schiffte sich auf dem britischen Schlachtschiff *Malaya* ein, das sich gegen neun Uhr in Bewegung setzte. Sein Gepäck war ihm in einem Ford-Krankenwagen nachgereist.[185]

Die Versammlung übertrug das Kalifat an Abdülmecid II., den nächstälteren Angehörigen der Osmanendynastie, und am 24. November wurde Abdülmecid mit viel Pomp in sein Amt eingeführt. Der osmanische Kalif war ein starkes Symbol innerer Autonomie und Selbstbestimmung, beispielsweise in den Augen der palästinensisch-syrischen Delegation in Lausanne und der indischen Muslime, die unter britischer Kolonialherrschaft lebten. Doch das Mehrdeutige dieser Würde lag auf der Hand, ihre rein religiöse Aufgabe war eine Anomalie. Abdülmecid lebte im Dolmabahçe-Palast. Jeden Freitag verließ er ihn feierlich und betete immer in einer anderen Moschee der Stadt; jede Woche erinnerten diese öffentlichen Selamlıks an die Würde der Dynastie. Abdülmecid wollte der Sultan sein, und die Leute benahmen sich so, als wäre er es. Admiral Bristol bemerkte die ausgesprochene Ergebenheit, die Abdülhak Adnan gegenüber Abdülmecid an den Tag legte, als er den Admiral bei einer Audienz vorstellte.[186] Mustafa Kemals Entschlossenheit, das Kalifat gänzlich zu beseitigen, entfachte eine giftige Debatte, welche die Nationalversammlung und die Nation spaltete.

Die Hauptstadt schien sich nicht von Schmerz und Verlust befreien zu können. Am Morgen des 4. März 1924 besuchte der Abgeordnete Hüseyin Rauf Admiral Bristol und seine Frau im amerikanischen Krankenhaus, wo Bristol wegen eines Abszesses am Hals behandelt wurde. Keineswegs fröhlich scherzte Rauf gegenüber Helen Bristol, Mustafa Kemal „entrümpelt die Türkei eifrig von allen Altertümern“. Bald werde es keine mehr geben. Die Versammlung habe dafür gestimmt, das Kalifat abzuschaffen. Früh an diesem Morgen hätten sich Abdülmecid und seine Familie, denen man 24 Stunden zum Verlassen des Landes gegeben habe, verabschiedet.

Vierzig Jahre später erzählte Abdülmecids Privatsekretär die Geschichte dieses letzten Tages der Osmanendynastie.[187] Beim Verlassen des Palastes umarmte der Kalif seine Mitarbeiter, erhob ein letztes Mal die Hände zum Gebet für sein Land und dessen Bevölkerung und stieg in ein Automobil. In Abdülmecids Begleitung befanden sich seine Frauen, sein einziger Sohn Prinz Ömer Faruk mit seiner Frau und ihren beiden kleinen Kindern sowie Abdülmecids zehnjährige Tochter mit dem faszinierenden Namen Dürrüşehvar, *Königsperle*. Als sie an die Stadtmauern kamen, breitete sich am Himmel ein graues Dämmerlicht aus. Außerhalb der Stadt kam der Wagen auf den schlechten Straßen nur sehr mühsam voran; Gendarmen schoben Steine unter die Reifen, damit sie sich nicht in den Schlamm eingruben. Endlich erreichten sie am frühen Nachmittag den Bahnhof Çatalca. Wie es sich traf, war der dortige Stationsvorsteher Jude. Eilig machte er sich an die Arbeit und rief unter Tränen aus: „Als unsere Ahnen aus Spanien vertrieben wurden und ein Land suchten, in dem sie leben konnten, hat uns die Familie der Osmanen vor der Vernichtung gerettet. Im Schatten ihrer Herrschaft blieben unser Leben, unsere Ehre und unser Besitz gewahrt, und wir genossen die Freiheit von Religion und Sprache. Ihnen an diesem dunklen Tag zu Diensten zu sein, soweit wir können, heißt eine Gewissensschuld begleichen."[188]

Am nächsten Tag waren die Zeitungen voll mit der Geschichte von der Abreise der gesamten Osmanenfamilie und der dafür getroffenen Vorbereitungen. Admiral Bristol hatte seinen Adjutanten Lieutenant Wheeler zum Bahnhof Sirkeci geschickt, um Prinz Vasıb, einem persönlichen Freund, auf Wiedersehen sagen zu lassen. Am Bahnhof bot sich Wheeler „ein höchst mitleiderregender Anblick. [...] Alle Prinzen und Prinzessinnen fuhren mit dem Zug weg", und ihr Volk war zum Abschied versammelt. Der Bahnhof, so Wheeler, „war randvoll mit Menschen, aber man hörte nicht einen Laut unter ihnen".[189]

Doch von all dem schmerzlichen Abschied und sehnsüchtigen Verlangen blieb dennoch ein süßer Nachgeschmack haften.[190] Anderthalb-

Abb. 7.8: Prinzessin Dürrüşehvar, aufgenommen von Sébah Joaillier. Wie viele andere Mitglieder ihrer weitverzweigten Familie heiratete auch Abdülmecids Tochter Dürrüşehvar in eine indische Fürstendynastie ein (1931) und wurde zur Sensation. Im Alter von über 90 Jahren starb sie 2006 in London, das letzte Kind eines regierenden Osmanenherrschers.

tausend Kilometer weiter östlich erstieg ein nachdenklicher Said Nursi allein die Festung Van und blickte von ihrer Höhe herab. Er schaute auf die ausgebrannte Stadt unter ihm, auf die Medrese, an der er gelehrt hatte und die jetzt dem Erdboden gleichgemacht war, und auf die Häuser christlicher Freunde, die er einst gekannt hatte – alle waren nun fort. Die meisten waren auf ihren Wanderungen gestorben oder in „ein elendes Exil gegangen". Auch alle muslimischen Häuser von Van hatte man dem Erdboden gleichgemacht. Nursis islamische Universität war auf Anordnung der nationalistischen Versammlung geschlossen. Hätte er tausend Augen gehabt, schrieb er, „sie hätten alle zugleich geweint". Das Osmanische Reich war tot, die Zitadelle von Van ein Grabstein über seinen beigesetzten Überresten. Die Welt brach über Nursi zusammen. In seinem Schmerz fielen ihm die Worte des Korans ein: *Er ist es, der Leben und Tod gibt, und Er hat Macht über alle Dinge.* Nursi öffnete die Augen, und es war, als lächelten die Kronen der Obstbäume ihn an. „Denk auch an uns", sagten sie. „Sieh nicht nur die Ruinen an."[191]

Anhang

Glossar

Aga
Kommandeur, Anführer

Autokephale Kirche
Selbstregierte Kirche der Orthodoxie, die nicht dem Patriarchen untersteht, sondern sich ein eigenes Oberhaupt gibt.

Bektaşis
Der Sufiorden der Bektaşis entsteht nach eigener Tradition durch die Bezugsperson Hacı Bektaş, tatsächlich wohl erst durch Anhänger nach dessen Tod 1270. Weil Bektaş auch von den Aleviten besonders verehrt wird, kam es historisch gesehen wiederholt zu Überschneidungen (und – meist feindseligen – Verwechslungen) zwischen Bektaşis und Aleviten; die Rechtgläubigkeit beider Gruppen zweifeln islamische Orthodoxe massiv an.

Christologie von Chalkedon
Nach dieser Auffassung existieren in Christus göttliche und menschliche Natur „unvermischt und ungetrennt" miteinander. Von dieser Zwischenposition unterscheiden sich zum einen miaphysitische Kirchen, wie die Kopten und Syrisch-Orthodoxen (für sie gibt es nur eine einzige Natur Christi, in der sich Göttliches und Menschliches vereint haben), zum anderen die nestorianische Position (zwei klar getrennte Naturen), wie in der Assyrischen Kirche des Orients.

Defterdar
Der oberste Finanzbeamte im Osmanischen Reich, hier der für den ägyptisch-arabischen Raum zuständige D. mit Dienstsitz Aleppo.

Devşirme
„Knabenlese" – ein wechselnder Prozentsatz aller männlichen christlichen Jugendlichen in den osmanisch beherrschten Gebieten (meist nur auf dem Land) wurde ihren Familien weggenommen und fiel als Sklaven an den Sultan. Die Auswahl wurde als eine lebende Abgabe verstanden und praktiziert. Nach der (Zwangs-)Bekehrung zum Islam und der Ausbildung mit anschließender Freilassung wurde die große Mehrheit der Ausgelesenen den Sipahis oder Janitscharen zugeteilt, eine im Palast erzogene Elite wurde auf die höchsten Staatsämter vorbereitet.

Ferman
Erlass, Dekret; eigenhändig vom Sultan unterzeichnet.

Großwesir
Oberster Minister, zweiter Mann im Staat nach dem Herrscher.

Halvati
In Afghanistan gegründeter Sufi-Orden; die Gründerfigur Umar Halvet gehört ins 8. Jh., die Blüte- und Expansionszeit der Halvat setzte mit dem 15. Jh. ein.

Hanafi

Angehöriger der einflussreichsten der vier klassischen sunnitisch-islamischen Rechtsschulen. Durch ihr strikt systematisches und dabei pragmatisches Denken kommt diese Schule einem organisierten Staat sehr entgegen.

Hanbaliten

Theologisch-juristische Schule in der islamischen Tradition; von den vier klassischen Schulen die kleinste, die markant rigorose und neuerungsfeindliche Positionen vertritt. In Saudi-Arabien bis heute als Grundlage von Rechtssystem und religiöser Praxis privilegiert.

Hofdragoman

Offizieller Dolmetscher am osmanischen Hof; der Groß- oder Hofdragoman stammte üblicherweise aus einer der polyglotten Familien der griechischen Oberschicht.

Karäer

Jüdische turksprachige Gemeinschaft umstrittener ethnischer Herkunft mit markanten eigenen Glaubenstraditionen.

Kazasker

Oberster Militärrichter/ Aufsichtsinstanz der Zivilgerichtsbarkeit.

Lichtmess

„Darstellung des Herrn", Gedenktag des rituellen Reinigungsopfers für den neugeborenen Jesus im Tempel von Jerusalem; der Tag wird mit einer Lichterprozession durch das Kirchengebäude begangen.

Megas doux

Großherzog; hoher Ehrentitel des Byzantinischen Reiches seit dem 11. Jh.

Mihrab

Gebetsnische, die in der Moschee die Richtung von Mekka (= die Qibla) angibt. Dorthin sind die Verbeugungen bei den Gebeten orientiert.

Narthex

Vorhof mit umlaufendem Säulengang

Sassaniden

Herrscher des Neupersischen Reiches 224/26–642/51.

Scheich

Ehrentitel für geistliche und/oder religiöse Führungspersönlichkeiten.

Sema

Ritueller ekstatischer Kreistanz als Teil der Gebets- und Meditationspraxis; daher das Klischee der „Tanzenden Derwische" für die Mevlevis.

Sufismus

Die Strömung der Sufis entwickelt sich im Islam aus einer losen Kette von Asketen und/oder Mystikern; ab dem 12. Jh. entstehen um mehrere Gründer- und Lehrerfiguren sogenannte „Orden" (*tariqas*), die über den Tod des Gründers hinaus Bestand haben. Anhänger von solchen – oft grundverschiedenen – Sufi-Schulen und deren Lebens- und Glaubenspraxis heißen „Derwische". Ihre Akzeptanz und Integration in die islamischen Mehrheitsgesellschaften konnte (und kann) jeden Zustand zwischen staatstragend und verfolgt einnehmen.

Timur (1336–1405)

Schöpfer eines zeitweiligen islamisch-mongolischen Großreichs. Mit seinen Eroberungen und seiner Politik erfolgreichster Nachahmer Dschingis Khans. Die Grausamkeit und die Zahl seiner Opfer des in Europa häufig als „Tamerlan“ bekannten Herrschers wurden sprichwörtlich.

Ulema

Islamische Religionsgelehrte; in osmanischer Zeit an einer religiösen Hochschule (Medrese) ausgebildet. Die Zugehörigkeit zu dieser Bildungs- und Gelehrtenschicht ist in der Praxis oft in bestimmten Familien quasi-erblich.

Unitarier

Unitarische Theologen wiesen seit dem 16. Jh. die bis heute dominierende Trinitätslehre fast aller christlichen Kirchen – einschließlich der anderen reformatorischen Konfessionen – zurück, die sich seit dem Konzil von Nicäa (Nikaia, İznik) im Jahr 325 fast universal durchgesetzt hatte. Da die christliche Lehre der Dreieinigkeit Gottes (und damit des göttlichen Wesens Jesu Christi) aus islamischer Sicht der mit Abstand wichtigste religionstrennende Punkt ist, war die Förderung und der Schutz unitarischer Bekenntnisse für die Osmanen eine natürliche Reaktion: Unitarier standen dem Islam einen entscheidenden Schritt näher. In Siebenbürgen spielt die dortige unitarische Kirche bis heute eine wichtige Rolle, andere unitarische Gemeinschaften bieten ein sehr vielschichtiges Bild.

Vierzehn Punkte

Die Verlautbarung des US-Präsidenten Woodrow Wilson vom Januar 1918 über die Prinzipien, die als Grundlage einer europäischen Nachkriegsordnung und des Friedens gelten sollten; gerade auf der Verliererseite als politische Selbstverpflichtung gedeutet.

Anmerkungen

Einleitung, S. 11–19

1 Die Geschichte aus *Skylife*, dem Magazin von Turkish Airlines (Oktober 2009), steht auch auf der Website des Museums von Aphrodisias: http://www.ozgurguker.com/Turkey/ Aphrodisias-Archeology-Museum-Turkey.html.

2 Zit. nach http://arkeofili.com/?p=2600, Bericht von Erman Ertuğrul (16. März 2015). Übersetzung des Autors.

3 Zitat aus dem Online-Bericht der Freer-Sackler Gallery zu einer 2014 veranstalteten Ausstellung von Gülers Fotos: „Ara Güler and the Lost City of Aphrodisias". http://bento.si.edu/fromthe-archives/ara-guler-and-the-lost-city-of-aphrodisias/.

4 Akurgal, *Ancient Civilizations and Ruins* S. 171–75.

5 Erdoğru / Bıyık (Hrsg.), *T.T. 001/1 M. Numaralı.*

6 *166 Numeralı Muhâsebe-i Vilâyet-i Anadolu Defteri*, S. 459; 464.

7 Das Gedicht spielt auf eine Passage in Attars Sufi-Klassiker *Die Konferenz der Vögel* an. Dt. Übersetzung von Michael Reinhard Heß auf der Textbasis von Sinan Paşa, *Yakarışlar Kitabı* (*Tazarru´nâme*), hrsg. von Mertol Tulum. Ankara (Türkiye Diyanet Vakfı) 2011, S. 186. [Es handelt sich bei der Vergänglichkeitsklage um das sogenannte *Ubi sunt*-Motiv, das auch in der europäischen Dichtung gängig ist: „Wo ist jetzt / heute … (geblieben)?" (A.d.Ü.)]

8 Übersetzung Michael Reinhard Heß; Textbasis: Walter J. Andrews / Najaat Black / Mehmet Kalpaklı (Hrsg.), *Ottoman Lyric Poetry. An Anthology*. Seattle (University of Washington Press), online unter http://ebookcentral.proquest.com/lib/unigiessen/reader.action?docID=3444358# [Zugriff 5. September 2017], S. 279.

9 Übersetzung Michael Reinhard Heß; Textbasis: Andrews / Black / Kalpaklı (Hrsg.), *Ottoman Lyric Poetry*, Nr. 66.

10 Übersetzung Michael Reinhard Heß; Textbasis: Andrews / Black / Kalpaklı (Hrsg.), *Ottoman Lyric Poetry*, Nr.41

11 Übersetzung Michael Reinhard Heß; Textbasis: Ahmet Atillâ Şentürk, *Osmanlı Şiiri Antolojsi*. Istanbul 1999, S. 151.

1. Osmanische Genese, 1300–1397, S. 20–56

1 So die Rekonstruktion von Rudi Paul Lindner, die ich mit seiner Erlaubnis übernehme, einschließlich des Akzents auf der Flut und ihrer Folgen: *Explorations in Ottoman Prehistory*, S. 102–16.

2 Silay (Hrsg.), *History of the Kings of the Ottoman Lineage*, S. 61, Verspaar 60. Zu der Stelle siehe Lowry, „Some Thoughts on the Meaning of Gaza and Akın", in: Kermeli / Özel (Hrsg.), *Ottoman Empire. Myths, Realities and "Black Holes"*, S. 47–50.

3 Magoulias (Hrsg.), *Decline and Fall of Byzantium*, S. 133–34.

4 Artuk, „Osmanlı beylig˘ inin kurucusu", und Lindner, *Explorations in Ottoman Prehistory*, S. 18.

5 Zu den griechischen Quellen für die frühen Osmanen vgl. Moravcsik, *Byzantinoturcica*; Ostrogorsky, *Geschichte des byzantinischen Staates*, S. 385–94.

6 Kafadar, *Between Two Worlds*, S. 124 mit Anm. 11–13.

7 Lindner, *Explorations in Ottoman Prehistory*, S. 102–16.

8 In einer Kopie aus dem späten 15. Jahrhundert christlicher Zeitrechnung, herausgegeben von Uzunçarşılı, „Gazi Orhan Bey Vakfiyesi". Zu dieser Quelle siehe Emecen, „Orhan Bey'in 1348 Tarihli Mülknamesi hakkında", in: Emecen, *İlk Osmanlılar*, S. 187–207.

9 Gibb (Hrsg.), *Travels of Ibn Battuta*, Bd. 2, S. 451–52.

10 Diese und die meisten anderen hier genannten osmanischen Dokumente liegen im Druck vor: Lowry, *Nature of the Early Ottoman State.*

11 Hinz (Hrsg.), *Resālä-ye Falakiyyä*, S. 162.

12 Gibb (Hrsg.), *Travels of Ibn Battuta*, Bd. 2, S. 451–52.

13 Emecen, *İlk Osmanlılar*, S. 82; 89.

14 İnalcık, „Yürüks“, in: İnalcık, *Middle East and the Balkans*, S. 97–136.
15 Liaou, „Byzantine Empire in the Fourteenth Century“.
16 Krausmüller, „Rise of Hesychasm“.
17 Meyendorff, *Gregory Palamas*, S. 104.
18 Miller, „History of John Cantacuzenus“, S. 167–69.
19 Zachariadou, „Emirate of Karasi and that of the Ottomans,“ in: Zachariadou (Hrsg.), *Ottoman Emirate*, S. 225–36.
20 Bryer, „Greek Historians on the Turks“.
21 Miller, „History of John Cantacuzenus“, S. 165–66.
22 Gibb (Hrsg.), *Travels of Ibn Battuta*, Bd. 1, S. 143–44; Dols, *Black Death*, S. 65.
23 Miller, „History of John Cantacuzenus“, S. 187–88.
24 Ambraseys, *Earthquakes*, S. 372–75.
25 Arnakis, „Gregory Palamas among the Turks“, S. 105. [Palamas zitiert hier aus dem Anfang von Homers *Ilias* die Verse 1,4–5 (A.d.Ü.)]
26 Necipoğlu, *Byzantium between the Ottomans and the Latins*, S. 121–23.
27 Lowry, *Shaping of the Ottoman Balkans*.
28 Wittek, *Menteşe Beyliği*, S. 76.
29 Gibb u. a. (Hrsg.), *Encyclopaedia of Islam*, Neuausgabe, Bd. 9 (2001), S. 323–31, Stichwort „Yeñi Čeri“ (Rhoads Murphey).
30 Ređep, „Legend of Kosovo“. Siehe auch Duijzings, *Religion and the Politics of Identity*, S. 176–202; Vucinich / Emmert (Hrsg.), *Kosovo*.
31 Neşri, *Kitâb-ı Cihan-Nümâ*, Bd. 1, S. 304–7.
32 Feridun, *Mecmu'a-ı Münşe'atü 's-Selatin*, Bd. 1, S. 115–16.
33 Bericht veröffentlicht in Kreutel, *Osmanisch-türkische Chrestomathie* Nr. 39, S. 36–37.
34 Reinert, „A Byzantine Source“, in: Heywood / Imber (Hrsg.), *Studies in Ottoman History in Honour of Professor V. L. Ménage*, S. 249–72.
35 Magoulias (Hrsg.), *Decline and Fall of Byzantium*, S. 74, 92, 272, Anm. 51.
36 Sahas, „Captivity and Dialogue“, S. 412.
37 Vryonis, *Decline of Medieval Hellenism*.
38 Ebd., S. 288–350.
39 Crane, „Some Archaeological Notes“.
40 Sahas, „Gregory Palamas (1296–1360) on Islam“.
41 Vryonis, *Decline of Medieval Hellenism*, S. 339–43.
42 Vryonis, *Decline of Medieval Hellenism*, S. 176, 228–29.
43 Zu osmanischen Königsehen siehe Peirce, *Imperial Harem*.
44 Bryer, „Greek Historians on the Turks“, S. 488.
45 Vryonis, *Decline of Medieval Hellenism*, S. 227–28.
46 Bryer, „Greek Historians on the Turks“, S. 481, Anm. 1.
47 Abu-Lughod, *Before European Hegemony*.
48 Gibb (Hrsg.), *Travels of Ibn Battuta*, Bd. 2, S. 451, 481.
49 Ousterhout, „Ethnic Identity and Cultural Appropriation“.
50 Ediert und analysiert sind die Texte mehrerer Verträge in Zachariadou, *Trade and Crusade*.
51 Pamuk, *Monetary History*, S. 7–30
52 Ebd., S. 7–8.
53 Lindner, *Explorations in Ottoman Prehistory*, S. 81–101; Pamuk, *Monetary History*, S. 7.
54 Pamuk, *Monetary History*, S. 25–27; Zacharidou, *Trade and Crusade*, S. 140–43.
55 Zhukov, „Ottoman, Karasid, and Sarukhanid Coinages“, in: Zachariadou (Hrsg.), *Ottoman Emirate*, S. 237–42.
56 Zum Sklavenhandel siehe Csokovits, „Miraculous Escapes from Ottoman Captivity“, in: Dávid / Fodor (Hrsg.), *Ransom Slavery along the Ottoman Borders*, S. –18; Zachariadou, *Trade and Crusade*, S. 160–63; zur Geschichtsschreibung siehe Pál Fodor, „Introduction“, in: Dávid / Fodor a.a.O., S. xi–xx.
57 Toledano, *Slavery and Abolition*.
58 Rotman, *Byzantine Slavery*.
59 Zachariadou, *Trade and Crusade*, S. 67.
60 Gibb (Hrsg.), *Travels of Ibn Battuta*, Bd. 2, S. 445, 447, 449.
61 Arnakis, „Gregory Palamas among the Turks“, S. 109.
62 Zachariadou, *Trade and Crusade*, S. 160–61.
63 Miller, „History of John Cantacuzenus“, S. 192.
64 Zur religiösen Toleranz der Mongolen siehe Jackson, „Mongols and the Faith of the Conquered“, in: Amitai / Biran (Hrsg.), *Mongols, Turks, and Others*, S. 245–90.

65 Textedition in Dawson (Hrsg.), *Mongol Mission*, S. 85–86. Siehe auch Turan, „Ideal of World Domination". Eine ähnliche Wortwahl findet sich in einem Brief von Hülegü an den Mamlukensultan al-Muzaffer Kutuz; Broadbridge, *Kingship and Ideology*, S. 28–29.
66 Dawson (Hrsg.), *Mongol Mission*, S. 195. Zum Gespräch: Young, „*Deus Unus* or *Dei Plures Sunt*?"
67 Sahas, „Captivity and Dialogue", S. 419.
68 Der Begriff ist Gegenstand einer überaus langen Debatte innerhalb der osmanischen Geschichte gewesen. Zusammenfassend dazu Kafadar, *Between Two Worlds*.
69 Emecen, „Gaza'ya Dair", Neudruck in: Emecen, *İlk Osmanlılar*, S. 75–85; zu dieser Formulierung im Ägypten der Mamluken siehe Haarmann, „Rather the Injustice", S. 70. Zu den Moguln siehe Thackston (Übers.), *The Baburnama*, S. 394. Allgemein Darling, „Contested Territory", und Kafadars Kommentare in *Between Two Worlds*, S. 79–80.
70 Demetriades, „Tomb of Ghazi Evrenos Bey at Yenitsa".
71 Ein solcher Text wurde herausgegeben von Tekin, „XIV. Yüzyılda Yazılmış Gazilik Tarikası".
72 Fleischer, *Bureaucrat and Intellectual*, S. 273–292.
73 Lowry, „‚Soup Muslims' of the Ottoman Balkans".
74 Texte hrsg. von Philippidas-Braat, „La Captivité de Palamas"; übersetzt und näher erläutert in Sahas, „Captivity and Dialogue" sowie Sahas, „Gregory Palamas (1296–1360) on Islam". Siehe auch Arnakis, „Gregory Palamas among the Turks".
75 Miller, „Religious v. Ethnic Identity".
76 Sahas, „Art and Non-Art of Byzantine Polemics".
77 Sahas, „Captivity and Dialogue", S. 412–13.
78 Ebd., S. 414.
79 Zachariadou, „Mt. Athos and the Ottomans", in: Angold (Hrsg.), *Cambridge History of Christianity*, Bd. 5, S. 154–68.
80 Die Moschee war Gegenstand gleich mehrerer Studien. Die ersten Grabungsberichte erschienen in *Forschungen in Ephesos*, Bd. 1. Siehe auch Otto-Dorn, „Die İsa Bey Moschee in Ephesus".
81 Foss, *Ephesus after Antiquity*.
82 Gibb (Hrsg.), *Travels of Ibn Battuta*, Bd. 2, S. 444–45.
83 Büyükkolancı, *Life and the Monument of St. John*, S. 40.
84 Wittek, *Menteşe Beyliği*, S. 37, Anm. 120; Büyükkolancı, *Life and the Monument of St. John* S. 43.
85 Dieses Detail verdanke ich einem Gespräch mit Jon Stewart.
86 Bacon / Koldewey (Hrsg.), *Investigations at Assos*. Mehrere Beiträge zu Assos finden sich auch in Holod / Ousterhout (Hrsg.), *Osman Hamdi Bey ve Amerikalılar.*
87 Ayverdi, *Osmanlı Mi'mârîsinin İlk Devri*, Bd. 1, S. 224–29.
88 Vgl. den Hudâvendigâr-Kataster von 1530; *166 Numeralı Muhâsebe-i Vilâyet-i Anadolu Defteri*, Text, S. 137.
89 Ousterhout, „Ethnic Identity and Cultural Appropriation", S. 54–55.
90 Foto des Türrahmens bei Ousterhout, „Ethnic Identity and Cultural Appropriation", S. 53. Die Inschrift aus der *Anthologiae Graecae Appendix (Epigrammata)* trägt die Nummer 7052.003 in der Online-Ressource *Thesaurus Linguae Graecae: A Digital Library of Greek Literature* (the TLG Canon) unter stephanus.tlg.uci.edu.

2. Eine gesegnete Dynastie, 1397–1494, S. 57–112

1 Silay (Hrsg.), *History of the Kings*.
2 Emecen, „İlk Osmanlı Kroniklerinden Timur İmajı", in: *İlk Osmanlılar*, S. 161–73.
3 Zachariadou, „Manuel II Palaeologus".
4 Kritovoulos, *History of Mehmed the Conqueror*, S. 29.
5 Broadbridge, *Kingship and Ideology*, S. 175.
6 Necipoğlu, *Byzantium between the Ottomans and the Latins*, S. 149–83.
7 Manz, *Rise and Rule of Tamerlane*, S. 72–73.
8 Überblick der Gräueltaten Timurs bei Imber, *Ottoman Empire 1300–1481*, S. 55–56.
9 Zur Chronologie siehe Kastritsis, *Sons of Bayezid*.
10 Dazu Richards, *Mughal Empire*, S. 162.
11 Beispielsweise Abd ül-Vasi Çelebis *Halilname*, in: Kastritsis, *Sons of Bayezid*, S. 221–32.
12 Kastritsis, *Sons of Bayezid*, S. 153–58.

13 Ebd., S. 159–84.
14 Imber, *Ottoman Empire 1300–1481*, S. 79–95.
15 Der Vorfall hat viel Aufmerksamkeit erfahren, darunter im 20. Jahrhundert ein Gedicht von Nazım Hikmet und ein Dokumentarfilm. Neuere Studien dazu sind Balivet, *Islam Mystique*, und Köker, *Şeyḫ Bedreddin*.
16 Übersetzt von Magoulias (Hrsg.), *Decline and Fall of Byzantium*.
17 Magoulias (Hrsg.), *Decline and Fall of Byzantium*, S. 244.
18 Magoulias (Hrsg.), *Decline and Fall of Byzantium*, S. 119–121.
19 Köprülü, „Bemerkungen", S. 209, mit dem Quellenzitat aus Şukrullah.
20 Magoulias (Hrsg.), *Decline and Fall of Byzantium*, S. 121.
21 Was jedoch kein ganz einmaliges Schicksal war: Armanios / Ergene, „A Christian Martyr under Mamluk Justice".
22 Gölpınarlı / Gungurbey (Hrsg.), *Sımavna Kadısıoğlu*; Babinger (Hrsg.), *Die Vita*.
23 Çıpa, „Contextualizing Şeyḫ Bedreddin", betont die dynastische Verbindung.
24 Aşık Paşazade, *Tevârîh-i Âl-i Osmân*. Zu den beträchtlichen Unterschieden zwischen den erhaltenen Handschriften Aşık Paşazades siehe die Einleitung zu Atsız, *Osmanlı Tarihleri*, S. 81–85.
25 Aşık Paşazade, *Tevârîh-i Âl-i Osmân*, S. 92; Atsız, *Osmanlı Tarihleri*, S. 153–54, hrsg. von Giese, S. 81–82.
26 Aşık Paşazade, *Tevârîh-i Âl-i Osmân*, S. 1.
27 Halil İnalcık, „How to Read".
28 Aşık Paşazade, *Tevârîh-i Âl-i Osmân*, S. 91–92 (Atsız, *Osmanlı Tarihleri*, S. 153–54) mit dem Anonymus Giese, *Die altosmanischen anonymen Chroniken*, S. 49–55.
29 Aşık Paşazade, *Tevârîh-i Âl-i Osmân*, S. 264–69; Atsız, *Osmanlı Tarihleri*, S. 249–52.
30 Zu Murads religiösen Bindungen Taeschner, „War Murad I. Großmeister?" und Reinert, „From Niş to Kosovo Polje", in: Zachariadou (Hrsg.), *Ottoman Emirate*, S. 167–211, v. a. Anm. 95; zu seiner Grabstätte und dem zugehörigen Heiligtum Heywood, „1337 Bursa Inscription", S. 223.
31 Kafadar, *Between Two Worlds*, S. 132–33.
32 Giese (Hrsg.), *Die altosmanischen anonymen Chroniken*, S. 9–10. Ménage, „On the Recensions", S. 317–19 publizierte eine abweichende Version.
33 Aşık Paşazade, *Tevârîh-i Âl-i Osmân*, S. 6.
34 Peirce, *Imperial Harem*, S. 33.
35 Kazancıgil, *Osmanlılarda Bilim*, mit Bibliographie.
36 Ebd., S. 57–58; Chodkiewicz, „La Reception de la doctrine d'Ibn Arabī", in: Ocak (Hrsg.), *Sufism and Sufis in Ottoman Society*.
37 Übers. Adel Theodor Khoury.
38 Karamustafa, „Origins of Anatolian Sufism", in: Ocak (Hrsg.), *Sufism and Sufis*, S. 67–95.
39 Zu dieser Tekke siehe Faroqhi, „Vakıf Administration".
40 Ibn Arabi, *Bezels of Wisdom*. Siehe auch Tahralı, „A General Outline".
41 V. L. Ménage, „The Beginnings of Ottoman Historiography", in: Lewis / Holt (Hrsg.), *Historians*, S. 168–79, und Ménage, „On the Recensions".
42 Kafadar, *Between Two Worlds*, S. 60–117.
43 Beispiele dieses Typs publizierten Turan, *İstanbul'un Fethinden Önce*, und Atsız, *Osmanlı Tarihine Ait Takvimler*. Zum Begriff *takvim* siehe Turan a.a.O., S. 5.
44 King, „Astronomy", in: Young / Latham / Serjeant (Hrsg.), *Religion, Learning, and Science* 274–89.
45 Thorndike, „True Place"; Krämer u. a. (Hrsg.), *Encyclopaedia of Islam* (3. Auflage), S. 165–75, Stichwort „Astrology" (Charles Burnett). Fleischer hat die Notwendigkeit betont, die astrologische Praxis in osmanischer Zeit zu berücksichtigen; vgl. „Secretaries' Dreams", in: Baldauf / Faroqhi (Hrsg.), *Armağan. Festschrift für Andreas Tietze*, S. 77–88.
46 Saliba, *Islamic Science*.
47 *Türkiye Diyanet Vakfı İslam Ansıklopedisi*, Bd. 2, S. 56–58, Stichwort „Ahmed-i Dâî" (Günay Kut).
48 Ménage, „‚Annals of Murād II'", S. 570, Anm. 3.
49 Turan, *İstanbul'un Fethinden Önce*, S. 54–55.
50 Zachariadou, „Religious Dialogue", in: Lewis / Niewöhner (Hrsg.), *Religionsgespräche im Mittelalter*, S. 289–304.
51 Flemming, „Poem in the Chronicle", S. 175–84.
52 Aşık Paşazade, *Tevârîh-i Âl-i Osmân*, S. 269–74; Atsız, *Osmanlı Tarihleri*, S. 252–55.

53 Zu den Zeitaltern siehe Kennedy, „World-Year Concept", in: King / Kennedy (Hrsg), *Studies*, S. 351–71.
54 Aşık Paşazade, *Tevârîh-i Âl-i Osmân*, S. 222.
55 Gemäß dem Text in Ménage, „„Annals of Murād II"'.
56 Shechter, „Market Welfare".
57 Sahillioğlu, „Sıvıs, Year Crises in the Ottoman Empire", in: Cook (Hrsg.), *Studies in the Economic History of the Middle East*, S. 236; 242–43.
58 Ménage, „„Annals of Murād II"', S. 575.
59 Fisher, „Studies in Ottoman Slavery".
60 İnalcık, „Servile Labor in the Ottoman Empire", in: Ascher / Halasi-Kun / Király (Hrsg.), *Mutual Effects*, S. 25–52; dort S. 30.
61 Imber, *Crusade of Varna*, S. 186.
62 Aşık Paşazade, *Tevârîh-i Âl-i Osmân*, S. 116.
63 Seine Memoiren wurden 1486 in Mainz veröffentlicht und von Johnes, *Travels of Bertrandon de la Brocquiere*, ins Englische übersetzt.
64 Yerasimos, *La Fondation de Constantinople*.
65 Necipoğlu, *Byzantium between the Ottomans and the Latins*, S. 201–7.
66 Aşık Paşazade, *Tevârîh-i Âl-i Osmân*, S. 85–86.
67 İnalcık, „Osmanlılar'da Raiyyet Rüsûmu".
68 Zur osmanischen Theorie des Landbesitzes siehe Imber, *Ebu's-su'du*, S. 115–22.
69 Zu Stiftungen im Osmanischen Reich siehe Gibb u. a. (Hrsg.), *Encyclopaedia of Islam* (neue Ausgabe), Bd. 11, S. 87–92, Stichwort „Wakf IV. In the Ottoman Empire" (Randi Deguilhem).
70 Barkan, „Osmanlı İmparatorluğu'nda". Dazu auch Lifchez (Hrsg.), *Dervish Lodge*; Wolper, *Cities and Saints*.
71 Rogers, „Waqf and Patronage".
72 Aşık Paşazade, *Tevârîh-i Âl-i Osmân*, S. 93–94. Zu Evrenos' Stiftungen siehe Lowry, *Shaping of the Ottoman Balkans*, S. 15–64.
73 Broadbridge, *Kingship and Ideology*, S. 23; 46.
74 Veröffentlicht in: Halil İnalcık, *Hicrî 835 tarihli*.
75 Atsız, *Osmanlı Tarihine Ait Takvimler*, S. 105.
76 Es handelt sich um das Register Başbakanlık Osmanlı Arşivi Tapu-Tahrir M. 1/1. Einige besonders interessante Einträge daraus wurden transkribiert und veröffentlicht von Akın, *Aydın Oğulları*, S. 126–30.
77 İnalcık, „Stefan Duşan'dan", jetzt in: İnalcık, *Fatih Devri*, S. 137–84.
78 Oruç, „Christian Sipahis".
79 İnalcık, „Stefan Duşan'dan", S. 147.
80 İnalcık, „Ottoman Methods of Conquest".
81 Dank den vereinten Anstrengungen zahlreicher Gelehrter ist dies die erste vollständig ins Englische übersetzte osmanische Prosachronik. Aufbereitet wurde die Quelle von İnalcık / Oğuz (Hrsg.), *Gazavât-ı Sultân Murâd b. Mehemmed Hân*; die Übersetzung besorgte Imber, *The Crusade of Varna*.
82 İnalcık / Oğuz (Hrsg.), *Gazavât-ı Sultân Murâd b. Mehemmed Hân* 5; Imber, *Crusade of Varna*, S. 45; 86. Zu Daten und Chronologie siehe Imber, *Ottoman Empire 1300–1481*, S. 122–34.
83 Imber, *Crusade of Varna*, S. 45.
84 İnalcık, „1444 Buhranı", in: İnalcık, *Fatih Devri*, S. 1–53.
85 Imber, *Crusade of Varna*, S. 49.
86 İnalcık / Oğuz (Hrsg.), *Gazavât-ı Sultân Murâd b. Mehemmed Hân*, S. 14; 37; Imber, *Crusade of Varna*, S. 54; 80.
87 Ménage, „„Annals of Murād II"', S. 77. Zum aktuellen Kenntnisstand über die Janitscharen siehe Gibb u. a. (Hrsg.), *Encyclopaedia of Islam* (neue Ausgabe), Bd. 11 (2001), S. 323–31, Stichwort „Yeñi Çeri" (Rhoads Murphey).
88 Ménage, „„Annals of Murād II"', S. 577.
89 Turan, *İstanbul'un Fethinden Önce*, S. 28–29.
90 Imber, *Crusade of Varna*, S. 55–69; zusammengefasst in Imber, *Ottoman Empire 1300–1481*, S. 122–25.
91 İnalcık, *Fatih Devri*, S. 59–60.
92 İnalcık, *Fatih Devri*, S. 55–67.
93 Imber, *Crusade of Varna*, S. 74–76.
94 Ebd., S. 86.
95 Ebd., S. 94–101; zum korrekten Datum Imber, *Ottoman Empire 1300–1481*, S. 133.
96 Ménage, „„Annals of Murād II"', S. 578; Imber, *Crusade of Varna*, S. 186.
97 Sahillioğlu, „Sıvış Year Crises in the Ottoman Empire", in: Cook (Hrsg.), *Studies in the Economic History of the Middle East*.
98 Zur Chronologie siehe İnalcık, *Fatih Devri*, S. 69–136.

99 Mihailović, *Memoirs*, S. 71–73; Pamuk, *Monetary History*, S. 55–57.
100 İnalcık, *Fatih Devri*, S. 92–108.
101 Imber, *Ottoman Empire 1300–1481*, S. 145–46.
102 Giese (Hrsg.), *Die altosmanischen anonymen Chroniken*, Text, 74.
103 İnalcık, „Policy of Mehmed II", S. 232.
104 Die Zusammenfassung der Kontroverse beruht auf Yerasimos, „Foundation of Ottoman Istanbul", in: Nur u. a. (Hrsg.), *7 Centuries of Ottoman Architecture*, S. 459–79.
105 İnalcık, „Policy of Mehmed II", S. 233.
106 Necipoğlu, „Life of an Imperial Monument", S. 212–13.
107 Ousterhout, „‚Bestride the Very Peak of Heaven'", S. 318.
108 Necipoğlu, „Challenging the Past", S. 171.
109 İnalcık, „Istanbul: An Islamic City", S. 11.
110 Yerasimos, „Foundation of Ottoman Istanbul", S. 463; İnalcık, „Hub of the City".
111 Yerasimos, „Foundation of Ottoman Istanbul", S. 460–62.
112 Lowry, „From Lesser Wars", S. 47–63, und Lowry, „Portrait of a City", S. 65–99 in: Lowry, *Studies in Defterology*.
113 Uzunçarşılı, *Osmanlı Devletinin İlmiye Teşkilâtı*, S. 5–10.
114 Imber, *Ottoman Empire, 1300–1650*, S. 228.
115 Yerasimos, „Foundation of Ottoman Istanbul".
116 Kritovoulos, *History of Mehmed the Conqueror*, S. 219–22.
117 İnalcık, „Jews in the Ottoman Economy and Finances", in: Bosworth u. a. (Hrsg.), *Islamic World*, S. 513–50.
118 Dazu İnalcık, „Policy of Mehmed II".
119 Necipoğlu, *Architecture, Ceremonial, and Power*, S. 13.
120 Necipoğlu, *Architecture, Ceremonial, and Power*, S. 32–37.
121 Die beste Kurzbeschreibung unter Verwendung aller Quellen bietet Imber, *Ottoman Empire 1300–1481*, S. 145–62.
122 Vgl. Jones (Übers.), *Nicolò Barbaro*.
123 Runciman, *Fall of Constantinople*, S. 155ff.; zu Gennadios und seiner Haltung gegen eine Vereinigung siehe Magoulias (Hrsg.), *Decline and Fall of Byzantium*, S. 204.
124 Ebd., S. 236–39.
125 İnalcık, „Istanbul. An Islamic City", S. 1–23.
126 Zusammenfassung des Inhalts in İnalcık / Murphey, *History of Mehmed the Conqueror*.
127 Vgl. die Einleitung von İnalcık und Murphey zur *History of Mehmed the Conqueror*, S. 11–17.
128 So die These von İnalcık, „Ottoman Methods of Conquest", S. 109–10.
129 Stavrides, *Sultan of Vezirs*.
130 Reindl, *Männer um Bāyezīd*, S. 129–46; zu Hersekzade: Lowry, *Hersekzāde Ahmed Paşa*.
131 Tansel, *Sultan II. Bâyezit'in Siyasî Hayatı*, S. 1–6; Reindl, *Männer um Bāyezīd*, S. 34–36.
132 Brummett, *Ottoman Seapower*.
133 Stoianovich, „Conquering Balkan Orthodox Merchant", S. 242.
134 Kiel, „Ottoman Mineral Baths (Kaplıca) on the Balkans", in: Ergin (Hrsg.), *Bathing Culture of Anatolian Civilizations*, S. 212.
135 Zu den gewölbten Ziegeln siehe Kanetaki, „Ottoman Baths in Greece", in: Ergin (Hrsg.), *Bathing Culture of Anatolian Civilizations*, S. 236.
136 Peçevi, *Tarih-i Peçevi*, Bd. 1, S. 35–36.
137 Gibb u. a. (Hrsg.), *Encyclopaedia of Islam* (Neuausgabe) Bd. 9 (1995), S. 28–34, Stichwort „Sarajevo" (A. Popovic).
138 Pamuk, *Monetary History*, S. 47–58; 60–61.
139 Zur Flotte Imber, *Ottoman Empire, 1300–1650*, S. 287–317.
140 Woods, *Aqquyunlu*, S. 113–23.
141 Fisher, *Precarious Balance*.
142 Kunt, *Sultan's Servants*, S. 25; Howard, „Ottoman Timar System", S. 92 und 132, Anm. 67.
143 İnalcık / Murphey (Hrsg.), *History of Mehmed the Conqueror*, S. 64–65; Text nach 167a–168a.
144 İnalcık, „A Case Study".
145 Zur Cem-Affäre siehe Tansel, *Sultan II. Bâyezit'in Siyasî Hayatı*, S. 23–69; İnalcık, „A Case Study".
146 Broadbridge, *Kingship and Ideology*, S. 108–09. Zu den Religionsstreitigkeiten der Ilchanidenzeit siehe Mazzaoui, *Origins of the Safawids*, S. 22–40.
147 Minorsky, *Persia in A.D. 1478–1490*, S. 65–66.
148 Mélikoff, „Le Problem kızılbaş".
149 Karamustafa, *God's Unruly Friends*.
150 Imber, „Malāmatiyya in the Ottoman Empire", jetzt in: Imber (Hrsg.), *Studies in Ottoman History and Law*, S. 145–52.

151 Karamustafa, „Origins of Anatolian Sufism", in: Ocak (Hrsg.), *Sufism and Sufis in Ottoman Society*, S. 67–93
152 Aşık Paşazade, *Tevârîh-i Âl-i Osmân*, S. 264–69.
153 Ein Augenzeugenbericht seiner Karriere: Minorsky, *Persia in A.D. 1478-1490*, S. 65–82.
154 Zum Datum siehe Woods, *Aqquyunlu*, S. 278, Anm. 27.

3. Eine Sicht auf die Welt, 1494–1591, S. 113–170

1 Zarinebaf-Shahr, „Qizilbash ‚Heresy'", S. 6–7.
2 Allouche, *Origins and Development*, S. 69–82.
3 İnalcık, „Ottoman Cotton Market and India", in: İnalcık, *Middle East and the Balkans*, S. 264–306.
4 Brummett, *Ottoman Seapower*, S. 143–74.
5 Woods, *Aqquyunlu*, S. 54–56.
6 Aşık Paşazade, *Tevârîh-i Âl-i Osmân*, S. 264–69.
7 Lutfi Pasha, *Tevârîh-i Âl-i Osmân*, S. 195; 199; Tansel, *Sultan II. Bâyezit'in Siyasî Hayatı*, S. 11
8 Uluçay, „Yavuz Sultan Selim Nasıl Padişah Oldu? [I]", S. 75–76.
9 Ambraseys, *Earthquakes*, S. 422–33.
10 Bacqué-Grammont, *Les Ottomans, les Safavides*, S. 24–29.
11 Uluçay, „Yavuz Sultan Selim [I]", S. 77–78.
12 Uluçay, „Yavuz Sultan Selim [I]", S. 60.
13 Tekindağ, „Şah Kulu Baba", S. 35–36.
14 Ebd., S. 54–56.
15 Bacqué-Grammont, *Les Ottomans, les Safavides*, S. 29–30.
16 Fleischer, „From Şehzade Korkud to Mustafa Âli", in: Lowry / Hattox (Hrsg.), *IIIrd Congress on the Social and Economic History of Turkey*, S. 67–77.
17 Reindl, *Männer um Bāyezīd*, S. 79–99.
18 Teilübersetzung von John Woods in McNeill / Waldman (Hrsg.), *Islamic World*, S. 337–44.
19 Repp, *Mufti of Istanbul*, S. 212–21.
20 Tekindağ, „Yeni Kaynak", S. 53–56.
21 Ebd., S. 57–60.
22 Bacqué-Grammont, *Les Ottomans, les Safavids*, S. 50–127.
23 Tansel, *Yavuz Sultan Selim*, S. 101–7.
24 Ebd., S. 124–35.
25 So Evliya Çelebi, zit. in St. Laurent, „Ottoman and Turkish Restorations", in: Nur u. a. (Hrsg.), *7 Centuries of Ottoman Architecture*, S. 391–401.
26 Holt, *Egypt and the Fertile Crescent*, S. 38–41.
27 Vgl. Peirce, *Imperial Harem*, S. 85.
28 Tansel, *Yavuz Sultan Selim*, S. 242–50.
29 Szakály, „Nándorfehérvár 1521", in: Dávid / Fodor (Hrsg.), *Hungarian-Ottoman Military and Diplomatic Relations*, S. 47–76.
30 Siehe Fodor, „Ottoman Policy towards Hungary".
31 Kann, *History of the Habsburg Empire*, S. 25–45.
32 Fodor, „Ottoman Policy towards Hungary".
33 Gökbilgin, „Venedik", Dok. 185, S. 111–13.
34 Subrahmanyam, „Tale of Three Empires", S. 68, mit Zitat aus Seyyidi Ali Reis, *Le Miroir des pays. Une anabase Ottomane à travers l'Inde et l'Asie Centrale*, übers. von Jean-Louis Bacqué-Grammont. Paris 1999, S. 86–87.
35 Andrews, „Literary Art of the Golden Age", in: İnalcık / Kafadar (Hrsg.), *Süleyman the Second and His Time*, S. 353–68.
36 Ben-Zaken, *Cross-Cultural Scientific Exchanges*, S. 22–23, mit Anm. 56.
37 Lutfi Pascha, *Tevârîh-i Âl-i Osmân*, S. 357–58.
38 Piri Reis, *Kitab-ı Bahriye*, Bd. 1, S. 58–65.
39 Piri Reis, *Kitab-ı Bahriye*, Bd. 1, S. 106.
40 Andrews, *Poetry's Voice*, S. 143–74.
41 Şentürk, *Osmanlı Şiiri Antolojisi* 159. Siehe auch Necipoğlu, „Süleyman the Magnificent", S. 418–19.
42 Fuzuli kannte die älteren türkischen Versionen nicht: Huri (Übers.), *Leylā and Mejnūn by Fuzūlī*; siehe dort die Einleitung von Allesio Bombaci, S. 84.
43 Abou-El-Haj, „Ottoman Vezir and Paşa Households"; Brummett, „Placing the Ottomans"; Murphey, *Exploring Ottoman Sovereignty*.
44 Peirce, *Imperial Harem*, S. 61–63.
45 Blackburn (Hrsg.), *Journey to the Sublime Porte*, S. 200–202.
46 Dikici, „Making of Ottoman Court Eunuchs".
47 Ebd., S. 131.
48 Peirce, *Imperial Harem*, S. 187–91.
49 Ebd., S. 57–90.
50 Ebd., S. 66–67.
51 Fleischer, „Shadow of Shadows", S. 58–59.

52 Lutfi Pascha, *Tevârîh-i Âl-i Osmân*, S. 370–71.
53 Köprülü, „Lütfi Paşa".
54 Refik, *On altıncı asırda*, S. 21, Dok. 15.
55 Necipoğlu, *The Age of Sinan*, S. 141–43; 156; 284.
56 Peirce, *Imperial Harem*, S. 198–205.
57 Singer, *Constructing Ottoman Beneficence*.
58 Necipoğlu, „Challenging the Past".
59 Vgl. die Ausgabe von Hadžibegić, „Rasprava Ali Čauša", S. 146.
60 Todorova, *Imagining the Balkans*.
61 Vgl. die Provinzliste in Barkan, „H. 933–934 (M. 1527–1528)", S. 303–7.
62 Hanna, *Making Big Money*, S. 51; 73–75.
63 Walker, *Jordan in the Late Middle Ages*, S. 200–201.
64 Weber, „Transformation of an Arab-Ottoman Institution: The Sūq (Bazaar) of Damascus from the Sixteenth to the Twentieth Century", und Kiel, „Caravansaray and Civic Centre of Defterdar Murad Çelebi in Ma'arat an-Nu'man and the Külliye of Yemen Fatihi Sinan Pasha in Sa'sa'", beide in Nur u. a. (Hrsg.), *7 Centuries of Ottoman Architecture*, dort S. 103–10 bzw. 244–53.
65 Hathaway, *Arab Lands*, S. 51–56.
66 Hathaway, *Politics of Households*, S. 9.
67 Hanna, *Making Big Money*, S. 124–25.
68 Hathaway, *Politics of Households*, S. 11–12.
69 Walker, *Jordan in the Late Middle Ages*, S. 182–83.
70 El-Nahal, *Judicial Administration*, S. 12–14, mit Appendix A, S. 74.
71 Hanna, *In Praise of Books*, S. 106–7.
72 Die entsprechende Liste publizierte Kunt, *Sultan's Servants*, S. 101–16.
73 Imber, „Navy of Süleyman the Magnificent".
74 Goffman, *Ottoman Empire*, S: 145–49.
75 So eine Anweisung an den Beylerbeyi, veröffentlicht in *7 Numaralı Mühimme Defteri*, Fall 166, 6. September 1567.
76 Cook, *Population Pressure*.
77 Lowry, „Ottoman Tahrir Defterleri as a Source", jetzt in: Lowry, *Studies in Defterology*, S. 3–18; Faroqhi, *Approaching Ottoman History*, S. 86–95.
78 Dazu Minkov, *Conversion to Islam*, Tabelle 2, S. 41–42, und Tabelle 4, S. 49, mit Karte S. 43.
79 Minkov, *Conversion to Islam*, S. 41.
80 Balta, „Tracing the Presence of the Rum Orthodox Population in Cappadocia. The Evidence of Tapu-Tahrirs of the 15th and 16th Centuries", in: Balta / Ölmez (Hrsg.), *Between Religion and Language*, S. 185–214.
81 Kiel, „Ottoman Sources".
82 Géza Dávid, „Limitations of Conversion: Muslims and Christians in the Balkans in the Sixteenth Century", in: Andor / Tóth (Hrsg.), *Frontiers of Faith*, S. 149–56, dort S. 153.
83 Hertz, „Muslims, Christians and Jews", in: Ascher / Halasi-Kun / Király (Hgg.), *Mutual Effects*, S. 149–64.
84 Gökbilgin, *XV. ve XVI. Asırlarda*, S. 65.
85 Zachariadou, „Great Church in Captivity", in: Angold (Hrsg.), *Cambridge History of Christianity*, Bd. 5, S. 175–77.
86 Zachariadou, „Early Ottoman Documents".
87 Zachariadou, „Mt. Athos and the Ottomans", in: Angold (Hrsg.), *Cambridge History of Christianity*, Bd. 5, S. 154–68.
88 Runciman, *Great Church in Captivity*, S. 193–95.
89 Ebd., S. 320–37.
90 Runciman, *Great Church in Captivity*, S. 176–77.
91 Peri, *Christianity under Islam in Jerusalem*, S. 98–100.
92 Sanjian, *Armenian Communities in Syria*, S. 100–106.
93 O'Mahony, „Syriac Christianity", in: Angold (Hrsg.), *Cambridge History of Christianity*, Bd. 5, S. 511–35.
94 Zu den Nestorianern siehe Joseph, *Modern Assyrians*.
95 Joseph, *Modern Assyrians*, S. 55–58.
96 Fodor, „Ottomans and their Christians", in: Andor / Tóth (Hrsg.), *Frontiers of Faith*, S. 137–47.
97 Dávid, „Data on the Continuity".
98 Dávid, „Demographic Trends", in: Panzac (Hrsg.), *Histoire économique et sociale*, S. 331–40; Dávid, „Demographische Veränderungen".
99 Krstić, „Patron of the Protestants?"
100 Fodor, „Ottomans and their Christians", S. 144.
101 Epstein, „Leadership of the Ottoman Jews", in: Braude / Lewis (Hrsg.), *Christians and*

Jews, S. 101–15. Siehe auch Rozen, *A History of the Jewish Community* , S. 8–34.
102 Bowman, *Jews of Byzantium*, S. 143–56.
103 Rozen, *History of the Jewish Community.*
104 Shaw, *Jews of the Ottoman Empire*, S. 37–108.
105 Ebd., S. 106–108.
106 Levy, *Sephardim*, S. 13–41.
107 Tietze, „Sheykh Bālī Efendi's Report."
108 Lindner, *Nomads and Ottomans*, S. 60.
109 Le Gall, *A Culture of Sufism*, S. 123–27.
110 Imber, „Malāmatiyya", S. 227 und „Persecution of the Ottoman Shi'ites", S. 123–28; beide jetzt in Imber (Hrsg.), *Studies in Ottoman History and Law.*
111 Holbrook, „Diverse Tastes", in: Lewisohn (Hrsg.), *Heritage of Sufism*, Bd. 2, S. 99–120.
112 Birge, *Bektashi Order*, S. 56–58.
113 Işın, „Mevlevî Order in Istanbul", in: *Dervishes of Sovereignty*, S. 12–41.
114 Atsız, *İstanbul Kütüphanelerine Göre.*
115 Birgivi, *Path of Muhammad.*
116 Ebd., S. 29; 11.
117 So die These von Nagel, *History of Islamic Theology*, S. 136–40.
118 *Peçevi Tarihi*, hrsg. Baykal, I, S. 328.
119 Zur Debatte Özcan, *Osmanlı Para Vakıfları.*
120 Mandaville, „Usurious Piety".
121 Barkan / Ayverdi, *Istanbul Vakıfları Tahrir Defteri.*
122 Den Text von Bali Effendis Brief übersetzt hat Mandaville, „Usurious Piety", S. 301–3.
123 Özcan, *Osmanlı Para Vakıfları*, S. 47–50.
124 Imber, *Ebu's-Su'du*, S. 139–63.
125 Peirce, *Morality Tales*, S. 98–100; 276–85.
126 Shmuelevitz, *Jews of the Ottoman Empire*, S. 41–54.
127 al-Qattan, „Inside the Ottoman Courthouse", in: Aksan / Goffman (Hrsg.), *Early Modern Ottomans*, S. 201–12.
128 El-Nahal, *Judicial Administration*, S. 69 mit Anm. 36 zu diesen dokumentierten Beispielen.
129 Shaw, *Jews of the Ottoman Empire*, S. 84–86.
130 Heyd, „Ritual Murder Accusations".
131 Goodblatt, *Jewish Life in Turkey*, S. 120; der Großwesir ist hier Mehmed Sokollu, der Rabbi Salomon Ashkenazi.
132 Die verschiedenen Varianten publizierte Christos Patrinelis, „Exact Time of the First Attempt", S. 567–72.
133 Zitat in Patrinelis, „Exact Time of the First Attempt", S. 571.
134 Sahillioğlu (Hrsg.), *Topkapı Sarayı Arşivi H.951–952*, Fall 17, S. 396. Runciman, *Great Church in Captivity* 189–91; Zachariadou, „Great Church in Captivity", in: Angold (Hrsg.), *Cambridge History of Christianity*, Bd. 5, S. 183–84.
135 Peri, *Christianity under Islam in Jerusalem*, S. 64–76.
136 Boyar / Fleet, *Social History of Ottoman Istanbul*, S. 172–82.
137 Shmuelevitz, *Jews of the Ottoman Empire*, S. 36–39.
138 Mit diesem Bild leitet Coleman Barks auf S. 2 seine Rumi-Übersetzung *Essential Rumi* ein.
139 *7 Numaralı Mühimme Defteri*, Fall 2131, 23. September 1568.
140 *12 Numaralı Mühimme Defteri*, Fall 1023, 10. März 1572.
141 *7 Numaralı Mühimme Defteri*, Fall 155, 28. September 1567, und Fall 1453, 23. Mai 1568.
142 Allen, *Problems of Turkish Power.*
143 Fleischer, *Bureaucrat and Intellectual*, S. 76.
144 Gibb et al. (Hrsg.), *Encyclopaedia of Islam*, Bd. 9 (1997), S. 706–11, Stichwort „Sokollu Mehmed Pasha" (Gilles Veinstein).
145 Tezcan, „Searching for Osman", S. 155–66.
146 Dikici, „Making of Ottoman Court Eunuchs".
147 Gibb et al. (Hrsg.), *Encyclopaedia of Islam*, Bd. 7 (1992), S. 720–21 Stichwort „Mustafa Pasha, Lala" (J. H. Kramers).
148 Fleischer, *Bureaucrat and Intellectual*, S. 45–54.
149 Babayan, „Safavid Synthesis".
150 Cook, *Population Pressure.*
151 Tezcan, „Ottoman Monetary Crisis".
152 Stoianovich, „Conquering Balkan Orthodox Merchant", S. 240.
153 Stein, *Guarding the Frontier* bietet einen guten Gesamtüberblick zum osmanischen Belagerungskrieg.
154 Imber, *Ebu's-Su'ud*, S. 156–162.
155 Pamuk, *Monetary History*, S. 131–38 mit S. 135, Anm. 11.
156 Hathaway, *Arab Lands*, S. 62–63.
157 Die detailreichste Studie dazu ist Kafadar, „When Coins Turned into Drops of Dew", S. 61–80. Vgl. auch Pamuk, *Monetary History*, S. 141–42 und Fleischer, *Bureaucrat and Intellectual*, S. 133, 297.

158 Beispiele gibt Julius Káldy-Nagy, „The ‚Strangers' (Ecnebiler) in the 16th Century Ottoman Military Organization", in: Kara (Hrsg.), *Between the Danube and the Caucasus*, S. 165–69.
159 So die These von Murphey, *Ottoman Warfare*, S. 190.
160 Dies zur Korrektur der Berechnungen in Howard, „Ottoman Timar System", S. 164–73.
161 Fodor, „Sultan, Imperial Council, Grand Vizier".
162 Fleischer, *Bureaucrat and Intellectual*, S. 118–23.
163 Diesen Hinweis verdanke ich Virginia Aksan.
164 İpşirli (Hrsg.), *Tarih-i Selânikî*, Bd. 2, S. 227.
165 Necipoğlu, „Süleyman the Magnificent", S. 185.
166 Um mit dem wunderbaren Aufsatztitel von Haarmann, „Plight of the Self-Appointed Genius", zu sprechen. Siehe auch Fleischer, *Bureaucrat and Intellectual*.
167 Übs. Tietze, *Mustafā ʿĀlī's Counsel for Sultans*.
168 Zur Jahrtausendangst Fleischer, *Bureaucrat and Intellectual*, S. 134–35; 244–45. Fleischer bereitet eine ausführlichere Studie zum osmanischen Chiliasmus vor.
169 Ben-Zaken, *Cross-Cultural Scientific Exchanges*, S. 14; 17; 38.
170 Vgl. Ben-Zaken, *Cross-Cultural Scientific Exchanges*, S. 8–46.
171 Kazancıgil, *Osmanlılarda Bilim*, S. 85–91.
172 Hagen, „Order of Knowledge, the Knowledge of Order: Intellectual Life", in: *Cambridge History of Turkey*, Bd. 2, S. 407–56, v. a. S. 418–20.
173 Ben-Zaken, *Cross-Cultural Scientific Exchanges*, S. 43.
174 Diese Begriffe gebraucht Lutfi Pascha, *Tevârîh-i Âl-i Osmân*, S. 199; 283; auf *kadir gecesi* verweist er auf S. 384.
175 Kütükoğlu, „Lütfi Paşa Âsafnâmesi", S. 74.
176 Forster (Übers.), *Turkish Letters of Ogier Ghiselin de Busbecq*. Busbecq beschreibt das Ramadan-Fasten a.a.O., S. 151–54, das öffentliche Fasten davor 220, den Bogenwettkampf 134.
177 Gottfried Hagen, „Mawlid, Ottoman", in: Fitzpatrick / Walker (Hrsg.), *Muhammad*, Bd. 1, S. 369–73. Sehr hilfreich war für mich die im Theoriebereich gehaltvolle Studie von Tapper / Tapper, „Birth of the Prophet".
178 Süleyman Çelebi, *Mevlid*.
179 Dedes, „Süleyman Çelebi's Mevlid", in: Kut / Büyükkarcı (Hrsg.), *Uygurlardan Osmanlıya*, S. 305–349.
180 İpşirli (Hrsg.), *Tarih-i Selânikî*, Bd. 1, S. 197–98.

4. Unklarheiten und Gewissheiten, 1591–1688, S. 171–229

1 Deutung nach Fleischers Bemerkungen in „Mustafa 'Âlî's Curious Bits of Wisdom", S. 107–9.
2 Fodor, „Between Two Continental Wars", in: Baldauf / Faroqhi (Hrsg.), *Armağan. Festschrift für Andreas Tietze*, S. 89–111.
3 Liste in ebd., S. 99–103.
4 Ebd., S. 103.
5 Ebd., S. 109–10.
6 Cook, *Population Pressure*.
7 White, *Climate of Rebellion*, S. 140–62.
8 Fine, *When Ethnicity Did Not Matter*, S. 216–19.
9 Ágoston, „Where Environmental and Frontier Studies Meet"; eine jahrweise Zusammenstellung des militärischen Geschehens bei Finkel, *Administration of Warfare*, S. 7–20.
10 Griswold, *Great Anatolian Rebellion*, S. 27.
11 Zusammenfassung der jüngeren Forschung bei Özel, „Reign of Violence", in: Woodhead (Hrsg.), *The Ottoman World*, S. 184–202.
12 Aşık Paşazade, *Tevârîh-i Âl-i Osmân*, S. 267; Lutfi Pascha, *Tevârîh-i Âl-i Osmân*, S. 283; 331.
13 Griswold, *Great Anatolian Rebellion*, S. 38.
14 Tezcan, „Searching for Osman", S. 124 mit S. 348, Anm. 175.
15 Diesen Aspekt und dessen Formulierung verdanke ich Virginia Aksan.
16 Das Argument verwendet Tezcan, „Searching for Osman", S. 240–58; zum Beispiel Bagdad: Fleischer, *Bureaucrat and Intellectual*, S. 118–23.
17 Murphey, *Ottoman Warfare*, Grafik S. 45.
18 Murphey, *Ottoman Warfare*, S. 163–65.
19 Darling, *Revenue-Raising*, S. 169–72.

20 Goffman, *Izmir.*
21 Das unpublizierte Dokument befindet sich im Osmanischen Archiv in Istanbul (im Başbakanlık Osmanlı Arşivi), Ruznamçe Nr. 46, S. 420, Eintrag 1, vom 17. Juni 1576.
22 Vgl. Başbakanlık Osmanlı Arşivi, Ruznamçe Nr. 46, S. 418 vom 15. Juni 1576.
23 Yılmazer (Hrsg.), *Topçular Kâtibi*, Bd. I, S.321.
24 Peçevi, *Tarih-i Peçevi*, Bd. 2, S. 235.
25 Zu Deli Hasan siehe Griswold, *Great Anatolian Rebellion*, S. 39–46.
26 Griswold, *Great Anatolian Rebellion*, S. 55.
27 Ebd., S. 169.
28 Ebd., S. 108.
29 Ebd., S. 110–156.
30 Ebd., S. 128–32.
31 Ülker, „Emergence of Izmir".
32 Arakel of Tabriz, *Book of History*, S. 95.
33 Griswold, *Great Anatolian Rebellion*, S. 132–53.
34 Ebd., S. 168–97.
35 Arakel of Tabriz, *Book of History*, S. 95.
36 Hathaway, *Politics of Households*, S. 32–37.
37 Ebd., S. 9–15.
38 Peirce, *Imperial Harem*, S. 102–3.
39 Şentürk, *Osmanlı Şiiri Antolojsi*, S. 387–92. Ich danke Gottfried Hagen für diesen Literaturhinweis.
40 Tezcan, „Searching for Osman", S. 93–98.
41 Es gibt zwei neuere Studien, nämlich Tezcan, „Searching for Osman", und Piterberg, *Ottoman Tragedy*. Siehe auch Tezcan, „1622 Military Rebellion".
42 White, *Climate of Rebellion*, S. 123–24.
43 Piterberg, *Ottoman Tragedy*, S. 93–98.
44 White, *Climate of Rebellion*, S. 190–98.
45 Zit. in Piterberg, *Ottoman Tragedy*, S. 27.
46 Diese Deutung schöpft aus Tezcan, „Law in China".
47 Kunt, „Ethnic-Regional (*Cins*) Solidarity".
48 Finkel, *Osman's Dream*, S. 202–8.
49 Murphey (Hrsg.), *Kanûn-nâme-i Sultânî*, S. 5.
50 Howard, „Ottoman Timar System", S. 207–27.
51 *Evliya Çelebi Seyahatnamesi*, Bd. 1; der Vorfall erscheint in Hammer (Übers.), *Narrative of Travels*, S. 132–36.
52 Hammer (Übers.), *Narrative of Travels*, S. 129.
53 *Leitsätze* und *Gesetze der Osmanendynastie* liegen gedruckt vor in *Kavanin Risalesi*, S. 119–40 bzw. 1–81.
54 Howard, „Genre and Myth", in: Aksan / Goffman (Hrsg.), *Early Modern Ottomans*, S. 137–66.
55 Atsız, *İstanbul Kütüphanelerine Göre*, S. 15–32 bzw. 5–11.
56 Kurz, *Ways to Heaven*, S. 66; 76.
57 Peçevi, *Tarih-i Peçevi*, Bd. 1, S. 364–67.
58 Rycaut, *Present State of the Ottoman Empire*, S. 130.
59 Die Geschichte erzält Katib Çelebi, *Fezleke*, Bd. 2, S. 155.
60 Katib Çelebi, *Fezleke*, Bd. 2, S. 154–55.
61 Gölpınarlı, *Mevlânâ'dan Sonra Mevlevîlik*, S. 159.
62 Koran, Sure 4,58; Übers. Rudi Paret, leicht modifiziert nach Howards Lesart (A.d.Ü.). Katib Çelebi, *Fezleke*, Bd. 2, S. 155.
63 Katib Çelebi, *Waage der Wahrheit.*
64 Katib Çelebi, *Fezleke*, Bd. 2, S. 154–55.
65 Hagen, *Ein osmanischer Geograph*, S. 23.
66 Zilfi, *Politics of Piety*, S. 163.
67 Hagen, *Ein osmanischer Geograph*, S. 23.
68 Hagen, „Afterword", in: Dankoff, *An Ottoman Mentality*, S. 215–56
69 Hanna, *Making Big Money.*
70 Ebd., S. 93; 109–12.
71 Ebd., S. 53–59.
72 Pamuk, *Monetary History*, S. 95–97.
73 Hanna, *Making Big Money*, S. 43–65.
74 Die bahnbrechenden Arbeiten von Ronald Jennings dazu erschienen in den langen Beiträgen „Loans and Credit", „Women" und „Zimmis".
75 Andreasyan (Hrsg.), *Polonyalı Simeon'un Seyahatnâmesi.*
76 Jennings, „Loans and Credit", S. 200–1; „Women", S. 105.
77 Jennings, „Women", S. 109 bzw. 106.
78 Zahlreiche Beispiele in Jennings, „Loans and Credit", S. 204–9.
79 Jennings, „Women", S. 103.
80 Hanna, *In Praise of Books*, S. 123.
81 Beispiele in El-Nahal, *Judicial Administration*, S. 57–64.
82 *82 Numaralı Mühimme Defteri*, Fall, S. 343.
83 Feldman, *Music of the Ottoman Court*, S. 30; 55–64.
84 Terzioğlu, „Man in the Image of God".

85 Hanna, *In Praise of Books*, S. 121–23 bzw. 114–15.
86 Stewart-Robinson, „Ottoman Biographies of Poets".
87 Andrews, „Tezkire-i Şu'arā", S. 19.
88 Zit. nach Schmidt, „Historian as Biographer", in: *The Joys of Philology*, Bd. 1, S. 147–48.
89 Darling, „Ottoman Turkish".
90 Buzov, „World of Ottoman Miscellany Mecmuas".
91 Kazancıgil, *Osmanlılarda Bilim* S. 195; 198–99.
92 Ebd., S. 195–96.
93 Erünsal, *Osmanlılarda Sahaflık*, S. 139–41.
94 Ebd., S. 75–79; 93–99.
95 El-Rouayheb, „Opening the Gates".
96 Shefer-Mossensohn, *Ottoman Medicine*, S. 48–49.
97 Ben-Zaken, *Cross-Cultural Scientific Exchanges*, S. 108 und passim.
98 Erünsal, *Osmanlılarda Sahaflık*, S. 99–102. Zum Interesse an antiken Stücken vgl. die Bemerkungen von John Covel in Covel, *Early Voyages and Travels in the Levant*, S. 279–80.
99 Ben-Zaken, *Cross-Cultural Scientific Exchanges*, S. 139–62.
100 Hagen, *Ein osmanischer Geograph*.
101 Ebd., S. 42.
102 Ebd., S. 36.
103 Birnbaum, „Questing Mind".
104 Katib Çelebi, *Balance of Truth*.
105 Der Begriff stammt aus Hagen, *Ein osmanischer Geograph*.
106 Vortrag von John Curry am American Research Institute in Turkey, 27. Mai 2012.
107 Sariyannis, „‚Mob', ‚Scamps' and Rebels".
108 Andreasyan, „Celâlilerden Kaçan", S. 46.
109 Finkel, *Osman's Dream*, S. 211, mit Zitat aus Grigor von Kemah.
110 Zit. nach Sariyannis, „‚Mob', ‚Scamps' and Rebels", S. 7.
111 Zu Klima und Stress vgl. Fagan, *The Little Ice Age*, S. 102–3.
112 Zu Osman siehe Dağlı, „Bir Haber Şâyi' Olduki". Zum Terror siehe Peçevi, *Tarih-i Peçevi*, Bd. 2, S. 460–61.
113 Hattox, *Coffee and Coffeehouses*.
114 Hanna, *In Praise of Books*, S. 65–68.
115 Grehan, „Smoking".
116 al-Aqhisārī, *Against Smoking*.
117 Dankoff / Kim (Übers.), *An Ottoman Traveler*, S. 179–80.
118 Blount, *Voyage*, S. 3–4.
119 Ebd., S. 3.
120 Goodrich, *The Ottoman Turks*.
121 Goffman, *Ottoman Empire*, S. 169–88.
122 Skilliter, *William Harborne*.
123 Bulut, *Ottoman-Dutch Economic Relations*.
124 Runciman, *Great Church in Captivity*, S. 259–88.
125 Peirce, *Imperial Harem*, S. 102–106.
126 Ebd., S. 241–55.
127 Greene, *Shared World*, S. 13–18; 56–62.
128 Setton, *Venice*, S. 104–137.
129 Gölpınarlı, *Mevlânâ'dan Sonra Mevlevîlik*, S. 160.
130 Kunt, „Köprülü Years", S. 34–49.
131 Ebd., S. 58–60.
132 Terzioğlu, „Sufi and Dissident", S. 205.
133 Sure 92, 1–2 (übers. Adel Theodor Khoury). Kunt, „Köprülü Years", S. 76.
134 Kunt, „Köprülü Years", S. 81.
135 Ostapchuk, „Cossack Ukraine: In and Out of Ottoman Orbit", in: Kármán / Kunčević (Hrsg.), *The European Tributary States*, S. 123–52.
136 Kunt, „Köprülü Years", S. 94–115.
137 Zitiert in Kunt, „Köprülü Years", S. 106.
138 Abou-El-Haj, „Ottoman Vezir and Paşa Households", S. 443–44.
139 Terzioğlu, „Sufi and Dissident", S. 206.
140 Feldman, *Music of the Ottoman Court*, S. 60–63.
141 Covel, *Early Voyages and Travels in the Levant*, S. 269.
142 Terzioğlu, „Sufi and Dissident", S. 261.
143 Baer, *Honored by the Glory of Islam*, S. 170–71.
144 Greene, *Shared World*, S. 38–44.
145 Baer, *Honored by the Glory of Islam*, S. 160–61; 173–78.
146 Minkov, *Conversion to Islam*, S. 123–24; 140, 163.
147 Covel, *Early Voyages and Travels in the Levant*, S. 273.
148 Greene, *Shared World*, S. 22–35.
149 Ebd., S. 178–86.
150 Scholem, *Sabbatai Sevi*.
151 Scholem vermutete, er könnte an einer bipolaren Störung gelitten haben: *Sabbatai Sevi*, S. 125–38.
152 Scholem, *Sabbatai Sevi*, S. 262–63.
153 Scholem, *Sabbatai Sevi*, S. 389–417.

154 Ich danke Daniel Goffman für diese Beobachtung.
155 Scholem, *Sabbatai Sevi*, S. 445–46.
156 Ebd., S. 629.
157 Ebd., S. 603–657.
158 Ebd., S. 668–86.
159 Baer, *Honored by the Glory of Islam*, S. 213.
160 Barker, *Double Eagle*, S. 273–79.
161 Baer, *Honored by the Glory of Islam*, S. 231–33.
162 Abou-El-Haj, *1703 Rebellion*, S. 44–47.
163 Ostapchuk, „Cossack Ukraine", S. 139–47.
164 Terzioğlu, „Sufi and Dissident", S. 141–89.
165 Ebd., S. 443–44.

5. Globales und Lokales, 1688–1785, S. 230–287

1 Barker, *Double Eagle*, S. 108–109; 160–61.
2 Zitiert nach Aksan, *Ottoman Wars*, S. 22.
3 Abou-El-Haj, „Narcissism of Mustafa II".
4 Abou-El-Haj, „Ottoman Diplomacy at Karlowitz".
5 Abou-El-Haj, „Formal Closure of the Ottoman Frontier".
6 Abou-El-Haj, *1703 Rebellion*, S. 16–40.
7 Aksan, *Ottoman Wars*, S. 90–95. Zur Geschichte der osmanischen Herrschaft über die Fürstentümer Panaite, „Power Relationships".
8 Aksan, *Ottoman Wars*, S. 98–102.
9 Abdruck in Köprülü, „Osmanlı Kanunnameleri". Siehe auch İnalcık, „Islamization of Ottoman Laws".
10 Unat, *Hicrî Tarihleri*, S. xiii.
11 Nina Ergin, „Bathing Business in Istanbul: A Case Study of the Çemberlitaş Hamamı in the Seventeenth and Eighteenth Centuries", in: Ergin (Hrsg.), *Bathing Culture*, S. 142–68.
12 Genç, „Osmanlı maliyesinde"; ders., „A Study of the Feasibility".
13 Kiel, „Remarks on the Administration".
14 Karpat, *Ottoman Population*, S. xi.
15 Salzmann, „An Ancien Régime Revisited", S. 403.
16 So die These von Salzmann, „An Ancien Régime Revisited", S. 423.
17 Ebd., S. 194–203.
18 Salzmanns Begriffswahl.
19 Salzmann, „Measures of Empire", S. 198–208.
20 Pamuk, *Monetary History*, S. 159–71.
21 Salzmann, „Measures of Empire", S. 202–203.
22 Salzmann, „Measures of Empire", S. 187.
23 Barbir, *Ottoman Rule in Damascus*, S. 77–81
24 Salzmann, „Measures of Empire", S. 147–89.
25 Faroqhi, „Indebtedness", in: Afifi u. a. (Hrsg.), *Sociétés rurales ottomans*, S. 197–213.
26 Salzmann, „Measures of Empire", S. 174–77.
27 Hathaway, *Arab Lands*, S. 79–113.
28 Masters, „Aleppo: the Ottoman Empire's Caravan City", in: Eldem / Goffman / Masters (Hrsg.), *The Ottoman City*, S. 53–62.
29 Zwei jüngere Ansätze sind Ergene / Berker, „Wealth and Inequality", und Canbakal, „Reflections".
30 Tucker, *Nadir Shah's Quest*, S. 24–31.
31 Richards, *Mughal Empire*, S. 253–81.
32 Karahasanoğlu, *Kadı ve Günlüğü*, S. 112–19.
33 Ergin, „Bathing Business", S. 148–49 und „Who Worked in İstanbul's Hamams?", S. 599; 603.
34 Frangakis-Syrett, *Commerce of Smyrna*, S. 119.
35 Tucker, *Nadir Shah's Quest*, S. 26–28.
36 Aksan, *Ottoman Wars*, S. 102–17.
37 Tucker, *Nadir Shah's Quest*, passim.
38 Die Aufzeichnungen und die damit verbundenen Fragen behandelt Faroqhi, *Approaching Ottoman History*, S. 82–109.
39 McGowan, „Population and Migration", in: İnalcık / Quataert (Hrsg.), *An Economic and Social History*, Bd. 2, S. 646–57.
40 Shay, *Ottoman Empire*, S. 33.
41 Andreasyan, „Eremya Çelebi'nin Yangın Tarihi", S. 60–61.
42 Karahasanoğlu, *Kadı ve Günlüğü*, S. 164–80; 133–35.
43 Shay, *The Ottoman Empire*, S. 38–39.
44 Filan (Hrsg.), *XVIII. Yüzyıl Günlük Hayatı Dair*. Ich danke Snježana Buzov, die diese Quelle in einem noch unpublizierten Aufsatz behandelt, für den Hinweis auf den Text.
45 Ebd., S. 121; 136; 138; 155; 213.
46 Ebd., S. 77.
47 Ebd., S. 169.
48 Ebd., S. 165–69.
49 Ebd., S. 166.
50 Ebd., S. 69.
51 Minkov, *Conversion to Islam*, S. 60.
52 Kurz, *Ways to Heaven*.
53 Kurz, *Ways to Heaven*, S. 81–105.

54 *Türkiye Diyanet Vakfı İslam Ansıklopedisi*, Bd. 23, S. 102–106, Stichwort „İsmail Hakkı Bursevî" (Ali Namlı).
55 Kurz, *Ways to Heaven*, S. 89–105.
56 Kara, *Metinlerle*, S. 238–39; El-Rouayheb, „Opening the Gates", S. 273.
57 Kuşpınar, „Ismāʿīl Ankaravī".
58 Ateş , „Mesnevi'nin Onsekiz".
59 Gran, *Islamic Roots*, S. 39–56.
60 Kurz, *Ways to Heaven*, S. 129.
61 Ebd., S. 147–48.
62 Cerasi, „Historicism"; Kubilay, „Typological Examination", beide in: Nur u. a. (Hrsg.), *7 Centuries of Ottoman Architecture*, dort S. 34–42 bzw. 156–60.
63 Kara, *Metinlerle*, S. 274–79.
64 Shaw, *Jews of the Ottoman Empire* , S. 106–08.
65 Sabev (Salih), „First Ottoman Printing Enterprise", in: Sajdi (Hrsg.), *Ottoman Tulips, Ottoman Coffee*, S. 63–89.
66 Sabev, „Rich Men, Poor Men", S. 185.
67 Zur koptischen Handschriftenüberlieferung Hanna, *In Praise of Books*, S. 84.
68 Filan, „Reading Molla Mustafa Basheski's Mecmua", in: Filan (Hrsg.), *XVIII. Yüzyıl Günlük Hayatı Dair*, S. 519–20, mit Anm. 51.
69 Erünsal, „Ottoman Foundation Libraries".
70 Şeşen (Hrsg.), *Catalogue of Manuscripts in the Köprülü Library*.
71 Faroqhi, *Pilgrims and Sultans*.
72 Ebd., S. 46–47.
73 Übers. Rudi Paret.
74 Birgivi, *Path of Muhammad*, S. 47–56.
75 Jan Schmidt, „Ottoman *Hajj* Manuals", in: Schmidt, *Joys of Philology*, Bd. 2, S. 269–77.
76 Coşkun, „Most Literary Ottoman".
77 Faroqhi, *Pilgrims and Sultans*, S. 100–103; 113–16.
78 Farooqi, *Mughal-Ottoman Relations*, S. 144–72.
79 Blackburn (Hrsg.), *Journey to the Sublime Porte*, S. 237–300.
80 El-Rouayheb, „Opening the Gates".
81 Vassiliev, *History of Saudi Arabia*, S. 64–82; 91–92.
82 Faroqhi, *Pilgrims and Sultans*, S. 67.
83 Barbir, *Ottoman Rule in Damascus*, S. 177–80.
84 Ebd., S. 33–56.
85 Hathaway, *Beshir Agha*, S. 75–77.
86 Barbir, *Ottoman Rule in Damascus*, S. 177.
87 Hathaway, *Arab Lands*, S. 87–90.
88 Hathaway, *Politics of Households*.
89 Hathaway, *Politics of Households*, S. 139–64.
90 Farooqi, *Mughal-Ottoman Relations*, S. 61–68.
91 Salzmann, „Measures of Empire", S. 240.
92 Abdullah, *Merchants, Mamluks, and Murder*, S. 57–63.
93 Eine ausführliche Analyse von Nadir Schahs Zielen bietet Tucker, *Nadir Shah's Quest*.
94 Abdullah, *Merchants, Mamluks, and Murder*, S. 39–56.
95 Khoury, *State and Provincial Society*.
96 Khoury, *State and Provincial Society*, S. 54–74.
97 Dieses Porträt Diyarbekirs beruht auf Salzmann, „Measures of Empire".
98 Masters, „Aleppo", in: Masters u. a. (Hrsg.), *The Ottoman City*, S. 33.
99 Salzmann, „Measures of Empire", S. 171–81.
100 McGowan, *Economic Life in Ottoman Europe*.
101 Sugar, *Southeastern Europe under Ottoman Rule*, S. 132–41.
102 Aksan, *Ottoman Wars*, S. 141–42.
103 Feldman, *Music of the Ottoman Court*.
104 Philliou, „Communities on the Verge".
105 Ebd., S. 164–73.
106 Politis, *History of Modern Greek Literature*, S. 75.
107 Philliou, „Communities on the Verge", S. 175–78.
108 Philliou, „Communities on the Verge", S. 161–63.
109 Papadopoullos, *Studies and Documents*.
110 So die These von Runciman, *Great Church in Captivity*.
111 Stoianovich, „Conquering Balkan Orthodox Merchant", S. 293.
112 Hupchick, *Bulgarians in the Seventeenth Century*, S. 67.
113 Sugar, *Southeastern Europe under Ottoman Rule*, S. 258–66.
114 Cohen, *Palestine in the 18th Century*, S. 30–53.
115 Cohen, *Palestine in the 18th Century*, S. 53–77.
116 Astrid Meier, „Bathing as a Translocal Phenomenon? Bathhouses in the Arab Provinces of the Ottoman Empire", in: Ergin (Hrsg.), *Bathing Culture*, S. 169–97; dort S. 184–86.
117 Peri, *Christianity under Islam in Jerusalem*, S. 85–89.

118 Papadopoullos, *Studies and Documents*, S. 154–56.
119 Peri, *Christianity under Islam in Jerusalem*, S. 105–10.
120 Peri, *Christianity under Islam in Jerusalem*, S. 71–72; 82–96; 134–37.
121 Ebd., S. 112.
122 Suny, *Making of the Georgian Nation*, S. 57–58.
123 Aksan, *Ottoman Wars*, S. 130–35.
124 Aksan, „Breaking the Spell".
125 Aksan, *Ottoman Wars*, S. 138–40.
126 Ebd., S. 149–50.
127 Ebd., S. 151–54.
128 Grant, „Rethinking the Ottoman ‚Decline'".
129 Aksan, *Ottoman Wars*, S. 142–51.
130 Aksan, *Ottoman Wars*, S. 134.
131 Filan (Hrsg.), *XVIII. Yüzyıl Günlük Hayatı Dair*, S. 78–80.
132 Şahin, „Economic Power of Anatolian Ayans".
133 So die Formulierung von Aksan, *Ottoman Wars*, S. 218.
134 Hathaway, *Arab Lands*, S. 86–87.
135 Holt, *Egypt and the Fertile Crescent*, S. 92–101.
136 Halil İnalcık, „The Ottoman Cotton Market and India. The Role of Labor Cost in Market Competition", in: İnalcık, *The Middle East and the Balkans*, S. 264–306, dort S. 296–99.
137 Raeff, „In the Imperial Manner", in: Raeff (Hrsg.), *Catherine the Great*, S. 197–246.
138 Suny, *Making of the Georgian Nation*, S. 57–58.
139 Zum Vertragstext Hurewitz, *Middle East and North Africa*, S. 92–101.
140 Davison, „‚Russian Skill and Turkish Imbecility'" und „‚Dosografa' Church", in: Davison, *Essays in Ottoman and Turkish History*.

6. Zusammenarbeit und Zusammenbrüche, 1785–1882, S. 288–351

1 Galip, *Beauty and Love*.
2 So die Formulierung von Victoria Holbrook; Galip, *Beauty and Love*, S. ix.
3 Galip, *Beauty and Love*, S. xiv.
4 Ebd., S. xviii–xx.
5 Ebd., Verspaar 780, S. 77.
6 Stavrianos, *Balkans since 1453*, S. 192–94.
7 Stoianovich, „Conquering Balkan Orthodox Merchant", S. 283–91.
8 Aksan, *Ottoman Wars*, S. 160–67.
9 Aksan, *Ottoman Wars*, S. 181–84.
10 Zitat bei Aksan, *Ottoman Wars*, S. 184.
11 Ágoston, „Military Transformation".
12 Vgl. dazu die Anmerkungen bei Tilly, „War Making and State Making".
13 *Türkiye Diyanet Vakfı İslam Ansıklopedisi*, Stichwort „Esham" (Mehmet Genç).
14 Salzmann, *Tocqueville in the Ottoman Empire*.
15 Hervorgehoben in Doumani, *Rediscovering Palestine*.
16 Aksan, *Ottoman Wars*, S. 192–95.
17 Abu-Manneh, *Studies on Islam*, S. 1–12.
18 Aksan, *Ottoman Wars*, S. 180–213.
19 Gran, *Islamic Roots*, S. 6–11.
20 Holt, *Egypt and the Fertile Crescent*, S. 155–63.
21 Shaw, *Between Old and New*, S. 257–58.
22 Atkin, *Russia and Iran*, S. 46–65.
23 Ebd., S. 66–90.
24 Vassiliev, *History of Saudi Arabia*, S. 96–98.
25 Vassiliev, *History of Saudi Arabia*, S. 98–105.
26 Fahmy, *All the Pasha's Men*, S. 84; Shaw, *Between Old and New*, S. 271–282.
27 Fahmy, *All the Pasha's Men*.
28 Fleming, *Muslim Bonaparte*, S. 63–69.
29 Ebd., S. 36–44.
30 Skiotis, „From Bandit to Pasha".
31 Zens, „Pasvanoğlu Osman Paşa".
32 Aksan, *Ottoman Wars*, S. 219–24.
33 Findley, *Turkey, Islam, Nationalism, and Modernity*, S. 35.
34 Aksan, *Ottoman Wars*, S. 261–65; Zitat auf S. 262.
35 Vassiliev, *History of Saudi Arabia*, S. 140–47.
36 Ebd., S. 155.
37 Fahmy, *All the Pasha's Men*, S. 76–111.
38 Jelavich, *History of the Balkans*, Bd. 1, S. 204–14.
39 Runciman, *Great Church in Captivity*, S. 398–400.
40 Brewer, *Greek War of Independence*, S. 103–6.
41 Aksan, *Ottoman Wars*, S. 356–61.
42 Zit. in Aksan, *Ottoman Wars*, S. 343.
43 Ausgezeichnet zusammengefasst von Aksan, *Ottoman Wars*, S. 288–305.
44 Aksan, *Ottoman Wars*, S. 297.
45 Arnakis (Hrsg.), *Americans in the Greek Revolution*, S. 192–93.
46 Aksan, *Ottoman Wars*, S. 298–99.

47 Diese Perspektive folgt Kafadar, „Janissaries and Other Riffraff".
48 Reed, „Destruction of the Janissaries", S. 40–61; 332–33.
49 Ebd., S. 39–49.
50 Strauss, „Millets and the Ottoman Language", S. 200–203.
51 Nach der Übers. von Aksan, *Ottoman Wars*, S. 341, Anm. 39.
52 Reed, „Destruction of the Janissaries", S. 245.
53 Kara, *Metinlerle*, S. 274–76.
54 Küçük, *Role of the Bektāshīs*, S. 40–44.
55 Kara, *Metinlerle*, S. 276–79.
56 Gölpınaralı zählt 90, davon zwei Drittel in Anatolien.
57 Anderson, *Eastern Question*, S. 67–69.
58 Fahmy, *All the Pasha's Men*, S. 38–55.
59 Ebd., S. 55–60.
60 Aksan, *Ottoman Wars*, S. 363–74.
61 Fahmy, *All the Pasha's Men*, S. 38–75.
62 Krämer, *History of Palestine*, S. 63–70.
63 Shaw / Shaw, *History of the Ottoman Empire*, Bd. 2, S. 55–171.
64 Findley, *Bureaucratic Reform*.
65 Hilfreich war für mich hier der noch ungedruckte Vortrag von Virginia H. Aksan, „Hüsrev Pasha: The Man Behind Mahmud II's Reforms" bei einer Tagung an der New York University am 2. März 2009.
66 Abu-Manneh, *Studies on Islam*, S. 53–55; 71.
67 Karpat, *Ottoman Population* , S. 8–24.
68 Aksan, *Ottoman Wars*, S. 370.
69 Fahmy, *All the Pasha's Men*, S. 112–277.
70 Aksan, *Ottoman Wars*, S. 380–83.
71 Clay, *Gold for the Sultan*, S. 16–17.
72 Blumi, „Thwarting the Ottoman Empire", S. 273.
73 Clay, *Gold for the Sultan*, S. 17.
74 Ebd., S. 18–20.
75 Pamuk, *Monetary History*, S. 200–204.
76 Ebd., S. 189, mit Zitat aus Yavuz Cezar, *Osmanlı Maliyesinde Bunalım ve Değişim Dönemi* (Istanbul 1986).
77 Pamuk, *Monetary History*, S. 210–213.
78 Barbir, „One Mark of Ottomanism".
79 Pamuk, *Monetary History*, S. 193–200.
80 Makdisi, *Culture of Sectarianism*.
81 Baykal, „Makamat-ı Mübareke Meselesi".
82 Temperley, *England and the Near East*, S. 281–86.
83 Rich, *Why the Crimean War?*, S. 25–27.
84 Ebd., S. 18–22.
85 Saab, *Origins of the Crimean Alliance*, S. 30–31.
86 So die von Andrej Sajatschkowskij zusammengestellten russischen Berichte; Rich, *Why the Crimean War?*, S. 41.
87 Saab, *Origins of the Crimean Alliance*, S. 27.
88 Temperley, *England and the Near East*, S. 281.
89 Badem, *Ottoman Crimean War*, S. 84–95.
90 Ebd., S. 80–81.
91 Ebd., S. 86.
92 Ebd., S. 96.
93 Ebd., S. 154–55.
94 Ebd., S. 194–95.
95 Abun-Nasr, *History of the Maghrib*, S. 260.
96 Coates (Hrsg.), *Siege of Kars*, S. 186, 182.
97 Rich, *Why the Crimean War?*, S. 188–93.
98 Vgl. dazu die Beiträge von Michael Ursinus und Horst Unbehaun in Pistor-Hatam (Hrsg.), *Amtsblatt*.
99 Mardin, *Genesis of Young Ottoman Thought*, S. 10–80.
100 Deringil, *Conversion and Apostasy*, S. 1–24.
101 Berkes, *Development of Secularism in Turkey*, S. 160–172.
102 İslamoğlu-İnan, „Introduction", in: İslamoğlu-İnan (Hrsg.), *The Ottoman Empire*.
103 Masters, „1850 Events in Aleppo"; Rafeq, „New Light on the 1860 Riots".
104 Masters, *Christians and Jews*, S. 130–68.
105 Makdisi, *Artillery of Heaven*.
106 Rodrigue / Stein (Hrsg.), *A Jewish Voice from Ottoman Solonica*, S. 122–27.
107 Anderson, *Eastern Question*, S. 164–67.
108 Malcolm, *Bosnia*, S. 63–64.
109 Zitat aus Minkov, *Conversion to Islam*, S. 77; 80. Siehe auch Hupchick, *Bulgarians in the Seventeenth Century*, S. 63–65.
110 Stavrianos, *Balkans since 1453*, S. 371–75.
111 Saz, *Imperial Harem*, S. 139–40; 77.
112 Ebd., S. 21.
113 Gammer, *Muslim Resistance to the Tsar*.
114 McCarthy, *Death and Exile*, S. 32–40.
115 Shaw, „Resettlement of Refugees".
116 Toledano, *Slavery and Abolition*, S. 177–84.
117 Toledano, *Ottoman Slave Trade*, S. 95–108.
118 Toledano, *Ottoman Slave Trade*, S. 135–38.
119 Kenneth Cuno, „Demography, Household Formation, and Marriage in Three Egyp-

tian Villages during the Mid-Nineteenth Century", in: Afifi u. a. (Hrsg.), *Sociétés Rurales Ottomanes*, S. 105–17, dort S. 109, mit Zitat aus Gabriel Baer, *Studies in the Social History of Modern Egypt* (Chicago 1969), S. 171.

120 Toledano, *Ottoman Slave Trade*, S. 115–23; 184–86.
121 Saz, *Imperial Harem*, S. 59.
122 Feldman, *Music of the Ottoman Court*, S. 93–99; Kerovpyan / Yılmaz, *Klasik Osmanlı Müziği*, S. 27–53.
123 Saz, *Imperial Harem*, S. 47–55; 127–45.
124 Strauss, „Who Read What?", S. 40–41.
125 Howard, „Genre and Myth", in: Aksan / Goffman (Hrsg.), *Early Modern Ottomans*, S. 142.
126 İhsanoğlu, „Genesis of Learned Societies", S. 168–70.
127 Strauss, „The Millets and the Ottoman Language", S. 218–27.
128 Deringil, „‚They Live in a State of Nomadism and Savagery'", S. 327.
129 Bose, „Ottoman Fiscal Calendar".
130 Akyurt, „Şani-zâde Tarihi"; Mardin, *Genesis of Young Ottoman Thought*, S. 229–31.
131 Şeref, „Evrak-ı Atika", S. 9–19.
132 Nikos Sigalas, „Des histoires des Sultans à l'histoire de l'état: un enquête sur le temps de pouvoir Ottoman (XVIe-XVIIIe siècles)", in: Georgeon / Hitzel (Hrsg.), *Les Ottomans et le temps*, S. 99–127.
133 Hilfreich war hier Nakıp, „Osmanlı Devleti'nde Geç Dönem Tarih-i Umûmîler", S. 19–44.
134 Johan Strauss, „Kurûn-ı vustâ: la découverte du „moyen âge" par les ottomans", in: Georgeon / Hitzel (Hrsg.), *Les Ottomans et le temps*, S. 205–40.
135 Nakıp, „Osmanlı Devleti'nde Geç Dönem Tarih-i Umûmîler", S. 53–99.
136 Shaw, *Possessors and Possessed*.
137 Ebd., S. 83–107.
138 Ousterhout, „‚Bestride the Very Peak of Heaven'", S. 320–24.
139 Shaw, *Possessors and Possessed*, S. 74–75; 108–9.
140 Eldem, „From Blissful Indifference", in: Bahrani / Çelik / Eldem (Hrsg.), *Scramble for the Past*, S. 281–329.
141 Jockey, „Venus de Milo", in: Bahrani / Çelik / Eldem (Hrsg.), *Scramble for the Past*, S. 237–55.
142 Elker, „Mustafa Reşid Paşa", S.182–89.
143 Çetin, „Osmanlı Arşivlerinin Tarihçesi,", S. 63–71.
144 Birdal, *Political Economy of Ottoman Public Debt*, S. 25–28.
145 Blaisdell, *European Financial Control*, S. 27–31.
146 Pamuk, „Ottoman Empire in the ‚Great Depression'".
147 Blaisdell, *European Financial Control*, S. 31–46; Birdal, *Political Economy of Ottoman Public Debt*, S. 32–35.
148 McCartney, „Crisis of 1873", S. 85–86; 94–97.
149 Kuniholm, „Archaeological Evidence".
150 Ianeva, „Financing the State?", S. 222–23.
151 Karpat, *Ottoman Population*, S. 24.
152 Çomu, *Exchange of Populations and Adana 1830–1927*, S. 26–29.
153 McCarthy, „Ottoman Bosnia", in: Pinson (Hrsg.), *The Muslims of Bosnia-Hercegovina*, S. 58–60.
154 Malcolm, *Bosnia*, S. 129–31.
155 Stavrianos, *Balkans since 1453*, S. 399.
156 Blaisdell, *European Financial Control*, S. 77.
157 Ebd., S. 78–80.
158 Abun-Nasr, *History of the Maghrib*, S. 268–75.
159 Anderson, *Eastern Question*, S. 184.
160 Shaw / Shaw, *History of the Ottoman Empire*, Bd. 2, S. 172–82.
161 McCarthy, *Ottoman Peoples*, S. 47–8.
162 Blaisdell, *European Financial Control*, S. 83–84.
163 Birdal, *Political Economy of Ottoman Public Debt*, S. 41–54.
164 Shaw / Shaw, *History of the Ottoman Empire*, Bd. 2, S. 228–29.
165 Blaisdell, *European Financial Control*, S. 90–107.

7. Auflösung, 1882–1924, S. 352–411

1 Zit. nach Findley, *Bureaucratic Reform*, S. 22.
2 Deringil, „‚They Live in a State of Nomadism and Savagery'", S. 337–38 und passim.

3 Brookes (Übers.), *The Concubine, the Princess, and the Teacher*, S. 136–40; 154–55.
4 Ebd., S. 57–90.
5 Karpat, *Ottoman Population*, S. 30–33.
6 Ebd., S. 117, Tabelle I.6.
7 Karpat, *Ottoman Population*, S. 26–30.
8 Zürcher, „Ottoman Conscription System in Theory and Practice", in: Zürcher (Hrsg.), *Arming the State*, S. 79–94.
9 Karpat, *Ottoman Population*, S. 34, 151.
10 Karpat, *Ottoman Population*, S. 162–69.
11 Deringil, *Well-Protected Domains*.
12 Birdal, *Political Economy of Ottoman Public Debt*, S. 86, Abb. 3.5.
13 Ebd., S. 104.
14 Quataert, *Social Disintegration and Popular Resistance*.
15 Blaisdell, *European Financial Control*, S. 128.
16 Ebd. S. 124–53.
17 Birdal, *Political Economy of Ottoman Public Debt*, S. 103–26.
18 Quataert, „Commercialization of Agriculture in Ottoman Turkey", S. 40–41.
19 Erickson, *Ordered to Die*, S. 17–19.
20 Birdal, *Political Economy of Ottoman Public Debt*, S. 130–33.
21 Quataert, *Social Disintegration and Popular Resistance*, S. 8–25.
22 Ebd., S. 16–17.
23 Ebd., S. 25–40.
24 Birdal, *Political Economy of Ottoman Public Debt*, S. 136–65.
25 Quataert, in: Faroqhi u. a. (Hrsg.), *Economic and Social History*, Bd. 2, S. 856–61.
26 Gerber, *Social Origins*, S. 84–95.
27 Toksöz, *Nomads, Migrants, and Cotton*, S. 65–73.
28 Çomu, *Exchange of Populations and Adana 1830–1927*, S. 40, Tabelle II.
29 *The Mersina, Tarsus and Adana Railway*. Bristol Pamphlets 1884, S. 3.
30 Çomu, *Exchange of Populations and Adana 1830–1927*, S. 36–69.
31 Deringil, „‚They Live in a State of Nomadism and Savagery'".
32 Cioeta, „Islamic Benevolent Societies".
33 Fortna, *Imperial Classroom*, S. 139–45.
34 Bein, „Politics, Military Conscription".
35 Evered, *Empire and Education*, S. 2.
36 Berkes, *Development of Secularism in Turkey*, S. 99–120.
37 Akgün, „Turkish Image".
38 Deringil, *Well-Protected Domains*, S. 104–7; 125–32.
39 Richter, *History of Protestant Missions*, S. 420–21.
40 Karpat, „Reinterpreting Ottoman History"; Strauss, „Who Read What?", S. 52–53.
41 Deringil, *Well-Protected Domains*, S. 104–7.
42 Rodrigue, *French Jews, Turkish Jews*.
43 Eldem, „An Ottoman Archaeologist Caught between Two WorldS. Osman Hamdi Bey (1842–1910)", in: Shankland (Hrsg.), *Archaeology, Anthropology, and Heritage*, Bd. 1, S. 121–49.
44 Eldem, „An Ottoman Archaeologist".
45 Ebd., S. 135–37.
46 Çelik, „Defining Empire's Patrimony", in: Bahrani / Çelik / Eldem (Hrsg.), *Scramble for the Past*, S. 466–69.
47 Yosmaoğlu, „Chasing the Printed Word", S. 20–27.
48 Kévorkian, *Armenian Genocide*, S. 64.
49 Khuri-Makdisi, *Eastern Mediterranean*.
50 Hanioğlu, *Young Turks in Opposition*.
51 Melson, *Revolution and Genocide*, S. 46–49; 52.
52 Kévorkian, *Armenian Genocide*, S. 65.
53 Bloxham, *Great Game*, S. 51–57.
54 Melson, *Revolution and Genocide*, S. 59–64.
55 Shaw / Shaw, *History of the Ottoman Empire*, Bd. 2, S. 206–7.
56 Hanioğlu, *Young Turks in Opposition*, S. 180–99.
57 Kuran, *Osmanlı İmparatoruluğunda*, S. 474.
58 Hanioğlu, *Preparations for a Revolution*, S. 1.
59 Kuran, *Osmanlı İmparatoruluğunda*, S. 398–99.
60 Karpat, *Ottoman Population*, S. 166.
61 Khuri-Makdisi, *Eastern Mediterranean*, S. 154–56.
62 İlhan Tekeli / Selim İlkin, „İttihat ve Terakki Hareketinin Oluşumnda Selânik'in Toplumsal Yapısının Belirleyiciliği," in: Okyar / İnalcık (Hrsg.), *Türkiye'nin Sosyal ve Ekonomik Tarihi*, S. 351–382, 361–62.
63 *The Other Balkan Wars*, S. 32.
64 Quataert, „Economic Climate of the Young Turk Revolution".
65 Hanioğlu, *Preparations for a Revolution*, S. 268.
66 Ebd., S. 261–71.
67 Kuran, *Osmanlı İmparatoruluğunda*, S. 464.
68 Fay, *Origins*, Bd. 1, S. 373–74.
69 Fay, *Origins*, Bd. 2, S. 80–84.

70 Hanioğlu, *Preparations for a Revolution*, S. 269.
71 Details in Karakışla, „1908 Strike Wave".
72 Brummett, *Image and Imperialism*, S. 15; 132–47.
73 Küçük, *Role of the Bektashis*.
74 Hanioğlu, *Preparations for a Revolution*, S. 261.
75 Kévorkian, *Armenian Genocide*, S. 74–81.
76 *New York Times* vom 28. April 1909.
77 Kévorkian, *Armenian Genocide*, S. 83–93.
78 Ebd., S. 93–94.
79 Kara, *Metinlerle*, S. 314–25.
80 Ebd., S. 315–16.
81 Dazu ausführlich Zürcher, „Kosovo Revisited".
82 Zürcher, „The Young Turks".
83 Shaw / Shaw, *History of the Ottoman Empire*, Bd. 2, S. 301–4.
84 Vahide, *Islam in Modern Turkey*.
85 Vahide, *Islam in Modern Turkey*, S. 101–4.
86 Ebd., S. 94–99.
87 Zit. nach Vahide, *Islam in Modern Turkey*, S. 99.
88 Blumi, „Thwarting the Ottoman Empire", S. 267–73.
89 American consular reports to Washington transcribed official reports released in the Ottoman press. Records of the Department of State Relating to Internal Affairs of Turkey 1910–1929, RG 59, National Archives, Washington, DC, DS 867.48/0–150. Ich danke Josh Speyers für die Erschließung dieser Quelle in seiner unpublizierten Abschlussarbeit.
90 Erickson, *Defeat in Detail*.
91 Pallis, „Racial Migrations", S. 317.
92 Hall, *Balkan Wars*, S. 35–36.
93 *The Other Balkan Wars*.
94 Ebd., S. 109–135.
95 Ebd., S. 111–15.
96 Ebd., S. 126.
97 Ebd., S. 148.
98 Ebd., S. 149; 154–55.
99 Ebd., S. 165.
100 Ebd., S. 155.
101 Ebd., Anhang C, S. 310–11.
102 Ebd., Anhang C, S. 307–314.
103 Ebd., S. 137–47.
104 Ebd., S. 127; 134; Hervorhebung im Original.
105 Ebd., S. 130.
106 Ebd., S. 128–30 und Anhang C, S. 348–49.
107 Kévorkian, *Armenian Genocide*, S. 141–52.
108 Lewy, *Armenian Massacres*, S. 37–39.
109 Gingeras, *Sorrowful Shores*, S. 38–41.
110 Akçam, *The Young Turks' Crime*.
111 Erickson, *Ordered to Die*, S. 9–12.
112 Ebd., S. 25–37.
113 Zürcher, *The Young Turk Legacy*, S. 167–87.
114 Gingeras, *Sorrowful Shores*, S. 43–46.
115 Üngör, *Making of Modern Turkey*, S. 103.
116 Bloxham, *Great Game*, S. 72–75.
117 Erickson, *Ordered to Die*, S. 52–62.
118 Erickson, *Ordered to Die*, S. 60–61.
119 Zit. nach Üngör, *Making of Modern Turkey*, S. 66.
120 Üngör, *Making of Modern Turkey*, S. 59, Anm. 30.
121 Zit. nach Bloxham, *Great Game*, S. 78.
122 Kévorkian, *Armenian Genocide*, S. 228.
123 Bloxham, *Great Game*, S. 76–78.
124 Kévorkian, *Armenian Genocide*, S. 251–59.
125 Abgedruckt in Sarınay, „What Happened on April 24, 1915?"
126 Bloxham, *Great Game*, S. 80–83.
127 Kévorkian, *Armenian Genocide*, S. 625–79.
128 Zit. nach Bloxham, *Great Game*, S. 86.
129 Zit. nach ebd., S. 87.
130 Üngör, *Making of Modern Turkey*, S. 72–73.
131 Ebd., S. 78.
132 Ebd., S. 85.
133 Ebd., S. 79–80.
134 Kévorkian, *Armenian Genocide*, S. 467–93.
135 Darstellung nach Dyer, „Turkish Armistice of 1918", und Shuttleworth, „Turkey, from the Armistice to Peace".
136 Zürcher, „Ottoman Empire and the Armistice of Moudros", S. 266–75.
137 İnal, *Son Sadrazamlar*, Bd. 4, S. 1717–18.
138 Goldstein, „Holy Wisdom".
139 Howard, „An American Experiment in Peace-Making".
140 Kayalı, *Arabs and Young Turks*, Anm. 193.
141 LOC, Mark Bristol Papers, Box 1, „War Diaries", Con. 325–19, Bristol an Department of State, 12. Februar 1919.
142 LOC, Mark Bristol Papers, „War Diaries", Box 1, „Weekly Report," 2. Februar 1919, S. 3.
143 LOC, Mark Bristol Papers, Container 3, „War Diaries", 21. Februar 1922, S. 1–5.
144 Zürcher, *The Young Turk Legacy*, S. 183.

145 LOC, Mark Bristol Papers, Box 3, „War Diaries", 25. August 1921, S. 4–5.
146 „Outline of Items of Interest Bearing Upon Local Conditions" (Con. 2392–19), LOC, Mark Bristol Papers, Box 1, „War Diaries", Bericht vom 13 April 1919.
147 LOC, Mark Bristol Papers, Box 1, „War Diaries", Con. 4052–19, Teil III-IV, S. 1.
148 Vgl. den Bericht des Militärarztes, LOC Bristol Papers, „War Diaries", Box 1, 11. Februar 1919.
149 Shaw, „Resettlement of Refugees".
150 Shaw, „Resettlement of Refugees", S. 63, Anm. 25. Siehe auch LOC, Mark Bristol Papers, Box 2, 14. Januar 1921, Teil 3, S. 3.
151 Shaw, „Resettlement of Refugees", S. 74–75.
152 Shaw, „Resettlement of Refugees", S. 65–74.
153 Vgl. etwa Bristols Notizen von einer Besprechung im Robert College während seiner ersten Woche in Istanbul: LOC, Mark Bristol Papers, Box 1, „War Diaries" 7. Februar 1919. Zur Ziffer 70 Mill. $ siehe LOC, Mark Bristol Papers, Box 4, „War Diaries", 12. September 1922.
154 LOC, Mark Bristol Papers, Box 1, „War Diaries", 9. April 1920.
155 Horton an Stanav, eingegangene Depesche, MISC 1699, 31. Mai 1920. LOC, Mark Bristol Papers, Box 72, Mappe „Ottoman Empire, Commercial, January–December 1920."
156 Vgl. den Bericht der „Interallied Commission of Inquiry on the Greek Occupation of Smyrna and District", 14 Seiten., LOC, Mark Bristol Papers, Box 77, Akte „Smyrna Inquiry 1919". Es handelt sich um eine maschinenschriftliche englische Übersetzung des *Rapport de la Commission Interalliée d'enquête sur l'occupation Grecque de Smyrne et des territoires adjacents*, o. J.., der der Akte ebenfalls beiliegt.
157 Gingeras, *Sorrowful Shores*, S. 52–54.
158 Gingeras, *Sorrowful Shores*, S. 81–135.
159 Edib, *Turkish Ordeal*, S. 20–26.
160 Zürcher, *The Young Turk Legacy*, S. 213–35.
161 LOC, Mark Bristol Papers, Box 1, „War Diaries", Con. 4052–19, Teil III–IV, S. 2.
162 LOC, Mark Bristol Papers, Box 1, „War Diaries", 7.–12. September 1919.
163 LOC, Mark Bristol Papers, Box 2, „War Diaries", 4. Oktober 1920, S. 1–2.
164 „Draft of Sketch of Mrs. Bristol's Relief Work in Constantinople (November 1920–August 1923)", LOC, Mark Bristol Papers, Box 74, Mappe „Helen Bristol Russian Refugees". Den Quellenverweis verdanke ich der unpublizierten Abschlussarbeit von Melanie Janssens.
165 LOC Mark Bristol Papers, Box 2, „War Diaries", 13. Juni 1920.
166 Vahide (Übers.), *Flashes Collection*, S. 286–337.
167 Ebd., S. 289.
168 Ebd., S. 288.
169 Ebd., S. 294; 305; 310.
170 Vahide (Übs.), *Flashes Collection*, S. 298; 302.
171 Briefe abgedruckt in Vahide, *Islam in Modern Turkey*, S. 136–41.
172 Vahide, *Islam in Modern Turkey*, S. 157.
173 Ebd., S. 164; 167.
174 Zit. nach Vahide, *Islam in Modern Turkey*, S. 165.
175 Haddad, „Ghurbah as Paradigm", in: Abu-Rabi' (Hrsg.), *Islam at the Crossroads*, S. 237–53.
176 Vahide, *Islam in Modern Turkey*, S. 157–67.
177 Ebd., S. 108.
178 Vahide (Übers.), *Flashes Collection*, S. 293.
179 Toynbee, *Western Question*.
180 Bristol an Außenministerium, 28. September 1922, SECSTATE 223, LOC, Mark Bristol Papers, Box 74, Mappe „Smyrna, High Commission, Messages Sent, 1922".
181 Horton an Stanav, Konstantinopel, 2. Sept. 1922, MISC 5475, LOC, Mark Bristol Papers, Box 74, Mappe „Smyrna, General Situation, 1919, 1922".
182 SD 12. September 1922, MISC 5446, Stanav an Near East New York.
183 LOC, Mark Bristol Papers, Box 4, „War Diaries", 17. September 1922, Teil 3; siehe auch Bristol an Außenministerium, 22. September 1922, SECSTATE 207, LOC, Mark Bristol Papers, Box 74, Akte „Smyrna, General Situation, 1919, 1922".
184 Dolbeare an Außenministerium, 29. November 1922, SECSTATE 361, LOC, Mark Bristol Papers, Box 74, Akte „Smyrna, General Situation, 1919, 1922".
185 LOC, Mark Bristol Papers, Box 4, „War Diaries", 17. November 1922, S. 1.

186 LOC, Mark Bristol Papers, Box 4, „War Diaries", 3. Januar 1923.
187 Bardakçı, *Son Osmanlılar*, S. 11–17, aus dem 1964 erschienenen Buch von Salih Keramet Nigâr (siehe Anm. 1, S. 14).
188 Bardakçı, *Son Osmanlılar*, S. 111–13.
189 Bardakçı, *Son Osmanlılar*, S. 14, mit Zitat aus Nigâr.
190 LOC, Mark Bristol Papers, Container 6, „War Diaries", 4.–6. März 1924.
191 Davenport, „Symbol of the Archaic", S. 20.

Abbildungsnachweise

Alle nicht eigens aufgeführten Bildrechte liegen beim Autor oder konnten leider nicht ermittelt werden.

Abb. 1.1: Library of Congress, Prints and Photographs Division, Abdülhamid II Collection, LC-USZ62–81514.
Abb. 1.2: Mit freundlicher Genehmigung der Skite des Heiligen Isaak von Syrien.
Abb. 1.3: Mit freundlicher Genehmigung von Robert Dankoff.
Abb. 2.1: Library of Congress, Prints and Photographs Division, Abdülhamid II Collection, LC USZ62–81540.
Abb. 2.2: Zeichnung Jason Van Horn und Caitlin Strikwerda.
Abb. 2.3: Mit freundlicher Genehmigung von Art Resource, New York.
Abb. 3.1: University of Michigan, Ann Arbor, Special Collections Library, Isl. Ms. 417, S. 27. Abdruck mit Genehmigung des Eigentümers.
Abb. 3.3: Foto mit freundlicher Genehmigung von Emi Okayasu.
Abb. 3.4: Foto mit freundlicher Genehmigung von Steven Howard.
Abb. 3.5: Used by permission of the Archives of the University of Pennsylvania Museum of Archaeology and Anthropology.
Abb. 4.3: Library of Congress, Prints and Photographs Division, LC-DIG-PPMSC-09467.
Abb. 5.1: Unbekannter Künstler.
Abb. 5.2: Library of Congress, Prints and Photographs Division, LC-USZ62–106349.
Abb. 5.4: Library of Congress, Prints and Photographs Division, Abdülhamid II collection, LC-USZ62–81982.
Abb. 6.1: Mit freundlicher Genehmigung von Milena Methodieva.
Abb. 6.2: Süleymaniye-Bibliothek, Istanbul.
Abb. 6.3: Foto mit freundlicher Genehmigung von Art Resource, New York.
Abb. 6.4: Library of Congress, Prints and Photographs Division, LC-USZ62–104856.
Abb. 6.5: Library of Congress, Prints and Photographs Division, LC-USZ62–104809.
Abb. 6.7: Mit freundlicher Genehmigung von Ümit Yoldaş und Orhan Sezener.
Abb. 7.1: Zeitgenössische Postkarte der Neuen Photographischen Gesellschaft, Berlin.
Abb. 7.2: LC-DIG-PPMSCA-03920.
Abb. 7.3: Library of Congress, Prints and Photographs Division, LC-DIG-ppmsca-03672.
Abb. 7.4: Used by permission of Art Resource, New York.
Abb. 7.5: Used by permission of Art Resource, New York.
Abb. 7.6: Library of Congress, Prints and Photographs Division, LOC-DIG-ggbain-50065.
Abb. 7.7: Library of Congress, Prints and Photographs Division, LC-USZ62–131129.
Abb. 7.8: Library of Congress, Prints and Photographs Division, LC-DIG-ppmsca-04929.

Verzeichnis der Karten

Für die deutsche Ausgabe zeichnete Peter Palm, Berlin, die Karten auf Basis der Vorlagen von Jason Van Horn und Caitlin Strikwerda.

Literaturverzeichnis

7 Numaralı Mühimme Defteri (975–976/1567–1569), 4 Bde. Ankara 1998.

12 Numaralı Mühimme Defteri (978–979/1570–1572), 3 Bde. Ankara 1996.

82 Numaralı Mühimme Defteri (1026–1027/1617–1618). Ankara 2000.

166 Numeralı Muhâsebe-i Vilâyet-i Anadolu Defteri (937/1530). Ankara 1995.

Abdullah, Thabit A. J., *Merchants, Mamluks, and Murder: The Political Economy of Trade in Eighteenth-Century Basra*. Albany, NY, 2001.

Abou-El-Haj, Rifa'at Ali, „Ottoman Diplomacy at Karlowitz". *Journal of the American Oriental Society* 87 (1967), 498–512.

ders., „The Formal Closure of the Ottoman Frontier in Europe: 1699–1703". *Journal of the American Oriental Society* 89 (1969), 467–75.

ders., „The Narcissism of Mustafa II (1695–1703): A Psychohistorical Study". *Studia Islamica* 40 (1974), 115–31.

ders., „The Ottoman Vezir and Paşa Households 1683–1703: A Preliminary Report". *Journal of the American Oriental Society* 94 (1974), 438–47.

ders., *The 1703 Rebellion and the Structure of Ottoman Politics*. Istanbul 1984.

ders., *Formation of the Modern State: The Ottoman Empire Sixteenth to Eighteenth Centuries*. Albany, NY, 1992.

Abu-Lughod, Janet, *Before European Hegemony: The World System A.D. 1250–1350*. New York 1989.

Abu-Manneh, Butrus, „The Islamic Roots of the Gülhane Rescript". *Die Welt des Islams* 34 (1994), 173–203.

ders., *Studies on Islam and the Ottoman Empire in the 19th Century (1826–1876)*. Istanbul 2001.

Abu-Rabi', Ibrahim M. (Hrsg.), *Islam at the Crossroads: On the Life and Thought of Bediuzzaman Said Nursi*. Albany, NY, 2003.

Abun-Nasr, Jamil M., *A History of the Maghrib*. Cambridge ^{2}1977.

Afifi, Mohammad u. a. (Hrsg.), *Sociétés rurales ottomanes / Ottoman Rural Societies*. Kairo 2005.

Ágoston, Gábor, *Guns for the Sultan: Military Power and the Weapons Industry in the Ottoman Empire*. Cambridge 2005.

ders., „Where Environmental and Frontier Studies Meet: Rivers, Forests, Marshes and Forts along the Ottoman–Hapsburg Frontier in Hungary". In: *Frontiers of the Ottoman World* (hrsg. A. C. S. Peacock). Oxford 2009, 57–79.

ders., „Military Transformation in the Ottoman Empire and Russia, 1500–1800". *Kritika. Explorations in Russian and Eurasian History* 12 (2011), 281–319.

Akçam, Taner, *A Shameful Act: The Armenian Genocide and the Question of Turkish Responsibility*. New York 2006.

ders., *The Young Turks' Crime against Humanity: The Armenian Genocide and Ethnic Cleansing in the Ottoman Empire*. Princeton, NJ, 2012.

Akdağ, Mustafa, *Celâlî İsyânları*. Istanbul 1959.

Akgün, Seçil, „The Turkish Image in Reports of American Missionaries". *Turkish Studies Association Bulletin* 13/2 (Herbst 1989), 91–105.

Akın, Himmet, *Aydın Oğulları Tarihi hakkında bir Araştırma*. Ankara 1968.

Aksan, Virginia H., *An Ottoman Statesman in War and Peace: Ahmed Resmi Efendi, 1700–1783*. Leiden 1995.

dies., „Breaking the Spell of the Baron de Tott: Reframing the Question of Military Reform in the Ottoman Empire, 1760–1830". *International History Review* 24 (2002), 253–77.

dies., *Ottoman Wars 1700–1870: An Empire Besieged*. Harlow 2007.

Aksan, Virginia H. / Daniel Goffman (Hgg.), *The Early Modern Ottomans: Remapping the Empire*. Cambridge 2007.

Akurgal, Ekrem, *Ancient Civilizations and Ruins of Turkey*. Istanbul [10]2007.

Akyurt, Çetin, „Şani-zâde Tarihi ve Osmanlı Tarih Yazıcılığındaki Yeri". *Türk Yurdu* 148–49 (Aralık 1999/Ocak 2000), 558–60.

al-Aqhisārī, Ahmad, *Against Smoking: An Ottoman Manifesto* (hrsg. Yahya Michot). Leicester 2010.

Allen, W. E. D., *Problems of Turkish Power in the Sixteenth Century*. London 1963.

Allouche, Adel, *The Origins and Development of the Ottoman–Safavid Conflict (906–962/1500–1555)*. Berlin 1983.

Ambraseys, Nicholas, *Earthquakes in the Mediterranean and the Middle East: A Multidisciplinary Study of Seismicity to 1900*. Cambridge 2009.

Amitai, Reuven / Michal Biran (Hrsg.), *Mongols, Turks, and Others: Eurasian Nomads and the Sedentary World*. Leiden / Boston 2005.

Anderson, M. S., *The Eastern Question 1774–1923: A Study in International Relations*. New York 1966.

Andor, Eszter / István György Tóth. *Frontiers of Faith: Religious Exchange and the Constitution of Religious Identity, 1400–1750*. Budapest 2001.

Andreasyan, H(rand) D., „Eremya Çelebi'nin Yangın Tarihi". *Tarih Dergisi* 27 (1973), 59–84.

ders. „Celâlilerden Kaçan Anadolu Halkının Geri Gönderilmesi", in: *İsmail Hakkı Uzunçarşılı'ya Armağan*. Ankara 1976, 45–53.

ders (Hrsg.), *Polonyalı Simeon'un Seyahatnâmesi 1608–1619*. Istanbul 1964.

Andrews, Walter, „The Tezkire-i Şu'arā of Latifi as a Source for the Critical Evaluation of Ottoman Poetry". Unveröffentlichte Dissertation, University of Michigan 1970.

ders., *Poetry's Voice, Society's Song: Ottoman Lyric Poetry*. Seattle / London 1985.

Andrews, Walter / Najaat Black / Mehmet Kalpakli (Hrsg.), *Ottoman Lyric Poetry: An Anthology*. Austin, TX, 1997.

Angold, Michael (Hrsg.), *Cambridge History of Christianity*, Bd. 5. Cambridge 2006.

Arai, Masami, *Turkish Nationalism in the Young Turk Era*. Leiden 1992.

Arakel of Tabriz, *Book of History* (hrsg. George A. Bournoutian). Costa Mesa, CA, 2010.

Arıkan, Zeki, „Osmanlı Tarih Anlayışının Evrimi", in: *Tarih ve Sosyoloji Semineri 28–29, Mayıs 1990*. Istanbul 1991.

Armanios, Febe / Boğaç Ergene, „A Christian Martyr under Mamluk Justice: The Trials of Salib (d. 1512) according to Coptic and Muslim Sources". *Muslim World* 96 (2006), 115–44.

Arnakis, George G., „Gregory Palamas among the Turks and Documents of his Captivity as Historical Sources". *Speculum* 26 (1951), 104–18.

ders. (Hrsg.), *Americans in the Greek Revolution*. Thessaloniki 1965.

Artuk, İbrahim, „Osmanlı beyliğinin kurucusu Osman Gazi'ye ait sikke", in: *Türkiye'nin sosyal ve ekonomik tarihi (1071–1920)*, hrsg. Osman Okyar / Halil İnalcık. Ankara 1980, 27–33.

Ascher, Abraham / Tibor Halasi-Kun / Béla Király (Hrsg.), *The Mutual Effects of the Islamic and Judeo-Christian Worlds: The East European Pattern*. New York 1979.

Aşık Paşazade, *Tevârîh-i Âl-i Osmân: Aşık Paşazade Tarihi*, hrsg. Âli Bey. Istanbul 1332/1913–14.

Ateş, Ahmed, „Mesnevî'nin Onsekiz Beytinin Mânası", in: *Fuad Köprülü Armağan*, hrsg. Osman Turan et al. Istanbul 1953, 37–50.

Atkin, Muriel, *Russia and Iran, 1780–1828*. Minneapolis, MN, 1980.

Atsız, Ç(iftlioğlu) N(ihal), *Osmanlı Tarihleri*. Istanbul 1949.

ders., *Osmanlı Tarihine Ait Takvimler*, Bd. 1. Istanbul 1961.

ders., *İstanbul Kütüphanelerine Göre Birgili Mehmet Efendi (929–981=1523–1573) Bibliyografyası*. Istanbul 1966.

Attar, Farid ud-Din, *The Conference of the Birds* (übs. Afkham Darbandi / Dick Davis). London 1984.

Avery, Peter / Gavin Hambly / Charles Melville (Hrsg.), *Cambridge History of Iran*, Bd. 7. Cambridge 1991.

Ayverdi, Ekrem Hakkı, *Osmanlı Mi'mârîsinin İlk Devri*, Bd. 1. Istanbul 1966.

Babayan, Kathryn, „The Safavid Synthesis: From Qizilbash Islam to Imamate Shiism". *Iranian Studies* 27 (1994), 135–61.

Babinger, Franz (Hrsg.), *Die Vita (Menāqibnāme) des Schejch Bedr ed-Dīn Mahmūd, gen. Ibn Qādī Samauna*. Leipzig 1943.

Bacqué-Grammont, Jean-Louis, *Les Ottomans, les Safavides et leurs voisins. Contribution à l'histoire des relations internationales dans l'orient islamique de 1514 à 1524*. Istanbul 1987.

Badem, Candan, *The Ottoman Crimean War (1853–1856)*. Leiden 2010.

Baer, Marc David, *Honored by the Glory of Islam: Conversion and Conquest in Ottoman Europe*. Oxford 2008.

ders., *The Dönme: Jewish Converts, Muslim Revolutionaries, and Secular Turks*. Stanford, CA, 2010.

Bahrani, Zainab / Zeynep Çelik / Edhem Eldem (Hrsg.), *Scramble for the Past: A Story of Archaeology in the Ottoman Empire, 1753–1914*. Istanbul 2011.

Baldauf, Ingeborg / Suraiya Faroqhi (Hrsg.), *Armağan. Festschrift für Andreas Tietze*. Prag 1994.

Balivet, Michel, *Islam mystique et révolution armée dans les Balkans ottomans: Vie du Cheikh Bedreddîn le „Hallâj des Turcs" (1358/59–1416)*. Istanbul 1995.

Balta, Evangelia / Matthias Kappler (Hrsg.), *Cries and Whispers in Karamanlidika Books*. Wiesbaden 2010.

Balta, Evangelia / Mehmet Ölmez (Hgg.), *Between Religion and Language: Turkish Speaking Christians, Jews, and Greek-Speaking Muslims and Catholics in the Ottoman Empire*. Istanbul 2011.

Barbir, Karl K., *Ottoman Rule in Damascus, 1708–1758*. Princeton, NJ, 1980.

ders., „One Mark of Ottomanism: Confiscation of Ottoman Officials' Estates". *International Journal of Turkish Studies* 13/1–2 (Herbst 2007), 135–45.

Bardakçı, Murat, *Son Osmanlılar: Osmanlı Hanedanı'nın Sürgün ve Miras Öyküsü*. Istanbul 2008.

Barkan, Ömer Lütfi, „Osmanlı İmparatorluğu'nda bir İskân ve Kolonizasyon Metodu olarak Vakıflar ve Temlikler". *Vakıflar Dergisi* 2 (1942), 278–386.

ders., „H. 933–934 (M. 1527–1528) Malî Yılına ait bir Bütçe Örneği". *İstanbul Üniversitesi İktisat Fakültesi Mecmuası* 15 (1953–54), 252–329.

ders., *Süleymaniye Camii ve İmareti İnşaatı*, Bd. 1. Ankara 1972.

Barkan, Ömer Lütfi / E. H. Ayverdi, Ista*nbul Vakıfları Tahrir Defteri 953 (1546) Tarihli.* Istanbul 1967–70.

Barkan, Ömer Lütfi / Enver Meriçli (Hrsg.), *Hüdavendigar Livâsı Tahrir Defteri*, Bd. 1. Ankara 1988.

Barker, Thomas M., *Double Eagle and Crescent: Vienna's Second Turkish Siege and its Historical Context.* Albany, NY, 1967.

Baykal, Bekir Sıtkı, „Makamat-ı Mübareke Meselesi ve Babıâli". *Belleten* 23 (1959), 241–66.

Bein, Amit, „Politics, Military Conscription, and Religious Education in the Late Ottoman Empire". *International Journal of Middle East Studies* 38 (2006), 283–301.

Ben-Zaken, Avner, *Cross-Cultural Scientific Exchanges in the Eastern Mediterranean, 1560–1660.* Baltimore, MD, 2010.

Bentley, Jerry H., *Old World Encounters: Cross-Cultural Contacts and Exchanges in Pre-Modern Times.* Oxford 1993.

Berkes, Niyazi, *The Development of Secularism in Turkey.* Montreal 1964.

Birdal, Murat, *The Political Economy of Ottoman Public Debt: Insolvency and European Financial Control in the Late Nineteenth Century.* London / New York 2010.

Birge, John Kingsley, *The Bektashi Order of Dervishes.* London 1937.

Birgivi, Mehmed, *The Path of Muhammad: A Book on Islamic Morals and Ethics; and the Last Will and Testament* (übers. Tosun Bayrak). Bloomington, IN, 2005.

Birnbaum, Eleazar, „The Questing Mind: Kātib Chelebi, 1609–1657; A Chapter in Ottoman Intellectual History", in: *Corolla Torontonensis. Studies in Honor of Ronald Morton Smith,* hrsg. Emmet Robbins / Stella Sandahl. Toronto 1994, 133–58.

Blackburn, Richard (Hrsg.), *Journey to the Sublime Porte: The Arabic Memoir of a Sharifian Agent's Diplomatic Mission to the Ottoman Imperial Court in the era of Suleyman the Magnificent.* Beirut 2005.

Blaisdell, Donald C., *European Financial Control in the Ottoman Empire: A Study of the Establishment, Activities, and Significance of the Administration of the Ottoman Public Debt.* New York 1929.

Blount, Henry, *A Voyage into the Levant.* London ²1636.

Bloxham, Donald, *The Great Game of Genocide: Imperialism, Nationalism, and the Destruction of the Ottoman Armenians.* Oxford 2005.

Bloxham, Donald / Tony Kushner (Hrsg.), *The Holocaust: Critical Historical Approaches.* Manchester 2005.

Blumi, Isa, „Thwarting the Ottoman Empire: Smuggling through the Empire's New Frontiers in Yemen and Albania, 1878–1910". *International Journal of Turkish Studies* 9/1–2 (Sommer 2003), 255–74.

Bose, Richard B., „The Ottoman Fiscal Calendar". *Middle East Studies Association Bulletin* 25/2 (1991), 157–67.

Bosworth, C. E. et al. (Hrsg.), *The Islamic World from Classical to Modern Times.* Princeton, NJ, 1989.

Bowman, Steven B., *The Jews of Byzantium 1204–1453.* Tuscaloosa, AL, 1985.

Boyar, Ebru / Kate Fleet, *A Social History of Ottoman Istanbul.* Cambridge 2010.

Boyle, John Andrew, *History of the World-Conqueror by 'Ala al-Din 'Ata Malik Juvaini*, 2 Bde. Manchester 1958.

Braude, Benjamin / Bernard Lewis (Hrsg.), *Christians and Jews in the Ottoman Empire: the Functioning of a Plural Society*, 2 Bde. New York 1982.

Brewer, David, *The Greek War of Independence: The Struggle for Freedom from Ottoman Oppression and the Birth of the Modern Greek Nation*. Woodstock / New York 2003.

Broadbridge, Anne F., *Kingship and Ideology in the Islamic and Mongol Worlds*. Cambridge 2008.

Brookes, Douglas Scott (Übers.), *The Concubine, the Princess, and the Teacher: Voices from the Ottoman Harem*. Austin, TX, 2008.

Brummett, Palmira, *Ottoman Seapower and Levantine Diplomacy in the Age of Discovery*. Albany, NY, 1994.

dies., *Image and Imperialism in the Ottoman Revolutionary Press, 1908–1911*. Albany, NY, 2000.

dies., „Placing the Ottomans in the Mediterranean World: The Question of Notables and Households". *Osmanlı Araştırmaları / Journal of Ottoman Studies* 36 (2010), 77–96.

Bryer, Anthony, „Greek Historians on the Turks: The Case of the First Byzantine–Ottoman Marriage", in: *The Writing of History in the Middle Ages* (hrsg. R. H. C. Davis / J. M. Wallace-Hadrill). Oxford 1981, 471–493.

Bulut, Mehmet, *Ottoman–Dutch Economic Relations in the Early Modern Period 1571–1699*. Hilversum 2001.

Busch, Briton Cooper, *Mudros to Lausanne: Britain's Frontier in West Asia, 1918–1923*. Albany, NY, 1976.

Buzov, Snježana, „The World of Ottoman Miscellany Mecmuas". Unveröffentlichter Vortrag beim Great Lakes Ottoman Workshop, Columbus, Ohio, April 2009.

Büyükkolancı, Mustafa, *The Life and the Monument of St. John* (übers. İnci Türkoğlu). Selçuk / Izmir 2001.

Canbakal, Hülya, „Reflections on the Distribution of Wealth in Ottoman Ayntab". *Oriens* 37 (2009), 237–52.

Chatty, Dawn, „Refugees, Exiles, and Other Forced Migrants in the Late Ottoman Empire". *Refugee Survey Quarterly* 32 (2013), 35–52.

Chatty, Dawn / Philip Marfleet, „Conceptual Problems in Forced Migration". *Refugee Survey Quarterly* 32 (2013), 1–13.

Cioeta, Donald J., „Islamic Benevolent Societies and Public Education in Ottoman Syria, 1875–1882". *Islamic Quarterly* 26 (1982), 40–55.

Clark, Bruce, *Twice a Stranger: The Mass Expulsions that Forged Modern Greece and Turkey*. Cambridge, MA, 2006.

Clark, J. T. / F. H. Bacon / R. Koldewey, *Investigations at Assos*. Cambridge, MA, 1881–83.

Clark, Larry V., „The Altaic Languages: An Introductory Bibliography". Unpublizierte Schrift. Indiana University, Uralic and Altaic Studies Department, 1977.

Clausen, Gerard, *An Etymological Dictionary of Pre-Thirteenth Century Turkish*. Oxford 1972.

Clay, Christopher, *Gold for the Sultan: Western Bankers and Ottoman Finance, 1856–1881*. London / New York 2000.

Coates, Tim (Hrsg.), *The Siege of Kars, 1855: Defense and Capitulation Reported by General Williams*. Ndr. London 2000.

Cohen, Amnon, *Palestine in the 18th Century: Patterns of Government and Administration*. Jerusalem 1973.

Cook, Michael A., *Population Pressure in Rural Anatolia 1450–1600*. London 1972.

ders. (Hrsg.), *Studies in the Economic History of the Middle East from the Rise of Islam to the Present Day*. London 1970.

Coşkun, Menderes, „The Most Literary Ottoman Pilgrimage Narrative: Nabi's Tuhfetü'lharemeyn". *Turcica* 32 (2000), 363–88.

Covel, John, *Early Voyages and Travels in the Levant. I. The Diary of Master Thomas Dallam, 1599–1600. II. Extracts from the Diary of Dr. John Covel, 1670–1679. With Some Account of the Levant Company of Turkey Merchants*, hrsg. J. Theodore Bent. London 1893.

Crane, Howard, „Some Archaeological Notes on Turkish Sardis". *Muqarnas* 4 (1987), 43–58.

Çelik, Zeynep, *The Remaking of Istanbul: Portrait of an Ottoman City in the Nineteenth Century*. Berkeley / Los Angeles 1993.

Çetin, Atillâ, „Osmanlı Arşivlerinin Tarihçesi", in: *Osmanlı Arşivleri ve Osmanlı Araştırmaları Sempozyumu*. Istanbul 1985, 63–71.

Çıpa, Hakkı Erdem, „Contextualizing Şeyh Bedreddin: Notes on Halīl b. Ismā'īl's Menākıb-ı Şeyh Bedreddīn b. Isrā'īl". *Şinasi Tekin'in Anısına: Uygurlardan Osmanlıya*, hrsg. Günay Kut / Fatma Büyükkarcı Yılmaz. Istanbul 2005, 285–95.

Çomu, Aslı Emine, *The Exchange of Populations and Adana 1830–1927*. Istanbul 2011.

Dağlı, Murat, „Bir Haber Şâyi' Olduki: Rumor and Regicide". *Osmanlı Araştırmaları* 35 (2010), 137–79.

Dankoff, Robert, *An Ottoman Mentality: The World of Evliya Çelebi*. Leiden 2004.

Dankoff, Robert / Sooyong Kim (Übers.), *An Ottoman Traveller: Selections from the Book of Travels of Evliya Çelebi*. London 2010.

Darling, Linda T., „Avariz Tahriri: Seventeenth and Eighteenth Century Ottoman Survey Registers". *Turkish Studies Association Bulletin* 10/1 (März 1986), 23–26.

dies., *Revenue-Raising and Legitimacy: Tax Collection and Finance Administration in the Ottoman Empire, 1560–1660*. Leiden 1996.

dies., „Contested Territory: Ottoman Holy War in Comparative Context". *Studia Islamica* 91 (2000), 133–63.

dies., „Ottoman Turkish: Written Language and Scribal Practice, 13th to 20th Centuries", in: *Literacy in the Persianate World: Writing and the Social Order*, hrsg. Brian Spooner / William L. Hanaway. Philadelphia 2012, 171–95.

Davenport, Guy, „The Symbol of the Archaic", in: *The Geography of the Imagination: Forty Essays by Guy Davenport*. Boston 1997, 16–28.

Dávid, Géza, „Demographische Veränderungen zur Zeit der türkischen Herrschaft". *Acta Historica* 34 (1990 [1998]), 79–87.

ders., „Data on the Continuity and Migration of the Population in 16th Century Ottoman Hungary". *Acta Orientalia Academiae Scientiarum Hungaricae* 45 (1991), 219–52.

Dávid, Géza / Pál Fodor (Hrsg.), *Hungarian-Ottoman Military and Diplomatic Relations in the Age of Süleyman the Magnificent*. Budapest 1994.

dies., *Ransom Slavery along the Ottoman Borders (Early Fifteenth-Early Eighteenth Centuries)*. Leiden / Boston 2007.

Davison, Roderic H., *Essays in Ottoman and Turkish History: The Impact of the West.* Austin, TX, 1990.

Dawson, Christopher (Hrsg.), *The Mongol Mission: Narratives and Letters of the Franciscan Missionaries in Mongolia and China in the Thirteenth and Fourteenth Centuries.* New York 1955.

Demetriades, Vassilis, „The Tomb of Ghazi Evrenos Bey at Yenitsa and its Inscription". *Bulletin of the School of Oriental and African Studies* 32 (1976), 328–32.

Denoux, Gilles, *Urban Unrest in the Middle East: A Comparative Study of Informal Networks in Egypt, Iran, and Lebanon.* Albany, NY, 1993.

Deringil, Selim, *The Well-Protected Domains: Ideology and the Legitimation of Power in the Ottoman Empire 1876–1909.* London / New York 1998.

ders., „‚They Live in a State of Nomadism and Savagery': The Late Ottoman Empire and the Post-Colonial Debate". *Comparative Studies in Society and History* 45 (2003), 311–42.

ders., *The Dervishes of Sovereignty, the Sovereignty of Dervishes: The Mevlevî Order in Istanbul.* Istanbul 2007.

ders., Conversion and Apostasy in the Late Ottoman Empire. Cambridge 2012.

Dikici, A. Ezgi, „The Making of Ottoman Court Eunuchs: Origins, Recruitment Paths, Family Ties, and ‚Domestic Production'". *Archivum Ottomanicum* 30 (2013), 105–36.

Dols, Michael, *The Black Death in the Middle East.* Princeton, NJ, 1977.

Doumani, Beshara, *Rediscovering Palestine: Merchants and Peasants in Jabal Nablus, 1700–1900.* Berkeley / Los Angeles 1995.

Duijzings, Ger, *Religion and the Politics of Identity in Kosovo.* New York 2000.

Dunne, John S., *Time and Myth: A Meditation on Storytelling as an Exploration of Life and Death.* New York 1973.

Dyer, Gwynne, „The Turkish Armistice of 1918". *Middle Eastern Studies* 8/2 (Mai 1972), 143–78; 8/3 (Oktober 1972), 313–48.

Edib, Halide, *Turkish Ordeal.* New York / London 1928.

El-Nahal, Galal H., *The Judicial Administration of Ottoman Egypt in the Seventeenth Century.* Minneapolis / Chicago 1979.

El-Rouayheb, Khaled, „Opening the Gates of Verification: The Forgotten Arab-Islamic Florescence of the 17th Century". *International Journal of Middle East Studies* 38 (2006), 263–81.

Eldem, Edhem / Daniel Goffman / Bruce Masters (Hrsg.), *The Ottoman City between East and West.* Cambridge 1999.

Elker, Salâhaddin, „Mustafa Reşid Paşa ve Türk Arşivciliği", in: *IV. Türk Tarih Kongresi; Kongre'ye Sunulan Tebliğler.* Ankara 1946, 182–89.

Elvan Çelebi, *Menâkıbu'l-Kudsiyye Fî Menâsıbi'l-Ünsiyye (Baba İlyas-ı Horasânî ve Sülâsenin Menkabevî Tarihi),* hrsg. İsmail E. Erünsal / Ahmed Yaşar Ocak. Ankara 1995.

Emecen, Feridun, *İlk Osmanlılar ve ve Batı Anadolu Beylikler Dünyası.* Istanbul 2001.

Emrence, Cem, „Three Waves of Late Ottoman Historiography". *Middle East Studies Association Bulletin* 41/2 (Winter 2007), 137–51.

Erdem, Y. Hakan, *Slavery in the Ottoman Empire and its Demise, 1800–1909.* New York 1996.

Erdoğru, M. Akif / Ömer Bıyık (Hrsg.), *T.T. 001/1 M. Numaralı Fatih Mehmed Devri Aydın İli Mufassal Defteri (Metin ve İnceleme).* Izmir 2015.

Ergene, Boğaç / Ali Berker, „Wealth and Inequality in 18th-Century Kastamonu: Estimations for the Muslim Majority". *International Journal of Middle East Studies* 40/1 (Februar 2008), 23–46.

Ergin, Nina, „Who Worked in İstanbul's Hamams? Hamam Business, Identity, and Chain Migration in the Seventeenth and Eighteenth Centuries", in: *Birinci İktisat Kongresi Tebliğler*, Bd. 1, hrsg. Rahmi Deniz Özbay u. a. Istanbul 2010, 599–611.

Ergin, Nina (Hrsg.), *Bathing Culture of Anatolian Civilizations: Architecture, History, and Imagination*. Leuven 2011.

Erickson, Edward J., *Defeat in Detail: The Ottoman Armies in the Balkans, 1912–1913*. New York 2000.

ders., *Ordered to Die: A History of the Ottoman Army in the First World War*. New York 2000.

Erimtan, Can, *Ottomans Looking West? The Origins of the Tulip Age and its Development in Modern Turkey*. London / New York 2008.

Erünsal, İsmail, „Ottoman Foundation Libraries: Their History and Organization". *Osmanlı Araştırmaları* 30 (2007), 31–86.

ders., *Osmanlılarda Sahaflık ve Sahaflar*. Istanbul 2013.

Evered, Emine Ö., *Empire and Education under the Ottomans: Politics, Reform, and Resistance from the Tanzimat to the Young Turks*. London / New York 2012.

Fagan, Brian, *The Little Ice Age: How Climate Made History 1300–1850*. New York 2000.

Fahmy, Khaled, *All the Pasha's Men: Mehmed Ali, His Army and the Making of Modern Egypt*. Kairo 2002.

Farooqi, Naimur Rehman, *Mughal-Ottoman Relations*. Delhi 1989.

Faroqhi, Suraiya, „Vakıf Administration in Sixteenth Century Konya: The Zaviye of Sadreddin-i Konevi". *Journal of the Economic and Social History of the Orient* 17 (1974), 145–72.

dies., *Pilgrims and Sultans: The Hajj under the Ottomans*. London / New York 1994.

dies., *Approaching Ottoman History: An Introduction to the Sources*. Cambridge 1999.

dies., *Kultur und Alltag im Osmanischen Reich: Vom Mittelalter bis zum Anfang des 20. Jahrhunderts*. München ^{2}2003.

dies., *Geschichte des Osmanischen Reiches*. München ^{6}2014.

Fawaz, Leila Tarazi, *Merchants and Migrants in Nineteenth-Century Beirut*. Cambridge, MA, 1983.

Fay, Sidney Bradshaw, *The Origins of the World War*, 2 Bde. New York 1929.

Feldman, Walter, *Music of the Ottoman Court: Makam, Composition, and the Early Ottoman Instrumental Repertoire*. Berlin 1996.

Feridun, Ahmed, *Mecmu'a-ı Münşe'atü's-Selatin*, 2 Bde. Istanbul 1847–48.

Filan, Kerima (Hrsg.), *XVIII. Yüzyıl Günlük Hayatı Dair: Saraybosnalı Molla Mustafa'nın Mecmuası*. Sarajevo 2012.

Findley, Carter Vaughn, *Bureaucratic Reform in the Ottoman Empire: The Sublime Porte, 1789–1922*. Princeton, NJ, 1980.

ders., *Turkey, Islam, Nationalism, and Modernity: A History, 1789–2007*. New Haven, CN, 2010.

Fine, John, *When Ethnicity Did Not Matter in the Balkans: A Study of Identity in Pre-Nationalist Croatia, Dalmatia, and Slavonia in the Medieval and Early-Modern Periods*. Ann Arbor, MI, 2006.

Finkel, Caroline, *The Administration of Warfare: The Ottoman Military Campaigns in Hungary, 1593–1606*. Wien 1988.
dies., *Osman's Dream: The History of the Ottoman Empire*. New York 2005.
Fisher, Alan, „Studies in Ottoman Slavery and Slave Trade, II: Manumission". *Journal of Turkish Studies 4* (1980), 49–56.
ders., *A Precarious Balance: Conflict, Trade, and Diplomacy on the Russian-Ottoman Frontier*. Istanbul 1999.
Fitzpatrick, Coeli / Adam Hani Walker (Hrsg.), *Muhammad in History, Thought, and Culture: An Encyclopedia of the Prophet of God*. Santa Barbara, CA, 2014.
Fleet, Kate (Hrsg.), *Cambridge History of Turkey*, 4 Bde. Cambridge 2006–12.
Fleischer, Cornell H., *Bureaucrat and Intellectual in the Ottoman Empire: The Historian Mustafa ʿÂli (1541–1600)*. Princeton, NJ, 1986.
ders., „Mustafa ʿÂlî's Curious Bits of Wisdom". *Wiener Zeitschrift für die Kunde des Morgenlandes* 76 (1986), 103–9.
ders., „Shadow of Shadows: Prophesy in Politics in 1530s İstanbul". *International Journal of Turkish Studies* 13/1–2 (Herbst 2007), 51–62.
Fleming, K. E., *The Muslim Bonaparte: Diplomacy and Orientalism in Ali Pasha's Greece*. Princeton, NJ, 1999.
Flemming, Barbara, „The Poem in the Chronicle: The Use of Poetry in Early Ottoman Historiography", in: *Turcica et Islamica: Studi in Memoria di Aldo Gallotta*, Bd. 1, hrsg. Ugo Marazzi. Neapel 2003, 175–84.
Fodor, Pál, „Ottoman Policy Towards Hungary, 1520–1541". *Acta Orientalia Academiae Scientiarum Hungaricae* 45 (1991), 271–345.
ders., „Sultan, Imperial Council, Grand Vizier: Changes in the Ottoman Ruling Elite and the Formation of the Grand Vizieral Telhīs". *Acta Orientalia Academiae Scientiarum Hungaricae* 47 (1994), 67–85.
Forschungen in Ephesos (hrsg. Österreichisches Archäologisches Institut), Bd. 1. Wien 1906.
Forster, Edward Seymour (Übers.), *The Turkish Letters of Ogier Ghiselin de Busbecq Imperial Ambassador at Constantinople 1554–1562*. Oxford 1927.
Fortna, Benjamin C., *Imperial Classroom: Islam, the State, and Education in the Late Ottoman Empire*. Oxford 2002.
Foss, Clive, *Ephesus after Antiquity: A Late Antique, Byzantine, and Turkish City*. Cambridge 1979.
Frangakis-Syrett, Elena, *The Commerce of Smyrna in the Eighteenth Century (1700–1820)*. Athen 1992.
Galip [Şeyh Galip], *Beauty and Love* (übers. Victoria Rowe Holbrook). New York 2005.
Gammer, Moshe, *Muslim Resistance to the Tsar: Shamil and the Conquest of Chechnia and Daghestan*. London 1994.
Genç, Mehmet, „Osmanlı maliyesinde malikâne sistemi", in: *Türkiye iktisat tarihi semineri*, hrsg. Osman Okyar / Ünal Nalbantoğlu. Ankara 1975, 231–91.
ders., „A Study of the Feasibility of Using Eighteenth-Century Ottoman Financial Records as an Indicator of Economic Activity", in: Huri İslamoğlu İnan (Hrsg.), *The Ottoman Empire and the World-Economy*. Cambridge 1987, 345–73.
ders., *Osmanlı İmparatorluğu'nda Devlet ve Ekonomi*. Istanbul 2000.
Georgeon, François / Frédéric Hitzel (Hgg.), *Les Ottomans et le temps*. Leiden / Boston 2012.

Gerber, Haim, *The Social Origins of the Modern Middle East*. Boulder, CO, 1987.
Gibb, H(amilton) A(lexander) R(osskeen) (Hrsg.), *The Travels of Ibn Battuta A.D. 1325–1354*, 3 Bde. Cambridge 1958–2000.
ders. et al. (Hrsg.), *Encyclopaedia of Islam. New Edition*, 13 Bde. Leiden 1960–2009.
Giese, Friedrich (Hrsg.), *Die altosmanischen anonymen Chroniken*. Breslau 1922.
Gingeras, Ryan, *Sorrowful Shores: Violence, Ethnicity, and the End of the Ottoman Empire, 1912–1923*. Oxford 2009.
Gladstone, William E., *Bulgarian Horrors and the Question of the East*. New York / Montreal 1876.
Glassner, David (Hrsg.), *Business Cycles and Depressions: An Encyclopedia*. New York / London 1997.
Goffman, Daniel, *Izmir and the Levantine World, 1550–1650*. Seattle, WA, 1990.
ders., *The Ottoman Empire and Early Modern Europe*. Cambridge 2002.
Gökbilgin, M. Tayyib, *XV. ve XVI. Asırlarda Edirne ve Paşa Livası*. Istanbul 1952.
ders., „Venedik Devlet Arşivindeki Türkçe Belgeler Kolleksiyonu ve Bizimle İlgili Diğer Belgeler". *Türk Tarih Kurumu Belgeler* V-VIII/9–12 (1968–71).
Gökyay, Orhan Şaik (Hrsg.), *Evliya Çelebi Seyahatnamesi*, Bd. 1. Istanbul 1996.
Goldstein, Erik, „Holy Wisdom and British Foreign Policy 1918–1922: The St. Sophia Redemption Agitation". *Byzantine and Modern Greek Studies* 15 (1991), 36–64.
Gölpınarlı, Abdülbâki, *Mevlânâ'dan Sonra Mevlevîlik*. Istanbul 1983.
Gölpınarlı Abdülbaki / İsmail Gungurbey (Hrsg.), *Sımavna Kadısıoğlu Şeyh Bedreddîn Manâkıbı*. Istanbul 1967.
Goodblatt, Morris S., *Jewish Life in Turkey in the XVIth Century as Reflected in the Legal Writings of Samuel De Medina*. New York 1952.
Goodrich, Thomas D., *The Ottoman Turks and the New World: A Study of Tarih-i Hind-i Garbi and Ottoman Americana*. Wiesbaden 1990.
Gran, Peter, *Islamic Roots of Capitalism: Egypt, 1760–1840*. Austin, TX, 1979; Ndr. Kairo 1999.
Grant, Jonathan, „Rethinking the Ottoman ‚Decline': Military Technology Diffusion in the Ottoman Empire, Fifteenth to Eighteenth Centuries". *Journal of World History* 10 (1999), 179–201.
Greene, Molly, *A Shared World: Christians and Muslims in the Early Modern Mediterranean*. Princeton, NJ, 2000.
Grehan, James, „Smoking and ‚Early Modern' Sociability: The Great Tobacco Debate in the Ottoman Middle East (Seventeenth to Eighteenth Centuries)". *American Historical Review* 111 (2006), 1352–77.
Griswold, William J., *The Great Anatolian Rebellion 1000–1020/1591–1611*. Berlin 1983.
Haarmann, Ulrich, „‚Rather the Injustice of the Turks than the Righteousness of the Arabs' – Changing ‚Ulama' Attitudes towards Mamluk Rule in the Late Fifteenth Century". *Studia Islamica* 68 (1989), 61–77.
ders., „The Plight of the Self-Appointed Genius – Mustafa ʿĀlī". *Arabica* 38 (1991), 73–86.
Hadžibegić, Hamid, „Rasprava Ali Čauša iz Sofije o timarskoj organizaciji u XVII stoljeću". *Glasnik Zemajskog Muzeja u Sarajevo*, n.s. 2 (1947), 139–205.
Hagen, Gottfried, *Ein osmanischer Geograph bei der Arbeit: Entstehung und Gedankenwelt von Kātib Čelebis Ǧihānnümā*. Berlin 2003.

ders., „Chaos, Order, Power, and the Heroic Saint in 15th-Century Turkish Literature". *The Turkish Studies Association Bulletin* 1/1–2 (2014), 91–109.

Hall, Richard C., *The Balkan Wars 1912–1913: Prelude to the First World War*. London / New York 2000.

Halman, Talât Sait (Hrsg.), *Yunus Emre and his Mystic Poetry*. Bloomington, IN, 1981.

Hammer, Joseph (Übers.), *Narrative of Travels in Europe, Asia, and Africa, in the Seventeenth Century, by Evliyá Efendí*. London 1834.

Hanioğlu, M. Şükrü, *The Young Turks in Opposition*. Oxford 1995.

ders., *Preparation for a Revolution: The Young Turks, 1902–1908*. Oxford 2001.

ders., *A Brief History of the Late Ottoman Empire*. Princeton, NJ, 2008.

Hanna, Nelly, *Making Big Money in 1600: The Life and Times of Isma'il Abu Taqiyya, Egyptian Merchant*. Syracuse, NY, 1998.

dies., *In Praise of Books: A Cultural History of Cairo's Middle Class, Sixteenth to the Eighteenth Century*. Syracuse, NY, 2003.

Harzig, Christiane / Dirk Hoerder, *What is Migration History?* Malden, MA, 2009.

Hathaway, Jane, *The Politics of Households in Ottoman Egypt*. Cambridge 1997.

dies., *Beshir Agha: Chief Eunuch of the Ottoman Imperial Harem*. Oxford 2006.

dies., *The Arab Lands under Ottoman Rule, 1516–1800*. Harlow 2008.

Hatipler, Mustafa, *Selanik'ten Edirne'ye İnsan Ziyanlığı: Gözyaşı, Hicran ve Büyük Mübadele*. Istanbul 2003.

Hattox, Ralph, *Coffee and Coffeehouses: The Origins of a Social Beverage in the Medieval Near East*. Seattle / London 1985.

Heyd, Uriel, „Ritual Murder Accusations in 15th and 16th Century Turkey". *Sefunot* 5 (1961), 137–49.

Heywood, Colin, *Writing Ottoman History*. Burlington, VT, 2002.

ders., „The 1337 Bursa Inscription and its Interpreters". *Turcica* 36 (2004), 215–31.

Heywood, Colin / Colin Imber (Hrsg.), *Studies in Ottoman History in Honor of V. L. Ménage*. Istanbul 1994.

Hinz, Walther (Hrsg.), *Resālā-ye Falakiyyā des 'Abdollāh ibn Mohammad ibn Kiyā al-Māzandarānī*. Wiesbaden 1952.

Hirschon, Renée (Hrsg.), *Crossing the Aegean: An Appraisal of the 1923 Population Exchange between Greece and Turkey*. New York 2003.

Hobsbawm, Eric J., *Nations and Nationalism since 1780: Programme, Myth, Reality*. Cambridge [2]1992.

Holbrook, Victoria Rowe, *The Unreadable Shores of Love: Turkish Modernity and Mystic Romance*. Austin, TX, 1994.

Holod, Renata / Robert Ousterhout (Hrsg.), *Osman Hamdi Bey ve Amerikalılar: Arkeolojij, Diplomasi, Sanat / Osman Hamdi Bey and the Americans: Archeology, Diplomacy, Art*. Istanbul 2011.

Holt, P. M., *Egypt and the Fertile Crescent 1516–1922: A Political History*. London 1966.

Hóvári, János, „Customs Registers of Tulça (Tulcea), 1515–1517". *Acta Orientalia Academiae Scientiarum Hungaricae* 38 (1984), 115–41.

Howard, Douglas A., „The Ottoman Timar System and its Transformation". Unveröffentlichte Dissertation, Indiana University, 1987.

Howard, Harry N., „An American Experiment in Peace-Making: The King-Crane Commission". *Moslem World* 32 (1942), 122–46.

Hupchick, Dennis P., *The Bulgarians in the Seventeenth Century: Slavic Orthodox Society and Culture under Ottoman Rule*. Jefferson, NC / London 1993.
Hurewitz, J(acob) C(oleman), *Diplomacy in the Near and Middle East; A Documentary Record: 1535–1914*. Princeton, NJ, 1956.
ders., *The Middle East and North Africa in World Politics: A Documentary Record*. New Haven, CN, 1975.
Huri, Sofi (Übers.), *Leylā and Mejnūn by Fuzūlī*. London 1970.
Ianeva, Svetlana, „Financing the State? Tax-Farming as a Source of Individual Wealth in the Nineteenth Century". *Oriens* 37 (2009), 209–24.
Ibn Arabi, *The Bezels of Wisdom* (übers. R. W. J. Austin). New York 1980.
İhsanoğlu, Ekmeleddin, „Genesis of Learned Societies and Professional Associations in Ottoman Turkey". *Archivum Ottomanicum* 14 (1995/96), 161–89.
Imber, Colin, „The Navy of Süleyman the Magnificent". *Archivum Ottomanicum* 6 (1980), 211–82.
ders., *The Ottoman Empire, 1300–1481*. Istanbul 1990.
ders., *Studies in Ottoman History and Law*. Istanbul 1996.
ders., *Ebu's-su'ud: The Islamic Legal Tradition*. Edinburgh 1997.
ders., *The Ottoman Empire, 1300–1650: The Structure of Power*. New York 2002.
ders., *The Crusade of Varna, 1443–1444*. Aldershot 2006.
İnal, İbnülemin, *Son Sadrazamlar*, Bd. 4. Istanbul 1982.
İnalcık, Halil, *Hicrî 835 tarihli Sûret-i Defter-i Sancak-i Arvanid*. Ankara 1954.
ders., „Ottoman Methods of Conquest". *Studia Islamica* 2 (1954), 103–29.
ders., „Osmanlılar'da Raiyyet Rüsûmu". *Belleten* 23 (1959), 575–610.
ders., „The Policy of Mehmed II toward the Greek Population of Istanbul and the Byzantine Buildings of the City". *Dumbarton Oaks Papers* 23 (1969–70), 229–49.
ders., „A Case Study in Renaissance Diplomacy: The Agreement between Innocent VIII and Bayezid II Regarding Djem Sultan". *Journal of Turkish Studies* 3 (1979), 209–23.
ders., „The Hub of the City: The Bedestan of Istanbul". *International Journal of Turkish Studies* 1/1 (1979–80), 1–17.
ders., *Fatih Devri Üzerinde Tetkikler ve Vesikalar*. Ankara 1954 (Ndr. 1987).
ders., „Istanbul: An Islamic City". *Journal of Islamic Studies* 1 (1990), 1–23.
ders., „Islamization of Ottoman Laws on Land and Land Tax", in: Krista Fragner / Klaus Schwarz (Hrsg.), *Osmanistik – Turkologie – Diplomatik*. Berlin 1992, 101–16.
ders., *The Middle East and the Balkans under the Ottoman Empire: Essays on Economy and Society*. Bloomington, IN, 1993.
İnalcık, Halil / Cemal Kafadar (Hrsg.), *Süleyman the Second and His Time*. Istanbul 1993.
İnalcık, Halil / Rhoads Murphey, *The History of Mehmed the Conqueror by Tursun Beg*. Minneapolis / Chicago 1978.
İnalcık, Halil / Mevlid Oğuz (Hrsg.), *Gazavât-ı Sultân Murâd b. Mehemmed Hân: İzladi ve Varna Savaşları (1443–1444) Üzerinde Gazavâtname*. Ankara 1978.
İnalcık, Halil / Donald Quataert (Hrsg.), *An Economic and Social History of the Ottoman Empire*, 2 Bde. Cambridge 1994.
İpşirli, Mehmet (Hrsg.), *Tarih-i Selânikî*, 2 Bde. Istanbul 1989.
İsen, Mustafa, *Acıyı Bal Eylemek: Türk Edebiyatında Mersiye*. Ankara 1993.
İslamoğlu-İnan, Huri (Hrsg.), *The Ottoman Empire and the World-Economy*. Cambridge 1987.

Jelavich, Barbara, *History of the Balkans*, 2 Bde. Cambridge 1983.

Jennings, Ronald C., „Loans and Credit in Early 17th Century Ottoman Judicial Records: the Sharia Court of Anatolian Kayseri". *Journal of the Economic and Social History of the Orient* 16 (1973), 178–216.

ders., „Women in Early 17th Century Ottoman Judicial Records: The Sharia Court of Anatolian Kayseri". *Journal of the Economic and Social History of the Orient* 18 (1975), 53–114.

ders., „Zimmis (non-Muslims) in Early 17th Century Ottoman Judicial Records". *Journal of the Economic and Social History of the Orient* 21 (1978), 225–93.

Jersild, Austin, *Orientalism and Empire: North Caucasus Mountain Peoples and the Georgian Frontier, 1845–1917.* Montreal / Kingston 2002.

Johnes, T. (Hrsg.), *The Travels of Bertrandon de la Brocquiere, Counsellor and First Esquire-Carver to Philippe le Bon, Duke of Burgundy, to Palestine, and His Return From Jerusalem Overland to France, During the years 1432 and 1433 (...)* London 1807.

Jones, J. R. (Übers.), *Nicolò Barbaro: Diary of the Siege of Constantinople*. New York 1969.

Joseph, John, *Muslim-Christian Relations and Inter-Christian Rivalries in the Middle East: The Case of the Jacobites in an Age of Transition*. Albany, NY, 1983.

ders., *The Modern Assyrians of the Middle East: Encounters with Western Christian Missions, Archaeologists, and Colonial Powers*. Leiden 2000.

Kafadar, Cemal, „When Coins Turned into Drops of Dew and Bankers Became Robbers of Shadows: The Boundaries of Ottoman Economic Imagination at the End of the Sixteenth Century". Unveröffentlichte Dissertation, McGill University, 1986.

ders., „Self and Others: The Diary of a Dervish in Seventeenth Century Istanbul and First-Person Narratives in Ottoman Literature". *Studia Islamica* 69 (1989), 121–50.

ders., *Between Two Worlds: The Construction of the Ottoman State*. Berkeley, CA, 1995.

ders., „Janissaries and Other Riffraff of Ottoman İstanbul: Rebels Without a Cause?" *International Journal of Turkish Studies* 13/1–2 (Herbst 2007), 113–34.

Kann, Robert, *A History of the Habsburg Empire 1526–1918*. Berkeley / Los Angeles 1974.

Kara, György (Hrsg.), *Between the Danube and the Caucasus: Oriental Sources on the History of the Peoples of Central and South-Eastern Europe*. Budapest 1987.

Kara, Mustafa, *Metinlerle Osmanlılarda Tasavvuf ve Tarikatlar.* Istanbul 2004.

Karahasanoğlu, Selim, *Kadı ve Günlüğü: Sadreddinzade Telhisî Mustafa Efendi Günlüğü (1711–1735) üstüne bir İnceleme*. Istanbul 2012.

Karakışla, Yavuz Selim, „The 1908 Strike Wave in the Ottoman Empire". *Turkish Studies Association Bulletin* 16/2 (September 1992), 153–77.

Karamustafa, Ahmet T., *God's Unruly Friends: Dervish Groups in the Islamic Middle Period 1200–1550*. Oxford 2006.

Kármán, Gábor / Luvro Kunčević (Hgg.), *The European Tributary States of the Ottoman Empire in the Sixteenth and Seventeenth Centuries*. Leiden 2013.

Karpat, Kemal, „Reinterpreting Ottoman History: A Note on the Condition of Education in 1874". *International Journal of Turkish Studies* 2/2 (Winter 1981–82), 93–100.

ders., *Ottoman Population, 1830–1914: Demographic and Social Characteristics*. Madison, WI, 1985.

ders., *The Politicization of Islam: Reconstructing Identity, State, Faith and Community in the Late Ottoman State*. Oxford 2001.

Kasaba, Reşat, *A Moveable Empire: Ottoman Nomads, Migrants, and Refugees*. Seattle / London 2009.

Kashgari, Mahmud, *Compendium of the Turkic Dialects (Dīwānu Luγāt al-Turk)* (hrsg. Robert Dankoff / James B. Kelly), 3 Bde. Cambridge, MA, 1982–85.

Kastritsis, Dimitris J., *The Sons of Bayezid: Empire Building and Representation in the Ottoman Civil War of 1402–1413*. Leiden 2007.

Katib Çelebi, Mustafa ibn Abdullah, *Fezleke*, 2 Bde. Istanbul 1869–70.

ders., *The Balance of Truth* (übs. Geoffrey L. Lewis). London 1957.

Kavânîn Risâlesi. Istanbul 1863–64. (Ndr. unter dem Titel *Kavânîn-i Âl-i Osman der Hülâsa-i Mezâmin-i Defter-i Dîvân*. Istanbul 1979.)

Kayalı, Hasan, *Arabs and Young Turks: Ottomanism, Arabism, and Islamism in the Ottoman Empire, 1908–1918*. Berkeley / Los Angeles / London 1997.

Kazancıgil, Aykut, *Osmanlılarda Bilim ve Teknoloji*. Istanbul 2007.

Kennedy, Edward S. u. a., *Studies* in the Islamic Exact Sciences (hrsg. David A. King / Mary Helen Kennedy). Beirut 1983.

Kermeli, Eugenia / Oktay Özel (Hrsg.), *The Ottoman Empire: Myths, Realities and ‚Black Holes': Contributions in Honour of Colin Imber*. Istanbul 2006.

Kerovpyan, Aram / Altuğ Yılmaz, *Klasik Osmanlı Müziği ve Ermeniler*. Istanbul 2010.

Kévorkian, Raymond, *The Armenian Genocide: A Complete History*. London / New York 2011.

Khoury, Dina Rizk, *State and Provincial Society in the Ottoman Empire: Mosul, 1540–1834*. Cambridge 1997.

Khuri-Makdisi, Ilham, *The Eastern Mediterranean and the Making of Global Radicalism, 1860–1914*. Berkeley / Los Angeles 2010.

Kiel, Machiel, „Remarks on the Administration of the Poll Tax (Cizye) in the Ottoman Balkans and the Value of Poll Tax Registers (Cizye defterleri) for Demographic Research". *Études Balkaniques* 4 (1990), 70–104.

ders., „Ottoman Sources for the Demographic History and the Process of Islamization of Bosnia-Hercegovina and Bulgaria in the Fifteenth-Seventeenth Century: Old Sources – New Methodology". *International Journal of Turkish Studies* 10/1–2 (Herbst 2004), 93–119.

Köker, Ahmet Hulûsi, *Şeyh Bedreddin (1358?–1420)*. Kayseri 1997.

Köprülü, M. Fuad, „Osmanlı Kanunnameleri". *Millî Tetebbüler Mecmuası* 1 (1331/1912–13), 49–112; 305–48.

ders., „Bemerkungen zur Religionsgeschichte Kleinasiens". *Mitteilungen zur Osmanischen Geschichte* 1 (1921–22), 203–22.

ders., „Lütfi Paşa". *Türkiyat Mecmuası* 1 (1341/1925), 119–50.

ders., *Türk Edebiyatında İlk Mutasavvıflar*. Ndr. Ankara 1991.

Krämer, Gudrun, *A History of Palestine from the Ottoman Conquest to the Founding of the State of Israel*, übs. Graham Harman / Gudrun Krämer. Princeton, NJ, 2008. (Orig.: *Geschichte Palästinas. Von der osmanischen Eroberung bis zur Gründung des Staates Israel*. München 2002.)

dies., *Der Vordere Orient und Nordafrika ab 1500*. (Neue Fischer Weltgeschichte 9.) Frankfurt a. M. 2016.

Krämer, Gudrun et al. (Hrsg.), *Encyclopaedia of Islam* Leiden [3]2007.

Krausmüller, Dirk, „The Rise of Hesychasm", in: Michael Angold (Hrsg.), *The Cambridge History of Christianity*, Bd. 5. Cambridge 2006, 101–26.

Kreiser, Klaus, *Der Osmanische Staat 1300–1922*. München ²2008.

Kreutel, Richard, *Osmanisch-türkische Chrestomathie*. Wiesbaden 1965.

Kritovoulos, Michael, *History of Mehmed the Conqueror*, übers. Charles T. Riggs. Princeton, NJ, 1954.

Krohn-Hansen, Christian / Knut G. Nustard, *State Formation: Anthropological Perspectives*. London 2005.

Krstić, Tijana, „Patron of the Protestants? Sokollu Mehmed Pasha and the Global Confessional Politics of the Late Sixteenth Century". Unpublizierter Vortrag beim Treffen der Middle East Studies Association, Boston 2009.

dies., *Contested Conversions to Islam: Narratives of Religious Change in the Early Modern Ottoman Empire*. Stanford, CA, 2011.

Kumar, Krishan, „Nation-States as Empires, Empires as Nation-States: Two Principles, One Practice?" *Theory and Society* 39 (2010), 119–43.

Kuniholm, P. I., „Archaeological Evidence and Non-Evidence for Climatic Change". *Philosophical Transactions of the Royal Society* Ser. A, 330/1615 (1990), 645–55.

Kunt, Metin, „The Köprülü Years, 1656–1661". Unpublizierte Dissertation, Princeton University, 1971.

ders., „Ethnic-Regional (*Cins*) Solidarity in the Seventeenth-Century Ottoman Establishment". *International Journal of Middle East Studies* 5 (1974), 233–39.

ders., *The Sultan's Servants: The Transformation of Ottoman Provincial Government, 1550–1650*. New York 1983.

Kuran, Ahmed Bedevî, *Osmanlı İmparatorluğunda ve Türkiye Cumhuriyetinde İnkilâp Hareketleri*. Istanbul 1959.

Kurz, Marlene, *Ways to Heaven, Gates to Hell: Fazlızade 'Ali's Struggle with the Diversity of Ottoman Islam*. Berlin 2011.

Kuşpınar, Bilal, „Ismā'īl Ankaravī and the Significance of his Commentary in the Mevlevī Literature". *Al-Shajarah. Journal of the Institute of Islamic Thought and Civilization* 1 (1996), 51–76.

Kut, Günay / Yılmaz Büyükkarcı, *Uygurlardan Osmanlıya: Şinasi Tekin'in Anısına*. Istanbul 2005.

Küçük, Hülya, *The Role of the Bektāshīs in Turkey's National Struggle*. Leiden 2002.

Kütükoğlu, Mübahat S., „Lütfi Paşa Âsafnâmesi (Yeni Bir Metin Tesisi Denemesi)", in: *Prof. Dr. Bekir Kütükoğlu'na Armağan*. Istanbul 1991, 49–99.

Lampe, John R., *Yugoslavia as History: Twice There was a Country*. Cambridge ²2000.

Lancaster, Brian L., *The Essence of Kabbalah*. Royston 2006.

Le Gall, Dina, *A Culture of Sufism: Naqshbandīs in the Ottoman World, 1450–1700*. Albany, NY, 2005.

Levy, Avigdor, *The Sephardim in the Ottoman Empire*. Princeton, NJ, 1992.

Lewis, Bernard, *The Emergence of Modern Turkey*. Oxford 1962.

Lewis, Bernard / P. M. Holt (Hrsg.), *Historians of the Middle East*. London 1962.

Lewis, Bernard / Friedrich Niewöhner (Hrsg.), *Religionsgespräche im Mittelalter*. Wiesbaden 1992.

Lewisohn, Leonard (Hrsg.), *The Heritage of Sufism*, 2 Bde. Oxford 1999.

Lewy, Guenter, *The Armenian Massacres in Ottoman Turkey: A Disputed Genocide*. Salt Lake City, UT, 2005.

Liaou, Angeliki, „The Byzantine Empire in the Fourteenth Century", in: Michael Jones (Hrsg.), *The New Cambridge Medieval History*, Bd. 6. Cambridge 2000, 816–17.

Lindner, Rudi Paul, *Nomads and Ottomans in Medieval Anatolia*. Bloomington, IN, 1983.

ders., *Explorations in Ottoman Prehistory*. Ann Arbor, MI, 2007.

Lifchez, Raymond. E. (Hrsg.), *The Dervish Lodge: Art, Architecture, and Sufism in Ottoman Turkey*. Berkeley, CA, 1992.

Llewellyn Smith, Michael, *Ionian Vision: Greece in Asia Minor 1919–1922*. Ann Arbor, MI, 1973.

Lowry, Heath, *Studies in Defterology*. Istanbul 1992.

ders., *The Nature of the Early Ottoman State*. Albany, NY, 2003.

ders., *Defterology Revisited: Studies On 15th and 16th Century Ottoman Society*. Istanbul 2008.

ders., *The Shaping of the Ottoman Balkans, 1350–1450*. Istanbul 2008.

ders., „The 'Soup Muslims' of the Ottoman Balkans: Was there a ‚Western' and ‚Eastern' Ottoman Empire?" *Journal of Ottoman Studies* 36 (2010), 97–133.

ders., *Hersekzāde Ahmed Paşa: An Ottoman Statesman's Career and Pious Endowments*. Istanbul 2011.

Lowry, Heath / Ralph S. Hattox (Hrsg.), *IIIrd Congress on the Social and Economic History of Turkey*. Istanbul / Washington, DC / Paris 1990.

Lutfi Pasha, *Tevârîh-i Âl-i Osmân (*hrsg. Âlî Bey), Istanbul 1341/1922–23.

MacCallum, F. Lyman (Übers.), *The Mevlidi Sherif by Süleyman Chelebi*. London 1943.

McCarthy, Justin, *Muslims and Minorities: The Population of Ottoman Anatolia and the End of the Empire*. New York / London 1983.

ders., *Death and Exile: The Ethnic Cleansing of Ottoman Muslims, 1821–1922*. Princeton, NJ, 1995.

ders., *The Ottoman Peoples and the End of Empire*. London 2001.

McCarthy, Justin et al., *The Armenian Rebellion at Van*. Salt Lake City, UT, 2006.

McCartney, Ernest Ray, „Crisis of 1873". Unpublizierte Dissertation, University of Nebraska 1935.

McGowan, Bruce, *Economic Life in Ottoman Europe: Taxation, Trade, and the Struggle for Land, 1600–1800*. Cambridge 1981.

McNeill, William H. / Marilyn Robinson Waldman (Hrsg.), *The Islamic World*. Chicago 1973.

Magoulias, H. (Hrsg.), *The Decline and Fall of Byzantium to the Ottoman Turks: An Annotated Translation of ‚Historia Turco-Byzantina", 1341–1462*. Detroit 1975.

Makdisi, Ussama, „Reclaiming the Land of the Bible: Missionaries, Secularism, and Evangelical Modernity". *American Historical Review* 102 (1997), 680–713.

ders., *The Culture of Sectarianism: Community, History, and Violence in Ottoman Lebanon*. Berkeley, CA, 2000.

ders., *Artillery of Heaven: American Missionaries and the Failed Conversion of the Middle East*. Ithaca, NY, 2009.

Malcolm, Noel, *Bosnia: A Short History*. New York, rev. 1996.

Mandaville, Jon, „Usurious Piety: The Cash Waqf Controversy in the Ottoman Empire". *International Journal of Middle East Studies* 10 (1979), 289–308.

Mann, Michael, *The Dark Side of Democracy: Explaining Ethnic Cleansing*. Cambridge 2005.

Manning, Patrick, *Migration in World History*. New York [2]2013.

Mantran, Robert, „Les Inscriptions arabes de Brousse“. *Bulletin d'études orientales* 14 (1952–54), 87–114.

Manz, Beatrice Forbes, *The Rise and Rule of Tamerlane*. Cambridge 1989.

Mardin, Şerif, *The Genesis of Young Ottoman Thought: A Study in the Modernization of Turkish Political Ideas*. Princeton, NJ, 1962.

Marfleet, Philip, „Refugees and History: Why We Must Address the Past“. *Refugee Studies Quarterly* 26 (2007), 26–48.

ders., „Explorations in a Foreign Land: States, Refugees, and the Problem of History“. *Refugee Survey Quarterly* 32 (2013), 14–34.

Massey, Douglas u. a., „Theories of International Migration: A Review and Appraisal“. *Population and Development Review* 19 (1993), 431–66.

Masters, Bruce, „The 1850 Events in Aleppo: An Aftershock of Syria's Incorporation into the Capitalist World System“. *International Journal of Middle East Studies* 22 (1990), 3–20.

ders., *Christians and Jews in the Ottoman Arab World: The Roots of Sectarianism*. Cambridge 2001.

Mazzaoui, Michel M., *The Origins of the Safawids: Šī'ism, Sūfiism, and the Ġulat*. Wiesbaden 1972.

Mélikoff, Irène, „Le Problème Kızılbaş“. *Turcica* 6 (1975), 49–67.

Melson, Robert, *Revolution and Genocide: On the Origins of the Armenian Genocide and the Holocaust*. Chicago / London 1992.

Ménage, V(ictor) L(ouis), „On the Recensions of Uruj's ‚History of the Ottomans'“. *Bulletin of the School of Oriental and African Studies* 30 (1967), 314–22.

ders., „The ‚Annals of Murād II'“. *Bulletin of the School of Asian and African Studies* 39 (1976), 570–84.

Meredith-Owens, G. M. (Hrsg.), *Meşā'ir üş-Şu'arā or Tezkere of 'Āşık Çelebi*. London 1971.

Merten, Kai, *Untereinander, nicht nebeneinander. Das Zusammenleben religiöser und kultureller Gruppen im Osmanischen Reich des 19. Jahrhunderts*. Berlin / Münster 2014.

Meyendorff, John, *Gregory Palamas and Orthodox Spirituality*, übs. Adele Fiske. Crestview, NY, 1974.

Mihailović, Konstantine, *Memoirs of a Janissary* (hrsg. Svat Soucek). Ann Arbor, MI, 1973.

Miller, Ruth A., „Religious v. Ethnic Identity in Fourteenth-Century Bithynia: Gregory Palamas and the Case of the Chionai“. *International Journal of Turkish Studies* 13 (2007), 27–42.

Miller, Timothy S., „The History of John Cantacuzenus (Book IV): Text, Translation, and Commentary“. Unpublizierte Dissertation, Catholic University of America 1975.

Minkov, Anton, *Conversion to Islam in the Balkans: Kisve Bahası and Ottoman Social Life, 1670–1730*. Leiden / Boston 2004.

Minorsky, Vladimir, *Persia in A.D. 1478–1490: An Abridged Translation of Fadlullah b. Ruzbihan Khunji's Tarikh-i Alam-ara-yi Amini*. London 1957.

Moravcsik, Gyula, *Byzantinoturcica*, 2 Bde. Budapest 1942.

Murphey, Rhoads, *Ottoman Warfare 1500–1700*. New Brunswick, NJ, 1999.

ders., *Exploring Ottoman Sovereignty: Tradition, Image and Practice in the Ottoman Imperial Household, 1400–1800*. London 2008.

Murphey, Rhoads (Hrsg.), *Kanûn-nâme-i Sultânî li 'Azîz Efendi; Aziz Efendi's Book of Sultanic Laws and Regulations: An Agenda for Reform by a Seventeenth-Century Ottoman Statesman.* Cambridge, MA, 1985.

Nagel, Tilman, *The History of Islamic Theology From Muhammad to the Present,* übs. Thomas Thornton. Princeton, NJ, 2000. (Orig.: *Geschichte der islamischen Theologie.* München 1994.)

Naimark, Norman M., *Fires of Hatred: Ethnic Cleansing in Twentieth-Century Europe.* Cambridge, MA, 2001.

Nakıp, Tahir, „Osmanlı Devleti'nde Geç Dönem Tarih-i Umûmîler". Unpublizierte Masterarbeit, Marmara-Universität 2006.

Necipoğlu, Gülru, „Süleymân the Magnificent and the Representation of Power in the Context of Ottoman-Hapsburg-Papal Rivalry". *Art Bulletin* 71 (1989), 401–27.

dies., *Architecture, Ceremonial, and Power: The Topkapı Palace in the Fifteenth and Sixteenth Centuries.* New York / Cambridge, MA, 1991.

dies., „The Life of an Imperial Monument: Hagia Sophia After Byzantium", in: Robert Mark / Ahmet Ş. Çakmak (Hgg.), *Hagia Sophia from the Age of Justinian to the Present.* Cambridge 1992, 195–225.

dies., „Challenging the Past: Sinan and the Competitive Discourse of Early Modern Ottoman Architecture". *Muqarnas* 10 (1993), 169–80.

dies., *The Age of Sinan: Architectural Culture in the Ottoman Empire.* Istanbul 2005.

Necipoğlu, Nevra, *Byzantium between the Ottomans and the Latins: Politics and Society in the Late Empire.* Cambridge 2009.

Neşri, Mehmed, *Kitâb-ı Cihan-Nümâ* (hrsg. Faik Reşit Unat / Mehmed A. Köymen), 2 Bde. Ankara 1949.

Nur, Afife et al. (Hrsg.), *7 Centuries of Ottoman Architecture: „A Supra-National Heritage."* Istanbul o. J. [2000?].

Ocak, Ahmet Yaşar (Hrsg.), *Sufism and Sufis in Ottoman Society.* Ankara 2005.

Okyar, Osman / Halil İnalcık (Hrsg.), *Türkiye'nin Sosyal ve Ekonomik Tarihi (1071–1920): Papers Presented to the First International Congress on the Social and Economic History of Turkey.* Ankara 1980.

Oruç, Hatice, „Christian Sipahis in the Bosnian Sandjak (15th Century)". *Archivum Ottomanicum* 26 (2009), 5–16.

Ostrogorsky, Georg von, *Geschichte des byzantinischen Staates.* München [3]1963.

The Other Balkan Wars: A 1913 Carnegie Endowment Enquiry in Retrospect with a New Introduction and Reflections on the Present Conflict by George F. Kennan. Washington, DC, 1993.

Otto-Dorn, Katharina, „Die İsa Bey Moschee in Ephesus". *Kleinasien und Byzanz* 17 (1950), 115–31.

Ousterhout, Robert, „Ethnic Identity and Cultural Appropriation in Early Ottoman Architecture". *Muqarnas* 12 (1995), 48–62.

ders., „‚Bestride the Very Peak of Heaven': The Parthenon after Antiquity", in: Jennifer Neils (Hrsg.), *The Parthenon from Antiquity to the Present.* Cambridge 2005, 293–329.

Özcan, Tahsin, *Osmanlı Para Vakıfları: Kanûnî Dönemi Üsküdar Örneği.* Ankara 2003.

Öztuncay, Bahattin, *Hâtıra-ı Uhuvvet: Portre Fotoğrafların Cazibesi: 1846–1950.* Istanbul 2005.

ders., *Hanedan ve Kamera: Osmanlı Sarayından Portreler / Dynasty and Camera: Portraits from the Ottoman Court*. Istanbul 2010.

Pallis, A. A., „Racial Migrations in the Balkans During the Years 1912–1924". *Geographical Journal* 66/4 (Oktober 1925), 315–31.

Pamuk, Şevket, „The Ottoman Empire in the ‚Great Depression' of 1873–1896". *Journal of Economic History* 44 (1984), 107–18.

ders., *A Monetary History of the Ottoman Empire*. Cambridge 2002.

Panaite, Viorel, „Power Relationships in the Ottoman Empire: The Sultans and the Tribute-Paying Princes of Wallachia and Moldavia from the Sixteenth to the Eighteenth Century". *International Journal of Turkish Studies* 7/1–2 (Frühjahr 2001), 26–53.

Panzac, Daniel (Hrsg.), *Histoire économique et sociale de l'Empire ottoman et de la Turquie (1326–1960)*. Paris 1995.

Papadopoulos, Theodore H., *Studies and Documents Relating to the History of the Greek Church and People under Turkish Domination*. Brüssel 1952.

Patrinelis, Christos, „The Exact Time of the First Attempt of the Turks to Seize the Churches and Convert the Christian People of Constantinople to Islam", in: *Actes du Premier Congrès International des Études Balkaniques et Sud-Est Europeénnes*, Bd. 3. Sofia 1969, 567–72.

Peçevi, İbrahim, *Tarih-i Peçevi*, 2 Bde. Istanbul 1281–83 [1862–64]. Ndr. Istanbul 1980.

Peirce, Leslie, *The Imperial Harem: Women and Sovereignty in the Ottoman Empire*. New York / Oxford 1993.

dies., *Morality Tales: Law and Gender in the Ottoman Court of Aintab*. Berkeley / Los Angeles / London 2003.

Pekin, Müfide (Hrs.), *Yeniden Kurulan Yaşamlar: 80. Yılında Türk-Yunan Zorunlu Nüfus Mübadelesi*. Istanbul 2005.

Peri, Oded, *Christianity under Islam in Jerusalem: The Question of the Holy Sites in Early Ottoman Times*. Leiden 2001.

Petropoulos, John A., „The Compulsory Exchange of Populations: Greek–Turkish Peacemaking, 1922–1930". *Byzantine and Modern Greek Studies* 2 (1976), 135–60.

Philippidas-Braat, Anna, „La captivité de Palamas chez les Turcs: dossier et commentaire". Travaux et Mémoires. *Centre de Recherche d'Histoire et Civilization Byzantines* 7 (1979), 109–221.

Philliou, Christine, „Communities on the Verge: Unravelling the Phanariot Ascendancy in Ottoman Governance". *Comparative Studies in Society and History* 51 (2009), 151–81.

Pinson, Mark, „Russian Policy and the Emigration of the Crimean Tatars to the Ottoman Empire, 1854–1862". *Güney-Doğu Avrupa Araştırmaları Dergisi* 1 (1962), 37–56.

Pinson, Mark (Hrsg.), *The Muslims of Bosnia-Hercegovina: Their Historic Development from the Middle Ages to the Dissolution of Yugoslavia*. Cambridge, MA, [2]1996.

Piri Reis, *Kitab-ı Bahriye*, Bd. 1. Istanbul 1988.

Pistor-Hatam, Anja (Hrsg.), *Amtsblatt, Vilayet Gazetisi und unabhängiges Journal: Die Anfänge der Presse im Nahen Osten*. Frankfurt a.M. 2001.

Piterberg, Gabriel, *An Ottoman Tragedy: History and Historiography at Play*. Berkeley / Los Angeles 2003.

Politis, Linos, *A History of Modern Greek Literature*. Oxford 1973.

Pritsak, Omelian, „The Pečenegs: A Case of Social and Economic Transformation". *Archivum Eurasiae Medii Aevi* 1 (1975), 211–35.

Quataert, Donald, „The Economic Climate of the Young Turk Revolution in 1908". *Journal of Modern History* 51/3 (September 1979; Supplement), D1147–D1161.

ders., „The Commercialization of Agriculture in Ottoman Turkey, 1800–1914". *International Journal of Turkish Studies* 1/2 (Herbst 1980), 38–55.

ders., *Social Disintegration and Popular Resistance in the Ottoman Empire, 1881–1908: Reactions to European Economic Penetration*. New York / London 1983.

ders., *The Ottoman Empire, 1700–1922*. Cambridge 2000.

ders., „Labor History and the Ottoman Empire, ca. 1700–1922". *International Labor and Working Class History* 60 (2001), 93–109.

Quataert, Donald (Hrsg.), *Consumption Studies and the History of the Ottoman Empire, 1550–1922: An Introduction*. Albany, NY, 2000.

ders. (Hrsg.), *Manufacturing in the Ottoman Empire and Turkey, 1500–1950*. Albany, NY, 1994.

Raeff, Mark (Hrsg.), *Catherine the Great: A Profile*. New York 1972.

Rafeq, Abdul-Karim, „New Light on the 1860 Riots in Ottoman Damascus". *Die Welt des Islams* 28 (1988), 412–30.

ders., „Craft Organization, Work Ethics, and the Strains of Change in Ottoman Syria". *Journal of the American Oriental Society* 111 (1991), 495–511.

ders., „Sources of Wealth and its Social and Political Implications in Nineteenth-Century Damascus". *Oriens* 37 (2009), 253–69.

ders., „Women in the Shari'a Courts of Ottoman Damascus". *Turkish Historical Review* 3 (2012), 119–42.

Ređep, Jelka, „The Legend of Kosovo". *Oral Tradition* 6 (1991), 253–65.

Reddy, William M., *The Navigation of Feeling: A Framework for the History of Emotions*. Cambridge 2001.

Reed, Howard A., „The Destruction of the Janissaries by Mahmud II in June, 1826". Unveröffentlichte Dissertation, Princeton University, 1953.

Refik, Ahmet, *On Altıncı Asırda İstanbul Hayatı (1553–1591)*. Istanbul 1935.

Reindl, Hedda, *Männer um Bāyezīd. Eine prosopographische Studie über die Epoche Sultan Bāyezīds II. (1481–1512)*. Berlin 1983.

Report of the American Military Mission to Armenia. Washington, DC: Government Printing Office, 1920.

Repp, R. C., *The Mufti of Istanbul: A Study in the Development of the Ottoman Learned Hierarchy*. London 1986.

Reynolds, Michael A., *Shattering Empires: The Clash and Collapse of the Ottoman and Russian Empires 1908–1918*. Cambridge 2011.

Rich, Norman, *Why the Crimean War? A Cautionary Tale*. New York 1991.

Richards, John F., *The Mughal Empire*. Cambridge 1993.

Richmond, Oliver P., „The Legacy of State Formation Theory for Peacebuilding and Statebuilding". *International Peacekeeping* 20 (2013), 299–315.

Richter, Julius, *A History of Protestant Missions in the Near East*. London / Edinburgh 1910. (Orig.: *Allgemeine evangelische Missionsgeschichte. Band 2: Mission und Evangelisation im Orient*. Gütersloh 1908, ²1930.)

Rodrigue, Aron, *French Jews, Turkish Jews: The Alliance Israélite Universelle and the Politics of Jewish Schooling in Turkey, 1860–1925*. Bloomington, IN, 1990.

Rodrigue, Aron / Sarah Abrevaya Stein (Hrsg.), *A Jewish Voice from Ottoman Solonica: The Ladino Memoir of Sa'adi Besalel a-Levi*, übs. Isaac Jerusalmi. Palo Alto, CA, 2012.

Rogers, J.M., „Waqf and Patronage in Seljuk Anatolia: The Epigraphic Evidence". *Anatolian Studies* 26 (1976), 69–103.

Rotman, Youval. *Byzantine Slavery and the Mediterranean World*, übs. Jane Marie Todd. Cambridge, MA / London 2009.

Rozen, Minna, *A History of the Jewish Community in Istanbul: The Formative Years, 1453–1566*. Leiden / Boston 2002.

Rumi, Mevlana Celaleddin, *The Essential Rumi. New expanded edition*, übs. Coleman Barks. New York 2004.

ders., *The Masnavi*, 3 Bde., übs. Jawid Mojaddedi. Oxford 2004–2014.

Runciman, Steven, *The Fall of Constantinople 1453*. Cambridge 1965.

ders., *The Great Church in Captivity: A Study of the Patriarchate of Constantinople from the Eve of the Turkish Conquest to the Greek War of Independence*. Cambridge 1968.

Rycaut, Paul, *The Present State of the Ottoman Empire, Containing the Maxims of the Turkish Politie, the Most Material Points of the Mahometan Religion, their Sects and Heresies, their Convents and Religious Votaries, their Military Discipline, with an exact Computation of their Forces both by Land and Sea*. London 1668.

Saab, Ann Pottinger, *The Origins of the Crimean Alliance*. Charlottesville, VA, 1977.

Sabev, Orlin (Orhan Salih), „Rich Men, Poor Men: Ottoman Printers and Booksellers Making a Fortune or Seeking Survival (Eighteenth–Nineteenth Centuries)". *Oriens* 37 (2009), 177–90.

Sahas, Daniel, „Captivity and Dialogue: Gregory Palamas (1296–1360) and the Muslims". *Greek Orthodox Theological Review* 25 (1980), 409–36.

ders., „Gregory Palamas (1296–1360) on Islam". *Muslim World* 73 (1983), 1–21.

ders., „The Art and Non-Art of Byzantine Polemics: Patterns of Refutation in Byzantine Anti-Islamic Literature", in: Michael Gervers / Ramzi Jibran Bikhazi (Hgg.), *Conversion and Continuity: Indigenous Christian Communities in Islamic Lands Eighth to Eighteenth Centuries*. Toronto 1990, 55–73.

Sahillioğu, Halil (Hrsg.), *Topkapı Sarayı Arşivi H.951–952 Tarihli ve E-12321 Numaralı Mühimme Defteri*. Istanbul 2002.

Şahin, Canay, „The Economic Power of Anatolian Ayans in the Late Eighteenth Century: The Case of the Caniklizâdes". *International Journal of Turkish Studies* 11/1 (Herbst 2005), 29–49.

Sajdi, Dana (Hrsg.), *Ottoman Tulips, Ottoman Coffee: Leisure and Lifestyle in the Eighteenth Century*. London / New York, 2007.

Saliba, George, *Islamic Science and the Making of the European Renaissance*. Cambridge, MA, 2007.

Salzmann, Ariel, „An Ancien Régime Revisited: ‚Privatization' and Political Economy in the Eighteenth-Century Ottoman Empire". *Politics and Society* 21 (1993), 393–423.

ders., „Measures of Empire: Tax Farmers and the Ottoman Ancien Régime, 1695–1807". Unveröffentlichte Dissertation, Columbia University, 1995.

ders., *Tocqueville in the Ottoman Empire: Rival Paths to the Modern State*. Leiden 2003.

Sanjian, A. K., *The Armenian Communities in Syria under Ottoman Dominion*. Cambridge 1965.

Sarınay, Yusuf, „What Happened on April 24, 1915? The Circular of April 24, 1915 and the Arrest of Armenian Committee Members in Istanbul“. *International Journal of Turkish Studies* 14/1–2 (2008), 75–101.

Sariyannis, Marinos, „‚Mob‘, ‚Scamps‘ and Rebels in Seventeenth-Century Istanbul: Some Remarks on Ottoman Social Vocabulary“. *International Journal of Turkish Studies* 11/1–2 (Herbst 2005), 1–15.

Savory, Roger, *Iran under the Safavids*. Cambridge 1980.

Saz, Leyla, *Imperial Harem of the Sultans: Daily Life at the Çırağan Palace during the 19th Century*, übers. Landon Thomas. Istanbul 1994.

Schmidt, Jan, *The Joys of Philology: Studies in Ottoman Literature, History, and Orientalism (1500–1923)*, 2 Bde. Istanbul 2002.

Scholem, Gershom, *Sabbatai Sevi: The Mystical Messiah 1626–1676*. Princeton, NJ, 1973. (dt.: *Sabbatai Zwi. Der mystische Messias*, übertr. von Angelika Schweikhart. Frankfurt a. M. 1992.)

Şentürk, Ahmet Atillâ, *Osmanlı Şiiri Antolojisi*. Istanbul 1999.

Şeref, Abdurrahman, „Evrak-ı Atika ve Vesâik-i Tarihimeyiz“. *Tarih-i Osmani Encümeni Mecmuası* 1 (Nisan 1326 / April 1908), 9–19.

Şeşen, Ramazan u. a. (Hgrs.), *Catalogue of Manuscripts in the Köprülü Library*, 3 Bde. Istanbul 1986.

Setton, Kenneth M., *Venice, Austria and the Turks in the Seventeenth Century*. Philadelphia 1991.

Shankland, David (Hrsg.), *Archaeology, Anthropology, and Heritage in the Balkans and Anatolia: the Life and Times of F. W. Hasluck, 1878–1920*, 2 Bde. Istanbul 2004.

Shaw, Stanford J., *Between Old and New: The Ottoman Empire under Sultan Selim III, 1789–1807*. Cambridge 1971.

ders., *The Jews of the Ottoman Empire and the Turkish Republic*. New York 1991.

ders., „Resettlement of Refugees in Anatolia, 1918–1923“. *Turkish Studies Association Bulletin* 22/1 (Frühjahr 1998), 58–90.

Shaw, Stanford J. / Ezel Kural Shaw, *History of the Ottoman Empire and Modern Turkey*, 2 Bde. Cambridge 1977.

Shaw, Wendy M. K., *Possessors and Possessed: Museums, Archaeology, and the Visualization of History in the Late Ottoman Empire*. Berkeley / Los Angeles 2003.

Shay, Mary Lucille, *The Ottoman Empire from 1720–1734 as Revealed in Despatches of the Venetian Baili*. Urbana, IL, 1944.

Shechter, Relli, „Market Welfare in the Early-Modern Ottoman Economy: A Historiographic Overview with Many Questions“. *Journal of the Economic and Social History of the Orient* 48 (2005), 253–76.

Shefer-Mossensohn, Miri, *Ottoman Medicine: Healing and Medical Institutions 1500–1700*. Albany, NY, 2009.

Shenk, Robert. *America's Black Sea Fleet: The U.S. Navy Amidst War and Revolution, 1919–1923*. Annapolis, MD, 2012.

Shmuelevitz, Aryeh, *The Jews of the Ottoman Empire in the Late Fifteenth and the Sixteenth Centuries: Administrative, Economic, Legal, and Social Relations as Reflected in the Responsa*. Leiden 1984.

Shuttleworth, D. I., „Turkey, from the Armistice to the Peace“. *Journal of the Royal Central Asian Society* 11 (1924), 51–67.

Silay, Kemal (Hrsg.), *History of the Kings of the Ottoman Lineage and their Holy Raid Against the Infidels*. Cambridge, MA, 2004.

Sinan Paşa, Yusuf, *Tazarru'nâme* (hrsg. A. Mertol Tulum). Ankara 2001.

Singer, Amy, *Constructing Ottoman Beneficence: An Imperial Soup Kitchen in Jerusalem*. Albany, NY, 2002.

Sinor, Denis, *Studies in Medieval Inner Asia*. Aldershot 1997.

Skilliter, S. A., *William Harborne and the Trade with Turkey 1578–1582*. Oxford 1977.

Skiotis, Dennis N., „From Bandit to Pasha: First Steps in the Rise to Power of Ali of Tepelen, 1750–1784". *International Journal of Middle East Studies* 2 (1971), 219–44.

Smith, G. Rex (Übers.), *The History of al-Tabari*, Bd. 14. Albany, NY, 1994.

Snyder, Timothy, *Bloodlands: Europe between Hitler and Stalin*. New York 2010.

Stavrianos, L. S., *The Balkans since 1453*. Ndr. New York 2000.

Stavrides, Theoharis, *The Sultan of Vezirs: The Life and Times of the Ottoman Grand Vezir Mahmud Pasha Angelović (1453–1474)*. Leiden 2001.

Stein, Mark, *Guarding the Frontier: Ottoman Border Forts and Garrisons in Europe*. London 2007.

Stewart-Robinson, James, „Ottoman Biographies of Poets". *Journal of Near Eastern Studies* 24 (1965), 57–74.

Stoianovich, Traian, „The Conquering Balkan Orthodox Merchant". *Journal of Economic History* 20 (1960), 234–313.

Strauss, Johann, „The Millets and the Ottoman Language: The Contribution of Ottoman Greeks to Ottoman Letters (19th and 20th Centuries)". *Die Welt des Islams*, n.s. 35 (1995), 189–249.

ders., „Who Read What in the Ottoman Empire? (19th–20th Centuries)". *Middle Eastern Literatures* 6/1 (Januar 2003), 39–76.

Subaşı, Turgut, „The Apostasy Question in the Context of Anglo-Ottoman Relations, 1843–44." *Middle Eastern Studies* 38/2 (April 2002), 1–34.

Subrahmanyam, Sanjay, „Connected Histories: Notes towards a Reconfiguration of Early Modern Eurasia". *Modern Asian Studies* 31 (1997), 735–62.

ders., „A Tale of Three Empires: Mughals, Ottomans, and Habsburgs in a Comparative Context". *Common Knowledge* 21 (2006), 66–92.

Sugar, Peter F., *Southeastern Europe under Ottoman Rule, 1354–1804*. Seattle 1977.

Süleyman Çelebi, *Mevlid (Vesîlet-ün-Necât)*, hrsg. Faruk K. Timurtaş. Istanbul 1990.

Suny, Ronald Grigor, *The Making of the Georgian Nation*. Bloomington, IN, [2]1994.

Tacitus (P. Cornelius), *The Annals of Rome*, übs. Michael Grant. London 1956.

Taeschner, Franz, „War Murad I. Großmeister oder Mitglied des Akhibundes?" *Oriens* 6 (1953), 23–31.

Tahralı, Mustafa, „A General Outline of the Influence of Ibn 'Arabi on the Ottoman Era". *Journal of the Muhyiddin Ibn 'Arabi Society* 26 (1999), 43–54.

Tansel, Selâhattin, *Sultan II. Bâyezit'in Siyasî Hayatı*. Istanbul 1966.

ders., *Yavuz Sultan Selim*. Ankara 1969.

Tapper, Nancy / Richard Tapper, „The Birth of the Prophet: Ritual and Gender in Turkish Islam". *Man* n.s. 22 (1987), 69–92.

Tekin, Şinasi, „XIV. Yüzyılda Yazılmış Gazilik Tarikası ‚Gâziliğin Yolları' Adlı bir Eski Anadolu Türkçesi Metni ve Gazâ/Cihâd Kavramları Hakkında". *Journal of Turkish Studies* 13 (1989), 139–205.

Tekindağ, Şahabettin, „Şah Kulu Baba Tekeli İsyanı". *Belgelerle Türk Tarihi Dergisi* 1/3 (1967), 34–39; 1/4 (1968), 54–59.

ders., „Yeni Kaynak ve Vesikaların Işığı altında Yavuz Sultan Selim'in İran Seferi". *Tarih Dergisi* 17/22 (1967 [1968]), 53–56.

Temperley, Harold, *England and the Near East: The Crimea*. London 1936.

Terzioğlu, Derin, „Sufi and Dissident in the Ottoman Empire: Niyāzī-i Mısrī (1618–1694)". Unveröffentlichte Dissertation, Harvard University, 1999.

dies., „Man in the Image of God in the Image of the Times: Sufi Self-Narratives and the Diary of Niyāzī-i Mısrī (1618–1694)". *Studia Islamica* 94 (2002), 139–65.

Tezcan, Baki, „Searching for Osman: A Reassessment of the Deposition of the Ottoman Sultan Osman II (1618–1622)", 2 Bde. Unveröffentlichte Dissertation, Princeton University, 2001.

ders., „The 1622 Military Rebellion in Istanbul: An Historiographical Journey". *International Journal of Turkish Studies* 8 (2002), 25–43.

ders., „The Ottoman Monetary Crisis of 1585 Revisited". *Journal of the Economic and Social History of the Orient* 52 (2009), 460–504.

ders., „Some Thoughts on the Politics of Early Modern Ottoman Science". *Osmanlı Araştırmaları / Journal of Ottoman Studies* 36 (2010), 135–56.

ders., *The Second Ottoman Empire: Political and Social Transformation in the Early Modern World*. Cambridge 2012.

ders., „Law in China or Conquest in the Americas: Competing Constructions of Political Space in the Early Modern Ottoman Empire". *Journal of World History* 24 (2013), 107–34.

Thackston, Wheeler M. (Übers.), *The Baburnama: Memoirs of Babur, Prince and Emperor*. New York 2002.

Thompson, Stith, *Motif Index of Folk Literature: A Classification of Narrative Elements in Folk-Tales, Ballads, Myths, Fables, Mediaeval Romances, Exempla, Fabliaux, Jest Books, and Local Legends*, 6 Bde. Bloomington, IN, 1955–58.

Thorndike, Lynn, „The True Place of Astrology in the History of Science". *Isis* 46 (1955), 273–78.

Tietze, Andreas, „Sheykh Bālī Efendi's Report on the Followers of Sheykh Bedreddin". *Osmanlı Araştırmaları* 7–8 (1988), 115–22.

Tietze, Andreas (Übers.), *Mustafā ʿĀlī's Counsel for Sultans of 1581*, 2 Bde. Wien 1979–81.

Tilly, Charles, „War Making and State Making as Organized Crime", in: Peter Evans / Dietrich Rueschemeyer / Theda Skocpol (Hrsg.), *Bringing the State Back In*. Cambridge 1985, 169–87.

ders., „Transplanted Networks", in: Virginia McLaughlin (Hrsg.), *Immigration Reconsidered: History, Sociology, and Politics*. New York 1990, 79–95.

Todorov, Nikolai, *The Balkan City, 1400–1900*. Seattle / London 1983.

Todorova, Maria, *Imagining the Balkans*. New York 1997.

Toksöz, Meltem, *Nomads, Migrants, and Cotton: The Making of the Adana-Mersin Region, 1850–1908*. Leiden / Boston 2010.

dies., „The World of Mehmed Murad: Writing Histoires Universelles in Ottoman Turkish". *Osmanlı Araştırmaları* 40 (2012), 343–63.

Toledano, Ehud, *The Ottoman Slave Trade and its Suppression: 1840–1890*. Princeton, NJ, 1982.

ders., *Slavery and Abolition in the Ottoman Middle East.* Seattle / London 1998.

Toprak, Zafer, *İttihat-Terakki ve Cihan Harbi: Savaş Ekonomisi ve Türkiye'de Devletçilik 1914–1918.* Istanbul 2003.

Toynbee, Arnold J., *The Western Question in Greece and Turkey: A Study in the Contact of Civilisations.* Boston / New York 1922.

Travis, Hannibal, „The Assyrian Genocide: A Tale of Oblivion and Denial", in: René Lamarchand (Hrsg.), *Forgotten Genocides: Oblivion, Denial, and Memory.* Philadelphia, PA, 2011, 123–36.

Truscott, Alan / Dorothy Truscott, *The New York Times Bridge Book.* New York, NY, 2002.

Tucker, Ernest S., *Nadir Shah's Quest for Legitimacy in Post-Safavid Iran.* Gainesville, FL, 2006.

Turan, Osman, „The Ideal of World Domination Among the Medieval Turks". *Studia Islamica* 4 (1955), 77–90.

ders., *İstanbul'un Fethinden Önce Yazılmış Tarihî Takvimler.* Ankara 1954 (Ndr. 1984).

ders., *Türkiye Diyanet Vakfı İslam Ansıklopedisi.* Istanbul 1988.

Ülker, Necmi, „The Emergence of Izmir as a Mediterranean Commercial Center for the French and English Interests, 1698–1740". *International Journal of Turkish Studies* 4/1 (Sommer 1987), 1–37.

Uluçay, Çağatay, „Yavuz Sultan Selim Nasıl Padişah Oldu? [I]". *Tarih Dergisi* 9 (1954), 53–90.

Unat, Faik Reşit, *Hicrî Tarihleri Milâdi Tarihe Çevrirme Kılavuzu.* Ankara 1974.

Üngör, Uğur Ümit, *The Making of Modern Turkey: Nation and State in Eastern Anatolia, 1913–1950.* Oxford 2011.

Uzunçarşılı, İsmail Hakkı, „Gazi Orhan Bey Vakfiyesi 724 Rebiülevvel–1324 Mart". *Belleten* 5 (1941), 277–88.

ders., *Osmanlı Devletinin İlmiye Teşkilâtı.* Ankara 1965 (Ndr. 1984).

Vahide, Şükran, *Islam in Modern Turkey: An Intellectual Biography of Bediuzzaman Said Nursi,* hrsg. Ibrahim M. Abu-Rabi'. Albany, NY, 2005.

Vahide, Şükran (Übers.), *The Flashes Collection by Bediuzzaman Said Nursi.* Istanbul 1995.

Vassiliev, Alexei, *The History of Saudi Arabia.* New York 2000.

Veinstein, Gilles (Hrsg.), Süleymân the Magnificent and His Time. Paris 1992.

ders., *Les Ottomans et la mort: permanences et mutations.* Leiden 1997.

Vryonis, Speros, *The Decline of Medieval Hellenism in Asia Minor and the Process of Islamization from the Eleventh to the Fifteenth Centuries.* Berkeley / Los Angeles 1971.

Vucinich, Wayne S. / Thomas Allen Emmert (Hrsg.), *Kosovo: Legacy of a Medieval Battle.* Minneapolis, MN, 1991.

Walker, Bethany, *Jordan in the Late Middle Ages: Transformation of the Mamluk Frontier.* Chicago 2011.

White, Sam, *The Climate of Rebellion in the Early Modern Ottoman Empire.* Cambridge 2013.

Williams, Caroline, *Islamic Monuments in Cairo: The Practical Guide.* Kairo / New York 2002.

Williamson, Samuel R. jr., *Austria-Hungary and the Origins of the First World War.* New York 1991.

Windfuhr, Gernot L., „Spelling the Mystery of Time". *Journal of the American Oriental Society* 110 (1990), 401–16.

Wittek, Paul, „Zum Quellenproblem der ältesten osmanischen Chroniken (mit Auszügen aus Nešrī)". *Mitteilungen zur osmanischen Geschichte* 1 (1921–22), 77–150.

ders., „Neues zu 'Āshikpašazāde". *Mitteilungen zur osmanischen Geschichte* 2 (1923–26), 147–64.

ders., *Menteşe Beyliği: 13–15 inci Asırda Garbî Küçük Asya Tarihine Ait Tetkik*, übs. O. Ş. Gökyay. Ankara [3]1999.

Wolper, Ethel Sarah, *Cities and Saints: Sufism and the Transformation of Urban Space in Medieval Anatolia*. State College, PA, 2003.

Woodhead, Christine (Hrsg.), *The Ottoman World*. New York 2012.

Woods, John E., *The Aqquyunlu: Clan, Federation, Empire*. Salt Lake City [2]1999.

Woodward, Christopher, *In Ruins*. New York 2001.

Woodward, Michelle L., „Between Orientalist Clichés and Images of Modernization: Photographic Practice in the Late Ottoman Era". *History of Photography* 27/4 (Winter 2003), 363–74.

Yerasimos, Stéfane, *La Fondation de Constantinople et de Sainte-Sophie dans les traditions turques: Légendes d'Empire*. Istanbul 1990.

Yi, Eunjong, *Guild Dynamics in Seventeenth Century Istanbul: Fluidity and Leverage*. Leiden 2003.

Yılmazer, Ziya (Hrsg.), *Topçular Kâtibi 'Abdülkādir (Kadrî) Efendi Tarihi: Metin ve Tahlîl*, 2 Bde. Ankara 2003.

Yosmaoğlu, İpek K., „Chasing the Printed Word: Press Censorship in the Ottoman Empire, 1876–1913". *Turkish Studies Association Journal* 27/1–2 (2003), 15–49.

Young, M. J. L. / J. D. Latham / R. B. Serjeant (Hrsg.), *Religion, Learning, and Science in the 'Abbasid Period*. Cambridge 1990.

Young, Richard Fox, „Deus Unus or Dei Plures Sunt? The Function of Inclusivism in the Buddhist Defense of Mongol Folk Religion against William of Rubruck (1254)". *Journal of Ecumenical Studies* 26 (1989), 100–37.

Zachariadou, Elizabeth, „Early Ottoman Documents of the Prodromos Monastery (Serres)". *Südost-Forschungen* 28 (1969), 1–12.

dies., „Manuel II Palaeologus on the Strife between Bāyezīd and Kādī Burhān al-Dīn Ahmad". *Bulletin of the School of Oriental and African Studies* 43 (1980), 471–81.

dies., „Süleyman Çelebi in Rumili and the Ottoman Chronicles". *Der Islam* 60 (1983), 268–90.

dies., *Trade and Crusade: Venetian Crete and the Emirates of Menteshe and Aydin (1300–1415)*. Venedig 1983.

dies., „The Oğuz Tribes: The Silence of the Byzantine Sources". *Itinéraires d'Orient: Hommages à Claude Cahen. Res Orientales* 6 (1994), 285–89.

Zachariadou, Elizabeth (Hrsg.), *The Ottoman Emirate (1300–1389)*. Rethymnon 1993

dies. (Hrsg.), *The Via Egnatia under Ottoman Rule (1380–1699)*. Rethymnon 1996.

dies. (Hrsg.), *Natural Disasters in the Ottoman Empire*. Rethymnon 1999.

Zaman, Taymiya R., „Instructive Memory: An Analysis of Auto/Biographical Writing in Early Mughal India". *Journal of the Economic and Social History of the Orient* 54 (2011), 677–700.

Zandi-Sayek, Sibel, *Ottoman Izmir: The Rise of a Cosmopolitan Port, 1840–1880*. Minneapolis, MN, 2012.

Zarinebaf-Shahr, Fariba, „Qizilbash ‚Heresy' and Rebellion in Ottoman Anatolia in the Sixteenth Century". *Anatolia Moderna* 7 (1997), 1–15.

Zens, Robert, „Pasvanoğlu Osman Paşa and the Paşalık of Belgrade, 1791–1807". *International Journal of Turkish Studies* 8/1–2 (2002), 89–104.

Zilfi, Madeline C, *The Politics of Piety: The Ottoman Ulema in the Post-Classical Age (1600–1800).* Minneapolis, MN, 1988.

Zürcher, Erik Jan, „The Ottoman Empire and the Armistice of Moudros", in: Hugh Cecil / Peter H. Liddle (Hrsg.), *At the Eleventh Hour: Reflections, Hopes, and Anxieties at the Closing of the Great War, 1918.* London 1998, 266–75.

ders., „Kosovo Revisited: Sultan Reşad's Macedonian Journey of June 1911". *Middle Eastern Studies* 35 (1999), 26–39.

ders., „The Young Turks: Children of the Border Lands?" *International Journal of Turkish Studies* 9/1–2 (Sommer 2003), 275–85.

ders., *The Young Turk Legacy and Nation Building: From the Ottoman Empire to Atatürk's Turkey.* London 2010.

Zürcher, Erik Jan (Hrsg.), *Arming the State: Military Conscription in the Middle East and Central Asia 1775–1925.* London / New York 1999.

Register

Die Datumsangaben erscheinen entsprechend der Konvention in christlicher Zeitrechnung, nicht nach der Hidschra (AH). Verweise auf Abbildungen sind kursiv gekennzeichnet.